カラー図 1
元・壁画「雑劇図」
広勝寺・水神廟明応王殿壁画
山西省臨汾市洪洞県
[本文 245 ページ参照]

カラー図２
唐・壁画「楽舞図」
甘粛省敦煌市・莫高窟第112窟壁画（南壁）
（写真提供：ユニフォトプレス）
［本文274ページ参照］

カラー図3
唐・石彫「石獅子」
陝西省咸陽市渭水区・順陵
［本文289ページ参照］

カラー図4

五代・黄荃「写生珍禽図」
故宮博物院(北京)蔵

[本文303ページ参照]

カラー図5

五代・顧閎中「韓熙載夜宴図」（部分）
故宮博物院（北京）蔵

［本文304ページ参照］

廬山高

カラー図7
唐・壁画「宮女図」(部分)
陝西省咸陽市乾県・永泰公主墓出土
[本文351ページ参照]

カラー図6
明・沈周「廬山高図」
故宮博物院(台湾)蔵
[本文338ページ参照]

カラー図8

唐代・絹画「奕棋仕女図」
新疆ウイグル自治区吐魯番《トルファン》市
阿斯塔那《アスターナ》古墓群187号墓出土

［本文404ページ参照］

THE HISTORY OF CHINESE CIVILIZATION

北京大学版

中国の文明

世界帝国としての文明（下）

【隋唐―宋元明】

6

【日本語版 監修・監訳】稲畑耕一郎

【原著主編】袁行霈 厳文明 張伝璽 楼宇烈

【翻訳】原田信

潮出版社

原題・中華文明史

Originally Published in the People's Republic of China
in 2006 by PEKING UNIVERSITY PRESS

Publication of this book was made possible by the generous support of
China Book Internatioal
For more information on the China Book International programme,
please visit http://219.142.85.78/wisework/content/10005.html

日本語版の監修・監訳にあたって
――文明史から見た中国――

稲畑耕一郎

いま、私たちの世界は、グローバリズムという大義のもとに、人類がこれまで経験したことのない規模と速度で一つになろうとしている。その進展の過程では、それぞれの主張と利害とが複雑に絡み合い、そこに資源・食料・技術などの争奪が重なって、民族紛争・宗教対立・環境汚染・経済格差・通商摩擦などが大きな課題となって立ちはだかってきている。

それらの課題のどれ一つを考えるにせよ、世界の五分の一を占める人口とEU二十八カ国の二倍にもなる広大な版図を有する中国の存在を無視して語るとすれば、何の意味もない議論になってしまう。そのことは、誰もが容易に理解するところであろう。いまや私たちは、中国についてこれまで以上に無知のままでは済まされない時代を迎えているといえるのではないか。ところが、中国は、国土は広く、人口は多く、加えて社会ははなはだ複雑にして、その歴史も格段と長い。千変万化して今日に至る中国の実像をしっかりと捉えることは決して容易ではない。

そうであるとしても、私たち自身のより良き現在と未来にとって、中国が理解すべき必須の対象であることに変わりはない。いやその重要度は今後一層増すことはあっても、減少することはないであろう。それでは、どのようにして理解を進めるのがよいのか。万全の方法はないとしても、その一つの手がかりとなるのが「文明史から見た中国」という視点ではないか、と私はかねてから考えてきた。

人類の文明史の中で、その時々の「中国の文明」が果たしてきた掛け替えのない貢献や影響は十分に首肯できる。それは東アジア世界について限ったことではない。たとえば、中国に起こったとされる喫茶の風はつとに日本にもたらされて茶の湯の文化を生み出したが、十七世紀に茶葉がヨーロッパにもたらされるや、上層階級の飲料として愛好され、やがてその大衆化とともに通商摩擦から英蘭戦争、さらには東西文化の衝突とされるアヘン戦争を引き起こし、アメリカ独立戦争の契機にまでなった。

しかし、その関係は決して片方向だけのものであったわけではなく、そうした「中国の文明」が世界の他の地域の文明から受けて来た本質的な影響も否定すべくもない。インド伝来の仏教のない「中国の文明」は考えられないが、それは顕著な一例であるに過ぎず、遥か有史以前から近現代に至るまで、その例は枚挙にいとまがない。それらがなければ、「中国の文明」は随分とやせ細ったものになっていたであろうし、果たして今日まで継続できたかどうかさえも明らかでない。

こうした事象の意味するところをよく理解することが、今日の世界を席捲《せっけん》するグローバリゼーションとその中にある中国の姿を理解する上で端的にして且つ有効な方法となるのではないか。中国という大地の上に繰り広げられてきた「文明」の衝突と融合の姿は、歴史時期におけるグローバリゼーションそのものだからである。

そうした思いを持って、私たちは北京大学の文学・史学・哲学と考古学の友人たちが総力をあげて編纂《へんさん》した中国語一六六万字にのぼる大冊の翻訳という一大事業に取りかかった。中国文明に関する著作は少なくないが、その多くがいわゆる「黄河文明」前後の古代だけを語るものであるのに対し、本書は近代までを含んでおり、他に類を見ない本格的なものとなっている。現在の中国の研究者たちが今に至る自らの文明の生成発展の跡をどのように捉えているかを知ることも、現在の中国理解に資するところがあるに違いないと確信する。本書で述べられる分野は多方面にわたっており、私たちの力の至らぬところもあろうが、それだけに広く江湖のご支援とご鞭撻《べんたつ》を切にお願いする次第である。

北京大学版 中国の文明 6 世界帝国としての文明〈下〉

目次

第八章　北方民族の発展と中華文明への貢献　77

付録

第七章

学問領域の拡大と教育の発展

唐宋《とうそう》時代の学術や教育の領域における継承や革新は中華文明における一大盛事です。学術においてはそれまでの豊富な蓄積が基礎となり、唐代の経学《けいがく》は漢代の厳格な学風を受け継ぎ、真実を追究するという点で日増しに精密となり、また典籍を整理する規模の点でも壮大な気風が生まれました。宋代になると学風は一変して「六経《りくけい》、我《われ》を注《ちゅう》す」〔南宋の陸《りく》九淵《きゅうえん》『陸象山語録《りくしょうざんごろく》』〕という「義理《ぎり》の学《がく》」となり、経学をよりどころとして発展して後世にはかり知れないほどの影響をもたらした新たな儒家《じゅか》哲学「理学《りがく》」が興《おこ》りました。

このような経学の変化に呼応して、唐宋時代の歴史学もその学風を変化させました。

唐代には歴史学に関する著作が多く著《あらわ》され、歴史書の注釈学が発展しました。また『史《し》通《つう》』や『通典《つてん》』によって、それまでの歴史学や歴代の制度をまとめる系統的な研究が行われました。宋代の学者は歴史によって今《いま》に通じ、古《いにしえ》を現在の用となす、という新たな観念を抱いていたため、『資治通鑑《しじつがん》』に代表される、歴史の評論と現実の政治への歴史の応用をともに重視する、新たな歴史学が発展しました。

また、学術の継承と革新に呼応して、唐宋時代には官民の教育体制改革と教育規模の発展の面でも大きな変革がありました。唐は隋《ずい》の体制を受け継ぎ、教育事業を推進し、科挙《かきょ》制度を完成させると同時に、多様な官学《かんがく》教育や独立した教育行政部門を形成しました。

北宋の初期には儒学《じゅがく》の伝統を復興させ、「文治《ぶんち》」を追求する教育観念や教育体制が興りました。その後、北宋の中後期に三回実施された教育振興政策により、理念としては「経《けい》世致用《せいちよう》」の人材育成を提唱し、科挙制度、国家による教育内容と方法、および学校建設などの面から教育制度の改革が進められました。北宋の王安石《おうあんせき》が実施した「三舎法《さんしゃほう》」や各地方における官学の設置などがその例です。

南宋では、書院教育や理学思想がともに成熟してきました。この成熟と歩みを同じくして起こった私学《しがく》の発展、初等教育の拡大、初等教育教材の形式の完成、および印刷や製紙技術の革新や発展などは、広く民衆の文化的素養を高めたばかりではなく、教育を普及させようとする観念と、師を尊び教育を重視する気風を高めました。この影響は今日まで存在しています。

学術と教育が歩みを同じくして発展し、相互に補うように連動したことで学術の革新は促《うなが》され、教育では儒家の価値観が復興し、儒家教育の社会的影響力が拡大しました。

第一節　経学と歴史学——学問の継承と革新

隋唐経学の復興

経学《けいがく》の発展は隋《ずい》・唐《とう》になると、儒学教育を構成する重要な要素となりました。

隋の文帝《ぶんてい》〔楊堅〕は中国を統一すると、儒学を国学とし教育の中核に据えました。しかし、この時の儒学は魏晋南北朝《ぎしんなんぼくちょう》における経学の変遷を経て、諸家がそれぞれ説を立て、入り乱れた状況となっていました。これに加えて、南北の学風の違いがあり、統合が急がれる状況となっていました。

北方の学者は漢代の学風を守り、南方の学者は「名理《めいり》の学《がく》」に傾倒していました。当時の主要な儒学者の多くは北方出身であり、南北の学問をともに修めていましたが、実際には「経学統一《けいがくとういつ》の後《あと》、南《なん》学有《がくあ》るも、北学無《ほくがくな》し」（皮錫瑞《ひしゃくずい》『経学歴史』「経学統一時代」）という状況でした。

唐代は儒学を重視し、教育制度の面では科挙《かきょ》の試験を創設しました。唐がこの過程で儒家経典についての解釈を統一したことは官民朝野の共通認識となりました。唐の太宗《たいそう》のころからは、儒家の経《けい》書《しょ》、特に「五経《ごきょう》」の文字の校勘《こうかん》と注釈では、顕著な進展がありました。

その第一は、唐の太宗が顔師古《がんしこ》に命じて秘書省《ひしょしょう》で「五経」を考訂させ文字を校勘したことです。第二には、陸徳明《りくとくめい》が陳朝《ちんちょう》の時から編纂を始め、数十年を経て『経典釈文《けいてんしゃくもん》』三十巻を完成させたことです。『経典釈文』は、「五経」に注釈を施したほか、『孝経《こうきょう》』『論語《ろんご》』『老子《ろうし》』などの書物も含んでおり、音義《おんぎ》と注釈の両方を重んじたことで著《いちじる》しい成果をあげました。

第三は、唐の太宗が孔穎達《くようだつ》と顔師古に『五経正義《ごきょうせいぎ》』の編纂を命じ、『毛詩正義《もうしせいぎ》』四十巻、『尚書正義《しょうしょせいぎ》』二十巻、『礼記正義《らいきせいぎ》』七十巻、『周易正義《しゅうえきせいぎ》』十六巻、『春秋正義《しゅんじゅうせいぎ》』三十六巻の計百八十巻余りを完成させたことです。

『五経正義』はそれまでに著された諸家の注釈を選別し、諸説を広く採用しましたが、厳格に経書に従い、それまでの注釈の内容を改めることはなく、全体的には漢代の儒者以来の注釈やその他の学説の成果を反映させ、経学における漢代の注釈の地位を確立させました。この後、『五経正義』は官民の学校教材となりました。このほか、『五経正義』に収録されている賈公彦《かこうげん》や楊士勛《ようしくん》などの学者が著した注疏《ちゅうそ》にも非常に高い価値があります。

北宋初期の経学

宋代は文化・教育事業が盛んになった時代です。士人《しじん》の階層は学術・文化と教育事業に熱心であり、儒《じゅ》・仏《ぶつ》・道《どう》の三教《さんきょう》が融合する思想環境のもと、伝統的な学術の精髄を吸収し、さらに儒家の経学思想の理解をより深めるために独自の道を切り開きました。

唐代経学の主流が漢代の儒者による「章句《しょうく》の学《がく》」［経書を章や句ごとに区切り、各章句の意味や概要を説明する学問方法］や「伝注《でんちゅう》の学《がく》」［経書の本文に注釈を加え、その注釈をさらに解釈していく学問方法］を踏襲したのと異なり、宋代の経書に関する学問は全体的に「義理《ぎり》」［経書全体の主旨］の発揚《はつよう》を重視しました。

このような学問の源流は、すでに中唐《ちゅうとう》、晩唐《ばんとう》の一部の学者がその端緒を開いていましたが、宋代の経学は普遍的に義理を体得することを学問の中心とし、新たな経学の時代を作り出しました。

義理学の潮流

「宋初《そうしょ》の三先生《さんせんせい》」と呼ばれた胡瑗《こえん》（九九三〜一〇五九年）、孫復《そんふく》（九九二〜一〇五七年）、石介《せきかい》（一〇〇五〜一〇四五年）は自己の考えで経書を解釈する方法によって、「義理《ぎり》の学《がく》」の流れを切り開きました。[*1] 王《おう》安石《あんせき》（一〇二一〜一〇八六年）と司馬光《しばこう》（一〇一九〜一〇八六年）はこの流れをさらに推し進め、みずからの考えで義理の意味を明らかにする北宋の学風を打ち立てました。

特に王安石は熙寧《きねい》年間（一〇六八〜一〇七七年）になると、唐代以来行われていた科挙の科目「詩賦《しふ》」や「明経《めいけい》」を廃し、みずから編纂を主導した『三経新義《さんきょうしんぎ》』（王安石はみずから『周礼《しゅらい》』に解釈を施し、他の『書経』と『詩経』には序文を記した）を統一的な教材として人材を選抜し、義理を敷衍して解釈する気風を切り開きました。人材を選抜、評価するこのような方法は、元《げん》、明《みん》代の科挙における「経義《けいぎ》」や「時文《じぶん》」といった科目の濫觴《らんしょう》となりました（皮錫瑞『経学歴史』の「経学統一時代」）。これと同時に、「道《どう》統《とう》」［思想伝授の系譜］の発揚に力を入れる理学家《りがくか》は学術的な観点では王安石と対立しましたが、その方法はまったく同じものでした。このようにして、宋代の人々は経学を修めるにあたって、義理に依拠する気風が大きな潮流となりました。

宋代の学者は経学を修める際、特に『易《えき》』『周礼《しゅらい》』『春秋《しゅんじゅう》』を重視しました。なかでも理学者は、特に『易』の理と哲学とを一つに融合させ、それを通貫させることを重視しました。『四庫全書《しこぜんしょ》』「経部《けいぶ》」に収録された著作のうち、宋代の学者の手になる注釈は易《えき》類が五十六部六〇五巻、春秋《しゅんじゅう》類は三十八部六八九巻、礼《れい》類の『周礼』は十部二〇八巻であり、これだけで『四庫全書』に収録された『易』『春秋』『礼』三類の注釈総数の三分の一から半分ほどになります。[*2] これと同時に、北宋の太宗は学者を組織し「五経」を基礎として、『春秋』三伝（『穀梁伝《こくりょうでん》』と『公羊伝《くようでん》』）、『礼』三礼（『周礼』と『儀礼《ぎらい》』）、『孝経《こうきょう》』、『論語《ろんご》』、『爾雅《じが》』に「義疏《ぎそ》」［経書の注釈の一種］を施し、さらに『孟子《もうし》』を経書の一つに加えたことで「十三経」が成立しました。程朱《ていしゅ》学［北宋の程顥《ていこう》、程頤《ていい》や南宋の朱熹《しゅき》による学説］の学者は『小戴礼記《しょうたいらいき》』中の『大学《だいがく》』と『中庸《ちゅうよう》』、および『論語』と『孟子』を重視しました。南宋の朱熹は『礼記』から『大学』と『中庸』を抜き出し、これに『論語』と『孟子』を合わせて『四書《ししょ》』とし、さらに心血を注いで注釈を施し『四書集注《ししょしっちゅう》』を著しました。『四書集注』は元《げん》代以後には科挙の教材となり、非常に大きな影響を与えました。

官民の歴史学

隋唐《ずいとう》から宋元《そうげん》にかけて、歴史学の分野では突出した成果が現れました。まず、隋は統一を果たすと、皇帝権力を主軸とした政治を強化し、これにともない思想文化に対する統制も厳しくなりました。隋の文帝《ぶんてい》の開皇《かいこう》十三年（五九三年）には「五月癸亥《ごがつきがい》、詔《みことのり》して人間《じんかん》に国史《こくし》を撰集《せんしゅう》し人物《じんぶつ》を臧否《ぞうひ》する［人物の良し悪しを批評する］者有《ものあ》らば、皆《みな》禁絶《きんぜつ》せしむ」（『隋書《ずいしょ》』「高祖紀」下）という状況でした。

これ以後、国史は皇帝が任命した担当者のみに編纂が許され、他のいかなる私人も勝手に編纂することは許されなくなりました。この禁令によって国史の編纂は皇帝権力の独占となりました。民間での国史編纂、人物批評が禁止されたことで、隋代の歴史学の発展が制約を受けただけではなく、後の歴史学にも重大な影響を生じさせました。その影響の一つは、後に国史館《こくしかん》などの国家機関がもっぱら国史を編纂するという制度の確立につながり、また政府の組織が前代の紀伝体の正史を編纂する発端となったことです。*3 もう一つは、個人の歴史編纂が広範な歴史領域の開拓を迫られ、新たな史書の体裁が打ち立てられたことです。

唐の初期、令狐徳棻《れいことくふん》（五八三〜六六九年）は高祖李淵《こうそりえん》に対して「竊《ひそ》かに見《み》るに、近代已来《きんだいいらい》、多《おお》く正史《せいし》無《な》きも、梁《りょう》、陳及《ちんおよ》び斉《せい》には、猶《な》お文籍有《ぶんせきあ》り。［北］周《しゅう》・隋《ずい》に至《いた》りて大業離乱《たいぎょうりらん》するに遭《あ》い、多《おお》く遺闕有《いけつあ》り。当今《とうこん》、耳目猶《じもくな》お接《せっ》し、尚《な》お憑《よ》るべき有《あ》るも、如《も》し十数年《じゅうすうねん》を更《ふ》るの後《のち》、事蹟《じせき》の堙没《いんぼつ》せんことを恐《おそ》る。陛下既《へいかすで》に禅《ぜん》を隋《ずい》に受《う》け、復《ま》た周氏《しゅうし》の暦数《れきすう》を承《う》けり、国家二祖《こっかにそ》（追尊した［李淵の祖父と父である］太祖李虎と世祖李昞《りへい》のこと）の功業《こうぎょう》、并《なら》びに［北］周《しゅう》の時《とき》に在《あ》り。如《も》し文史存《ぶんしそん》せざれば、何《なに》を以《もっ》て今古《きんこ》に貽鑑《いかん》せん。臣《しん》の愚見《ぐけん》が如《ごと》きも、并《なら》びに之《これ》を修《おさ》めんことを請《こ》う」（『旧唐書』「令狐徳棻伝」）と建言しました。高祖はこの上奏を認めましたが、結果は「数年《すうねん》を歴《ふ》るも、竟《つい》に就《な》す能《あた》わずして罷《や》む」（同前）となりました。

貞観《じょうがん》三年（六二九年）、太宗［李世民《りせいみん》］は令狐徳棻と岑文本《しんぶんほん》に『周史《しゅうし》』、李百薬《りひゃくやく》に『斉史《せいし》』、姚思廉《ようしれん》に『梁史《りょうし》』と『陳史《ちんし》』の編纂をそれぞれ命じ、魏徴《ぎちょう》には『隋史《ずいし》』の編纂を命じたうえで、房玄齢《ぼうげんれい》とともにこれら歴史書を監修するよう命じました。令狐徳棻は崔仁師《さいじんし》を招いて『周史』の編纂を補佐させ、「類会《るいかい》」（体例《たいれい》の統一）を統括させるよう上奏しました（『旧唐書』「令狐徳棻伝」）。貞観十年（六三六年）、これらの史書は合わせて『五代紀伝《ごだいきでん》』となり、高宗《こうそう》［李治］の顕慶《けんけい》元年（六五六年）には最後に『五代《ごだい》史志《しし》』（現在の『隋書』諸志）が完成しました。

唐代初期に『五代史《ごだいし》』が編纂されたことは、中国史学の発展史において少なくとも四つの重要な意義があります。

(1)『五代史』の編纂過程は、紀伝体《きでんたい》による前代史の編纂が私撰《しせん》から官撰《かんせん》へと変化する過渡期を終えたことを示している。この後、正史は『南史《なんし》』と『北史《ほくし》』には少し表現に重なるところがあり、『新五代史《しんごだいし》』が私撰であった以外、紀伝体による前代正史の編纂は完全に国家によって握られ、かつさらに制度化され、ここから絶えることのない中国の史書のシリーズ「二十四史《にじゅうしし》」が始まった。

(2)専門に歴史書を編纂する機構の設立が促された。『唐会要《とうかいよう》』巻六三「史館上《しかんじょう》・修前代史《しゅうぜんだいし》」には「貞観《じょうがん》三年に至《いた》りて、中書《ちゅうしょ》に秘書内省《ひしょないしょう》を置き、以《もっ》て五代史を修《おさ》めしむ」と明確に記されている。この年の閏《うるう》十二月、禁中に常設の歴史書編纂機構「史館《しかん》」が設立され、起居注《ききょちゅう》［皇帝の日々の言行録］や時政記《じせいき》［皇帝と大臣たちとの国政に関する討議記録］、日暦《じつれき》［国家・宮廷の毎日の大事記］、実《じつ》録《ろく》［皇帝の事績の日々の記録］、国史《こくし》といった一連の歴史書編纂の過程が次第に確立された。これ以後、史館を設置して「実録」や「国史」といったその時代の同時代史《どうじだいし》を編纂することが伝統となった。

(3)『隋書《ずいしょ》』「経籍志《けいせきし》」が史部《しぶ》を経部《けいぶ》の後に続けて置き、古典経籍《こてんけいせき》の四部分類《しぶぶんるい》における史部の重要な地位を確立させた。

(4)『隋書』「経籍志」が紀伝体を正史とした。これより紀伝体が「古《いにしえ》の史記《しき》［歴史書］の正法」

『隋書』「経籍志」」である編年体《へんねんたい》に代わって正史が用いる唯一の体裁となり、魏晋《ぎしん》以来四百年にわたった「班荀《はんじゅん》『漢書』の著者班固と『漢紀』の著者荀悦」の二体《にたい》、力《ちから》を角《くら》べ先《さき》を争《あらそ》う」（劉知幾《りゅうちき》『史通《しつう》』「二体篇」）という局面は終息した。[＊4]

ここで指摘しなければならないのは、唐朝が確立した、宰相《さいしょう》が正史（前代史のほか、その王朝の歴史、すなわち国史）を監修するという制度は、古代中国の歴史編纂制度における大きな転換であったことです。これ以後、紀伝体による正史編纂の権限はしっかりと管理されて専制国家の手中に握られました。この制度は唐朝から清朝まで続き、後世の史学の発展に深い影響をもたらしました。しかし、この制度に内在する多くの弊害は、早くも唐代の時点で明らかにされています。

弊害の一つは、史館は監修する宰相の監理下にあり、個人が才能を発揮し、その役割を担うことが難しく、編纂効率に影響を及ぼしたことです。唐代の著名な歴史家である劉知幾《りゅうちき》はこの状況について深く思うところがありました。そこで彼は史館を出る決意をし、「私《ひそ》かに『史通《しつう》』を撰《せん》し、以《もっ》て其《そ》の志《こころざし》を見《あらわ》し」ました。（『史通』巻一〇「自叙」[＊5]）

もう一つの弊害は、多くの監修官は実力を伴うことが難しかったことです。後の監修官は「凡《およ》そ斯《こ》の職《しょく》に居《お》る者《もの》は、必《かなら》ず恩幸《おんこう》の貴臣《きしん》、凡庸《ぼんよう》の賤品《せんぴん》にして、飽食《ほうしょく》して安歩《あんぽ》「ゆっくり歩くこと」、坐嘯《ざしょう》して画諾《がだく》「暇をもてあまし、文章に署名するだけ」すること、斯《かく》の若《ごと》きのみ」という状況でした（『史通』巻一〇「弁職」[＊6]）。監修官が適任でなければ、史書の質に悪影響を及ぼすことはいうまでもありません。

『五代史』のほかにも、唐の初期には官修の前代史である『晋書《しんじょ》』がありました。これに李延寿《りえんじゅ》が個人で編纂した『南史』と『北史』を加えると、唐の初期には八部の正史が編纂されたことになり、

「二十四史」の三分の一を占め、まさに古典史学が輝かしい成果をあげた時代だといえるでしょう。

しかし、各著者の歴史に対する見識の水準には差があり、収集した資料には過不足や真偽の違いがあり、観点にも正誤があり、歴史に対する才能の優劣にも差があり、そこで著述の質は不均一で多くの問題点が存在しています。客観的にこの状況を総括するとすれば、「其《そ》の指帰《しき》〔立旨〕を弁《べん》じ、其《そ》の体統《たいとう》〔体制〕を殫《つ》す」（『史通《しつう》』巻一〇「自叙」）と評する必要があります。

中国の古代史学は、その役割によって、「鑑戒史学《かんかいしがく》」〔教訓としての歴史学〕や「経世史学《けいせいしがく》」〔世を治めるための歴史学〕、「教化史学《きょうかしがく》」〔人を教化するための歴史学〕といった異なる流派や趨勢が前後して発展しました。司馬遷《しばせん》のいう「天人《てんじん》の際《きわ》を究《きわ》め、古今《ここん》の変《へん》に通《つう》じ、一家《いっか》の言《げん》を成《な》す」〔『漢書』「司馬遷伝」〕とは史学発展の第一段階であり、「鑑戒史学」を最もよく代表する観点であり、盛唐《せいとう》の劉知幾《りゅうちき》が著した『史通』こそが、歴史学発展の第一段階を総括するものでした。『史通』は盛唐期に著され、歴史学がさらに発展する条件に適応した著述です。『史通』の役割は、それまでの人々が行った歴史学の評論の基礎の上に、中国古代社会の前期にあたる千年余りの歴史学の実践を全面的にまとめ、歴代の歴史書の得失を品評することで、歴史学の未来を切り開きました。

『史通』は全二十巻、「内篇《ないへん》」と「外篇《がいへん》」に分かれ、それぞれ十巻です。内篇は歴史書の源流や体例、編纂方法について述べており、外篇は史官の設置や制度の沿革、歴史書の得失について論述しています。中国の古代史学における劉知幾の功績は、主に五つが挙げられます。

(1) 盛唐までに著された歴史書の体例を体系的に整理し、紀伝体の歴史書編纂をより規範化、厳格化、定式化した。

(2)　盛唐までの史官制度と歴史書の編纂を体系的に考察し、史学史研究の端緒を開いた。

(3)　歴史書編纂に対して「実録直書《じつろくちょくしょ》〔事実をありのままに記す〕」の原則を提起した。劉知幾は『史通』の「直書《ちょくしょ》」・「曲筆《きょくひつ》」二篇のなかで良い歴史書について述べ、さらに「実録直書を以《もっ》て貴《たっと》しと為《な》す」〔「惑経」篇〕と述べている。具体的には、史実を記載する際に「善悪を必ず書す」、「悪を掩《おお》わず、虚《むな》しく美《ほ》めず」、「非を飾り過ちを文《かざ》る」、「筆を曲げて書を誣《し》いる〔歪曲する〕」ことをしてはならないということである。

(4)　歴史家の学識修養の規準を提起し、これは後世、普遍的に受け入れられる人材観となった。いわゆる「史家三長論《しかさんちょうろん》」である。「三長」の「史学」は歴史に対する知識、「史識《ししき》」は歴史に対する見解、「史才《しさい》」は研究能力と表現技巧である。

(5)　全般的な歴史記述の方法と要件を提起し、歴史書編纂の完璧ならんことを推し進めた。

天宝《てんぽう》十四載（七五五年）に発生した「安史《あんし》の乱」により、唐朝の繁栄は終わりを告げました。急激な社会の変動は知識人に反省を引き起こさせ、政治の得失から歴史変動の原因を探究し、歴史の経験から政治の復興を求めることを知識人に促しました。この二つの思考を真に結びつけ、歴史研究の中から実践へのヒント、さらには指導的な意義のある結論を得るには、「問題意識」がなければなりませんでした。こうして、現実に即して「経邦《けいほう》」〔国家を治めること〕と「致用《ちよう》」〔実際の役に立つこと〕を探求する学風が打ち立てられました。

唐の中期になると、「経世《けいせい》の学《がく》」を唱導し、これに力を注ぐことが当時の有識者の傾向となりました。『通典《つてん》』の作者杜佑《とゆう》（七三五～八一二年）は歴史学の領域において、この傾向をもった先駆的で代表的な人物です。『通典』の内容および『理道要訣《りどうようけつ》』の序と上書表（『玉海《ぎょくかい》』巻五一所収）からは、杜佑の史学思想の中核が歴史学と政治的実践を結びつけることにあり、その歴史学は「経世致用《けいせいちよう》」という社会的機能を発揮させようと考えていたことを見ることができます。これゆえ、『通典《つてん》』は中国の史学史上、経世史学を打ち立てた先駆であったといえます。盛唐の劉知幾が総括した「史学六家《しがくろくか》」（『尚《しょう》書《しょ》（書経）』『春秋《しゅんじゅう》』『左伝《さでん》』『国語《こくご》』『史記《しき》』『漢書《かんじょ》』）と、「二つの構成」［編年体と紀伝体］は『通典』が打ち立てた「典制体《てんせいたい》」（あるいは「政書体」、歴代史書の典章制度《てんしょうせいど》、すなわち政府の行動規範の基本原則とその沿革を記す）によって乗り越えられました。

『通典』の編纂上の特色は三つの点に帰納できます。[*7]

(1)「会通《かいつう》」を主とする。『通典』は主に歴代の正史に収録された「書《しょ》」や「志《し》」を材料とし、関連する内容を融合させて一篇とし、典章制度を専門的に収録した通史である。このため「典故《てんこ》を以《もっ》て紀綱《きこう》と為《な》し」「前史《ぜんし》の書志《しょし》を統《す》ぶ」、「古今《ここん》に会通《かいつう》す」などの点で大きな成果をあげた。

(2)項目の選定。『通典』の項目と正史の「書」や「志」の項目とを比べてみると、『通典』の作者は現実の社会制度と直接関わる典章制度をより重視している。たとえば「選挙《せんきょ》」「兵《へい》」「辺防《へんぼう》」といった項目は増補しているが、「五行《ごぎょう》」「祥瑞《しょうずい》」「輿服《よふく》」や「天文《てんもん》」「律暦《りつれき》」などの内容については項目を立てていない。これは『通典』がまさに「諸《これ》を人事《じんじ》に徴《もと》め、将《まさ》に有政《ゆうせい》［政治］に施《ほどこ》さんとす」という撰述の主旨を貫徹していることを反映している。

(3)「論議《ろんぎ》」を重んじる。この特徴は、『通典』が「記事《きじ》」［事件の記録］、「記言《きげん》」［言論の記録］という二つの形式を結びつけ、成果をあげたことを示している。

『通典』の項目のうち、論議に関するものに「序《じょ》」「論《ろん》」「説《せつ》」「議《ぎ》」「評《ひょう》」「按《あん》」などがあります。これらは各部門、各巻に散見し、本書全体を牽引する基本方針となっています。その内容の多くは政治の総括から歴史上の得失に着目し、現実と結びつけて編者の見解や主張を述べており、往々にして編者の撰述の主旨や政治的観点、歴史観が反映されています。

梁啓超《りょうけいちょう》はかつて「『通鑑《つがん》』（『資治通鑑』）有《あ》りて政事通《せいじつう》じ、『通典《つてん》』有《あ》りて政制《せいせい》（政治制度）通《つう》ず」と言い、歴史を記すことは「貴《たっと》き所《ところ》は古今《ここん》に会通《かいつう》するに在《あ》り」と考えました（梁啓超『中国歴史研究法補編』第十二章「過去之中国史学界」）。『通典』が中国史書の典制体を打ち立てたことで後には「十通《じゅっつう》」が著され、中国古代史学の「通史《つうし》の家風《かふう》」（清の章学誠《しょうがくせい》『文史通義』「内篇四」）の発揚に大きく貢献しました。

中唐になると「歴史《れきし》を以《もっ》て心《こころ》を治《おさ》む」、すなわち歴史によって倫理道徳の教化を行う傾向が現れたと考えられています。啖助《たんじょ》（七二四〜七七〇年）の学派は「史《し》に因《よ》りて経《けい》を制《せい》し、以《もっ》て王道《おうどう》を明《あき》らかにす」（唐の陸淳『春秋集伝纂例』巻一「趙氏損益義第五」に引用されている「公羊伝旧説」）ること、すなわち「王室を尊《とうと》び、陵僭《りょうせん》（本分、身分を越えること）を正《ただ》し、三綱《さんこう》を挙《あ》げ、五常《ごじょう》を提《あらわ》す」（同前）ことを主張しました。また、韓愈《かんゆ》は、「治心《ちしん》」（心を治めること）とは「正心《せいしん》」（心を正すこと）だと考え、「正心」は家を整え、国を治め、天下を平穏にするために個人の修養を高めることだと主張しました。（韓愈「原道」）

これらの主張は「文《ぶん》は以《もっ》て道《みち》を載《の》す」（宋の周敦頤《しゅうとんい》『通書』「文辞」）を唱導する宋代の古文復興運動の力によって、すぐさま社会思潮となり、その影響は歴史によって世を治めるという「経世」の主張をはるかに凌《しの》ぎました。歴史学は過去の治乱興亡《ちらんこうぼう》を探究し、それを戒《いまし》めとする内容から次第に転換して、倫理を説き個人の内省を重視する内容となり、その教化の役割はそれまでにないほど強められました。

そこで、編年体の歴史書が盛んに著されるようになり、「通史《つうし》」の風潮がにわかに起こりました。歴史書の編纂は毀誉褒貶《きよほうへん》を強調して「義例《ぎれい》」［著作の主旨や体例］を探求するようになり、古代社会後期において歴史学が発展するうえでの基本的な骨格を形成しました。他の歴史書（図経地誌、歴史筆記、詔令集、会要など）は「文の史とは、其の流れ一《いつ》なり」［唐の劉知幾『史通』巻五「載文」］という傾向とともに、文集と同じくますます重視されるようになりました。[*8]

宋元《そうげん》では、司馬光《しばこう》『資治通鑑《しじつがん》』、鄭樵《ていしょう》『通志《つうし》』、馬端臨《ばたんりん》『文献通考《ぶんけんつうこう》』が代表的な歴史書です。

司馬光が主となって編纂した『資治通鑑』は、中国最初の編年体による通史です。全二九四巻、周の威烈王《いれつおう》二十三年（紀元前四〇三年）から五代後周《ごだいこうしゅう》の世宗《せそう》［柴栄《さいえい》］の顕徳《けんとく》六年（九五九年）に至る、一三六二年間の歴史を記しています。

この撰述に参加したのは劉攽《りゅうはん》、劉恕《りゅうじょ》、范祖禹《はんそう》などであり、その分担は明確でした。彼らはいずれも史官としての才能を有していたため、『資治通鑑』は体例《たいれい》がよく整っており、資料の選択もよく考えられており、内容も詳細で考訂も正確でした。このため『資治通鑑』は史学史にきわめて大きな影響をもたらしました。このように改良された編年体は「通鑑体《つがんたい》」と呼ばれ、後の編年史に通用する基本的な体裁となりました。

この後、さらに多くの体裁が派生しました。南宋の袁枢《えんすう》は『資治通鑑』に基づき『資治通鑑記事本末《しじつがんきじほんまつ》』を編纂しました。これは、史実ごとに条目を立てて独立した一篇とし、各篇を時系列順に記した

「記事本末体《きじほんまつたい》」でした。また、朱熹《しゅき》は『通鑑綱目《つがんこうもく》』を著し、「綱《こう》」の箇所に大文字で概要を記し、「目《もく》」の箇所には小字で事柄を述べる「綱目体《こうもくたい》」を創り出しました。さらに、宋末から元初にかけては胡三省《こさんせい》が『通鑑音注《つがんおんちゅう》』を編纂し、『資治通鑑』に注釈をつけました。

このほか『資治通鑑』の影響を受けて続作も著されました。たとえば、南宋の李燾《りとう》『続資治通鑑長編《ぞくしじつがんちょうへん》』や李心伝《りしんでん》『建炎以来繋年要録《けんえんいらいけいねんようろく》』は、ともに『資治通鑑』の体裁にならった歴史書です。『続資治通鑑長編』全九百八十巻は『資治通鑑』の後、公私にわたる多数の歴史資料を考訂した最初の出色の同時代編年通史であり、古代中国で最も分量の多い私撰の編年史です。

南宋の高宗《こうそう》［趙構《ちょうこう》］の紹興《しょうこう》三十一年（一一六一年）、鄭樵は紀伝体の通史『通志』全二百巻を完成させました。このなかの『二十略《にじゅうりゃく》』は全体の四分の一を占めており、同書のなかでも精髄というべき部分です。鄭樵も「会通《かいつう》」を主張しました。鄭樵の言う「会通」は、各種の学術文化を「会」して古今の変化に「通」じたうえで事実を確認するよう強調し、感情に任せた批評に反対するものでした。元の成宗《せいそう》［テムル］の大徳《だいとく》十一年（一三〇七年）には馬端臨が『文献通考』を著しました。これは唐代の杜佑『通典』を受け継いで著された典制体《てんせいたい》の通史です。全三四八巻、内容は二十四の「考《こう》」に分かれており、『通典』の内容を拡大し、唐の天宝《てんぽう》年間（七四二～七五六年）以前の事柄を補い、天宝以後の事柄は南宋寧宗《ねいそう》［趙拡《ちょうかく》］の嘉定《かてい》年間（一二〇八～一二二四年）の末年までを書き加え、細かく分類しています。『文献通考』と『通典』、『通志』は合わせて「三通《さんつう》」と称され、後世、さらに他書を加えて「十通《じゅっつう》」となりました。これら典制体の通史や、ある特定の王朝の政治、経済、社会制度を専門に記した「会要体《かいようたい》」の史書、たとえば『唐会要《とうかいよう》』や『五代会要《ごだいかいよう》』などは、まとめて「政書《せいしょ》」とも称されました。

地方志

古代の地理学は、唐代になり大いに発展しました。李吉甫《りきっぽ》の『元和郡県図志《げんなぐんけんずし》』はそれまでの成果を継承し、新たな道を切り開いた著作です。また、宋代の地方志の著述はそれまでにない水準に達したうえ、体例がすでによく整っていました。このため、後世の地方志はおおむね宋代の体裁を踏襲しました。

宋代に編纂された総合的な地方志の多くは、宋の統治下にある地域の概要を記載していますが、州や県、鎮《ちん》といった特定の行政単位を対象とした地方志も大量に登場しました。

北宋初期の楽史《がくし》が著した『太平寰宇記《たいへいかんうき》』は「風俗」「人物」「土産」といった項目を新たに立てています。後の王存《おうそん》『元豊九域志《げんぽうきゅういきし》』は「路」〔行政単位の一つ〕ごとに州、県の戸籍や郷鎮《ごうちん》、献上品の数量等を記しており、史実の考証に用いることができます。南宋の王象之《おうしょうし》『輿地紀勝《よちきしょう》』は山河の名勝を記した地方志であり、引用されている文献資料の多くは他書に見られないものです。

このほか、宋代に編纂された州、県、鎮の地方志は現在まで二十数種が伝わっています。少ないものは数巻、多いものでは百巻に及びます。北宋の宋敏求《そうびんきゅう》『長安志《ちょうあんし》』の記述はやや簡略に過ぎますが、南宋の范成大《はんせいだい》『呉郡志《ごぐんし》』、陳耆卿《ちんきけい》『嘉定赤城志《かていせきじょうし》』、周応合《しゅうおうごう》『景定建康志《けいていけんこうし》』、潜説友《せんえつゆう》『咸淳臨安志《かんじゅんりんあんし》』等は内容が豊富なうえ体裁も完備しており、地方志の編纂が大いに進歩したことを示しています。

また、孟元老《もうげんろう》『東京夢華録《とうけいむかろく》』、周密《しゅうみつ》『武林旧事《ぶりんきゅうじ》』、呉自牧《ごじぼく》『夢粱録《むりょうろく》』はそれぞれ北宋末の開封《かいほう》と南宋の臨安《りんあん》の繁栄を記しており、宋代の都市生活研究に豊富な資料を提供しています。南宋の常棠《じょうとう》『澉水志《かんすいし》』は浙江の澉浦鎮《かんぽちん》の「鎮志《ちんし》」です。鎮志の出現は、宋代の社会経済が発展していた新たな状況を反映しています。元代になると官撰の『大元一統志《だいげんいっとうし》』が編纂されました。

金石学

金石学《きんせきがく》は中国における考古学の前身であり、北宋期に形成されました。[*9] 唐の張籍《ちょうせき》の詩には「曽《かつ》て浪《ほし》いままに出《い》でて公侯《こうこう》に謁《まみ》えず、唯《た》だ花間水畔《かかんすいはん》に向《あ》りて游《あそ》ぶのみ。毎《つね》に新衣《しんい》を着《き》て薬灶《やくそう》を看《み》、多《おお》く古《こ》器《き》を収《おさ》めて書楼《しょろう》に在《あ》り」（「王秘書に贈る」）とあります。また、朱慶余《しゅけいよ》の詩には「唯《た》だ図書《としょ》を愛《あい》し古器《こき》を兼《か》ねるのみ、官《かん》に在《あ》るも猶《な》お自《お》未《いま》だ貧《ひん》より離《はな》れず。更《さら》に聞《き》く県《けん》は青山《せいざん》を去《さ》ること近《ちか》く、詩人《しじん》を称与《しょうよ》し主人《しゅじん》と作《な》らん」（「劉少府に寄す」）とあります。これらの詩からは、唐代の文人が古器物を好んで収集していたことがわかります。しかし、五代以前には、金石を専門的に研究し学問とする者はいませんでした。[*10]

北宋の曽鞏《そうきょう》『金石録《きんせきろく》』（すでに散佚《さんいつ》）は、「金石」という語を用いた最も早い事例です。宋代の金石学を切り開いたのは劉原父《りゅうげんほ》（名は敞《しょう》。一〇一九～一〇六八年）です。彼はまず所蔵する古器物十一点について、その銘文《めいぶん》や図像を模刻させて石に刻み「先秦古器図碑《せんしんこきずひ》」と名付けました（すでに散佚）。この石碑の自序には、古器物を研究する方法について「礼家《れいか》は其《そ》の制度《せいど》を明《あき》らかにし、小学《しょうがく》［文字学や訓詁学など］は其《そ》の文字《もじ》を正《ただ》し、譜牒《ふちょう》［家譜や族譜など］は其の世謚《せし》［代々の謚号］を次《つい》ず」［劉敞『公是集』所収の「先秦古器記」］と述べられています。伝世する古器物の名称の多くは宋代の人々によって定められましたが、これを初めて行った功績は、劉原父と楊元明《ようげんめい》にあると考えられています。[*11]

元祐《げんゆう》七年（一〇九二年）に完成した呂大臨《りょたいりん》『考古図《こうこず》』と『釈文《しゃくもん》』は、古代の銅器や玉器二百点余りを記録し、その図形や款識《かんしき》、大小、重量、出土地や収蔵箇所を記しています。これは古器物を著録する体例を初めて確立した、現存する最も早い体系的な古器物の図録です。北宋末年の王黼《おうほ》『宣和博古《せんなはくこ》図《ず》』は著録する古器物が八百点余り、『考古図』と同様に古器物の図などを描き、考証も詳しく、銅器の分類と名称の特定に大きく貢献しました。また、北宋の欧陽脩《おうようしゅう》『集古録《しゅうころく》』は石刻文字を研究した、現存する最も早い専著です。趙明誠《ちょうめいせい》『金石録《きんせきろく》』は金石の拓本二千種を著録し、これに考証を加えており、宋代の初刻本が現存しています。南宋の洪適《こうせき》が著した『隷釈《れいしゃく》』と『隷続《れいぞく》』は漢代や三国時代の石刻文字を収録した現存する最も早い専著であり、関連の史実について考証しています。このほか、貨幣では洪遵《こうじゅん》『泉志《せんし》』などの文献が伝わっており、印章については印譜《いんぷ》が幾種か現存しています。銅鏡や画像石《がぞうせき》、磚《せん》・瓦《かわら》などについても著録があります。鄭樵は『通志《つうし》』を著し、金石学を独立した項目として『二十略《にじゅうりゃく》』の一つに立てました。こうして、金石学は専門的な学問分野となりました。

宋代に著された金石学の諸書は五代以前、特に殷周《いんしゅう》、秦漢《しんかん》の歴史を研究するうえで貴重な参考資料です。これに比べて、元・明二代の金石学の成果は明らかに宋代よりも遜色があります。ただし、ここで言及しておかなければならないのは、元の初め、元朝に仕えた色目人《しきもくじん》の葛邏禄乃賢《かつらろくだいけん》が『河朔訪《かさくほう》古記《こき》』を著したことです。この書物はみずから実地に考察した記録に文献の記載を照らし合わせて書かれており、一般の金石学者が家にこもり器物の銘文を考証したような学風を乗り超えました。

元の朱徳潤《しゅとくじゅん》『古玉図《こぎょくず》』は現存する最も早期の玉器専門書であり、潘昂霄《はんこうしょう》『金石例《きんせきれい》』は碑文の主旨や体例に関する研究の端緒を開きました。

類書の編纂

さまざまな文献の内容を分類し、新たに摘録し、編集した書物を類書《るいしょ》といいます。類書は検索に便利だということで、古い時代の百科全書であったと言ってよいでしょう。古代では技術的な制約があり、書物の流通にも影響があったため、類書には資料の保存という役割がありました。中国古代文化の発展において、類書を編纂する伝統は早くから形成されました。[*12]

隋代に編纂された主な類書には『長洲玉鏡《ちょうしゅうぎょくきょう》』『北堂書鈔《ほくどうしょしょう》』『玄門宝海《げんもんほうかい》』などがあります。[*13]『新唐《しんとう》書《じょ》』「芸文志《げいもんし》」によると、『長洲玉鏡』は虞綽《ぐしゃく》などにより編纂された類書であり、二三八巻ありました。杜宝《とほう》『大業雑記《たいぎょうざっき》』には、隋の煬帝《ようだい》が秘書官の柳顧言《りゅうこげん》と『長洲玉鏡』について議論した記載があります。煬帝は同書の藍本《らんぽん》が南朝の梁《りょう》代に編まれた『華林遍略《かりんへんりゃく》』であると指摘し「然《しか》らば復《ま》た加《くわ》うるべき無《な》く、事《こと》は当《まさ》に典要《てんよう》たるべし」と述べました。これに対し柳顧言は「今《いま》の文籍《ぶんせき》又《ま》た梁朝《りょうちょう》より富《と》む、是《ここ》を以《もっ》て事《こと》を取《と》るは『遍路《へんろ》』より多し。然《しか》るに梁朝《りょうちょう》の学士《がくし》は事《こと》を取《と》るに、意《い》は各《おの》おの同《おな》じからず、宝剣昆吾《ほうけんこんご》の渓《たに》より出《い》で、人《ひと》を照《て》らすこと水《みず》を照《て》らすが如《ごと》く、玉《ぎょく》を切《き》ること泥《どろ》を切《き》るが如《ごと》しというが如《ごと》きに至《いた》りては、剣《けん》に序《じょ》する者《もの》尽《ことごと》く録《ろく》して剣《けん》の事《こと》を為《な》し、渓《たに》に序《じょ》する者《もの》も亦《ま》た取《と》りて渓《たに》の事《こと》を為《な》し、玉《ぎょく》を撰《せん》する者《もの》も亦《ま》た編《あ》みて玉《ぎょく》の事《こと》を為《な》す。此《こ》れを以《もっ》て重《かさ》ねて出《い》で、是《ここ》を以《もっ》て巻多《かんおお》し。『玉鏡《ぎょくきょう》』に至《いた》りては則《すなわ》ち然《しか》らず」と答えました。[*14]この記載は、『長洲玉鏡』に収録された内容は豊富であったが、『華林遍略』のように内容が重複するという欠点が無かったことを示しています。

虞世南《ぐせいなん》の『北堂書鈔』は現在、影印本《えいいんぼん》が通行しています。諸葛穎《しょかつえい》の『玄門宝海《げんもんほうかい》』百二十巻は、『隋《ずい》書《しょ》』「経籍志《けいせきし》」と『新唐書』「芸文志」のいずれにも著録されています。しかし、姚振宗《ようしんそう》『隋書経籍志《ずいしょけいせきし》考証《こうしょう》』巻三〇（『二十五史補編』）は、隋代の『道蔵《どうぞう》』〔道教の経典〕目録ではないかと疑っています。

下って唐・宋の時代になると、類書の編纂は大きな発展を遂げました。唐の建国から盛唐に至るま

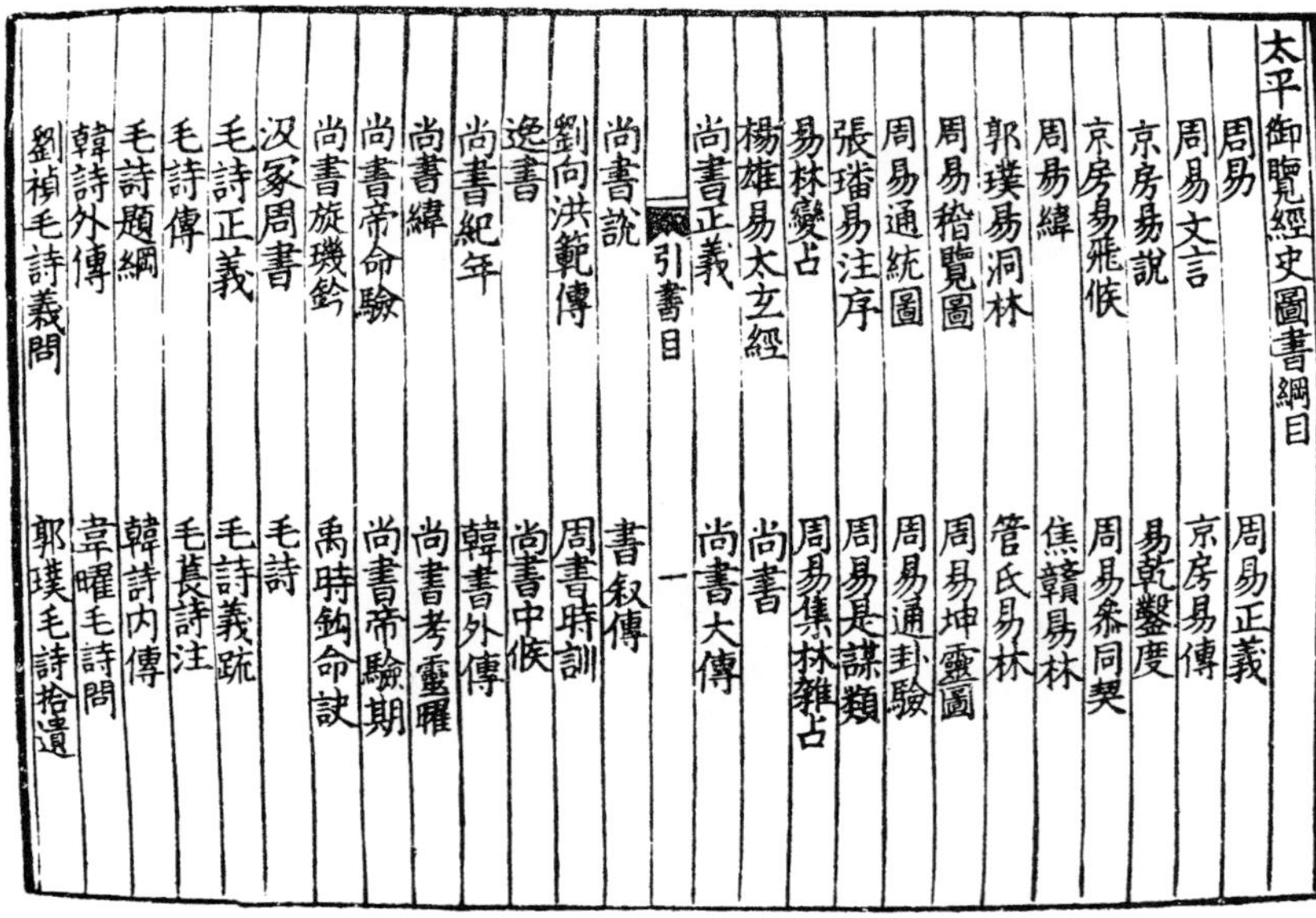
太平御覽經史圖書綱目
周易　周易正義
周易文言　京房易傳
京房易說　易乾鑿度
京房易飛候　周易參同契
周易緯　焦贛易林
郭璞易洞林　管氏易林
周易稽覽圖　周易坤靈圖
周易通統圖　周易通卦驗
張璠易注序　周易是謀類
易林變占　周易集林雜占
楊雄易太玄經　尚書
尚書正義　尚書大傳
引書目　一
尚書說　書叙傳
劉向洪範傳　周書時訓
逸書　尚書中候
尚書紀年　韓書外傳
尚書緯　尚書考靈曜
尚書帝命驗　尚書帝驗期
尚書旋璣鈐　禹時鈞命訣
汲冢周書　毛詩
毛詩正義　毛詩義疏
毛詩傳　毛萇詩注
毛詩題綱　韓詩內傳
韓詩外傳　韋曜毛詩問
劉楨毛詩義問　郭璞毛詩拾遺

図7-1　上海涵芬樓影印宋本『太平御覧』書影

で、中宗《ちゅうそう》［李顕《りけん》］、睿宗《えいそう》［李旦《りたん》］期の混乱（七〇五～七一二年）を除き、官修の類書が編纂されました。高祖《こうそ》［李淵《りえん》］の時には『芸文類《げいもんるい》聚《じゅう》』百巻（欧陽詢《おうようじゅん》等の撰）があり、太宗《たいそう》［李世《りせい》民《みん》］の時には『文思博要《ぶんしはくよう》』一千二百巻および『目《もく》』十二巻（高士廉《こうしれん》等の撰）、高宗《こうそう》［李治《りち》］の時には『瑶山玉彩《ようざんぎょくさい》』五百巻、『累璧《るいへき》』四百巻および『目録《もくろく》』四巻（いずれも許敬宗《きょけいそう》等の撰）[15]、則天武后《そくてんぶこう》の時には『玄覧《げんらん》』百巻（『旧唐書』「芸文志」では則天武后の撰とする）、『三教珠英《さんきょうじゅえい》』一千三百巻および『目』十三巻（張宗昌《ちょうそうしょう》等の撰）、玄宗《げんそう》［李隆基《りりゅうき》］の時には『事類《じるい》』百三十巻[16]、『初学記《しょがくき》』三十巻（徐堅《じょけん》等の撰）がありました。このうち、『芸文類聚』と『初学記』は現在まで伝わっています。

　唐代には、ほかにも多くの文士が個人で類書を編纂し、詩文を作るにあたって検索のために用いました。現在では白居易《はくきょい》の『白氏六《はくしりく》帖事類集《じょうじるいしゅう》』だけが伝わっており、『芸文類

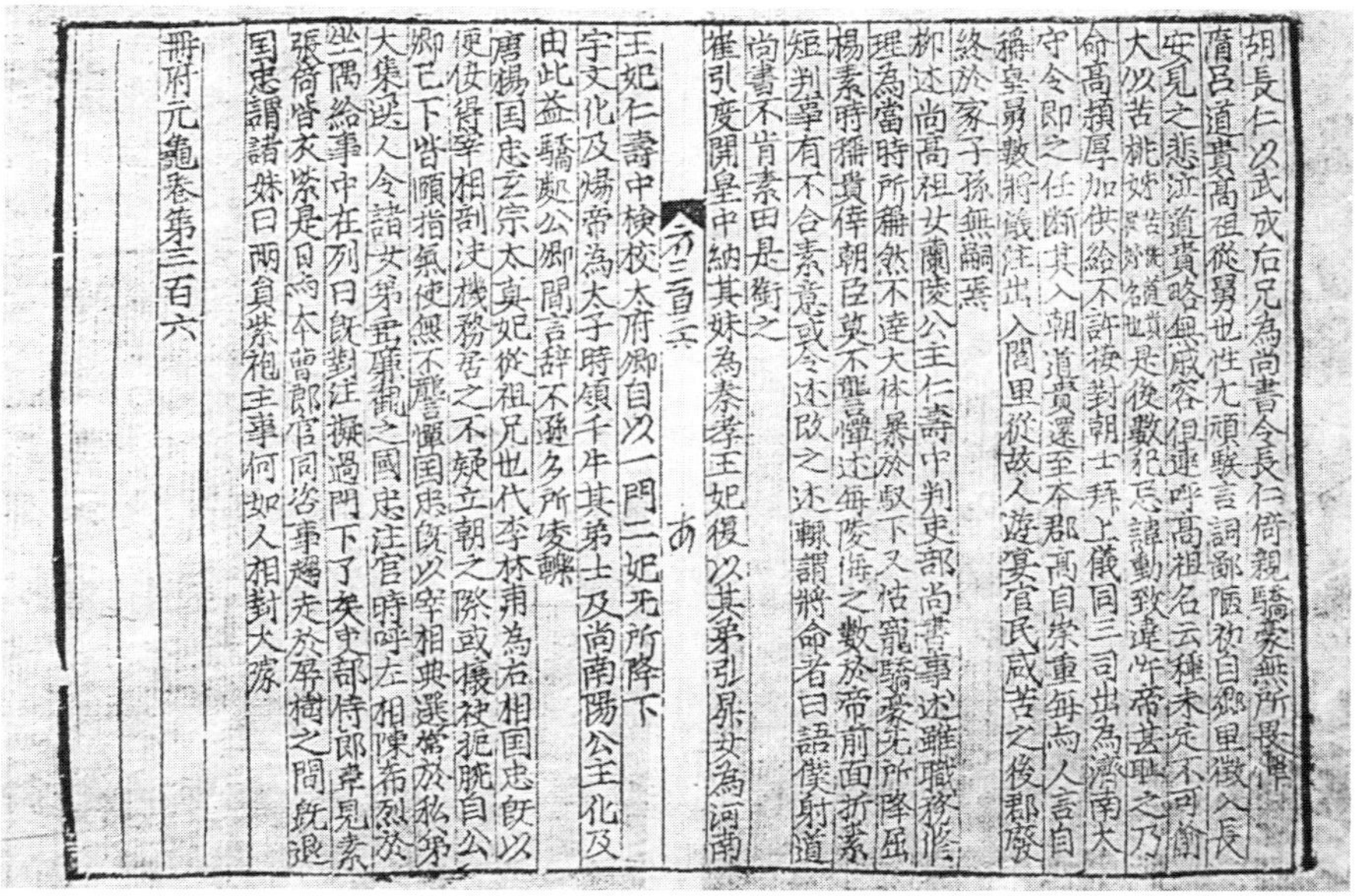
胡長仁以武成后兄為尚書令長仁倚親驕豪無所畏憚
續呂道貴高祖從舅也性尤頑騃言詞鄙陋初自鄉里徵入長
安見之悲泣道貴略無戚容但連呼高祖名云種未定不可偷
大以苦桃妨[illegible]是後數犯忌諱動致違忤帝甚恥之乃
命高熲厚加供給不許接對朝士拜上儀同三司出為濟南太
守令即之任斷其入朝道貴還至本郡高自崇重每為人言自
稱皇舅數將儀注出入閭里從故人遊宴官民咸苦之後郡廢
終於家子孫無嗣焉
柳述尚高祖女蘭陵公主仁壽中判吏部尚書事述雖職務脩
理為當時所稱然不達大体暴於馭下又怙寵驕豪无所降屈
楊素時稱貴倖朝臣莫不讋憚述每陵侮之數於帝前面折素
短判事有不合素意或令述改之述輒謂將命者曰語僕射道
尚書不肯素由是銜之
崔弘度開皇中納其妹為秦孝王妃復以其弟弘昇女為河南
王妃仁壽中檢校太府卿自以一門二妃无所降下
宇文化及煬帝為太子時領千牛其弟士及尚南陽公主化及
由此益驕慢公卿間言辞不遜多所凌轢
唐楊国忠玄宗太真妃從祖兄也代李林甫為右相国忠既以
便佞得宰相剖決機務居之不疑立朝之際或攘袂扼腕自公
卿已下皆頤指氣使無不讋憚国忠既以宰相典選奏於私第
大集選人令諸女弟垂簾觀之國忠注官時呼左相陳希烈於
坐隅給事中在列曰既對注擬過門下了矣吏部侍郎韋見素
張倚皆衣紫是日為本曹郎官同谘事趨走於屏樹之間既退
国忠謂諸妹曰兩員紫袍主事何如人相對大噱
冊府元亀卷第三百六

図7-2　宋版『冊府元亀』書影

聚』や『初学記』と合わせて唐代の三代類書と呼ばれています。このほか、以前に敦煌《とんこう》石窟《くつ》で発見された『兎園策《とえんさく》』（『兎園策府』ともいう）および于立政《うりつせい》『類林《るいりん》』は、どちらも唐代類書の残巻です。玄宗の開《かい》元《げん》年間（七一三～七四一年）に毋煚《ぶけい》が編纂した書目《しょもく》『古今書録《ここんしょろく》』は、初めて類書を子部《しぶ》から独立した項目としました。こうして、類書は雑家類から分かれて独自の分野となりました。[*17]

宋は五代十国《ごだいじっこく》の時期に分裂した局面を終結させ、文治政治を励行しました。宋初の趙光義の時代、朝廷は国家の力をもって立て続けに大部の書籍を編纂しました。百科全書としての性質を持つ類書『太平御覧《たいへいぎょらん》』一千巻（図7-1）、小説を分類し編集した『太平広記《たいへいこうき》』五百巻、文体を分類し集録した『文苑英華《ぶんえんえいが》』一千巻、そして、続く真宗《しんそう》［趙恒《ちょうこう》］の時代に編纂された政治史専門の類書『冊府元亀《さっぷげんき》』一千巻です（図7-2）。前三部の類書の編者は李昉《りほう》とされており、『冊府元亀』の編者は王欽若《おうきんじゃく》とされています。これらの類書は後世「宋代四大類書《そうだいよんだいるいしょ》」と呼ばれ、[*18] 現在まで完全に伝わっています。『宋太《そうたい》宗実録《そうじつろく》』によると、『太平御覧』は前代の『修文殿御覧《しゅうぶんでんぎょらん》』『芸文類聚』『文思博要』といった類書および諸書を編纂して完成したものです。それゆえ、『太平御覧』に引用されている書籍は、必ずしも宋初に存在していたわけではありません。ただし、『修文殿御覧』や『文思博要』は現在すでに散佚しており、『芸文類聚』も百巻が伝わっているだけであるので、『太平御覧』は現存する最大の類書となっています。

『冊府元亀』は引用文献が豊富であり、各「部《ぶ》」「門《もん》」には年代順に資料が列挙されているため、利用にはきわめて便利です。その内容のなかでも、唐や五代に関する記載は最も優れた箇所です。多くの史料は『冊府元亀』のみに伝わっており、文献の輯佚《しゅういつ》や校勘のうえできわめて大きな価値があります。

北宋期に個人が編纂した類書としては、趙光義の時の呉淑《ごしゅく》『事類賦《じるいふ》』三十巻、真宗の時の晏殊《あんしゅ》『類《るい》用《よう》』百巻がよく知られています。『類用』は明代以来伝本がきわめて少なかったのに対して、『事類賦』は清代に行われた輯佚、校勘のなかで頻繁に用いられました。

南宋期の著名な類書には、王応麟《おうおうりん》『玉海《ぎょっかい》』二百巻や祝穆《しゅくぼく》『事文類聚《じもんるいじゅう》』、章如愚《しょうじょぐ》『山堂考索《さんどうこうさく》』、謝維《しゃい》新《しん》『古今合璧事類備要《ここんごうへきじるいびよう》』、高承《こうしょう》『事物紀原《じぶつきげん》』があります。

金《きん》、元《げん》代では類書はあまり編纂されず、しかもその大部分は散佚しました。金の章宗《しょうそう》は泰和《たいわ》四年（一二〇四年）、完顔綱《かんがんこう》などに命じて『編類陳言文字《へんるいちんげんもじ》』二十巻を編纂させました。これは、宮廷や大臣、省台六部《しょうだいりくぶ》［政府機構］の故実を分類、編纂したものです。また、元の文宗《ぶんそう》の時には『経世大典《けいせいたいてん》』八百八十巻が編纂されましたが、これは唐代、宋代の「会要」の体裁を模倣して編まれたものでした。前者は既に伝わらず、後者も大部分は散佚しました。[*19]

目録学

目録学の基本的な役割は、文献を分類して目録を編纂し「学術《がくじゅつ》［各学派の考え］を弁章《べんしょう》［明らかにする］し、源流を考鏡《こうきょう》［参考にする］す」［章学誠『校讎通義』序］ることでした。最も早い目録は、前漢の劉向《りゅうきょう》『別録《べつろく》』、および劉向の子である劉歆《りゅうきん》の『七略《しちりゃく》』であり、どちらも図書を六種類に分類しています。六種類とは「六芸略《りくげいりゃく》」「諸子略《しょしりゃく》」「詩賦略《しふりゃく》」「兵書略《へいしょりゃく》」「術数略《じゅつすうりゃく》」「方技略《ほうぎりゃく》」です。『別録』と『七略』はともに伝わっていませんが、その内容は後漢の班固《はんこ》が編纂した『漢書』「芸文志」にその一端を見ることができます。

西晋《せいしん》になると、荀勗《じゅんきょく》『中経新簿《ちゅうけいしんぼ》』は初めて目録を甲、乙、丙、丁の四部に分け、書物の内容によって経《けい》、子《し》、史《し》、集《しゅう》の四類に分けました。東晋《とうしん》の李充《りじゅう》は『四部書目《しぶしょもく》』を著し、「子」と「史」の順序を入れ替え、乙部を「史」とし、丙部を「子」としました。

唐代の初めに編纂された『隋書《ずいしょ》』「経籍志《けいせきし》」に至り、ようやく経、史、子、集という名称と順序が確立しました。『隋書』「経籍志」の四巻は、経、史、子、集の四部に対応しています。この分類と順序は後世に踏襲されました。中国の図書の分類著録は『漢書』「芸文志」のあと『隋書』「経籍志」に至って、また一つの大きな結実を見ました。

『隋書』「経籍志」の総序によると、当時著録された図書は一万四四六六部、八万九六六六巻の多きにのぼりました。『隋書』「経籍志」の類例は整っており、規範もよく具わり、特に各部類の後にはそれぞれ小序が付され、学術の得失、流派の変遷が考証されており、あたかも漢魏六朝の学案［学術の流れや学説を記し評する著作］のようです。隋唐以前の典籍はほとんど散佚しており、後世の学者が学術の源流を探り真偽を明らかにするには『隋書』「経籍志」を頼りとするので、その功績はたいへん大きいものです。[*20]

唐の玄宗《げんそう》の開元《かいげん》九年（七二一年）には、元行沖《げんこうちゅう》、毋煚《ぶけい》などが詔《みことのり》を受け『群書四部録《ぐんしょしぶろく》』二百巻を編纂しました。この書目には五万三九一五巻と、唐代の学者自撰の書二万八四六九巻、合計八万二三八四巻が著録されています。このため「書《しょ》を蔵《ぞう》するの盛《さか》んなること、開元《かいげん》よりも盛《さか》んなるは莫《な》し」（『旧唐書』「経籍志」、『新唐書』「芸文志」）と伝えられています。『群書四部録』は「用《もち》いる所《ところ》の書《しょ》の序《じょ》は咸《み》な魏《ぎ》文貞《ぶんてい》より取《と》り、分《わ》かつ所《ところ》の書《しょ》の類《るい》は皆《み》な隋《ずい》の経籍志《けいせきし》に拠《よ》る」と評され、編者の一人である毋煚はこれを戒《いまし》めて「常《つね》に遺恨《いこん》有《あ》り、竊《ひそか》に追《お》いて雪《そそ》がんと思《おも》う。乃《すなわ》ち類と同《とも》に契《ちぎ》り、思《おも》いを積《つ》みて心《こころ》を潜《ひそ》め、審《つまび》らかにして旧疑《きゅうぎ》を正《ただ》し、詳《つまび》らかにして新制《しんせい》を開《ひら》かんとす。永徽《えいき》［高宗の年号、六五〇～六五五年］の新《しん》集《しゅう》、神龍《しんりょう》［中宗の年号、七〇五～七〇七年］の近書《きんしょ》は、則《すなわ》ち釈《しゃく》して附《ふ》すなり。未《いま》だ名氏《めいし》を詳《つまび》らかにせず、部伍《ぶご》［分類場所］を知《し》らざれば、則《すなわ》ち論《ろん》じて補《おぎな》うなり。空張《くうちょう》［空欄のこと］の目《もく》は、則《すなわ》ち検《けん》じて獲《う》れば便《すなわ》ち増《ま》す。未《いま》だ允《おさ》めざるの序《じょ》は、則《すなわ》ち詳《つまび》らかにして宜《よろ》しく別《べつ》に作《つく》るべし。紕繆《ひびゅう》［誤り］は咸《み》な正《ただ》し、混雑《こんざつ》は必《かなら》ず刊《けず》るべし」と述べています（『旧唐書』「経籍志」）。また、唐代には『古今書録《ここんしょろく》』四十巻も編纂されました。ここには三千六十部、五万一八五二巻が著録されています。この二つは、唐代に官修されたもののなかでも大部の書目です。

私家目録には呉競《ごきょう》『呉氏西斎書目《ごしせいさいしょもく》』一巻があります。これは、呉競家蔵の書籍一万三四六八巻を著録したものです。[*21]唐代の官撰、私撰の目録はいずれも伝わりませんが、新・旧の両『唐書』、特に欧陽脩の編纂した『新唐書』「芸文志」のなかに、これらの一端を見ることができます。

専門的な目録も、隋唐の時代に大いに発展しました。仏教経典についていえば、隋代には費長房《ひちょうぼう》の『歴代三宝記《れきだいさんぼうき》』（『開皇三宝録』ともいう）十五巻があり、仏典《ぶってん》一〇七六部三二九二巻を著録しています。また、唐代には道宣《どうせん》『大唐内典録《だいとうないてんろく》』十巻がありました。特に、智昇《ちしょう》『開元釈教録《かいげんしゃくきょうろく》』二十巻の分類番号は後の『大蔵経《だいぞうきょう》』編目に踏襲されました。

宋朝は文治を重んじました。太宗の太平興国《たいへいこうこく》三年（九七八年）には崇文院《すうぶんいん》を設置しました。ここを「三館《さんかん》」（昭文、集賢、史館の各館）と称して書院を修築し、正、副およそ八万冊の書物が所蔵されていました。後には、崇文院の中堂に秘閣《ひかく》が建てられ、合わせて「四館《しかん》」と称されました。

仁宗《じんそう》「趙禎《ちょうてい》」の景祐《けいゆう》元年（一〇三四年）には翰林学士《かんりんがくし》の王堯臣《おうぎょうしん》に詔を下し、四館の蔵書によって細目を校正し、編輯のあり方を討論させ、唐の開元《かいげん》『群書四部録《ぐんしょしぶろく》』に倣《なら》って著録を増補させました。この書目は慶暦《けいれき》元年（一〇四一年）に完成して奏上され、仁宗より『崇文総目《すうぶんそうもく》』の名を賜りました。『崇文総目』は全六十四巻、分類は四十五類、三万六六九巻の書物を著録していました。原書では、各条の下に「叙釈《じょしゃく》」（提要）が記されていました。後に編纂された晁公武《ちょうこうぶ》の『郡斎読書志《ぐんさいどくしょし》』や陳振孫《ちんしんそん》の『直斎書録解題《ちょくさいしょろくかいだい》』といった目録もこの方法を採用しました。『崇文総目』の登場によって、中国の目録学は完備した分類や編目、校正、提要の役割をもつまでに発展しました。しかし、宋室が南に移ると、『崇文総目』の「叙釈」は当時の混乱した状況のためにすべて散佚し、「書目」一巻のみが残りました。[*22] 現存するのは清代の銭侗《せんとう》、秦鑑《しんかん》らが佚文《いつぶん》を輯《あつ》めて編纂した『崇文総目輯釈《すうぶんそうもくしゅうしゃく》』五巻、『補遺』一巻、『附録』一巻です。

南宋で最も著名な官撰目録は、寧宗《ねいそう》の時に陳騤《ちんき》などが編纂した『中興館閣書目《ちゅうこうかんかくしょもく》』三十巻（『宋史』

「芸文志」では七十巻、叙例一巻）です。これは、四万四四八六巻の書物を著録していました。この後、張攀《ちょうはん》などは『館閣続書目《かんかくぞくしょもく》』を編纂しました。これは全三十巻、一万四九四三巻を著録しています。正・続の『館閣書目』を合わせると、宋末の館閣［朝廷の図書を管理し、国史を編纂する部署］には五万九四二九巻の書物がありました。[＊23]

中国史学の発展のなかでも、史書の「志」は目録を伝える主要な形式の一つでした。しかし、宋室が南遷すると官撰書目は刪改《さんかい》されたため、結果として、元代に編纂された『宋史』「芸文志」には収録漏れや順序の顛倒《てんとう》といった不備が多く、訂正のしようがありません。[＊24]しかし、幸いなことに鄭樵《ていしょう》が南宋初期に編纂した『通志《つうし》』に頼ることができます。そのなかの「芸文略《げいもんりゃく》」八巻は、鄭樵が特に一生の精力を傾けたものでした。「芸文略」は当初、『群書会記《ぐんしょかいき》』という書名で単独で刊行されましたが、後に『通志』の「二十略」に組み込まれました。鄭樵が『通志』を編纂した本意は、古今の書籍を遺漏のないよう著録することでした。このため、「芸文略」は前述した『隋書』「経籍志」、新旧『唐書』「芸文志」および『崇文総目』などを参考として吸収し、全部で一万九一二種、一〇万一九七二巻を収録するに至りました。また、その分類も、七略や四部といったそれまでの分類規範を乗り越えました。

宋代から元代にかけては、馬端臨《ばたんりん》が『文献通考《ぶんけんつうこう》』を編纂しました。このなかの「経籍考《けいせきこう》」七十六巻は分量的には最も大きいものですが、基づいた資料はすべて晁公武《ちょうこうぶ》と陳振孫《ちんしんそん》の書目です。

宋代の私家目録では、晁公武『郡斎読書志《ぐんさいどくしょし》』と陳振孫『直斎書録解題《ちょくさいしょろくかいだい》』が最も代表的なものです。先に述べたように、この二つの書目はどちらも各条の下に解題《かいだい》を記しています。『郡斎読書志』のほうは、さらに各部の前に総論を付し、多くの類目の前に小序《しょうじょ》を付しています。

『郡斎読書志』は全二十巻、紹興《しょうこう》二十一年（一一五一年）に完成した、中国に現存する、解題が付された最も早い個人の蔵書目録です。研究によると、同書目は全部で一四九六部の書物を著録しており、重複するものを除くと一四九二部で、南宋以前に著された諸分野の重要な著作を基本的には包括しており、特に唐・宋（南宋初期まで）の文献をほぼすべて著録しています。ここに著録された一部の文献は当時でもすでに希少であり、そこで史書の書誌の欠を補うことができます。また、今日ではすでに欠けたか、散佚した文献も少なくなく、一部の文献は『郡斎読書志』にしか著録されていないため、その概略を知ろうとするならば、この書目を参照するしかありません。

さらに価値があるのは、『郡斎読書志』が著録した書物は、すべて晁公武自身が実際に所蔵していたものだということです。このため、同書にある書名、巻数、篇目、篇数、編纂順序、および転録について記述した序跋《じょばつ》はいずれも明確な根拠があります。この点は古い書目をそのまま編集、抄録した目録とは比較になりません。[*25]

陳振孫『直斎書録解題』は南宋末に編纂されました。その体裁はおおむね『郡斎読書志』に基づいています。もとは五十六巻でしたがすでに散佚し、現在伝わるのは清代に『四庫全書』を編纂した館《かん》臣《しん》［四庫閣で『四庫全書』の編纂に当たった者］が『永楽大典《えいらくたいてん》』から録出《ろくしゅつ》し二十二巻に整理したものです。[*26]

以上の他にも、宋代の個人の蔵書目録では尤袤《ゆうぼう》の『遂書堂書目《すいしょどうしょもく》』が現存しています。この書目は、著録した書物の書名だけを記しており、解題がありません。しかし、一種類の書物について数種の版本を著録しており、後世の版本学の端緒を開きました。

第二節　教育の発展

唐宋教育概観

隋朝《ずいちょう》は儒学を重視し、科挙制度を創設しました。これは、次の唐朝《とうちょう》の教育制度に大きな影響を与えました。唐朝はこの科挙制度を受け継いで発展させ、同時に勉学と人材（すなわち官吏）選抜とを結びつけたため、教育の発展を大いに促進しました。*27

唐朝は建国当初から教育を非常に重視しました。唐の高祖李淵《こうそりえん》は武徳《ぶとく》七年（六二四年）に「興学《こうがく》の勅《みことのり》」を発布し、古来より政治は学問を最優先していたとして、学校の創設を大いに提唱しました。この後、歴代の王朝も基本的にはみな教育を重視しました。

唐代では、太宗《たいそう》［李世民］の「貞観《じょうがん》の治《ち》」と玄宗《げんそう》［李隆基］の「開元《かいげん》の治」の期間、二度にわたって官学振興の機運が高まりました。太宗の時には中央の「六学二館《りくがくにかん》」（六学は国子学《こくしがく》、太学《たいがく》、四門学《しもんがく》、書学《しょがく》、算学《さんがく》、律学《りつがく》、二館は弘文館《こうぶんかん》と崇文館《すうぶんかん》）の学生の総数は、最も多いときには八千人に達しました。

唐代の学校教育の種類はきわめて多く、古代では最も完備した学制の一つでした。中央の官学のみならず、地方の官学も大いに発展し、制度も前代までと比べるとはるかに完備しました。この当時の文教政策は寛容であり、文化が栄え、これに加えて科挙試験の刺激により、個人の講学《こうがく》も一定の存在の場を得ていました。安史《あんし》の乱《らん》以後に官学が次第に衰微しはじめると、個人による講学の気風は次第に色濃くなっていきました。

宋《そう》代の統治者は唐から五代の戦乱の教訓を得て、文化教育の社会的機能を深く理解し、積極的に教育を発展させました。宋の太宗［趙光義］は「王者《おうじゃ》は武功《ぶこう》を以《もっ》て克定《こくてい》［平定］すと雖《いえど》も、終《つい》には須《すべか》らく文徳《ぶんとく》を用《もっ》て治《ち》を致《いた》すべし」（『続資治通鑑』巻一二）と述べています。

政治面で文治の傾向が顕著になると同時に、科挙制度はさらに強化・整備され、学校教育と科挙制度の結びつきはますます強くなっていきました。特に人材を選抜する科挙制度の整備は、教育の発展を積極的に推進し、それを刺激する役割を果たしました。

北宋初期の教育は比較的低調でしたが、范仲淹《はんちゅうえん》が慶暦《けいれき》［一〇四一～一〇四八年］の改革を開始すると、公的教育は大いに振興し始めました。そして、王安石《おうあんせき》の改革時にも再び教育事業が振興されました。王安石は「三舎法《さんしゃほう》」［後述、四四頁・四五頁参照］を創設したことでも知られています。徽宗《きそう》［趙佶《ちょうきつ》］の時には、蔡京《さいけい》が再び三舎法を推進しました。官学の発展と同時に、志のある人、特に儒家《じゅか》の士大夫《したいふ》は教育の重要性を痛感し、社会教育に身を投じて学問と教育を密接に結びつけました。これにより、公的教育と私学教育はにわかに盛んとなりました。私学では、理学家《りがくか》も積極的に学校を設立し、倫理教育を主とした人文方面の高等教育と書院《しょいん》教育を展開しました。特に書院教育は斬新な教育形式であり、当時、そして後世に深い影響を与えました。

官学の発展

唐宋の官学《かんがく》教育はそれまでの時代よりも大きく前進しました。

唐が建国されると、高祖李淵は「国子学」「太学」「四門学」を復興し、州県に学校を創設するよう詔を下しました。太宗李世民《りせいみん》の貞観《じょうがん》年間（六二七～六四九年）には官学教育は高まりを見せ、「書学」や「律学」「算学」（その後、医学等も加えられた）などの専門学科が創設されました。唐代の官学は、中

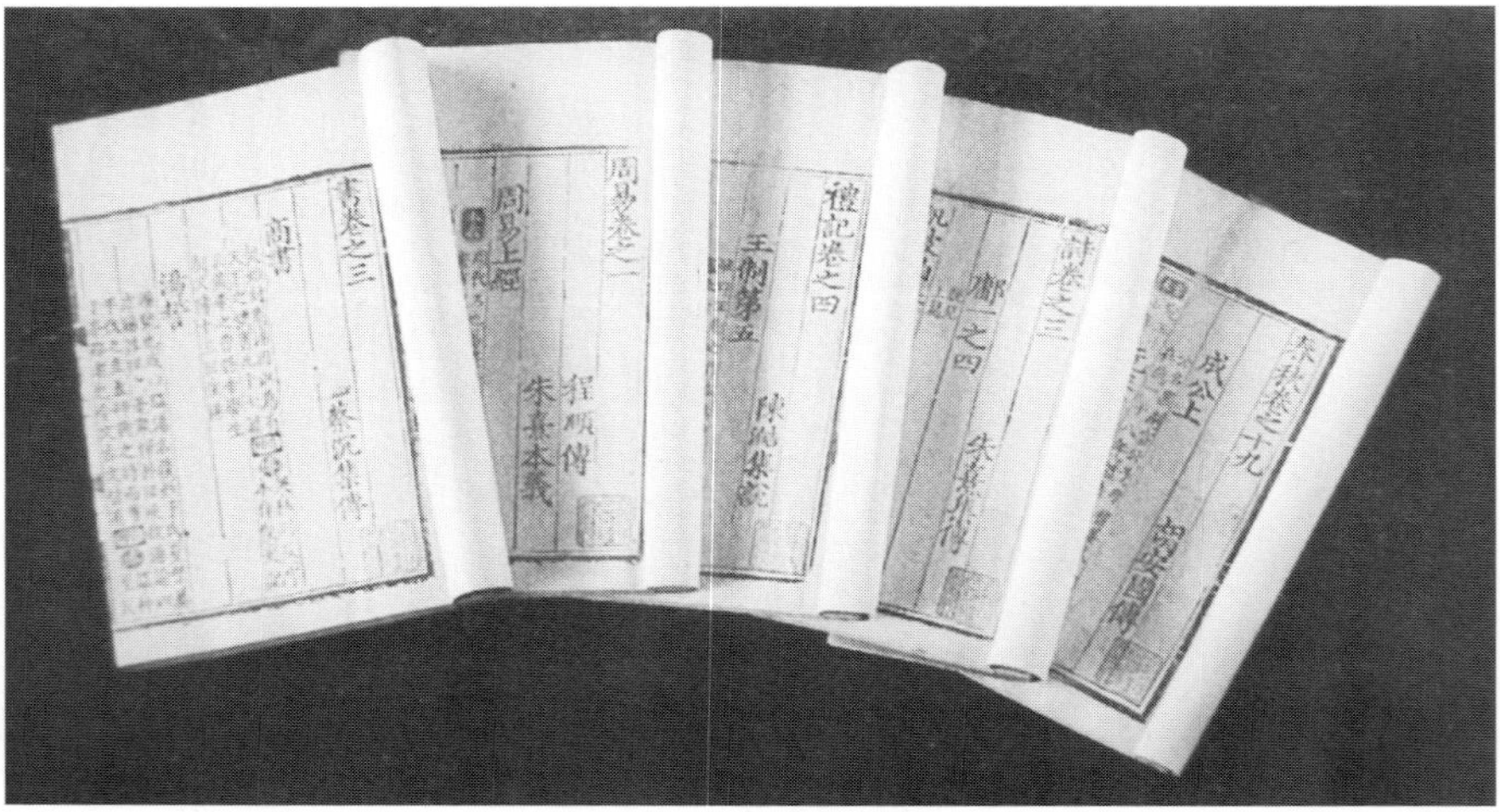

図7-3 『五経』の書影

央と地方の二つに分類されます。

中央官学には、名門貴族の子弟を対象とした崇文館・弘文館・国子学、そして一般官吏の子弟や庶民を対象とした太学《たいがく》・四門学《しもんがく》・広文館《こうぶんかん》がありました。このうち、四門学は「庶民の中でも特に優れた者」八百人を受け入れました。

地方官学の系統は等級の低い順から県学《けんがく》・州学《しゅうがく》・府学《ふがく》に分類されました。「地方の学校の学生は、科挙試験に参加できるほか、地方の官員の選抜を通じて国《こく》子監《しかん》の中の四門学で学ぶことができた。それによって、地方学校は科挙試験の対象者の重要な供給源となっただけでなく、国子監の教育と互いに関連しあう教育機関ともなった」と指摘されます。[*28] 名門貴族の子弟の学校である崇文館が東宮《とうぐう》によって管轄され、弘文館が門下省《もんかしょう》外《がい》によって管轄されたほか、中央官学は最高教育機関である国子監《こくしかん》が管理しました。

唐代の最高教育の長官は祭酒《さいしゅ》、副長官は司業《しぎょう》と呼ばれました。教育行政長官の選抜は厳格であり、唐が教育をいかに重視していたかを示しています。

中央官学の教員には博士《はくし》・助教《じょきょう》・直講《ちょっこう》の三種類があり、いずれも朝廷によって任命されました。教員には考課《こうか》〔評定〕制度があり、考課の結果により昇進や賞罰が決められました。教師はみな授業だけを担当しました。「諸《もろ》もろの博士《はくし》・助教《じょきょう》は、皆《み》な経《けい》を分《わ》かちて学者《がくしゃ》に教授《きょうじゅ》し、一経《いっけい》を授《さず》くる毎《ごと》に、必《かなら》ず講《こう》を終《お》えしむ。講《こう》ずる所《ところ》未《いま》だ終《お》わらざれば、業《ぎょう》を改《あらた》めるを得《え》ず」〔徐松《じょしょう》『登科記考《とうかきこう》』〕でした。通常、官学の教育内容は『五経《ごきょう》』（図7-3）、『論語《ろんご》』、『孝経《こうきょう》』、そして文字学、言語学が主でした。教育の経費は全額が政府より支給されました（学費は免除された）。

宋代の官学システムは唐代よりも完備されました。教学内容はより儒家倫理を重んじる教育であり、方法面でも多くの新たな試みがなされました。たとえば、范仲淹《はんちゅうえん》は参知政事《さんちせいじ》〔宰相の補佐役、副宰相〕になると教育振興政策を実施し、胡瑗《こえん》の教育法「蘇湖教法《そこきょうほう》」を太学における教学の標準とするよう仁宗《じんそう》に提言しました。蘇湖教法の中核は「分斎教学《ぶんさいきょうがく》」です。分斎とは、教科を分けることです。その主旨は各人に合った教育を施し、学習の過程で学生に主要科目と副科目を共に学ばせることで、専門分野にすぐれ広範な知識をもつ人材を育成することにありました。これと同時に、儒家経典の学習について、胡瑗は「明体達用《めいたいたつよう》」を求め、儒家思想を社会における実践の中で貫徹させようとしました。

范仲淹は上奏文の中で「臣竊《しんひそ》かに前《さき》の密州観察推官《みっしゅうかんさつすいかん》胡瑗《こえん》を見るに、志《こころざし》は墳典《ふんてん》を窮《きわ》め、力《つと》めて礼儀《れいぎ》を行《おこな》い、見在《けんざい》は湖州郡学教授《こしゅうぐんがくきょうじゅ》、徒《と》を聚《あつ》めること百余人《ひゃくよにん》、惟《た》だ経旨《けいし》を講論《こうろん》するのみならず、詞業《しぎょう》を著《ちょ》撰《せん》して、常《つね》に教《おし》うるに孝弟《こうてい》を以《もっ》てし、習《なら》わしむに礼法《れいほう》を以《もっ》てし、人人《ひとびと》善《ぜん》に嚮《む》かい、閭里《りょり》嘆伏《たんぷく》す。此《こ》れ実《まこと》に陛下の声教《せいきょう》を助《たす》く、一代《いちだい》の美事《びじ》為《た》り」（『全宋文』巻三七五「胡瑗《こえん》・李覯《りこう》を薦《すす》めて学官《がくかん》に充《あ》つるを為《な》さんことを奏《そう》す」）と述べています。このように、范仲淹は太学が胡瑗の教学方法を採用するよう建議し、仁宗に受け入れられました。この教学内容と方法は、太学の空疎な学風を改めるのに大きな役割を果たしました。

宋代は教育改革の面で卓越した成果を収めましたが、王安石が創設した「三舎法《さんしゃほう》」もその代表的な事例でした。王安石は神宗《しんそう》［趙頊《ちょうぎょく》］の熙寧《きねい》年間［一〇六九～一〇七七年］と元豊《げんぽう》年間［一〇七八～一〇八五年］の二度にわたって宰相となり改革を行い、教育においても改革を実行しました。王安石は実学と実際的な能力の育成を重視し、太学で「三舎法」を推し進めました。王安石と「三舎法」については、後にあらためて詳述します。

国子監

国子監《こくしかん》は教育制度の発展度合いを示す指標の一つです。隋は国子寺《こくしじ》（六〇七年に国子監と改められ、この名称は清朝まで用いられた）を設立し、国子学《こくしがく》、太学《たいがく》、四門学《しもんがく》、書学《しょがく》、算学《さんがく》などを含め中央の官学体制を統括させました。

唐は隋の官学体制を受け継ぎ、国子監を設立して中央官学の「六学一館《りくがくいっかん》」（国子学、太学、四門学、書学、算学、律学《りつがく》、広文館《こうぶんかん》）を管轄させました。太宗の時には、唐の人間以外にも、高麗《こうらい》、百済《くだら》、新羅《しらぎ》、高昌《こうしょう》といった近隣諸国が相次いで子弟を派遣し、国子学に入学させました。

宋の国子監は国家の教育行政管理の最高機関でした。その役割は主に、各種の学校の管理、図書典籍の管理、各種の試験を管轄することなどでした。同時に、広文館、四門学、国子学、小学《しょうがく》、太学、武学《ぶがく》、律学を統括しました。国子学の募集対象は京朝官《けいちょうかん》［京官（中央官庁の役人）と朝官（朝会に臨むことのできる高級官僚）］のうち七品以上の子孫でした。太学が募集したのは八品以下の官吏の子弟や庶民のうち優秀な者であり、これが中央官学の中核でした。太学生の総数は、最も多い時（崇寧元年（一一〇二年））で三千八百人に達し、この時には太学の分校として辟雍《へきよう》が設立されました。

王安石《おうあんせき》が創設した「太学三舎法《たいがくさんしゃほう》」は、太学の教育水準向上に大きく貢献しました。「三舎法」は「三舎選察昇補法《さんしゃせんさつしょうほほう》」、あるいは「三舎考選法《さんしゃこうせんほう》」とも呼ばれ、太学内部において「点数制《てんすうせい》」により決定した成績の上下に基づき、学生をそれぞれ外舎《がいしゃ》、内舎《ないしゃ》、上舎《じょうしゃ》に編入し、成績が優秀な上舎の学生は、科挙試験を受けずに官職を授けられました。このように点数を審査し、学生を昇級、留年させる制度は優秀な人材が能力を発揮するのに有利であり、同時に太学の学風も大いに改善されました。

元代の国子学は、普通国子学、蒙古《もうこ》国子学、回回《かいかい》国子学の三つに分けられます。普通国子学の募集は民族を問いませんでしたが、官吏の子弟に限定されました。蒙古国子学はモンゴル人の子弟を主とし、少数ながら漢人官吏の子弟も募集しました。回回国子学では通訳を育成しました。

元代の国子学は胡瑗《こえん》の「蘇湖教法《そこきょうほう》」を援用し、六つの「斎《さい》」に分けて教学し、管理面では「昇斎《しょうさい》積分法《せきぶんほう》」と「貢生制《こうせいせい》」を採用しました。教学内容は儒家の経学を主としました。

明代の国子監は首都の最高学府に設置されました。明は永楽帝《えいらくてい》の時、南京から北京への遷都を行いましたが、当初南京に設置された国子監は遷都後もそのまま維持されました。そこで、南京国子監《なんきんこくしかん》（南雍）と北京国子監《ぺきんこくしかん》（北雍）が併存することとなりました。国子監の生員《せいいん》「学生」は「官生《かんせい》」と「民《みん》生《せい》」に分けられました。官生は官位を持つ官吏や土司《どし》「辺境地区の少数民族の首領」の子弟、海外からの学生です。官生は皇帝の命により国子監に派遣され、恩典によりなりました。民生は地方より推薦され、派遣されました。どちらも「積分法」により学習成績が審査されました。

范仲淹と王安石

唐宋の時代には教育改革を推進し、教育の実践を行った傑出した教育者が多く登場しました。王通《おうつう》、韓愈《かんゆ》、柳宗元《りゅうそうげん》、李翺《りこう》、胡瑗《こえん》、范仲淹《はんちゅうえん》、王安石《おうあんせき》、朱熹《しゅき》といった理学家《りがくか》が代表的な人物です。理学家は私学の発展に大きな功績を残しました。范仲淹や王安石は宋代の重要な政治家、教育改革者であり、宋代における教育の発展、推進に大きく貢献しました。

范仲淹は地方官を務めた時にはすでに教育を重視しており、知蘇州《ちそしゅう》［蘇州の長官］の時には蘇州州学《しゅうがく》の設立を推進しました。仁宗《じんそう》の慶暦《けいれき》三年（一〇四三年）、范仲淹は参知政事となり「慶暦新政《けいれきしんせい》」と呼ばれる朝政改革を実施します。翌年、仁宗は范仲淹の建議を受けて、学校設立の詔を発布しました。

范仲淹の教育思想は「慶暦新政」時に行った教育改革における、各種の実践の中に体現されています。彼は地方官であった時から学校教育を重視しており、学校の振興と広範な人材の育成を主張していました。政府は教育や人材の育成を重視すべきであり、何もせずに人材を獲得することなどできない、と考えました。特に太平の世ではより一層機会を捉えて教育活動を行うべきだと考えていました。

范仲淹の改革のもと、仁宗は慶暦四年（一〇四四年）に「諸路《しょろ》、州《しゅう》、軍《ぐん》、監《かん》、各《おの》おのに学《がく》を立《た》てしめ、学《まな》ぶ者《もの》二百人《にひゃくにん》以上《いじょう》は、更《さら》に県学《けんがく》を置《お》くことを許《ゆる》す」（『宋史』「職官志」）という詔を下しています。これより州学《しゅうがく》、府学《ふがく》、軍学《ぐんがく》が各地に設置されました。このほか、范仲淹は学校設立の過程のなかで、科挙試験に参加する者は一定期間の学校教育を受けなければならないと規定しました。彼は「士《し》は須《すべか》らく学《がく》に在《あ》りて業《ぎょう》を三百日《さんびゃくにち》習《なら》うべし」と述べ、過去に受験したことのある者も、百日以上は学校で学ばなければならないと考えました。范仲淹は学生の知識運用能力を観察し、学ぶことと考えることをともに重視するよう強く主張しました。

また、改革では、科挙試験が「策論《さくろん》」［政治問題を議論して朝廷に献策する文章］によって人材を選抜することとし、「貼経《ちょうけい》」［経典の文の一部を空欄としてその中を埋める問題］などのような形式化した試験を廃止することを強調しました。

教育内容では、学問と行動、知識と道徳をともに重んじることを奨励し、「経世済民《けいせいさいみん》」［世を経《おさ》め民を済《たす》くこと］」を実行できる人材の育成を重視しました。当時の教育が「以《もっ》て国家《こっか》の用《よう》を為《な》すべからず」であることに対して、范仲淹は胡瑗の始めた「蘇湖教法」を積極的に推進してこれを教学実践の中で貫徹させ、さらに「常《つね》に教《おし》うるに孝弟《こうてい》［親に対する孝と兄弟姉妹に対する友愛（悌）］を以《もっ》てし、習《なら》わしむに礼法《れいほう》を以《もっ》てし、人人善《ひとびとぜん》に嚮《む》かい、閭里《りょり》嘆伏《たんぷく》す」（『范文正公文集』「胡瑗・李覯を薦めて学官に充つるを為さんことを奏す」）となりました。范仲淹の努力により、「蘇湖教法」は太学に受け入れられました。

范仲淹の教育思想と実践は、後の王安石の「熙寧興学《きねいこうがく》」にも大きな影響を与え、多くの教育政策は王安石に受け継がれました。「熙寧変法《きねいへんぽう》」は社会改革運動です。王安石が「熙寧興学」のなかで行った改革とその実践は、北宋政権の政治、経済、軍事など各方面で利益をもたらし、弊害を取り除くものでした。王安石は「事《こと》に遇《あ》いて治《ち》を事《こと》とし、策《さく》を画《はか》りて利害《りがい》は得《え》られ、国《くに》を治《おさ》めて国安《こくあん》に利《り》すなり」であろうとすれば、必ず「天下国家《てんかこっか》の用《よう》を為《な》す」人材を育成しなければならない［『臨川文集』巻六四「材論」］と考えました。このため、王安石の教育思想は「経世《けいせい》」の人材を育成することを目標としました。

変法における、実用を重視する王安石の教育思想は、「熙寧興学」のなかで行われたさまざまな措置に体現されています。教学内容について、王安石は「章句《しょうく》の学《がく》」［経書の解釈学］に不満を抱き、学問が世の役に立つことを望んで「苟《も》し以《もっ》て天下国家《てんかこっか》の用《よう》を為《な》すべからざれば、則《すなわ》ち教えざるなり。苟《も》し以《もっ》て天下国家《てんかこっか》の用《よう》を為《な》さば、則《すなわ》ち学《がく》に在《あ》らざるは無《な》し」（『臨川文集』巻三九「仁宗《じんそう》皇帝に言事《げんじ》を上《たてまつ》る書」）と考えました。また、儒家の経学は「事物《じぶつ》を経《おさ》める」学問であり、「性理《せいり》」［人間の本性や自然の摂理］を空談するものではないと考えていました。礼楽《れいがく》や刑政《けいせい》については、官吏を務めるうえでの基本的条件であると考え、武事《ぶじ》については、「仁宗皇帝に言事を上る書」のなかで「士《し》の才《さい》、以《もっ》て公卿大夫《こうけいたいふ》と為《な》るべき有《あ》り、以《もっ》て士《し》と為《な》るべき有《あ》り。其《そ》の才《さい》の大小《だいしょう》、宜《よろ》しき宜《よろ》しからざるは則《すなわ》ち有《あ》り、武事《ぶじ》に至《いた》りては、則《すなわ》ち其《そ》の才《さい》の大小《だいしょう》に随《したが》い、未《いま》だ学《まな》ばざる者有《ものあ》らざるなり」と述べています。[*29]

このほか、政治を担う人材を育成する以外にも、熙寧《きねい》六年（一〇七三年）には律学《りつがく》を設置し、さらに中央の医学を復興させ、州県の医学振興を提唱しました。このように、王安石は国家を治める人材を重視すると同時に、社会が必要とする各方面の専門的人材の育成にも注意を払いました。

教材については、熙寧八年（一〇七五年）、王安石が中心となって『三経新義《さんきょうしんぎ》』を編纂し「学官に頒《わか》」ち、これは国定の統一教材となり、科挙試験の出題内容や答案の基準となりました。こうして「経《けい》を談《だん》じること人人《ひとびと》殊《こと》なれり」という状況は改変され、思想は統一されました。一方、王安石は学校振興や教材の編纂を通じて、みずからの改革思想を天下に広めました。さらに、『三経新義』は「章句伝経《しょうくでんけい》」の学問を終結させるうえで大きな役割を果たしました。

また、審査制度についても、王安石は改革を行いました。まず、太学の学生の学習状況を審査するうえで、王安石は「三舎法《さんしゃほう》」を創設し、学生の平常成績と試験成績を合わせて、学習成果を全面的に審査しました。さらに、太学生の生活状況を改善し、安心して学習できるようにしました。

次いで熙寧四年（一〇七一年）、王安石は科挙試験制度の改革を主導し、「明経《めいけい》」の各科〔儒教の経典についての試験。この科の合格者は高級官僚になることはできなかった〕を廃止させ、進士試験では「詩賦《しふ》」を取りやめ、「貼経《ちょうけい》」、「墨義《ぼくぎ》」〔経典の意味を書面で答える試験〕など形骸化した試験方法も廃止しました。

このほか、王安石は「仁宗皇帝に言事を上る書」のなかで人材の「之《これ》を取《と》るの道《みち》」〔採用方法〕に言及し、人材の選抜は「必《かなら》ず郷党《きょうとう》〔村里〕に於《お》いてし、必《かなら》ず庠序《しょうじょ》〔地方の学校〕に於いてし、衆人《しゅうじん》をして其《そ》の所謂賢能《いわゆるけんのう》を推《お》さしめ、之《これ》を書《か》き以《もっ》て上《しょう》に告《つ》げて之《これ》を察《さっ》す」と考えました。[*30] これはつまり、人材の可否は必ず社会の承認を得る必要があるという意味です。同時に、さらに「問うに行（行動）を以《もっ》てす」ることで「審《つまび》らかに其《そ》の徳《とく》を知《し》」り、「問うに言を以てす」ることで「審《つまび》らかに其《そ》の才《さい》を知《し》」り、「其《そ》の言行《げんこう》を得《え》んとすれば、則《すなわ》ち之《これ》を試《ため》すに事《こと》を以て」することが必要であるとし、王安石は教育改革を通じて人材を育成するために社会的条件を整え、人材の評価基準を「経世致用《けいせいちよう》」〔国家社会の役に立つこと〕としたことがわかります。王安石の教育思想の最終目標は「世に用いらる」〔世の役に立つ〕という「経世」によって決定されたと言えるでしょう。要するに、王安石の教育改革は政治改革と同じく、対立する思想観念との衝突や政治闘争であったので、結局は教育改革においても、実務を行い世に役立つ人材を選抜するという有機的な制度を確立することができませんでした。

幼学教育の発展

私学《しがく》の発展は、唐宋の時代における教育の大きな成果です。隋唐の時期に、私学は大きな発展を遂げました。この時期、著名な学者であった王通《おうつう》は代々儒学の家系で、父の志《こころざし》を継ぎ二十歳から講学を始めました。このほか劉《りゅう》焯《しゃく》も各地を遊歴し講学を行ったことで知られていました。

唐は個人が学校を運営することを法的に奨励しました。韓《かん》愈《ゆ》や柳《りゅう》宗《そう》元《げん》といった多くの学者も、学問を伝え教授することに努めました。このほか、啓蒙的な私学も発展しました。

宋代の私学は、隋や唐のころよりもさらに発展しました。宋の初期、統治者は政権の基礎を固め、情勢を安定させる必要から経済発展が最重要課題であり、教育政策をかえりみる暇はありませんでした。これと同時に、官吏となる人材に対する政府の需要は日増しに高まっていきましたが、士人が学問を身につけるには私学で学ぶしかありませんでした。このため、私学は時勢に応じて盛んになりました。

三度にわたる学校振興が実施された期間、中央官学の拡充と地方官学の普及により、中等、高等の私学の発展は抑制されましたが、成人を対象とした、学問研究や科挙試験準備のために設立された一部の私学のほかに、幼学教育機関は学問を修得しようとする広範な社会心理や、児童、少年が過度に早くから家を離れることなく、居住地域の近くで学ぶことができることから、明確な影響は受けませんでした。

さらに科挙の拡大と読書人の増加により、科挙に落第した多くの受験生が教師として生計を立てることを選択したため、教師不足の問題は解決されました。そこで、もしこの時期の私学や書院の全体を語るとすれば、確かに相対的には低迷していたと言えます。しかし、初等教育について言えば、宋代初期の基礎の上にかなり大きく発展したと言えます。

後に宋朝が南渡すると、官学が盛んになることはなく、科挙も次第に腐敗していきました。これに対して南宋の幼学教育は依然として盛んであり、「精舎《せいしゃ》」や「精廬《せいろ》」など書院に類する高級私学も再び盛んになりました。たとえば朱熹《しゅき》が創設した「滄州精舎《そうしゅうせいしゃ》」や陸九淵《りくきゅうえん》の「応天山精舎《おうてんざんせいしゃ》」は大きな影響力がありました。また、碩儒《せきじゅ》として名高い張栻《ちょうしょく》、呂祖謙《りょそけん》、陳亮《ちんりょう》、葉適《しょうせき》なども、このような学問の研鑽を趣旨とする私学を設立しました。このほか、南宋の幼学教育はすでに「村学《そんがく》」や「義学《ぎがく》」［公費や私費で開設された学費無料の学校］、「族塾《ぞくじゅく》」、「冬学《とうがく》」［農村で冬の農閑期に開設された学校］など各種の形式に分かれていました。要するに、南宋は私家教育の新たな高まりが起こった時代でした。

　元代の官学は振るいませんでしたが、民間では私学に対する需要が高まり、私学が盛んになりました。漢語・漢文で儒家の経典を教える私学がこれまでと同じく主流でしたが、なかには少数民族や西域の諸民族でも私学が設立されました。

　明代の私学教育は「始終停滞することはなく、官学の盛衰に合わせて曲線を描くように繰り返し変動した。戦乱の時期でも私学の活動は相対的には安定しており、社学《しゃがく》［郷や鎮など、地方最末端の行政区画に設立された小学校］が各地に広く設立された時期には、官学教育を補う機能を果たした。科挙が盛んになった時期には、試験の準備機関となり」ました[*31]。

　私学発展のなかで、初等教育の発展は最も顕著でした。「中国古代の初等教育は、ほぼすべて下級の私学において完成された。王侯貴族の守役《もりやく》が行った宮廷教育であれ、民間の家族や私塾の教育であれ、いずれも家庭教育の形式であった」と指摘されます[*32]。

　唐代の初等教育は、それまでよりも主に詩文の面で発展しました。同時に、教材については『論語』や『孝経』といった儒家の経典のほか、児童の特徴に適した教材が編纂されました。たとえば、李瀚《りかん》『蒙求《もうぎゅう》』や作者未詳『太公家教《たいこうかきょう》』、杜嗣先《としせん》『兎園冊府《とえんさっぷ》』などです。

　宋代の官学はおおよそ中級、高級の二種類だけでした。学生は地方の官学に入学する前に、まず相

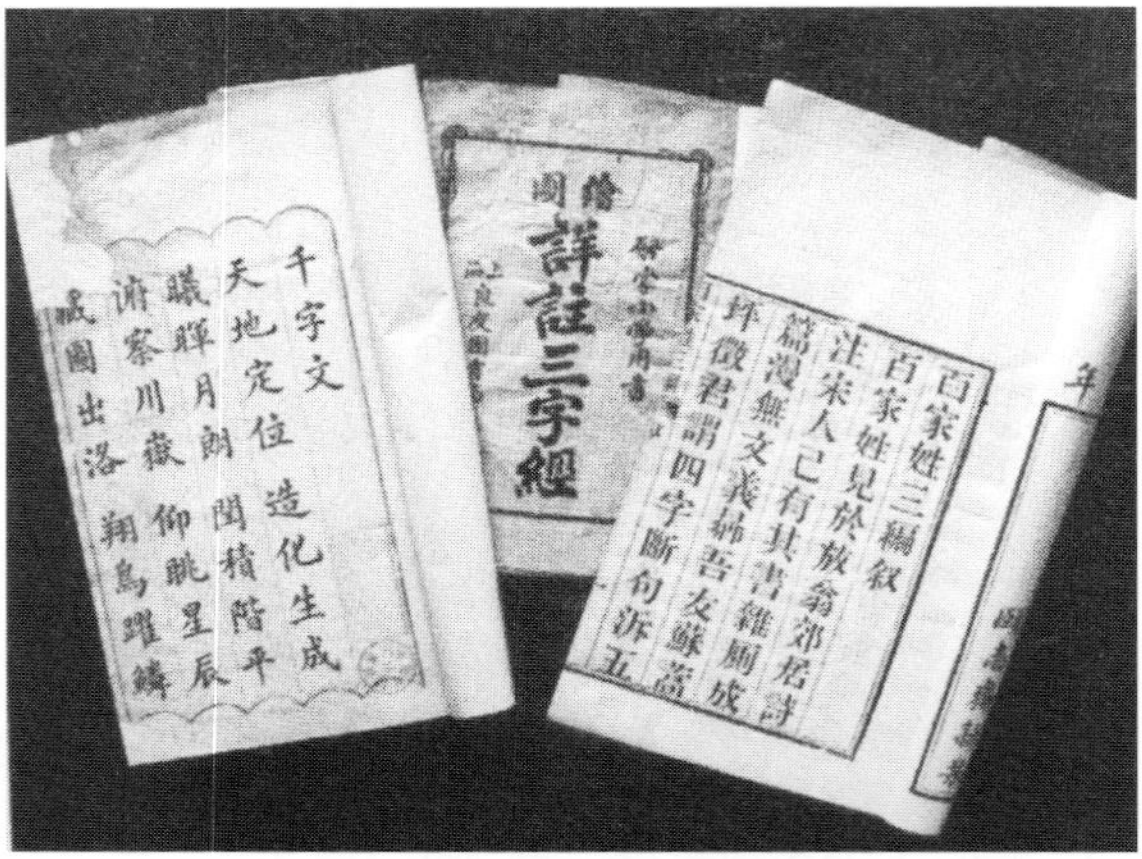

図7−4　『三字経』『千字文』『百家姓』の書影

応の初等教育、幼学教育を受け、文字の読み書きなど学問のしっかりとした基礎を学びました。宋代には専門的に初等教育を行う「小学《しょうがく》」が設立されましたが、設置された期間は短く、またほとんど普及しませんでした。このため、初等教育を行う私学がこの空白を埋めて盛んになりました。初等学校は漢代にもすでに発達していましたが、「経館《けいかん》」や「精舎」に比べると、その地位は高くありませんでした。また、宋代の高等私学の多くは書院に取って代わられ、そのため初等教育がきわめて盛んとなりました。

初等教育を行う私学の入学年齢は七～十五歳でした。教学内容は初歩的な道徳的行動の訓練や、基礎的な知識を身につけるものでした。教学目的の大部分は、将来受験する科挙に向けて学問の基礎を固めることでした。宋代の初等教育には多くの特徴がありますが、特に多くの新たな識字、倫理道徳の教材が編纂されたことや、理学者が積極的に初等教学の内容に参与し、また率先して教育を行ったことなどが挙げられます。

教材の類別から見ると、内容が完備された総合的な初等教育の教材としては、王応麟《おうおうりん》『三《さん》字経《じきょう》』が代表的なものです。『三字経』は文字が簡潔で、内容はよくまとめられています。具体的には、三文字が一句となり、すべての句が韻を踏んでおり、通俗的でわかりやすく、暗誦しやすくなっています。内容は歴史に関する知識、名物についての常識、読書の順序、人生哲学、勤勉、学問を好むことなど、識字、知識、道徳教育を一つに融合させています。これと類似した教材には『百家姓《ひゃっかせい》』と『千《せん》字文《じもん》』があり、『三字経』と合わせて「三百千《さんひゃくせん》」と呼ばれています。（図7-4）

また、倫理道徳の教材としては、朱熹の弟子陳淳《ちんじゅん》の『啓蒙初誦《けいもうしょしょう》』と程端礼《ていたんれい》の『性理字訓《せいりじくん》』が代表的なものです。『啓蒙初誦』は倫理的内容を主としています。その冒頭には「天地《てんち》の性《せい》、人《ひと》を貴《たっと》しと為《な》し、善《ぜん》ならざるは無《な》く、万物備《ばんぶつそな》われり。仁義《じんぎ》は実《まこと》に礼智《れいち》の端《はじ》め、聖《せい》と我《われ》とは、心同然《こころどうぜん》たり」とあり、さらに「進《すす》むに礼《れい》を以《もっ》てし、退《しりぞ》くに義《ぎ》を以《もっ》てし、声色《せいしょく》〔歌舞女色〕せず、貨利《かり》〔蓄財〕せず」（『北《ほく》渓大全集《けいだいぜんしゅう》』巻一六）[*33]とあります。『性理字訓』の全文はわずか三十条です。言葉は簡略ながら言うところは深く広く、性理の学の精髄をわかりやすく示しています。後には『性理字訓』の形式をまねた『小児語《しょうじご》』『続小児語《ぞくしょうじご》』『名賢集《めいけんしゅう》』『増広昔時賢文《ぞうこうせきじけんぶん》』などが登場しました。

このほか、宋代以後には女子を対象に編纂された啓蒙書が現れました。主要なものとしては『閨訓《けいくん》千字文《せんじもん》』や、後の康熙《こうき》年間（一六六二〜一七二二年）に王相《おうしょう》が編纂し注釈を付した『女四書《おんなししょ》』（『女誡《じょかい》』『女論語《おんなろんご》』『内訓《ないくん》』『女範捷録《じょはんしょうろく》』）があり、同類の書物には『蒙学女児経《もうがくじょじきょう》』などがあります。この種の書物は道徳教育を主としており、女子を儒家倫理が求める方向に沿って成長させようとするものでした。

歴史関係の教材としては、王令《おうれい》『十七史蒙求《じゅうしちしもうぎゅう》』、胡寅《こいん》『叙古千文《じょこせんもん》』、朱熹『小学《しょうがく》』、呂本中《りょほんちゅう》『童蒙《どうもう》訓《くん》』、呂祖謙《りょそけん》『少儀外伝《しょうぎがいでん》』などがあります。これらの内容はいずれも歴史故事を中心としており、文章は「参《まじ》えるに対偶《たいぐう》を為《な》し、聯《つら》ねるに音韻《おんいん》を以《もっ》て」書かれており、読者が歴史知識を学ぶことができるよう工夫してあります。

詩歌関係の教材としては、朱熹『訓蒙詩《くんもうし》』、陳淳『小学詩札《しょうがくしさつ》』などがあります。また、古くから伝わる教材には『千家詩《せんかし》』や『神童詩《しんどうし》』などがあります。

このほか、名物の常識を学ぶ教材としては、方逢辰《ほうほうしん》『名物蒙求《めいぶつもうぎゅう》』があります。『名物蒙求』の内容は天地万物や自然の知識を主としていますが、儒家の「三綱五常《さんこうごじょう》」や「名教《めいきょう》」にも及んでいます。[*34]

宋代の初等教材の特徴はきわめて明確です。第一点は児童向けの教材としての特質に注意を払っており、識字教材であってもおもしろさを重視していることです。第二点は各句が短く、文章構造が簡単であることです。第三点は対句や押韻《おういん》を重視し、暗誦しやすいよう配慮されていることです。第四点は知識や教育の性質と、おもしろさとを融合させていることです。第五点は修養に関する教材が多く、識字のみならず修養も身につけることができるようになっていることです。

宋代の初等教育は、児童の学習態度の育成に十分な注意を払っていました。たとえば、謙虚さ、真面目さ、勤勉さ、集中力などです。また、学生の学習習慣にも注意を払っていました。朱熹は『童蒙須知《どうもうすち》』のなかで「凡《およ》そ人《ひと》の子弟《してい》為《た》らば、当《まさ》に居処《きょしょ》の地《ち》を灑掃《さいそう》すべし。几案《きあん》［机］を払《ふっ》拭《しょく》し、当《まさ》に潔浄《けつじょう》せしむべし。文字筆硯《もじひっけん》、百凡《ひゃくはん》の器用《きよう》は、皆《み》な当《まさ》に厳粛《げんしゅく》に整斉《せいせい》［整頓］し、頓放《とんほう》する［置く］に常処《じょうしょ》有り、取《と》り用《もち》いて既《すで》に畢《お》われば、復《ま》た原所《げんしょ》に置《お》くべし」とか、「書冊《しょさつ》を将《と》りて整斉頓放《せいせいとんほう》し、身体《しんたい》を正《ただ》して書冊《しょさつ》に対《たい》し、詳緩《しょうかん》［心を落ち着けて］として字《じ》を看《み》、仔細分明《しさいぶんめい》にして之《これ》を読《よ》み、須《すべか》らく読《よ》みて字字響《じじきょう》亮《りょう》たるを得《え》るを要《よう》すべし」とか、「凡《およ》そ字《じ》を写《うつ》すに、未《いま》だ写《うつ》し得て工拙《こうせつ》の如何《いか》なるかを問《と》わず、且《まさ》に一筆一画《いっぴついっかく》、厳正分明《げんせいぶんめい》にして、潦草《りょうそう》たるべからざるを要《よう》すべし」などと求め、このほかにも書物を熟読し暗誦することを強調しています。

宋代の儒者は一般に「書《しょ》を読《よ》むこと千遍《せんぺん》、其《そ》の義《ぎ》自《おの》ずから見《あらわ》る」［張洪《ちょうこう》・斉熙《さいき》『朱子読書法』］と考えていました。また、子供は記憶力が最も良いので、この時期にさまざまな物事を覚えるべきだと考えられていました。程頤《ていい》は、子供は記憶力が良いのだから、早いうちから学習するべきだと述べています。

朱熹は「読《よ》むこと多《おお》からば自然《しぜん》と暁《さと》る」〔黎靖徳編『朱子語類』〕ことを強調し、「読書し暗唱する際には一文字も誤ってはならず、一文字も欠けてはならず、一文字も多くてはならず、一文字も順序を誤ってはならない」（『童蒙須知』）と述べています。

理学《りがく》の思想を強く受けたため、一部の教学の内容は品徳修養《ひんとくしゅうよう》のたぐいが多く、学者は道徳的な観念や人品、習慣の育成を知識の伝授と緊密に結びつけるよう努力しました。

たとえば朱熹の『小学《しょうがく》』には多くの道徳教義に関する条目がありますが、道徳故事や物語性の高い叙述を通じて無味乾燥になることを避け、児童が知識を学ぶと同時に、道徳の薫陶をも受けることができるよう配慮されています。

このほか、詩歌や舞踏も教学の中によく取り入れられました。ただし、昔ながらの「夏楚《かそ》〔子供を打つ教鞭のこと。体罰をいう〕の二物《にぶつ》は、其《そ》の威《い》を収《おさ》むるなり」（『礼記』「学記」）という伝統的な教学方法も盛んに行われました。[*35]

明代における社学《しゃがく》の発展は、初等教育の発展に大きな役割を担いました。

明代の社学は元代の社学を基礎として発展しました。明の太祖《たいそ》は洪武《こうぶ》八年（一三七五年）、天下に社学を設立するよう詔《みことのり》を発布し、社学の設置ブームが全国で起こりました。

社学は八～十五歳の学生を受け入れる学校で、父母には子供を通学させるよう強制しました。『姑《こ》蘇志《そし》』には「洪武八年、州県《しゅうけん》に詔《みことのり》して五十家毎《ごと》に社学一つを設《もう》けしむ。本府《ほんぷ》の城市郷村《じょうしきょうそん》は、共《とも》に七百三十七所を建《た》てり」とあり、たいへん盛んであったことがうかがわれます。児童は社学に入学すると、まず『三字経』『百家姓』『千字文』を学び、その後は経書《けいしょ》、史書《ししょ》、暦算《れきざん》などの知識を学びましものとなりました。しかし、この流れは自覚的なものではなく、官吏の腐敗もあったため、多くの地域では形式的なた。

教育の発展と文明の変遷

官学や私学などの各種教育活動の発達、および初等教育の発展は、大衆教育の発展や社会の文化水準の向上を推し進めました。唐宋の時期の輝かしい文化の理由のかなりの程度は、教育の繁栄と想像力の発揮に帰することができます。

唐代に儒《じゅ》・仏《ぶつ》・道《どう》の三教《さんきょう》が共に重んじられ、文学芸術や技芸など内容の豊かな教育が行われたこと、そして宋代には儒家の経学《けいがく》や倫理を代表とする教育が行われたこと、これらはいずれも文明の発展に大きな影響を与えました。隋唐時代の、三教いずれをも重視する宗教政策は、文化の豊かさと多元的な発展を促進し、北宋初期の文学芸術の繁栄の基礎を築きました。宋代の教育、特に教育改革を通じて、教育における儒家文化の主導的な地位が強化され、さらに儒学倫理と理学が発揚されたことで教育内容は改変され、後世の教育に大きな影響を与えました。

隋唐の対外教育交流は、中国と外国との交流史のなかでも重要な意義がありました。日本は幾度も遣唐使を派遣し、中国の教育内容と方法を受けいれました。中国の教育経験が日本に伝播したことは、日本の教育と文明の発展に強い影響を与えました。[*36]

第三節　書院教育と儒学の社会化

書院教育

書院《しょいん》教育は宋・元・明の時期の最も特色ある教育形態です。書院は中国文化を映す鏡であり、中国の教育の特色を体現しているばかりではなく、古代の思想や政治、経済、社会文化の間に存在する相互の関係と高度に統一されていた明確な特徴を反映しています。

教育史の観点から言えば、宋代には完備した書院制度が出現し、私人の講学《こうがく》を通じて文化の気風が広がりました。「書院」という名称は古くは唐代に出現しています。開元《かいげん》十一年（七二三年）、唐の玄《げん》宗《そう》は麗正書院《れいせいしょいん》を設立し、二年後には集賢殿書院《しゅうけんでんしょいん》と改名しました。これは宮廷の書物を所蔵し、編纂する場所でした。このほか『全唐詩《ぜんとうし》』にもしばしば「書院」の名称が見え、一部の地方志にも書院に関する記載が見えます。この時代の書院は主に書物を収蔵する場所か読書する場でしたが、なかには個人が読書したり、友人と会ったりする場所であり、または講学の場所でもありました。[*37] しかし、一定規模の教育組織と管理体制を具え、同時に私人が講義を行う「学校」の体制は、宋代になって初めて出現しました。

もちろん、その源からいえば宋代の書院は、蔵書楼《ぞうしょろう》である書院や「精舎《せいしゃ》」を基礎として設立されたものです。いわゆる「精舎」には二種類あります。一つは漢代以来の読書や集会、あるいは蔵書の場です。もう一つは、道教や仏教における修行の場です。宋代の書院は、前者が読書や交流を主とした場所であったという特徴を取り入れ、同時に宗教の修練のうえで選択された静謐《せいひつ》な環境をも取り入れ

図7-5　湖南長沙の岳麓書院

ました。このため、元来は寺院や道観《どうかん》であった書院もあります。著名な岳麓書院《がくろくしょいん》はその一例です（図7-5）。このほか、宋代の書院に類似した私人の教育機構も後世は「精舎」の名称を用いました。

　私人が講義するという書院の萌芽《ほうが》は唐代末期に見られますが、この時期は教育の衰退期でした。そして、五代十国《ごだいじっこく》の戦乱により、教育は重大な危機に瀕しました。北宋における書院の創設は、教育の需要が高まったことによって始まったものでした。[*38] 北宋では科挙と官学が重視され、同時に書院の教学内容や設立目的は官学による科挙受験の範囲を越えるものではなかったことから、南宋になると、教育と学術研究が結びついた書院が形成されました。

　宋代の書院は、基本的な性質上、私人の講義に加えて民間の力を取り入れて設立されたという特徴を示しています。書院教育の発展にともない、私人の講義は新たな高まりを見せましたが、しかし、宋代の書院は完備された教育組織となり、古代の私人による講義とは異なります。宋代では、私人の講義が主要な地位を占めていたにもかかわらず、管理と運営資金の二点からみると、宋代の書院は完全に私人による教育ではなく、官と私が結びついた新たな教育体制でした。少数の書院が、個人の出資により設立され、私人を招いて講義を行ったり、官が出資して運営したり、あるいは私学が政府の教育を受け入れたりしたことを除いて、大多数の書院は私人により設立され公的な援助を受けたか、公的に設立され民間の援助を受けるものでした。

教育思想について言えば、宋代の書院には私人の学術教育思想の要素が存在すると同時に、儒家の正統な経学教育の思想をも体現されており、さらに民間の思想家の思想（たとえば理学者が自己の思想を宣伝するなど）で、最終的には公的に認められることとなる教育思想の要素もありました。このように複雑な性質が、書院を中国の教育史上、重要な教育体制としました。

書院は完備された教育体制でした。建築について言えば、書院もおおむね講堂《こうどう》と斎舎《さいしゃ》という二つの建築物により構成されていました。講堂では学問の教授がなされ、斎舎は居住と自習の場でした。教学組織は厳格な管理と審査体制を具えていました。規模については、生員《せいいん》（学生）は数十名から数百名までと、一定ではありませんでした。組織は、教育を司《つかさど》る「洞主《どうしゅ》」「山長《さんちょう》」と学生によって構成されました。このほかにも書院には蔵書楼、すなわち今日の図書館が設置されました。さらに、ある書院には主宰者が居住する場所もありました。学生の水準によって異なる班に分ける書院もありましたが、大部分は来る者を誰でも受け入れました。また、書院では学問の教授や討論以外にも、先賢《せんけん》や書院の創設者を祀《まつ》る活動が定期的に執り行われました。

教育面からみると、書院には他の官学と異なった特徴が多くありました。たとえば、書院の教育理念は徳の修養と人材の育成にあり、主な教材は儒家の経典でした。しかし、書院の教育目的は科挙試験のためではなく、品性や道徳を具えた人材を育てることでした。各書院にはそれぞれ「学規《がくき》」や「学則《がくそく》」といった規則があり、これは教育の趣旨にあたります。たとえば、著名な理学者である朱熹《しゅき》は白鹿洞書院《はくろくどうしょいん》を主宰する間、「白鹿洞書院掲示《はくろくどうしょいんけいじ》」を制定しました。この内容は全部で五カ条あり、主に学習の目的と方法を述べたものでした。

「白鹿洞書院掲示」には「父子に親有《しんあ》り、君臣《くんしん》に義《ぎ》有り、夫婦《ふうふ》に別《べつ》有り、長幼《ちょうよう》に序《じょ》有り、朋友《ほうゆう》に信《しん》有り。博《ひろ》く之《これ》を学《まな》び、審《つまび》らかに之《これ》を問《と》い、慎《つつし》みて之《これ》を思《おも》い、明《あき》らかに之《これ》を弁《べん》じ、篤《あつ》く之《これ》を行《おこな》う。言《げん》は忠信《ちゅうしん》、行《こう》は篤敬《とくけい》。忿《ふん》を懲《こ》らし〔怒りをおさえ〕欲《よく》を窒《ふさ》ぎ、善《ぜん》に遷《うつ》り過《あやま》ちを改《あらた》む。其《そ》の誼《ぎ》を制《せい》して其《そ》の利《り》を謀《はか》らず、其《そ》の道《みち》を明《あき》らかにして其《そ》の功《こう》を計《はか》らず。己《おのれ》の欲《ほっ》せざる所《ところ》は人《ひと》に施《ほどこ》すこと勿《なか》れ、行《おこな》いて得《え》ざること有《あ》らば、反《かえっ》て諸《これ》を己《おのれ》に求《もと》めよ」とあります。

つまり、この文章の主旨は儒家における倫理道徳の教訓を総括し、この教訓に沿って自身を修め他者と接し、言行一致を実践するよう学生に求めるものでした。

カリキュラムの面では、書院はただ読書目録を規定したうえで、各人に合わせて教育を施すという方針によって指導し、厳格なカリキュラムや試験の規定はありませんでした。書院の学習方法は自習と討論を主としていました。山長《さんちょう》（校長）は集中講義を行いましたが、普段は自習や相互の討論を行い、山長に教えを請うこともできました。学生を管理する人員は少なく、書院には学問を探究する自由な雰囲気がありました。書院と書院の間には交流もあり、主に他の書院の「掌教《しょうきょう》」を招いて講義や討論、そしてよく知られた「会講《かいこう》」が行われました。

講義については、朱熹《しゅき》は白鹿洞書院を主宰していた期間に、陸九淵《りくきゅうえん》を講義に招いています。このとき陸九淵が『論語』にある「君子《くんし》は義《ぎ》に喩《さと》り、小人《しょうじん》は利《り》に喩《さと》る」の一章を講義したところ、それを聞いた人々は感動し、涙を流す者までいました。*39「会講」とはある書院と他の書院、あるいは精舎との間で不定期に行われる学術弁論会のことです。書院に受け入れられた学生の大多数は書院の名声を慕い集まっていたので、努力することを惜しみませんでした。しかも、書院はたいてい静かで美しい自然環境の中に建てられており、このため書院の教育は、道教や仏教、特に禅宗に見られる山林の静寂によって精神や本性を養い、また心を清らかにして気を正すという特徴を取り入れていました。これは、修身養性《しゅうしんようせい》を重視する書院の教育目的と合致していました。こうして宋代の書院は多くの学者や教育者を養成しました。

宋代の書院と、学術思想の発展とには密接な関係があります。宋代の書院は、宋代の思想発展の源であるともいうことができます。宋代の書院は基本的に主宰者の学術や教育思想を体現していました。思想家は書院に学生を集め講義する際、大部分は自己の思想を教育の趣旨としました。たとえば、理学家《りがくか》の朱熹と呂祖謙《りょそけん》の思想には差異があり、両者の教学に関する内容や思想も異なっていました。また、陸九淵と朱熹の学術に関する方法論は異なり、教学方法も大きく異なっていました。

この一方で、書院はみずからの思想を伝える場所でもあり、特に理学家は書院を主宰し、個人で講義することで理学の伝播を推し進めました。そして同時に、書院が儒学を発揚することは、仏教と道教に抵抗する役割をも担っていました。朱熹が白鹿洞書院の復興に尽力したのは、仏教勢力の増長を抑える意図があったからです。朱熹は「寺《てら》を観《み》れば鐘鼓《しょうこ》相《あ》い聞《き》こえ、殄《ことごと》く彝倫《いりん》［常道］を棄《す》て、空《くう》を談《だん》じ幻《げん》を説《と》くも、未《いま》だ其《そ》の多《おお》きを厭《いと》う者《もの》有《あ》らず。而《しか》して先王礼楽《せんおうれいがく》の宮《きゅう》は、以《もっ》て民《たみ》を化《か》し俗《ぞく》を成《な》すの本《もと》たる所以《ゆえん》なるも、乃《すなわ》ち反《かえっ》て寂寥稀闊《せきりょうきかつ》［まれ］たり」（『白鹿洞書院志』巻二「白鹿洞書院に賜額を賜らんことを乞う」）と述べています。

思想家は書院で講義するほか、時勢や各地の状況に応じて講演を行い、多くの聴衆を惹きつけました。この一方講演は思想家自身や書院の名望によって多くの学生を惹きつけ、書院の影響力を拡大しました。

この意味からすると、宋代の多くの書院は、主宰者や講義をする学者の権威、人望によって名声を高めたといえます。たとえば、朱熹が岳麓書院《がくろくしょいん》で講義を行った後、この書院の名声は大いに高まりました。元代の理学家呉澄《ごちょう》は「重建岳麓書院記《ちょうけんがくろくしょいんき》」の中でこの状況を「地《ち》は人《ひと》を以《もっ》て重《おも》んぜらる」と述べています。理学家は代々学問を伝え、多くの人物が高官となりました。南宋後期になると、多くの地方官は理学出身の官僚に取り入るため、任地に書院を設立してその気持ちを示しました。宋代の書院は盛衰を経て、南宋後期には最高潮に達します。この現象は理学の発展と分けて考えることはできません。

元代には、書院は北方で大いに発展しました。[*40] 程朱《ていしゅ》の理学が統治思想となった時、書院の官学化も始まりました。書院の山長は、元の政府が任命した官吏が担当しました。書院の学生については「守《しゅ》令《れい》［州県の長官］は之《これ》を挙薦《きょせん》［推薦］し、台憲《だいけん》［御史台の官員］は之を考核《こうかく》［試験］す、或《ある》ものは用《もち》いられて教官《きょうかん》と為《な》り、或《ある》ものは取《と》られて隷属《れいぞく》と為《な》る」（『元史』「順帝紀」）という状況でした。こうして、科挙試験には書院の教育内容が浸透していきました。

明代前期には政府が官学を重視し、科挙を提唱し、書院は衰退しました。明代の中、後期になると、「心学《しんがく》」［陸九淵・王陽明《おうようめい》らの学問］や「白沙《はくさ》の学」［陳献章《ちんけんしょう》（白沙）の学問］が興《おこ》り、同時に士人は科挙の腐敗に不満を抱いていたため、書院は再び新たな思想を伝播する場となりました。書院は明代の中葉に至り大いに発展しましたが、これは、当時の著名な理学家湛甘泉《たんかんせん》や王陽明とその弟子たちが書院での活動を推進したことと深く関わっています。

書院は、当時の政治と密接な関係があります。著名な書院はいずれも官府や朝廷から扁額《へんがく》や書を賜ることで名声を高めました。白鹿洞《はくろくどう》書院もこのような書院でした。書院によっては官府に田地を願い出て、そこから得られる収入を生活や書籍購入の費用にあてました。これに対し、多くの書院は官僚が地方官として赴任した際に設立したものであったので、官民共同で運営されていました。

このほか、南宋後期に書院の提唱する理学思想が朝廷に支持された後、書院も最盛期を迎えた一方、書院の提唱する儒家の忠孝の倫理教育は当時のイデオロギーに強い影響を与える役割を果たし、他の思想言論に対しては、その抑制を助長する役割を果たすことになりました。さらに、儒家は教育による教化を政治の重点とし、多くの儒家、特に理学家である地方官は書院の創設を重要な政治活動と考えたため、書院の発展が促されました。

書院と経済、社会文化との関係については、二つの点を特に注意しなければなりません。

一つは、書院の設立がその地方の経済と社会文化の様子を反映している点です。まず年代について見ると、南宋の書院は北宋よりも栄えていました。目下、宋代の書院の数の統計結果は異なっていますが、*41 おおよその状況は共通しています。分布から見れば、江西《こうせい》、浙江《せっこう》、福建《ふっけん》、湖南《こなん》に書院が多く存在していました。これらの状況は、江南《こうなん》地域の経済が豊かで人口が多かったこと、また社会風俗が成熟し人材教育を重視していたことを反映しています。一方、こうした書院の分布が地方文化の特色をも反映している点です。書院が盛んになった地方では、私人が寄付をして書院を設立する気風が盛んであり、文化の発展も重視されていました。

先に述べた書院の淵源、そして書院が仏教や道教の自然環境を重視する要素を取り入れたことからは、書院と宗教のつながりがうかがえます。このほか、書院は人としての修養を重視しましたが、これも宗教的要素を取り入れたものです。多くの理学家は修養のうえで静坐の効果を非常に重視していました。たとえば、朱熹は半日静坐し、半日読書するという修養方法を提起していますが、これは明らかに道教や仏教の修練方法の影響を受けたものです。

書院といえば、まず挙げられるのは北宋時代の名の知られた四大書院《よんだいしょいん》です。しかし、北宋初期に著名であった書院は六カ所ありました。白鹿洞書院、岳麓《がくろく》書院、睢陽《すいよう》（応天府《おうてんふ》）書院、石鼓《せきこ》書院、嵩陽《すうよう》書院、茅山《ぼうざん》書院です。このため、四大書院に該当する書院には諸説あり、白鹿洞書院と岳麓書院を除き、他の四カ所の書院のいずれの二つが四大書院に該当するかについては、たいへん議論があります。しかし、これらの書院はいずれもよく知られており、共通する特徴があります。

第一に、書院の設置された場所であれ、また創設の過程であれ、ともに文化的な淵源を体現していることです。第二は、睢陽《すいよう》書院［河南省商丘市］を除き、いずれも環境の美しい名山に設立されたことです。たとえば、白鹿洞書院は江西廬山《こうせいろざん》の五老峰《ごろうほう》の麓《ふもと》（図7-6）に、岳麓書院は湖南《こなん》の西、岳麓山《がくろくざん》抱《ほう》黄洞《こうどう》の麓に、嵩陽書院は河南嵩山《かなんすうざん》の南麓に、石鼓書院は湖南衡陽《こうよう》の北にある石鼓山《せきこざん》に、茅山書院は江《こう》蘇句容《そくよう》の茅山《ぼうざん》にあります。第三は、多くの書院が朝廷から書籍や扁額、田地を下賜されて名声を高め「大書院」となったことです。先にあげた六カ所の大書院について言えば、岳麓書院と白鹿洞書院が最も長く続いており（現在では岳麓書院の保存状態が最もよい）、睢陽書院と石鼓書院は官学となり、嵩陽書院と茅山書院はまもなく荒廃しました。

図7-6　江西廬山の白鹿洞書院

最も著名な書院は北宋の時のものですが、書院の設立が最も盛んになったのは南宋の後期、つまり理学が盛んになった時期です。南宋の時にも有名な書院があり、呂祖謙《りょそけん》が主宰した麗沢《れいたく》書院や陸九淵《りくきゅうえん》が講義した精舎を基礎として設立された象山《しょうざん》書院が、この時期の代表的な書院です。

書院では精神生活の豊かさと徳の修養が強調され、同時に教学のうえでは人々の能力に応じて教育することを重んじ、功利主義の性格が強い受験教育は避けられました。このような教育は、教育史上重要な価値があります。多くの学者は、書院を設立して教育を行う過程でその経験を総括し、道徳教育にとって重要な理論を提起しました。また、書院は政府と民間が共同で行った文化教育活動でした。当然ながら、書院教育の利点は、同時に欠点でもありました。たとえば、書院のなかでも理学者の主宰した書院は徳の修養や地方風俗の純化を重視し、教育趣旨については主に「身《み》を修《おさ》め」、「家《いえ》を斉《ととの》え」、「国《くに》を治《おさ》め」、「天下《てんか》を平《たい》らかにす」ることを実現しようとしました。このために、その教学内容は儒家の経学と道徳理論が主となり、他の才能や技芸の育成はおろそかにされました。能力に応じて行われる教育は一定の特色がありましたが、倫理道徳を強制的に植えつける点で、基本的には盲従することを強《し》いました。このほか、私学的性質を具えた書院の存在は、民間が教育機関を設立する力を有していたことを示していますが、官学と比べると、書院は頻繁に隆盛と衰退を繰り返す、不安定なものでした。

宋代以降の書院と書院教育は、中国文化の重要な構成要素です。長い歴史のある書院には、その変遷に関する記録があります。この記録は文化交流の歴史を反映し、歴代の文化活動の精神を凝縮していると同時に、多くの価値ある文物資料を保存しています。また、書院の建築と教育文化に示される特徴は、儒家の教育文化の蓄積と革新を体現しています。総じて、宋代から大規模に発展してきた書院教育には中国の封建社会後期の文化精神が凝縮されており、中国文化の重要な遺産であり、今日でもなお参考に値するものがあります。[*42]

理学者と書院教育

書院教育は宋・元・明の時期に発達し、理学と密接な関係にありました。特に南宋から明代まで、理学家の活動は書院での講義と教育を推進するだけではなく、書院における講義から、次第に書院自体の創設へと発展しました。

王陽明《おうようめい》と同時期の理学家湛若水《たんじゃくすい》（号は甘泉）を例にとると、彼の官途は順調であり、赴任した先々で書院を設立し、先師《せんし》の陳献章《ちんけんしょう》〔白沙〕を祀りました。他の地方官はその行為に迎合するため、積極的に応じました。湛若水は生涯で数十カ所の書院を設立しました。理学が朝廷に受け入れられて公認のイデオロギーとなると、書院の教育は基本的に理学の思想を体現するものとなりました。

書院は、理学の学術研究と教育の発展を促進しました。たとえば、理学家の朱熹《しゅき》は、白鹿洞《はくろくどう》書院・岳麓《がくろく》書院・武夷《ぶい》精舎《せいしゃ》・滄州《そうしゅう》精舎を主宰しました。このほか、張栻《ちょうしょく》は岳麓書院で講義をし、呂祖謙は麗沢《れいたく》書院を創設し、主宰しました。明代心学《しんがく》の大家王守仁《おうしゅじん》〔陽明〕は貴州《きしゅう》に龍岡《りゅうこう》書院を設立したほか、江西では濂渓《れんけい》書院を修築し、浙江では稽山《けいざん》書院を創建することで、みずからの学説を広めました。

同時に、書院は理学者が学術交流や教育を行う重要な場となりました。南宋から元明の時期、書院が受けた理学の教育理念の影響はますます顕著になっていきました。南宋は理学が次第に成熟へと向かっていく時期でした。理学の大家は書院の自由な学術環境によって、それぞれが書院を中心として、異なる理学思想を宣伝しました。

元代に統治者が創建した太極書院《たいきょく》は「周子《しゅうし》［周敦頤《しゅうとんい》］の祠《ほこら》を立《た》て、二程《にてい》［程顥《ていこう》と程頤《ていい》］、張《ちょう》［張栻］、楊《よう》［楊時］、游《ゆう》［游酢《さく》］、朱《しゅ》［朱熹］の六君《ろくくん》を以《もっ》て配食《はいしょく》し、遺書八千余巻を選び取り、（趙復《ちょうふく》に）請いて復《ま》た其の中《うち》に講授《こうじゅ》せしむ」［清の黄宗羲《こうそうぎ》『宋元学案』巻九〇「魯斎学案・隠君趙江漢先生復」］という状況でした。その教学内容は理学家の語録や注釈から離れることはなく「六経《りくけい》、［論］語《ご》、孟《もう》［子］の伝注《でんちゅう》、以て周、程、張氏の微言、朱子の嘗《かつ》て論定《ろんてい》する所《ところ》の者《もの》に及《およ》ぶ」という状況でした（『元史』「趙復伝」）。元の皇慶《こうけい》二年（一三一三年）になると、科挙試験は朱熹の『四書集注《ししょしっちゅう》』によって選考すると規定されました。これ以後『四書集注』は科挙試験の標準答案となり、各学校の必読教科書ともなり、その地位は『五経』を超え、明清の数百年にわたる教育思想に影響を与えました。

明代の統治者は、思想における「程朱《ていしゅ》の理学《りがく》」の独尊的地位を強化しました。これに応えるため書院の官学化が進み、また一方で程朱の理学は書院を主導する思想となりました。理学家が書院において行う教育や講義は、彼らが追究する倫理精神の復興という理念と完全に一致していました。このため、理学家が主宰する書院教育は人倫的経験と倫理的行為の実践を強調しており、そこにはきわめて濃厚な人文教育の気風がありました。これと同時に、理学家は心身の修養をきわめて重視し、指導的思想では過度に「道」を主軸として技芸を軽視し、その結果、芸術的精神と実際に世を治める才能の養成を若干おろそかにしました。

宋・元・明の各時代にわたって儒学に忠実であった士大夫《したいふ》は、儒学の復興と革新の基礎の上に、儒家倫理の伝播と社会化をきわめて大きく促進しました。特に儒家の道の振興を提唱することを自身の責務とした理学家たちは、私学教育と書院教育を積極的に推進しました。理学家の教育的実践は道徳規範の樹立を推し進め、社会倫理を守ることとなりました。

道徳規範の樹立と伝播——理学者の教育実践活動

儒家の伝統的な思想家は、聖賢の道を伝え学業を授けることを重視していました。このため、彼らの大部分は努力して言葉で教えるとともに身をもって他者の手本となるべき教育者となりました。しかし、宋元時期の理学家が他の儒家と異なるのは、功績や個人の成果、官途や功名に対して明らかに淡白な態度をとりつつ、教育や講義の面ではきわめて強い熱意を示したことです。朱熹《しゅき》を例にとれば、彼は長期にわたり武夷山《ぶいさん》で講義したほか、役人として政治にたずさわった時期にも積極的に教育活動に従事しました。同安《どうあん》県［現在の福建省アモイ市同安県］の主簿［文書を取り扱う補佐官］になった時には、県学《けんがく》の整備に努力し、著名な学者を訪ね、優秀な生員《せいいん》を選抜し、みずからも修身の学を講義しました。また、知潭州《ちたんしゅう》［現在の湖南省長沙市の長官］となった際には、州学《しゅうがく》や県学の開設を提唱したほか、岳麓書院を修復し、みずから学生を教えました。王陽明《おうようめい》は朱熹と同様、よく知られた教育家です。彼は一時期もっぱら講義を行ったほか、政治を担当していた期間にも教育の振興と講義を中断することはありませんでした。

理学家の教育のなかでも、倫理に対する自覚は最も基本的にして最も核心となる教育理念です。理学家はみずからの学説のなかで、ほぼ例外なく「道統《どうとう》」［学問の系譜］を守ることと個人の修養を学説の根幹とみなし、社会の倫理綱紀を維持することをみずからの責務と考えました。范仲淹《はんちゅうえん》や王安石《おうあんせき》などの教育家と比べて、理学家は修身の観点から教育を発展させる傾向が強く、そうして自己の社会的責任を負いました。朱熹は「白鹿洞書院掲示《はくろくどうしょいんけいじ》」のなかで理学教育の純粋な倫理精神を系統的に総括しています。このような理学家の精神は、先秦《せんしん》儒学の「六芸《りくげい》の学」［礼・楽・射・御・書・数の六種の学問］を重んじる教育よりも、さらに純粋な倫理的性質をそなえています。

倫理教育の発展を推し進めるために理学家は多様な形式の社会教育を展開しました。個人で学生を集めて講義を行ったほか、郷村《きょうそん》［農村部］における倫理の樹立や、民衆を指導し迷信を打破するなどしました。郷村の倫理樹立には二つの形態がありました。一つは張載《ちょうさい》（一〇二〇〜一〇七七年）の弟子である呂大鈞《りょたいきん》（一〇二九〜一〇八〇年）が制定した「郷約《きょうやく》」です。このなかでは、近隣同士が互いに助けあうことと道徳上も互いに勉めることが強く主張されています。もう一つは朱熹が改定した「郷《きょう》村族約《そんぞくやく》」です。これは、主に宗族《そうぞく》［父系同族集団］内部で人々を善へと導く教育です。これらの方法は郷村の宗法《そうほう》［宗族内部の規則や掟］や道徳観念の強化に重要な役割を果たしました。このほか、理学家は民間風俗の改革にも注意をはらいました。王陽明などは、地方官であったときに民衆を教育しさまざまな迷信を打破する活動を行いました。

書物を著し自説を立てることは理学家が道徳教育を広める重要な手段でした。学術上の研究討論や理学観念の伝播以外にも、理学家は識字教育と結びついた児童の道徳教育のための教科書や人々を教え導く処世訓を記した読み物を書き、社会教育の重要な教材としました。理学家は幼少期から教育を行い、児童に儒家の倫理や価値観を受け入れ実践させることを重視しました。このため、宋代から明代にかけての児童教育はたいへん発達しましたが、読書や識字を教えるほかは、基本的には倫理修身の観念を植えつけるものでした。

理学家は基本的には学者が教育者を兼ねており、特に道徳教育では、道徳を集中的に浸透させる方法を打ち立て、教学に関する多くの経験をまとめました。理学家の理論と実践は、儒学の社会化における重要な要素となりました。

儒学の社会化

唐宋の時代の教育内容は儒家の経学《けいがく》を主としており、学術面では経学の整理と普及を重視しました。大部分の学者は、私学での教育を通じて儒家思想と文化とを伝え広める役割を担い、儒学の社会化を絶えず促進しました。

隋朝が儒学を重視したことを受けて、唐代の儒学は引きつづき公認の支配的地位を維持しました。儒・仏・道の三教は鼎立《ていりつ》し、また絶えず融合していましたが、官学や私学の教育内容はいずれも『五経《ごきょう》』『論語《ろんご》』『孝経《こうきょう》』を主とし、儒家の正統的地位を保障していました。儒学には思想上の大きな革新が欠けていましたが、その学問上の社会的影響力は後の新儒学〔宋代の理学〕と同日に語ることはできません。しかし、儒学思想と社会的な観念や行為との一致は、宗教の浸透に対抗する重要な力となりました。

宋代では、朝廷は儒学をさらに重視しました。宋が建国されると、祠宇《しう》を増やして先賢《せんけん》・先師《せんし》の肖像を描き彫像を設置し始めました。また、官吏を採用する際には、その人材が経義《けいぎ》〔経書の内容が示す道理〕に通じており、周孔《しゅうこう》〔周公と孔子〕の礼を尊んでいることを詔により要求しました。大中祥符《だいちゅうしょうふ》元年（一〇〇八年）、真宗《しんそう》は孔子を「玄聖文宣王《げんせいぶんせんおう》」に封じました。そして同五年には孔子の称号を「至《し》聖文宣王《せいぶんせんおう》」と改め、真宗みずから『崇儒術論《すうじゅじゅつろん》』を著し、儒学が「帝道《ていどう》の綱《こう》」〔規範〕であると称賛しました。また、真宗は邢昺《けいへい》などに経義の編纂を命じました。邢昺は『論語正義《ろんごせいぎ》』などを編纂し、これらを唐代に編纂された『九経正義《きゅうけいせいぎ》』とあわせて『十三経正義《じゅうさんきょうせいぎ》』とし、天下に頒布して学校の教材としました。唐宋の時期における経学の発展は、儒学の正統的地位をさらに強化しました。思想観念のなかの儒家の道統《どうとう》学説［儒家の伝授系統についての学説］と、理学による儒学の革新、そして儒家文化におけるみずからの努力と実践は、儒学が社会化するなかで強いカリスマ性をもった力でした。思想伝播の面においては、革新的な儒学、すなわち理学の発展が最も代表的なものです。理学者による儒家の道統観念の論述、心身の修養に関する教育の普及、儒学の新たな解釈は、士大夫《したいふ》、特に儒家の学者の中に儒学だけをすぐれたものとする観念を確立し、この新たな価値概念を天下に広めることで、大きな社会的影響をもたらしました。

このような影響力は、元代では完全に社会の正統思想を支配しました。朱熹の『四書集注《ししょしっちゅう》』が科挙における人材選抜の基準となったことで、明代の理学は先秦儒学にとって代わり、「性《せい》」や「理《り》」、「天理《てんり》を存《そん》し、人欲《じんよく》に克《か》つ」（宋の黎靖徳『朱子語類』巻三一）といった概念や命題によって社会の人心を規範化し、士大夫階級に対して修身と実践への自覚を促《うなが》しました。儒学の社会的影響力が強化されると同時に、儒家思想の硬直化した理解や教条的なイデオロギーに対する支配がなされたことは、社会を新たな思想の専制化の時代へと進ませました。

注釈

＊1　張国剛・喬治忠など『中国学術史』（東方出版社、二〇〇二年）を参照。

＊2　同前を参照。

＊3　謝保成『隋唐五代史学』（厦門出版社、一九九五年）を参照。

＊4　同前を参照。

＊5　『史通通釈』（上海古籍出版社、一九七八年）による。

＊6　同前。

＊7　倉修良主編『中国史学名著評介』（山東教育出版社、一九九〇年）第一巻に『通典』の評価がみえる。

＊8　前掲『隋唐五代史学』を参照。

＊9　朱剣心『金石学』（文物出版社、一九八一年）「序例」を参照。

＊10　馬衡『凡将斎金石叢稿』（中華書局、一九九六年）を参照。

＊11　劉節『中国史学史稿』（中州古籍出版社、一九八二年）を参照。

＊12　胡道静『中国古代的類書』（中華書局、一九八二年）を参照。

＊13　隋代には『江都集礼』百二十巻も編纂された。これは開皇二十年（六〇〇年）、晋王であった楊広が揚州の博士潘徽と他の学者達に編纂させたものである。ただし、『隋書』「経籍志」はこの書を経部・論語類の末尾に著録しており、撰者も記されておらず、百二十六巻と誤っている。前掲『隋唐五代史学』を参照。

＊14　『続談助』巻四に引かれている。前掲『隋唐五代史学』を参照。

＊15　旧・新の両『唐書』のどちらにも『碧玉芳林』四百五十巻が著録されている。この書は孟利貞の撰。利貞は唐の高宗の時の人で『旧唐書』「文苑伝」に伝が見える。また、『新唐書』「芸文志」の子部・類書類には「東殿新書二百巻、許敬宗・李義府、詔を奉り武徳内殿に於いて修撰す。其の書は史記より晋書に至るまで其の繁辞を刪る。龍朔元年上り、高宗序を制る」とある。この書は内容を見る限り、おそらく類書ではない。また『旧唐書』「経籍志」の集部・総集類には「文館詞林一千巻、許敬宗の撰」とある（『新唐書』では集部・文史類に『文館辞林』という題で収録されている）。この書は残巻が現存しており、類書とする見解もある。これについては汪辟疆『目録学研究』（商務印書館、一九三四年）に見える。

＊16　『旧唐書』「玄宗紀」の開元二十五年の条には「九月壬申、新たに定めし令・式・格及び事類一百三十巻を天下に頒く」とある。また、同書「刑法志」には「二十二年、戸部尚書李林甫又た詔を受け格令を改修す。林甫中書令に遷り、乃ち侍中牛仙客・御史中丞王敬従と、明法の官たる前左武衛冑曹参軍崔見・衛州司戸参軍直中書陳承信・酸棗尉直刑部俞元杞等と共に旧の格式律令及び敕に刪緝を加う。総べて七千二十六条なり。其の一千三百二十四条は事に於いて要に非ず、并せて之を刪る。二千一百八十条は文に随

いて損益し、三千五百九十四条は旧に仍りて改めず、総べて律十二巻・律疏三十巻・令三十巻・式二十巻・開元新格十巻を成す。又た格式律令事類四十巻を撰す、類を以て相い従い、省覧に便たり。二十五年九月奏上し、尚書都省に敕して五十本を写さしめ、使を発わして天下に散ず」とある。これらの記載より、『新唐書』にある玄宗の『事類』百三十巻は『格式律令事類』百三十巻のことではないかと考えられる。前者の巻数は、後者の律疏・令・式・新格・事類それぞれの巻数の合計と一致するからである。もしそうならば、この原題は李林甫の編纂したもう一つの政書『唐六典』を模倣して「玄宗御撰」としたのであろう。

*17 前掲『中国古代的類書』を参照。

*18 同前を参照。

*19 倉修良・魏得良『中国古代史学史簡編』（黒竜江出版社、一九八三年）を参照。

*20 清代の章宗源と姚振宗はどちらも『隋書経籍志考証』を著しており、『二十五史補編』（中華書局、一九五五年）に収録されている。

*21 前掲『目録学研究』を参照。

*22 同前の注釈を参照。

*23 両書目はどちらも散佚したが、その内容は陳振孫『直斎書録解題』巻八「目録類」の注記に見える。また、前掲の汪辟疆『目録学研究』も参照。

*24 前掲汪辟疆『目録学研究』による。

*25 晁公武撰・孫猛校正『郡斎読書志校証』（上海古籍出版社、一九九〇年）の「前言」を参照。

*26 陳振孫撰、徐小蛮・顧美華点校『直斎書録解題』（上海古籍出版社、一九八七年）の「前言」などを参照。

*27 孫培青主編『中国教育史』（華東師範大学出版社、一九九二年）を参照。

*28 李国鈞・王炳照総主編『中国教育制度史』（山東教育出版社、二〇〇〇年）を参照。

*29 『王文公文集』巻一（台北商務印書館影印本『文淵閣四庫全書』、一九八六年）による。

*30 同前による。

*31 喩本伐・熊賢君『中国教育発展史』（華中師範大学出版社、一九九一年）による。

*32 呉霓『中国古代私学発展諸問題研究』（中国社会科学出版社、一九九六年）による。

*33 苗春徳主編『宋代教育』（河南大学出版社、一九九二年）を参照。

*34 前掲『中国教育発展史』を参照。

*35 明代の王陽明は初等教育について系統的な思想と方法を提起した。王陽明の「訓蒙の大意、教読劉伯頌等に示す」は児童教育に関する名文である。王は体罰を伴う教育を厳しく批判し、初等教育は児童の性情に必ず順応するべきであることを強調した。さらに児童に詩歌を教授し、音楽による薫陶を行うことを奨励し、児童の精神を闊達、穏やかにすることが身体の健康に益するとも強調した。このように王の教育方法は素養教育に近い内容を具えていた。

＊36　前掲『中国教育史』を参照。
＊37　白新良『中国古代書院発展志』（天津大学出版社、一九九五年）による。
＊38　北宋期に創建された書院だけで七十一カ所あった。前掲の白新良『中国古代書院発展志』を参照。
＊39　馮友蘭『中国哲学史新編』（人民出版社、一九九二年）を参照。
＊40　前掲『中国古代書院発展志』を参照。
＊41　研究者は通常、統計数量によって書院発展の趨勢を分析している。しかし、史料の内容に曖昧な点があることや、研究者によって理解が異なるため、両宋における書院の数は、少なくて二、三百カ所、多くて六、七百カ所と言われており、差があまりにも大きいのが現状である。書院とその問題については、陳少峰「宋代書院」（袁行霈主編『中華文明之光』北京大学出版社、一九九九年）、白新良『中国古代書院発展史』（天津大学出版社、一九九五年）、苗春徳『宋代教育』（河南大学出版社、一九九二年）、陳谷嘉・鄧洪波『中国書院制度研究』（浙江人民出版社、一九九七年）、陳雯怡『由官学到書院――従制度与理念的互動看宋代教育之演変――』（台湾聯経出版事業公司、二〇〇四年）を参照。
＊42　本節は主に陳少峰「宋代書院」（前掲『中華文明之光』第二輯）を参照した。

第八章

北方民族の発展と中華文明への貢献

十〜十三世紀は、中国の歴史において、魏晋南北朝《ぎしんなんぼくちょう》の後、再び北方民族の活動が盛んになった時期です。[*1] この時期には四つの強大な北方民族政権が相《あい》前後して誕生しました。すなわち契丹《きったん》人の建てた遼《りょう》、タングート人の夏《か》（歴史上は西夏《せいか》と呼ぶ）、女真《じょしん》人の金《きん》、モンゴル人の元《げん》です。これ以前に突厥《とっけつ（くつ）》や回鶻《ウイグル》という草原の二つの遊牧民族が建てた国家と異なり、これら四つの政権は漢人王朝の様式を模倣して建てられており、国号や年号、漢式の政権機構、それに関連する一連の儀礼制度を具えていました。四つの政権の統治範囲は各民族のもとの居住地に限らず、程度の差はあれ、より深く漢人の居住地域へと拡がりました。

遼と西夏はそれぞれ北方や西北の境域にある農耕地域を支配し、農業と遊牧を兼ねた二元的な経済基盤をもつ政権でした。金朝はこの二つの政権よりもさらに深く入って中原《ちゅうげん》を統治し、南宋と対峙《たいじ》しました。元朝は南北を完全に統一し、歴史上最初の北方民族により建てられた統一王朝となりました。

遼、西夏、金、元は中華文明の発展史において見逃すことのできない役割を担いました。辺境での衝突と民族の征服戦争は、内地に居住する漢族の農業文明に大きな打撃と破壊をもたらしました。しかしそれと同時に、先に述べた北方民族の政権は辺境の開拓、民族の融合と民族文化の発展を推し進め、内外文化の交流の活性化といった、漢人王朝が成し得なかった積極的な役割を担い、中華文明全体の発展に重要な貢献をしました。

第一節　遼・西夏・金・元政権の概況と中華文明との衝突

契丹族と遼朝

契丹は悠久の歴史を持つ民族です（図8-1）。伝説によれば、ある男性が白馬に乗り土河《とか》（現在のラオハ川）に沿って下っていると、一人の女性が青牛の引く小さな牛車に乗り、潢水《こうすい》（現在のシラムレン川）に沿って下っていました。二つの川が合流する木葉山《もくようざん》で二人は出会い、結ばれて夫婦となり八人の子をもうけました。これが契丹のはじまりであるといわれています。

文献の記載によると、契丹は鮮卑《せんぴ》族の一部族である宇文部《うぶんぶ》の子孫であり、その源流は古代の東胡《とうこ》から出たとされています。唐の初め、契丹は潢水より南、黄龍《こうりゅう》（現在の遼寧省朝陽市）より北に住んでおり、八つの部族に分かれ、伝説に登場する八人の子の末裔であると称していました。八部族は部族連盟を結成し、大賀氏《たいがし》が連盟の長《おさ》となり、可汗《カガン》を称し、唐の皇帝の姓を賜って姓を李としました。唐の中期になると、大賀氏の連盟は動乱の中で瓦解し、再び連盟が結成されると遥輦《ようれん》氏が長となりました。この連盟のなかで、迭剌部《てつらつ》の耶律《やりつ》氏の一族は連盟の軍事首長である「夷离菫《イルキン》」を代々務めており、その勢力は絶えず大きくなりました。

十世紀の初頭になると、夷离菫の耶律阿保機《やりつあぼき》はついに可汗の地位に取って代わり、九一六年には皇帝を称して国を建て、契丹を国名としました。都は臨潢《りんこう》（現在の内モンゴル自治区巴林左旗）に置かれ、上京《じょうけい》と呼ばれました。阿保機は後に遼の太祖《たいそ》と追尊されました。阿保機の次子耶律徳光《やりつとくこう》（遼の太宗）はその在位期間、中原の混乱した情勢を利用して、軍閥の石敬塘《せきけいとう》の後晋《こうしん》政権が後唐《こうとう》に取って代わるの

図8–1　内モンゴル・ジュ・ウダ盟白塔子遼代墓の壁画「契丹人引馬図」

を助けました。石敬塘は徳光を父とし、長城より南の地域、現在の北京や河北《かほく》、山西《さんせい》北部を含む燕雲十六州《えんうんじゅうろくしゅう》を割譲して返礼としました。

九四七年、徳光は兵を発して後晋を滅ぼし、汴京《べんけい》（現在の河南省開封市）に入り、漢族の儀礼を模倣して百官《ひゃっかん》の朝賀《ちょうが》を受け、国号を遼と定めました。しかし中原における遼の立場は不安定だったため、すぐに北方へ退きました。北宋《ほくそう》は建国の後、燕雲十六州の奪回を図り二度の北伐を行いましたが、いずれも遼軍に撃退されました。遼は守勢から攻勢へと転じ、頻繁に南下して攻撃を仕掛けました。

一〇〇四年、遼と北宋は澶州《せんしゅう》（現在の河南省濮陽市）で「澶淵《せんえん》の盟《めい》」を締結しました。これにより両国は兄弟の関係を結び、それぞれ境界を守り、北宋は遼に毎年「歳幣《さいへい》」として銀一〇万両、絹二〇万匹《ひき》を支払うことを約束しました。この後、双方は基本的に平和を保つことになりました。

一一二五年、遼は新たに勃興した金《きん》によって滅ぼされました。一部の残存勢力は皇族耶律大石《やりつたいせき》に率いられて西域に移り、新たな国家を建てました。歴史上この国は西遼《せいりょう》と呼ばれ、八剌沙袞《バラサグン》（現在のキルギス共和国トクマクの東南）に都を置き、フスオルドと号しました。西遼は一二一八年、モンゴルによって滅ぼされます。

タングート族と西夏

タングートは古代の羌《きょう》人から出ています。元来、羌は四川《しせん》の西北、青海《せいかい》の東部に居住し、部族は多く、統合されていませんでしたが、そのなかでは拓跋氏《たくばつし》が最も強力でした。この拓跋氏は、おそらく羌中《きょうちゅう》に居住していた鮮卑《せんぴ》族の拓跋氏でしょうが、まだ確定することはできません。

唐代の前期、タングートは吐蕃《とばん》の圧迫を受けて唐に臣従し、甘粛《かんしゅく》・陝西《せんせい》一帯に移りました。唐代末期、タングートの首領拓跋思恭《たくばつしきょう》は黄巣《こうそう》の乱《らん》の平定を助けて功をあげ、夏州《かしゅう》節度使《せつどし》（治所は現在の陝西省横山県）を授けられ、夏国公《かこくこう》の爵位を与えられ李の姓を賜りました。五代の政権交代は目まぐるしく、拓跋氏を顧みる暇がなかったため、官位を与えて形式的に従属させることしかできず、拓跋氏は北宋初期に至っても藩鎮《はんちん》［防衛のため地方に置かれた軍事・行政組織］の地位を保っていました。

宋の太宗の時、李（拓跋）氏の内部で対立が起こりました。節度使の李継捧《りけいほう》が領地を献上して北宋に入朝したのに対し、族弟の李継遷《りけいせん》は宋の附庸《ふよう》国となることに反対し、部族を率いて宋の国境を攻撃しました。北宋は妥協を迫られ、これまでどおり李継遷に節度使を授け、皇帝の姓である趙《ちょう》を下賜して趙保吉《ちょうほきつ》と名乗らせました。その子の趙徳明《ちょうとくめい》は在位時、宋によって西平《せいへい》王に封じられ、さらに夏王

図8-2　西夏の王墓

に封じられました。徳明は吐蕃および甘州《かんしゅう》の回鶻《ウイグル》を打ち負かし、河西走廊《かせいそうろう》をほぼ支配下におさめました。

徳明の子元昊《げんこう》は民族意識が強く、父の地位を継承すると、唐・宋朝から下賜された姓を棄て、元来の家族の姓である嵬名《カイメイ》氏に改め（ただし、後の歴史書の多くは李姓によって記している）、同時に「禿髪令《とくはつれい》」［タングート族の髪型を強制する命令］を発して、自民族の旧俗に戻しました。元昊は一〇三八年に皇帝を称し、国号を大夏《たいか》と改め、興慶府《こうけいふ》（現在の寧夏回族自治区銀川市）に都を置きました。歴史上この国は西夏《せいか》と呼ばれています。西夏の境域は、東は黄河に臨み、西は玉門関《ぎょくもんかん》（現在の甘粛省敦煌市の西）まで、南は蕭関《しょうかん》（現在の甘粛省環県の北）に達し、北はゴビ砂漠にまでつながっており、十九州を治めました。大夏と宋はついに戦争状態となり、宋軍はたびたび敗れました。一〇四四年、双方は和議を結び、宋は元昊を「夏国主《かこくしゅ》」に冊封《さくほう》し、元昊は宋に対して臣を称することになりました。しかし、実際には「帝、其の国の中《うち》においては自若《じじゃく》たり」（『宋史』巻四八五「夏国伝」）という状況でした。宋は毎年西夏に「歳賜《さいし》」として絹一五万匹《ひき》、銀七万両、茶三万斤《きん》を与えました。しかし、この後も両国の関係は安定せず、国境では常に衝突があり、北宋はこれまでと同じく敗戦を重ねました。金が北宋を滅ぼすと、西夏は金に臣従しました。一二二七年、西夏はモンゴルに滅ぼされました。（図8-2）

女真族と金朝

女真《じょしん》は女直《じょちょく》ともいい、唐代の黒水靺鞨《こくすいまっかつ》の後裔です。その始祖は古代の粛慎《しゅくしん》まで遡《さかのぼ》ることができます。女真は遼に臣従し、主に黒竜江《こくりゅうこう》、松花江《しょうかこう》流域で活動しました。一部は遼によって遼東《りょうとう》に移され、戸籍に編入されて「熟女真《じゅくじょしん》」や「曷蘇館《かつそかん》（垣根の中の意味）女真《じょしん》」と呼ばれました。遼東に移らなかった女真は社会形態が相対的に後進的であり、「生女真《せいじょしん》」と呼ばれました。

遼朝後期になると、按出虎《アルチュカ》水（現在の阿什《アシ》河、ハルビン東南にある川）の完顔《ワンヤン》部が次第に生女真の各部族を統一しました。完顔部の首領完顔《ワンヤン》阿骨打《アグダ》は一一一五年正月に皇帝を称し、建国して国号を金《きん》として太祖《たいそ》となりました。都は会寧府《かいねいふ》（現在の黒竜江省ハルビン市阿城区の南）に定められ、上京《じょうけい》と呼ばれました。一一二五年、金は遼を滅ぼし、間もなく南下して宋を攻撃し、一一二七年には北宋を滅ぼしました。一一四一年、金は南宋《なんそう》と「紹興《しょうこう》の和議《わぎ》」を締結し、東は淮水《わいすい》の中流から、西は大散関《だいさんかん》（現在の陝西省宝鶏市西南）に至る線を境界としました。南宋は金に対して臣と称し「世世《よよ》の子孫《しそん》は臣《しん》の節《せつ》を謹《きん》守《しゅ》す」（『金史』巻七七「完顔宗弼伝」）ることを保証し、同時に毎年「歳貢《さいこう》」として銀二五万両、絹二五万匹を金に納めました。金朝四代目の皇帝である海陵王《かいりょうおう》完顔亮《かんがんりょう》は在位時に都を燕京《えんけい》（現在の北京市）

に遷《うつ》し、中都大興府《ちゅうとだいこうふ》と名付けました。この後、金と南宋との間では再び数度の戦いがあり、両国の関係は君臣から叔父と甥、伯父と甥と改められ、「歳貢」は「歳幣《さいへい》」と改められて、その数量にも増減がありました。

十三世紀の初頭にはモンゴルが漠北《ばくほく》［ゴビ砂漠の北］草原に勃興し、南下して金を攻撃しました。金はモンゴルの圧力により中都を放棄し、都を北宋の旧都汴京《べんけい》に遷して河南《かなん》、陝西《せんせい》の狭い地域を守り固め、なんとか残りの勢力を維持する状態となりました。一二三四年、金はモンゴルと南宋の連合軍によって滅ぼされました。

モンゴル族と元朝

モンゴル族の出自は唐代の室韋《しつい》です。室韋は初め大興安嶺《だいこうあんれい》の北部で活動し、契丹《きったん》や鮮卑《せんぴ》とともに東《とう》胡《こ》の末裔でした。唐代末期に室韋の多くが西へ移動して漠北草原に入りました。室韋には多数の部族が存在していましたが、モンゴルはそのなかの一部族の名称でした。一二〇六年、モンゴル部の首領テムジンは漠北を統一して大モンゴル国を建て、草原の貴族たちはテムジンに「チンギス・ハン」という称号を贈りました。（図8-3）

絶え間ない拡大を経て、モンゴルは金と西夏を征服しただけではなく、その勢力を中央アジアや西アジア、東欧にまで広げていき、漠北草原を中心としてユーラシア大陸の東西にまたがる世界規模の帝国へと発展しました。一二六〇年、チンギス・ハンの孫フビライが大ハーンに即位し、モンゴルの統治の中心を漠北から漢族の地域へと遷し、「漢法《かんぽう》［中国式の制度］」を推進することを始め、漢式の官僚機構と儀礼制度を確立しました。フビライは都を燕京《えんけい》に置き、大都《だいと》と名付けました。一二七一年に

図8-3　チンギス・ハン陵［内モンゴル自治区オルドス市］

は『易経《えききょう》』の「大《おお》いなるかな、乾元《けんげん》」という一節をとり、正式に国名を「大元《だいげん》」と定めました。フビライには死後に「世祖《せいそ》」の廟《びょう》号《ごう》が、チンギス・ハンには「太祖《たいそ》」の廟号が贈られました。フビライの即位を境目として、モンゴルの草原の帝国は漢族をモデルとした元王朝《げんおうちょう》へと転換しました。

ヨーロッパ東部、西アジア、中央アジアを支配したチンギス・ハンの後裔は相対的に独立した四大ハン国、すなわちキプチャク・ハン国、イル・ハン国、チャガタイ・ハン国、オゴタイ・ハン国を形成しましたが、元朝は依然としてこれらの国々と名目上の宗主《そうしゅ》関係を保持しました。一二七六年、元は南宋を滅ぼし、中国の版図において数百年間続いた複数の政権が並立する局面は終わりを告げ、中国史上の大一統《だいいっとう》の局面が再び確立しました。一三六八年、農民が蜂起するなかで新たに興《おこ》った漢族王朝の明《みん》は、元朝の統治を覆《くつがえ》しました。しかし、モンゴル族はこの後も長期にわたり北方の草原を舞台として活躍しました。

戦乱と戸数の減少

上述した四つの強大な北方民族は前後して政権を樹立し、内地［長城の南の地］に向かって拡大したため、内地の漢族の農業文明は大きな衝撃を受けました。社会の発展水準が相対的におくれていたこれら北方民族は、その戦争においては常に大規模な殺戮《さつりく》や略奪をともない、多くの場合、略奪が戦争の基本的な目的でした。

金が北宋を滅ぼすと、戦火の及んだ所では戸口数の激減を招きました。金の世宗《せそう》［完顔雍《かんがんよう》］の大定《だいてい》年間の初め（一一六一年ころ）、北方の戸数は三〇〇万ほどまで回復しましたが、北宋や遼朝の統治区域であったころと比べると、半分以上減少していました。[*2] この後、社会経済は次第に回復し、章宗《しょうそう》［完顔璟］の泰和《たいわ》七年（一二〇七年）の戸数は七六八万四四三八戸、人口は四五八一万六〇七九人となり、金朝の戸口数は最盛期に達しました。しかし、モンゴルはまもなくさらに凄惨な破壊をもたらし、残酷な殺戮を行いました。これは歴史上でも稀なことです。

華北におけるモンゴルの占領が安定した後も、多くの貴族は依然として新たに占領した農耕地域をどのように統治し管理するかわからず、「漢人《かんじん》を得《え》たると雖《いえど》も亦《ま》た用《もち》いる所《ところ》無《な》し、尽《ことごと》く之《これ》を去《さ》るに若《し》かず、草木《そうもく》をして暢茂《ちょうも》せしめ、以《もっ》て牧地《ぼくち》と為《な》さん」という意見がでるほどでした。幸い、大臣の耶律《やりつ》楚材《そざい》が力を尽くして阻止したため、この荒唐無稽な提議が実施されることはありませんでした。[*3]

殺戮のほか、貴族や軍閥は混乱に乗じて多くの人々を私有化しました。これにより、北方の戸口数は再び大幅に減少しました。一二三四年から一二三五年にかけて、モンゴルは内地で二度にわたり戸籍登録を行いましたが、把握した戸数は百万戸余りにすぎませんでした。この数字と、泰和七年の七六八万戸余りという数字を比較すると、その大幅な減少は驚くべきことです。

元が南宋を滅ぼした時は殺戮や強奪の抑制に注意を払ったため、戦争による破壊は相対的に軽減されました。世祖《せいそ》の至元《しげん》三十年（一二九三年）の政府の統計によると、全国戸数は一四〇〇万二七六〇戸であり、これは正式な記載としては元朝最大の戸数です。学者の推算によると、元朝の実際の戸数は最も多い時には約一九八〇万戸に達したようです。[*4]これは推測による数字ですが、それでも北宋の最大戸数二〇八八万戸よりも少なく、南宋の最大戸数一二六七万戸と金朝の最大戸数七六八・五万戸との合計よりも少ないのです。元朝の版図はそれまでよりもはるかに広大なものでしたが、その戸口数は南宋、北宋の時期の水準まで回復することはありませんでした。この点は、おおむね否定できないでしょう。

個人間の従属関係の強化

金元の両朝の統治は、女真《じょしん》とモンゴルの奴隷制度の要素を漢族地域に移入したものであり、宋代と比べて、社会経済の領域では個人間の従属関係が強化されるという、これまでとは逆転した流れが生じました。これも注目に値する現象です。女真やモンゴルの社会では奴婢《ぬひ》を使役する伝統があり、中原《ちゅうげん》に入った後も多くの人々を略奪して奴婢としました。金の世宗の大定二十三年（一一八三年）の統計によると、女真の貴族や平民が所有していた奴婢の総数は一四〇万人近くに達していました。元朝の奴婢の数は明らかではありませんが、いくらかの片々たる史料には、貴族や官僚の家の奴婢の数は常に数千であったという言及があり、つまり、その総数は明らかに金朝よりも多かったのです。

奴婢は、金や元では「駆口《くこう》」と呼ばれていました。これは「俘虜《ふりょ》とされて使役される人」という意味であり、子々孫々まで奴婢とされ、人身の自由がありませんでした。奴婢の多くは戦争の俘虜であり、債務などの原因によって売られたり、むりやり奴婢にされた者もいました。犯罪者およびその家族が戸籍を没収されて官府の駆口《くこう》とされることもありました。元朝の法律では、駆口は主人の財産の一部であり、金銭や物と同じく自由に転売することができました。大都など主要な都市では「人市《じんし》」が設けられ、駆口を売買していました。主人が駆口を殺した場合、罪は免れなくとも、せいぜい杖刑《じょうけい》を受け、棒で八十七回叩かれるだけでした。［『元史《げんし》』巻一〇三「刑法志二」］

元朝において、人身の従属という関係性の強化の傾向は、他の社会階層においても現れました。たとえば「怯憐口《きょうれんこう》」の階層はモンゴル語で「家の者」という意味であり、「個人に属する人」という意味にも解釈されています。彼らは広い意味では駆口とは限りませんが、おおむね国家の支配を受けず、皇室や王侯貴族の「投下《とうか》」（封地、領地の意）に属し、農業、手工業、牧畜業、あるいはその他専門的な仕事を請け負う人々のことを指しました。その職業や出身は異なり、貧富にも大きな差がありましたが、いずれも「投下」に対して個人的な従属関係にあり、勝手に抜け出すことはできませんでした。

戸籍管理の面では、元朝は職業や信仰などの要素に基づき住民全体をいくつかの種類に分けました。これは「諸色戸計《しょしょくこけい》」と呼ばれました。そのなかでも一般庶民は「民戸《みんこ》」と呼ばれました。「民戸」のほかにも、多くの特殊な「戸計」があり、それぞれ国のために特殊な義務を負いました。たとえば、軍役を請け負う「軍戸《ぐんこ》」、駅站《えきたん》［宿駅］の仕事を請け負う「站戸《たんこ》」、手工業の生産に従事する「匠戸《しょうこ》」など、いずれも父子兄弟が代々継承し、勝手にこの籍を抜けることはできませんでした。この「諸色戸計」制度は、宋代よりもさらに強い人身の従属関係を示しています。ただ、このような関係は国家についてのことだけでした。

儒家文化が受けた衝撃

北方民族が南進する趨勢のなかで、儒家の文化も大きな衝撃を受けました。戦乱が及んだところでは経籍《けいせき》が散佚《さんいつ》し、学校は破壊され、儒者は各地に離散し、その生活はひどく困窮しました。女真《じょしん》の統治者は中華の風習に染まるのが速く、早くに科挙を開設し、孔子を尊んで学校を振興し、文治を標榜しました。しかし、金朝の儒学では、一家の言をなす大儒学者はついに現れず、専門的で著名な学問もなく、北宋に比べると明らかに衰退しました。北宋の新儒学の諸学派は、金朝になるとほぼ埋没してしまい、それらを伝える学者も少なく、元の統一の後にようやく南方から北方へと拡大しました。

　モンゴル貴族は初めて中原《ちゅうげん》に入ったとき、儒学についてまったく知らなかったため、長い間「馬《ば》上《じょう》に天下を治める」ことに満足し、儒学の人材や文化事業を重視しませんでした。士大夫は生活する術もなく「雑役《ざつえき》に混《ま》じり、屠沽《とこ》［肉屋や酒屋］に堕《お》ち、去《さ》りて黄冠《こうかん》［道士］と為《な》れり」（彭大雅《ほうたいが》・徐霆《じょてい》『黒《こく》韃事略《だつじりゃく》』）という状況であり、さらに「駆口」にまで身を落とす者もおり、その境遇はたいへん悲惨なものでした。一二三八年（陰暦の戊戌の年）、耶律楚材《やりつそざい》の上奏を経て、モンゴルは漢族の地域で初めて儒学者の試験を行い、全部で四千三十人が合格しました。このうち、四分の一は駆口の出身であり、彼らは合格したことで再び自由を手に入れました。歴史上、この試験を「戊戌選試《ぼじゅつせんし》」といいます。合格者は出身地で「議事官《ぎじかん》」を担当し、その家の賦役《ふえき》は免除されました。しかし、この制度はわずか一回行われただけで、その後は実施されませんでした。

元朝《げんちょう》が興ると、統治者はラマ教に帰依し、吐蕃《とばん》の僧侶を帝師《ていし》として、皇帝みずから受戒《じゅかい》しました。後には各地に帝師殿《ていしでん》を建て、最初の帝師であるパスパを祀りました。その規模や制度は、孔子廟を超えるものでした。それまでの時代と比べると、モンゴルの統治者の意識のなかでは儒学の地位はかなり低いものでした。社会や文化背景の違いが、モンゴルの統治者に儒家の学説における概念や体系は理解しがたいものと感じさせました。元の世祖《せいそ》フビライは若いころ儒学にいくらか興味を持ち、儒家文化の保護者としての姿で登場したことによって、一部の儒者によって「儒教大宗師《じゅきょうだいそうし》」の尊号を奉《たてまつ》られました。しかし、フビライの儒学に対する理解は浅く、即位後、財政問題について儒臣《じゅしん》と意見の相違があり、フビライは儒臣を「事機《じき》［事を行う時機］を識《し》らぬ」（『元史』巻二〇五「姦臣伝」）と考え、次第に遠ざけました。元の官員の選任は、まず「怯薛《ケシク》」（皇帝の近衛兵）や近侍の者を重用し、次に事務を行う下級の役人を重んじたため、儒者が世で活躍する道は狭く、出仕しようにもその機会がありませんでした。元朝の前期は長い間科挙を実施せず、中期になると実施はしましたが、科挙による官員の採用は少なく、仕途にも有利ではなかったため、科挙を実施した後も、それ以前の人材任用の構造が変化することは何らありませんでした。元代では最後まで、統治者は「学校《がっこう》を視《み》るも不急《ふきゅう》と為《な》し、詩書《ししょ》を謂《い》うも無用《むよう》と為《な》す」（元の程鉅夫『雪楼集』巻一〇「奏議・学校」）という状態であり、儒者の社会的地位は低く、このような状況は中国史上でも稀なことでした。当然ながら、長期にわたって中国社会に根づき、かつ頑強な適応能力を具えた儒家の文化からすれば、これもまた一時的な現象にすぎませんでした。

第二節　北方民族文化の発展

契丹文化

契丹《きったん》、タングート、女真《じょしん》、モンゴルの四つの民族が隆盛を誇り政権を樹立したことは、各民族文化の発展を推し進めるとともに、中華文明史に新たな一ページを加えました。契丹では建国の当初、太《たい》祖《そ》［耶律阿保機《やりつあぼき》］の神冊《しんさく》五年（九二〇年）、耶律突呂不《やりつとつりょふ》・耶律魯不古《やりつろふこ》などによって契丹文字が作られ、これは後に「契丹大字《きったんだいじ》」と呼ばれました。太祖の弟耶律迭刺《やりつてつらつ》は、さらに回鶻《ウイグル》文字を参考にして「契丹《きったん》小字《しょうじ》」を作りました。歴史書の記載によると、契丹大字の数は数千字に達しており、かなり複雑でした。これは、漢字の字体を借用し筆画を増減して作ったものであり、一部の文字は完全に漢字を借用していました。契丹小字の字形も同じく漢字の偏旁《へんぼう》を借用していましたが、さらに回鶻文字の特徴を組み込んで表音文字《ひょうおんもじ》とし、少ない「原字《げんじ》［文字の最小単位］」を組み合わせることで無数の新たな字や言葉を作り出すことができました。その特徴は「字少なくして該貫《がいかん》［博《ひろ》く通じる］」であり、また「小簡字《しょうかんじ》」とも呼ばれました。

　現代の研究によると、現存する契丹文字資料にある小字の「原字」の数は三百五十ほどであり、実際の「原字」の字数はこれよりやや多い程度だったとされています。[*5]「原字」の筆画も相対的に簡単なものでした。契丹文字は遼《りょう》、西遼《せいりょう》と金《きん》の前期に用いられ、後には次第に失われました。（図8-4）

　当時の契丹人はみずからの文字を刻んだ石碑を建立しただけではなく、符牌《ふはい》［皇帝の使者が携帯した身分を証明する札］にも刻み、また文学創作もしました。チンギス・ハンは西征するとき、漢化した契

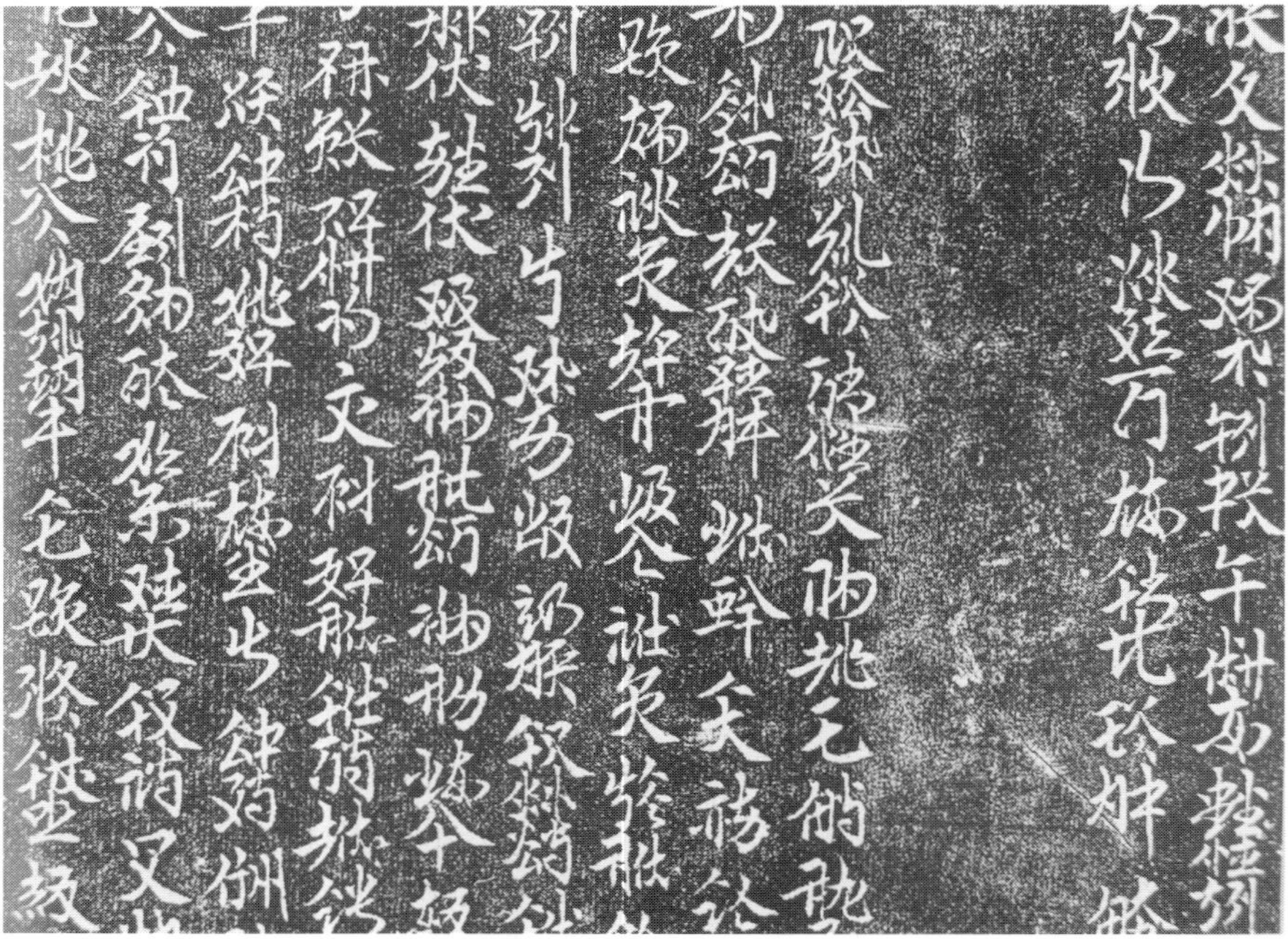

図8-4　金の大定十年移剌斡里朶の契丹小字墓誌の拓本（部分）

丹人の耶律楚材《やりつそざい》を同行させ、西域で西遼の前郡王李世昌《りせいしょう》から契丹文字を学ばせました。その後、耶律楚材は遼代の寺公大師《じこうたいし》が契丹文で作った長篇の詩「酔義歌《すいぎか》」を漢語によって翻訳しました。その翻訳稿は耶律楚材の『湛然居《たんぜんこ》士文集《じぶんしゅう》』巻八に収録されています。翻訳稿によると、この詩は漢族の楽府《がふ》歌行《かこう》に似ています。長さは百二十句に達し、漢人の歴史故事を多く用いており、写景叙事《しゃけいじょじ》に託して感情を表現しています。耶律楚材はこの詩を「蘇《そ》（軾）や黄《こう》（庭堅）と並《なら》び駆《か》け先《さき》を争《あらそ》うべし」［同前］と褒め称えています。契丹文学の成果は、この詩によってその一端をうかがうことができます。

　契丹人は国家管理の面できわめて特色ある制度を構築しました。遼は半遊牧、半農耕の国家であることから、内部には異なる二つの社会経済形態がありました。このため、南面官《なんめんかん》・北面官《ほくめんかん》という二つの執政制度が採用されました。契丹の習俗は太陽を崇拝し、皇帝の移動式住居は太陽が昇る東を向いていました。中枢の官員はその外で南北に並び、南、北両面の官員がそれぞれその職務を遂行しました。『遼史《りょうし》』には「北面《ほくめん》は宮帳《きゅうちょう》、部族《ぶぞく》、属国《ぞっこく》の政《まつりごと》を治《おさ》め、南面《なんめん》は漢人《かんじん》の州県《しゅうけん》、租賦《そふ》、軍馬《ぐんば》の事《こと》を治《おさ》む」「（北面は）国制《こくせい》を以《もっ》て契丹《きったん》を治《おさ》め、（南面は）漢制《かんせい》を以《もっ》て漢人《かんじん》に待《たい》す」とあります。（『遼史』巻四五「百官志」）

契丹の皇帝は「秋冬《しゅうとう》は寒《かん》に違《たが》い、春夏《しゅんか》は暑《しょ》を避《さ》け、水草《すいそう》に随《したが》いて畋漁《でんぎょ》［狩猟と漁撈］に就《つ》き、歳以《としもっ》て常《つね》を為《な》し、四時《しじ》各《おの》おの行在《あんざい》の所《ところ》有《あ》り、之《これ》を捺鉢《ナバ》と謂《い》う」（『遼史』巻三二「営衛志」）というように、自民族の遊牧生活の伝統を始終保持していました。この制度は「四時捺鉢《しじナバ》」ともいいます。捺鉢は契丹語で「本営《ほんえい》」の意味です。大部分の貴族や高級官員は皇帝の移動にしたがったため、捺鉢は国家政治の中心となりました。これは「行朝《こうちょう》」［行在《あんざい》のこと］と呼ばれ、警備はきわめて厳重で、皇帝は捺鉢を通じて軍事訓練を行い、これと同時に帰属した民族の酋長《しゅうちょう》を懐柔《かいじゅう》しました。夏・冬の捺鉢では北・南の官僚の会議を行い国家の政治を討議し、重要な人事の任命を決定しました。遼は上京《じょうけい》・中京《ちゅうけい》など「五京《ごけい》」を設けましたが、いずれも実質的に正式な首都ではなく、むしろ各地方を統治するための政庁所在地に類似していました。実際の首都は、移動する捺鉢でした。

契丹貴族は一般的に仏教を信奉しました。このため、現在見られる遼代文化の遺物には仏教に関するものが最も多く、たとえば、北京房山区《ペきんぼうざんく》の雲居寺《うんきょじ》に現存する隋《ずい》代から明《みん》代末期までの石刻仏典は一万四千六百二十枚あり、このうち遼代に刻まれたものは少なくとも五、六千枚あります。また、遼代後期には、さらに版木による印刷術を用いて漢文の『大蔵経《だいぞうきょう》』を刊行しました。この『大蔵経』は帙《ちつ》が簡素で一冊は軽く、薄い紙に緻密な字で印刷されていることで知られており、「契丹蔵《きったんぞう》」や「遼《りょう》

図8-5　山西省応県の遼代木塔

蔵《ぞう》」と呼ばれています。仏教建築としては天《てん》津《しん》市薊《けい》県の独楽寺観音閣《どくらくじかんのんかく》、山西《さんせい》省応《おう》県の木塔《もくとう》(図8-5)、内《うち》モンゴル自治区古寧城《こねいじょう》の磚塔《せんとう》、フフホトの万部華厳経塔《まんぶけごんきょうとう》などが現存していますが、これらはいずれも高い建築水準と文化財的価値を具えています。

タングート文化

タングート人は西夏《せいか》を建国する前夜に文字を作りました。この文字は李元昊《りげんこう》の考えのもと、大臣の野利仁栄《やりじんえい》により作られました。当時は「蕃書《ばんしょ》」と呼ばれ、後の人は西夏文《せいかぶん》と呼びました。

西夏の統治者は自民族の文字の使用の推進と規範化に多くの労力を費やしました。みずからの文字を「国字《こくじ》」と呼んで尊び、「蕃学《ばんがく》」を設立してこれを学ばせ、多くの字典・辞書を編纂、出版し、文字学、言語論、音声学などの面から西夏文の規則を導き出す研究を行いました。今日に伝わる西夏文の刊本や写本などの文献は相当多く、契丹文や女真文など他の古代民族の文字文献を凌駕しています。そのなかで最も主要なものは、いずれも二十世紀の初めに内モンゴルのエジン「エチナ」旗《き》にある黒水城《こくすいじょう》遺跡で発見されたものです。このなかには法典の『天盛律令《てんせいりつりょう》』や軍事法典の『貞観玉鏡《じょうがんぎょくきょう》統《とう》』、歴史書の『太祖継遷文《たいそけいせんぶん》』、字典の『音同《おんどう》』や『文海《ぶんかい》』、西夏文と漢文の辞典『番漢合時掌中珠《ばんかんごうじしょうちゅうしゅ》』(図8-6)、漢文から翻訳した『論語《ろんご》』『孟子《もうし》』『孝経《こうきょう》』『孫子兵法《そんしへいほう》』や仏典などがあります。西夏文の

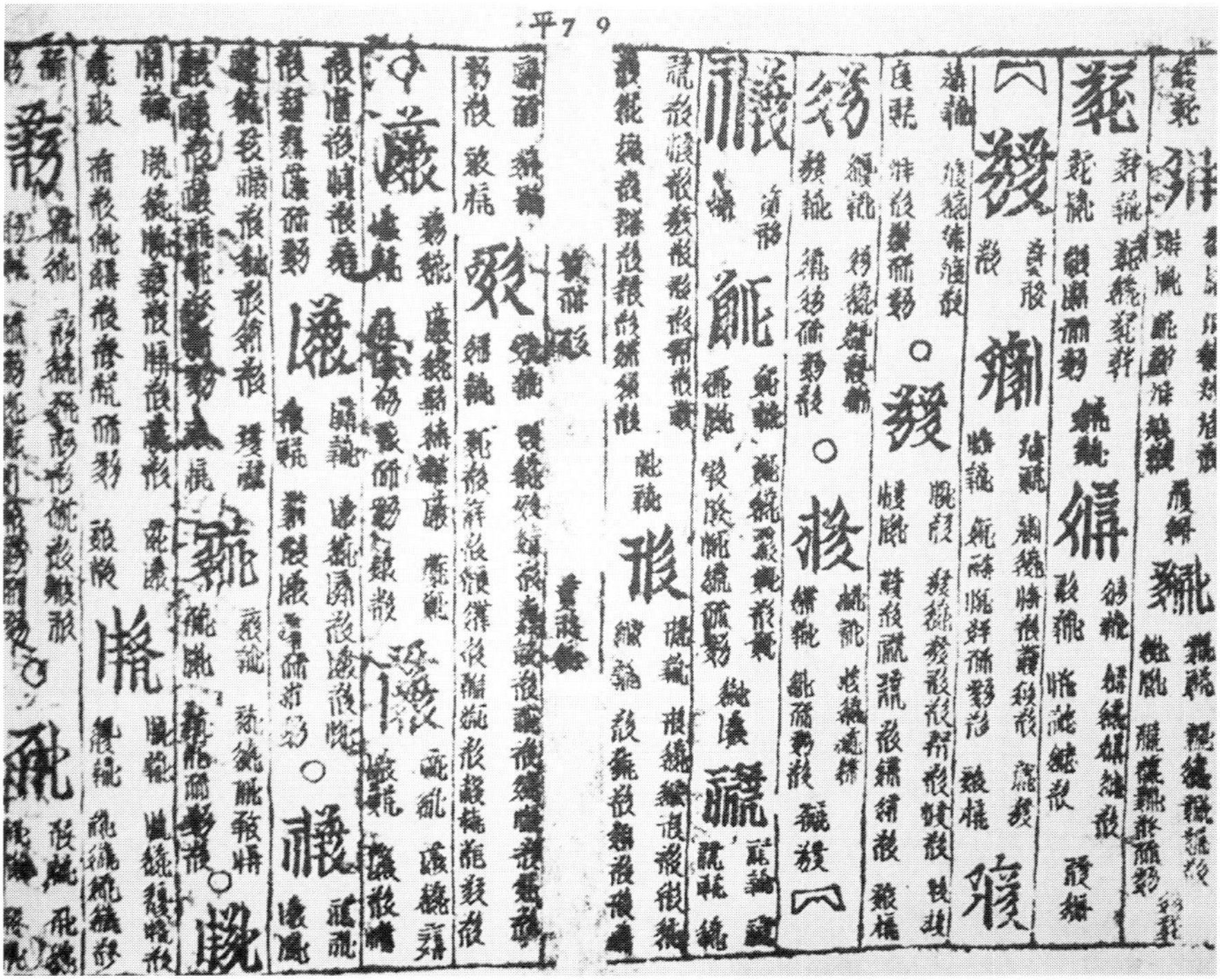

図8-6　『番漢合時掌中珠』書影

解読や研究はこれらの文献資料によって大きな成果をあげました。

目下知られている西夏文字の数は六千字余りです。西夏文字は漢字を模倣して作られており、字体は正方形で、文字構成の大部分は漢字の会意《かいい》や形声《けいせい》に類似しています。漢字との違いは、文字の結構がより複雑で、筆画が多く、斜線を多用していること、そして象《しょう》形《けい》や指事《しじ》の文字がきわめて少なく、漢字のように明確な偏旁《へんぼう》の体系がないことです。西夏文字が用いられた期間は相対的には長く、明朝の中期に至っても用いられていました。

西夏の官制は、主に北宋を模倣していました。漢式の官名以外に、「寗令《ねいれい》」「謨寗令《ぼねいれい》」「丁戸《ていこ》」「素《そ》賚《らい》」「祖儒《そじゅ》」「呂則《りょそく》」のような「蕃号《ばんごう》」の官名がありました。

かつてはこの制度を根拠として、西夏には遼の南北面官制《なんぼくめんかんせい》のような「蕃《ばん》」と「漢《かん》」の二つの官制が存在していたとする考え方もありました。しかし、大部分の研究者は「蕃号」と漢式の官名は、一つの官制に対する異なる言語の呼称にすぎず、二つの官制が存在していたのではないと考えています。歴史書の記載にある「蕃号」の官名の大部分は、宋朝と外交上の往来がある官員の官名として見えます。西夏が自民族の言語によって官名を呼んだのは、民族の自尊心から行われたのです。

女真文化

女真《じょしん》文字は金朝の初頭に作られました。契丹文字と同じく大字、小字の区別があります。金の太祖《たいそ》〔完顔阿骨打〕の天輔《てんほ》三年（一一一九年）、大臣の完顔希尹《かんがんきいん》は女真字《じょしんじ》を作りました。第三代皇帝熙宗《きそう》〔完顔亶〕の在位時には、さらにもう一つの女真字が作られました。当時、完顔希尹が作った文字を女真大字と呼び、熙宗の時に作られた文字を小字と呼びました。女真文字の伝世資料は少なく、現在見られるのは主に一種類のみであり、八五九字が確認されています。これらは一般に女真大字だと考えられています。

女真文字の制定は、直接的には契丹文字の影響を受けており、間接的には漢字の影響を受けたものでした。女真文字は契丹文字と漢字を基礎として、ある文字は音を採り、ある文字は意味を採用し、その筆画を増減して作られた新たな文字です。

自民族の文字を広めるため、女真の統治者は早くから女真文字の学校を創設しました。後には、さらに女真進士科《じょしんしんしか》を開設して女真文字による試験を行い、「策論《さくろん》」〔政治問題とその対策を記す論文試験〕は女真大字によって書かせ、詩は小字によって書かせました。これらの措置は女真文化の発展を大いに推進し、統治を担う自民族出身の人材を育成しました。明代初期に至っても、女真文字は東北地域の女真人の間で通用しており、明朝の四夷館《しいかん》［辺境の少数民族や周辺諸国の言語を翻訳する機関］は女真文字と漢文を対照するための書物『女真訳語《じょしんやくご》』を編纂しました。

女真の漢化は速く、国家制度はほぼ唐宋を踏襲していましたが、それでも自民族の内部管理システム「猛安《ミンガン》・謀克《ムクン》」を保持していました。猛安・謀克の由来は初期の女真族が巻狩《まきがり》を行う必要から設置した軍事単位であり、金朝の成立前後に制度化されました。猛安・謀克は三百戸を一謀克とし、十謀克を一猛安として編成しました。戦時にはこの編成によって軍を統率し、平時は行政管理組織となりました。猛安と謀克は組織単位の名称であり、またその組織の長官の称号でもありました。金朝が中《ちゅう》原《げん》を占領すると、猛安・謀克の組織をそのままに南に移り、漢族の地域では「百姓《ひゃくせい》と雑処《ざっしょ》し、其《そ》の戸口《ここう》を計《はか》りて以《もっ》て官田《かんでん》を給《きゅう》し、自《みずか》ら播種《はしゅ》して以《もっ》て口食《こうしょく》に充《あ》てしむ」としました。[*6] ここでいう「雑処」とはかなり広い範囲について述べたものであり、実際、猛安・謀克に属する家は漢族村落の間に単独で要塞を築きました。その組織は解体しておらず、管理のうえでも州県に属さず、依然として元来のシステムを維持していました。

猛安は従四品の位であり、州の防禦使《ぼうぎょし》［地方の軍事担当長官］に相当します。謀克は従五品であり、県令《けんれい》［県の長官］に相当します。謀克の下にはいくつかの村落が置かれ、五十戸以上に寨使《さいし》を一人置きました。猛安・謀克に属する人々は、平時は耕作に従事し、軍事訓練も行いました。戦時になると丁壮《ていそう》はみずから馬と武器を準備して出征し、その家族は居住地にいて農作業に従事しました。猛安・謀克は金朝の統治を支える重要な支柱でした。金の中期以降、猛安・謀克は力が衰え、金朝も次第に衰退していきました。

モンゴル文化

モンゴル文字はチンギス・ハンが建国する前夜に作られました。一二〇四年、チンギス・ハンはナイマンを滅ぼし、ナイマンの印章管理官であったウイグル人のタタトゥンガを捕虜とし、チンギス・ハン一族の子弟に畏兀児《ウイグル》文字でのモンゴル語書写を教えるよう命じました。畏兀児は唐代の回鶻《ウイグル》です。その文字は古代のソグド文字から発展した表音文字であり、字母《じぼ》が二十個ほどあります。ウイグル文字でモンゴル語を表記することで、最初のモンゴル文字となりました。この文字は学者によってモンゴルウイグル文字やウイグル式モンゴル文字と呼ばれています。

元の世祖《せいそ》フビライの時には、吐蕃《とばん》の僧侶パスパに新たなモンゴル文字を作るよう命じ、至元《しげん》六年（一二六九年）に公布されました。この文字は吐蕃文字の字母を改造して作られており、四十以上の方形の字母があり、後世パスパ文字と呼ばれています。

当時はパスパ文字を用いて「一切《いっさい》の文字《もじ》を訳写《やくしゃ》し、言《げん》に順《したが》い事《こと》に達《たっ》せんことを期《き》す」（『元史』巻二〇二「釈老伝」）ことが規定されていました。言い換えれば、パスパ文字はモンゴル語を表記するだけではなく、漢語や他の民族の言語を表記するのにも用いられました。これは中国の文字史上最初の創造的な試みであり、最も早期の中国語の表音化案でした。パスパ文字を広めるため、元の朝廷は中央と地方にモンゴル文字の学校を広く設置し、関連の人材を育成しました。元代では、パスパ文字は法定文字として公文書のなかで普遍的に用いられました。（図8-7）

しかし、パスパのモンゴル文字にもいくらかの欠点がありました。パスパ文字は文字の符号が複雑であり、モンゴル語を表記する際には音節を単位とすることで単語が分割されてしまい、読解が難しかったのです。これよりも、モンゴルウイグル文字によって単語を一単位として表記するほうが、モンゴル語の粘着語《ねんちゃくご》としての特徴に適合していました。このため元朝が滅びると、モンゴル社会ではパスパ文字が次第に失われていきました。これとは対照的に、モンゴルウイグル文字は改良を経て、今日のモンゴル文字となりました。

　元朝では、統治者は漢文の実録《じつろく》［皇帝の事績の日々の記録］を編纂すると同時に、モンゴル語によって国史を編纂しており、これは「脱卜赤顔《トプチャアン》」（モンゴル語で歴史の意）と呼ばれました。こうして、元代では二種類の文字による修史制度が確立しました。トプチャアンの編纂はモンゴルの功臣や貴族によって主導され、モンゴルの知識人が編纂に従事し、宮中に秘蔵され、漢人には閲覧させませんでした。明朝の初頭、モンゴル部族の源流と大モンゴル国前期の歴史を記した最も早いトプチャアンが漢字によって音訳され、四夷館《しいかん》の教材とされました。これは『元朝秘史《げんちょうひし》』と呼ばれ、今日まで伝わっています。この他のトプチャアンはすでに散佚しました。『元朝秘史』によると、トプチャアンの構造や叙事の方法は漢文の歴史書と明らかに異なり、民族叙事詩に類似していて時間概念をあまり重視していませんが、その一方で文学的雰囲気が

図8-7　元代のパスパ文字符牌

色濃くあり、叙述はいきいきとしており、即興による並列や長々とした叙述が行われています。トプチャアンは歴史学的・文学的に高い価値があるだけではなく、大量の古代モンゴル語を保存した資料として言語学者に重視されています。当時、モンゴル語により編修された歴史書としては、他にも『阿勒壇《アルタン》・帖卜迭兒《デプテル》』があります。これは中国語で「金冊《きんさつ》」の意味であり、主にチンギス・ハンの家族の系譜を記していました。この書はすでに失われましたが、部分的な内容はペルシアの歴史書『集史《しゅうし》』に伝わっています。

モンゴルは建国当初、草原の遊牧民族の特色を具えた国家制度を施行しました。この制度の多くは元朝《げんちょう》に引き継がれました。たとえば、チンギス・ハンはモンゴル共同体の習慣法を基礎として新たに法律条文（モンゴル語で「札撒《ジャサク》」という）を公布しました。これは後にモンゴル文によって記録され、「大札撒《イェケジャサク》」［大法令］と名付けられました。この法律にはハンの権利の維持、遊牧社会の等級制度の維持、牧畜業経済の保護などの内容が含まれており、モンゴル人の伝統習俗・迷信・タブーも残されています。元朝では新たな皇帝が即位するたびに、貴族が集まる典礼において「大札撒」の条文を朗読し、祖先からの制度を遵奉することを示しました。このため、元朝の法律には多くのモンゴル法も入り込んでいました。

チンギス・ハンはさらに法律を管轄する官員「大断事官《だいだんじかん》」を任命しました。これはモンゴル語で「イェケ・ジャルグチ」といい、刑罰や訴訟の審理を行い、また貴族に隷属する民衆の分配を管掌しました。イェケ・ジャルグチの職は元朝になっても依然として存在していましたが、主にモンゴル人の法律や訴訟などを担当しました。また、チンギス・ハンは貴族の子弟によって組織された親衛隊を設置しました。これは「怯薛《ケシク》」と称されました。このほか、征服した各地域にモンゴル人が担当する監督官として「達魯花赤《ダルガチ》」を設置しました。これらの制度もまた元朝まで維持されました。

元朝は同じく遊牧民族に属する遼朝《りょうちょう》と似ており、その政治体制には明らかに漢族の制度と自民族の旧制度を同時に行う二元的色合いをそなえていました。しかし、遼が並行して行った南北面官制度とは異なり、元朝の草原的な旧制度は独立した体系を持たず、漢式の王朝体制のなかにおかれてその役割を果たしました。この面からみれば、元朝は中原の政権モデルとモンゴルの旧制度の混合体であったということができます。

第三節　境域の開拓と大一統の再建

遼・西夏・金の境域開拓と建設

境域の民族が建てた王朝として、遼《りょう》、西夏《せいか》、金《きん》、元《げん》は境域の開拓の面で顕著な成果をあげ、統一された多民族国家としての中国の歴史に重要な貢献をしました。

契丹民族は、長期にわたってシラムレン川流域およびその付近で活動していました。建国後、シラムレン川流域を中心として、今日の内モンゴル東南部を含め、遼寧《りょうねい》、吉林《きつりん》西部の草原地域を遼の国家の中心的な地としました。遼の皇帝の「四時捺鉢《ナバ》」は各地へ巡幸しましたが、おおよそこの範囲を出ることはありませんでした。遼代では、これらの地域の経済発展が最も顕著でした。大量の漢人がこれらの地域に移されて開墾したため、かつては荒涼としていた草原に多くの都市が建設され、農業、牧畜業を兼業し互いに補い合う経済構造が形成され、手工業や商業にも明らかな進展がありました。遼が滅亡した後、残存の部族が西域に西遼《せいりょう》を樹立しました。その版図は、東北はエニセイ川上流まで、北はバルハシ湖を越え、西はアラル海、西南はアム川に及びました。西遼政権は遼の漢式制度の特徴を受け継ぎ、年号・廟号・漢式の官職制度を実施し、国内では漢字と契丹文字を同時に用い、多くの漢人を引き連れて行きました。

モンゴルが西征した際、耶律楚材が作った詩には「後遼大石《こうりょうたいせき》に興《おこ》り、西域亀茲《さいいききゅうじ(きじ)》を統《す》ぶ。万里《ばんり》に威声振《いせいふ》るい、百年《ひゃくねん》に名教垂《めいきょうた》る」（耶律楚材『湛然居士文集』巻一二「懐古一百韻、張敏之に寄す」）と詠まれています。この詩の自注《じちゅう》には耶律大石について「頗《すこぶ》る文教《ぶんきょう》を尚《たっと》び、西域今《さいいきいま》に至《いた》るまで之《これ》を思《おも》う」（同前）とあります。西夏《せいか》の統治下にあった寧夏《ねいか》・甘粛《かんしゅく》地域では、比較的進んだ灌漑《かんがい》農業が発展しました。『宋史《そうし》』巻四八六「夏国伝《かこくでん》」には「其《そ》の地五穀《ちごこく》に饒《ゆた》かなるも、尤《もっと》も稲麦《とうばく》に宜《よろ》し。甘《かん》・涼《りょう》の間《あいだ》は則《すなわ》ち諸河《しょか》を以《もっ》て漑《がい》を為《な》し、興《こう》・霊《れい》は則《すなわ》ち古渠《こきょ》有《あ》り、唐来《とうらい》と曰《い》い、漢源《かんげん》と曰うは、皆《み》な黄河《こうが》を支《わ》かちて引《ひ》く。故《ゆえ》に灌漑《かんがい》の利《り》ありて、歳《とし》に旱澇《かんろう》の虞《うれ》い無《な》し」とあります。現存する西夏の法典『天盛律令《てんせいりつりょう》』には水利に関するかなり詳細な法規が記されており、水利施設の管理・維持・使用についてみな具体的な規定がありました。

金朝は東北地域を自己の民族の「内地」とし、その重視度は前代をはるかに越えました。金はその前期、すでに北宋を滅ぼしていましたが、これまでどおり東北の上京《じょうけい》［現在の黒竜江省ハルビン市阿城区］を首都としていました。海陵王《かいりょうおう》［完顔亮］が燕京《えんけい》［現在の北京］に遷都すると、一度は上京の名称を廃しましたが、まもなく金の世宗《せそう》［完顔雍］はこの名称を復活させて上京を陪都《ばいと》と定め、巡幸しました。陪都である上京には「留守《りゅうしゅ》」が置かれました。留守は総管府《そうかんふ》を兼ね、ほかに財政を司《つかさど》る転運《てんうん》使《し》と、監察や法律を主管する提刑司《ていけいし》を設けました。金朝の初め中原の大量の漢人を東北に移し、これを「内地《ないち》を実《み》たす」と言いました。女真族は建国の前にすでに原始的な農業生産に従事しており、漢族の移入によってこの地域の生産水準は大いに向上し、農作物の品種も増加し、農具もより先進的なものになりました。章宗《しょうそう》［完顔璟］の明昌《めいしょう》四年（一一九三年）の大臣の上奏によると、東北地域の毎年の粟《アワ》の税収は二〇・五万石《せき》余り、貯蔵した穀物は二四七・六万石余りでした。（『金史』巻五〇「食貨志」）

大一統下の元朝の行政単位

元朝の大一統《だいいっとう》はそれまでの規模をはるかに超え、その境域は「北《きた》は陰山《いんざん》を踰《こ》え、西《にし》は流沙《りゅうさ》を極《きわ》め、東《ひがし》は遼左《りょうさ》に尽《つ》き、南《みなみ》は海表《かいひょう》を超《こ》えたり。……東南《とうなん》の至《いた》る所《ところ》は漢唐《かんとう》を下《くだ》らず、而《しか》して西北《せいほく》は則《すなわ》ち之《これ》を過《す》ぐ」（『元史』巻五八「地理志」）というほどでした。このように広大な領土を管理するため、元朝は次第に「行省《こうしょう》」制度を作り上げていきました。中央の宰相機構は中書省《ちゅうしょしょう》であったため、高級官僚が平定した地方に派遣されることを「行中書省事《こうちゅうしょしょうじ》」といい、略して「行省《こうしょう》」といいました。当初、行省は中央の出先機関としての色合いが比較的明確でしたが、フビライの後期にはすでに地方に常設された最高行政機構へと転換し、全国には遼陽《りょうよう》、甘粛《かんしゅく》、陝西《せんせい》、河南《かなん》、江浙《こうせつ》、江西《こうせい》、湖広《ここう》、四川《しせん》、雲南《うんなん》の九つの行省が置かれました。後にはさらに嶺北《れいほく》行省を設置し、合計で十の行省が「国《くに》の庶務《しょむ》を掌《つかさど》り、郡県《ぐんけん》を統《す》べ、辺鄙《へんぴ》を鎮《しず》め、都省《としょう》と表裏《ひょうり》を為《な》す。……凡《およ》そ銭糧《せんりょう》、兵甲《へいこう》、屯種《とんしゅ》、漕運《そううん》、軍国《ぐんこく》の重事《じゅうじ》は之《これ》を領《りょう》せざる無《な》し」（『元史』巻九一「百官志」）でした。首都である大都《だいと》［現在の北京］（図8-8）に近い河《か》北《ほく》・山西《さんせい》・山東《さんとう》などの地域に行省は置かれず、中書省により直接統治され「腹裏《ふくり》」と呼ばれました。

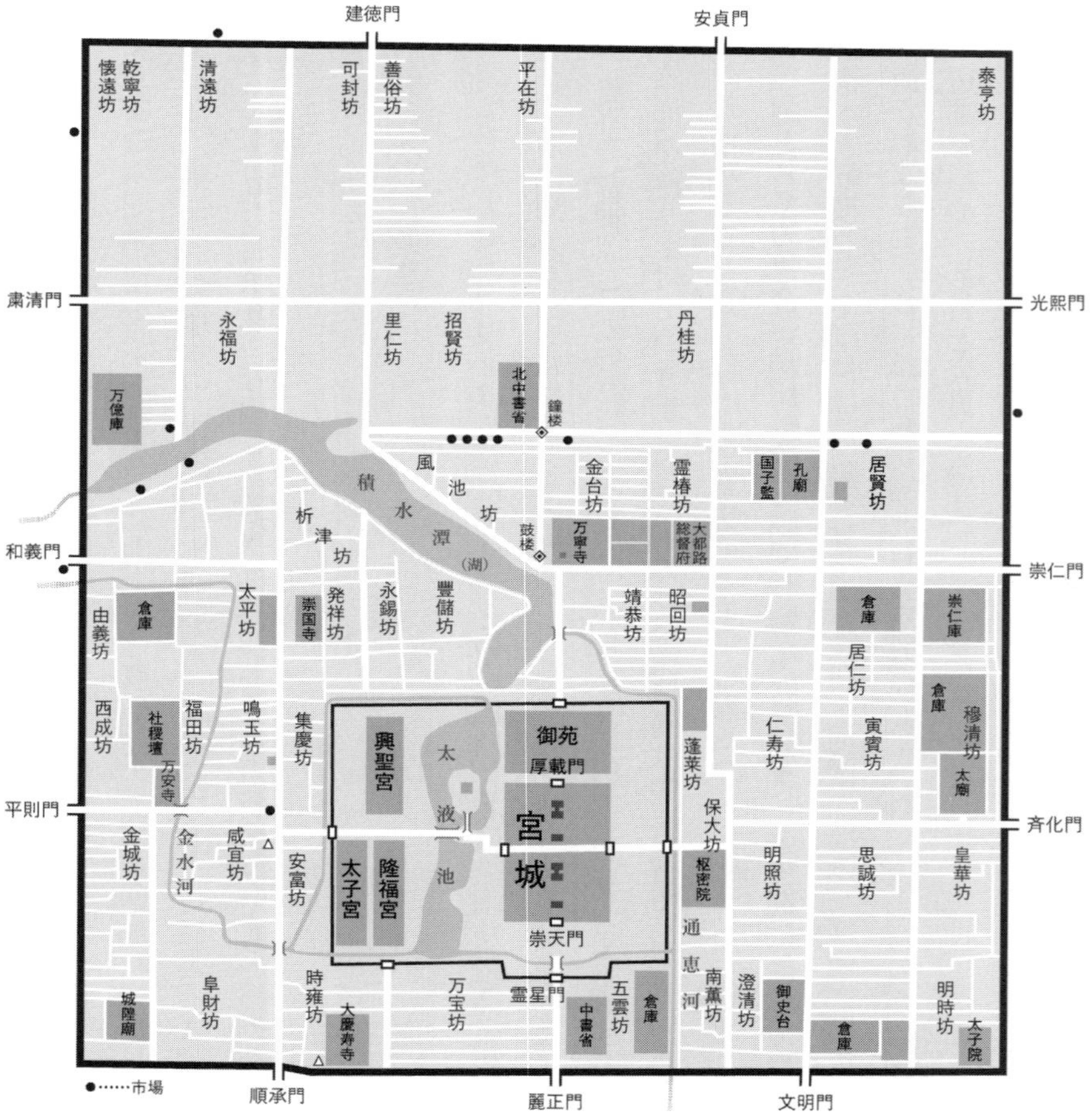

図8-8　元の大都の復元平面図

行省《こうしょう》の管轄地域は広大なうえ権力が集中しており、地方の軍事・政治・財政の権力すべてを統括しました。これは地方権力を分割した宋朝の制度とは明らかに異なります。

このような状況のかなりの部分は、元朝の特殊な民族征服という背景に由来しています。中央は行省に権力を与えるだけで、適宜に、また有効に反抗運動を鎮圧することができ、同時に境域に封ぜられた諸王や貴族も抑制することができました。行省の官員は主要な長官だけが軍事権を掌握し、通常の場合、漢人はこの職務に任じられませんでした。このため、地方権力の大きさに由来する弊害は、他民族への警戒や支配を通じて部分的に補われました。中央政府は監察など各種制度によってバランスをとって行省を遠くから制御しました。後の歴史発展のなかで、元朝の行省は地方の独立性や利益を代表することはきわめて少なく、かえって中央政府を代表して地方の情勢を支配し、地方の財富を徴収する役割を担いました。

元朝の境域管理

元朝は版図が広大なだけではなく、境域の支配も前代の王朝の基礎の上にさらに強化しました。過去の多くの統一王朝の「羈縻《きび》の州《しゅう》」であった地域は、元朝になって「皆《み》な之《これ》に賦役《ふえき》すること、内地《ないち》に比《なら》ぶ」（『元史』巻五八「地理志」）となりました。

漠北《ばくほく》、東北《とうほく》、雲南《うんなん》、吐蕃《とばん》などの辺境地域に対して、元朝は各地域に適した方法によって有効な行政管理を実施しました。漠北は、フビライが漢族の地域に大都を定めると国家政治の中心としての地位を失い、宣慰司都元帥府《せんいしとげんすいふ》が設置され、後には嶺北行省《れいほくこうしょう》へと昇格しました。この地域に州や県は置かれず、実際の行政の基層単位は依然としてモンゴル社会の伝統的な千戸《せんこ》、百戸《ひゃっこ》という組織でした。元の朝廷は内地の大量の軍民を漠北に屯田させ、一部のモンゴル遊牧民に耕作技術を伝えたことで、漠北地域の農業生産は飛躍的な成果をあげました。草原で頻繁に発生する自然災害についても、大規模な財力を投じ、中原より食糧や綿布・絹を輸送して救済し、羊馬を購入して被災民に分配することで、牧畜業の安定的な発展を保護しました。民族構成が複雑な東北地域では、遼陽行省《りょうようこうしょう》を設置しました。その境は、東はサハリン島［樺太島］を含む海にまで至り、東南は高句麗《こうくり》に接していました。

雲南地区は比較的早い時期、至元《しげん》十一年（一二七四年）に行省が設置され、三十七路、二府を管轄し、現地出身者を任官させて世襲を許し、罪を犯してもただ罰するだけで役職を免ずることはありませんでした。最初の雲南行省長官である回回《かいかい》人の賽典赤贍思丁《サイイド・エジェル・シャムス・ウッディーン》は「民《たみ》に播種《はしゅ》を教《おし》え、陂池《はち》を為《な》し以《もっ》て水旱《すいかん》に備《そな》え、孔子廟《こうしびょう》、明倫堂《めいりんどう》を創建《そうけん》し、経史《けいし》を購《あがな》い、学田《がくでん》を授《さず》け、是《ここ》に由《よ》りて文風《ぶんふう》稍《や》や興《おこ》る」（『元史』巻一二五「賽典赤贍思丁伝」）という治績をあげました。また、張立道《ちょうりつどう》は大理等処巡行勧農使《だいりとうしょじゅんこうかんのうし》に任じられ、現地民族に内地の先進的な養蚕《ようさん》法を伝え「利《り》を収《おさ》むること旧《きゅう》に十倍《じゅうばい》たり、雲南《うんなん》の人是《ひとここ》に由《よ》りて益《ます》ます富庶《ふしょ》たり」（『元史』巻一二五「張立道伝」）となりました。元朝の直接統治のもと、雲南と内地の連係は日々緊密となり、社会経済と文化事業はともに顕著に発展しました。

吐蕃《とばん》は単独の大行政区として行省は設置されず、中央の宣政院《せんせいいん》が直轄しました。元朝の皇帝は吐蕃のラマ教を信奉し、ラマ教サキャ派の僧侶を帝師としたため、全国の仏教関連の事務を司る宣政院が吐蕃の地を統治しました。宣政院に属する地方の行政機構は三つあり、吐蕃等処宣慰使司都元帥府《とばんとうしょせんいししとげんすいふ》（吐蕃の東北地域を管轄）・吐蕃等路宣慰使司都元帥府《とばんとうろせんいししとげんすいふ》（吐蕃の東南地域を管轄）・烏思蔵納里速古魯孫等三《うしぞうのうりそくころそんとうさん》路宣慰使司都元帥府《ろせんいししとげんすいふ》（吐蕃の中西部、現在の前、後チベットとガリ地区を管轄）です。官員はすべて宣政院あるいは帝師の推薦により、皇帝によって任命されました。下級の地方官は現地の僧侶や俗人が現地の習慣によってその地位を継承しました。統治を強化するため、元の朝廷は吐蕃の戸数と人口を精査し、駅伝《えきでん》を設置するなどしました。

駅站と急逓鋪

大一統国家の内部連係を強化し迅速に情報を伝達するため、元朝は全国に「駅站《えきたん》」と「急逓鋪《きゅうていほ》」のシステムを設立しました。駅站の「站《たん》」とはモンゴル語の「jam」の音訳であり、漢語の駅伝「使者や公文書などを人馬によって送り届けるための宿駅」の意味です。元朝では「站」と「駅」とはしばしば一緒に用いられたため、次第に「駅」は「站」に取って代わられ、現在まで用いられています。

元朝は大都を中心として四方へと通じる駅道《えきどう》を修築しました。この駅道は、東は高麗《こうらい》へつながり、東北はヌルガン（現在の黒竜江口一帯）に至り、北はキルギスへ達し、西はイル・ハン国やキプチャク・ハン国に通じ、西南は烏思蔵《うしぞう》［ウー・ツァン］（現在の中央チベット）に至り、南は安南《あんなん》（現在のベトナム北部）、ミャンマーに接していました。その範囲はこれまでになかったほど広く、「人跡《じんせき》の及《およ》ぶ所《ところ》、皆《み》な駅伝《えきでん》を置《お》き、使駅《しえき》［文書を伝送する人］の往来《おうらい》すること、国《くに》の中《うち》を行《ゆ》くが如《ごと》し」（『元史』巻六三「地理志・河源付録」）というほどでした。

全国には陸站《りくたん》・水站《すいたん》が一千五百カ所ほどあり、各役所から公用で派遣された官員のため、交通手段・住居・飲食・薪炭《しんたん》などを提供し、さらに官府の物資の運輸も行い、当時最も便利な交通体系でした。働き手は現地の庶民の中から徴集され、独立した戸籍を持ち、「站戸《たんこ》」と呼ばれました。

急逓鋪は元代の政府間の郵便システムでした。十里・十五里・二十里ごとに「鋪《ほ》」を設け、鋪兵《ほへい》五人を配置し、文書の伝達を担当しました。伝達速度の規定は一昼夜で四百里、緊急文書では五百里と

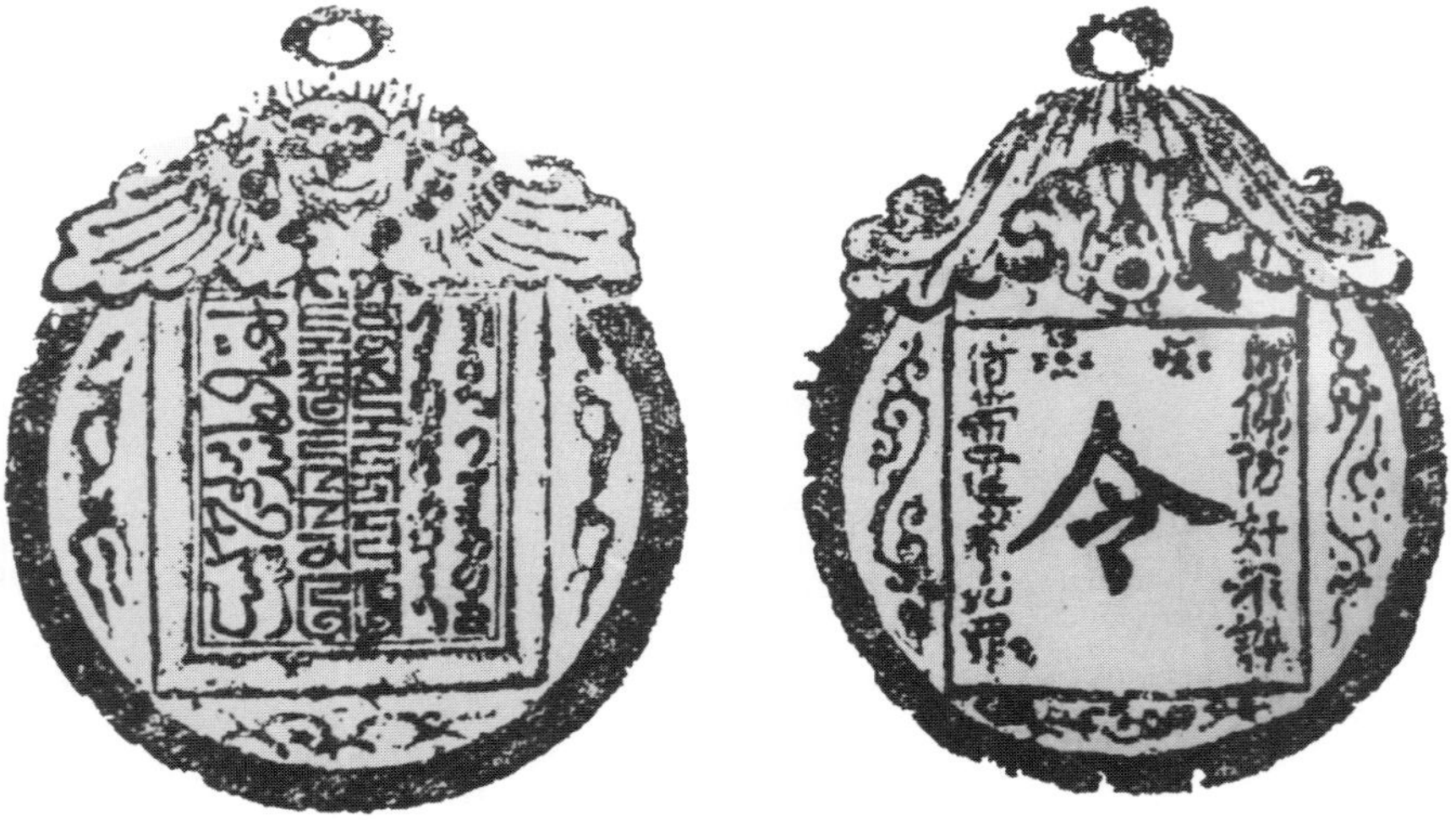

図8-9　元代の急逓鋪の令牌

定められていました。（図8-9）

運河の開通と海運の始まり

元《げん》は南宋《なんそう》を滅ぼすと、南方の財物を徴収して大都の需要に供するため、運河の開通と海運の整備を進めました。かつて通じていた南北の大運河は、宋と金が対峙した時期に多くの箇所がふさがっていました。そこで元の世祖《せいそ》の後期、山東で会通河《かいつうが》を開鑿《かいさく》しました。これは須城《しゅじょう》（現在の山東省東平県）西南の安《あん》山《ざん》を起点とし、西北へ向かい臨清《りんせい》（現在の山東省臨清市）に達し、その全長は二百五十里余り、この間に三十一カ所の水門を修築しました。

　この後、著名な科学者であった郭守敬《かくしゅけい》の建議を受け入れて、大都の郊外に通恵河《つうけいが》を開鑿し、大都の西北にある湧水《わきみず》を東の通州《つうしゅう》（現在の北京市通州区）まで引き入れました。この全長は一六四里ありました。新たな開鑿によって、運河はそれまでの迂回し、曲がりくねった水路がほぼ直線に改められ、航路は大幅に短縮され、穀物運送船は大都の積水潭《せきすいたん》（現在の北京の什刹海《シーチャーハイ》一帯）に直接入り停泊することができるようになりました。こうして「江淮《こうわい》、湖広《ここう》、四《し》川《せん》、海外諸番《かいがいしょばん》の土貢《どこう》、糧運《りょううん》、商旅《しょうりょ》は懋遷《ぼうせん》し、畢《つい》に京師《けいし》に達《たっ》す」（元の蘇天爵『元朝名臣事略』巻二「丞相淮安忠武王」）となりました。この河道は明清の二代にわたり一貫して重要な役割を果たしました。（図8-10）

このほか、元朝は初めて南北の海運の航路を開きました。この航路では毎春二月に長江河口の劉家《りゅうか》港《こう》［江蘇省太倉市にある港］より穀物を積んで出航し、崇明《すうめい》［現在の上海市崇明県］の東から黒水洋《こくすいよう》に入って一直線に北へと向かい、膠東半島《こうとうはんとう》をまわって渤海《ぼっかい》に入り直沽《ちょくこ》［現在の天津市内］に到着します。順風の時には、十日間で全航程を終えることができました。海船は直沽で積荷を卸《おろ》すと、五月には帰路につきました。続いて夏の穀物を積んで再び北上し、八月には再び帰路につきました。推計では、当時の南北交通の運輸航路のうち、運河による運送費用は陸運よりも三〇～四〇％節約でき、海運だと陸運よりも七〇～八〇％節約できました。海運と運河はともに元朝の経済上の重要な命綱となり、南北地域間の経済的連係を大いに強化しました。

図8-10　元代の漕運と海運

第四節　北方民族と漢族の融合と交流

契丹と漢族の融合

遼《りょう》、西夏《せいか》、金《きん》、元《げん》の統治は、中国の古代民族の関係史に重要な影響をもたらしました。各王朝で統治の中心的地位にあった北方や西北の民族が漢族の社会と接触する過程では、これらの民族の漢化の趨勢が相次いで起こり、大部分は内地へと移ることで次第に漢族と融合しました。中華民族のなかでも二つの重要な成員であるモンゴル族と回族は、元朝の時に形成されました。

契丹《きったん》は遊牧民族ですが、華北の農業地域の北縁で活動しており、漢族の農業文明と長期間にわたって接触があり、理解がありました。早くは遥輦《ようれん》氏といわれた部族連盟の時代、耶律《やりつ》氏がいた契丹の迭《てつ》剌《らつ》部では、すでに農耕や紡績が発展し始めていました。契丹は建国後間もなくして孔子廟《こうしびょう》を建て、春秋には祭祀を行っていました。

遼の後期の皇帝であった道宗《どうそう》［耶律洪基《やりつこうき》］は「吾《わ》れ文物《ぶんぶつ》を修《おさ》めること、彬彬《ひんぴん》として中華《ちゅうか》と異《こと》ならず」と言っています。[*7] 遼朝は漢族の士人に対して科挙を開設し、当初、契丹人は科挙を受験できないと規定していましたが、後にはこの禁令を緩めました。西遼《せいりょう》政権の創始者の耶律大石《たいせき》は進士《しんし》の及第者です。これは契丹民族、特にその上層にいる統治集団が次第に漢化する傾向にあったことを反映しています。

遼が金に滅ぼされ、契丹が統治される側になると、大部分の契丹人は金朝によって部族軍に編成され、北方の辺境を守備し、あるいは牧畜を請け負いました。一部の契丹貴族は金朝に仕えて職を得て、女真貴族の漢化の潮流に加わりました。

大モンゴル国の前期、遼の太祖《たいそ》［耶律阿保機］の長子耶律倍《ばい》の八代後の子孫であり、金の尚書《しょうしょ》右丞《うじょう》耶律履《り》の子にあたる耶律楚材《そざい》はハーンの朝廷の怯薛《ケシク》［近衛軍］の中で漢族地域の文書を管理しており、漢人は耶律楚材を中書令《ちゅうしょれい》と呼んでいました。彼は、実際に相当漢化した契丹の士大夫《したいふ》でした。戦後の混乱した局面に関して、耶律楚材はモンゴルの統治者に向かって繰り返し儒家による統治の道を説き、漢人地域の正常な統治秩序を回復する措置を進めました。この措置には、殺戮《さつりく》を少なくする命令や、中原《ちゅうげん》の伝統に基づいた賦税《ふぜい》制度の制定、試験を通じた儒学の人材の選抜、経書《けいしょ》や史書《ししょ》といった書物を編纂・出版する機構の設立などが含まれており、中原の農業文明の保護と継承に大きく貢献しました。後の人は耶律楚材を「大有《たいゆう》［大きな成果］を中国《ちゅうごく》に造《いた》し、功徳《こうとく》は天地《てんち》に塞《み》つ」（明の沈徳符『万暦野獲編』巻二八「耶律楚材」）と尊敬し、きわめて高い評価を与えました。

元朝が実施した民族等級制度である「四等人制《しとうにんせい》」［モンゴル人・色目《しきもく》人・漢《かん》人・南《なん》人の四等級があった］のなかで、契丹《きったん》人・女真《じょしん》人・北方の漢族地域の居住民はすべて一体とみなされて同じ待遇を受け、まとめて「漢人」と呼ばれました。元の末期から明の初めにかけて、契丹は一部分が漠北《ばくほく》のモンゴル族や東北の女真族に融け込んでいった以外、大部分は漢族社会に融け込み、一つの民族としては歴史の舞台から消えてしまいました。*8

女真と漢族の融合

女真族は建国の前後、その生産方法はすでに漁撈《ぎょろう》や狩猟《しゅりょう》から原始的な農耕へと進んでいたため、活動地域は漢族の地域からやや遠かったとはいえ、契丹よりもさらに急速に漢化しました。金朝の第三代皇帝熙宗《きそう》［完顔亶］はまだ中原に遷都していない時、すでに「女真《じょしん》の本態《ほんたい》を失《うしな》えり」や「宛然《えんぜん》として一《いっ》の漢家少年子《かんかしょうねんし》なり」*9と言われた人物でした。遷都の後、金の皇帝の漢化はますます進んで文《ぶん》治《ち》がさらに盛んとなり、「一代《いちだい》の制作《せいさく》、能《よ》く自《みずか》ら唐宋《とうそう》の間《あいだ》に樹立《じゅりつ》す」（『金史』巻一二五「文芸伝序」）と讃《たた》えられました。

金朝のはじめ、東北の猛安《ミンガン》・謀克《ムクン》の戸籍の人々を大量に中原へ移住させましたが、長い時間が経過するなかで、これらの移住者の多くは漢語を学び、漢人の衣服を身につけ、漢族の生活や享楽的な習慣にならい、あるいは武事をやめ文事を行って文墨を尊ぶようになり、自民族が元来有していた尚武《しょうぶ》の精神は次第に失われていきました。金の世宗《せそう》［完顔雍］の時には「女真の本土化」という、女真の旧俗《きゅうぞく》を維持する運動を推し進め、倹約・率直さ・騎射・農事に努めるといった「女真古くからの風習」を提唱し、奢侈《しゃし》・狡猾《こうかつ》・放逸《ほういつ》・生産業に従事しないといった漢族社会の「悪習」に反対しましたが、結局は漢化の流れを食い止めることはできませんでした。女真族と漢族との通婚も日増しに一般的なものとなりました。金が滅亡すると、中原の女真人の大多数は相次いでみずからの姓を漢人の姓に変えました。たとえば、完顔《かんがん》を王《おう》、烏古論《うころん》を商《しょう》、紇石烈《こつせきれつ》を高《こう》、術虎《じゅつこ》を董《とう》、蒲察《ほさつ》を李《り》、赤盞《せきさん》を張《ちょう》というように改めて、次第に漢族と区別がつかなくなり、さらに元朝では「漢人」という等級に組み込まれました。ただ、東北地域の女真人だけは旧俗を保ち、長い時間を経て満洲《まんしゅう》族を形成しました。

タングートと漢族の融合

タングートの状況は契丹《きったん》と似ており、遊牧民族でしたが漢族の社会とは早くから接触があり、漢族の風習の影響を受ける傾向が顕著でした。歴代の西夏《せいか》皇帝は儒学を重視し、各地に学校を設立して儒家の経書を翻訳しました。仁宗仁孝《じんそうじんこう》［李仁孝（在位一一三九〜一一九三年）］の時には、孔子を尊んで「文宣帝《ぶんせんてい》」とする詔を下しました。孔子に帝号を加えて敬意を示すことは、中国古代では後にも先にもまったく見られなかったことです。西夏の中後期には科挙《かきょ》が開設され、皇族も受験することが許されました。後期の皇帝神宗遵頊《しんそうじゅんぎょく》［在位一二一一〜一二二三年］は若い時科挙に合格し、しかも皇帝みずからが行う廷試《ていし》では首席でした。これは、中国歴代の君主でも唯一の例です。タングートはみずから儒学の専門家を育成しました。たとえば、仁宗の時の大臣斡道沖《あつどうちゅう》は「五経《ごきょう》」に精通し、西夏文字によって『論語小義《ろんごしょうぎ》』や『周易卜筮断《しゅうえきぼくぜいだん》』などの書物を著しました。

モンゴルが西夏を滅ぼすと、タングート人の高智耀《こうちよう》は何度も上奏し、儒学者の賦役《ふえき》を免除するよう願い出ました。モンケ・ハンが「儒家《じゅか》何《なん》ぞ巫《ふ》・医《い》に如《し》かん」と訊《たず》ねると、智耀は「儒《じゅ》は綱常《こうじょう》を以《もっ》て天下《てんか》を治《おさ》む、豈《あ》に方技《ほうぎ》の比《なら》び得《う》る所《ところ》ならんや」と答えました。このやや後、元朝政府が儒学者を単独の戸籍に組み込み、学校へ入学させて読書をさせ賦役の面で優遇したのには、高智耀の努力が大きく関わっていました。このため「学校《がっこう》の中《うち》、往往《おうおう》にして之《これ》［高智耀］を祠《まつ》る者有《ものあ》り」という状況となりました。[10]

タングート人は、元朝の朝廷ではモンゴル語の発音によって「唐兀人《とうこつじん》」と呼ばれ、あるいは居住地域の名称をとって河西《かせい》人と呼ばれました。元朝の民族等級制度のなかで、タングート人は畏兀児《ウイグル》人など西北、西域の諸民族とまとめて第二級の色目人《しきもくじん》に組み込まれ、契丹や女真が漢人に組み込まれたのと異なりました。タングートは自民族の文化風習を相対的に長く保持しました。タングートは勇猛で戦いに長《た》けており、元の朝廷の近衛部隊のなかには「唐兀衛《とうこつえい》」が設置され、地方の防衛部隊にもタングート人がおり、大部分は一族が集まって居住していました。元末のタングート人の余闕《よけつ》の記録によると、彼が生まれた合肥《ごうひ》は「一軍皆《いちぐんみ》な夏人《かじん》」であり、「其《そ》の性大抵質直《せいたいていしっちょく》にして義《ぎ》を尚《たっと》ぶ」という気風のなかで民族集団の感情を重んじ、団結互助を尊びました。しかし、時間の経過にしたがい世代が代わると、「其《そ》の習日《しゅうひ》に以《もっ》て異《こと》なり、其《そ》の俗日《ぞくひ》に同《おな》じからず」となり、質朴《しつぼく》で義を尊ぶ風習はすでに変質していきました。これは合肥だけではなく「以《もっ》て夏人《かじん》に問《と》うに及《およ》び、凡《およ》そ国中《こくちゅう》の俗《ぞく》、今《いま》は亦《ま》た皆《み》な然《しか》らざるはなし」（余闕『青陽集』巻四「帰彦温の河西廉使に赴くを送る序」）という状況でした。余闕の記録は一つの側面から、タングート人が次第に漢族社会と融合していった状況を反映しています。元朝が滅亡すると、この融合の過程は終わり、タングートはほぼ完全に漢族と同化しました。

内地に移動したモンゴル人や色目人と漢族の融合

元朝《げんちょう》における民族間の関係性は、遼《りょう》、西夏《せいか》、金《きん》に比べて複雑であり、民衆はすべてモンゴル人・色目人《しきもくじん》・漢人《かんじん》・南人《なんじん》の四等級に分けられました。モンゴル人は「国族《こくぞく》」として、統治者がよりどころとする統治の力でした。モンゴル以外の西北、西域の各民族、これには唐兀《タングート》、汪古《オングト》、回回《かいかい》、畏兀児《ウイグル》、哈剌魯《カルルク》、欽察《キプチャク》、吐蕃《とばん》などが含まれ、これらの民族はまとめて色目人と称されました。色目人とは「さまざまな民族」という意味です。彼らはモンゴルの統治者の主要な補佐役でした。大一統という局面のもとで、元人の活動範囲は空前の規模で拡大し、民族間の接触や往来もさらに頻繁なものとなりました。

モンゴル人や色目人は、政治への参与・駐屯・屯田・罪科による辺境の守備・逃亡・商売などによって大量に漢族の地域へと流入し、漢族と雑居しました。たとえば、元朝後期の鎮江路《ちんこうろ》が管轄する一《いっ》司《し》［路・府の都市に置かれた録事司］三県《さんけん》［丹徒・丹陽・金壇の三県］では、非漢族の外来居住人口が百七十戸余りあり、このうちモンゴル人は二十九戸、ウイグル人は十四戸、回回人は五十九戸、也里哥温《エルケウン》(外来のキリスト教徒)は二十三戸、河西《かせい》(タングート)人は三戸でした(『至順鎮江志』巻三「戸口・僑寓」)。これによって、他の地方の状況も推測することができます。

漢人の地域に移住したモンゴル人や色目人は漢族社会やその文化の影響を受け、次第に漢化していきました。一部の駐屯部隊は「初《はじ》め至《いた》るに猶《な》お射猟《しゃりょう》を以《もっ》て俗《ぞく》と為《な》すも、後《のち》には漸《ようや》く耕墾《こうこん》播植《はしょく》を知《し》りて華人《かじん》の如《ごと》し」(『正徳大名府志』巻一〇「文類」の「伯顔宗道伝」)となりました。各民族の移民はしばしば漢族と通婚しましたが、異なる民族間の通婚は一般的に社会階級がだいたい対応する家族や家庭の間で行われました。たとえば、漢人の功臣や貴族の家族は高い社会階層のモンゴル人や色目人貴族の家族と通婚し、漢族の地域に駐屯する下層のモンゴル人や色目人の将校・兵士の通婚対象は、漢族の中でも一般的な平民の家庭でした。[11] さらにモンゴル人や色目人は、次第に中国語の字《あざな》や号《ごう》、姓名を使用するようになりました。特に漢族の習慣にならった字や号は、元朝の後期ではよく見られます。

一部の人々は次第に漢族の礼俗の影響を受け、「守節《しゅせつ》〔寡婦が再婚しないこと〕」や「丁憂《ていゆう》〔父母の喪に服すること〕」を尊び、実践するようになりました。『元史《げんし》』「列女伝《れつじょでん》」にはモンゴル人や色目人の一部の婦女が「守節」のために再婚を拒絶し、朝廷に表彰された事例が記されています。また、元の順《じゅん》帝《てい》〔トゴン・テムル〕の初めに「蒙古《もうこ》、色目人《しきもくじん》に詔《みことのり》して父母《ふぼ》の喪《そう》を行《おこな》わしむ」(『元史』巻三八「順帝紀」)というのは、漢人の地域に移住した者に対してのものでした。儒学・文学・芸術といった文化領域の面では、漢人の地域に移住したモンゴル人や色目人の大多数が次第に影響を受け、多くの者がこれらを学んで成果をあげました。[12] 元朝が滅亡した後、これらのモンゴル人や色目人移民の大多数は、自然に漢族社会に融け込みました。現代の民俗調査を通じて、漢族が主に居住する地域の省の家族や宗族の相当数は、元朝のときに移住してきたモンゴル人や色目人の後裔であることがすでに明らかとなっています。

モンゴル族の形成

元朝の統治民族として、漢族の地域に移住したモンゴル族はごく一部でした。大部分はこれまでと同じく漠北草原《ばくほくそうげん》に居住し、元朝の滅亡によって消失したり他民族と同化したりすることはなく、長期にわたって草原の主《あるじ》として歴史の舞台で活躍し、今日の中国を構成する民族の一つとなりました。

モンゴルは当初、漠北の一般的な一部族にすぎませんでしたが、戦争を通じて草原の他部族を併合し、大モンゴル国［イェケ・モンゴル・ウルス］を樹立しました。チンギス・ハンは大モンゴル国で千《せん》戸《こ》・百戸《ひゃっこ》の制度を推進し、それまで存在していた氏族や部族の形態をある程度破壊したことで、古い氏族共同体は次第に解体され、征服された部族は自己の組織の完全性や独立性を維持できなくなり、統治部族であるモンゴルと融合し、次第に広範囲の、まったく新しいモンゴル族へと向かって行きました。元朝の時代になると、統治者は自民族文化の建設を大いに推進し、待遇の面では、漠北に居住する各部族の共同体を「モンゴル人」に組み込み、第一等としました。元の朝廷は自民族の発祥地である漠北を一貫して強固に支配し、それまでの中原王朝がはるかに及ばないほど漠北を重視しました。これは、漠北の諸部族がモンゴルに同化していくのを大いに促進し、強固なものとしました。元朝の中後期になると、漠北の諸部族はすでに「モンゴル」を自分たちの総称として用い、他の地域から捕虜として連れてこられた多くの民族も次第にモンゴル族へ融合していきました。

漢人の地域へ移住して漢化したモンゴル人の事例はありますが、契丹《きったん》や女真《じょしん》、タングートと比べると、全体的にモンゴル族の漢化の進行は明らかに緩やかでした。モンゴル族は中原に入る以前、比較的単純な遊牧や狩猟経済に従事しており、漢族の農業文明とはほとんど接触がなく、理解もしていませんでした。このため、農業経済の重要性を知り、それと関連した形而上の問題やイデオロギーを受け入れるのは、なおさら困難でした。

モンゴルは建国後、漢文化のほかにも吐蕃《とばん》のラマ教文化や、中東のイスラム文化、さらにヨーロッパのキリスト教文化の影響を受けたので、簡素な文化しかなかったモンゴルの統治者にしてみれば、漢文化は、唯一の処方箋ではなかったのです。ヨーロッパからアジアにまでわたるモンゴル帝国は、建国してまもなく事実上の分裂状態に陥り、元朝と四大ハン国に分かれ、相当長い間、元朝は名目上は一貫してモンゴルの世界帝国の一部分にすぎませんでした。

漠北草原は国家の政治や生活に重要な地位を占めており、強大で保守的な草原の遊牧貴族集団が存在していました。このことは、モンゴルの統治者が草原を主体とした政策の影響から徹底的に抜け出すことができず、長期にわたって、完全に漢族地域の角度から問題を見ることをできなくさせていました。こうしたことからモンゴル族の漢化は緩やかとなり、同時にこうしたことは元朝が早くに衰退したこととともある程度関係しています。しかし、失うものがあれば得るものもありました。モンゴル民族はこの状況のために、元朝が滅びた後も長く自民族の伝統を守り、中国の多くの民族が集まった歴史発展のなかで独特の貢献をしました。

回族の形成

元朝の色目人《しきもくじん》が漢族と融合する状況にも一つの例外がありました。それは、今日の中国諸民族の重要な構成員である回族《かいぞく》です。モンゴルの中央アジアと西アジアを征服したことによって、元の時期にはイスラム教を信奉する突厥《とっけつ》人・ペルシア人・アラブ人が大量に中国へ移住しました。漢族社会では彼らを回回《かいかい》人と呼び、回回人は元の朝廷により色目人に組み込まれました。

漢文の文献に見える最も早い時期の「回回」という言葉は回鶻《ウイグル》を指していましたが、後には西域人の総称として用いられました。元朝になると「回回」はイスラム教徒を指す固有名称となり、戸籍上も単独の分類が立てられました。回回人は種族・言語・原籍のいずれもが異なる人々でしたが、中国に移住した後は、イスラム教の強い統合作用のもとで、新たな文化的共同体を形成しました。

回回人は中国各地に散在し、長期にわたって漢族とともに生活したので、漢文化の影響を深く受けて漢語を学び、儒学の書物を読み、漢人にならって姓氏や字《あざな》、号《ごう》をつけました。しかし、これと同時に回回人はみずからの宗教信仰や風俗習慣を終始保持し、イスラム教の振興やモスクの建築といった活動に従事しました。元朝が滅亡した後、中国に移住した色目人の大部分は漢族と融合しましたが、回回人だけは消滅することなく、最終的には発展を続けて今日の回族となりました。

注釈

＊1　中国の歴史における「北方民族」の概念は、狭義ではもっぱら中原に位置する漢族の農業地域の北方にいた匈奴や突厥、東胡系の遊牧民族を指した。しかし、広義では東北地域の粛慎や濊貊系の民族、西北地域の氐や羌系の民族もふくむ。本書では広義の意味を採った。張碧波・董国尭主編『中国古代北方民族文化史』（黒竜江人民出版社、一九九三年）の「民族文化巻」と「緒論」を参照。

＊2　金朝の戸数については『金史』（中華書局、一九七五年）巻四六「食貨志」に見える。『宋史』の「地理志」によると、北宋末年の北方諸路の戸数は五八六万戸余りであった。また、王育民「遼朝人口考」（中国遼金史学会編『遼金史論集』第五輯、文津出版社、一九九一年）で考証されている遼朝の戸数は最も多い時でも一五〇万戸を下回ることはなかった。両者を合計すると七三六万戸に達する。

＊3　元の蘇天爵編『元文類』（上海古籍出版社、一九九三年）巻五七の宋子貞「中書令耶律公神道碑」。

＊4　邱樹森・王頲「元代戸口問題芻議」（元史研究会編『元史論叢』第二輯、中華書局、一九八三年）を参照。

＊5　劉鳳翥・于宝林「契丹字研究概況」（中国民族古文字研究会編『中国民族古文字研究』中国社会科学出版社、一九八四年）を参照。

＊6　南宋・宇文懋昭『大金国志』（『二十五別史』本、斉魯書社、二〇〇〇年）巻三六「屯田」。

＊7　葉隆礼『契丹国志』（中華書局）巻九「道宗天福皇帝」。

＊8　一部の学者は、今日のダウール族が契丹の後裔だと考えているが、その証拠は少なく、まだ定論とはなっていない。劉浦江「関於契丹、党項与女真遺裔問題」（同氏の『遼金史論』遼寧大学出版社、一九九九年に所収）を参照。

＊9　南宋の徐夢莘『三朝北盟会編』（文海出版社影印、一九六二年）巻一六六が引く「金虜節要」。

＊10　『元史』（中華書局、一九七六年）巻一二五「高智耀伝」、陶宗儀『南村輟耕録』（中華書局、一九五九年）巻二「高学士」の条による。元の虞集『道園類稿』（新文豊出版公司、一九八五年）巻二五「重建高文忠公祠記」を参照。

＊11　洪金富「元代漢人与非漢人通婚問題初探」（『食貨』復刊第六巻第十二期および第七巻一、二期合刊、一九七七年に所収）、池内功「元代的蒙漢通婚及其背景」（鄭信哲訳、『民族訳叢』一九九二年第三期に所収）を参照。

＊12　元朝の色目人が漢族の儒学や文学、芸術の影響を受け学んだことの具体的な現象や事例については、陳垣が早くに著した名著『元西域人華化考』（『励耘書屋叢刻』北京師範大学出版社、一九八二年に所収）にある。モンゴル人のこの面での状況については、蕭啓慶「元代蒙古人的漢学」、「論元代蒙古人之漢化」の二篇（ともに同氏『蒙元史新研』允晨文化事業股份有限公司、一九九四年）が検討している。二人の学者の研究は事例を広く集めて、散在していた史料を一篇にまとめて考察しており、検索にあたって準拠することができる。

第九章

外国との関係史の新たな一ページ

十三世紀前半から十五世紀前半までの二百年間、対外関係史では新たな一ページが開かれました。陸路では、モンゴルの西征によってユーラシア大陸上に存在した境界線は取り払われ、中国とヨーロッパの直接的な関係が切り開かれました。海路では、南宋時代の基礎の上に海外交通と交易が引きつづき発展し、明代前期には、世にその名を轟《とどろ》かせた大規模な遠洋航海「鄭和《ていわ》の大航海《だいこうかい》」が生み出されました。これらの成果は中華文明の発展過程においてともに特筆すべき出来事でした。

第一節　中国とヨーロッパの直接の往来

元代の中国と西洋の間の交通路

唐帝国の衰退にしたがって、中国と西洋の陸路交通はいったん低調へと転じました。宋《そう》・遼《りょう》・西夏《せいか》が鼎立《ていりつ》した時期には、北宋と西域の交通が遮断されたのに対し、遼は以前にも増して東西の関係を結びつける役割を担い、西方における遼の名声は宋朝をはるかに凌駕しました。ロシア語で現在の中国を「Китай（キタイ）」というのは、契丹《きったん》の音訳です。近世の西方文献のなかで「Cathay」や「Kitail」などの言葉で中国を呼ぶのも、契丹の名から変化したものです。

金《きん》が遼を滅ぼすと、耶律大石《やりつたいせき》は残存勢力を率いて中央アジアに移り、西遼《せいりょう》を建国しました。西遼は、中国と西洋との交通や文化交流の面で引きつづき重要な仲介の役割を果たしました。しかし、全体的に言うと、この時期のユーラシア大陸は政権が林立し境界が複雑であったため、相互の往来はたいへん不便でした。十三世紀の前期、モンゴルの西征によってこれらの国家が滅ぼされたことで、こうした状況は根底から変化しました。

モンゴルの西征以後、中唐から次第に落ち込んでいたシルクロードの商業交易は再び盛んになりました。当時、西域から西へ行く重要な交易路は三本ありました。天山《てんざん》の北には、主にアルマリク（現在の新疆ウイグル自治区霍城県の西）からタラス（現在のカザフスタン共和国ジャンブール）を経てアラル海、カスピ海の北に至り、カングリ（康里）、キプチャク草原を経て、直接キプチャク・ハン国の首都サライ（現在のロシアのヴォルゴグラード付近）に至り、その後サライから西へ向かってロシアやヨーロッパ東部の諸国へ至る道、あるいはサライから西南へ向かい小アジア［アナトリア］に至る道がありました。天山以北のもう一つの道は、タラスから行程を変えてトランスオクシアナ（アム川とシル川の間の地域。古代の中央アジアでは経済的繁栄によって知られた）に至り、ブハラとサマルカンド（ともに現在のウズベキスタン共和国内）を経てイル・ハン国に至るもので、そのまま西に行けば小アジアへと至りました。天山の南の道は、ホータンからパミール高原を越え、アフガン地域を経てイル・ハン国に入るものでした。

西域から西へ行く交易路以外にも、中国と西方の間の新たな交易路が開かれました。たとえば、漠《ばく》北《ほく》［ゴビ砂漠より北の地域］からアルタイ山を経て西へ行く道、南シベリアから西へ行く道などです。中国内地から西域に至る通商路には、伝統的な関隴《かんろう》［関中と隴西］から河西《かせい》走廊を経る古道だけではなく、河套《かとう》［オルドス地方］、寧夏《ねいか》、エチナ（現在の内モンゴル自治区エチナ旗東南）を経て西域に入る新しい道もありました。

以上のように、この時期、中国と西方を結ぶ陸路の交通路はこれまでになかったほど複雑になり、東西の経済的連係を強めるのに重要な役割を果たしました。[*1] これらの道で活動する商人は主に中央アジア、西アジアの回回《かいかい》の商人であり、彼らはモンゴル貴族のために宝石など奢侈品《しゃしひん》の商売を営み、商業政策の面でさまざまに優遇されました。このほか、キプチャク・ハン国やヨーロッパの商人も、中国に来て貿易を行いました。

ヨーロッパ宣教師の漠北への派遣

このような背景のなかで、中国とヨーロッパは直接往来する時代に入りました。最も早くに直接往来する道筋を開いたのはヨーロッパの宣教師《せんきょうし》です。モンゴルが西征した後、ローマ教皇庁とヨーロッパ各国は大きな衝撃を受け、教皇インノケンティウス四世は宣教師をモンゴルに派遣し、キリスト教国家への侵略を停止するよう説得するとともに、モンゴル帝国の具体的な状況を知りました。

イタリアの宣教師プラノ・カルピニ（Plano Carpini）は教皇の命を受けて使者となり、一二四六年七月、漠北《ばくほく》に到着し、即位したばかりのモンゴル第三代の大ハンであるグユクに謁見《えっけん》し、教皇の親書を捧呈《ほうてい》しました。この年の終わり、プラノ・カルピニはグユク・ハンが教皇へ宛てた降伏を勧める勅書《ちょくしょ》を携《たずさ》えて帰国しました。一二五三年になると、フランスの宣教師ウィリアム・ルブルック（William of Rubruck）はフランス王ルイ九世の命を受けてモンゴルへ宣教に向かい、第四代大ハーンのモンケに会いましたが、これといった成果もなく帰国せざるを得ませんでした。しかし、この二人の宣教師は詳細な報告を記しており、モンゴル草原地域の政治・経済・風土・人情などの各方面の状況を記述しています。

フビライが元朝《げんちょう》を樹立すると、モンゴルの統治の重心は、すでにモンゴル草原から南の華北《かほく》地域へと移っていましたが、ヨーロッパとは、それまでと変わらず交流を保っていました。元の朱思本《しゅしほん》『貞一斎詩文稿《ていいっさいしぶんこう》』巻一「北海釈《ほっかいしゃく》」には「西海《せいかい》（地中海のこと）は遠《とお》きこと数万里《すうまんり》の外《そと》に在《あ》りと雖《いえど》も、駅使《えきし》〔文書を運ぶ者〕、賈胡《ここ》〔胡人の商人〕、時《とき》に或《ある》もの焉《ここ》に至《いた》れり」とあります。

また、王惲《おううん》の『秋澗集《しゅうかんしゅう》』には、早くはフビライが即位して間もない中統《ちゅうとう》二年（一二六一年）に「発《はつ》郎国《ろうこく》、人《ひと》を遣《つか》わし来《き》たりて卉服諸物《きふくしょぶつ》を献《けん》ず」とあります。「発郎国」とはペルシア人がヨーロッパ全体を称した「フランク（Frank）」の音訳です。当時の人は「其《そ》の国《くに》は回紇《ウイグル》の極西《きょくせい》の徼《きょう》〔境界〕に在《あ》り、……婦人《ふじん》は頗《すこぶ》る妍美《けんび》たり、男子《だんし》は例《おおむ》ね碧眼黄髪《へきがんこうはつ》たり」（王惲『秋澗集』巻八一「中堂事記」上）と記しており、これはヨーロッパ人のことと考えて間違いないでしょう。

大旅行家マルコ・ポーロ

おそらくこの後まもなく、ヴェネツィアの商人ニコロとマッフェオの兄弟は交易のため元の上都〔現在の内モンゴル自治区シリンゴル盟正藍旗〕に至りました。二人はフビライに謁見した後モンゴル使節団の副使《ふくし》に命ぜられ、使節団に従ってローマ教皇庁へと向かいました。途中、モンゴル使節団は病気によって歩みを止めたため、ニコロ兄弟はモンゴルの国書を携えてローマに至り、使命をまっとうしました。この後、ニコロ兄弟は再び教皇グレゴリウス十世の命を受け、再度フビライに報告するため東へ向かい、遠き道のりを経て、一二七五年、再び上都に至りました。

この時の東への旅では、ニコロの子マルコ・ポーロ（Marco Polo）が父や叔父とともにやってきました。マルコ・ポーロは聡明で慎み深く、外交言辞に習熟していたためフビライに認められ、元朝に十七年間滞在しました。フビライはマルコ・ポーロを江南や西南の多くの地域に派遣し、さらに東南

図9-1　マルコ・ポーロ像

アジアのいくつかの地域へも使者として派遣しました。後にイル・ハン国のアルグーン・ハンが兀魯䚟《こつろたい》ら三名の使者を元朝に派遣し婚姻の要請をすると、フビライはマルコ・ポーロたちにバヤウト氏のコカチン公主《こうしゅ》を守って西に行くことを命じ、マルコ・ポーロとその父、叔父はともに帰国を許されました。

マルコ・ポーロ達は至元《しげん》二十八年（一二九一年）泉州《せんしゅう》から船に乗って出立し、イル・ハン国を経て、四年後、ついにヴェネツィアに戻りました（図9-1）。この後、マルコ・ポーロの記憶と口述に基づき、ルスティケロが筆写した『世界《せかい》の記述《きじゅつ》』（『東方見聞録《とうほうけんぶんろく》』）が完成しました。『東方見聞録』は大きな反響を呼び、中世のヨーロッパ人に斬新で神秘的な東方の世界を示し、その後、数世紀にわたってヨーロッパの航海者や探検家に影響を与えました。現存する『東方見聞録』には異なる写本が百四十種もあり、さまざまな言語による訳本は百二十種以上にのぼります。

ヨーロッパを訪ねた中国人

この時期、歴史上初めて、中国からの旅行者がヨーロッパを訪れました。漢文の史料にはこの旅行者の名前や事跡が記されておらず、ヨーロッパの文献にのみ見えます。彼の名前はラッバン・ソーマ

(Rabban Sauma) といいます。「ソーマ」が本名であり、「ラッバン」はシリア語で「教師」を意味する尊称です。ソーマは大都で生活していたウイグル人であり、幼少より景教《けいきょう》〔ネストリウス派キリスト教〕を信仰していました。また、東勝州《とうしょうしゅう》（現在の内蒙古自治区トクト県）の人であるマルコス（Marcus）はソーマに従って学びました。

至元十二年（一二七五年）ころ、ソーマとマルコスの二人は大都を出発してエルサレム巡礼に赴《おもむ》きましたが、わけあって〔マール・デンハ法王に引き止められたうえ、エルサレムまでの道筋が戦乱や治安の悪さによって閉ざされてしまった〕、報達《ほうたつ》（現在のイラクのバグダッド）までしかいけませんでした。後に、マルコスは景教の新たな教主に推戴され、ヤバラハ三世（Yabalaha III）と称し、ソーマを教会の巡視総監《じゅんしそうかん》に任命しました。一二八七年、ソーマはヤバラハ三世およびイル・ハン国のアルグーン・ハンに命ぜられ、使節団を率いてヨーロッパに向かいました。ソーマはフランスでフィリップ四世やイギリス王エドワード一世と会見し、さらにローマへ行って教皇ニコラウス四世に謁見し、たいへんなもてなしを受けました。無事に使節としての任務をまっとうして報達に帰ると、ソーマはヤバラハ三世を補佐して宗教事務を管轄し、亡くなるまでその任にありました。

ラッバン・ソーマがヨーロッパを訪問したことで、元朝に対する西方の理解はさらに深まりました。ソーマはローマ教皇に対して、フビライが「ローマ教皇庁、ラテン民族と民衆に対して非常に好意を抱いている」ことを示し、あわせてイル・ハン国のアルグーンを代表して、宣教師をモンゴルの宮廷に派遣するようローマ教皇に願い出ました。[*2] ローマ教皇庁はこれにより、東方での宣教活動をさらに積極的に展開することを決定しました。

中国におけるローマ教皇庁の伝道活動

モンゴル建国以前にも、キリスト教の一派である景教《けいきょう》（ネストリウス派）はすでにゴビ砂漠の南北にわたって広く伝播しており、ゴビ砂漠の北のケレイト部やナイマン部、南のオングト部では多くの人々が景教を信仰していました。大モンゴル国が元朝《げんちょう》になると、上層の統治集団の中にも、景教がある程度流行していました。たとえば、トゥルイ［チンギス・ハンの四男］の妻であり、モンケとフビライの生母であるソルガグタニはケレイト部の出身で、敬虔な景教徒でした。フビライの時、東北で反乱したナヤン（チンギス・ハンの弟テムゲ・オッチギンの後裔）も景教を信仰しており、マルコ・ポーロはナヤンの旗が「十字架を以《もっ》て徽志《きし》と為《な》す」であったと述べています。*3 しかし、ローマ教皇庁からみれば景教はキリスト教の異端であるため、正統教派であるカトリックの東方における伝播を強化しようとしました。一二八九年、カトリックの宣教師であるイタリア人モンテ・コルヴィノ（Monte Corvino）は教皇ニコラウス四世の命を受け、海を渡り元を訪れました。彼は至元《しげん》三十一年（一二九四年）大都《だいと》に到着し、新たに即位した元の成宗《せいそう》［テムル］に教皇の親書を捧呈し、宣教活動を許されました。現存するモンテ・コルヴィノが本国の友人に宛てた手紙によると、彼は長期にわたって大都に滞在し、『新約聖書』や賛美歌を翻訳すると同時に、二カ所の教会を建設し、幼児や児童百五十人を引きとって育て、およそ六千人を洗礼しました。この間、何度も景教徒の攻撃や告発を受けて拘禁、尋問されましたが、最後には冤罪《えんざい》を晴らすことができました。また、もともと景教を信仰していた元朝の駙馬《ふば》［皇帝の女婿］である高唐王《こうとうおう》コルグズ（オングト人）もモンテ・コルヴィノに従ってカトリックに改宗しました。元の人々は景教やカトリックを含む当時のキリスト教徒・宣教師を「也里哥温《エルケウン》」と総称し、エルクウンは中央政府に設置された「崇福司《すうふくし》」によって管理されました。

一三〇七年、教皇クレメンス五世はモンテ・コルヴィノの宣教業績を知り、正式に大都大主教《だいとだいしゅきょう》に任命し、あわせて宣教師のアンドレア（Andrea）など七人を東方に派遣し助力させようとしました。アンドレア一行は、まず陸路でインドに至り、それから海路で大都に到着しましたが、途中でさまざまな危険に遭《あ》って困窮離散し、七年余りが過ぎて元に到着したのはわずか三人でした。元人の朱徳《しゅとく》潤《じゅん》はアンドレア一行が元に来訪したときの状況を「四年にして乞失密《きつしつみつ》（現在のカシミール）に至《いた》り、又《ま》た四年にして中州《ちゅうしゅう》に至《いた》り、七度《ななど》の海《うみ》を過《す》ぎ方《まさ》に京師《けいし》に抵《いた》る」（朱徳潤『存復斎文集』巻五「異域説」）と記しています。

図9-2　福建・泉州のイタリアキリスト教主教であったアンドレア・ダ・ペルージャ（Andrea da Perugia）のラテン文の墓碑

一三一二年、教皇庁はまたフィレンツェ人ピーターなどを元に派遣し、後に彼らは大都に到着しました。新たにやってきた宣教師の協力のもと、モンテ・コルヴィノはより積極的に宣教活動を行い、当時、元朝の最も重要な国際貿易港であった福建《ふっけん》の泉州《せんしゅう》に宣教区を設置しました（図9-2）。一三二八年ころ、モンテ・コルヴィノは病死しました。教皇はこの知らせを聞いて、元に向けて二代目の大主教ニコラスと、同行の宣教師二十名を派遣しました。しかし、ニコラス一行はチャガタイ・ハン国に到着したところで行方不明になりました。この時、イタリアの宣教師オドリコ（Odrico）も個人旅行で元に来ていました。オドリコはまず海路で広州《こうしゅう》に至り、泉州《せんしゅう》・杭州《こうしゅう》・集慶《しゅうけい》などの地を経て北上し、大都《だいと》に三年間とどまっており、おそらく晩年になっていたモンテ・コルヴィノに会ったと考えられます。オドリコは陸路チベットを経て中央アジアからヨーロッパへと戻り、旅行記を記しました。これは現在まで伝わっています。

　モンテ・コルヴィノが大都で宣教活動を行った結果、洗礼を受けたカトリック教徒は主に近衛軍に編入された阿速《アス》人、欽察《キプチャク》人、斡羅思《オロス》人でした。順帝《じゅんてい》［トゴン・テムル、在位一三三三〜一三七〇年］の時、モンテ・コルヴィノが世を去ってからすでに相当経っていましたが、これらのカトリック教徒は知枢《ちすう》密院事《みついんじ》の福定《フディン》、同知枢密院事《どうちすうみついんじ》の燕不花《イエンブカ》、左阿速衛都指揮使《さあそくえいとしきし》の香山《シャンシャン》を代表として、教皇に書簡を送り、新任の大主教を早く派遣するよう請願しました。彼らの書簡は後至元《こうしげん》二年（一三三六年）、元の順帝が派遣した十六人の使節団に携えられてローマ教皇庁へと向かいました。

　使節団は順帝がローマ教皇へ宛てた書簡を携えており、「天の命を受けし、皇帝のなかの皇帝の聖《せい》旨《し》」の名義で、「七海《しちかい》の外《そと》、日落《ひお》つるの地、法蘭克《フランク》基督《キリスト》教徒《きょうと》の主《あるじ》たる羅馬《ローマ》教皇閣下《きょうこうかっか》」に宛てており、その内容は「両国《りょうこく》は経常互《けいじょうたが》いに使節《しせつ》を派《つか》わすの途径《とけい》を開闢《かいびゃく》す。并《なら》びに教皇《きょうこう》、朕《ちん》の為《ため》に祝福《しゅくふく》するを仰《のぞ》み、祈禱《きとう》の中《うち》に在《あ》りて常年朕《じょうねんちん》に及《およ》ぶ。朕《ちん》の侍臣《じしん》、基督《キリスト》の子孫《しそん》たる阿速人《アスひと》を接待《せったい》するを仰《のぞ》む［両国は常に使節を派遣しあう道を開いた。教皇は朕のために祝福するよう望み、さらにその祈りは末長く朕に及び、朕の侍臣でありキリストの子孫であるアス人をもてなすよう望む］」と提起し、「西方《せいほう》の良馬《りょうば》及《およ》び珍奇《ちんき》の物《もの》を帯《お》び回《かえ》る」ことを希望しています。[*4] 一三三八年、使節団は教皇ベネディクトゥス十二世が遷座《せんざ》していたアヴィニョン（現在のフランス南部）に到着し、大いに歓待《かんたい》され、ヨーロッパ各地を遊歴《ゆうれき》しました。

この後、教皇派のフィレンツェの宣教師マリニョーリ（Giovanni de' Marignolli）など数十人が元の使節団に従い元朝を訪れました。マリニョーリ一行は陸路で至正《しせい》二年（一三四二年）上都に到着し、順帝に教皇の書簡を捧呈し、駿馬《しゅんめ》一頭を贈りました。この馬は大きく、体は漆黒《しっこく》、後脚の蹄《ひづめ》は白色でした。史書には「払郎国《フランクこく》異馬《いば》を貢《みつ》ぐ」（『元史《げんし》』巻四〇「順帝紀」）と記されています。当時の廷臣は争って「天馬《てんば》の賦《ふ》」「天馬《てんば》の賛《さん》」をつくり、士人《しじん》の作文にも「払郎国《フランクこく》に代《か》わり天馬《てんば》を進《すす》むの表《ひょう》」と題とする文があり、当時、この馬の献上が宮廷から一般社会まで大きくもてはやされたことがうかがえます。マリニョーリ一行は大都に三年間とどまり、後に宿駅づたいに泉州へ行き、海路で西へと戻りました。

元朝が滅びると、明《みん》の太祖《たいそ》朱元璋《しゅげんしょう》は元末にやってきたヨーロッパ人ニコラスに「詔書《しょうしょ》を賚《たま》い、還《かえ》りて其《そ》の王《おう》を諭《さと》さんことを命《めい》」（『明史』巻三二六「払菻伝」）じて送り帰しました。

しかし、この後、オスマントルコ帝国が西アジアで興り、ティムール帝国が中央アジアで勃興すると、中国とヨーロッパの間の陸路、海路のつながりは遮断され、両地域の往来はついに中断しました。

第二節　海外貿易の発展と鄭和の大航海

元朝の海外貿易

陸路の貿易と比べて、海路の貿易は元朝の対外貿易活動のなかでも重要性がますます際立ち、その規模も宋代の基礎の上に拡大しました。たとえば、元の汪大淵《おうたいえん》『島夷志略《とういしりゃく》』の「後序《こうじょ》」には「皇元《こうげん》は声教《せいきょう》［権勢と教化］を混一《こんいつ》［統一］し、遠《とお》く届《いた》らざるは無《な》く、区宇《くう》［天下］の広《ひろ》きこと、曠古《こうこ》［昔から今まで］未《いま》だ聞《き》かざる所《ところ》なり。海外《かいがい》の島夷《とうい》は無慮数千国《むりょすうせんこく》あり、玉《ぎょく》を執《と》り琛《たから》を貢《みつ》がざるは莫《な》く、以《もっ》て民職《みんしょく》を修《おさ》め、山《やま》を梯《のぼ》り海《うみ》を航《わた》り、以《もっ》て互市《ごし》を通《つう》ず。中国《ちゅうごく》の殊庭異域《しゅていいいき》の中《うち》に往復商販《おうふくしょうはん》する者《もの》は、東西《とうざい》の州《くに》へ如《ゆ》けり」とあります。

元は南宋《なんそう》を滅ぼすと、すぐに南宋の制度を踏襲し、泉州《せんしゅう》・慶元《けいげん》（現在の浙江省寧波市）・上海《しゃんはい》・澉浦《かんぽ》（現在の浙江省海塩県の南）の四つの都市に「市舶司《しはくし》」を設置して、海外貿易事務を管理しました。『元《げん》史《し》』巻一〇「世祖紀《せいそき》」には至元《しげん》十五年（一二七八年）福建行省《ふっけんこうしょう》に下した詔《みことのり》について「諸蕃国《しょばんこく》の居《きょ》を東《とう》南《なん》の島嶼《とうしょ》に列《つら》ねる者《もの》、皆《み》な慕義《ぼぎ》の心有《こころあ》り、蕃舶《ばんぱく》の諸人《しょじん》に因《よ》りて朕《ちん》の意《い》を宣布《せんぷ》すべし。誠《まこと》に能《よ》く朝《ちょう》に来《き》たれば、朕《ちん》は将《まさ》に之《これ》を寵礼《ちょうれい》し、其《そ》の往来互市《おうらいごし》は、各《おの》おの欲《ほっ》する所《ところ》に従《したが》わしめん」と記されています。まもなくして、杭州《こうしゅう》・温州《おんしゅう》・広州《こうしゅう》などにも市舶司が増設されました。

元の中期になると、市舶司は泉州・広州・慶元の三カ所にまとめられました。なかでも泉州は当時のアジア最大の商業港であり「番貨《ばんか》、遠物《えんぶつ》、珍宝《ちんぽう》、奇玩《きがん》の淵藪《えんそう》する所《ところ》、殊方別域《しゅほうべついき》の富商巨賈《ふしょうきょこ》の窟宅《くったく》する所《ところ》、号《ごう》して天下《てんか》の最《さい》と為《な》す」（呉澄『呉文正公集』巻一六「姜曼卿の泉州路録事に赴くを送る序」）でした。泉州には刺桐《しとう》［デイゴ］が生えていたため、他国では「ザイトン［刺桐の閩南《びんなん》語発音］」として知られていました。マルコ・ポーロは『東方見聞録《とうほうけんぶんろく》』のなかで、泉州の繁栄を細かく描写しています。

元朝の海外貿易輸出の主要な貨物は絹《きぬ》製品や磁器《じき》など伝統的な手工芸品であり、輸入貨物は宝石・薬剤・香料・織布などでした。海外貿易は国内市場を活発にしただけではなく、元朝政府にも巨額の収入をもたらし、「軍国《ぐんこく》の資《し》とする所《ところ》」（『元史』巻一六九「賈昔剌伝」）と評されました。市舶司が「抽《ちゅう》分《ぶん》［貿易税］」によって得た貨物は、一部がモンゴルの上層統治集団のぜいたくな生活に供されたほか、余りは市舶司が現地で売りに出し、貨幣と交換して朝廷に送られました。フビライ在位期間の後期、江淮行省平章政事《こうわいこうしょうへいしょうせいじ》の沙不丁《シャブディン》は「市舶司《しはくし》は歳《とし》に珠《たま》四百斤《きん》、金《きん》三千四百両《りょう》を輸《おく》る」（『元史』巻一五「世祖紀」）と上奏しています。

元の仁宗《じんそう》の末年になると、市舶司の税収は紙幣で「数十万錠《じょう》」（『元史』巻二六「仁宗紀」）に達していました。民間の海外貿易を厳格に管理して「抽分」を課したほか、モンゴルの統治者も官営の海外貿易を発展させようとしました。これは朝廷が商人を選んで代行させるだけではなく、直接使節を派遣して出航させ、貨物を調達しました。たとえば、フビライの時には「詔《みことのり》して扎朮呵押失寒《チャジュクヤシハン》・崔杓《さいしゃく》を遣《つか》わすに金《きん》十万両《りょう》を持《も》たしめ、諸《これ》を王《おう》の阿不合《アブハ》に命《めい》じて薬獅子国《やくししこく》（現在のスリランカ）に市《いち》せしむ」（『元史』巻八「世祖紀」）や「馬速忽《マスフ》・阿里《アリ》を遣《つか》わし鈔千錠《しょうせんじょう》を齎《も》ち馬八図《マバト》（マバル国。現在のインド南部にあった）に往《ゆ》き奇宝《きほう》を求《もと》めしむ。馬速忽《マスフ》に虎符《こふ》、阿里《アリ》に金符《きんふ》を賜《たま》う」（『元史』巻一三「世祖紀」）という記載があります。

成宗《せいそう》の大徳《だいとく》年間［一二九七～一三〇七年］には、使者の答朮丁《タジュディン》らを派遣して「欽《つつし》んで聖旨《せいし》を賚《たま》い、虎《こ》符《ふ》を懸帯《けんたい》し、前《すす》みて馬合答束番《ばごうとうそくばん》国（現在のソマリアのモガディシオ）に往《ゆ》き獅子《しし》、豹等《ひょうなど》の物《もの》を徴取《ちょうしゅ》せし

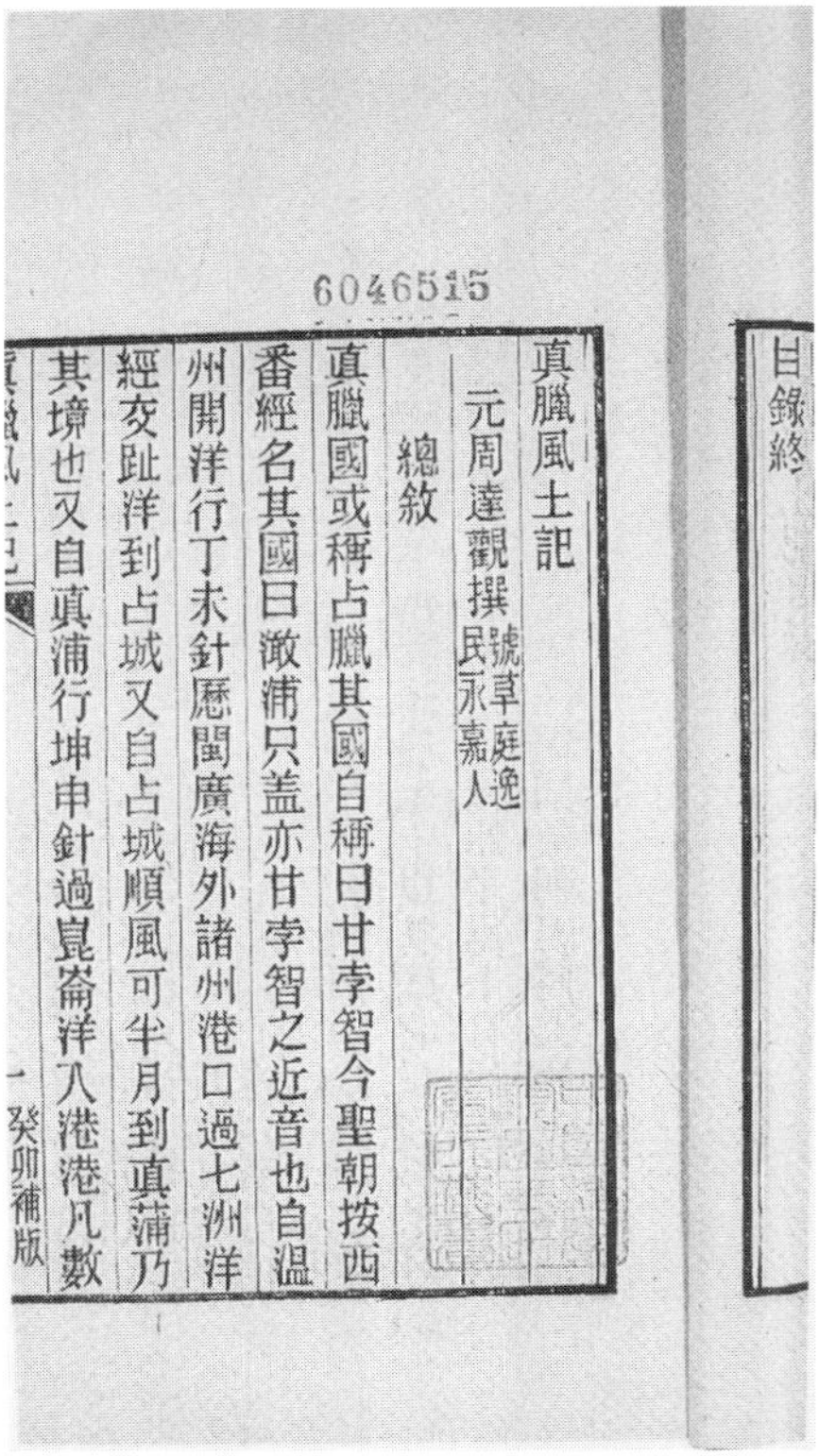
6046515

真臘風土記

元周達觀撰 號草庭逸民永嘉人

總敘

真臘國或稱占臘其國自稱曰甘孛智今聖朝按西番經名其國曰澉浦只蓋亦甘孛智之近音也自溫州開洋行丁未針歷閩廣海外諸州港口過七洲洋經交趾洋到占城又自占城順風可半月到真蒲乃其境也又自真蒲行坤申針過崑崙洋入港港凡數

癸卯補版

目錄終

図9-3 『真臘風土記』書影

む」ということがありました。また、「愛組定《アズディン》等《など》四起《しき》［四方］に使《つか》いす。正従《せいじゅう》三十五名《めい》、前《すす》みて刁吉児《ちょうきつじ》（現在のモロッコのタンジール）へ往《ゆ》き豹子《ひょうし》希奇《きき》の物《もの》を取《と》れり」（『永楽大典』巻一九四九一九が引く『経世大典』の「站赤」）ということもありました。

全体からみて、元朝の海外貿易は相当発達しており、海運の規模は当時の世界でも最先端をいくものでした。マルコ・ポーロなど外国人の旅行家の記載によると、元朝の海船《かいせん》は多くが松の木で作られており、船底《ふなぞこ》は二層か三層、船倉《せんそう》は十から数十ほどに区分されており、通常はマストが四本、多いもので六本あり、その積載重量は二〇〇〜三〇〇tに達しました。また、大船一隻《せき》には数隻の小舟が付いており、停泊する際に、上陸して薪や水を補給するのに用いられました。船舶内部の組織は厳格に定められており、綱首《こうしゅ》（船長）・直庫《ちょくこ》（武器管理者）・火長《かちょう》（水先案内人）・舵工《だこう》［操舵手］・梢工《しょうこう》［舵取り］・碇手《ていしゅ》［碇《いかり》を扱う船夫］・雑事《ざつじ》［雑用係］・部領《ぶりょう》などが役割を分担していました。

元朝は海外貿易を通じて、アジア・アフリカの多くの国家や地域と関係を築きました。成宗《せいそう》の時、周達観《しゅうたつかん》は真臘《しんろう》（現在のカンボジア）に派遣され、帰国後に『真臘風土記《しんろうふうどき》』を著し（図9-3）、カンボジアのクメール王朝期の文明の繁栄を記しました。この書物は、今日ではクメール文化を知るうえで主要な文字資料となっています。同じく成宗の時に書かれた陳大震《ちんたいしん》『南海志《なんかいし》』は百四十余りの国家や地域の名称を記録しており、元末の汪大淵《おうたいえん》が著《あらわ》した『島夷志略《とういしりゃく》』は、みずから巡り歩いたアジアや東アフリカの百近い国家や地域を列挙しています。元朝の船舶による貿易活動はアジアやアフリカの多くの地域の経済生活に重要な影響をもたらしました。たとえば、安南《あんなん》［現在のベトナム］の港町雲屯《ヴァンドン》は「其《そ》の俗《ぞく》は商販《しょうはん》を以《もっ》て生業《せいぎょう》と為《な》し、飲食衣服《いんしょくいふく》は皆《み》な北客《ほっきゃく》（元の商人を指す）を仰《あお》ぐ」（『大越史記全書』巻五「陳紀」一。陳高華「元代的海外貿易」（同氏『元史研究論稿』、中華書局、一九九一年）から引用）という状況でした。

　当時の各国の人々は元《げん》の人を「唐人《とうじん》」、元の商船を「唐舶《とうはく》」と呼んでいました。『島夷志略』の記載によると、文老古《ぶんろうこ》（現在のマルク諸島）の人々は「毎歳《まいとし》、唐舶《とうはく》を望《のぞ》み其《そ》の地《ち》に販《あきな》う」とあり、また渤泥《ぼつでい》［ブルネイ］（現在のカリマンタン島）の人々は「尤《もっと》も唐人《とうじん》を敬愛《けいあい》し、酔《よ》わば則《すなわ》ち之《これ》を扶《たす》け以《もっ》て歇処《けっしょ》［居処］に帰《かえ》らしむ」とあり、麻逸《まいつ》（現在のフィリピン・ミンダナオ島）の商人は元の船の貨物を「価《あたい》を議《ぎ》して領《う》け去《さ》り、土貨《どか》［当地の産物］を博易《はくえき》し、然《しか》る後《のち》に価《あたい》を舶商《はくしょう》に準《はか》り、信《しん》を守《まも》ること終始《しゅうし》にして、約《やく》を爽《たが》えざるなり」でした。多くの「唐人」は商業活動の利便のため東南アジア各地に居住し、現地の経済開発に大きく貢献しました。同時に、海外から来た多くの「蕃客《ばんかく》」は元の泉州や広州などの港湾都市に居住しており、これらの都市には定まった外国人居住区が存在していました。

鄭和の西洋下りとその顛末

　宋元の時期に海外交通や貿易が絶えず発展したことを基礎として、十五世紀前半になると、明朝《みんちょう》は七回にわたって空前の規模の遠洋航海や海外貿易を組織しました。これがよく知られている「鄭和《ていわ》の大航海《だいこうかい》」です。

太祖朱元璋《たいそしゅげんしょう》は明の建国後、近隣諸国に対して友好的な方針を堅持しました。朱元璋は晩年に編纂した『皇明祖訓《こうめいそくん》』のなかで、自身の辺境和睦政策を「祖制」として定め、「四方《しほう》の諸夷《しょい》は皆《み》な山《やま》を限《かぎ》り海《うみ》を隔《へだ》て、僻《へき》して一隅《いちぐう》に在《あ》り、其《そ》の地《ち》の足《た》らざるを得《う》れば以《もっ》て供給《きょうきゅう》し、其《そ》の民《たみ》の足《た》らざるを得《う》れば以《もっ》て使令《しれい》せしむ。若《も》し其《そ》れ自《みずか》ら揣量《しりょう》（はかること）せず、来《き》たりて我《わ》が辺《へん》を撓《みだ》さば、則《すなわ》ち彼《か》れ不祥《ふしょう》を為《な》すなり。彼《か》れ既《すで》に中国《ちゅうごく》の患《かん》と為《な》らずして、我《わ》れ兵《へい》を興《おこ》し軽《かるがる》しく犯《おか》すも亦《ま》た不祥《ふしょう》なり。吾《わ》れ恐《おそ》る、後世《こうせい》の子孫《しそん》中国《ちゅうごく》の富強《ふきょう》に倚《よ》りて、一時《いちじ》の戦功《せんこう》を貪《むさぼ》り、故無《ゆえな》くして兵《へい》を興《おこ》し、人命《じんめい》を致傷《ちしょう》せんことを。切《せつ》に可《か》ならざることを記《しる》せ」と述べています。また、これとあわせて当時知られていた海外の国家や地域を基本的に「不征《ふせい》の国《くに》」（『皇明祖訓』「箴戒章」）と定めました。

元末から明初にかけて、中国東南の沿海部は倭寇《わこう》の侵入を頻繁に受けたので、明の朝廷は沿海の城や要塞を修築したほか、経済封鎖という手段を採り、庶民が勝手に出航し貿易するのを禁止しました。この「海禁《かいきん》」政策を実施したことにより、明朝と海外諸国との経済上の往来は、主に朝貢貿易《ちょうこうぼうえき》の形式が採られました。各国の公式の使者は朝貢の名目で明の朝廷に「方物《ほうぶつ》」［特産物］を献上し、明の朝廷は相手が必要とする物品を下賜《かし》の品《しな》として授与しました。これは、実質上は政治的な色彩を帯びた交換行為でした。このほか、朝貢に来た使者が携えてきた物品で民間と貿易することを許可しましたが、「貢舶《こうはく》有《あ》らば即《すなわ》ち互市《ごし》［貿易活動］有《あ》り、入貢《にゅうこう》に非《あら》ざれば即《すなわ》ち其《そ》の互市《ごし》を許《ゆる》さず」（王圻『続文献通考』巻三一「市糴考・市舶互市」）ということでした。明の朝廷は「勘合《かんごう》」という許可証を発行して各国の朝貢回数を制限したので、朝貢は勘合貿易とも呼ばれました。

図9-4　雲南省晋寧県昆陽にある鄭和の墓

一四〇二年、明の成祖《せいそ》朱棣《しゅてい》［永楽帝］は内戦を通じ皇位を簒奪《さんだつ》しました。成祖の対外政策は朱元璋よりも積極的であり、伝統的な朝貢貿易を大いに発展させただけではなく、この貿易形式を主体的に海外へ推し進めました。「鄭和の大航海」もこうして始まりました。この大航海と貿易政策を担当したのは、成祖の側近である宦官《かんがん》の鄭和です。

鄭和（一三七一～一四三三年）は雲南昆陽州《うんなんこんようしゅう》（現在の雲南省晋寧県）の人で、ムスリム家庭の出身にして、本姓は馬《ば》といいました。洪武《こうぶ》十五年（一三八二年）、明軍が雲南を平定すると、幼かった鄭和はおそらくこの時に明軍の捕虜《ほりょ》となり、去勢《きょせい》されて宮中に送られ、宦官となったようです（図9-4）。後に鄭和は燕《えん》王《おう》であった朱棣の側《そば》近くに仕え、機敏で仕事がよくできたことから、その才能を朱棣に認められました。鄭和は朱棣が皇位を奪った「靖難《せいなん》の役《えき》」で戦功を立て、鄭の姓を与えられました。朱棣の即位後、鄭和は内官監太監《ないかんかんたいかん》［皇帝の宮室や陵墓に関わる内官監の長官］に昇進し、人々から「三宝太監《さんぽうたいかん》」と呼ばれました。[*5] 永楽《えいらく》三年（一四〇五年）から、鄭和は勅命《ちょくめい》を奉《ほう》じて船隊を統率し、「西洋《せいよう》」まで航海する任務を担当しました。当時は海外諸国の境界を婆羅洲《ばらしゅう》（現在のブルネイ）で二つに分け、ここより東を東洋、西を西洋と呼んでいました。鄭和の航行目標は、主に婆羅洲より西の東南アジア・南アジア・東アフリカであり、これらの地域が当時の「西洋」の範疇《はんちゅう》でした。

『明史《みんし》』巻三〇四「鄭和《ていわ》伝」には「成祖《せいそ》、恵帝《けいてい》［建文帝のこと］の海外《かいがい》に亡《に》げたるを疑《うたが》い、之《これ》を縦跡《しょうせき》せんことを欲し、且《か》つ兵《へい》を異域《いいき》に耀《かがや》かせ、中国《ちゅうごく》の富強《ふきょう》を示《しめ》さんことを欲す。永楽《えいらく》三年六月、［鄭］和《わ》及《およ》び其《そ》の儕《ともがら》の王景弘等《おうけいこうなど》に使《し》を西洋《せいよう》に通《つう》ぜんことを命《めい》ず。将士卒《しょうしそつ》二万七千八百余人《よにん》、多《おお》く金帛《きんはく》を齎《も》ち……諸《もろもろ》の番国《ばんこく》を偏歴《へんれき》し、天子《てんし》の詔《みことのり》を宣《せん》じ、因《よ》りて其《そ》の君長《くんちょう》に給賜《きゅうし》す。服《ふく》せざれば則《すなわ》ち武《ぶ》を以《もっ》て之《これ》を懾《おど》す」と記されています。

これによると、鄭和遠征の主な目的は、皇位を失い行方不明になった建文帝朱允炆《けんぶんていしゅいんぶん》を捜索することでした。しかし、研究者は一般的に、合計七回にわたる航海の活動内容からすれば、建文帝を捜索する目的もあっただろうが、これは副次的なものであったと考えています。最も主要な動機は、やはり「兵《へい》を異域《いいき》に耀《かがや》かせ、中国《ちゅうごく》の富強《ふきょう》を示《しめ》さん」ということです。これは、明の成祖が積極的に拡大した総体的な対外方針や、大きなことをすることを好み功績をあげたいと願う性格的特徴と完全に合致しています。

鄭和の七回にわたる遠洋航海のうち、最初の数回はほぼ立てつづけに行われ、後半の数回は、少し期間を隔てて行われました。永楽三年六月から同五年（一四〇七年）九月までが最初の航海でした。帰国すると、鄭和はすぐに二回目の航海を行い、永楽五年九月に出発し、同七年（一四〇九年）七月に帰国しました。永楽七年九月、三回目の航海を始め、同九年（一四一一年）六月に帰国しました。同十一年の冬、四回目の航海に出て、同十三年（一四一五年）七月に帰国しました。同十五年には五回目の出航を行い、同十七年七月に帰国しました。同十九年（一四二一年）春の六回目の遠征は、同二十年八月に帰国しました。同二十二年に成祖が亡くなると、この後、遠洋航海はしばらくの間活動を停止しました。宣宗《せんそう》の宣徳《せんとく》六年（一四三一年）になると、鄭和は勅命を奉じて七回目となる遠征に出発しました。宣徳八年（一四三三年）三月、鄭和は帰りの航海の途上、病気を患《わずら》い古里《こり》（インド南部西海岸のカリカット）で亡くなりました。七月、船隊は南京に戻り、遠征活動は終わりを告げました。*6

七回にわたる遠征では、鄭和はいずれの航海でも大規模な船隊を率いていました。船は百艘《そう》以上、多い時は二百艘以上あり、磁器、絹製品、鉄器などの貨物を満載しました。随行員は多い時で二万七千～二万八千人に及び、このなかには官員・水夫・軍人・職人・通訳・医者など各分野の専門の人々が含まれていました。船隊が到着した場所では明朝の国威が発揚され、各地の小国を朝貢《ちょうこう》へ招くとともに、その場で交易を行い、積載していた貨物を現地の特産品と交換しました。

しかし、全体的に見れば、遠洋航海は主に政治的目的から行われており、貿易も決して等価交換ではなく、しばしば収支は赤字になり、入手した物品の多くは奢侈品や珍奇な鳥獣など無用な物でした。航海にかかる費用が莫大であったことから、きわめて多くの人的、財的資源を浪費しました。このため、鄭和が亡くなった後、明朝の対外政策が収斂《しゅうれん》するにしたがい、船団を組んでの遠征はその幕を閉じました。

明の憲宗《けんそう》［成化帝・朱見深］はその在位期間（一四六四～一四八七年）に、宦官《かんがん》が話した「永楽の物語」に動かされて兵部省《へいぶしょう》へ人を派遣し、鄭和の遠洋航海に関する文書資料を取り寄せました。職方郎中《しょくほうろうちゅう》の劉大夏《りゅうだいか》は、憲宗が再び遠洋航海を行うことを恐れ、資料を隠して破棄したため、再度の遠洋航海計画はうやむやのうちに沙汰止みとなりました。（厳従簡『殊域周諮録』巻八「瑣里・古里」[*7]）

西洋下りの規模と航路

鄭和《ていわ》の遠征は中国の航海史や外交史における重要な出来事であり、大航海時代よりも前に人類が海洋を制覇した快挙でした。明代史研究の著名な専門家呉晗《ごかん》は西洋下りのこの遠洋航海を概括して「その規模の大きさ、人の多さ、範囲の広さは、歴史上、それまでにはなかったことであり、明朝以後にも行われていない。このように大規模な航海は、当時の世界の歴史にもなかった。鄭和の航海はコロンブスが新大陸を発見したよりも八十七年早く、バルトロメウ・ディアスが喜望峰を発見したよりも八十三年早く、ヴァスコ・ダ・ガマが新たな航路を発見したよりも九十三年早く、マゼランがフィリピンを発見するよりも一一六年早い。……鄭和は歴史上、最も早く、最も偉大であり、最も成果をあげた航海者である」と述べています。[*8]

しかし、文書資料が失われたことで、鄭和の遠洋航海の詳細については不明な点があり、たびたび学者の論争を引き起こしています。このうち、主な論争は二つの問題をめぐって展開されました。一つは、鄭和の船隊における大型船の規模や尺度についてであり、もう一つは鄭和の船隊の遠洋での航程と終着点についてです。

鄭和の船隊は大小多くの船舶によって編成されました。なかでも大型船は「宝船《ほうせん》」と呼ばれ、その規模は相当なものでした。鄭和の随行員鞏珍《きょうちん》が著した『西洋番国志《せいようばんこくし》』の「自序《じじょ》」には「其《そ》れ乗る所《ところ》の宝舟《ほうしゅう》、体勢《たいせい》は巍然《ぎぜん》として、巨《きょ》なること与《とも》に敵《てき》するは無《な》し。篷帆錨舵《ほうはんびょうだ》、二、三百人に非《あら》ざれば、能《よ》く

図9-5　鄭和「宝船」の舵と櫂

挙動《きょどう》する莫《な》し」と記されています。（図9-5）

船体の具体的な長さと幅に関する最も早い記述は、もう一人の随行員馬歓《ばかん》が著した『瀛《えい》崖勝覧《がいしょうらん》』に見えます。明代に筆写された『説集《せっしゅう》』本の『瀛崖勝覧』巻首《かんしゅ》には「宝船《ほうせん》は六十三号《ごう》、大《だい》なるは長《なが》さ四十四丈《じょう》四尺《しゃく》、闊《ひろ》さは一十八丈《じょう》」とあります。これよりやや後のいくつかの史料、たとえば顧起元《こきげん》『客座贅《きゃくざぜい》語《ご》』巻一「宝船廠《ほうせんしょう》」や、羅懋登《らぼうとう》『三宝太監《さんぼうたいかん》西洋記通俗演義《せいようきつうぞくえんぎ》』第十五回、[*9]さらに二十世紀の三十年代に発見された『鄭氏家譜《ていしかふ》』には、いずれにもこの大きさが記されています。また、『明史』「鄭和伝」では「大舶《だいはく》を造《つく》るに、修《なが》さは四十四丈《じょう》、広《ひろ》さは十八丈《じょう》」というように漠然と記されています。明代の尺度《しゃくど》により一尺を〇・三一七mで換算すると、宝船の長さは一四〇m、幅は五七mとなります。この数字は誇張か誤りなのでしょうか。この長さと幅の比率二・四六対一は合理的な数字なのでしょうか。

この船体の長さと幅の問題について、ここ一世紀の間、学者は一貫して論争を続けており、信疑相半ばするという状況でした。[*10] 長さと幅の比率について、ある研究では合理的だと信頼しています。なぜならば、かりに木造船があまりにも細長く建造されると、波の衝撃に抵抗するのに不利であり、巨大木船であれば、なおさらこの傾向があるからです。船体を短く幅を広く造れば、安定した航行が可能になります。

また別の研究では、先ほどの比率は不合理だと考えています。文献の記載にある幅は広すぎ、「広十八丈」［広さは十八丈］は「広于八丈」［八丈より広し］の誤りに違いないとし、あるいは「広十、八丈」［広さは十、八丈］と読むべきとしています。船体の長さや幅の尺度について一部の学者は信頼しており、これを唐宋以来の造船技術の絶え間ない発展と、明朝廷の政治的必要性が結びついた産物だと考えています。

さらに一部の学者は、これらの記述がまったくあてにならず、当時これほど大きな船を建造することは不可能であり、その必要もなかったと考えています。ほかにもある学者は「四十四丈四尺」という長さは、実際には長さと幅をかけて得られた積数であり、「一十八丈」という幅は、幅と深さをかけて得られた積数だと推測しています。より直接的で説得力のある材料が発見されない限り、この論争は続いていくことでしょう。

鄭和の船隊による遠洋航海の航程およびその終着点は、さらに重要な議論のテーマです。伝統的な観点によれば、鄭和が行った初めの三回の航海は、いずれもインド西海岸までしか至っていません。四回目以降、初めてアラビアや東アフリカに到着し、インド洋を横切るという壮挙を成し遂げ、最南は赤道以南、現在のケニア沿海の麻林《マリン》（あるいは麻林地、現在のマリンディ）一帯に達しました。『明史《みんし》』巻三二六「外国伝《がいこく》」にはインド洋の諸国について「又《ま》た国《くに》に比剌《ひらつ》・孫剌《そんらつ》と曰《い》う有《あ》り、鄭和《ていわ》も亦《ま》た嘗《かつ》て敕《みことのり》を齎《も》ち往《ゆ》きて賜《たま》う。中華《ちゅうか》を去《さ》ること絶遠《ぜつえん》なるを以《もっ》て、二国《にこく》の貢使《こうし》竟《つい》に至《いた》らず」と記されています。多くの学者は、この二つの地点が麻林よりもさらに遠いに違いないと主張していますが、具体的な場所がいったいどこなのか、見解は統一されていません。二十世紀八十年代になり、沈《しん》福偉《ふくい》は鄭和とその航程について研究を行い、一連の新たな観点を提起しました。沈福偉の見解は、おおむね四つの点に帰納することができます。

第一点は、鄭和の最初の遠征時、その航程はすでにペルシア湾とアラビア半島に到達し、三回目には東アフリカに到達しており、決してインド西海岸までにとどまらなかったということです。

第二点は、伝統的な見解のなかで、鄭和の遠洋航海の終着点は麻林（あるいは麻林地）ですが、これは現在のケニア沿海のマリンディではなく、さらに南に位置するマフダリ国、つまり現在のタンザニア沿海のキルワ・キシワニであったということです。

第三点は、「比剌」「孫剌」の位置はさらに南へ行った、現在のモザンビーク沿海、マダガスカル島の対岸であったということです。「比剌《ひらつ》」は「比刺《ひし》」の誤りであり、南緯一五度四分のモザンビーク港であり、「孫剌《そんらつ》」は南緯二〇度一二分のソファラだとしています。

第四点は、一四五九年にヴェネツィアの地図製作者フラ・マウロが描いた世界地図の注記によると、鄭和の船隊のなかの一船隊は、五回目、あるいは六回目の西洋遠征の時、おそらくマダガスカル島と喜望峰を一度は回り、南アフリカ西南沿海の大西洋海域に入っていた可能性があるということです。*11

ますが、その結論は上述した沈福偉の提起した第三点の見解に近いものです。*[12]
金国平《きんこくへい》と呉志良《ごしりょう》による「比剌」「孫剌」に関する最新の研究によると、両者の考証過程は異なり

二〇〇二年、イギリスの退役海軍軍人ギャビン・メンジーズ（Gavin Menzies）は、長年にわたる考察と研究により、驚くべき観点を提起しました。それは、鄭和の船隊が一四二一年の遠洋航海の際にアメリカ大陸に到達し、コロンブスより七十二年も早くアメリカ大陸を発見し、マゼランより一世紀も早く地球を一周する航海を達成していたということです。メンジーズはこの後すぐに『一四二一年――中国が新大陸を発見した年』を出版しました。*[13] メンジーズの見解は新たな議論を引き起こしましたが、大部分の学者は、彼の説には証拠が不足しているうえ憶測が多いとして、否定的か、あるいは懐疑的な態度をとっています。*[14] 全体的にみれば、メンジーズの新説は確かに成立しがたいのですが、伝統的な見解が鄭和の航海の終着点をケニア沿岸としていたのも保守的にすぎるきらいがあります。

元代の旅行家汪大淵《おうたいえん》は、ケニアより南のタンザニア沿海に到達しました（汪大淵撰、蘇継庼校釈『島夷志略校釈』）。また、元代後期の人が描いた世界地図では、すでにアフリカを逆三角形に描き、その南方と西側を海洋としており、当時の人はすでにアフリカ大陸の基本的な形状と大西洋の存在を知っていたことが反映されています。*[15] 先に引用した沈福偉や金国平などの学者の考証とあわせて考えると、確かなのは、鄭和の船隊か、あるいはその分隊がモザンビーク海峡まで到達した可能性は大きく、さらには喜望峰の西側に到達した可能性まであるということです。この面での議論にも、さらに新たな材料の発見が期待されます。

永楽期の朝貢外交

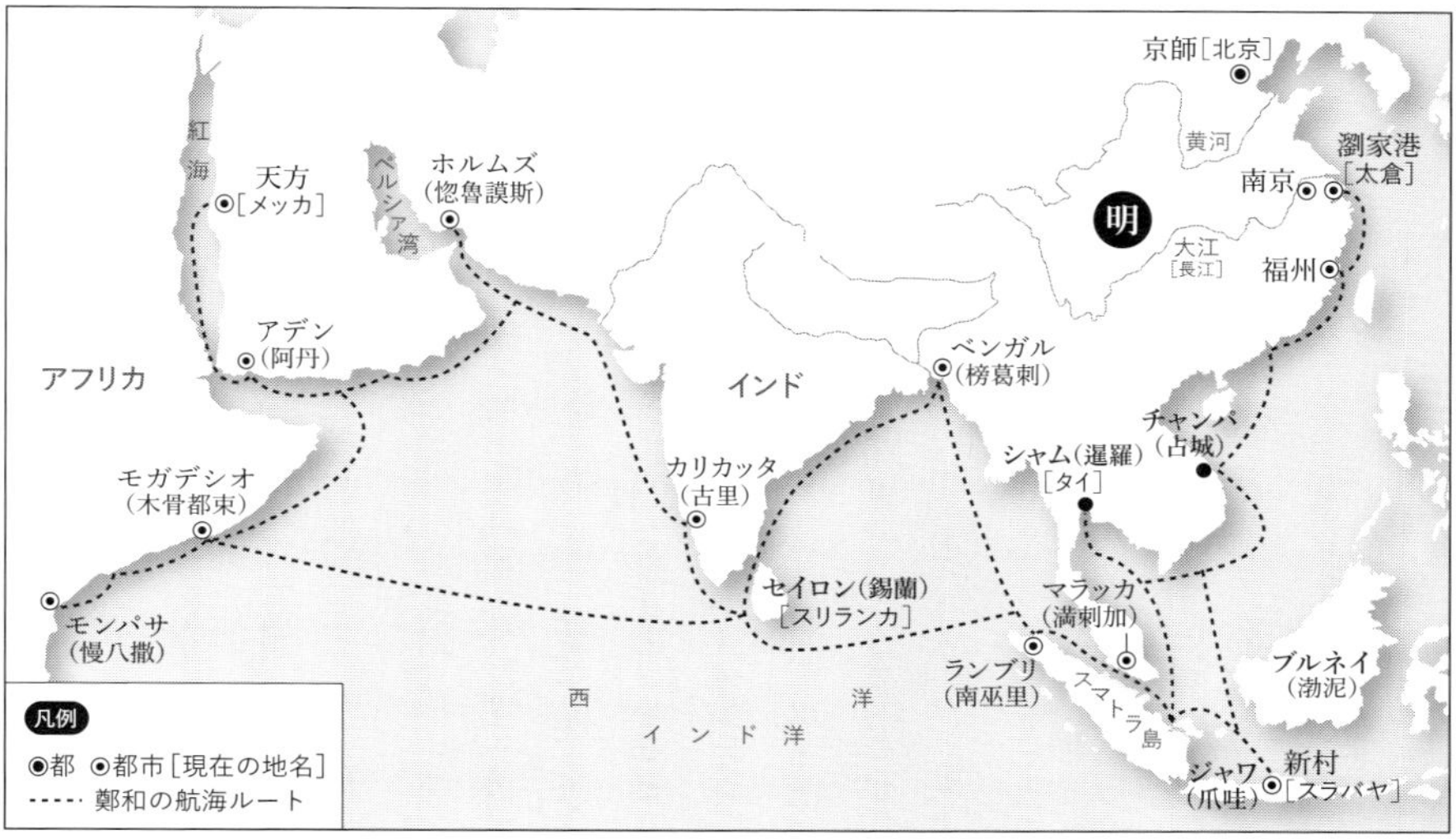

図9-6　鄭和「西洋下り」の航海路線図

鄭和の遠洋航海がどこまで行ったかにかかわらず、一つ確かなのは、七回にわたる遠洋航海が中国とアジア・アフリカ各国との朝貢外交関係の発展を大いに促進したことです。特に六回目までの遠征を行った永楽帝《えいらくてい》の時代は「諸蕃《しょばん》の使臣《ししん》、廷に充斥《じゅうせき》［充満］す」（『明史』巻三二六「古里伝」）と記されるほど、中国内外の使節が頻繁に往来し、アヘン戦争以前の古代中国ではほとんど見られない状況でした。また、永楽五年には、琉球・日本・スマトラ・マラッカ・小葛蘭《クイロン》（現在のインド西海岸南部にあった）の諸国が上奏文を奉じて入貢しましたが、その多くは、同年に終了した鄭和の一回目の航海と関係があります。大航海から戻るたびに、多くの外国使節が鄭和の船に搭乗してやって来ました。そして、この使節を安全に送り届け帰国させることは、通常の場合、次に行われる遠洋航海の任務の一つとなりました。第四回の航海の際には、はるか遠くの東アフリカにある麻林《マリン》の使者がともに明へやってきて、キリンを献上しました。成祖《せいそ》はみずから奉天門《ほうてんもん》に出向いて接見し、当時大変な話題となりました。第五回では、十七の国家や地域の朝貢使《ちょうこうし》を連れて帰り、「各《おの》おの方物《ほうぶつ》［特産物］を進《すす》む、皆《み》な古《いにしえ》に未《いま》だ聞《き》かざる所《ところ》の者《もの》なり」（銭穀編『呉都文粋続集』巻二八「婁東劉家港天妃宮石刻通番事蹟記」）という状況でした。第六回では十六の国家や地域の使節、約千二百名が来朝しました。

朝貢使が来朝したほか、続けて一部の海外国家の国王がみずから来朝するという状況まで生じました。これは歴史上でもあまりないことです。渤泥《ぼつでい》［ブルネイ］（現在のカリマンタン島）国王は永楽六年と十年の二度来朝し、マラッカ国王は永楽九年と十七年、二十二年の三度来朝しました。永楽十五年、蘇禄《スールー》（現在のフィリピン・スールー諸島）の東王《とうおう》・西王《せいおう》・峒王《とうおう》の三名の王がともに来朝しました。また、永楽十八年には、古麻剌朗《こまらろう》（現在のフィリピン・ミンダナオ島）国王も来朝しました。これらの国王のうち、浡泥国王の麻那惹加那《まなじゃくかな》（永楽六年来朝）、蘇禄東王の巴葛叭哈拉《はかつははら》、古麻剌朗国王の幹剌義亦敦奔《かんらぎえきとんほん》は明朝訪問の間に病死し、それぞれ南京《なんきん》・徳州《とくしゅう》・福州《ふくしゅう》に埋葬されました。彼らの墓地もまた、中国とこれらの国家との友好関係を示す証拠となります。（図9-6）

注釈

＊1　周清澍「蒙元時期的中西陸路交通」（元史研究会編『元史論叢』第四輯、中華書局、一九九二年）を参照。

＊2　ムール（Arthur Christopher Moule）著、郝鎮華訳『一五五〇年前的中国基督教史』（中華書局、一九八四年。原題は『*Christians in China Before the Year 1550*』）を参照。

＊3　マルコ・ポーロ著、馮承鈞訳『馬可波羅遊記』（上海商務印書館、一九三六年）を参照。

＊4　前掲『一五五〇年前的中国基督教史』を参照。

＊5　鄭和の「三宝太監」（三宝は三保とも）という称号の由来については、いろいろな説がある。一説に「三宝」は鄭和の幼名であるといい、また別の説によれば「三宝」は仏教用語であり、仏・法・僧の三宝のことであるから鄭和が仏教を信奉していたことを示しているという。当時の宦官で「三宝」（あるいは三保）と命名された人物は鄭和だけではない。朱国楨『皇明大政記』巻七には「靖難の初め独だ名将甚だ多きのみならずして、内臣の智勇を兼ねる者も亦た往往にして之れ有り。……鄭和、即ち三保、……後に南京を守備し、出でて使いし同行する者に馮三保有り、西域に使いする者に楊三保有り、一に曰く三宝と」とある。これらの宦官がいずれも同じ幼名であった可能性は低く、「三宝」の称号は仏教を信仰した永楽帝朱棣が下賜したのであろう。しかし、「三宝」の称号を受けたからといって本人が仏教を信奉していたとは限らず、鄭和は代々イスラム教を信仰する家庭の出身であり、多くの史料も彼が変わらずに敬虔なムスリムであったことを示している。この事実と仏教（さらには道教）とのつながりは、主に周囲の環境に迫られ、適応させたにすぎない。以上については、林松「論鄭和的伊斯蘭教信仰――兼評鄭〝奉仏〟、〝崇道〟説」（王天有・万明主編『鄭和研究百年論文選』北京大学出版社、二〇〇四年）を参照。

＊6　鄭和の七回にわたる遠征の具体的な往復年代については、史料によって記載がかなり異なり、学者の見解も完全には一致していない。そこで、この箇所では金雲銘と朱偰の考証に依拠した。詳細は、金雲銘「鄭和七次下西洋年月考証」（もとは『福建文化』第五巻第二十六期、一九三七年十一月に収録。『鄭和研究資料選編』人民交通出版社、一九八五年にも収録）や、朱偰『鄭和』（三聯書店、一九五六年）を参照。また、鄭和が古里「カリカット」で亡くなったことについては、鄭鶴声・鄭一鈞「鄭和下西洋史事新証」（前掲『鄭和研究百年論文選』に収録）を参照。

＊7　顧起元『客座贅語』（中華書局標点本、一九八七年）巻一「宝船廠」の条を参照。

＊8　『中国古代史講座』（求実出版社、一九八七年）による。

＊9　羅懋登は明朝後期の人で、万暦二十五年（一五九七年）に完成した『三宝太監西洋記通俗演義』百回を著した。これは小説であるが、資料の多くに来歴があることから、馮承鈞は「小説であるからといって軽視してはいけない」（同

氏『瀛崖勝覧校注』の序。中華書局、一九五五年）と述べている。また、向達「関於三宝太監下西洋的幾種資料」（同氏『唐代長安与西域文明』三聯書店、一九五七年に収録）を参照。

*10 「宝船」の尺度に関する議論には、さまざまな論が発表されている。多くの論を収録するものとしては、先に掲げた王天有・万明主編『鄭和研究百年論文選』のほか、『鄭和下西洋論文集』第一集（人民交通出版社、一九八五年）や『鄭和下西洋論文集』第二集（南京大学出版社、一九八五年）がある。

*11 沈福偉「関於鄭和的家世和生平」（『中華文史論叢』第四輯、一九八四年に収録）や「鄭和宝船隊的東非航程」（前掲『鄭和下西洋論文集』第一集や『鄭和研究百年論文選』に収録）による。

*12 金国平・呉志良「鄭和航海的終極点——比剌及孫剌考」（前掲『鄭和研究百年論文選』に収録）による。

*13 ギャビン・メンジーズ（Gavin Menzies）『1421：the year China discovered America』（Harper Collins Publishers, 2002）による。

*14 時平「一年来英国学者加文・孟席斯新説討論述評」（『回族研究』二〇〇三年第三期に収録）を参照。

*15 元朝後期の人は二つの世界地図を描いている。一つは李沢民が描いた『声教広被図』、もう一つは僧の清濬が描いた『混一疆理図』である。この二図は散佚したが、一四〇二年に朝鮮人の李薈と権近が描いた『混一疆理歴代国都之図』（日本の龍谷大学図書館所蔵の模本）には、この地図が先の二つの図を合わせて作られ、朝鮮と日本の部分を付け加えただけであることが明記されている。この地図は海洋に囲まれたアフリカを描いており、比率は正確ではないが、三十五の地名が注記され、アフリカに関して十四世紀の中国の地理学者がかなりよく理解していたことを示している。ジョセフ・ニーダム（Joseph Terence Montgomery Needham）『中国科学技術史』第五巻「地学」（科学出版社、一九七六年の中国語訳本第一冊）および沈福偉『中国与非洲——中非関係二千年』（中華書局、一九九〇年）、杉山正明『東西の地図が示すモンゴル時代の世界像』（平成十年度〜平成十四年度文部科学省科学研究費補助金特定領域研究(A)一一八「古典学の再構築」研究成果報告集V・A04「古典の世界像」班研究報告、二〇〇三年三月）を参照。

第十章

先進的な科学技術と科学観念の発展

隋《ずい》・唐《とう》・宋《そう》・元《げん》の諸王朝は、中国史上、科学技術の発展が最盛期を迎えた時代です。すでに形成されていた伝統的な科学技術を基礎として、一連の新たな輝かしい成果をあげ、多くの面で世界を主導する水準にありました。また、この時期には科学観念も注目に値する発展を遂げました。

第一節　木版印刷から活字印刷まで

印刷術の発明

世界各地の民族はその初期において、知識の伝授を主に口伝《くでん》や筆写《ひっしゃ》によっていたため、知識はきわめて失われやすく、誤りも容易に発生しました。印刷術の発明はこのような状況を改め、人類の文化が生み出した成果を広く伝え、完全に保存することを可能にしました。まさにこの意義において、印刷術は「文明の母」と称賛されています。印刷術は中国で最も早くに登場し、木版印刷《もくはんいんさつ》と活字印刷《かつじいんさつ》という二つの段階を経ました。

近代以前の大部分の時期、中国人は習慣的に木版印刷を用いました。この方法は、一般に緻密《ちみつ》で堅い木材を切り出して平らに削り、薄く透明な綿紙《めんし》に文字を書き、文字を書写した面を下にして木版に貼り付け、反転した文字を彫刻刀で刻むことで版木《はんぎ》としました。そして版木に墨を塗り、紙をかぶせて均一になるようにこすって紙に文字を印刷し、剥がすと印刷品になります。このように、押し付けて字形を印刷する方法の萌芽は、きわめて早い時期に起こりました。殷《いん》の甲骨文《こうこつぶん》にはすでに「印」字が見えており、この後には反転した文字を刻んだ印章が歴代存在しています。

秦《しん》の規定では、皇帝が用いる印章を「璽《じ》」と称し、印面には「受命于天、既寿永昌［命を天に受け、既に寿は永昌］」の八文字が刻まれていました。また、東晋《とうしん》の道教徒葛洪《かっこう》は「黄神越章之印《こうしんえっしょうのいん》」という魔除けの印符について述べており、これは「広さ四寸、其《そ》の字一百二十」（『抱朴子』内篇「登渉」）であったといい、すでに木版の流れに近いものがあります。このほか、後漢《ごかん》の霊帝《れいてい》の熹平《きへい》年間［一七二〜一七八年］には「石経《せきけい》」を刻み、公的に認められた儒家の経書《けいしょ》の定本《ていほん》を石碑に刻んで建立しました。読者は石碑から拓《たく》をとることで、経書の内容を紙に複製することができました。これは印刷の原理と相通じるものがあります。

しかし、木版印刷が一体いつごろから始まったのかとなると、やや複雑な問題です。張秀民《ちょうしゅうみん》の統計によると、これまで漢《かん》・東晋・六朝《りくちょう》・隋《ずい》・唐《とう》・五代《ごだい》・北宋《ほくそう》という七つの意見が提出されています[*1]。文字や実物資料の発見と考察により、目下のところでは、唐代という説が大多数の学者に受け入れられています。

しかし、具体的な時期については、依然として異なる複数の観点が存在しています。たとえば、張秀民は唐代初期の貞観《じょうがん》十年（六三六年）にはすでに木版印刷が存在していたと主張しており[*2]、宿白《しゅくはく》は木版印刷の始まりを「おそらく唐の玄宗の時代であろう」と考えています[*3]。また、肖東発《しょうとうはつ》『中国図書出版印刷史論』は「木版印刷術は隋から初唐の頃に生まれた」という見解を提起しています[*4]。おおまかに言って、木版印刷の原理は印章を捺印《なついん》したり、石経の拓をとったりすることに啓発されて、製紙技術や製墨《せいぼく》技術の発展にしたがい次第に人々に知られ、また応用が加えられたのであり、正確で具体的な発明時期を明らかにするのは難しいでしょう。

木版印刷の普及

唐代後期、木版印刷術は民間で応用され、次第に広まりました。唐の穆宗《ぼくそう》［李恒］の時に元稹《げんじん》が書いた「白氏長慶集序《はくしちょうけいしゅうじょ》」には、白居易の詩が社会に流行して「繕写《ぜんしゃ》［書写すること］模勒《ぼろく》［原本通りに版木に刻むこと］に至《いた》りては、市井《しせい》に衒売《げんばい》［売り声をかけながら売り歩く］するなり」とあり、その注には「揚《よう》・越《えつ》の間《あいだ》、多《おお》く書《しょ》を作《つく》るに楽天《らくてん》［白居易］及《およ》び予《よ》［元稹］の雑詩《ざっし》を模勒《ぼろく》し、市肆《しし》の中《うち》に売《う》る」（『元稹集』巻五一）とあります。また当時、民間では多くの私製木版によって暦《こよみ》を印刷しており、四川《しせん》や淮南《わいなん》などの地では、官製の暦が頒布されないうちに私製の暦が市で大量に販売されていたため、文宗《ぶんそう》［李昂］の大和《たいわ》九年（八三五年）には特に命じてこれを禁止させました。*5 仏像・経文《けいもん》・願文《がんもん》など仏教関係の印刷物もよく流布しました。武宗《ぶそう》［李炎］の会昌《かいしょう》年間（八四一～八四六年）に行われた廃仏《はいぶつ》では、仏教の「印本《いんぽん》」が大量に焼かれました。*6

二十世紀の初頭、敦煌《とんこう》の莫高窟《ばっこうくつ》では、唐の懿宗《いそう》［李漼］の咸通《かんつう》九年（八六八年）に王玠《おうこう》なる人物が父母の冥福を祈るため、費用を負担し刻ませた『金剛経《こんごうきょう》』が発見されました（現在は大英博物館所蔵）。この巻子の長さは四八八㎝、高さは七六・三㎝であり、巻首に仏像が印刷され、次に経文が刻まれています。この経典は印刷が精巧で美しく、木版印刷が長期にわたる発展を経て、比較的高い技術レベルに達していたことを反映しています。（図10-1）

五代《ごだい》の時期、後唐《こうとう》の明宗《めいそう》［李嗣源］の長興《ちょうこう》三年（九三二年）、宰相馮道《ふうどう》の主導のもと、儒家の「九経《きゅうけい》」を校勘し、版におこして印刷する事業が始まりました。この事業は二十年余りを経て、後周《こうしゅう》の太祖《たいそ》［郭威］の広順《こうじゅん》三年（九五三年）に終わりました。「九経」には、『五経文字《ごきょうもじ》』や『九経字様《きゅうきょうじよう》』という

図10-1　唐代の木版『金剛経』巻首

二つの補助的読み物も付されており、全部で百三十冊になりました。これは、初めて政権が組織した大規模な印刷事業であり、その影響は大きく、多くの人々が誤って馮道を木版印刷術の発明者であると考えることになりました。またこの時代は、南方に割拠《かっきょ》した政権でも印刷業が盛んであり、特に呉越《ごえつ》の都杭州《こうしゅう》や、前蜀《ぜんしょく》・後《こう》蜀《しょく》の都成都《せいと》では盛んに行われました。

宋代の印刷業

宋代の木版印刷はさらに発達し、官刻《かんこく》・家《か》刻《こく》・坊刻《ぼうこく》の区別がありました。中央政府や地方政府が主導して出版した書物を官刻本《かんこくぼん》といいます。教育を主管する国子監《こくしかん》は、同時に国家の出版機構でもあり、国子監の書庫を管理し「経史《けいし》群書《ぐんしょ》を印《いん》することを掌《つかさど》り」（『宋史』巻一六五「職官志」）ました。国子監は朝廷が下賜《かし》する書物を供給すると同時に、民間にも書物を販売し、その利潤は国庫に納められました。宋の建国当初、国子監には四千の版木《はんぎ》がありましたが、真宗《しんそう》の景徳《けいとく》二年（一〇〇五年）になると、わずか四十五年間で一〇万にも増加しました。

このほか、中央の崇文院《すうぶんいん》・司天監《してんかん》・秘書監《ひしょかん》などの機関、地方の転運《てんうん》・安撫《あんぶ》・提刑《ていけい》・茶塩《ちゃえん》といった司《し》［官署］および府《ふ》・州《しゅう》・軍《ぐん》・監《かん》・官学《かんがく》などでも大量の書物が刊刻されました。さらに宋の太祖《たいそ》［趙匡胤］の開宝《かいほう》九年（九七一年）、内侍《ないじ》［宦官］の張従信《ちょうじゅうしん》などを四川《しせん》に派遣して『大蔵経《だいぞうきょう》』五〇四八巻の刊刻を差配させ、全部で一三万枚の版木を作らせました。歴史上、これは「開宝蔵《かいほうぞう》」あるいは「蜀蔵《しょくぞう》」と呼ばれています。

士大夫《したいふ》個人や私塾《しじゅく》で刊刻した書物は家刻本《かこくぼん》と呼ばれます。家刻本の範囲は官刻本よりも広く、特に経史《けいし》以外の子部《しぶ》や集部《しゅうぶ》の書物が多くを占めました。*7 書籍商は書坊《しょぼう》（書肆《しょし》ともいう）を開き、刊刻した書物を販売して利益を得ました。このような書籍は坊刻本《ぼうこくぼん》です。宋代の書坊は全国各地にあり、建安《けんあん》（現在の福建《ふっけん》省内）の「余氏勤有堂《よしきんゆうどう》」（万巻堂とも称す）や臨安《りんあん》（現在の杭州《こうしゅう》）の「陳氏書籍舗《ちんししょせきほ》」はともに代々書籍を刊刻した老舗《しにせ》でした。書坊はたいてい書写や彫版《ちょうはん》・印刷の職人を抱えており、他者の委託を受けたり、あるいはみずから編纂を行ったりしており、新しい書物を扱い、刊刻が速く、販売地域が広範囲であったことから、社会文化の繁栄を推進するうえで大きな貢献を果たしました。出版業が発展するにしたがい、書籍商は念入りに校勘された個人刊刻の書籍やほかの書坊の書籍の「海賊版」をしばしば翻刻し、利潤を得ました。このため、出来の良い書籍を刊行する際には官府に願い出て、版権保護や翻刻禁止の命令が下されることもありました。

北宋の書籍刊刻の中心は、主に東京《とうけい》［首都の開封、現在の河南省開封市］・杭州・四川・福建など数カ所でした。北宋後期の葉夢得《しょうぼうとく》は「天下《てんか》の書《しょ》を印《いん》するは杭州《こうしゅう》を以《もっ》て上《じょう》と為《な》し、蜀本之《しょくほんこれ》に次《つ》ぎ、福建《ふっけん》は最《もっと》も下《げ》なり。京師《けいし》［首都］比歳《ひさい》［近年］の印版《いんばん》は、殆《ほとん》ど杭州に減《ゆず》らず、但《た》だ紙《かみ》は佳《よろ》しからず。蜀《しょく》と福建《ふっけん》は多《おお》く柔木《じゅうぼく》を以《もっ》て之《これ》を刻《こく》し、其《そ》の成《な》り易《やす》くして速《はや》く售《う》るを取《と》る、故《ゆえ》に工《たく》みなること能《あた》わず」（『石林燕《せきりんえん》語《ご》』巻八）と述べています。南宋になると、東京に代わり江西《こうせい》が書籍出版の新たな中心地となりました。各地で刊刻される書籍の質には良し悪しがありましたが、今日まで伝わっている宋の刊本を見ると、大部分は芸術的価値の高い珍品です。書中の字体の多くは顔《がん》（顔真卿）、柳《りゅう》（柳公権）、欧《おう》（欧陽詢）、蘇《そ》（蘇軾）といった著名な書家の風格を模倣したものであり、「方《ほう》」［角張っている］、「長《ちょう》」［やや縦長］、「扁《へん》」［やや扁平］、「肥《ひ》」［少し太い］、「痩《そう》」［少し細い］などの異なる特色の字形がありました。字の筆画は、太さや空間のとり方、行間《ぎょうかん》、行の形式、字の大小や組み合わせが巧みに配置されて珠玉を連ねたようで、現代の一般的な印刷書籍とは比較にならないほどです。字体以外にも挿図の印刷、版面の装飾、書籍の装幀など、いずれも精巧でたいへん美しいものです。

　このほかにも、宋代には多色の套印《とういん》［複数の版木を用い、さまざまな色を重ねていく印刷方法］が出現し、主に紙幣の印刷に用いられました。[*8] 套印には、より精密な印刷技術が求められました。紅《あか》と黒の二色で印刷しようとすると二枚の版木が必要で、それぞれの場所に朱と黒の文字の内容を刻みます。印刷する時には、まず一枚の版木で一色の文字を印刷し、そのあとでこれをもう一つの版木に被《かぶ》せて、さらに空白箇所へ別の色の文字を印刷しました。これには大きさの同じ版木が二つ必要であり、この二つの版木で空白箇所を埋めました。技術が未熟で版面が揃わず、二つの色が重なってしまうと、失敗してしまうことになります。さらに多くの色を印刷する場合も同様の方法で行うことができ、版木も多くなります。

　十四世紀、元朝の中興路《ちゅうこうろ》（治所は現在の湖北省江陵県）で刊刻・印刷された朱・墨二色の『金剛経《こんごうきょう》注《ちゅう》』は、今日見ることのできる最も早期の套印の書籍です。明朝の中葉以降、套印と版画の技術は互いに結びつき、きわめて鮮やかで美しい彩色の印刷物が生み出されました。

活字印刷の出現

木版印刷では一つの本を印刷するたびに、その本のための版木を彫らなければならず、労力や時間を費やし、なおかつ版木の保存に大きな空間を必要としたので、たいへん不便でした。このため、北《ほく》宋《そう》の仁宗《じんそう》［趙禎］の慶暦《けいれき》年間（一〇四一～一〇四八年）には、平民であった畢昇《ひっしょう》が木版よりも先進的な活字印刷術を発明しました。

沈括《しんかつ》『夢渓筆談《むけいひつだん》』巻一八「技芸《ぎげい》」の記載によると、畢昇は粘土で印材の駒《こま》をつくり、一つの駒に一文字を彫り、焼き固めて活字とします。そして、鉄板《てっぱん》の上に、松脂《まつやに》・蠟《ろう》・紙を燃やした灰を混ぜて作った接着剤を塗り、鉄の枠を置き、鉄板の上の枠の中に活字をはめ込み並べます。鉄板を火であぶり接着剤を少し溶かし、その後平らな板で活字を押して活字を平らに整えれば、印刷できます。印刷が終わったら、再び火であぶり活字を取り外せば、また次の印刷でも使用できます。この様子は「常《つね》に二《ふた》つの鉄板を作《な》し、一板《いちばん》は印刷《いんさつ》し、一板は已《すで》に自《よ》りて字《じ》を布《し》き、此《こ》の印纔《いんようや》く畢《お》わらば、則《すなわ》ち第二《だいに》の板已《いたすで》に具《そな》わり、更互《こうご》に之《これ》を用《もち》いれば、瞬息《しゅんそく》にして就《な》るべし」と記されています。

使用しない時、活字は韻《いん》によって分類し木枠に納め、検索できるようにしました。よく使用する文字は活字を多く作成し、一つの版のなかで重複して使用できるようにしました。めったに使うことのない文字は、その時々に焼いて作成しました。畢昇のこの発明は、活字の製造・植字《しょくじ》・印刷という三つの工程を含め、現代の鉛活字印刷《なまりかつじいんさつ》の原理と完全に同じものです。（図10-2）

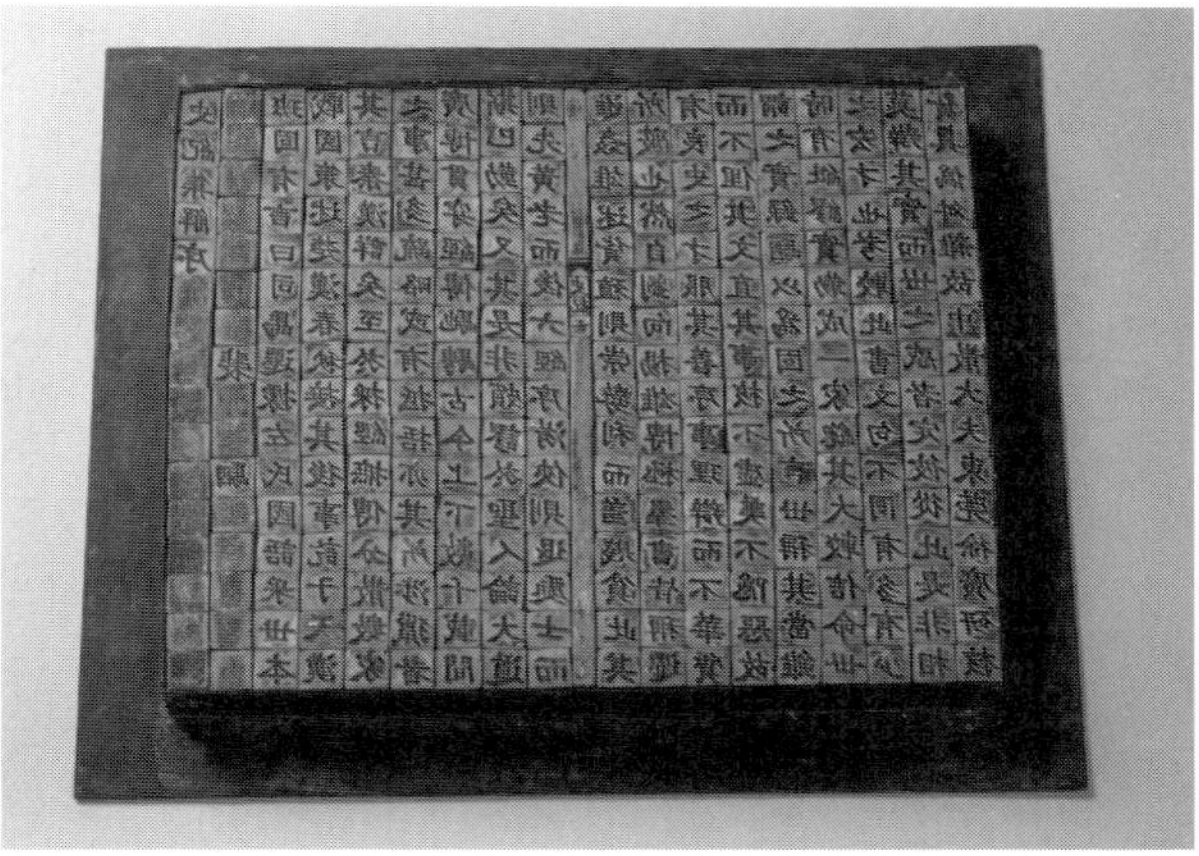

図10-2　泥活字の模型

しかし、漢字の文字数は多く、印刷に必要な活字の数も膨大なものとなり、活字の作成・採字《さいじ》・植字のいずれも手間がかかりました。同時に、全体的に古代の書物の種類には限りがあり、特に経書や史書は繰り返し印刷しなければならなかったので、木版印刷がすでに普及していた状況の中では、活字印刷がその地位にとってかわることはなく、時おり文献に記される程度でした。南宋の光宗《こうそう》の時には、周必大《しゅうひつだい》がみずから編纂した『玉堂雑記《ぎょくどうざっき》』を陶活字《とうかつじ》によって印刷しました。このほか、西夏《せいか》も活字によって西夏文字の仏典『吉祥遍至口和本続《きっしょうへんしこうわほんぞく》』を出版しました。これはおそらく今日見ることのできる最も早い活字印刷物です。*9

陶活字の製造には高い製造技術が必要であり、技術水準が低いと容易に割れてしまいます。そこで、元代の王禎《おうてい》は木活字《もくかつじ》を設計しました。王禎は農学の専門書『農書《のうしょ》』を著しましたが、このなかには「造活字印書法《ぞうかつじいんしょほう》」という文章が付されており、彼の設計した木活字印刷術が詳細に記されています。

これによると、まず木版に文字を彫り、この木版を文字ごとに切り分けて一つの活字としました。植字の際は活字の隙間に竹片を挟んで版面をしっかりと固定し、そこに墨を塗れば印刷できました。王禎は同時に「転輪排字板《てんりんはいじばん》」「回転式植字版」」も発明し、この装置によって採字《さいじ》の速度を速め、印刷作業の効率を向上させました。木活字の発明により、活字印刷はさらに広く応用されました。また、王禎は当時ある人が錫《すず》を用いた金属活字を製造したものの、印刷効果はよくなかったと記しています。明代になると、金属活字の製造やこれを用いた印刷技術は引きつづき向上し、活字印刷では銅活字《どうかつじ》が多く使用されるようになりました。

印刷術の伝播

中国で印刷術が発明されると、次第に海外へと伝わりました。漢字文化圏の朝鮮・日本・ベトナムなど東方の隣国は早くに中国の木版印刷術を受け入れ、しかも書籍の版式や字体、装幀などの面でも、いずれも中国の習慣にならいました。十五世紀の初頭、朝鮮は中国の活字印刷術を学んだうえで、初めて鋳造《ちゅうぞう》による銅活字を製造しましたが、この銅活字の応用は中国よりも早くに行われました。

また、印刷術の西洋への伝播は陸と海のシルクロードを通じて少しずつ広まりました。まず、中央アジア・西アジア・北アフリカに伝わり、最後にヨーロッパへと到達しました。元帝国が統治していた時期には、中国と西方との往来が盛んになり、旅行家のマルコ・ポーロといった人々の旅行記の中には中国の木版印刷が紹介されています。なかでも紙幣印刷の技術は、ヨーロッパで大きな反響を呼びました。カトリック教会は、初めて木版印刷によって宗教宣伝物を印刷し、民間でもトランプなどが印刷されました。まもなくして、ヨーロッパでは、木版印刷は活字印刷に取って代わられました。十五世紀の中ごろには、ドイツ人ヨハネス・グーテンベルクが鉛《なまり》・錫・アンチモンの合金を用いて西洋文字の字母活字《じぼかつじ》を製造し、ヨーロッパ文明の新たな時代を切り開きました。グーテンベルクの活字が中国の活字にならったものかどうか、資料が少なく、結論は下し難いところです。しかし、多くの学者は、グーテンベルクが中国の活字印刷術を直接学んだのではないにしても、少なくともヨーロッパ人の東方での見聞に啓発と影響を受けたのだろうと考えています。たとえば、「たとえ［中国からヨーロッパに戻った聖職者からの］報告が曖昧であり、印刷の方法についてわずかにおぼろげな知識しか伝えられなかったとしても、他の国でのこのかすかに知られた完成という事実は、印刷技術がまもなく発展することを約束した、好ましい雰囲気を拡大したにちがいない。印刷技術は、このように有利な気風のなかで、遅かれ早かれ発見されたことであろう」という意見があります。[*10]

第二節　火薬・羅針盤と航海術

煉丹術と古代の化学の概念

火薬の登場は、煉丹術《れんたんじゅつ》を起源としています。煉丹術は人工的な方法で服用を目的とする「仙丹《せんたん》」を精錬し、これによって長寿を求め、あるいは金銀を作り出し一挙に富を得る方術《ほうじゅつ》であり、中国において最も早くに誕生しました。歴代、煉丹術に熱中する人がおり、何度失敗しても懲りず、命を落としてもやめようとしませんでした。煉丹の目的は、実際には達成できないものでしたが、客観的には化学・冶金《やきん》学・薬物学・生理学などの面で多くの価値ある経験を蓄積しました。なかでも化学との関係は特に密接でした。

中世ヨーロッパの末期になると、科学者による改良を経て、煉丹術は次第に天然原料の加工を通じて、混合物の中から物体を析出する方法で特効薬や純粋な成分を抽出する技術へと次第に変化しました。そして、近代科学や哲学の理論を吸収すると、化学へと発展しました。

中国古代の煉丹術は、これと類似する昇華の過程を経ることはありませんでしたが、実践の中では、多くの重要な化学現象を発見し、さまざまな化合物を製造しました。水銀・鉛・ヒ素・ミョウバンなど重要な元素、およびこれらと関連する化合物の精錬や合成では、繰り返し実験を行い多くの成果をあげました。火薬も同じく煉丹術を行う人々が無意識のうちに得た化合物です。長生不老の目的のために、かえって人を死に追いやる戦争の道具を開発したことは、煉丹術をめぐる活動の一種の皮肉でもありました。

火薬の発明と応用

中国が古代に発明した火薬は、現在では黒色火薬《こくしょくかやく》と呼ばれています。これは硝石《しょうせき》（硝酸《しょうさん》カリウム）と硫黄《いおう》、木炭《もくたん》（カーボン）の粉末を混合したもので、黒褐色《こっかっしょく》を呈しています。

硝酸カリウムは酸化剤《さんかざい》であり、加熱によって大量の酸素を放出します。硫黄とカーボンは容易に酸化する物質であり、よく見られる還元剤《かんげんざい》です。これらの三つの物質を混合して燃焼させると、酸化還元の反応が非常に急激に起こり、高温となり大量の気体が発生します。これらを包んで密封すると、燃焼時に高熱の気体が急激に数千倍に膨張して包装を突き破り、爆発を引き起こします。煉丹術を行う人々は長期にわたる実践の中で、硝酸カリウム・硫黄・カーボンの三つの物質の性質と抽出方法を次第に把握し、しかもこれらの物質を混合し燃焼させた後の激しい燃焼効果を発見しました。唐代の中、後期に完成した煉丹の著作『鉛汞甲庚至宝集成《えんこうこうこうしほうしゅうせい》』や『真元妙道要略《しんげんみょうどうようりゃく》』には、この発見が記されています。[11] 人々が意識的にこの猛烈な燃焼効果を利用し始めた時点で、火薬は事実上誕生しました。

唐代末期に発生した軍閥《ぐんばつ》同士の戦乱では「発機飛火《はっきひか》」が存在していたという記載があります。ある学者は、この記載は火薬が戦争に用いられていたことを示していると考えています。[12] 北宋《ほくそう》になると、火薬および関連する兵器の大規模な生産が始まりました。首都の東京に設置された国の軍事工場の多くの工房の中には、専門的に火薬を制造する工房もありました。軍事機密にかかわることから、関連する製造工程は職人にしっかり覚えることを求め、外部に伝えることは厳しく禁止されていました。宋の朝廷は火薬を製造するために、日本から硫黄を輸入し、同時に硫黄や硝石が国外に流出すること、特に敵対していた遼《りょう》に流出することを禁止しました。官署では関係者がさらに火器を研究、製造することを奨励し、成功した者を表彰しました。

宋の仁宗《じんそう》の時には、大臣曽工亮《そうこうりょう》らが勅命によって軍事学の著作『武経総要《ぶけいそうよう》』を編纂しました。このなかには「毒薬煙球《どくやくえんきゅう》」「火炮《かほう》」「蒺藜火球《しつれいかきゅう》」という三種類の火器の、それぞれ異なる火薬の配合法が記されています。このほかにも、「火薬箭《かやくせん》」「引火球《いんかきゅう》」「霹靂火球《へきれきかきゅう》」「鉄嘴火鷂《てっしかよう》」といった火器の記載もあります（図10-3）。これらの火器の大部分は火を放つ器具であり、猛烈に燃焼する性質を発揮して、発煙や毒性物質の発散も兼ねていましたが、炸裂作用はまだ際立ってはいませんでした。しかし、霹靂火球は、燃焼時の音が雷鳴のようであり、すでに炸裂性火器の基本的な特徴を具えていました。

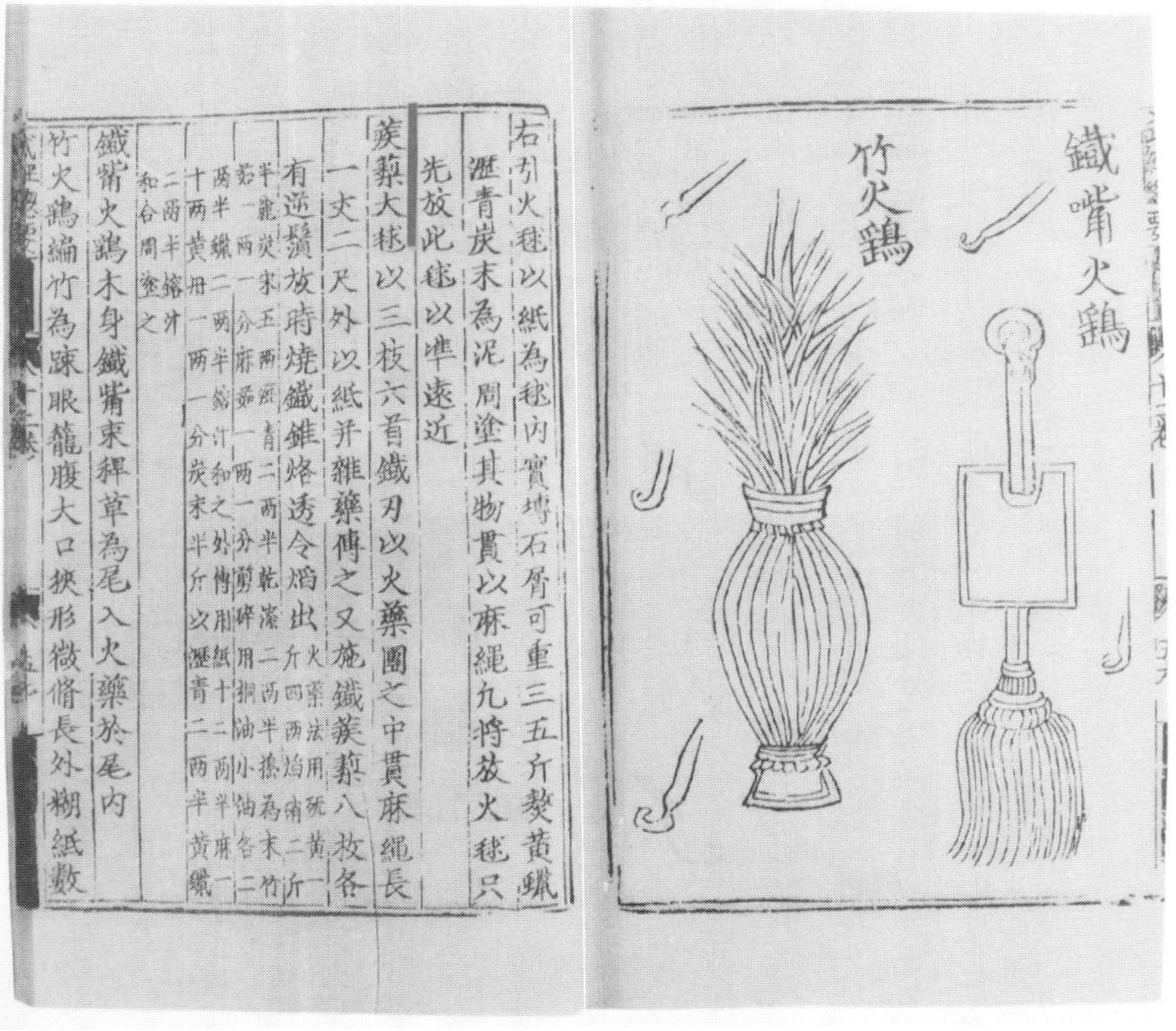

図10-3 『武経総要』書影

火器の発達

南宋《なんそう》と金《きん》が対峙《たいじ》した時期、双方は競って火薬の性能を改良して炸裂性火器を研究・製造し、大きな成果を得ました。南宋の高宗《こうそう》の紹興《しょうこう》三十一年（一一六一年）、宋と金が采石《さいせき》で戦った際、宋軍は「霹靂炮《へきれきほう》」を発射しました。これは「蓋《けだ》し紙《かみ》を以《もっ》て之《これ》を為《な》し、而《しか》して之《これ》を実《みた》すに石灰《せっかい》・硫黄《いおう》を以《もっ》てす」というもので、炸裂すると「其《そ》の声《こえ》雷《かみなり》の如《ごと》く、紙《かみ》は裂《さ》けて石灰散《せっかいさん》じて煙霧《えんむ》を為《な》し、其《そ》（金軍）の人馬《じんば》の目《め》を眯《くら》ましむ」となり[*13]、金軍の進攻を打ち負かしました。これは火炮の爆発力を利用して、石灰粉末を噴霧し敵軍を制したのです。

寧宗《ねいそう》の嘉定《かてい》十四年（一二二一年）、金軍は宋の蘄州《きしゅう》を攻撃し、鉄火炮《てっかほう》を使用しました。鉄火炮の弾殻は金属であり、爆発殺傷力は前述した紙を用いた「霹靂炮」よりも大いに強化されていました。後に、モンゴルが金の南京《なんけい》（現在の河南省開封市）を攻撃した際、モンゴル軍は牛革で身を包んで城に穴を掘ったため、矢や石では傷つけることができませんでした。ところが、金軍が城壁の上から鉄の弾殻をもつ炸裂弾「霹天雷《へきてんらい》」をつり下げ爆発させると、「人《ひと》と牛皮《ぎゅうひ》とは皆《み》な砕迸《すいほう》して跡無《あとな》し」（『金史』巻一一三「赤盞合喜伝」）となりました。

元《げん》が南宋を滅ぼす際には広西《こうせい》の静江《せいこう》を攻撃し、城中の宋軍二百人余りは鉄火炮を爆発させて国に殉《じゅん》じましたが「声《こえ》は雷霆《らいてい》の如《ごと》く、城土《じょうど》を震《ふる》わし皆《み》な崩《くず》れ、煙気《えんき》天に漲《みなぎ》る」というありさまで、城外の元軍も「驚きて死ぬ者多し」となりました。火が消えてからモンゴル軍が城内に入り検視をすると、二百余名の宋軍はすでに「灰燼《かいじん》して遺《のこ》る無《な》し」（『宋史』巻四五一「馬塈伝」）となっていました。以上の記載からは、金や宋の末期には、威力の相当大きい炸裂性火器を擁《よう》していたことがわかります。[*14] モンゴルは金を攻撃する戦争の際、すぐさま鉄火炮の技術を掌握し、チンギス・ハンの征西やフビライによる日本との戦いでも使用されました。

このほか、南宋の初頭に徳安《とくあん》（現在の湖北省安陸市）知府《ちふ》の陳規《ちんき》は火炎放射器に似た火槍《かそう》を使用して敵を攻撃しました。これは筒状の火器に関する世界で最も早い記載です。南宋の理宗《りそう》の時には、「突《とつ》火槍《かそう》」が登場しました。これは「鉅竹《きょちく》を以《もっ》て筒《つつ》と為《な》し、内《うち》には子窠《しか》［弾丸］を安《あん》ず。如《も》し焼放《しょうほう》すれば、炎絶然《ほのおぜつぜん》として後《のち》、子窠発出《しかはっしゅつ》すること炮《おおづつ》の如《ごと》し、声遠《こえとお》く百五十余歩《よほ》に聞《き》こゆ」（『宋史』巻一九七「兵志」）というもので、すでに後世の歩兵銃に近い火器でした。

図10-4　元代の火銃

元代になると、筒状火器は金属で鋳造した火銃《かじゅう》へと発展しました。このうちの一種は形状が細長く、口径はやや小さく、手に持って使用するのに適しており、「手銃《しゅじゅう》」と呼ばれました。もう一つは形状が太く短く重くて、口径は大きく、木製の台に据《す》え付けて発射するもので「碗口銃《わんこうじゅう》」と呼ばれました。後者の威力はきわめて大きく、元末の人はこれを尊んで「銅将軍《どうしょうぐん》」と称しました。（図10-4）

明の前期、火銃はすでに軍隊に広く配備されていました。推計では、明の太祖［朱元璋］の時、全国の軍隊に配備されていた火銃はおそらく一二・五万丁から一八万丁もの多きに達していました。[*15] 火器の変化や発達は、火薬の製造技術と質が大幅に向上していたことを示しています。この新たな物質の力は西方へと伝わった後、人類の軍事、経済活動の新たな局面を切り開き、中世から近代社会へと転換する過程において、きわめて大きな役割を発揮しました。

羅針盤と航海術

羅針盤《らしんばん》は、磁石が地球の磁場の中で南北を指し示す性質（指極性《しきょくせい》）を利用して作成された方位計測器です。戦国時代、早くも古代の人々は天然磁石の指極性を利用して、食器のレンゲの形状に似た、レンゲの柄が南を指す「司《し》南《なん》」を製作しました。しかし、これは加工や研磨が難しく、しかも振動を受けることで容易に磁性を失うことから、広く利用されることはありませんでした。この後、長期にわたる実践の中で、人々は次第に人工的な磁化《じか》の方法を発見し、本当の意味での羅針盤が誕生しました。

北宋時代の軍事学の著作『武経総要《ぶけいそうよう》』前集巻一五には「指南魚《しなんぎょ》」の製作方法が記されています。これは薄い鉄片を両端が尖った魚形に切断し、炭火の中で全体が赤くなるまで熱し、ヤットコで魚形の頭部を挟んで取り出し、尾の部分をまっすぐ北の方角に合わせてから水中に数分間浸して密封し保存します。使用する際にこれを水中に置くと、魚の頭部が南を指します。この製作原理は、焼くことで鉄片中の分子配列を撹乱《かくらん》し、その後、南北の方角に合わせた状態で急激に冷却すると、分子の位置が磁場作用で再配列されることで鉄片が磁化されるというものです。

図10-5　北宋の糸つり式方位磁針の複製品

また、沈括《しんかつ》『夢渓筆談《むけいひつだん》』巻二四「雑志《ざっし》」には「方家《ほうか》［技芸に精通した人］、磁石《じしゃく》を以《もっ》て針鋒《しんほう》を摩《ま》し、則《すなわ》ち能《よ》く南《みなみ》を指《さ》す」という記載があります。このように、磁石の摩擦によって磁化させる方法は取り扱いが簡単であり、発生した磁性も安定的に保たれるため、羅針盤の普及や応用を大いに促進しました。磁石の使用について、沈括は四つの方法を挙げています。第一は水に浮かべる方法、第二は爪の上に置く方法、第三は茶碗の縁《ふち》に置く方法、第四は糸でぶら下げる方法です。このうち、第四の方法が最も効果的であったようです。（図10-5）

さらに、沈括は「指南針《しなんしん》」を使用する時には「常《つね》に微《かす》かに東《ひがし》に偏《かたよ》り、全《まった》き南《みなみ》にならざるなり」と指摘しています。また、寇宗奭《こうそうせき》『本草衍義《ほんそうえんぎ》』巻五「磁石」の条は、さらに概括して「常《つね》に丙位《へいい》に偏《かたよ》る」と記しています。昔の人々は午《うま》の方角を真南としていたので、丙《ひのえ》の方角は真南よりも東へ一五度偏っています。これは、当時の人々が地磁気《ちじき》の偏角《へんかく》の存在をすでに知っており、偏角の角度について大まかな推測をしていたことを示しています。

南宋の時には、陳元靚《ちんげんせい》『事林広記《じりんこうき》』が「指南亀《しなんき》」を紹介しています。これは木を亀の形に彫り、亀の腹の中に磁石を据《す》えつけたもので、腹の下に小さな穴が開けられていました。亀を竹釘《たけくぎ》の上においたあとに回転してから静止すると、亀の頭は北を指し、尾は南を指しました。この装置は支点が安定しており、摩擦力も小さく、その原理はすでに近代の羅針盤で採用された支軸《しじく》の形式と一致します。

当初、古代の方位計測器は、多くが風水《ふうすい》占いや軍隊の行軍、戦争に用いられました。宋代になり海外貿易が盛んになると、羅針盤の発明はちょうどこの需要に応じて、すぐさま航海に応用されました。十二世紀初めの朱彧《しゅいく》が著した『萍洲可談《へいしゅうかだん》』巻二には「舟師《しゅうし》は地理《ちり》を識《し》り、夜《よる》は則《すなわ》ち星《ほし》を観《み》、昼《ひる》は則《すなわ》ち日《ひ》を観《み》、陰晦《いんかい》［暗闇］には指南針《しなんしん》を観《み》る」とあります。このやや後、使者として高麗《こうらい》に赴《おもむ》いた徐競《じょきょう》も、航海時に「星斗《せいと》を視《み》て前《すす》み邁《ゆ》き、若《も》し晦冥《かいめい》ならば則《すなわ》ち指南《しなん》の浮針《ふしん》を用《もち》い、以《もっ》て南北《なんぼく》を揆《はか》る」*16と述べています。この時に用いられた方位磁針は、水に浮かべる「浮針《ふしん》」であり、まだ簡素なものでした。

南宋の趙汝适《ちょうじょかつ》は「舟舶《しゅうはく》は来往《らいおう》するに、惟《た》だ指南針《しなんしん》を以《もっ》て則《のり》と為《な》し、昼夜守視《ちゅうやしゅし》し惟《こ》れ謹《つつし》む。毫釐《ごうり》の差《さ》に生死繋《せいしか》かる」と記しています。[17]「毫釐の差」まで正確でなければならないということは、使用された方位磁針が明確な方位や角度が示される羅針盤へと発展していたはずです。南宋末の呉自牧《ごじぼく》は当時用いた航海用の方位計測器が「針盤《しんばん》」であったと明確に述べています。[18]「針盤」は古代の「羅盤《らばん》」のことで、「羅経《らけい》」とも呼ばれました。これは、東西南北を二十四の方角に細かく分割しており、それぞれ子《ね》・丑《うし》・寅《とら》・卯《う》など十二の地支《ちし》と、甲《こう》・乙《おつ》・丙《へい》・丁《てい》・庚《こう》・辛《しん》・壬《じん》・癸《き》という八つの天干《てんかん》、そして乾《けん》・坤《こん》・巽《そん》・艮《ごん》の四卦《しか》の名称によってそれぞれの方位を代表させ、一文字は一五度に相当しました。後には二つの文字の間に、さらに「夾縫針《きょうほうしん》」が加わって四十八の「向《こう》」に分割することができるようになり、一つの「向」は正確に七・五度となりました。海上の航行に羅盤を用いて方角を示すようになると、異なる航行方向には異なる「針位《しんい》」を用いて表示し、航行中に変換した異なる「針位」をつなげると航路全体を描くことができました。これを「針路《しんろ》」と呼びました。「針位」「針路」は記録され、その後の航行の手がかりとしました。これを「羅経針簿《らけいしんぼ》」、あるいは省略して「針経《しんけい》」と呼びました。

元代になると、羅経の針位は海上航路案内の重要な手段となりました。十三世紀末、周達観《しゅうたつかん》は真《しん》臘《ろう》（現在のカンボジア）に使者として赴いた経験を記しており、このなかでは航路を針位によって示しています（『真臘風土記』「総序」）。それよりややおくれて完成した官撰《かんせん》の典章制度書《てんしょうせいど》『経世大典《けいせいたいてん》』は海運について「惟《た》だ針路《しんろ》に憑《よ》りて向《こう》を定《さだ》めて船《ふね》を行《ゆ》かしめ、天象《てんしょう》を仰《あお》ぎ観《み》て以《もっ》て明晦《めいかい》を卜《ぼく》す［推し測る］」と述べています。[19]天体を観察するのは気候の変化を予測するためであり、北宋の時に天象での航路案内を主とし、方位磁針での案内を補助としていたのとは明らかに異なります。

唐《とう》から宋・元にかけての時期、航海技術は多くの面で大きな進歩を遂げました。造船業の発展により、積載量が大きくて安全性が高く、航行距離の長い船舶を建造することが可能となりました。また、海洋の干満《かんまん》に関する研究は次第に深まり、潮汐《ちょうせき》の変化と月の運行との連動が明らかになったことで、人々は潮汐の循環が繰り返す変化の規則をおおむね把握していました。また、製図技術の向上は、航海図の作成と応用を促進しました。これらの進歩と指南針を用いる航海技術が結びつき、明代前期にはついに世によく知られた大規模な遠洋航海——「鄭和《ていわ》の大航海」が行われました。

当時の記載によると、鄭和の船隊は大潮《おおしお》・季節風・海流といった自然の法則を熟知していました。これらを把握して物標《ぶっぴょう》による航行、羅針盤の指し示す方向、天文測量による位置情報、距離や速度の計測といった複雑な航海技術を総合的に運用することで高い精度の航行を担保し、さらに多くの新たな航路を開拓しました。[*20] その航路の長さ、到達した海域の広さは、世界史上空前のことでした。鄭和の大航海は、中国古代の航海事業が到達した最高水準を示しています。西太平洋とインド洋の間の海上交通網を開いただけではなく、その後の大航海時代に向けて、東方航路を開拓したのです。

第三節　医薬学と養生術

巣元方『諸病源候論』

隋唐の時期、国家の医薬制度はすでにおおよそ構築されており、医薬学の発展を推進しました。太《たい》常寺《じょうじ》は太医署《たいいしょ》を統括し、太医署には医学が設置されて科目ごとに教授し、教官には博士《はくし》や助教《じょきょう》などがいました。隋の太医博士《たいいはくし》である巣元方《そうげんほう》は、勅命により『諸病源候論《しょびょうげんこうろん》』五十巻を編纂しました。これは、中国古代では最初の病原学《びょうげんがく》、症候学《しょうこうがく》の専門書です。全体の内容は六十七門に分かれており、今日の内科・外科・婦人科・小児科・眼科・耳鼻咽喉科・口腔科・皮膚科などに属する一千七百余りの疾病《しっぺい》の症状を詳しく論述し、病因・病理・病変といった多方面の内容を含んでおり、隋以前の疾病に対する認識を集大成した書物と言うことができるでしょう。

唐以降の重要な医学的著作における疾病の症状に関する議論は、その多くが『諸病源候論』に依拠していました。また、宋代では太医局《たいいきょく》がこの書物を学生の必修教材としていました。『諸病源候論』に記されている症状は、内科の疾病を主としており、その内容は詳細で豊富です。内科以外の各科が占める割合は少ないのですが、その区分は細緻です。たとえば、外科では「金瘡《きんそう》（金属の利器による傷）」だけでも二十三種類の症状を記しており、婦人科の疾病は百四十種類余り、皮膚科は四十種類余り、眼科は三十八種類に区分されています。*21

同書の多くの箇所は『内経《ないけい》』の理論に従っていますが、特異な病因や発病原理の追究にも注意を向けており、『内経』の漠然とした論述に比べて明らかに進歩しています。たとえば、伝染病の病因については、先人が論じた気温の急激な変化などの病因を受け継いでいるほか、「人は乖戻《かいれい》［不正常］の気に感じて病を発す」と指摘し、「須《すべか》らく預《あらかじ》め薬を服し及び方法を為して以て之を防ぐべし」［同書巻八「傷寒令不相染易候」］と述べています。寄生虫病の感染についても、不適切な飲食が引き起こすことを明確に提起しています。このように、『諸病源候論』は病状ごとの概括的論述を通じて、『内経』の理論を臨床における実践に結びつけ、中国医学の理論が生理・病理から、予防・治療に至る完全な理論体系を形成するのに大きな促進作用を果たしました。

中国古代医学の著作の大部分は治療法に関するものであり、医学の基本理論に関する著作は相対的に少ないのですが、『諸病源候論』は『内経』や『傷寒雑病論《しょうかんざつびょうろん》』の後に著された、中国医学の理論面における重要な著作です。『諸病源候論』は原則的には薬の処方を記していませんが、「金瘡病諸候《きんそうびょうしょこう》」について論述する際には、外傷処置や手術方法のなかで時おり薬の処方に言及しています。このほか、多くの症状の後には「補養導引《ほようどういん》」［食事や薬物により滋養を補ったり、呼吸法や運動により健康を養うこと］の方法を付しており、養生術についても探究しています。

孫思邈『千金方』と王燾『外台秘要』

隋唐の時期、医療法の書籍の編纂はきわめて盛んになりました。隋朝官撰《ずいちょうかんせん》の『四海類聚方《しかいるいじゅうほう》』は二千六百巻もありましたが、散佚《さんいつ》しました。現存するものでは、孫思邈《そんしばく》『千金方《せんきんほう》』と王燾《おうとう》『外台秘要《げだいひよう》』が最も著名です。

孫思邈は隋から唐にかけての人で生涯にわたって医術をなりわいとし、官署の招きには応じず、寿命は百歳を超えたといわれています。著書には『備急千金要方《びきゅうせんきんようほう》』と『千金翼方《せんきんよくほう》』各三十巻があり、序文には「人命至《じんめいいた》りて重《おも》く、千金《せんきん》よりも貴《たっと》し、一方《いっぽう》［一つの処方］は之《これ》を済《すく》い、徳《とく》は此《これ》に逾《こ》ゆ」とあります。このために「千金」を書名とし、後の人は二書を合わせて『千金方』と呼びました。

『千金方』は中国医学の基礎理論、各医学分野における疾病の診断・治療といった問題を論述しており、多くの治療法、処方や薬の使用法、および食事療法、導引法《どういんほう》、按摩《あんま》などの養生法を記し、公衆衛生や個人衛生の疾病予防に対する重要な意義をまとめ、医者の専門的な修養や医術道徳の問題についても論じており、中国で最も早い時期の実用的な臨床百科全書と讃えられています。『千金方』は特に総合療法を強調しており、古代の医学書にある「此《こ》の方《ほう》〔処方〕に非《あら》ざれば病《やまい》を治《なお》すこと能《あた》わず、此《こ》の薬《くすり》に非ざれば方《ほう》を開《ひら》くこと能わず」という伝統的な観念にとらわれず、「一《いつ》の病《やまい》有れば数方《すうほう》を立《た》て、亦《ま》た一の方《ほう》有れば数病《すうびょう》を治《なお》す」ことを提唱しました。そして、薬を用いると同時に、鍼灸《しんきゅう》や食事療法などの補助手段も用いました。

孫思邈は女性や児童の疾病の診療をたいへん重視し、女性・児童それぞれの生理的特徴に基づき婦人科・小児科の疾病を研究し、あわせて関連する内容を『千金方』の冒頭に置きました。『千金方』は全部で八百種余りの薬物を収録し、その多くの部分を占める薬物の産地、採集時期、製薬方法について詳細に記録し、治療効果に基づいて薬物を具体的に分類することに力を尽くしており、後世の薬学に大きな影響をもたらしました。このため、後世の人々は孫思邈に敬意を表して「薬王《やくおう》」と称しました。

王燾は唐代中期の人です。長い間、国家の蔵書機関である弘文館《こうぶんかん》に奉職し、古代の医学文献を多く読み研究し、玄宗《げんそう》の天宝《てんぽう》十一載（七五二年）に『外台秘要』を編纂しました。『外台秘要』は全四十巻、一一〇四門の項目に分かれており、主に唐代中期以前の古代の医学書を編集し、原典の巻数や配列の異同が注記されています。『諸病源候論』や『千金方』など重要な著作のほか、さらに数十家の記した医書を広く採録しており、後世の人は『外台秘要』によって、すでに散佚した古代の多くの医学書の基本的な内容を知ることができます。書中の各項目は、まず論説を記し、次に処方を記し、条理は明確であり、読者が学習し、応用するのに便利な構成となっています。

官撰本草と方術書

現存する中国古代の、また世界でも最初の国家による薬局方《やっきょくほう》〔医薬品に関する規格書〕が、唐代前期の高宗《こうそう》［李治］のときに編修されました。当時、医学界に通行していた薬局方は、南朝《なんちょう》の陶弘景《とうこうけい》『神《しん》農本草経《のうほんぞうきょう》 集注《しっちゅう》』でした。同書は長期にわたり用いられていたため、その誤りや不完全な点がすでに明らかとなっていました。

　唐の高宗が即位すると、人々を組織して『神農本草経集注』の続編の編纂を行い、顕慶《けんけい》四年（六五九年）に完成して『新修本草《しんしゅうほんぞう》』と名づけられました。後世の人はこの書物を『唐本草《とうほんぞう》』とも呼びました。全五十四巻、八四四種の薬物を収録し、目録二巻のほかは、三つの部分に分かれています。最初は、本草の本文二十巻です。この部分では、陶弘景の著書をもとに百余種の新たな薬物を増補したうえで編纂修訂し、九つに分類して各薬剤の性質［寒・熱・温・涼］と味覚［辛《からみ》・酸《すみ》・甘《あまみ》・苦《にがみ》・咸《しおみ》］、薬効、対象となる疾病について詳しく述べています。次には「本草図《ほんぞうず》」二十五巻があり、薬剤標本の図が描かれています。

　最後の部分の「本草図経《ほんぞうずけい》」七巻は「本草図」に対応する文字説明であり、薬剤の産地や形状の識別、採集時期や製薬方法を記しています。この薬局方は、図解と文字説明をともに収録して内容が豊富であるうえ、唐以前の本草学の成果を系統的にまとめており、高い学術的水準を具えていたため、頒布されると法定の薬物学教科書となり、日本などへも伝わりました。この書物の編纂は本草学のさらなる発展を促し、後には特色ある私撰の薬物学の著作が相次いで登場しました。

　唐代中期の人陳蔵器《ちんぞうき》が編纂した『本草拾遺《ほんぞうしゅうい》』は『唐本草』から漏れた薬物を増補し、同時に中国医学の病理学説によって、漢方薬の効用を宣《せん》［つまったものを取り除く］、通《つう》［滞留したものを通じさせる］、補《ほ》［虚弱な体質を補益させる］、泄《せつ》［不要なものを体外に排出する］、軽《けい》［軽いもので重いものを除く］、重《じゅう》［重いもので浮ついた気をおさめる］、滑《かつ》［通りやすいもので外に排出する］、渋《じゅう》［固くなったものを外に出す］、燥《そう》［乾いたもので湿った部分を取り去る」、湿《しつ》「潤いのあるもので乾きを取る」の十類に分け、これを「十剤《じゅうざい》」と呼びました。このほか、孫思邈《そんしばく》の弟子である孟詵《もうしん》が著した『食療本草《しょくりょうほんぞう》』には、食事療法で効果のある果実や野菜などの食物が記されています。また、唐代後期のペルシア人の子孫李珣《りしゅん》の『海薬本草《かいやくほんぞう》』には、海外から伝わった各種の薬剤が記されており、伝統的な本草学の内容を大いに豊かなものにしました。

　宋の統治者は医学をたいへん重視しており、翰林医官《かんりんいかん》と太医局《たいいきょく》を設置し、医療と医学教育を主管させました。太医局の下には熟薬所《じゅくやくしょ》を設け、地方には恵民薬局《けいみんやっきょく》を設けて、薬の製造と販売を行いました。また、校正医書局《こうせいいしょきょく》を設け、医学文献の校勘・整理を専門的に行わせました。

　宋の太祖《たいそ》［趙匡胤］の時には『開宝重定本草《かいほうちょうていほんぞう》』を、仁宗《じんそう》［趙禎］の時には『嘉祐補注神農本草《かゆうほちゅうしんのうほんぞう》』を編纂し、徽宗《きそう》［趙佶］の時には民間の医者の唐慎微《とうしんび》の『経史証類備急本草《けいししょうるいびきゅうほんぞう》』をもとにして『政和新《せいわしん》修経史証類備急本草《しゅうけいししょうるいびきゅうほんぞう》』を整理して頒布するなど、薬物の収録範囲は日増しに広がっていきました。また、太宗《たいそう》［趙光義］の時には『太平聖恵方《たいへいせいけいほう》』百巻を、徽宗の時には『聖済総録《せいさいそうろく》』二百巻という、官《かん》撰《せん》の大部の処方書《しょほうしょ》を編纂しました。前者は一万六八三四の処方を収録し、後者はさらに多く、二万余りの処方を収録しており、当時の処方をほぼすべてといってよいほど収めています。さらに、宋の朝廷は太医局が作成した薬の調剤に修訂を加えて公開出版し、『太平恵民和剤局方《たいへいけいみんわざいきょくほう》』と名づけました。この中に収録された処方は少ないながらも重要なものばかりであり、各処方には調剤方法や対象となる疾病、服用方法、薬剤量、服用上の禁忌などが詳しく列挙され、きわめて実用的価値に富んでいました。「官府《かんぷ》は之《これ》を守《まも》り以《もっ》て法《ほう》と為《な》し、医門《いもん》は之《これ》を伝《つた》え以《もっ》て業《なりわい》と為《な》す、病者《びょうしゃ》は之《これ》を恃《たの》み以《もっ》て命《いのち》を立《た》て、世人《せじん》は之《これ》を習《なら》い以《もっ》て俗《ぞく》と成《な》す」（朱震亨《しゅしんこう》『局方発揮』）と言われるほど、社会に大きな影響をもたら

図10-6　宋の李唐「村医者」（部分）

しました。（図10-6）

鍼灸

宋代の各医学分野における臨床医学は、いずれもさまざまなレベルでの成果をあげました。たとえば、陳自明《ちんじめい》『外科精要《げかせいよう》』や『婦人《ふじん》大全良方《たいぜんりょうほう》』、銭乙《せんいつ》『小児薬証真訣《しょうにやくしょうしんけつ》』などは、関連する領域の医療を新しい水準まで押し上げました。治療方法の面では、鍼灸学《しんきゅうがく》の発展が比較的顕著でした。北宋の医学者王惟一《おういいつ》は、皇帝の命により二つの銅人《どうじん》［銅製人体模型］を設計・鋳造し、あわせて『銅人兪穴鍼灸図経《どうじんゆけつしんきゅうずけい》』を編纂して、模型と図経は相互に補いあいながら世に通行しました。

『図経』には三五四の穴《けつ》［つぼ］の名称が記載されており、単穴《たんけつ》［人体の正中線上にある一つだけのつぼ］、双穴《そうけつ》［人体の左右対称に二つあるつぼ］をあわせると六五七の穴位《けつい》があります。銅人は成人男子の体形に倣《なら》って作られました。中には臓腑があり、ここに水や水銀を注ぐようになっており、外には穴の名称が彫ってあり、黄蠟《おうろう》［蜜蠟］が塗られていました。針で穴を刺し、正しく刺されば内側に注いだ液体が流れ出て、刺す場所を間違えると針が刺さりません。この設計は非常に精巧であり、鍼灸の教授や試験に用いられました（図10-7）。また、南宋の王執中《おうしっちゅう》は『鍼灸資生経《しんきゅうしせいけい》』を著し、宋代までの鍼灸学の成果をさらに一歩進めてまとめました。

解剖と法医学

宋代《そうだい》は人体解剖の知識にも明らかな進歩があり、死体の解剖を行うと同時に、人体の解剖図が描かれました。北宋の仁宗《じんそう》の時には、広西《こうせい》で欧希範《おうきはん》ら五十六名の犯罪者を処刑した際、これらの遺体を解剖して『欧希範五臓図《おうきはんごぞうず》』を描きました。また、徽宗《きそう》の時の医師楊介《ようかい》は泗州《ししゅう》の死刑囚の死体を解剖して『存真図《そんしんず》』を描き、人体の内臓の構成および消化・泌尿・生殖の三大系統の状態を描写し、元・明の医学者に長い間引用されました。

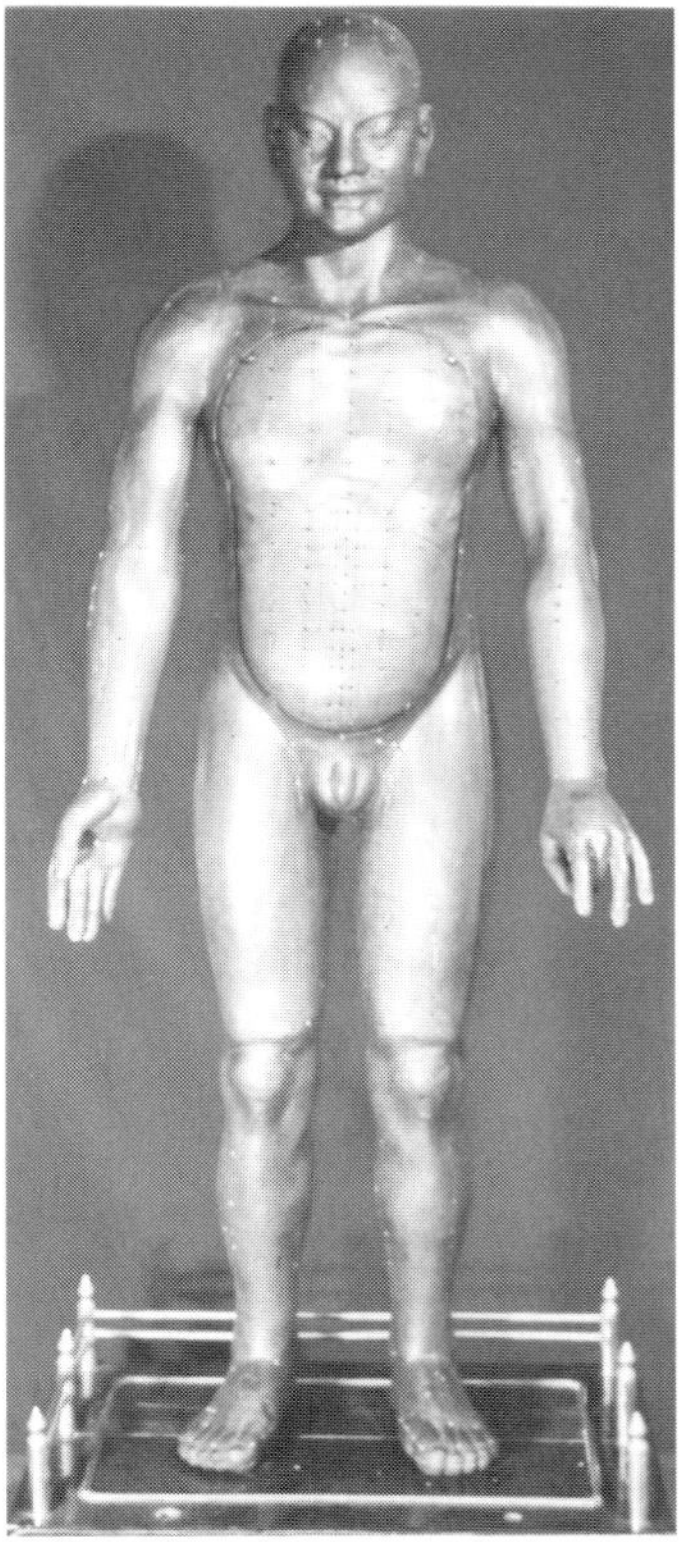
図10-7　宋代の天聖銅人の模型（明代の復元品）

南宋の時には、世界最初の法医学の専門書『洗《せん》冤集録《えんしゅうろく》』も著されました。作者の宋慈《そうじ》は長い間地方で刑罰を司り、職務上多くの経験を積んでお

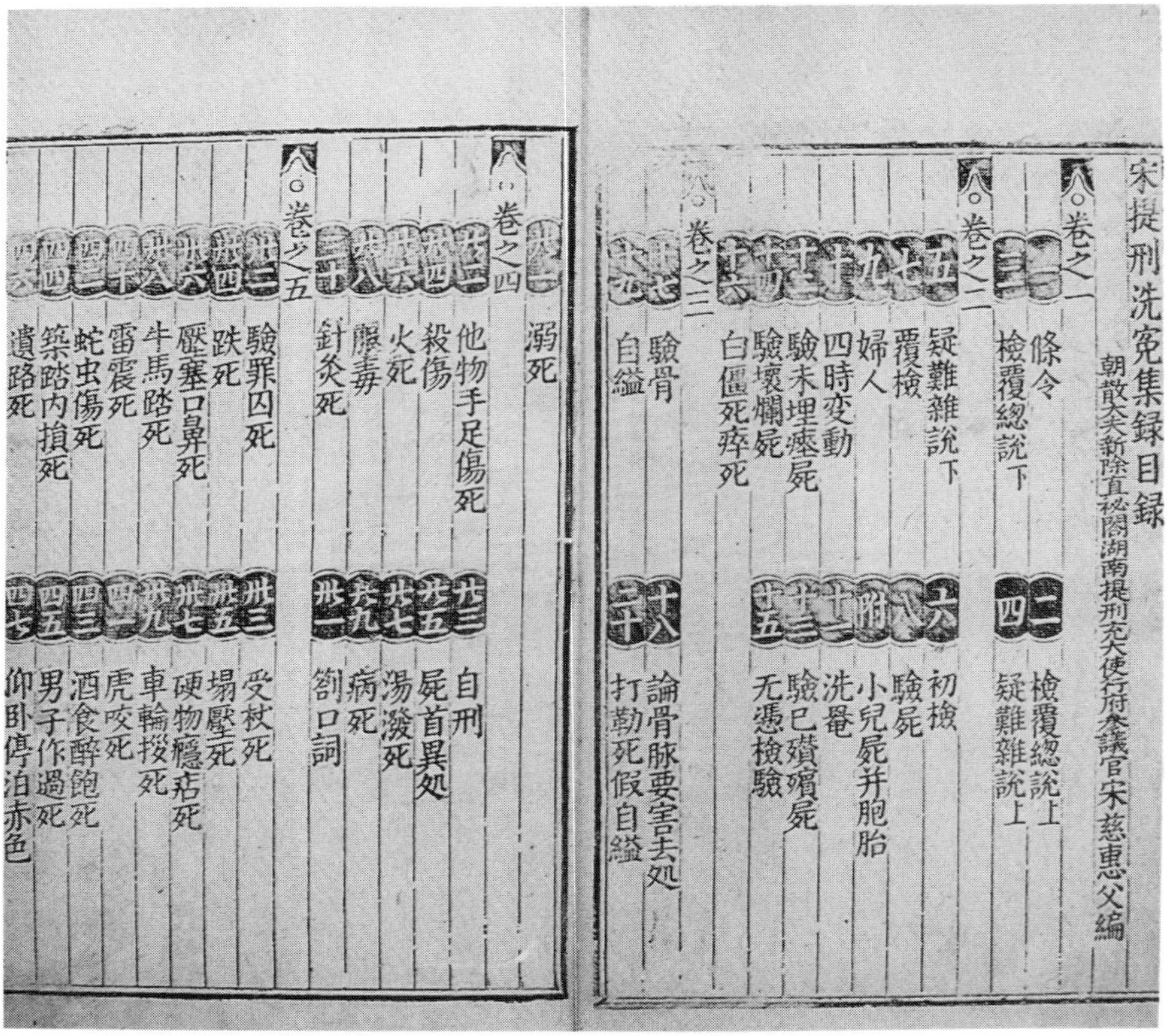

図10-8　清の嘉慶年間、蘭陵の孫星衍が元本によって校勘、刊行した『洗冤集録』書影

り、関連する先人の論述をまとめて理宗《りそう》の淳祐《じゅんゆう》七年（一二四七年）に『洗冤集録』全五巻を刊行しました。[*22] この中に記された内容は広範囲にわたっており、人体の解剖、死体の検視、事件現場の検査、死傷原因の鑑定、自殺および謀殺《ぼうさつ》におけるさまざまな現象などを含んでいるうえ、その知識は解剖・生理・病理・薬理・診断・治療・救急・内科・外科・婦人科・小児科・整骨科といった多方面の知識に及んでいて、多くの重要な法医学上の経験をまとめていま

す。（図10-8）

たとえば、『洗冤集録』では死斑《しはん》と生前に受けた傷の違いを区別するよう強調しており、しかも死斑が発生する原理を分析しています。また、さまざまな種類の道具による死傷原因について、それぞれ人々に注意されない特徴を指摘しており、これによって絞殺《こうさつ》か自縊《じい》か、溺死《できし》か死体を水に放り込んだのか、焼死か死体を火に放り込んだのかなど、混同しやすい現象を区別することができました。骨損傷の検査については、光を赤色の雨傘に通すことで、生前と死後の骨折の違いを見分けることができると述べています。

『洗冤集録』が刊行されると、この書物には大きな応用価値があることから、「官司《かんし》の検験《けんけん》、奉《たてまつ》りて金《きん》科玉律《かぎょくりつ》と為《な》す」というほど長期にわたり広く社会で重んじられました[*23]。元・明・清の時代には、多くの人々が『洗冤集録』を増補し、注釈を加えました。さらには国外に伝わって英語、フランス語・ドイツ語・オランダ語・ロシア語・日本語など多くの言語に翻訳され、世界の法医学史における古典的名著となりました。

金・元の四大家およびその医学流派

医学分野が次第に細かく分かれ、臨床経験が絶えずまとめられるにしたがい、中国医学の理論も大きく進歩しました。特に金・元の両王朝では、それぞれ劉完素《りゅうかんそ》・張従正《ちょうじゅうせい》・李杲《りこう》・朱震亨《しゅしんこう》を代表とする四大医学流派が現れました。彼らは、豊富な臨床実践の経験と、深い理論や知識を有しており、それぞれが異なる角度から伝統的な中国医学の学説を継承・発展させ、後世の人々は「金元医学の四大家」と尊称しました。

劉完素は金代前期の人です。著書には『素問玄機原病式《そもんげんきげんびょうしき》』『素問病機気宜保命集《そもんびょうききぎほめいしゅう》』『宣明論方《せんめいろんほう》』『傷寒直格《しょうかんちょっかく》』などがあります。彼は医学において「運気説《うんきせつ》」を提唱し、疾病を「六気病機《りくきびょうき》」によって六種類に分け、あわせて「六気《りくき》は都《み》な火《ひ》に従《したが》いて化《か》す」と考え、特に病因における火や熱の要素を重視しました。このため、劉完素は「心火《しんか》を降《くだ》し、腎水《じんすい》を益《ま》す」ことを主とする熱性の病気の治療方法を提起し、寒涼薬物《かんりょうやくぶつ》の応用について独自の研究を行い、「寒涼派《かんりょうは》」と呼ばれました。

張従正《ちょうじゅうせい》は金代後期の人です。著書には『儒門事親《じゅもんじしん》』十五巻があります。彼は病因を風《ふう》・寒《かん》・暑《しょ》・湿《しつ》・燥《そう》・熱《ねつ》の六門《もん》に分け、症状には虚《きょ》と実《じつ》の違いがあると論述しました。治療はまず実〔核心部分〕を治さなければならず、実を治すには邪を攻めることを主とし、邪が除かれると「元《もと》の気《き》」〔身体をめぐる正しい気〕が自然と回復するというものでした。薬物の使用では、劉完素の影響を受けて寒涼を主とし、特に汗《かん》・吐《と》・下《げ》（瀉）などの方法で邪を攻めるのを得意とし、過度に滋養を補うことは主張しませんでした。このため、張従正は「攻下派《こうげは》」と呼ばれました。

李杲《りこう》は、金から元にかけての人です。金代の名医である張元素《ちょうげんそ》に師事しそのすべてを学びました。著書には『内外傷弁惑論《ないがいしょうべんわくろん》』『脾胃論《ひいろん》』『蘭室秘蔵《らんしつひぞう》』などがあります。彼は「土《つち》は万物《ばんぶつ》の母為《ははた》り」と考え、「人《ひと》は胃《い》の気《き》を以《もっ》て本《もと》と為《な》す」「内《うち》に脾胃《ひい》を傷《いた》めれば、百病由《ひゃくびょうよ》りて生《しょう》ず」とし、「中《うち》を補《おぎな》い気《き》を益《ま》す」、「陽《よう》を升《あ》げ胃を益す」ことで脾臓や胃〔どちらも中国医学では五行の「土」に属するとされる〕を助け、「元の気」を盛んにすることを提唱しました。このため、李杲の理論は「補土派《ほどは》」と呼ばれています。

朱震亨《しゅしんこう》は元代の人です。劉完素のひ孫弟子で、張従正や李杲の学にも通じていました。著書には『格致余論《かくちよろん》』『局方発揮《きょくほうはっき》』『丹渓心法《たんけいしんぽう》』『傷寒弁惑《しょうかんべんわく》』などがあります。彼は前述した三家の医学的観点を結びつけ、「火《ひ》を瀉《くだ》し陰《いん》を養《やしな》う」方法を提唱しました。これは、疾病が「陽《よう》は常《つね》に余《あま》り有《あ》るも、陰《いん》は常《つね》に足《た》らず」ことにあると考え、陰を養い火を下げる調剤法を生み出し、これによって人体の陰陽《いんよう》のバランスを調節したので「養陰派《よういんは》」と呼ばれました。

第四節　天文・地理と数学

李淳風と僧の一行

隋唐《ずいとう》という統一王朝の樹立は、天文学の発展を推し進めました。これは、まず暦法《れきほう》の改定に示されています。隋より前の時代に用いられていた暦法は、日月《じつげつ》の視運動《しうんどう》の平均に基づいて朔望《さくぼう》［旧暦の毎月一日（朔日）と十五日（望日）］を計算するもので、「平朔《へいさく》」と呼ばれました。ところが、実際の日月の視運動の速度は均一ではないため、朔望の計算や暦法の正確性に影響しました。（図10-9）

南朝《なんちょう》の何承天《かしょうてん》は朔望を計算する時に、月の視運動の不均一性に修正を加えることを最初に提起し、これを「定朔《ていさく》」と称しました。しかし、定朔は当時の人々には受け入れられませんでした。隋代になり、太陽の視運動の不均一性が発見されると、定朔法を要求する声がさらに高まりました。学者の劉焯《りゅうしゃく》は『皇極暦《こうきょくれき》』を作成しましたが、この中では定朔法によって朔望が定められているだけではなく、さらに「定気法《ていきほう》」［太陽の視運動の経度十五度を一節気とする方法］を提起して、太陽の視運動の不均一性によって二十四節気を確定しました。しかし、保守派により反対されたため、『皇極暦』は施行されませんでした。

唐の高宗《こうそう》の時には、李淳風《りじゅんぷう》が制定した『麟徳暦《りんとくれき》』が施行されました。これは『皇極暦』を改良し

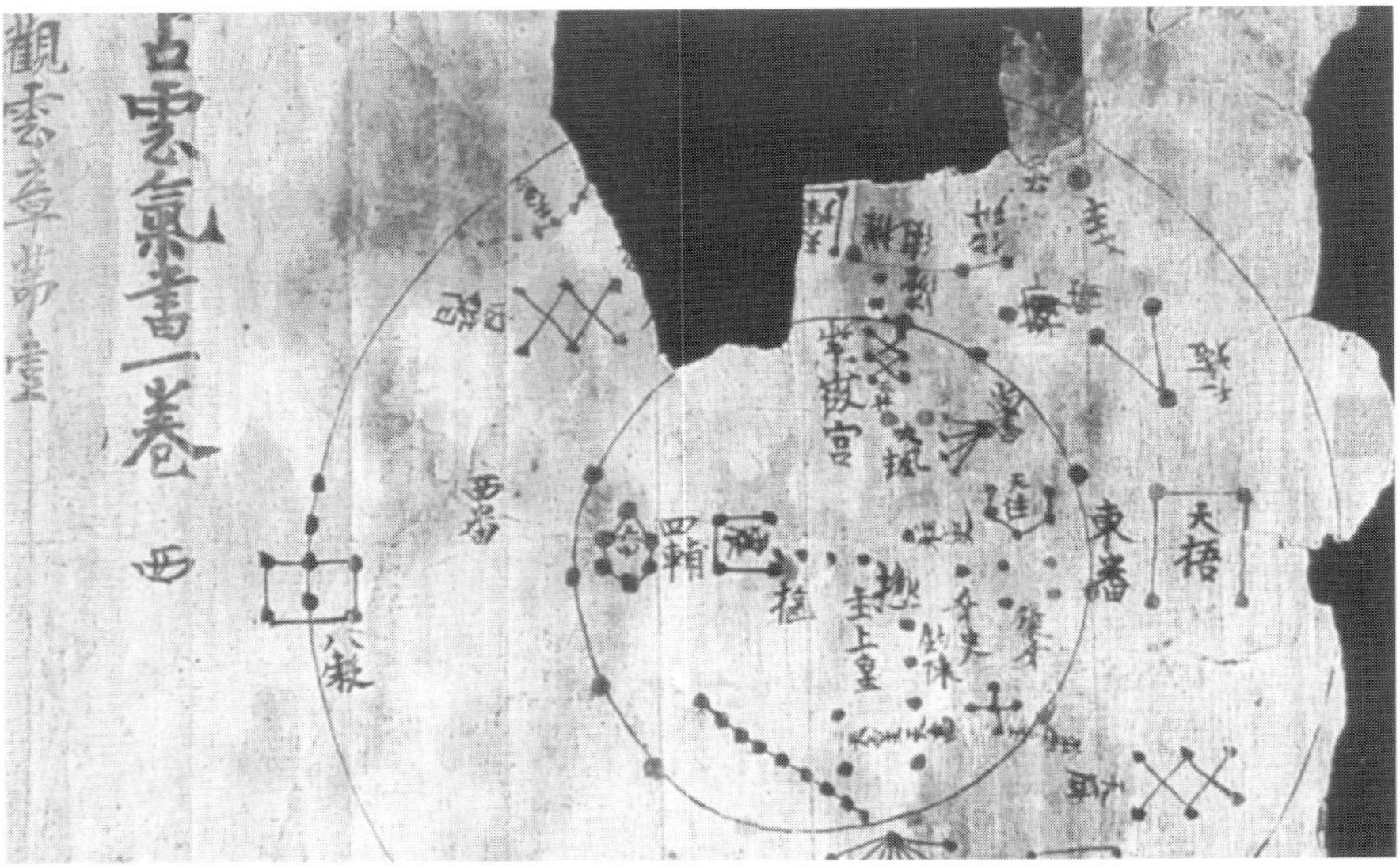

図10-9　敦煌出土の唐代巻子「紫微垣星図」

たものです。この後、歴代の王朝は暦《こよみ》の制定に定朔法を採用しました。また、李淳風は「渾天《こんてん》黄道儀《こうどうぎ》」を製作しました。これは、それ以前の渾天儀《こんてんぎ》［天体の位置観測に用いる器械］を改良して、既存の六合儀《りくごうぎ》［天地四方の六合を示す器械］と四游儀《しゆうぎ》の間に三辰儀《さんしんぎ》を加えて渾天儀を二重構造から三重構造にし、日・月・星の各軌道上の運行状況を直接観測できるようにしたものです。李淳風が著した『法象志《ほうしょうし》』には、渾天儀製作の経験がまとめられています。

唐の玄宗《げんそう》の時には、著名な天文学者の一行《いっこう》が主導して「大衍暦《たいえんれき》」を制定しました。一行はもとの名を張遂《ちょうすい》といい、出家して僧となり、法名を一行と言いました。一行は暦を作成する前に、まず念入りに天文観測を行って日・月・星の運行に関する大量の原資料を入手し、多くの恒星《こうせい》の位置を測定しました。そして、新たに測定した結果と前代までの資料とを比較し、恒星の位置が移動する現象を発見しました。この結果、一行は数百年用いられてきた二十八宿《にじゅうはっしゅく》［二十八の星座］の距離データを放棄し、実測情報を採用して暦法の精度を大いに向上させました。

開元《かいげん》十二年（七二四年）、一行は大規模な天文測量を行いました。河南《かなん》地域の同一経度にある四カ所の主要観測点において、それぞれの北極星の高度［地平線からの角度］と夏至《げし》の正午の日影の長さを測定し、さらに各点の間の距離を参考して、南北ごとの距離は三五一里八十歩（唐代の尺度）離れており、北極星の高度は一度異なっていることを発見しました。[*24] 現代の単位に換算すると、南北の距離は一二九・二二km、北極星の高度差は一度、これはつまり地球の子午線《しごせん》一度の長さです。このデータと現在の測量値（一一一・二km）を比べてみると、まだ大きな誤差があり、しかも一行などの人々はまだ完全にはこのデータの価値を理解していなかったようです。しかし、このデータは世界で初めて科学的な方法によって得られた子午線の実測結果であり、重要な意義があります。

『大衍暦』は完成すると全部で七篇に分けられ、この構成は明末まで影響を与えました。それまでの暦法と比べて、『大衍暦』は太陽の年間視運動における速度変化の規則性の記述が詳細であり、しかも数学の観点からは、不等間隔二次補間法《ふとうかんかくにじほかんほう》の公式によって概括することを提起しました。日食や月食、五星《ごせい》［金星、木星、水星、火星、土星］運動の観測では、視差《しさ》の影響を計算する公式を作り出し、そのことからより正確にこれらを予知することができるようになりました。これらは、当時にあって際立った成果でした。[*25]

蘇頌と郭守敬

北宋《ほくそう》の真宗《しんそう》［趙恒］から徽宗《きそう》に至るまでの時期には、前後五回にわたる全面的な恒星観測が行われました。神宗の元豊《げんぽう》年間（一〇七八～一〇八五年）の観測結果は星図《せいず》に描かれました。南宋の時に蘇州《そしゅう》でこの星図を刻んだ石碑が建立されて現在まで伝わっており、千四百三十個の星の位置が記されています。また、この時期の恒星のなかでも爆発規模が特に大きく、輝きが急激に増した二つの超新星についても、北宋の天文学者は正確な記載を残しています。

哲宗《てっそう》［趙煦］の元祐《げんゆう》年間（一〇八六～一〇九四年）には、蘇頌《そしょう》や韓公廉《かんこうれん》らの人々が世界最初の天文時計《てんもんどけい》を製作し、これを「水運儀象台《すいうんぎしょうだい》」と名づけました。この計測器は非常に大きく、高さは一二mに達し、横の断面は正方形、上が狭くて下は広く、全体で三層に分かれており、三階建てのビルの高さに相当します。

水運儀象台は歯車を用い、水時計から流れ出る水の力で計測器が天体の運行と同じ運動速度を維持し、天体の動きを実演、観測したり、時間を記録し、知らせたりすることができました。その屋根は可動式で、これは現代の天文台の屋上と同じ原理です。また、時間計測設備に使用された脱進機は、近代の時計の重要な部品です。水運儀象台が完成すると、蘇頌は『新儀象法要《しんぎしょうほうよう》』を著し、製作方法と内部機構を詳細に記し、六十余りの挿図を加えました。これは現存する、中国史上最も早い機械設計図です。[*26]

宋から元にかけては、新たな暦法が次々に施行されました。南宋の楊忠輔《ようちゅうほ》が制定した『統天暦《とうてんれき》』は、一回帰年を三六五・二四二五日と確定しました。これは、現行の暦《こよみ》における一年の長さと完全に同じものです。楊忠輔はさらに、回帰年の長さには変化が存在するという重要な事実を指摘しました。

元の前期には、郭守敬《かくしゅけい》が主導して『授時暦《じゅじれき》』を制定しました。郭守敬は暦を制定する前に天文計測器の改造と創作に従事しており、「簡儀《かんぎ》」「仰儀《ぎょうぎ》」「圭表《けいひょう》」「正方案《せいほうあん》」など二十種ほどを製作しました。

古代の天象観測の渾天儀《こんてんぎ》は、その長期にわたる発展過程において計測精度が次第に向上し、これに応じて構造も複雑になり、観測の際に不便な点がでてきていました。郭守敬が製作した「簡儀」は、渾天儀の構造部分を大いに簡略化したうえ、観測や記録の精度をより高めました。「仰儀」はピンホールの原理を利用して新たに作られた計測器で、太陽の位置や日食・月食の過程を観測するのに用いられました。「圭表」はそれまでの基準より高さを五倍に増加させ、「景符《けいふ》」（圭表に取り付けて回転する、中心に小さな穴の開いている薄い銅片）を取り付け、日影観測の精度を向上させました。これらの計測器は「精妙《せいみょう》に臻《いた》り、卓見絶識《たっけんぜっしき》は、蓋《けだ》し古人《こじん》の未《いま》だ及《およ》ばざる所《ところ》の者有《ものあ》り」（『元史』巻四八「天文志」）というものでした。

至元《しげん》十六年（一二七九年）、郭守敬は唐の僧一行《いっこう》が行ったのよりもさらに大規模な天文測量を実施し、元朝の版図《はんと》のうち、北緯十五度から六十五度までに二十七カ所の観測台を設置して、各地の緯度数や夏至《げし》における日影の長さ、昼夜の長短を計測し、天文観測で定められた各種の数値についても精密な測定を行いました。観測した恒星は二千五百個ほどにのぼり、そのうち一千個余りは初めて観測したものでした。このような大量の実測資料をもとに唐宋の暦法をまとめて修撰された『授時暦』は、中国における古代暦の集大成となりました。

『授時暦』は、それまで暦を制定する際に習慣としていた「上元《じょうげん》」（仮想された暦法の理想的な起点）を遡って推測していく「上元積年法《じょうげんせきねんほう》」を廃し、暦を頒布する年（至元十七年）の冬至《とうじ》を推算データの起点とするものでした。また、日・月・星の運動を測定するなかで、「招差法《しょうさほう》」「補間法《ほかんほう》」や「弧矢割《こしかつ》円術《えんじゅつ》」［球面三角法］など先進的な数学の方法を採用しました。[27] 用いたデータの精度や先進性は、当時の世界の水準をはるかに引き離していました。中国歴代の暦法についていえば、『授時暦』は最も長く用いられるものとなりました。*28

図志と製図学

隋唐の時期の地理学の著作は主に「図経《ずけい》」の形式で編纂されました。「図」は地図であり、「経」は地図に加えられた文字説明です。隋の煬帝《ようだい》の時には、地方の役所に命じて風俗・物産・地図を報告させ、『諸郡物産土俗記《しょぐんぶっさんどぞくき》』『区宇図志《くうずし》』『諸州図経集《しょしゅうずけいしゅう》』などの書物を編纂しました。唐の各州は、ほぼすべて図経を編纂しており、敦煌《とんこう》の石室《せきしつ》では『沙州図経《さしゅうずけい》』や『西州図経《せいしゅうずけい》』の残巻《ざんかん》が発見されています。また、唐の憲宗《けんそう》［李純］の時には李吉甫《りきっぽ》が『元和郡県図志《げんなぐんけんずし》』五十四巻を著しました。これは全国を収録した図経です。書中の地図は宋代に散佚しましたが、文字説明の部分は現在まで伝わっています。その体裁は厳格で内容は正確であり、後世の全国的な地理書の編纂に大きな影響を与えました。徳宗《とくそう》［李適］の時には、賈耽《かたん》が勅命により一枚の大地図『海内華夷図《かいだいかいず》』を描きました。この地図は唐の版図を中心に域外《いきがい》まで描いており、長さは三丈三尺、幅は三丈、比例尺度は一寸が百里に相当しました。図中の黒字は古い地名を示し、赤字は当時の地名を示すことで「今古《きんこ》は文《ぶん》を殊《こと》にするも、執《と》りて習《なら》うこと簡易《かんえき》たり」（『旧唐書』巻一三八「賈耽伝」）となっていました。これは製図学における新たな試みであり、後世の「沿革地図《えんかくちず》」にも受け継がれました。

図経は宋代にも多くの編著がありましたが、文字の部分が絶えず増加する一方、図はむしろ付属物となり、これによって次第に地方志へと変化しました。しかし、製図学そのものは依然として多くの成果をあげました。宋の太宗《たいそう》［趙光義］の淳化《じゅんか》四年（九九三年）には『淳化天下図《じゅんかてんかず》』が描かれました。これは絹《きぬ》百匹を用いた壮観なものでした。西安の碑林《ひりん》には、北宋から南宋の時期に存在していた斉国《せいこく》が刻んだ石碑地図が現存しています。長さと幅はそれぞれ〇・七七m、正面には当時の世界地図である「華夷図《かいず》」が刻まれ、背面には中国地図「禹跡図《うせきず》」が刻まれています。「華夷図」は賈耽の『海内華夷図』をもとに縮小して改編したものです。「禹跡図」は北宋の「計里画方《けいりかくほう》」「先に升目を描き、正確な縮尺で地図を描く方法」を用いた新たな図です。図には升目が残っており、描かれた海岸線や河流は「華夷図」よりも正確です。ある学者は、「華夷図」は当時の著名な科学者である沈括《しんかつ》の手になるのではないかと考えています。

今日まで伝わっている宋代の地図には、ほかにも北宋末年に四川《しせん》で彫られた石碑「九域守令図《きゅういきしゅれいず》」や、南宋の時に蘇州で彫られた石碑「地理図《ちりず》」「平江図《へいこうず》」などがあります（図10-10）。南宋初頭に楊甲《ようこう》が描き刊行した『六経図《りくけいず》』の「地理之図《ちりのず》」は、現存する最も早い印刷地図です。

元の中期には、地理学者の朱思本《しゅしほん》が十年を費やして、『輿地図《よちず》』を描きました。この地図には唐・宋代の地図の成果がまとめられているだけではなく、朱思本自身が広く実地考察して入手した資料が大量に組み込まれています。この地図は、まず各地域の地図を描き、その後、各地域の図をあわせて長さと幅がそれぞれ七尺となる総図としました。『輿地図』の正確さは高い水準に達しており、その内容はおおむね明・清に描かれた全国地図に受け継がれました。元朝の後

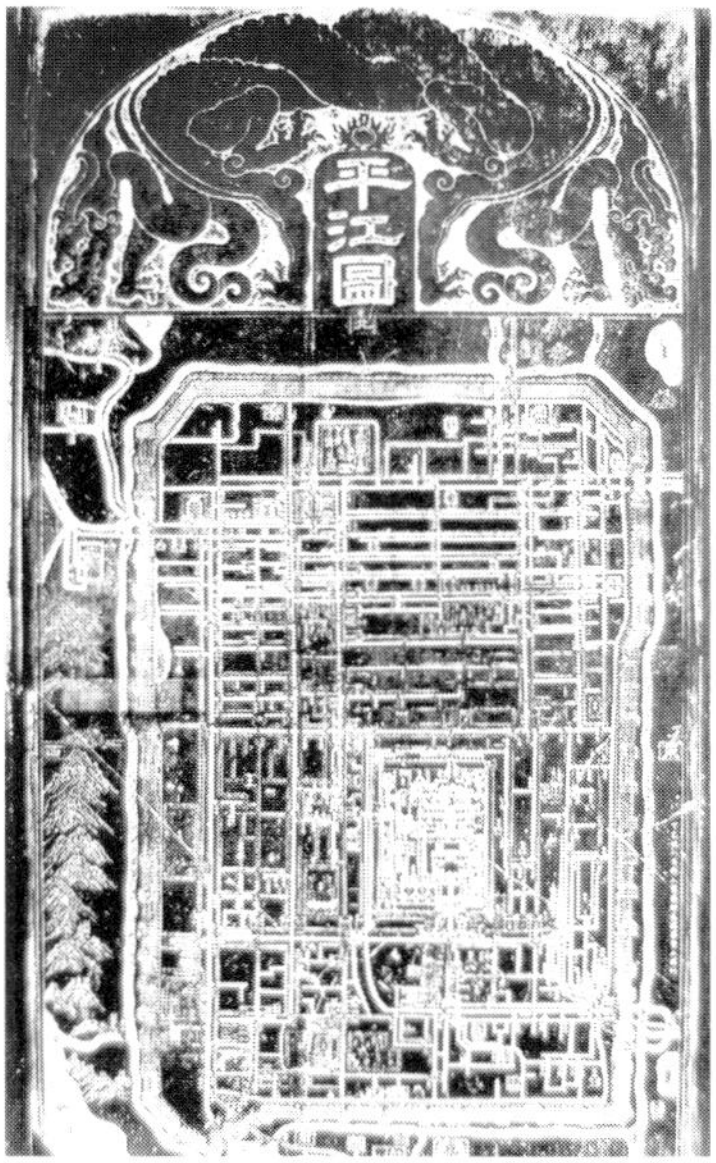

図10-10　南宋「平江図」石碑の拓本

期、李沢民《りたくみん》は『声教広被図《せいきょうこうひず》』を描き、僧の清濬《せいしゅん》は『混一疆理図《こんいつきょうりず》』を描きました。これらは朱思本の『輿地図』をもとに図を増補した世界地図です。[*29]

宋・元の数学四大家

宋元の時期は、中国古代数学の発展が頂点に達し、多くの大家や名著が登場しました。南宋の秦《しん》九韶《きゅうしょう》は『数術九章《すうじゅつきゅうしょう》』を、楊輝《ようき》は『詳解九章算法《しょうかいきゅうしょうさんほう》』『日用算法《にちようさんほう》』『楊輝算法《ようきさんほう》』を著し、金から元にかけての李冶《りや》は『測円海鏡《そくえんかいきょう》』や『益古演段《えきこえんだん》』を著し、元の朱世傑《しゅせいけつ》は『四元玉鑑《しげんぎょくかん》』や『算学啓蒙《さんがくけいもう》』を著しました。この四人は、後世「宋元数学四大家」と呼ばれます。「四大家」に代表される宋元の数学の成果は、主に以下の点が挙げられます。[*30]

第一点は、高次方程式《こうじほうていしき》の数値の解法《かいほう》です。北宋の数学者賈憲《かけん》は「開方作法本原図《かいほうさくほうほんげんず》」（開方は方程式を解くこと）を作り、三角形の図表に各高次方程の展開式の係数を並べ、これらの係数《けいすう》を得る方法を示しました。朱世傑の『四元玉鑑』は、これを八次まで広げています。この三角図形は、ヨーロッパでは十六世紀になってようやく発見され「パスカルの三角形」と呼ばれています。

賈憲は関係する係数を求める方法を「増乗開方法《ぞうじょうかいほうほう》」と呼びました。もう一人の数学者劉益《りゅうえき》はこれを発展させて「正負開方術《せいふかいほうじゅつ》」とし、秦九韶は「正負開方術」から、さらに任意の高次方程式についての数値の解法を演繹《えんえき》しました。これは現在、方程式の正の平方根を求める方法と一致します。このような方法の発見は、西方よりも六百年余り早いものでした。

第二点は、天元術《てんげんじゅつ》と四元術《しげんじゅつ》です。天元術は一種の連立方程式です。天元術では命題を「天元《てんげん》の一《いち》を立《た》てて某《なにがし》と為《な》す」というように始めますが、これは現代の方程式における「xを某と仮定すれば」

に相当します。そして、命題として与えられた条件に基づき、二つの等しい多項式《たこうしき》を並べ、二者は相《そう》減《げん》することで、最後には片方がゼロになる方程式を得ることができます。

李冶《りや》の二つの著作は、この方法を系統的に叙述しています。そして朱世傑《しゅせいけつ》は天元術の一元《いちげん》［未知数が一個の代数］の高次方程式を拡充して多元《たげん》［未知数の代数が複数ある］高次連立方程式とし、これを「四元術」と呼びました。連立方程式を解くのに消去法を用い、たとえば四元から一元を減じて三元とし、このようにして段階的に一元方程式まで減じてから解きました。これも現代の数学で用いられる方法です。

第三点は高階等差級数《こうかいとうさきゅうすう》です。これは、楊輝が北宋の沈括の論に基づいて「垜積術《だせきじゅつ》」の問題を詳細に論じたものです。「垜積」とは積み重ねて積を求めることです。物体を積み重ねる現象は、しばしば高階等差の数列となるため、「垜積術」は高階等差級数の和を求める方法を指しました。高階等差級数の問題は天文暦法の領域に適用され、現代数学の高次補間法《ほかんほう》に相当する招差法《しょうさほう》となりました。朱世傑は「垜積」や「招差」の問題に対して総括的研究を行い、高次補間法の一般公式を得ました。これは、十七世紀にイギリスの大科学者ニュートンが得た公式と完全に一致します。

第四点は「大衍求一術《だいえんきゅういつじゅつ》」です。これは、中国古代の連立一次合同式の解を求める方法を発展させたものです。連立一次合同式の命題は、最も早くは東晋後期の算術書『孫子算経《そんしさんけい》』に「今物有《いまものあ》るも其《そ》の数《かず》を知《し》らず、三三之《さんさんこれ》を数《かぞ》えれば二剰《あま》り、五五之を数えれば三剰り、七七之を数えれば二剰る、問《と》う、物《もの》は幾何《いくばく》ぞ」とあり、答えを二十三としています。

秦九韶は『数術九章』のなかでこの問題の解法をさらに広げて、さらに複雑な命題に応用しています。関係する数字は三、五、七のように簡単ではなく、巨大数や分数、あるいは小数だったようです。これらの命題を、秦九韶の方法は同じ計算によって解決することができ、その手順は正確で厳密でした。この五百年余り後、ヨーロッパの数学者はようやくこの類の問題について深く検討するようになりました。

大学者の沈括

宋元の科学技術の成果は、各専門領域に現れているだけではありません。さらに注目すべきは、あらゆる領域で著名な科学者が多数登場したことです。

たとえば、前述した蘇頌《そしょう》や郭守敬《かくしゅけい》のように、その業績は多方面にわたります。[*31] 北宋の沈括《しんかつ》は、特に総合的な科学者の代表です。沈括（一〇三一～一〇九五年）、字《あざな》は存中《そんちゅう》、銭塘《せんとう》（現在の浙江省杭州市）の人で、翰林学士《かんりんがくし》や権三司使《けんさんしし》を歴任しました。史書では「博学《はくがく》にして文《ぶん》を善《よ》くし、天文《てんもん》・方志《ほうし》・律暦《りつれき》・音《おん》楽《がく》・医薬《いやく》・卜算《ぼくさん》において通《つう》ぜざる所無《ところな》し、皆《み》な論著《ろんちょ》する所有《ところあ》り」（『宋史』巻三三一「沈括伝」）と称えられています。

沈括の代表的著作は、筆記体《ひっきたい》［記録を主とした随筆形式の文章］で記した『夢渓筆談《むけいひつだん》』です。この書物は、全部で六〇九条ある内容のうち科学技術に関するものが二五五条あり、全体の五分の二強を占めています。[*32]

北宋時期の多くの科学技術の成果、たとえば活字印刷《かつじいんさつ》や指南針《しなんしん》の応用などは、いずれも『夢渓筆談』の記述によって後世に伝わりました。沈括自身の科学研究における発明や成果も、大部分はこの書の中に反映されています。

数学では、沈括は高階等差級数《こうかいとうさきゅうすう》の和を求める「隙積術《げきせきじゅつ》」（すなわち先述した「垛積術」）や、弓形円の径や矢の高さからその弧の長さを求める「会円術《かいえんじゅつ》」について創造的な研究を行いました。天文暦法では、渾天儀《こんてんぎ》・浮漏《ふろう》・影表《えいひょう》などの計測器の製造方法を改良し、北極星と北極の距離を計測し、十二《じゅうに》節気《せっき》によって月を定める太陽暦「十二気暦《じゅうにきれき》」を作りました。物理学では、凹面鏡《おうめんきょう》の結像《けつぞう》、音の共振《きょうしん》現象《げんしょう》について研究を行い、同時に初めて地磁気《ちじき》の偏角《へんかく》の存在を明らかにしました。測量学や製図学では、全国地図「守令図《しゅれいず》」を作成し、異なる地点の水平の高低を実測する水準測量法《すいじゅんそくりょうほう》を試験し、初めて立体地形模型を作りました。地質学では、流水の浸食や泥砂《でいさ》の堆積が地質の構造に及ぼす影響を論述しました。鉱物学では、石油の重要な利用価値を予言し、地下水にミネラルが含まれている事実を明らかにしました。薬物学では、医書《いしょ》十五巻を編纂し、多くの薬物名称の異同について新たな考証を行いました。これらのほか、沈括は、たとえば気象学や生気象学［気象現象が生物に与える影響を研究する学問分野］、土木技術などの面にも深い造詣がありました。

以上のことから、イギリスのニーダム博士は沈括について「中国のあらゆる科学史のなかで最も卓越した人物」であり、その代表作『夢渓筆談』は「中国科学史の記念碑的作品」だと称賛しています。*33

天文・地理・数学観念の発展

多くの科学的観察や実践をもとに、隋、唐、宋、元の科学観念も大きく発展しました。『旧唐書』巻三五「天文志」には、僧一行《いっこう》の天文測量の経験について「古人《こじん》の句股《こうこ》の術《じゅつ》に恃《たの》む所以《ゆえん》は、謂《おも》えらく其《そ》れ近事《きんじ》に徴《もと》むる有《あ》り。顧《かえり》みれば未《いま》だ目視《もくし》の遠《とお》きこと能《あた》わざるを知《し》らず、浸《や》や微分《びぶん》の差《さ》を成《な》し、其《そ》の差《さ》已《や》まず、遂《つい》に術《じゅつ》と与《とも》に錯《あやま》れり」と記されています。この意味は、人々がとても小さな有限空間という条件のもとで得た正確な科学的理論は分析の中で、任意の大きな範囲へ、ひいては無限の空間へと演繹《えんえき》しなくてはならない、ということです。この観念は、認識論にとって重要な意義があります。

元代の鄧牧《とうぼく》は「天地《てんち》は大《だい》なれども、其《そ》れ虚空《こくう》の中に在《あ》りては一粟《いちぞく》に過《す》ぎざるのみ。虚空《こくう》は木《ぼく》なり、天地《てんち》猶《な》お果《か》あり。虚空《こくう》は国《くに》なり、天地《てんち》猶《な》お人《ひと》あるなり。一木《いちぼく》の生《しょう》ずる所《ところ》、必《かなら》ずしも一果《いっか》に非《あら》ず。一国《いっこく》の生《しょう》ずる所《ところ》、必《かなら》ずしも一人《いちにん》にあらず。天地《てんち》の外《そと》に復《ま》た天地《てんち》無《な》しと謂《い》うは、豈《あ》に通論《つうろん》なるや」（『伯牙琴』の「超然観記」）と指摘しています。これは、漢代の「宣夜説《せんやせつ》」［天には形体がなく虚空、無限であるとする説］や三国時代《さんごくじだい》の楊泉《ようせん》『物理論《ぶつりろん》』を受けて、宇宙無限論の思想を非常に明確に提起したものです。

地理では、唐代後期の顔真卿《がんしんけい》が撫州南城《ぶしゅうなんじょう》県（現在の江西省内）麻姑山《まこざん》で地層に挟まっている貝殻の化石を見つけて分析し、この場所こそ「滄海変《そうかいへん》じて桑田《そうでん》となる」ことの例証であり、山体は地殻が持ち上げられて形成されたと考えました。また、宋の沈括《しんかつ》も太行山《たいこうさん》で類似した海洋生物の化石を見て「此《こ》れ乃《すなわ》ち昔《むかし》の海浜《かいひん》、今《いま》は東《ひがし》のかた海《うみ》を拒《へだ》つこと已《すで》に千里《せんり》に近《ちか》し。所謂大陸《いわゆるたいりく》は、皆《み》な淤泥《おでい》の湮《しず》む所《ところ》なるのみ。……凡《およ》そ大河《たいが》・漳水《しょうすい》・滹沱《こだ》・涿水《たくすい》・桑干《そうかん》の類《たぐい》、悉《ことごと》く是《こ》れ濁流《だくりゅう》なり。今関陝《いまかんせん》［陝西］以西《いせい》、水《みず》は地中《ちちゅう》を行《ゆ》くこと百余尺《ひゃくよしゃく》を減《げん》ぜず。其《そ》の泥《どろ》は歳《とし》に東流《とうりゅう》し、皆《み》な大陸《たいりく》の土《つち》と為《な》る、其《そ》の理《り》必然《ひつぜん》なり」と指摘しています。*34 沈括の記述は、海陸変遷の理論をより詳細に述べています。

数学者たちは具体的な数学の問題を研究すると同時に、数学研究の認識論の価値を説明するのに力を尽くしました。秦九韶《しんきゅうしょう》は「数《かず》と道《みち》とは、本《もと》を二《わか》つに非《あら》ざるなり」（『数術九章』序）と述べています。李冶《りや》はさらに明確に「数《かず》を窮《きわ》め難《がた》きと為《な》すと謂《い》うは、斯《こ》れ可《か》なり。数を窮めるべからずと謂うは、斯《こ》れ可《か》ならず。何《なん》となれば則《すなわ》ち彼《か》れ其《そ》の冥冥《めいめい》の中《うち》、固《もと》より昭昭《しょうしょう》たる者《もの》の存《そん》する有《あ》り。夫《そ》れ昭昭たる者《もの》は、其《そ》れ自然の数なり。自然の数に非《あら》ざれば、其れ自然の理なり」（『測円海鏡』序）と述べています。まさにこのような「窮理《きゅうり》」の自覚的意識こそが、これまで述べてきた人々が科学において輝かしい成果を得ることを促《うなが》したのです。

注釈

＊1 張秀民『中国印刷術的発明及其影響』(人民出版社、一九五八年)を参照。

＊2 同前を参照。

＊3 宿白「唐五代時期彫版手工業的発展」(『文物』一九八一年第五期、後に同氏の論文集『唐宋時期的彫版印刷』文物出版社、一九九九年に収録)。

＊4 肖東発『中国図書出版印刷史論』(北京大学出版社、二〇〇一年)。肖氏は仏教伝播の角度から木版印刷術の発明を検討し「その先駆けは早くから存在していた凸版の木版染めおよび六世紀に盛んとなった拓本や印章、摺仏である。そして、七世紀前期の仏像印刷は木版印刷の最初の形であった。八世紀に大量に登場した宗教経典の印刷本は木版印刷技術がすでに長足の進歩を遂げていたことを示している。九世紀の絵入り『金剛経』の印刷本の存在は、この時期の木版印刷技術がすでに成熟していたことの証左である」と考えている。この見解には根拠があると思われる。

＊5 『旧唐書』巻一七「文宗紀」(『全唐文』巻六二四)の馮宿「時憲書を版印するを禁ずるの奏」による。

＊6 司空図『司空表聖文集』巻九「東都敬受寺の講律僧恵確の為に律疏を雕刻するを化募す」(『四部叢刊』本)による。

＊7 葉徳輝『書林清話』巻三「宋私宅家塾刻書」は、史料の記載に見える、宋代の書物を刊刻した私人四十五家とその書目を列挙し「大抵槧刻風行するも、精彫細校は、官刻本の外においては儼若附庸の国がごとし」と評している。

＊8 北宋の時に四川などの地域で発行された紙幣を「交子」という。李攸『宋朝事実』(武英殿聚珍版)巻一五「財用」は交子の印刷を「朱墨間錯」と記しており、赤・黒の二色による套印である。

＊9 当該仏典は寧夏賀蘭県拝寺口方塔で出土した。牛達生「西夏文仏経『吉祥遍至口和本続』的学術価値」(『文物』一九九四年第九期に収録)。

＊10 アメリカのカーター『中国印刷術的発明和它的西伝』(商務印書館、一九五七年中国語訳本)。

＊11 郭正誼「火薬発明史料的一点探討」(『化学通報』一九八一年第六期および趙匡華主編『中国古代科学史研究』北京大学出版社、一九八五年に収録)を参照。

＊12 馮家昇『火薬的発明和西伝』(上海人民出版社、一九五四年)。これについては慎重に懐疑的態度をとる学者もいる。鍾少異「一〇世紀初火薬応用於軍事的両個推論置疑」(『中国古代火薬火器史研究』中国社会科学出版社、一九九五年に収録)を参照。

＊13 楊万里『誠斎集』巻四四「海鰌賦」。

＊14 宋から元にかけての周密は『癸辛雑識』前集「炮禍」のなかで元が南宋を滅ぼしてから間もなくして発生した二度の火薬爆発事件を記している。元軍が溧陽(現在の江蘇省内)にあった南宋の丞相趙葵の官舎区域を火薬庫にしたところ、ある日失火し、火薬庫に所蔵していた火炮に引火して爆発、「声は震霆の如し、地は動き屋は傾く」となり、

近くで飼育していた四頭の虎も爆発で死んだという。また、揚州の火炮倉庫でも類似した事件が発生し、失火後には「諸炮并びに発し、大声は山崩海嘯の如し、……遠きこと百里の外に至るも、屋瓦は皆な震えり」、「守兵百人皆な糜砕して余り無し。楹棟悉く寸裂し、或は炮風の為に扇がれて十余里の外に至る。平地は皆な坑谷と成り、深きは丈余に至る。四比の居民二百余家、悉く奇禍に罹れり」という状況であり、これらの描写からは、この時の火薬の爆発性能がすでにきわめて強烈であり、北宋の『武経総要』に記された燃焼性火薬とは比べものにならないほどであったことがわかる。

＊15　王兆春『中国火器史』（軍事科学出版社、一九九一年）を参照。

＊16　徐競『宣和奉使高麗図経』巻三四「海道」の「半洋焦」。

＊17　趙汝适『諸蕃志』巻下「志物」の「海南」（『諸蕃志校釈・職方外紀校釈』中華書局、二〇〇〇年）。

＊18　呉自牧『夢粱録』巻一二「江海船艦」。

＊19　元代に編纂された『経世大典』はすべて散佚したが、「海運」の部分は清末の学者によって『永楽大典』より輯佚され、上下二巻に分けて『大元海運記』と題された。本箇所の引用文は『大元海運記』巻下「測候潮汛応験」による。

＊20　中国航海学会編『中国航海史（古代航海史）』（人民交通出版社、一九八八年）、鄭一鈞『論鄭和下西洋』（海洋出版社、一九八五年）を参照。

＊21　賈得道『中国医学史略』（山西人民出版社、一九七九年）を参照。

＊22　『洗冤集録』の現存する最も早い刊本は元代の五巻本である。清の孫星衍はこれを重刊し、『岱南閣叢書』に収録した。現代の楊奉琨はこの本に校訂・注釈を加え、一九八〇年に群衆出版社から出版した。また別に『洗冤集録』は後世何度も修訂され、新たな内容が加えられた。この修訂後の著作は、通常書名に「洗冤」と冠しており『洗冤集録』の原書と混同しやすい。たとえば、康熙三十三年（一六九四年）の官撰『律例館校正洗冤録』四巻は、以前は一部の学者により宋慈の原書を引用しているとされていたが、これは正確ではない。管成学『宋遼夏金元科学技術史』（吉林科学技術出版社、一九九〇年）の関係する考証を参照。

＊23　銭大昕『十駕斎養新録』巻一四「洗冤録」。

＊24　漢代以来の天文観測では、一つの仮説が一貫して用いられた。それは、高さ八尺の測量ポールによって夏至正午の日影を計測し、南北が千里離れるごとに影の長さは一寸となるというものである。この仮説は大地が平面であるという「蓋面説（大地平面説）」理論の産物であり、現実とは合わず、南朝の時より疑われた。一行の大地測量はこの仮説を覆した。測量により、南北の距離と影の差は固定された比率ではなく、北極星の高度との関係は常数によって示すことができることが発見された。

＊25　『新唐書』巻二七「暦志」は『大衍暦』の成果を「太初より麟徳に至るまで、歴ること二十三家有り、天と近きと雖ども未だ密ならざるなり。一行に至りて密となれり。其れ

数に倚りて法を立つは、固より以て易うる無きなり。後世改作する者有ると雖も、皆な依仿するのみ」と評価している。

*26 王振鐸やニーダムなど中国内外の学者はかつて『新儀象法要』によって水運儀象台を復元した。王振鐸の複製品は実物の五分の一に相当し、現在は中国歴史博物館に陳列されている。

*27 招差法は先人の数学を基礎として、高階等差級数列の規律より導きだす補間法の一つである。『大衍暦』が二次等差数列を用いるのに比べて、『授時暦』は三次等差数列を用いるまでになった。招差法の理論によれば、これらの方法は任意のさらに高い次数まで広げることができる。弧矢割円術は円弧線を直線にして計算する方法であり、この方法では、球面三角法と合致する公式が用いられた。銭宝琮主編『中国数学史』（科学出版社、一九八一年）を参照。

*28 『授時暦』は至元十八年（一二八一年）に正式に施行され、長期にわたって用いられた。明の太祖の洪武十七年（一三八四年）、『授時暦』にやや修訂を加えて『大統暦』と名称を改め、引き続き用いられた。明の毅宗の崇禎二年（一六二九年）、ようやくまったく新しい『崇禎暦書』が制定された。

*29 これら三枚の元朝地図の原図はすべて散佚した。『輿地図』の基本的な内容は、明代の羅洪先が描いた『広輿図』のなかに伝わっている。『声教広被図』と『混一疆理図』は十五世紀の初頭、朝鮮人が一つに合わせて『混一疆理歴代国都之図』を描いた。第九章の注*15を参照。

*30 杜石然『中国科学技術史稿』下冊（科学出版社、一九八二年）、袁小明『中国古代数学史略』（河北科学技術出版社、一九九二年）を参照。

*31 蘇頌と郭守敬の二人は天文学や機械製造学に精通するだけではなく、水利工学の専門家でもあった。このほか、蘇頌は医学に、郭守敬は数学や地理学にも優れていた。

*32 王錦光・聞人軍「沈括的科学成就与貢献」（杭州大学宋史研究室編『沈括研究』浙江人民出版社、一九八五年に収録）を参照。

*33 ニーダム『中国科学技術史』第一巻「総論」（科学出版社、一九七五年の第一分冊に収録）。

*34 沈括『夢渓筆談』（上海書店、二〇〇三年）巻二四「雑志」による。

第十一章

文学の下方への移行と全面的繁栄

隋唐から明代中期に至るまで、文学発展の主要な趨勢《すうせい》は文学の重心が下方に移ったことです。そのことには、三つの側面があります。第一は、文学の様式が詩《し》や文《ぶん》から詞《し》・曲《きょく》・小説《しょうせつ》へと拡大し、これらがいずれも庶民の社会と密接な関係があったことです。第二は、文学創作の主体が名門貴族階層の文人《ぶんじん》から、より下層の「寒門《かんもん》」の文人へと拡大し、さらに市井《しせい》に住む庶民の文人へと拡大したことです。第三は、文学を創作する主体が拡大したことで、文学の受容者も、都市住民やより広範な社会大衆へと拡大したことです。

いわゆる文学の下方への移行は、文学発展における新たな要素や趨勢、それらによって形成された新たな原動力と関係があります。まさにこれらの新たに発生した事象こそが文学の全面的な繁栄を作り出し、詩・詞・曲は、それぞれ唐・宋《そう》・元《げん》という三つの王朝の文学を象徴するものとなりました。

このほか、唐宋の古文復興《こぶんふっこう》運動は、その後千年以上にわたる文学言語の基礎を固めました。また、宋元に興った白話通俗《はくわつうぞく》小説《しょうせつ》は活発な生命力を示しており、この時期の文学の輝かしい点でもあります。

第一節　唐・宋の古文復興運動と儒学の復興

広範な影響を与えた文化運動

韓愈《かんゆ》や柳宗元《りゅうそうげん》が提唱した古文復興運動は、復古を革新《かくしん》とする文学運動でした。しかし、その目標と意義は決して文学の領域に限ったものではなく、広範囲に影響を与えた文化運動でした。

この運動は中唐《ちゅうとう》の貞元《ていげん》（七八五～八〇五年）、元和《げんな》（八〇六～八二〇年）年間に始まり、北宋《ほくそう》の大観《だいかん》（一一〇七～一一一〇年）、政和《せいわ》（一一一一～一一一八年）年間に終わるまで、三百年余りにわたりました。

運動に加わったのは、韓愈や柳宗元のほか、中唐の張籍《ちょうせき》・劉禹錫《りゅううしゃく》・李観《りかん》、および韓愈に学んだ李《り》翺《こう》・皇甫湜《こうほしょく》・孫樵《そんしょう》などがおり、晩唐《ばんとう》では小品文《しょうひんぶん》で知られる皮日休《ひじつきゅう》・陸亀蒙《りくきもう》・羅隠《らいん》といった人々も古文復興運動の流れの中にいました。宋代になると、欧陽脩《おうようしゅう》・曽鞏《そうきょう》・王安石《おうあんせき》・蘇洵《そじゅん》・蘇軾《そしょく》・蘇轍《そてつ》といった人々は、韓愈や柳宗元が切り開いた古文を基礎として運動を大いに発展させ、古文復興運動はついに成功をおさめました。

韓愈や柳宗元が始めた古文復興運動には明確な目標がありました。これは文学の面からいえば、二つの点にまとめることができます。

第一点は文体の革新であり、六朝《りくちょう》以来流行していた駢文《べんぶん》［主に四字や六字の対句で構成される文体］を排除し、先秦《せんしん》や漢代の古文を基礎として新たな散文を確立したことです。第二点は、文章の風格と文学言語の革新です。これは、韓愈が「南陽樊紹述墓誌銘《なんようはんしょうじゅつぼしめい》」のなかで提起した「詞《ことば》に於《お》いては必《かなら》ず己《おのれ》より出《い》づ」や「文従《ぶんしたが》い字順《じしたが》う」［文章の表現が明確である］のことでした。

当初、駢文が登場したことで、文学の様式や言語の芸術的な表現力は豊かなものとなり、駢文の出現には積極的な意義がありました。しかし、駢文が発展して、後には言語の形式美を過度に追求するようになると、ついに文章の風格は華美なばかりで空虚になり、さらに文学のもつ政治的な教化機能は廃《すた》れていきました。このため、早くも南北朝《なんぼくちょう》の時期、梁《りょう》の裴子野《はいしや》『雕虫論《ちょうちゅうろん》』や北斉《ほくせい》の顔之推《がんしすい》『顔《がん》氏家訓《しかくん》』の「文章《ぶんしょう》篇」で駢文に対する批判が提起されました。[*1]

隋代や初唐でも、文章の風格を改めようと呼びかける人物は絶えず存在していました。隋代の李諤《りがく》は隋の高祖《こうそ》［楊堅］に上疏し「閭里《りょり》の童昏《どうこん》［平民の児童］、貴遊《きゆう》の総丱《そうかん》［貴族の児童］、未《いま》だ六甲《ろっこう》［初学の文字］を窺《うかが》わずして、先《ま》ず五言《ごごん》を製《つく》る。羲皇《ぎこう》・舜《しゅん》・禹《う》の典《てん》、伊《い》［尹《いん》］・傅《ふ》［説《えつ》］・周《しゅう》［公］・孔《こう》［子］の説《せつ》が如《ごと》きに至《いた》りては、復《ま》た関心《かんしん》せず、何《なん》ぞ嘗《かつ》て耳《みみ》に入《い》らざる。傲誕《ごうたん》［勝手きまま］を以て清虚《せいきょ》と為《な》し、縁《えん》情《じょう》［感情表現］を以て勲績《くんせき》と為し、儒素《じゅそ》［儒学］を指《さ》して古拙《こせつ》と為し、詞賦《しふ》を用《もっ》て君子《くんし》と為す。故《ゆえ》に文《ぶん》筆《ぴつ》は日《ひ》に繁《しげ》く、其《そ》の政《まつりごと》は日《ひ》に乱《みだ》る、良《まこと》に大聖《たいせい》の軌模《きぼ》［手本］を棄《す》て、無用《むよう》を構《かま》え以て用《よう》と為《な》す由《よし》なり」（『隋書《ずいしょ》』巻六六「李諤伝」）と述べています。

李諤の意見は高祖に聞き入れられ、「開皇《かいこう》四年［五八四年］、普《あまね》く天下に詔《みことのり》し、公私《こうし》の文翰《ぶんかん》、並《なら》びに宜《よろ》しく実録《じつろく》すべし。其《そ》の年《とし》の九月、泗州刺史司馬幼之《ししゅうししばようし》の文表華艶《ぶんひょうかえん》たり［上奏文の文飾が華美であった］、所司《しょし》［主管の役人］に付《ふ》して罪《つみ》を治《おさ》む」（『隋書』巻六六「李諤伝」）となりました。初唐の陳子昂《ちんすごう》は「修竹《しゅうちく》篇序《へんじょ》」のなかで「風雅興寄《ふうがきょうき》」ということを提唱しました［興寄は、詩歌《しいか》には自らの考えや思いを反映させるべきという考え方］。これは主に詩歌の創作について述べたものですが、文章の風格全体の変革にも影響を与えました。*2 この後、李白《りはく》・元結《げんけつ》・李華《りか》・蕭穎士《しょうえいし》などは理論だけではなく、創作の実践においても、文体や風格、そして文学言語の革新を絶えず進めました。

文体・風格と文学言語の革新

しかし、韓愈《かんゆ》が文壇に登場するより前、「文」の状況に根本的な変化はありませんでした。韓愈はこのことに思うところがあり、みずからの考えを大いに主張して文章の革新に力を注ぎ、柳宗元ら人々の共感を得ました。彼らは、それぞれ世《よ》の耳目《じもく》を一新《いっしん》する散文を書きました。韓愈の「原道《げんどう》」「師説《しせつ》」「李願《りがん》の盤谷《ばんこく》に帰《かえ》るを送《おく》る序《じょ》」「張中丞伝《ちょうちゅうじょうでん》の後叙《こうじょ》」、柳宗元の「永州八記《えいしゅうはっき》」「蛇《へび》を捕《と》らう者《もの》の説《せつ》」「種樹郭橐駝《しゅじゅかくたくだ》の伝《でん》」などです。彼らの主張と創作はわずかな期間に広く影響を与え、文壇の状況を改めました。たとえば、韓愈の「張中丞［張巡］伝の後叙」の一節には次のようにあります。

南霽雲《なんせいうん》の救《すく》いを賀蘭に乞《こ》うや、賀蘭は［張］巡《じゅん》、［許］遠《えん》の声威功績《せいいこうせき》の己《おのれ》が上《うえ》に出《い》づるを嫉《ねた》み、師《し》を出《い》だして救うことを肯《がえ》んぜず。霽雲の勇《ゆう》にして且《か》つ壮《そう》なるを愛《あい》し、其の語《ご》を聴《き》かざれども、強《し》いて之《これ》を留《とど》め、食《しょく》と楽《がく》とを具《そな》え、霽雲を坐《ざ》に延《ひ》く。霽雲慷慨《こうがい》して語《かた》りて曰《いわ》く「雲《うん》が来《き》たりし時《とき》、睢陽《すいよう》の人は食《くら》わざること月余日《げつよじつ》なり。雲独《ひと》り食《くら》わんと欲《ほっ》すと雖《いえど》も、義《ぎ》として忍《しの》びず。食うと雖《いえど》も且《まさ》に咽《のど》を下《くだ》らざらんとす」と。因《よ》りて佩《お》ぶる所《ところ》の刀《とう》を抜《ぬ》きて一指《いっし》を断《た》つ、血淋漓《ちりんり》たり、以《もっ》て賀蘭に示《しめ》す。一座大《いちざおお》いに驚《おどろ》き、皆《み》な感激《かんげき》して雲の為《ため》に泣下《なみだくだ》る。雲は賀蘭の終《つい》に雲の為《ため》に師《し》を出《いだ》すの意無《こころな》きを知り、即《すなわ》ち馳《は》せ去る。将《まさ》に城《しろ》を出《い》でんとし、矢《や》を抽《ひ》いて仏寺《ぶつじ》の浮図《ふと》［仏塔］を射《い》る。矢、其の上甎《じょうせん》［屋根瓦］に著《つ》くこと半箭《はんせん》［矢の半分まで深く刺さった］。曰く「吾帰《われかえ》りて賊《ぞく》を破《やぶ》らば、必《かなら》ず賀蘭を滅《ほろ》ぼさん。此《こ》の矢は志《しる》す所以《ゆえん》なり」と。

また、柳宗元の「小石潭記《しょうせきたんき》［小丘《しょうきゅう》の西《にし》の小石潭《しょうせきたん》に至《いた》るの記《き》］」には「潭中《たんちゅう》、魚百許頭可《さかなひゃくきょとうばか》り、皆《み》な空《くう》に遊びて依《よ》る所無《ところな》きが若《ごと》し。日光下徹《にっこうかてつ》し、影《かげ》、石上《せきじょう》に布《し》く。怡然《いぜん》［楽しげなさま］として動かず、倏爾《しゅくじ》［ふいに］として遠く逝《ゆ》く。往来《おうらい》、翕忽《きゅうこつ》［すばやいさま］として遊ぶ者と相《あ》い楽しむに似たり」という一節があります。これらの文は、六朝以来流行してきた駢文と比べて、確かに新たな一面を切り開きました。

儒学の復興と受け継がれる系譜

古文復興運動は、思想の面から言えば儒学《じゅがく》の復興運動であり、まさに文体や文学言語の革新と儒学の復興とが密接に結びついたことで、はじめて社会に広範な影響を与えることができました。韓愈や柳宗元の主張の中心は「文道合一《ぶんどうごういつ》」でした。韓愈は「君子《くんし》は其《そ》の位《くらい》に居《お》れば則《すなわ》ち其の官《かん》に死《し》せんことを思《おも》い、未《いま》だ位を得《え》ざれば則ち其の辞《ことば》を修《おさ》めて以《もっ》て其の道《みち》を明らかにせんことを思う。我《われ》は将《まさ》に以て道を明らかにせんとするなり、以て直《ちょく》を為《な》して人《ひと》に加《くわ》うるに非《あら》ざるなり」（「諫臣論」）や「愈《ゆ》が古文《こぶん》を為《つく》ること、豈《あ》に独《ひと》り其の句読《くとう》の今《いま》に類《るい》せざる者《もの》を取《と》るのみならんや。古人《こじん》を思えども見ることを得ず。古《いにしえ》の道を学ぶときは、則《すなわ》ち兼《か》ねて其の辞《じ》に通《つう》ぜんと欲《ほっ》す。其の辞に通ずる者は、本《も》と古の道を志《こころざ》す者なり」（「欧陽生の哀辞の後に題す」）と述べています。

また、柳宗元は「吾《われ》幼《よう》にして且《か》つ少《しょう》なるや、文章を為《つく》るに辞を以て工《たくみ》と為《な》す。長《ちょう》ずるに及《およ》びて、乃《すなわ》ち文《ぶん》は以て道を明らかにするを知る」や「之《これ》を書《しょ》『書経』に本《もと》づけて以て其の質を求め、之を詩《し》『詩経』に本づけて以て其の恒《こう》を求め、之を礼《れい》『礼記』に本づけて以て其の宜《ぎ》を求め、之を春秋《しゅんじゅう》『春秋』に本づけて以て其の断《だん》を求め、之を易《えき》『易経』に本づけて以て其の動《どう》を求む。此《こ》れ吾《わ》が道《みち》を取《と》る所以《ゆえん》の原《もと》なり」（「韋中立の師道を論ずるに答う書」）と述べています。

韓愈や柳宗元のいわゆる「道」とは、孔子《こうし》や孟子《もうし》に代表される、仁《じん》と義《ぎ》を核心とした儒家の思想体系です。この思想体系は、まさに韓愈が「博《ひろ》く愛《あい》する之《これ》を仁《じん》と謂《い》い、行《おこな》いて之《これ》を宜《よろ》しくする之《これ》を義《ぎ》と謂《い》い、是《ここ》に由《よ》りて之《ゆ》く之《これ》を道《みち》と謂《い》う」（「原道」）と述べているものです。

韓愈には儒学を復興するという歴史的な使命感があり、儒家の道統《どうとう》［伝承の系譜］を擁護《ようご》する者と自任していました。彼は堯《ぎょう》・舜《しゅん》・禹《う》や殷《いん》の湯王《とうおう》・周《しゅう》の文王《ぶんのう》・武王《ぶおう》から周公《しゅうこう》・孔子・孟子に至る道統を仏教《ぶっきょう》や道家《どうか》と対抗させて「堯《ぎょう》は是《こ》れを以《もっ》て之《これ》を舜《しゅん》に伝《つた》え、舜《しゅん》は是れを以て之を禹《う》に伝え、禹《う》は是れを以て之を湯《とう》に伝え、湯《とう》は是れを以て之を文《ぶん》・武《ぶ》・周公《しゅうこう》に伝え、文《ぶん》・武《ぶ》・周公《しゅうこう》は之を孔子《こうし》に伝え、孔子《こうし》は之を孟軻《もうか》に伝う。軻《か》の死《し》するや、其《そ》の伝《でん》を得《え》ず」（「原道」）と述べています。韓愈は自分を儒家の道統の正統な継承者であると考え「其《そ》の道《みち》をして愈《ゆ》に由《よ》りて粗《ほ》ぼ伝《つた》わらしめば、滅死《めっし》すると雖《いえど》も万《ばん》万恨《ばんうら》むこと無《な》し」（「孟尚書に与うるの書」）と述べています。

韓愈や柳宗元は先秦と漢代の古文を基礎として、新たな文学言語を作り上げ、この言語によって駢《べん》文《ぶん》とは異なる古文を記し、こうした古文によって儒家の道を盛んにし、儒家の道統を復興させようとしました。彼らにしてみれば、形式美を追求する駢文は、儒家の思想を自由に表現するのには不便であり、駢文に代表される華美な風格は、それ自体、文学が政治的教化に奉仕するという求めに反していたため、駢文を捨て去り、儒家の「道《みち》」を表現する古文に替える必要がありました。

この点について、韓愈の門生李漢《りかん》は「文《ぶん》は道《みち》を貫《つらぬ》くの器《うつわ》なり。斯《こ》の道《みち》に深《ふか》からずして焉《ここ》に至《いた》る者《もの》有《あ》るは、不《いな》なり。……秦漢《しんかん》より已前《いぜん》は、其《そ》の気渾然《きこんぜん》たり。司馬遷《しばせん》・相如《そうじょ》［司馬相如］・董生《とうせい》［董仲舒］・揚《よう》雄《ゆう》・劉向《りゅうきょう》が徒《と》に迨《およ》び、尤《もっと》も所謂傑然《いわゆるけつぜん》たる者《もの》なり。後漢《ごかん》・曹魏《そうぎ》に至《いた》りて、気象萎薾《きしょういじ》［衰退する］す。司《し》馬氏《ばし》より已来《いらい》の規範《きはん》は蕩悉《とうしつ》［すべてなくなってしまった］す」と明確に述べ、続けて韓愈を称賛して「日《ひ》のごとくに光《ひか》り玉《ぎょく》のごとくに潔《きよ》し、周《しゅう》［周公］への情《じょう》、孔《こう》［孔子］への思《おも》い、千態万貌《せんたいばんぼう》、卒《つい》に道徳仁義《どうとくじんぎ》に沢《うるお》すこと、炳如《へいじょ》［明確なこと］たるなり。万古《ばんこ》を洞視《どうし》し、当世《とうせい》を愍惻《びんそく》［あわれむ］し、遂《つい》に大《おお》いに頽《たい》風《ふう》を拯《すく》いて、人《ひと》を教《おし》えて自《みずか》ら為《な》せり」と讃《たた》えています（以上は李漢「昌黎先生集序」）。蘇軾も韓愈について「文《ぶん》は八代《はちだい》の衰《すい》を起《お》こし、道《みち》は天下《てんか》の溺《でき》を済《すく》う」（「潮州韓文公廟の碑」）と述べています。李漢と蘇軾の言葉は、いずれも韓愈が古文を提唱した目的を明確に指摘しており、文と道を結びつけたという観点から韓愈を高く評価しています。

韓愈《かんゆ》が提唱した儒学復興運動の矛先は、仏教と道教に向けられていました。漢代《かんだい》末期以来、漢王朝の統治の衰退や解体に従い、漢王朝に仕えていた儒学も、その絶対的地位を失いました。魏晋《ぎしん》の時期には「玄学《げんがく》」が興り、仏教学と仏教が広く伝播しました。その後、東晋《とうしん》から南朝《なんちょう》のころには、玄学と仏教学が合流し、思想界の主流となりました。唐が建国されると、儒学は復興し始め、唐の太宗《たいそう》〔李世民〕は顔師古《がんしこ》や孔穎達《くようだつ》らに命じて「五経《ごきょう》」を校訂させて公布し、全国の人々に学ばせました。[*3] 唐の玄宗《げんそう》〔李隆基〕は、孔子に文宣王《ぶんせんおう》の称号を追贈《ついぞう》し、さらに「我《わ》が王化《おうか》を弘《ひろ》めるは、儒術《じゅじゅつ》に在《あ》り」〔『旧唐書』巻二四「礼儀志」〕という詔《みことのり》を下しました。[*4]

しかし、儒学が絶対的な地位に返り咲くことはなく、玄宗は儒学を奨励すると同時に、より大きな熱意を道家《どうか》と道教の奨励に注ぎました。玄宗は老子《ろうし》に幾度も尊号《そんごう》を追贈しており、開元《かいげん》二十九年（七四一年）には長安《ちょうあん》と洛陽《らくよう》、そして各地の諸州に玄元皇帝廟《げんげんこうていびょう》を設置し、学生に『老子《ろうし》』『荘子《そうじ》』などの書物を学ばせたため、社会では不老長生《ふろうちょうせい》の術や道家の道を学ぶ風潮がたいへん盛んになりました。〔『旧唐書』巻九「玄宗紀」〕

このほか、仏教は皇帝による支援のもとで急速に発展し、玄奘《げんじょう》がインドで仏典《ぶってん》を入手して帰国するや、太宗はみずから「大唐三蔵聖教序《だいとうさんぞうせいきょうじょ》」を書きました。また、則天武后《そくてんぶこう》の仏教に対する崇拝は極点にまで達し、みずからが皇帝に即位すると沙門懐義《しゃもんかいぎ》などが献上した『大雲経《だいうんきょう》』を全国に頒布し、僧の神秀《しんしゅう》を都に召し出して仏の道を下問しました。

韓愈は長期にわたり仏教や道教が流行していることに心を痛め、「原道《げんどう》」では「凡《およ》そ吾《わ》が所謂道徳《いわゆるどうとく》と云《い》う者《もの》は、仁《じん》と義《ぎ》とを合《あ》わせて之《これ》を言《い》うなり。天下《てんか》の公言《こうげん》なり。老子《ろうし》の所謂道徳《いわゆるどうとく》と云《い》う者《もの》は、仁《じん》と義《ぎ》とを去《さ》りて之《これ》を言《い》うなり。一人《ひちにん》の私言《しげん》なり」や「周道衰《しゅうどうおとろ》え、孔子没《こうしぼっ》し、秦《しん》に火《ひ》あり、漢《かん》に黄老《こうろう》あり、晋《しん》・宋《そう》・斉《せい》・梁《りょう》・魏《ぎ》・隋《ずい》の間《あいだ》に仏《ぶつ》あり」と述べています。韓愈は、仏教と道教の過度な発展が人《じん》心《しん》を乱すだけではなく、社会の富を大量に浪費し、朝廷の財政収入を減少させ、それによって唐王朝の統治を揺るがしたと考えていました。このため、韓愈は「其《そ》の人《ひと》を人《ひと》とし［僧侶や道士を普通の民とし］、其《そ》の書《しょ》を火《ひ》にし、其《そ》の居《きょ》を廬《ろ》にし［寺院や道観を取り壊して普通の民家とし］、先王《せんのう》の道《みち》を明《あき》らかにして以《もっ》て之《これ》を道《みちび》く」［「原道」］と主張しています。憲宗《けんそう》［李純］の元和《げんな》十四年（八一九年）、鳳翔《ほうしょう》の法門寺《ほうもんじ》にある仏舎利《ぶっしゃり》を都に迎え、宮中に三日間とどめたところ、王侯貴族から庶民にいたるまで喜捨《きしゃ》に奔走しました（『旧唐書』巻一五「憲宗本紀」）。韓愈は上疏してこの弊害《へいがい》を述べ立てましたが、憲宗の怒りに触れ、潮州《ちょうしゅう》の刺史《しし》に左遷されました。

唐代における古文復興運動の政治的意義

儒学の復興と表裏をなす古文復興運動には、当時、明らかな政治的目的がありました。韓愈が生きた中唐《ちゅうとう》の時代は、二つの大きな政治問題が表面化していました。一つは藩鎮《はんちん》［軍事と財政を統括した地方組織。節度使を指す］の割拠であり、もう一つは宦官《かんがん》の専横です。この二つの問題は、二つの異なる面から皇帝を代表とする中央政権を弱体化させました。

韓愈は、国家を強化する方法は中央集権を強化するしかなく、中央集権を強化するには君臣の身分秩序を明らかにし、王朝の正統性を守る役割を果たしてきた儒学を振興する必要があると考えていました。これについて韓愈は「君《きみ》、令《れい》を出《い》ださざれば則《すなわ》ち其《そ》の君《きみ》為《た》る所以《ゆえん》を失《うしな》う。臣《しん》、君《きみ》の令《れい》を行《おこな》いて

図11-1　安徽省滁州の酔翁亭

之《これ》を民《たみ》に致《いた》さざれば、則《すなわ》ち其《そ》の臣《しん》たる所以《ゆえん》を失《うしな》う。民《たみ》、粟米麻糸《ぞくまいまし》を出《いだ》し、器皿《きべい》を作《つく》り、貨財《かざい》を通《つう》じ、以《もっ》て其《そ》の上《かみ》［統治者］に事《つか》えざれば、則《すなわ》ち誅《ちゅう》せらる」（「原道」）と述べています。

韓愈は、淮西《わいせい》の反乱を討伐する裴度《はいど》の軍事行動に参加した際、この戦役の勝利を讃《たた》える碑文を書き、この中で自身の鮮明な政治的態度を示しました。

宋代の古文家および「文以載道」の説

韓愈や柳宗元《りゅうそうげん》が提唱した古文は当時大きな影響を与えましたが、彼らが亡くなると、その後継者たちが奇異《きい》ばかりを追求するといった原因により衰退し、駢文《べんぶん》の勢力が再び盛り返しました。

北宋《ほくそう》中期になると、欧陽脩《おうようしゅう》・王安石《おうあんせき》・蘇軾《そしょく》らが再び古文復興運動を盛り上げたことで、ようやく古文の伝統が確立しました。欧陽脩の「高司諫《こうしかん》に与《あた》うる書《しょ》」「酔翁亭記《すいおうていき》」（図11-1）、王安石の「司馬諫議《しばかんぎ》に答《こた》うる書《しょ》」「孟嘗君伝《もうしょうくんでん》を読《よ》む」、蘇軾の「石鐘山《せきしょうざん》の記《き》」「日の喩《ひゆ》」「賈誼《かぎ》の論《ろん》」などは古文の模範的作品です。

宋代の古文は単に唐代の古文を模倣したのではなく、新たな一面を具えていました。まず、宋代の古文家は理学《りがく》の影響を受けて、文と道の関係をより重視するようになり、その主張もさらに明確になりました。「文以載道《ぶんいさいどう》［文《ぶん》は以《もっ》て道《みち》を載《の》す］」という一節は周敦頤《しゅうとんい》が『周子通書《しゅうしつうしょ》』の「文辞《ぶんじ》」の中で提起したもので、朱熹《しゅき》はこれに「道《みち》は文《ぶん》の根本《こんぽん》なり。文《ぶん》は道《みち》の枝葉《しよう》なり」という、[*5]より深い解釈を加えました。周敦頤が提唱した「載道説《さいどうせつ》」の影響のもと、宋代の文章は議論的要素が多くなり、文章と政治教化の関係も強まりました。

この一方で、宋代の古文家は韓愈の古文に存在した難解で容易に理解できないという弊害を正し、駢文の言語運用の長所を採り入れようと注意を払いました。このため、宋代古文家の古文は芸術的効果がより豊かになり、議論的要素が強まったからといって、叙事叙情《じょじじょじょう》の効果が弱まることはありませんでした。この点について、欧陽脩は「孟《もう》［孟子］・韓《かん》［韓愈］の文《ぶん》は高《たか》しと雖《いえど》も、必《かなら》ずしも之《これ》に似《に》ざるなり。其《そ》の自然《しぜん》を取《と》るのみ」と述べています。[*6]

散文の新たな枠組みの確立

宋代の優秀な古文家は、三つの側面を完璧に一体化しつつ各自の個性を発揮し、多様な風格を作り上げました。欧陽脩の古文は平易自然《へいいしぜん》であり、王安石の古文は簡潔で鋭利です。蘇軾の散文は、特に傑出した代表的なものです。蘇軾は「吾《わ》が文《ぶん》は万斛《ばんこく》の泉源《せんげん》の如《ごと》く、地《ち》を択《えら》ばずして出《い》で、平地《へいち》に在《あ》りては滔滔汨汨《とうとういついつ》たり、一日千里《いちじつせんり》と雖《いえど》も難《かた》きこと無《な》し。其《そ》れ山石《さんせき》と曲折《きょくせつ》するに及《およ》びては、物《もの》に随《したが》いて形《かたち》

図11-2　元の趙孟頫が描いた「蘇軾像」

を賦《ふ》すも、知《し》るべからざるなり。知《し》るべき所《ところ》の者《もの》は、常《つね》に当《まさ》に行《い》くべき所《ところ》を行《い》き、常《つね》に止《とど》まるべからざる所《ところ》に止《とど》まれり」と述べています。*7

蘇軾の古文は言葉が自然なだけではなく豪放《ごうほう》な勢いがあり、変化して窮《きわ》まりなく、さまざまな姿を見せます（図11-2）。たとえば「承天《しょうてん》の夜游《やゆう》を記《しる》す」は全文で百字に満たないものですが、趣《おもむき》が満ち溢《あふ》れ、その境地がよく表現されています。

> 元豊《げんぽう》六年十月十二日、夜《よる》、衣《ころも》を解《と》き睡《ねむ》らんと欲《ほっ》するに、月色《げっしょく》戸《こ》に入《い》り、欣然《きんぜん》として起《お》き行《ゆ》く。与《とも》に楽《たの》しむ者《もの》無《な》きを念《ねん》じ、遂《つい》に承天寺《じょうてんじ》に至《いた》り、張懐民《ちょうかいみん》を尋《たず》ぬ。懐民《かいみん》も亦《ま》た未《いま》だ寝《い》ねず、相《あ》い与《とも》に中庭《なかにわ》に歩《あゆ》む。庭下《ていか》は積水空明《せきすいくうめい》の如《ごと》く、水中《すいちゅう》の藻荇交《そうこうこも》ごも横《よこ》たわるは、蓋《けだ》し竹柏《ちくはく》の影《かげ》なり。何《いず》れの夜《よる》か月《つき》無《な》からん。何《いず》れの処《ところ》か竹柏《ちくはく》無《な》からん。但《た》だ閑人《かんじん》の吾《わ》が両人《りょうにん》の如《ごと》き者《もの》少《すく》なきのみ。

言語は文化の重要な媒体です。唐宋の古文の作者が確立した新しい文学言語と散文の新たな模範、そして「文《ぶん》は以《もっ》て道《みち》を載《の》す」という重要な理念は、一つの面から中国文化の新たな歩みを開きました。

儒学の道を表現するという古文は元《げん》・明《みん》・清《しん》の三代まで受け継がれて、唐・宋の後一千年にわたって正統の地位を占めました。後に「五四運動《ごしうんどう》」が起こり新たな文学観念が打ち立てられて白話文《はくわぶん》が流行したことで、古文をめぐる状況はようやく根本的な変化を遂げました。

韓愈や柳宗元が提唱した古文復興運動は三百年余りの時を経て、多くの古文作家が加わったことで明確な理論や主張をもつようになり、その創作も大きな成果をあげました。こうして新たな散文の典型が確立されただけではなく、儒家の道統を継続させることにもなりました。これらのことから、古文復興運動は中国文化において画期的な意義をもった文化運動だったということができます。

第二節　詩の最高峰――唐詩

詩歌の普及とその最盛期

中国の詩歌は唐代《とうだい》になり最高峰に達しました。清代《しんだい》の康熙《こうき》年間（一六六二～一七二二年）に編纂された『全唐詩《ぜんとうし》』に収録されているだけでも、唐代の詩人は二千二百人余り、作品は四万八千九百首余りに上り、『全唐詩』は全部で九百巻あります（図11-3）。ここに収録されている詩の作者は、上は皇帝や大臣・官僚から、下は平民にいたるまでおり、さらには僧侶や道士もいるなど、ほぼあらゆる階層にわたっています。

現存する唐詩が詠《うた》っている地域について見ると中原《ちゅうげん》地域のほか、北部・西部や東北の辺境まで、すべてが詩歌《しいか》の詠《うた》う範囲に入っています。詩歌と唐代の人々の日常生活とには密接な関係があり、良

図11-3　清代に揚州詩局が刊行した『全唐詩』書影

い詩が一首作られると、わずかな時間で多くの地域へと伝わりました。筆写《ひっしゃ》という当時の主要な伝播方法のほかにも、歌唱《かしょう》や題壁《だいへき》「壁に詩を書きつけること」などの多くの方法があり、これらの伝播方法は社会における唐詩の広範な流伝を促しました。現存する、唐代の人々が選んだ詩には、敦煌《とんこう》石窟《せっくつ》で発見された唐詩の抄本《しょうほん》を除いても、十数種が伝わっています。また、詩歌は科挙試験《かきょしけん》の科目となりましたが、そのことは詩歌が重要な地位にあったことを反映しており、詩歌のさらなる繁栄を促しました。要するに、唐代は詩歌が大いに普及した時代であり、唐詩の興隆は、まさに詩歌の広範な普及の上に現れたものです。

　しかし、唐詩が盛んとなったことを示すより重要な指標は、その及びもつかぬきわめて高い水準です。唐代には李白《りはく》や杜甫《とほ》といった偉大な詩人のみならず、王勃《おうぼつ》・陳子昂《ちんすごう》・王維《おうい》・孟浩然《もうこうねん》・王昌《おうしょう》齢《れい》・王之渙《おうしかん》・高適《こうせき》・岑参《しんじん》・韓愈《かんゆ》・柳宗元《りゅうそうげん》・劉禹《りゅうう》錫《しゃく》・白居易《はくきょい》・李賀《りが》・李商隠《りしょういん》・杜牧《とぼく》など、特色ある優秀な詩人が大量に登場し、唐詩全体の水準は、それ以前のいかなる時代をも超越しており、その後のいかなる時代も到達することがないものです。もし、中国を「詩の国」とするならば、唐詩こそが「詩の国」の頂点です。唐詩は中国詩歌史の頂点であるのみならず、中華文明史全体における輝かしい存在です。

南北文学の気風の統合と開明・開放の文化の姿

唐詩が繁栄した原因については、文学史家がこれまでさまざまな解釈を提起しており、ここで繰り返し述べる必要はないでしょう。しかし、文明史の観点から言えば、次の三点を強調することができます。

第一点は、南北の文化が統合へと向かったことです。南朝《なんちょう》と北朝《ほくちょう》の文化統合は、簡潔にいえば清淡にして綺麗なものと純朴にして剛直なものの相互の補完、そして情感と表現の統一でした。『隋書《ずいしょ》』巻七六「文学伝《ぶんがくでん》」の「序《じょ》」には「江左《こうさ》〔長江下流の東部地域〕の宮商《きゅうしょう》〔音楽〕発越《はつえつ》〔のびやか〕として、清綺《せいき》〔清淡にして綺麗〕を貴《とうと》ぶ。河朔《かさく》〔黄河より北の地域〕の詞義《しぎ》は貞剛《ていごう》〔純朴にして剛直〕にして、気質《きしつ》を重《おも》んず」や「若《も》し能《よ》く彼《か》の清音《せいいん》を綴《つづ》り、茲《こ》の累句《るいく》〔欠点のある句〕を簡《はぶ》き、各《おの》おの短《たん》とする所《ところ》を去《さ》りて、其《そ》の両《ふた》つの長《ちょう》を合《あ》わさば、則《すなわ》ち文質斌斌《ぶんしつひんぴん》として、善《ぜん》を尽《つ》くし美《び》を尽《つ》くさん」とあります。唐詩は、まさにこのように歴史的な文化統合の目標を実現し、その極致に達しました。

第二点は、開放的であった文化的状況です。首都の長安《ちょうあん》を例にとってみても、長安は当時世界最大の国際都市であり、八世紀前半になると人口はすでに百万人に達し、各国の使節・留学生・留学僧・商人・芸術家が絶え間なくやってきました。また、多くの外来の宗教、たとえば仏教・ゾロアスター教・ネストリウス派キリスト教・マニ教は自由に伝えることができました。音楽、美術、舞踏は外来の要素を広く吸収して多様化し、米国《べいこく》・曹国《そうこく》・康国《こうこく》・安国《あんこく》［いずれも西域の国家］といった国々の芸術家が盛んに活動しました。

第三点は、それまでと比べて開放的になった政治的な局面です。科挙試験《かきょしけん》を実施したことで、大量の中・下層の士人《しじん》が上流階層となって政治に参与し、門閥《もんばつ》が独占する政治的局面を徹底的に打ち破りました。こうして、唐王朝の統治はより広い基礎の上に築かれました。

唐朝の統治者は隋朝の滅亡を教訓として、相対的には各方面の状況を理解し、意見に耳を傾けました。また、新たに士人となった人々の中にも直言《ちょくげん》する人々が多かったため、唐朝の政治は相対的には開明的になりました。このような状況の中で、詩人は詩歌のなかで社会の矛盾を暴露し、政治を諷《ふう》刺《し》しました。要するに、この統合・開放・開明の気風は、唐朝の詩人に南北文化や外来文化を広く吸収する機会を提供し、比較的ゆったりとした創作の空間を与え、新たなものの創造を探求する気持ちを奮い起こさせました。これが唐詩の繁栄した重要な原因です。

唐詩の風格は多種多様であり、豪放《ごうほう》さを重んじる詩もあれば、深く沈んだ詩や平易な詩、また難解な詩もあります。しかし、唐詩に他の時代の詩歌と区別されるような全体としての風格が確かに存在していたことは否定できません。唐詩の全体的な風格について、宋代の厳羽《げんう》は『滄浪詩話《そうろうしわ》』のなかで「本朝《ほんちょう》の人《ひと》は理《り》を尚《とうと》ぶ」や「唐朝《とうちょう》の人《ひと》は意興《いきょう》を尚《とうと》ぶ」と述べています。*8

また、銭鍾書《せんしょうしょ》はこの風格を「唐詩《とうし》は多《おお》く豊神情韻《ほうしんじょういん》［風格や情趣］を以《もっ》て擅長《せんちょう》［得意］とし、宋詩《そうし》は多《おお》く筋骨思理《きんこつしり》［構造や思考］を以《もっ》て見勝《けんしょう》［特色］とす」と概括しており（『談芸録』の「詩は唐宋に分かる」）、林庚《りんこう》は新鮮な認識、充実した創造性、深い内容を平易に描く表現力と概括しています（『唐詩総論』「代序」）。これらの論述を参考にすると、唐詩の風格は次のように概括できるかもしれません。唐詩の時代的風格は壮大な気風、超越した情趣《じょうしゅ》、深化した境地《きょうち》、純真な性情《せいじょう》、高雅《こうが》な格調《かくちょう》、新鮮な言語、およびこれらの面が一緒になって形成した健康的な美、新鮮な美、自由な美です。これらは、時代の特色に富んだ新しい美的感覚でした。

近体詩の確立と美的心理への影響

唐代詩人の重要な貢献は、近体詩《きんたいし》（律詩《りっし》や絶句《ぜっく》を含む）という新たな詩歌の形式を確立したことです。五言《ごごん》と七言《しちごん》の近体詩は、一首の詩、詩の一句ごとに文字数が決まっており、厳格な「押韻《おういん》」「対《たい》仗《じょう》（対偶《たいぐう》）」「平仄《ひょうそく》」といった格律《かくりつ》［形式と韻律《いんりつ》］がありました。この格律に合わせるために、詩歌の言葉には必ず通常とは異なる点、つまり「変異《へんい》」した点がありました。あるいは、変異しなくとも、頻繁に通常の規則を超えて「強調」することもあります。この「変異」や「強調」が最も明確なのは、単語（あるいはイメージ）の間に前置詞や接続詞を用いないことで、言葉を直接連ねて自由な連想空間を作り上げ、言葉が途切れても意味が続くようにし、含蓄のある美感や多義的な効果が生まれました。

たとえば「浮雲游子意、落日故人情［浮雲游子《ふうんゆうし》の意《い》、落日故人《らくじつこじん》の情《じょう》］」（李白「友人を送る」）や「風急天高猿嘯哀、渚清沙白鳥飛廻［風急《かぜきゅう》に天高《てんたか》くして猿嘯哀《えんしょうかな》しく、渚清《なぎさきよ》く沙白《いさごしろ》くして鳥飛《とりと》び廻《かえ》る］」（杜甫「登高」）、「鶏声茅店月、人跡板橋霜［鶏声茅店《けいせいぼうてん》の月《つき》、人跡板橋《じんせきはんきょう》の霜《しも》］」（温庭筠「商山早行」）といった詩句のように、いくつかの単語（あるいはイメージ）が連なるだけで、単語のあいだの関係は、すべて読者の自由な連想に任されます。そして、これらの文字や行間に存在する趣《おもむき》も、読者自身によって補われます。これは中国人の芸術における興趣《きょうしゅ》や鑑賞心理の形成、さらには文化心理の形成に大きな影響を与えました。

初唐から晩唐にいたる詩歌の変遷

唐詩は初唐《しょとう》・盛唐《せいとう》・中唐《ちゅうとう》・晩唐《ばんとう》という四つの時期に分けられます。初唐は、高祖《こうそ》［李淵］の武徳《ぶとく》元年（六一八年）から玄宗《げんそう》［李隆基］の先天《せんてん》元年（七一二年）までの約百年です。この百年間における詩歌の創作は、際立った成果を得ることはありませんでした。しかし、詩壇《しだん》の主役はすでにより下方へと移り始めており、科挙に合格して官途に入った人々や中・下層出身の詩人が次第に詩壇に登場し、詩歌創作の主力となりました。これらの詩人は、元来より詩壇を占めていた宮廷詩人と比べて生活上の経験や視野が広かったことから、これとともに詩歌の題材も拡大しました。この点について聞一多《ぶんいった》がまさに言うように、宮体詩《きゅうたいし》は盧照鄰《ろしょうりん》と駱賓王《らくひんおう》の手にあって「宮廷《きゅうてい》から市井《しせい》へと広まり」、五言律詩《ごごんりっし》は王勃《おうぼつ》と楊炯《ようけい》の時代に「楼閣《ろうかく》から江山《こうざん》や塞外《さいがい》、砂漠へと広まり」ました[*9]。

このほか、初唐ではさらに詩歌の発展に関わる二つの重要な問題が解決されました。一つは、南北の文学の風格が融合したこと、つまり表現と情感という二つの面が統一され始めたことです。もう一つは、近体詩《きんたいし》という新たな形式が確立し、七言《しちごん》の「歌行《かこう》」を作るうえで際立った成果をあげた（たとえば張若虚《ちょうじゃくきょ》の「春江花月《しゅんこうかげつ》の夜《よ》」）ことです。これらの新たな趨勢が起こったことで、盛唐における詩歌発展の道が開かれました。「初唐《しょとう》の四傑《しけつ》」（王勃・楊炯・盧照鄰・駱賓王）と陳子昂《ちんすごう》・張若虚らは、まさにこの新しい趨勢の代表です。

盛唐は、玄宗の開元《かいげん》元年（七一三年）から代宗《だいそう》［李豫］の永泰《えいたい》元年（七六五年）までの約五十年間です。この五十年間は唐代の詩歌史の頂点であり、中国詩歌史全体の頂点でもあります。盛唐の詩人の経歴や風格はそれぞれ異なっており、実質的には、厳格な意味での詩派は形成されませんでした。一般的に言われる山水田園詩派《さんすいでんえんしは》や辺塞詩派《へんさいしは》では、盛唐の詩人全体を概括することはできません。創作の題材がきわめて広範囲にわたる李白や杜甫をある一つの派に分類することは、どのようであれ不可能です。しかも、いわゆる山水田園詩派の代表である王維は、山水田園詩だけではなく、政治上の感慨を詠んだ詩や辺塞詩でも優れています。いわゆる辺塞詩派の代表的詩人の一人である高適《こうせき》も、「辺塞」の二字で括《くく》ることはできません。

しかし、このように言うことは、盛唐の詩壇に共通する時代的風格がないということではありません。むしろ、盛唐の詩歌は強い時代の特色を具えています。この特色とは広大《こうだい》・雄渾《ゆうこん》・深遠《しんえん》・超逸《ちょういつ》であり、満ち溢《あふ》れる活力、創作の喜び、斬新な体験であり、またイメージの運用、情緒の表現、情感と韻律の統合を通じて形成された新たな美でした。これらすべてが盛唐の気風、つまり後世の人々が慕ってやまない、一つの時代の様相を代表することのできる全体的な風格となりました。注目に値するのは、このような盛唐の気象は本来詩歌を評論する説の一つでしたが、歴史家によって受け入れられ、中国史におけるこの黄金時代を語るのに用いられたことです。盛唐詩歌の気風は、この時代の文明をよく表現しています。

中唐は、代宗の大暦《たいれき》元年（七六六年）から文宗《ぶんそう》［李昂］の太和《たいわ》九年（八三五年）までの約七十年間です。安史《あんし》の乱《らん》の後、唐朝の政治経済は衰退の局面に入り、中唐では詩歌の創作も盛唐のような気風を失いましたが、一方では新たな発展があり、詩人は厳しい現実に直面せざるを得ず、そのような現実を詩の中で描きました。

もう一つ、盛唐の詩人と異なる点は、中唐の詩人が比較的深く政治に参与し、詩人によっては政治の渦中の中心的な地位にあったため、中唐の詩歌は盛唐よりも政治的色彩が鮮明であったことです。白居易《はくきょい》や元稹《げんじん》に代表される詩人たちは諫言を記した上奏文にも似た形で詩をつくり、詩の中で社会のさまざまな弊害を明らかにし、これらの問題が皇帝の目にとまるよう望みました。一方で、韓愈《かんゆ》や孟郊《もうこう》、李賀《りが》に代表される詩人たちは、自身の不幸に重点をおいて詩を作りました。このような詩も、客観的に社会のある種の不合理を暴露しました。

晩唐は、文宗の開成《かいせい》元年（八三六年）から昭宣帝《しょうせんてい》［李柷《りしゅく》］の天祐《てんゆう》四年（九〇七年）までの約七十年間です。当時の政治情勢からみると、どのように才能のある詩人でも自身の才能によって政治の上層部に参加することは難しく、反対に高位の官職にある人は詩の才能に欠けていたため、初唐の上官儀《じょうかんぎ》、盛唐の賀知章《がちしょう》・張説《ちょうえつ》、中唐の韓愈・白居易のように高位の官職にあって詩壇を率いる人物はほとんど見られなくなりました。

もし、儒家の詩論の立場から見るならば、この七十年の詩歌はすでに二つの面で方向転換がありました。一つは、詩歌が政治教化の方向性から大きく逸脱して、詩歌自体の美学的価値を追求する方向性へと転じたことです。もう一つは、詩人が日常生活に向き合い内心の深部に耽溺し、自分自身の哀愁を味わったことです。杜牧《とぼく》や李商隠《りしょういん》などにも、社会政治に関わる作品がまったくないわけではありませんが、彼らの代表作について言えば、その方向性はすでに転換していました。この転換が詩歌創作の新たな趨勢を代表しました。

李白による個性の自由への追求

文化史の角度から観察すると、唐代詩人のうち、最も注目に値するのは李白《りはく》・杜甫《とほ》・王維《おうい》・白居易《はくきょい》の四人です。李白は「詩仙《しせん》」と呼ばれました。この呼び名は李白自身が追い求めたのかもしれず、あるいは彼自身が作り出した世論であったのかもしれませんが、李白には確かに常人と異なる魅力があったことは否定できません。このため、「詩仙」という呼び名も普遍的に認められています。（図11-4）

李白は若いころ一風変わった書物を好んで読み、任侠《にんきょう》に道を学び、江陵《こうりょう》で道士《どうし》の司馬承禎《しばしょうてい》に会った際には、仙人の風格や気骨があると言われました。また長安では、太子賓客《たいしひんきゃく》の賀知章《がちしょう》が李白の「蜀道難《しょくどうなん》」を見て彼を「謫仙人《たくせんにん》」［人界に追放された仙人］と呼び、高官の装飾品であった「金亀《きんき》」を取り外して酒に換え、李白と歓談しました。*10 後に、魏顥《ぎこう》は李白について「眸子《ぼうし》［まなこ］は炯然《けいぜん》［明るく輝く］として、哆《し》たること［体が大きいこと］餓虎《がこ》の如《ごと》く、或《ある》いは時《とき》に束帯《そくたい》すれば、風流蘊藉《ふうりゅううんしゃ》［教養が内に蓄えられている］たり」（魏顥「李翰林集序」）と述べています。

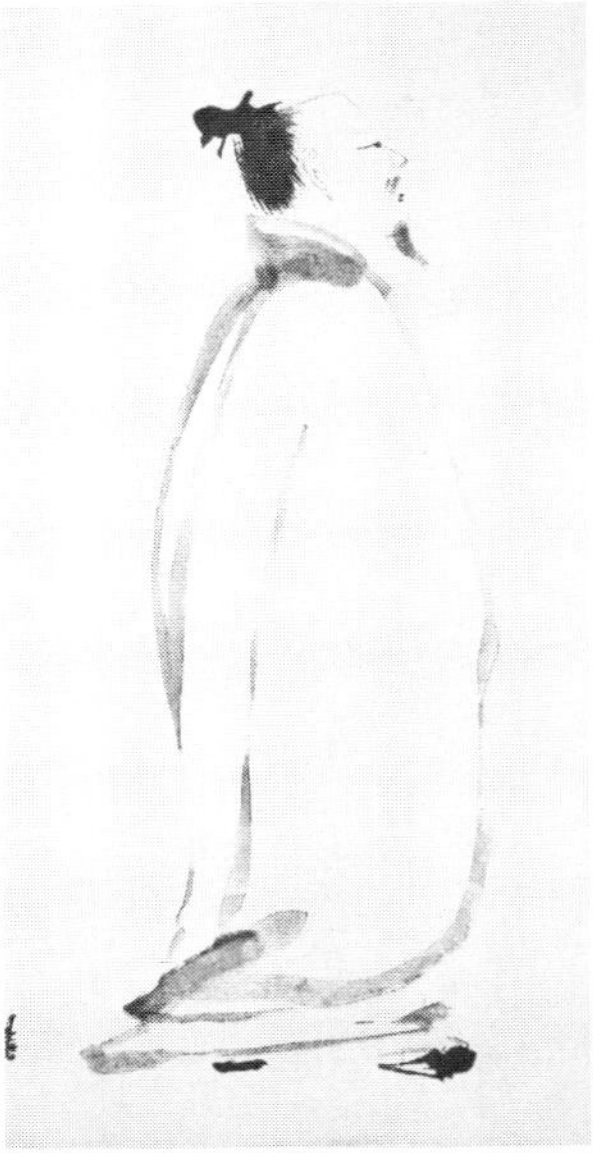
図11-4　南宋の梁楷「李白行吟図」

李白は遠大な志を抱いており、政治を補佐することを望みましたが、他の士人のように科挙試験には参加せず、自分の才能によって一挙に大臣になろうとしました。李白は戦国時代の魯仲連《ろちゅうれん》や東晋《とうしん》の謝安《しゃあん》のように、乱世の中で奮起して立ち上がり混乱した局面を収め、民衆を救った人物を慕いました。安史《あんし》の乱《らん》の間、李白は永王李璘《えいおうりりん》が兵を起こし反乱軍を征討するのに従いましたが、後に李《り》光弼《こうひつ》が大軍を率いて史朝義《しちょうぎ》を征討するという知らせを受け、反乱軍を滅ぼさんとする意気込みをもって従軍しました。この二つの事実は、李白がみずからの才能を発揮し、自分の平素の抱負を実現する機会を得ようと、どれほど切望していたかを示しています。

李白が詩仙と呼ばれるのは、仙人のように世俗を超越していたことを示しているのではありません。李白は道家思想の枠外にあって、色濃い縦横家《じゅうおうか》の思想と任侠《にんきょう》の思想を持ち、積極的に世俗に関わろうとする側面がありました。李白の抱負は大きく、彼がたどった道筋も通常のものではなかったため、一般的な士人とは異なるだけです。

李白は平凡な状況に甘んじることがなく、さらに束縛に耐えられず、個性の自由な開放こそ生涯をかけて追い求めたものでした。李白の詩歌の想像力も尋常ではなく、まさに皮日休《ひじっきゅう》がいうように「言《げん》は天地《てんち》の外《そと》に出《い》で、思《おも》いは鬼神《きしん》の表《おもて》に出《い》づ」（『皮子文藪』巻四「劉棗強碑」）でした。李白は常にみずからを束縛されず自由に天地の間を飛び回る大鵬《たいほう》に喩《たと》え、詩の中では「大鵬《たいほう》、一日風《いちじつかぜ》と同《おな》じく起《た》ち、扶揺《ふよう》直《ただ》ちに上《のぼ》る九万里《きゅうまんり》。仮令《たとい》、風歇《かぜや》んで時《とき》に下《くだ》り来《き》たるとも、猶《な》お能《よ》く簸却《はきゃく》す滄溟《そうめい》の水《みず》」（「李邕《りよう》に上《たてまつ》る」）と詠《よ》んでいます。李白はまた、虎と鷹について「摧残《さいざん》〔元気が衰える〕す檻中《かんちゅう》の虎《とら》、羈紲《きせつ》〔弓懸に縛られる〕す韝上《こうじょう》の鷹《たか》。何《いず》れの時《とき》か風雲《ふううん》を騰《あ》げ、搏撃《はくげき》、能《よ》くする所《ところ》を申《の》べん」（「新平の少年に贈る」）と詠んでいます。このほか、千里を流れる河川や天まで届く山の峰を描写して「黄河《こうが》の水は天上より来たる。奔流《ほんりゅう》、海に到って、復《ま》た廻《かえ》らず」（「将進酒《しょうしんしゅ》」）や「登高壮観《そうかん》、天地の間《あいだ》。大江茫茫《たいこうぼうぼう》、去《さ》って還《かえ》らず」（「廬山《ろざん》の謡《うた》」）、「連峰天《れんぽうてん》を去《さ》ること尺《しゃく》に盈《み》たず、枯松《こしょう》倒《さかしま》に掛《か》かって絶壁《ぜっぺき》に倚《よ》る」（「蜀道難《しょくどうなん》」）と詠んでいます。これらの詩句からは、李白の豪放で雄大な気迫が伝わってくるかのようです。李白は時おり、みずからを大自然と対等の地位に置き、さらには大自然と一体に融合しようとして「吾将《われまさ》に大塊《たいかい》を嚢括《のうかつ》し、浩然《こうぜん》として、溟涬《めいこう》［元気、自然混沌の気］と科《か》を同《おな》じくす」（「日出入行《にっしゅつにゅうこう》」）と詠んでいます。このような表現は、普通の人では想像できないことです。

また、李白は権力者の前では傲慢不遜《ごうまんふそん》であり、取り入ってへつらおうとはせず「安《いずく》んぞ能《よ》く眉《まゆ》を摧《くだ》き、腰《こし》を折《お》りて権貴《けんき》に事《つか》え、我《われ》をして心顔《しんがん》を開《ひら》くを得《え》ざらしむ」（「夢《ゆめ》に天姥《てんぼ》に遊《あそ》ぶの吟《ぎん》、留別《りゅうべつ》」）、「松柏《しょうはく》は本《もと》と孤直《こちょく》、桃李《とうり》の言《げん》［顔《かんばせ》］を為《な》し難《がた》し」（「古風」其一二）、「黄金白璧《おうごんはくへき》、歌笑《かしょう》を買《か》い、一酔累月《いっすいるいげつ》、王侯《おうこう》を軽《かろ》んず」（「旧遊を憶《おも》い譙郡の元参軍に寄す」）と詠んでいます。しかし、庶民に対してはたいへん謙遜し、「五松山下《ごしょうざんか》、荀媼《じゅんおう》の家《いえ》に宿《しゅく》す」の詩には「我《われ》五松《ごしょう》の下《もと》に宿《やど》り、寂寥《せきりょう》歓《よろこ》ぶ所無《ところな》し。田家《でんか》、秋作《しゅうさく》苦《く》、鄰女《りんじょ》、夜春《やしょう》寒《さむ》し。跪《ひざまず》いて雕胡《ちょうこ》［まこも］の飯《はん》を進《すす》め、月光《げっこう》、素盤《そばん》に明《あき》らかなり。人《ひと》をして漂母《ひょうぼ》［絹糸を洗い流す老婦人］に慚《は》じしむ、三謝《さんしゃ》、餐《さん》する能《あた》わず」と詠んでいます。この二つの態度の対比を見ると、李白に対して敬慕の気持ちを持たざるをえません。李白のこのような精神は、中華文化の最も尊い一面を体現しています。

李白の詩に描かれるイメージはとても個性的であり、しかも往々にして現実を超越し、強い主観の投影された幻想的な色彩を帯びています。彼の詩は、あたかも渦巻く暴風や爆発する火山のようであり、大声で叫び、自在に変化してきわまるところがありません。「蜀道難」はこのような李白の代表作です。また、李白は誇張を得意とし、言語は豪放であり、想像力に富んでいました。たとえば「刀《かたな》を抽《ぬ》いて水《みず》を断《た》たば、水《みず》、更《さら》に流《なが》れ、杯《さかずき》を挙《あ》げて愁《うれ》いを銷《け》せば、愁《うれ》い、更《さら》に愁《うれ》う」（「宣州《せんしゅう》の謝朓楼《しゃちょうろう》にて校書叔雲《こうしょしゅくうん》に餞別《せんべつ》す」）、「白髪三千丈《はくはつさんぜんじょう》、愁《うれ》いに縁《よ》って箇《か》くの似《ごと》く長《なが》し」（「秋浦吟」）、「我《われ》、愁心《しゅうしん》を寄《よ》せて明月《めいげつ》に与《あた》うれば、君《きみ》に随《したが》いて直《ただ》ちに到《いた》る夜郎《やろう》の西《にし》」（「王昌齢、龍標に左遷せらるを聞き遥かに此の寄有り」）、「杯《さかずき》を挙《あ》げて明月《めいげつ》を邀《むか》え、影《かげ》に対《たい》して三人《さんにん》を成《な》す」（「月下独酌」）などです。感情が最高潮まで高

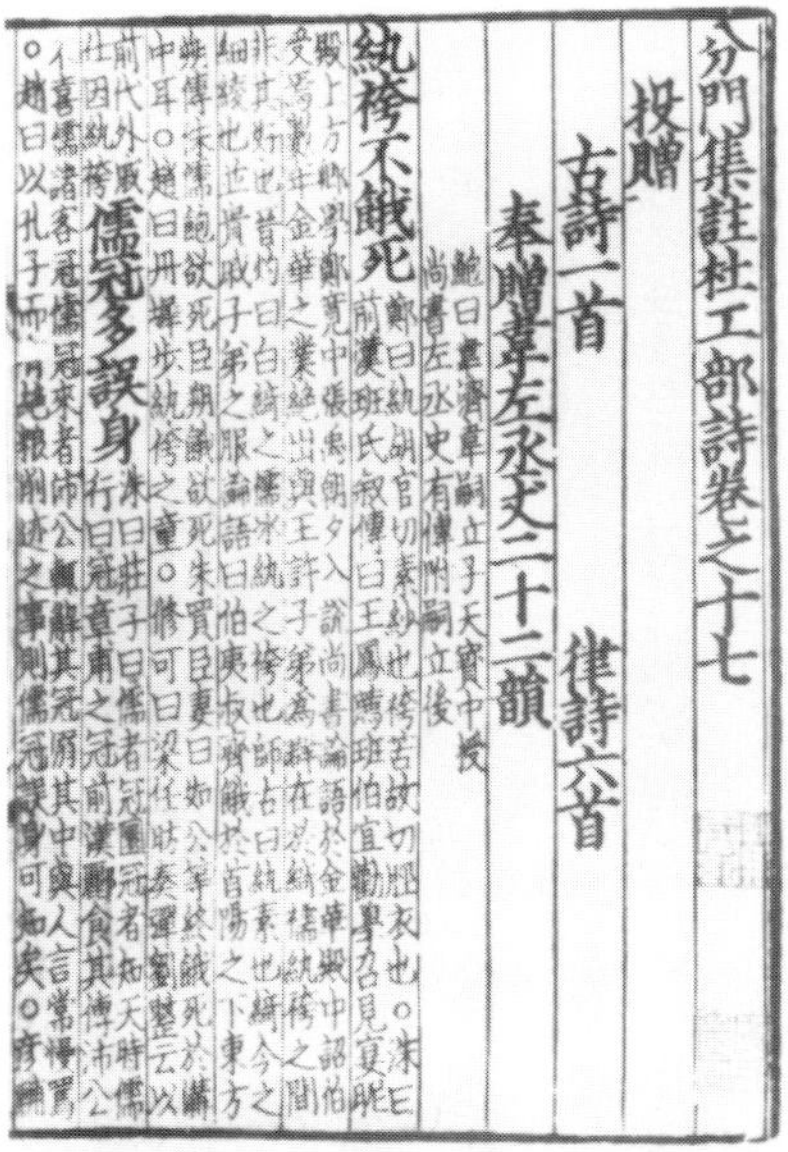
分門集註杜工部詩卷之十七
投贈
古詩一首　律詩六首
奉贈韋左丞丈二十二韻
紈袴不餓死　儒冠多誤身

図11-5　宋刻本『分門集注杜工部詩』書影

ぶると、李白は格律《かくりつ》の拘束を破ってまで、散文化した詩句を作りました。たとえば「清風明月《せいふうめいげつ》、一銭《いっせん》の買《か》うを用《もち》いず、玉山《ぎょくさん》自《おの》ずから倒《たお》れて、人《ひと》の推《お》すに非《あら》ず」（「襄陽歌」）、「我《われ》且《か》つ君《きみ》が為《ため》に黄鶴楼《こうかくろう》を槌砕《ついすい》せん［打ち砕く］、君《きみ》亦《ま》た吾《わ》が為《ため》に鸚鵡洲《おうむしゅう》を倒却《とうきゃく》［踏み倒す］せよ」（「江夏、韋南陵氷に贈る」）などがあります。

李白の詩歌には独特の個性があり、盛唐の風格を鮮明に映し出しています。盛唐の文化的繁栄は、元来行われてきた南北の文化の交流や、他国の文化との交流の結果でした。李白はちょうどこの二つの交流が高まった時期に生きており、また彼自身の経歴はこのような時代の潮流の影響を受けやすくし、彼にこの潮流の最先端を歩ませました。盛唐の大一統という局面、そして多元的で開放的な社会環境が李白を生み出し、李白もこの盛唐の多元的で開放的な状況の代表的存在でした。李白の詩歌が示している非凡な創造力や雄大な気迫は、まさにこの時代の精神と合致します。

李白がすでに文化的な記号となり、自由と開放を代表していることは、李白に対する後世の認識の独立独行を示しており、同時に世俗の束縛を打ち破ろうとする求めと大部分一致しています。李白はすでに一つの時代の象徴となり、中国の歴史上最も輝かしい時代の一つを代表しており、後世の李白に対する思いは、ある程度はこの時代を偲ぶ思いと一つに結びついています。

杜甫の仁愛への思い

杜甫は「詩聖《しせい》」と呼ばれます。これには二つの意義が含まれています。一つは、杜甫の詩歌には儒家思想が集中的に、そして純粋に体現されており、杜甫自身の思想の境地も聖人のようであったことを指しています。もう一つは、杜甫には詩歌の創作における模範という意義があり、後世の人々が杜甫の詩をまねることは、聖人にならうのと同じであったことを指しています。（図11-5）

杜甫はみずからの家庭を「儒を奉じて官を守る」（「雕賦を進む表」）であったといい、杜甫自身もいつも儒家の道徳基準をよく遵守《じゅんしゅ》し、その基準によってみずからの人格を陶冶《とうや》しました。杜甫の人格のなかで主要なものは、他人の身になって考える態度と、国と民衆のために心を痛める心情です。「京《けい》より奉先県《ほうせんけん》に赴《おもむ》き、懐《かい》を詠《えい》ず五百字《ごひゃくじ》」や「茅屋《ぼうおく》、秋風《しゅうふう》の破《やぶ》る所《ところ》と為《な》る歌《うた》」はともにみずからの貧困によって天下の人々の貧困を連想しており、「春望《しゅんぼう》」や「白帝《はくてい》」のなかで憂《うれ》えているのは、自身の境遇ではなく国と民衆です。杜甫の「又《ま》た呉郡《ごぐん》に呈《てい》す」は、貧困にあえぐ隣人を細やかに思いやっており、さらに戦乱の中で苦しむ民衆に対する深い同情を示しています。

堂前撲棗任西隣
無食無児一婦人
不為困窮寧有此
只縁恐懼転須親
即防遠客雖多事

堂前《どうぜん》棗《なつめ》を撲《う》つ西隣《せいりん》に任《まか》す
食無《しょくな》く児無《じな》き一婦人《いちふじん》
困窮《こんきゅう》の為《ため》ならずんば寧《いずく》んぞ此《こ》れ有《あ》らんや
只恐懼《ただきょうく》するに縁《よ》りて転《うた》た須《すべか》らく親《した》しむべし
即《すなわ》ち遠客《えんきゃく》を防《ふせ》ぐは多事《たじ》なりと雖《いえど》も

便揷疎籬却甚真
已訴徵求貧到骨
正思戎馬涙盈巾

便《すなわ》ち疎籬《そり》を挿《さしはさ》まば却《かえっ》て甚《はなは》だ真《しん》ならん
已《すで》に訴《うった》う徴求《ちょうきゅう》せられて貧《ひん》骨《ほね》に到《いた》ると
正《まさ》に戎馬《じゅうば》を思《おも》えば涙巾《なみだきん》に盈《み》つ

杜甫は民衆の苦しみを気遣っただけではなく、病を得た馬・柏・菊・枯れた棕櫚《しゅろ》といった、健康を損なった生物にも同情を寄せました。杜甫はあらゆる苦難を背負うという思いを抱く人であり、天下の人々の苦難を一身に背負おうとして「安《いず》んぞ得《え》ん広廈《こうか》［広く高い家屋］千万間《せんまんげん》、大《おお》いに天下《てんか》の寒士《かんし》を庇《おお》いて倶《とも》に歓顔《かんがん》、風雨《ふうう》にも動《うご》かず安《やす》きこと山《やま》の如《ごと》くならん。嗚呼《ああ》、何《いず》れの時《とき》にか眼前突兀《がんぜんとつごつ》、此《こ》の屋《おく》を見《み》て、吾《わ》が廬《いおり》は独《ひと》り破《やぶ》れて凍死《とうし》を受《う》くるも亦《また》た足《た》れり」（「茅屋《ぼうおく》、秋風《しゅうふう》の破《やぶ》る所《ところ》と為《な》る歌《うた》」）と詠んでいます。杜甫が記す鳳凰《ほうおう》も「願《ねが》わくは竹実《ちくじつ》を分《わ》かちて螻蟻《ろうぎ》［小さな虫］に及《およ》ぼさん、鴟梟《しきゅう》［猛禽］をして相《あ》い怒号《どごう》せしむるに忍《しの》びんや」（「朱鳳行《しゅほうこう》」）というように仁愛に満ちて善良であり、これもまさに杜甫自身を描写したものです。

杜甫の作品は、安史《あんし》の乱《らん》前後の社会の動乱や民衆の苦しみを反映しています。玄宗《げんそう》・粛宗《しゅくそう》・代宗《だいそう》の三代にわたる社会の様子、斉《せい》・趙《ちょう》・隴《ろう》・蜀《しょく》・楚《そ》といった各地の風土人情、そして帝王・大臣・将軍・農夫・漁夫といった各階層の生活の様子が、杜甫の詩にはありのままに反映されています。特に注目すべきは、杜甫が詩歌を用いて安史の乱前後の重大な社会的、政治的事件をすぐさま反映したことです。このため、杜甫の詩は「詩史《しし》」と讃えられており、これは杜甫の独創的な貢献です。杜甫の「兵車行《へいしゃこう》」「麗人行《れいじんこう》」「京《けい》より奉先県《ほうせんけん》に赴《おもむ》き、懐《かい》を詠《えい》ず五百字《ごひゃくじ》」「北征《ほくせい》」「三吏《さんり》」（「新安《しんあん》の吏《り》」「石壕《せきごう》の吏」「潼関《どうかん》の吏」の三作品）や「三別《さんべつ》」（「新婚《しんこん》の別《わか》れ」「垂老《すいろう》の別れ」「無家《むか》の別れ」の三作品）、そして蜀の地に入った後に詠んだ、叙事的性格を帯びた詩歌は、この方面の代表的な作品です。

杜甫は言語の巨匠であり、社会現象をうまくつかみとって練り上げた詩句としました。これは杜甫の特異な才能です。たとえば「朱門《しゅもん》〔富豪や貴族の家の門〕酒肉臭《しゅにくくさ》し、路《みち》には凍死《とうし》の骨有《ほねあ》り」（「京より奉先県に赴き、懐を詠ず五百字」）、「烽火三月《ほうかさんげつ》に連《つら》なる、家書《かしょ》〔家族からの手紙〕万金《ばんきん》に抵《あた》る」（「春望」）、「戎《じゅう》馬《ば》〔軍馬〕は如《し》かず帰馬《きば》〔帰耕の馬〕の逸《いっ》する〔のんびり暮らす〕に、千家《せんか》、今百家《いまひゃっか》の存《そん》する有《あ》り」（「白帝《てい》」）などがあります。

杜甫はさらに、雄渾壮大な芸術の境地と細やかに行き届いた表現方法を完璧に一つに結びつけ、その詩の僅《わず》かな文字のうちに遠大な気勢を表現しました。李白が常に迅速で思い切った手法によって雄渾壮大な効果を得たのに対し、杜甫は他者を細やかに思いやり、微に入り細をうがつ手法で同様の効果を得ました。イメージが詩の中に凝集されるのは、杜甫の詩の大きな特徴であり「風急《かぜきゅう》に天高《てんたか》くして猿《えん》嘯哀《しょうかな》しく、渚清《なぎさきよ》く沙白《いさごしろ》くして鳥飛《とりと》び廻《かえ》る」（「登高」）や「三年《さんねん》、笛里《てきり》の関山月《かんざんげつ》、万国《ばんこく》、兵前《へいぜん》、草木《そうもく》の風《かぜ》」（「洗兵馬」）といった句があります。杜甫の風格は一貫して「沈鬱頓挫《ちんうつとんざ》」という四字によって概括されてきましたが、これは杜甫の民衆を憂える思想、起伏の激しい情感と密接に関係しており、「秋興《しゅうきょう》」八首はこの風格を最もよく代表する作品です。（図11-6）

杜甫も李白と同じく文化的記号となっており、仁

図11-6　明代の陳洪綬が描いた『博古葉子』の杜甫像

愛・善良・忠義を代表しています。このことは後世広く認められましたが、これらは中華文化の精神の重要な点です。宋代の人々が強調した杜甫の「忠君《ちゅうくん》」を否定するわけではありませんが、これが杜甫の最も貴《たっと》い品格であるとは認められません。「忠君」に比べれば、「愛民《あいみん》」こそ杜甫の人格の核心であり、より貴いものです。李白が追求したのは個性の自由と解放であり、このため李白は飄逸《ひょういつ》です。杜甫は民衆の苦しみを片時も忘れることがなかったため、陰鬱《いんうつ》です。李白は詩仙、杜甫は詩聖と呼ばれますが、この二人が同時に盛唐の詩壇に登場したのは、中華文明史の一大絶景です。

王維の詩歌における禅意

王維《おうい》は「詩仏《しぶつ》」と呼ばれます。彼は敬虔《けいけん》な仏教徒であり、仏教学に深い造詣がありました。しかし、このような見方は李白を「詩仙」とし、杜甫を「詩聖」とするほど正確なものではなく、当時や後世のどちらの見方においても、王維を仏《ほとけ》と比べることなどできません。王維は高い文化的教養を具えた詩人であるにすぎません。詩文に優れていただけではなく、音楽に通じ、絵画や書にも優れました。文学・芸術・宗教のどの面から見ても、王維はその頂点にいる人物でした。このように、あらゆる面で力を発揮した人物の存在は、盛唐時代の文化発展のレベルをよく示しています。しかも、王維は長期にわたって長安《ちょうあん》に居住しており、当時の名声は李白や杜甫に劣りませんでした。このため、王維も盛唐を代表する人物となり、文化史に重要な地位を占めています。

王維は山水詩《さんすいし》がよく知られていますが、実のところ、その傑作は山水詩に限らず、辺塞詩《へんさいし》、贈答《ぞうとう》詩《し》、政治に対する感遇詩《かんぐうし》など各種の題材を詠んだ詩歌のいずれにもすぐれた作品を残しました。たとえば「使《つかい》して塞上《さいじょう》に至《いた》る」という詩はきわめてよくできた辺塞詩であり、その一句「大漠《だいばく》に孤煙《こえん》直《すぐ》に、長河《ちょうか》に落日円《らくじつまろ》し」は古今《ここん》の絶唱《ぜっしょう》です。山水詩についていえば、王維の詩ではきわめて自然に禅の心に融合しました。「鹿柴《ろくさい》」という詩には、次のようにあります。

空山不見人　　空山《くうざん》　人《ひと》を見《み》ず
但聞人語響　　但《た》だ　人語《じんご》の響《ひびき》を聞《き》く
返景入深林　　返景《へんけい》　深林《しんりん》に入《い》り
復照青苔上　　復《ま》た照《て》らす　青苔《せいたい》の上《うえ》

前半の二句は山中の人気《ひとけ》のない広がりを、後半の二句は時間の推移を描写しており、静寂の中に尽きることのない趣《おもむき》があります。王維の山水詩は「画意《がい》〔絵画の趣〕」とも融合しています。これはまさに、蘇軾《そしょく》が「摩詰《まきつ》〔王維の字〕の詩を味《あじ》わえば、詩中《しちゅう》に画《が》有《あ》り。摩詰《まきつ》の詩を観《み》れば、画中《がちゅう》に詩《し》有《あ》り」（「摩詰の藍田煙雨図に書す」）と述べているとおりです。王維の詩は「江流《こうりゅう》は天地《てんち》の外《そと》、山色《さんしょく》は有無《うむ》の中《うち》」（「漢江に臨眺す」）や「日《ひ》落《お》ちて江湖《こうこ》白《しろ》く、潮《うしお》来《きた》って天地《てんち》青《あお》し」（「邢桂州を送る」）、「坐《ざ》して看《み》る、蒼苔《そうたい》の色《いろ》、人衣《じんい》に上《のぼ》りて来《き》たらんとす」（「書事」）など、いずれも画意に富む優れた詩です。

白居易の通俗

白居易《はくきょい》には、これまで述べた三人の詩人のような呼称はありません。白居易はきわめて一般的であり、その通俗性《つうぞくせい》こそが彼の特徴です。「元軽白俗《げんけいはくぞく》」という言葉があります（蘇軾「柳子玉を祭る文」）。白居易の親友元稹《げんじん》が「軽」であるかどうかはともかく、白居易は確かに「俗」です。「俗」は中唐《ちゅうとう》文化に興った新たな潮流であり、都市の繁栄と都市経済の発展にしたがい、文化が市民階層へと広がったことで必然的にこのような特徴が形成され、白居易はこの新たな潮流を代表しました。白居易の詩歌に用いられる言葉が通俗的でわかりやすいという点は早くから認められており、あらためて述べる必要はないでしょう。その詩歌の内容のみについて言えば、「新楽府《しんがふ》」はもとより通俗的ですが、著名な「長恨歌《ちょうごんか》」や「琵琶行《びわこう》」もたいへん通俗的な作品です。この二篇の詩歌に詠まれた物語が宋元以後に多くの戯曲に改編され絶えず上演されたことは、このことの証明です。

白居易の「閑適詩《かんてきし》」は個人の日常生活を題材にしており、題材によっては、歯が抜けた、白髪を抜いた、朝寝坊をしたなど、相当瑣末《さまつ》な事柄です。それまで「経国《けいこく》「国を治める」の大業《たいぎょう》、不朽《ふきゅう》の盛事《せいじ》」とみなされていた詩歌によって日常生活の瑣事《さじ》を描写することは、「雅《が》」を「俗《ぞく》」へと転換する大胆な試みでした。白居易の試みは宋代の詩人に新たな路《みち》を切り開いており、詩歌史や文化史において注目すべき事柄です。

唐詩の中国文化への浸透

唐朝《とうちょう》三百年近くにわたる詩歌の広がりと繁栄は、中国人の思考方法をさらに「詩化《しか》」し、中華文化に詩の興趣、詩の感動、詩の面白みや詩の美を加えました。これらすべてを概括するとすれば、調和と自然を追求し、心のかよった交流と限りない啓示の表現を追求することでした。ある意味において中国は詩の国、中華文明は詩の文明であり、詩は文明の各側面に浸透して中華文明の特色を形成しました。

宋代詩壇の新たな変化

詩歌隆盛の勢いもやがて衰え、宋朝になると詩人はやっかいな問題に直面しました。しかし、宋の詩人はやはり新たな路を考え出しました。それは詩そのものから考えた方法ではなく、他の体裁を借りる、つまり散文の方法で詩を作り「文《ぶん》を以《もっ》て詩《し》と為《な》す」という、詩の散文化を追求しました。このため、「唐詩《とうし》は多《おお》く豊神情韻《ほうしんじょういん》を以《もっ》て擅長《せんちょう》とし、宋詩《そうし》は多《おお》く筋骨思理《きんこつしり》を以《もっ》て見勝《けんしょう》とす」と言われています。[*11]「豊神情韻」から「筋骨思理」への転換は新たな道筋を切り開き、その努力は貴ぶべきものでした。

この点について近代の詩人・学者である朱自清《しゅじせい》は「宋代の詩は物事を論議するものが多く、単純に表現し、俗語を多く用い、調子も流暢ではない。……しかし、宋代の詩を尊ぶ人は、天下の事物は窮《きわ》まれば変化し、変化すれば通じるのだから、詩も同じ事だと考えている。変化は新たなものの創造であり、増加や拡大であり、つまりは進歩でもある。もし変化を受け入れなければ、それはただの真似にすぎず、ひいては丸写しとなる。そのような他人の模倣やあやつり人形などになって、何の意義があるだろうか」と述べています。[*12]

宋詩の特徴を概括的に述べるならば、まさに厳羽《げんう》がいうように「文字を以《もっ》て詩《し》を為《つく》り、才学《さいがく》を以て詩を為り、議論《ぎろん》を以て詩を為る」です。[*13]宋代の江西詩派《こうせいしは》の領袖《りょうしゅう》黄庭堅《こうていけん》の言葉によれば「老杜《ろうと》〔杜甫〕は詩《し》を作《つく》り、退之《たいし》〔韓愈〕は文《ぶん》を作《つく》り、一字《いちじ》も来《き》たる処《ところ》無《な》きは無し〔用語にはすべて来歴がある〕。蓋《けだ》し後人《こうじん》は書《しょ》を読《よ》むこと少《すく》なし、故《ゆえ》に韓《かん》・杜《と》は自《おのずか》ら此《こ》の語《ご》を作《な》すと謂《い》うのみ。古《いにしえ》の能《よ》く文章《ぶんしょう》を為《な》す者《もの》は、真《まこと》に能《よ》く万物《ばんぶつ》を陶冶《とうや》し、古人《こじん》の陳言《ちんげん》〔言い古された言葉〕を取《と》りて翰墨《かんぼく》に入《い》ると雖《いえど》も、霊丹《れいたん》の一粒《ひとつぶ》の如《ごと》く、鉄《てつ》を点《てん》じて金《きん》と成《な》すなり」でした。[*14]宋代の人々のこの努力は、詩人と学者が互いに結びつく道筋

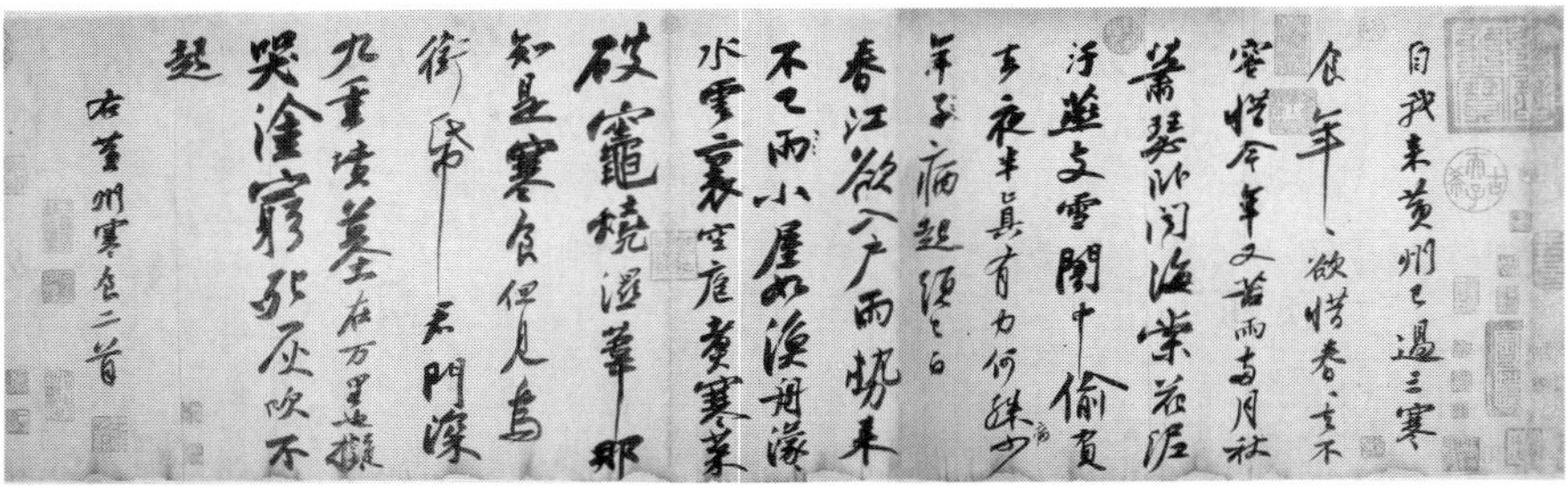

図11-7　蘇軾の「黄州寒食詩」

を拡げ、あるいは詩人の学者化と、学者の詩人化を促したといえます。

これは宋代の印刷術の普及と大きな関係があります。印刷術の普及により、それまでよりも書籍が容易に入手できるようになり、宋代の人々の読書の範囲はさらに広がりました。このため、詩を作る際、より多くの典故《てんこ》を用いることができるようになり、あるいは先人の詩意や詩句をみずからの言葉に変えて用いることで、詩句を練り上げました。しかし、宋代の詩人は常に書物の中から詩の材料を探すことに甘んじていたのではなく、彼らはやはり生活の中、とくに自分の身辺の日常生活の中から詩の材料を探し出し、懸命にそのなかの意義を掘り起こしました。日常生活というのは文人の生活であったので、宋詩は文化的な息遣いを帯びています。唐詩、特に盛唐の詩の重点は自然のイメージの運用と表現にありましたが、宋詩は人文のイメージの運用と表現を重視していました。これが宋詩と唐詩の大きな違いです。

蘇軾《そしょく》は北宋の詩壇で最も成果をあげた詩人です。蘇軾の詩は四千首余りが伝わっており、その才情は豪放であり、自由闊達《かったつ》でした（図11-7）。蘇軾は特に比喩に優れており、その比喩の豊富さ、新鮮さには感嘆せざるを得ません。たとえば「黒雲墨《こくうんすみ》を翻《ひるがえ》して未《いま》だ山《やま》を遮《さえぎ》らず、白雨《はくう》珠《たま》を跳《おど》らし乱《みだ》れて船《ふね》に入《い》る」（「六月二十七日望湖楼酔書五絶」之二）や「西湖《せいこ》を把《と》って西子《せいし》［西施、春秋時代の美女］に比《ひ》せんと欲《ほっ》すれば、淡粧濃抹《たんしょうのうまつ》［素朴な服装と厚化粧」総《すべ》て相《あ》い宜《よろ》し」（「湖上に飲む、初め晴れ後は雨ふる」）、「地《ち》を掃《はら》い香《こう》を焚《た》き閣《かく》を閉《と》じて眠《ねむ》る、簟紋水《てんもんみず》の如《ごと》く帳《とばり》は煙《けむり》の如《ごと》し」（「南堂」五首・其の五）といった詩句のように、蘇軾は自然現象や日常生活の描写に秀《ひい》でていただけではなく、これら一般的な事物の描写を人生の哲理《てつり》を明らかにする描写にまで昇華させました。たとえば「横看《おうかん》すれば嶺《れい》と成《な》り側《そく》には峰《ほう》と成《な》る、遠近高低各《えんきんこうていおの》おの同《おな》じからず。廬山《ろざん》の真面目《しんめんもく》を識《し》らざるは、只《た》だ身此《みこ》の山中《さんちゅう》に在《あ》るに縁《よ》る」（「西林《さいりん》の壁《へき》に題《だい》す」）などです。

南宋《なんそう》の詩人陸游《りくゆう》は一万首近くの詩を作りました。彼ははじめに江西詩派《こうせいしは》を学び、中年になって従軍した後は江西詩派の影響から離れ、大きな成果をあげました。江西詩派は古人の書物の中から詩の材料や詩語を見つけ出し、それを用いてみずからの詩を作りました。陸游は古人の方法を学び、みずから生活の中に詩の霊感を求め、雄壮《ゆうそう》な作品を作り出しました。陸游が述べた「文章《ぶんしょう》、最《もっと》も忌《い》む百家《ひゃっか》の衣《い》［寄せ集めたもの］」（「楊伯子主簿贈らるに和すに次韻す」）や「紙上《しじょう》より得来《えき》たるも終《つい》に浅《あさ》きを覚《おぼ》ゆ」（「冬夜書を読み子聿に示す」）、「君《きみ》が詩《し》の妙処《みょうしょ》吾《われ》能《よ》く識《し》る、正《まさ》に山程水駅《さんていすいえき》の中《なか》に在《あ》り」（「廬陵蕭彦毓秀才の試巻の後に題す」）という言葉は、すべて江西詩派の弊害《へいがい》を言ったものです。

陸游の詩は、陶淵明《とうえんめい》や李白《りはく》・杜甫《とほ》・岑参《しんじん》・白居易《はくきょい》といった大詩人の伝統を受け継ぎ、みずからの生活における実践に根ざして独自の風格を作り上げ、平易で暢《の》びやかななかに闊達で奮い立つような気象を表現しました。その詩は強い愛国の情を示しています。代表的なものとして「秋夜将《まさ》に暁《あかつき》にならんとし籬門《りもん》を出で涼を迎えて感有り」其の二の詩に「三万里《さんまんり》、河《かわ》、東《ひがし》、海《うみ》に入《い》り、五千仞《ごせんじん》、嶽《たけ》、上《うえ》、天《てん》を摩《ま》す。遺民《いみん》、涙《なみだ》は尽《つ》く胡塵《こじん》［敵軍の兵馬が巻き上げる砂塵］の裡《うち》、王師《おうし》［皇帝の軍隊］を南望《なんぼう》すること又《ま》た一年《いちねん》」や、「十一月四日風雨大いに作《おこ》る」詩の「孤村《こそん》に僵臥《きょうが》して自《みずか》ら哀《かなし》まず、尚《な》お思《おも》う国《くに》の為《ため》に輪台《りんだい》［辺境の砦］を戍《まも》らんを。夜闌《よるたけなわ》にして臥《が》して聴《き》く風《かぜ》、雨《あめ》を吹《ふ》くを、鉄馬氷河《てつばひょうが》、夢《ゆめ》に入《い》り来《き》たる」

があります。陸游にはさらに日常生活を描写した詩があり、これも豊かな趣があります。たとえば「山西《さんせい》の村《むら》に遊《あそ》ぶ」の一句「山重水複《さんちょうすいふく》、路無《みちな》きかと疑《うたが》う、柳暗花明《りゅうあんかめい》、又《ま》た一村《いっそん》」は、広く伝誦《でんしょう》される名句となりました。

第三節　宋代を唱う歌声

「詞」の勃興と隆盛

「詞《し(ツー)》」は「曲子詞《きょくしし》」の略称です。清《しん》代の宋翔鳳《そうしょうほう》が著した『楽府余論《がふよろん》』には「文《ぶん》を以《もっ》て之《これ》を写《うつ》せば則《すなわ》ち詩《し》と為《な》り、声《こえ》を以て之を度《はか》れば則ち曲《きょく》と為る」とあります。[15] 歌詞に合わせて演奏される音楽は「燕楽《えんがく》」（讌楽や宴楽ともいう）と呼ばれ、宴会で演奏されました。燕楽の主な構成要素は北周《ほくしゅう》や隋《ずい》以来、西域《さいいき》から伝わった西北諸民族の音楽であり、楽器は主に琵琶《びわ》が用いられました。詞の起源は隋代までさかのぼります。宋《そう》の王灼《おうしゃく》『碧鶏漫志《へきけいまんし》』には「蓋《けだ》し隋《ずい》より以来《いらい》、今《いま》の所謂曲子《いわゆるきょくし》なる者漸《ものようや》く興《おこ》り、唐《とう》に至《いた》りて稍《や》や盛《さか》んなり」とあり、[16] 宋の張炎《ちょうえん》『詞源《しげん》』には「粤《ああ》、隋唐《ずいとう》より以来《いらい》、声詩《せいし》は間《あいだ》に長《ちょう》短《たん》の句《く》を為《な》せり」とあります。[17] 「河伝《かでん》」や「柳枝《りゅうし》」といった、後によく用いられた詞牌《しはい》「詞を作る時に用いられる曲調とその名称」は、文献の記載によると隋代に作られたものです。かりに最も保守的な推測でも、詞の起源は盛唐《せいとう》より遅くなることはありません。敦煌《とんこう》で発見された百六十首余りの曲子詞のうち、その一部が盛唐の作品だからです。[18]

詞の勃興《ぼっこう》には、注目に値する社会の文化的背景があります。詞という体裁は、唐代以来流行していた「酒令《しゅれい》」［酒の席で命令に従い詩詞を作り、できなかった場合は罰杯を飲む遊び］と関係があり、詞のなかの「小令《しょうれい》」［字数の少ない短い詞］は酒令が変化したものです。しかも、酒令は士大夫《したいふ》の間だけではなく民間でも流行し、文化的な色合いをもった社会の風俗となりました。詞体《したい》が急速に発展するのは中唐以後のことであり、白居易《はくきょい》や劉禹錫《りゅううしゃく》といった人々は、初期に影響をもった詞人《しじん》でした。晩唐《ばんとう》・五代《ごだい》になると、温庭筠《おんていいん》・韋荘《いそう》・馮延巳《ふうえんし》・李煜《りいく》といった人々は詞の創作を推進する上で重要な役割を果たしました。

宋代の詞は高度に繁栄し、唐代の詩と並び称されています。唐圭璋《とうけいしょう》が編纂した『全宋詞《ぜんそうし》』には一千三百三十人の詞人、一万九千九百首余りの詞が収録されています。多くの著名な詩人も詞の創作を行いました。たとえば、欧陽脩《おうようしゅう》・王安石《おうあんせき》・蘇軾《そしょく》・黄庭堅《こうていけん》・陸游《りくゆう》は、いずれも詞の大家《たいか》です。さらに、范仲淹《はんちゅうえん》のような一部の著名な政治家はもともと文学者として知られていませんでしたが、優れた詞を作っています。当然ながら主に詞を創作することで世に知られた人物はさらに多く、柳永《りゅうえい》・周邦《しゅうほう》彦《げん》・李清照《りせいしょう》・姜夔《きょうき》などがそうです。詞の創作を行った人々がこれほど広範にわたっていることは、詞が盛んに行われたことをよく示しています。

都市の繁栄と文化的娯楽

宋詞の繁栄は、社会の娯楽活動という需要に応じており、これ自体が一つの文化現象でした。宋代では都市の規模や都市における手工業・商業活動が急速に発展し、市民は活気にあふれていました。唐代の都市の中には相互に区画を隔てた「里坊《りぼう》」がありましたが、交通や商業に便利な「街市《がいし》」が里坊に取って代わりました。街市の両側には店舗が隙間なく並んでおり、そのうちの多くは「秦楼《しんろう》」〔妓楼〕、「楚館《そかん》」〔歌舞場〕、「瓦舎《がしゃ》」〔歓楽街〕、「勾欄《こうらん》」〔演芸場〕などと呼ばれる娯楽の場所でした。詞の歌唱は酒席に興《きょう》を添える娯楽手段として、都市の娯楽の需要に応じて発展しました。

柳永《りゅうえい》は秦楼や楚館に頻繁に出入りして楽妓《がくぎ》や楽工《がくこう》と交遊し、仕官を心にかけず、みずからを「白《はく》衣《い》の卿相《けいしょう》〔平民の大臣〕」と称しました。後に柳永は進士に合格して屯田員外郎《とんでんいんがいろう》となりましたが、功《こう》名《みょう》を軽視して市井に身を置き、全身全霊をかけて市井の求めに応じた詞の創作に力を注いだといえるでしょう。柳永のような文人《ぶんじん》の出現は、文化の重心が下方に移り市井にまで拡がったことを示しています。封建時代の「正統」な見方からすれば柳永は放蕩者《ほうとうもの》でしたが、文学の面から見れば、彼はほぼ専業の市井の作家であったといえます。柳永のような市井の作家は晩唐《ばんとう》の温庭筠《おんていいん》までさかのぼることができ、時代が下れば元代《げんだい》には関漢卿《かんかんけい》、明代《みんだい》には馮夢龍《ふうぼうりょう》がいます。市井の作家の出現は、文化史の上でも注目に値する現象です。

士大夫の裕福な生活

詞について、もう一つの側面から見れば、宋代の士大夫の生活水準は高く、経済的条件が整い余暇もあったためしばしば宴会を催しており、この宴席ではいつも歌妓《かぎ》が歌を歌いましたが、この歌が「詞」でした。柳永の詞「玉蝴蝶《ぎょくこちょう》」には「珊瑚《さんご》の席上《せきじょう》、親《した》しく犀管《さいかん》を持《も》ち、旋《つい》で香箋《こうせん》を畳《かさ》ね、新詞《しんし》を索《もと》めんことを要《もと》め、人に殢《まとわ》ついて含笑して尊前に立つ」（『全宋詞』巻一）とあり、これは宴席で、歌妓が詞人に詞をもとめている情景を表現しています。市井の歌妓のほかにも、一部の士大夫は家中に歌《か》妓《ぎ》を抱えており、歌妓は士大夫のために歌い、宴会に興を添えました。そして、このような士大夫はみずから詞譜《しふ》に合わせて歌詞を作り、家妓《かぎ》［士大夫の家に抱えられた歌伎］に提供しました。

葉夢得《しょうぼうとく》『避暑録話《ひしょろくわ》』巻上には「晏元献公《あんげんけんこう》［晏殊］、早《はや》くに富貴《ふうき》たると雖《いえど》も、奉養《ほうよう》［生活］極《きわ》めて約《やく》たり、惟《た》だ賓客《ひんきゃく》を喜《この》み、未《いま》だ嘗《かつ》て一日《いちじつ》も燕飲《えんいん》［宴会］せざるはなし。……亦《ま》た必《かなら》ず歌楽《かがく》を以《もっ》て相《あ》い佐《たす》け、談笑雑《だんしょうまじ》え出《い》づるも、数行《すうこう》の後《のち》、案上已《あんじょうすで》に燦然《さんぜん》たり。稍《や》や闌《たけなわ》なれば即《すなわ》ち歌楽《かがく》をして罷《や》ましめ曰《いわ》く「汝曹《なんじがともがら》芸《げい》を呈《しめ》すこと已《すで》に徧《あまね》し、吾当《われまさ》に芸《げい》を呈《しめ》すべし」と。乃《すなわ》ち筆札《ひっさつ》を具《そな》え、相《あ》い与《とも》に詩《し》を賦《ふ》し、率《おおむ》ね以《もっ》て常《つね》と為《な》す」という記載があります。[19]また、晏幾道《あんきどう》は「小山詞《しょうざんし》」の自序のなかで「始《はじ》めの時《とき》、沈十二廉叔《しんじゅうにれんしゅく》、陳十《ちんじゅう》君寵《くんちょう》の家《いえ》に蓮《れん》・鴻《こう》・蘋《ひん》・雲《うん》有《あ》り、清謳《せいおう》［清らかで美しい歌］を品《ひん》し客《きゃく》をして娯《たの》しましむ。一解《いっかい》を得《え》る毎《ごと》に、即《すなわ》ち草《くさ》を以《もっ》て諸児《しょじ》に授《さず》く。吾《われ》ら三人《さんにん》、酒《さけ》を持《も》ちて之《これ》を聴《き》き、一《ひと》たび笑楽《しょうらく》を為《な》すのみ」（『彊村叢書』本「小山詞」）と述べています。ここに見える「蓮」「鴻」「蘋」「雲」というのは家伎《かぎ》です。

宰相の寇準《こうじゅん》も詞を好み、澶淵《せんえん》の盟《めい》［一〇〇四年］によって金との和平が成立すると「真宗《しんそう》の使《つかい》、莱公《らいこう》［寇準］を候《うかが》いて曰《いわ》く「相公《しょうこう》は酒《さけ》を飲《の》み、曲子《きょくし》を唱《うた》い、骰子《とうし》［さいころ］を擲《な》げ、鼾睡《かんすい》す」と」（陳師道『後山集』巻一八「談叢」）であったといいます。ここに見える「曲子を唱う」とは、「曲子詞を唱う」ことです。士大夫の家でも、時おり流行している詞人の曲を歌いました。范仲淹《はんちゅうえん》が柳永の詞を好み「客至《きゃくいた》れば輒《すなわ》ち之《これ》を歌《うた》う」（劉克荘「湯梅孫の長短句に題す」。『後村先生大全集』巻一一一）というのは、この一例です。姜夔《きょうき》が范成大《はんせいだい》の家にしばらく泊まってから去る際、范成大は姜夔に「小紅《しょうこう》」という歌伎を贈りました。姜夔の帰途、「小紅低唱《ていしょう》し、我簫《われしょう》を吹《ふ》く」というのは、そのいきいきした一例です。[20]

さらに「官妓《かんぎ》」も詞の歌い手でした。陳師道《ちんしどう》の『後山談叢《こうざんだんそう》』には「文元賈公《ぶんげんかこう》［賈昌朝］北都《ほくと》を居守《きょしゅ》し、欧陽永叔《おうようえいしゅく》［欧陽脩］北《きた》に使《つか》いして還《かえ》る。公預《こうあらかじ》め官妓《かんぎ》を戒《いまし》むるに詞《し》を弁《そな》え酒《さけ》を勧《すす》めるを以《もっ》てす。

杯」を把《と》りて側聴《そくちょう》し、毎《つね》に引満《いんまん》［酒杯に酒をなみなみとついで飲む］を為《な》す。公復《こうま》た之《これ》を怪《あや》しみ、召《め》して歌《うた》う所《ところ》を問《と》うに、皆《み》な其《そ》の詞《し》なり」（『後山居士文集』巻二三）とあります。

北宋詞壇

宋詞は絶えず新たな路を切り開き変革するなかで、発展し繁栄を続けました。北宋前期の詞壇は、基本的に南唐の詞風《しふう》の延長線上にありました。晏殊《あんしゅ》や欧陽脩《おうようしゅう》の詞風はどちらも馮延巳《ふうえんし》に似ており、この三人の作品はしばしば区別しがたいものでした。

宋詞の最初の変化は柳永《りゅうえい》から始まりました。柳永は慢詞《まんし》［曲調の緩やかな詞］を発展させただけではなく、詞の叙述効果を加えました。また、詞を世俗へと引き寄せ、大量の俗語を詞の中に取り入れることで市民の情感を表現し、詞壇に新たな息吹、活力、味わいをもたらしました。柳永の詞は、その新鮮さや音調によって広範な読者を虜《とりこ》にしました。葉夢得《しょうぼうとく》『避暑録話《ひしょろくわ》』は、西夏《せいか》から戻ってきた役人が「凡《およ》そ井水《せんすい》の飲処《いんしょあ》有らば、即《すなわ》ち能《よ》く柳詞《りゅうし》を歌《うた》う」（『石林避暑録話』）と述べたと記しています。このように広く歌われた柳永の代表作の一つが「定風波《ていふうは》」です。

自春来、惨緑愁紅、芳心是事可可。
日上花梢、鶯穿柳帯、猶圧香衾臥。
暖酥銷、膩雲亸、終日厭厭倦梳裹。
無那。恨薄情一去、音書無箇。

早知恁麼、悔当初、不把雕鞍鎖。
向鶏窓、只与蛮牋象管、拘束教吟課。
鎮相随、莫抛躱、針線閑拈伴伊坐、和我、免使年少光陰虚過。
春来《はるき》たりてより、惨緑《さんりょく》、紅《べに》を愁《うれ》い、芳心《ほうしん》は是《こ》の事可可《ことかか》たり。
日《ひ》は花梢《かしょう》に上《のぼ》り、鶯《うぐいす》は柳帯《りゅうたい》を穿《うが》ち、猶《な》お香衾《こうきん》に圧《おさ》えられて臥《が》すがごとし。
暖酥《だんそ》銷《け》し、膩雲《じうん》嚲《た》れ、終日厭厭《しゅうじつえんえん》、梳裹《そか》に倦《う》む。無那《いかん》せん。
恨《うら》むらくは薄情一《はくじょうひと》たび去《さ》りて、音書《おんしょ》箇《こ》れ無《な》きを。
早《つと》に恁麼《それ》を知《し》らば、悔《く》やむらくは当初《とうしょ》、雕鞍《ちょうあん》の鎖《くさり》を把《と》らざるを。
鶏窓《けいそう》に向《む》かい、只《た》だ蛮牋象管《ばんせんぞうかん》と与《とも》に、拘束《こうそく》して吟課《ぎんか》を教《おし》う。
鎮《ちん》に相《あ》い随《したが》い、抛躱《ほうた》する莫《な》かれ。
針線《しんせん》を閑《ひま》に拈《つま》み伊《あなた》に伴《はべ》りて坐《すわ》り、我《われ》に和《わ》す、年少《ねんしょう》の光陰《こういん》をして虚《むな》しく過《すご》すを免《まぬが》れしむ。

［春になってから、色あせた緑は紅をうれい、わたしの心はなんとも晴れない。花の梢に日はのぼり、うぐいすが柳の枝をぬって鳴くがわたしは重い衾《しとね》に臥せたまま。化粧はくずれ、つややかな髪はみだれ、一日中うつうつとして、櫛をとるのもものうい。どうしたものか。ああ恨めしい、あの薄情者は出ていってから、便りひとつよこさない。こうなると知っていたなら、はじめから、馬の鞍に鍵をかければよかった。書斎では、色鮮やかな牋《かみ》と象牙の筆とを友として、詞を教えておくのだった。ずっと一緒にいて、わたしを捨てないで。針仕事をしながらあなたの横に座るわたしといれば、若い月日をむなしく過ごすことはなかったのに］

宋詞の二度目の変化は蘇軾《そしょく》より始まりました。蘇軾より、「艶科《えんか》」とされてきた詞の才能には新たな姿が加わり、詞が暇つぶしの娯楽、酒宴に興を添えるための道具と見なされることはなくなりました。蘇軾は「詩」の手法で「詞」を作り、詞によって詩の伝統的な題材を表現し、詞に詩と同じ地位と役割をもたらしました。

蘇軾の豪放詞《ごうほうし》の数は多くありませんが、これは詞に新たな方向性を示し、深い影響をあたえました。たとえば「念奴嬌《ねんどきょう》・赤壁懐古《せきへきかいこ》」や「水調歌頭《すいちょうかとう》・丙辰《へいしん》の中秋《ちゅうしゅう》、歓飲《かんいん》して旦《あした》に達《たっ》し、大《おお》いに酔《よ》う。此《こ》の篇《へん》を作《つく》り兼《か》ねて子由《しゆう》［弟の蘇轍］を懐《おも》う」はいずれも古今の絶唱です。「念奴嬌・赤壁懐古」には、次のようにあります。

大江東去、浪淘尽、千古風流人物。
故壘西辺、人道是、三国周郎赤壁。
乱石穿空、驚涛拍岸、捲起千堆雪。
江山如画、一時多少豪傑。
遥想公瑾当年、小喬初嫁了、雄姿英発、
羽扇綸巾、談笑間、強虜灰飛煙滅。
故国神遊、多情応笑我、早生華髪。
人間如夢、一尊還酹江月。

大江《たいこう》東《ひがし》に去《さ》り、浪《なみ》は淘《あら》い尽《つ》くせり、千古《せんこ》風流《ふうりゅう》の人物を。
故塁《こるい》の西辺《せいへん》、人は道《い》う是《こ》れ、三国周郎《さんごくしゅうろう》の赤壁《せきへき》なりと。
乱《みだ》るる石《いし》は空《そら》を穿《うが》ち、驚《おどろ》ける涛《なみ》は岸《きし》を拍《う》ち、千堆《せんたい》の雪《ゆき》を捲《ま》き起《お》こす。
江山《こうざん》画《えが》けるが如《ごと》し、一時《いちじ》多少《いくばく》の豪傑《ごうけつ》ありしぞ。
遥《はる》かに想《おも》う公瑾《こうきん》の当年《とうねん》、小喬《しょうきょう》初《はじ》めて嫁《か》し了《おわ》りて、雄姿《ゆうし》は英発《えいはつ》し、
羽扇綸巾《うせんかんきん》もて、談笑《だんしょう》の間《あいだ》に、強虜《きょうりょ》は灰《はい》と飛《と》び煙《けむり》と滅《めっ》せしを。
故国《ここく》に神遊《しんゆう》す、多情《たじょう》応《まさ》に笑《わら》うなるべし、我《われ》が、早《わか》くに華髪《かはつ》を生《しょう》じたるを。
人間《じんかん》は夢《ゆめ》の如《ごと》し、一尊《いっそん》、還《ま》た江月《こうげつ》に酹《そそ》がん。

［長江は東に流れ、大波は洗いつくす、古のすぐれた人物を。古いとりでの西のあたり、人はいう、これこそ三国の周郎［周瑜］の赤壁だと。高低の岩は空へとそそりたち、さかまく涛は岸辺をうち、深く積もった波の花をまきあげる。画のごとき山と江《かわ》に、幾人の豪傑がいたことか。想えばそのとき公瑾［周瑜の字］は、小喬［三国時代の美女］を嫁に迎えたばかりで、その雄姿は光輝き、手には羽扇をもち、頭には綸巾を被《かぶ》り、談笑するうちに、強大な敵は焼けて灰となって飛び去り煙となって消え去った。わが心はふるさとに馳せ、多情のゆえと笑いたければ笑えばよい、わが髪がもう白くなってきたのを。人の世はさながら夢のよう、酒をそそごう、江の月影に］

宋詞の三度目の変革は周邦彦《しゅうほうげん》より始まりました。周邦彦の革新的な点は「賦《ふ》」の方法で詞を作る、すなわち叙述を重ねる手法で詞を書くことです。

彼は音律《おんりつ》にも精通して新しい曲を作るのが得意で、新たに作った曲調の格律《かくりつ》は精緻であり、各文字の平上去入《へいじょうきょにゅう》［四つのアクセント］の音調を厳格に区別しました。その詞の韻律《いんりつ》には俗気がなく「一点《いってん》の市民《しみん》の気《き》も無《な》し」（宋の沈義父『楽府指迷』）と評されました。彼の代表作は「瑞龍吟《ずいりゅうぎん》」です。

章台路。還見褪粉梅梢、試華桃樹。
愔愔坊陌人家、定巣燕子、帰来旧処。
黯凝佇。因記箇人癡小、乍窺門戸。
侵晨浅約宮黄、障風映袖、盈盈笑語。
前度劉郎重到、訪隣尋里、同時歌舞。
唯有旧家秋娘、声価如故。
吟牋賦筆、猶記燕台句。
知誰伴、名園露飲、東城閒歩。
事与孤鴻去。探春尽是、傷離意緒。
官柳低金縷。帰騎晩、纖纖池塘飛雨。
断腸院落、一簾風絮。

章台《しょうだい》の路《みち》。還《かえ》りて見《み》る粉褪《ふんあ》せたる梅《うめ》の梢《こずえ》、試《はじ》めて華《はな》さく桃《もも》の樹《き》。
愔愔《いんいん》たる坊陌《ぼうばく》の人家《じんか》、巣《す》を定《さだ》めし燕子《えんし》、旧処《きゅうしょ》に帰《かえ》り来《き》たる。
黯《くら》きは凝佇《ぎょうちょ》す。因《よ》りて箇《か》の人《ひと》癡小《ちしょう》たるを記《しる》し、乍《にわ》かに門戸《もんこ》を窺《うかが》う。

侵晨浅約《しんしんせんやく》なる宮黄《きゅうこう》、障風袖《しょうふうそで》に映《さえぎ》られ、盈盈《えいえい》と笑語《しょうご》す。
前度劉郎《ぜんどりゅうろう》重《かさ》ねて到《いた》り、隣《となり》を訪《たず》ね里《さと》を尋《たず》ね、同時《どうじ》に歌舞《かぶ》す。
唯《た》だ旧家《きゅうか》の秋娘《しゅうじょう》有《あ》るのみ、声価《せいか》は故《もと》の如《ごと》し。
吟牋賦筆《ぎんせんふひつ》、猶《な》お燕台《えんだい》の句《く》を記《しる》せり。
誰《だれ》か伴《とも》なうを知《し》らん、名園《めいえん》に露飲《ろいん》し、東城《とうじょう》に閒歩《かんぽ》す。
事《こと》は孤鴻《ここう》と与《とも》に去《さ》る。春《はる》を探《さが》すは尽《ことごと》く是《こ》れ、離《わか》れの意緒《いしょ》を傷《いた》む。
官柳《かんりゅう》金縷《きんる》を低《ひく》くす。騎《き》を帰《かえ》すこと晩《おそ》く、纖纖《せんせん》たる池塘《ちとう》の飛雨《ひう》。
院落《いんらく》に断腸《だんちょう》す、一簾《いちれん》の風絮《ふうしょ》。

［章台の路、梅の梢はもう色褪せて、桃はようやく咲きはじめる。ほの暗い街並みの人家に、燕は巣をつくり、昔のすみかに帰ってくる。じっとたたずむ。そうして思いめぐらす、あの人がおさなかった日、ふと戸口をのぞいていたことを。朝のほのかな宮黄［ひたいに塗る黄色の化粧］、袖をふりはらって風をよけ、こぼれるばかりに笑っていた。この前の劉郎［劉禹錫のこと、作者が自身と重ねあわせる］がまたやってきて、ふたたび故郷を訪ね、かつて歌い舞っていた女性を訪ねた。ただ昔なじみの杜秋娘だけは、昔とかわらぬ人気がある。わたしは吟《うた》の牋《しきし》に賦の筆に、燕台［李商隠の詩「燕台四首」］の句を書き記す。だが今は誰とともに、名園に酒をくみ、東城をそぞろ歩こうか。昔の事は一羽の鴻《かり》とともに去っていった。春をもとめても、別れの思いに胸をいたませる。柳は黄金色の枝をたれる。馬に乗る帰路の夕暮れ時、さらさらととぶ池の上の雨。胸が張り裂けんばかりの院落《おくにわ》は、簾いちめん柳の絮《わた》］

南宋の詞壇

宋詞の四度目の変革は、北宋から南宋にかけての辛棄疾《しんきしつ》によって行われました。辛棄疾の詞はその豪放さによってよく知られており、蘇軾とともに「蘇辛《そしん》」と並び称されています。しかし、辛棄疾の豪放さは蘇軾と完全に同じというわけではありません。蘇軾が詩をもって詞を作ったのに対し、辛棄疾は文の手法で詞を作りました。

辛棄疾は議論・説理・経史百家《けいしひゃっか》・問答対話などをすべて詞に取り入れました。その詞には孟子《もうし》のような雄弁さがあり、荘子《そうし》のような不可思議さがあり、韓愈《かんゆ》のような批判の声があり、柳宗元《りゅうそうげん》のような表現の妙がありました。さらにその修養に裏打ちされた素晴らしさがあり、何ものにもとらわれず、同時代には比肩するものがない突出した存在でした。たとえば「破陣子《はじんし》。陳同甫《ちんどうほ》［陳亮］の為《ため》に壮語《そうご》を賦《ふ》し以《もっ》て之《これ》を寄《よ》す」には次のようにあります。

酔裏挑燈看剣、夢回吹角連営。
八百里分麾下灸、五十絃翻塞外声。沙場秋点兵。
馬作的盧飛快、弓如霹靂弦驚。
了却君王天下事、贏得生前身後名、可憐白髪生。

酔裏《すいり》燈《ともしび》を挑《かきた》てて剣《つるぎ》を看《み》、夢《ゆめ》は回《めぐ》る、角吹《つのふ》ける連営《れんえい》を。
八百里《はっぴゃくり》は麾下《きか》に分《わ》かちて灸《あぶ》り、五十絃《ごじゅうげん》は翻《かな》づ、塞外《さいがい》の声《こえ》を。沙場《さじょう》、秋《あき》に兵《へい》を点《てん》ず。

馬《うま》は的盧《てきろ》の作《ごと》く飛快《ひかい》し、弓《ゆみ》は霹靂《へきれき》の如《ごと》く弦《げん》驚《おどろ》かす。
了却《りょうきゃく》せん、君王《くんのう》の天下《てんか》の事《こと》を、贏《か》ち得《え》ん、生前《せいぜん》、身後《しんご》の名《な》を。憐《あわれ》むべし、白髪《はくはつ》の生《しょう》ぜしを。

［酔ったまま灯かかげて剣を見て、夢のなかでめぐる、角笛の鳴り響く軍営。麾下の兵に八百里［高価な牛］の牛肉を分け与えてあぶり、五十絃が奏でるのは、塞の外の胡歌。これは戦場の、秋の閲兵のときのこと。駿馬は的盧［劉備の乗った名馬］のように飛ぶように駆け、剛弓は弦をはなてば雷のような音を発す。君王のため天下のことを成し終えて、かち得るのは、生前と身後の名。口惜しいのは、すでに老いて白髪が生じたこと］

詞の五度目の変革は、南宋の詞人姜夔《きょうき》から始まりました。姜夔は辛棄疾とは別の流れを作り出し、史達祖《したっそ》・呉文英《ごぶんえい》・蔣捷《しょうしょう》・周密《しゅうみつ》・王沂孫《おうぎそん》・張炎《ちょうえん》などがその後に続き、南宋後期の詞壇の主流となりました。姜夔は音楽理論を詳しく研究し、楽曲を創作しました。彼の風格について劉熙載《りゅうきさい》は「幽韻冷香《ゆういんれいこう》［奥深い響き、爽やかな香り］」（『芸概』）と概括しています。姜夔はこのような風格によってみずから艶《つや》やかな美しさ、豪放さ、精巧さの外に位置し、南宋詞壇において影響力の大きな詞人となりました。姜夔の詞「暗香《あんこう》」や「疏影《そえい》」は南宋詞壇の傑作と讃えられています。

前述した詞人のほかにも、北宋には秦観《しんかん》、北宋から南宋にかけては李清照《りせいしょう》がおり、それぞれ特色ある作品が広範な読者に好まれました。秦観の詞は優美で簡略ながら典雅を失わず、よく知られた句には「両情是《りょうじょうか》くの若《ごと》く久長《きゅうちょう》の時《とき》ならば、又豈《またあ》に朝朝暮暮《ちょうちょうぼぼ》に在《あ》らん［二人の情愛はこのようにいつまでも続くものなら、朝に夕に一緒にいなくてもよいだろうに］」（「鵲橋仙《じゃくきょうせん》」）があります。

李清照は女性詞人です。詞の体裁は特に女性作家に適しているためか、宋代やこれ以後、詞作《しさく》に優れた女性は少なくありません。しかし、文学的成果からすれば、李清照の右に出る者はいません。李清照の詞は女性の閨房《けいぼう》［婦女の部屋］での生活を描写しています。しかし、彼女は北宋の末年にあって、北宋の滅亡やこれによる自身および家庭の不幸を経験したことから、詞のなかの悲しみにもその時代の悲劇が反映されています。これは他の人が及び難い点です。「声声慢《せいせいまん》」という詞は、李清照の代表作です。

尋尋覓覓、冷冷清清、凄凄惨惨戚戚。
乍煖還寒時候、最難将息。
三杯両盞淡酒、怎敵他、暁来風急。
雁過也、正傷心、却是旧時相識。
満地黄花堆積。憔悴損、如今有誰堪摘。
守着牕児、独自怎生得黒。
梧桐更兼細雨、到黄昏、点点滴滴。
這次第、怎一箇愁字了得。

尋《たず》ね尋《たず》ね覓《もと》め覓《もと》むれば、冷冷《れいれい》たり清清《せいせい》たり、凄凄《せいせい》たり惨惨《さんさん》たり戚戚《せきせき》たり。
乍《たちま》ちに煖《あたた》かく還《ま》た寒《さむ》き時候《じこう》は、最《もっと》も将息《しょうそく》し難《がた》し。
三杯両盞《さんばいりょうさん》の淡酒《たんしゅ》、怎《いか》で敵せん、他《か》の、暁来《ばんらい》、風急《かぜきゅう》なるに。
雁過《かりよぎ》りぬ、正《まさ》に傷心《しょうしん》す、却《かえっ》て是《こ》れ、旧時《きゅうじ》の相識《そうしき》なりし。

地《ち》に満《み》ちて黄花《こうか》、堆積《たいせき》す、憔悴《しょうすい》して損《そん》じ、如今《いま》誰《だれ》有《あ》りてか摘《つ》むに堪《た》えん。
牕児《まど》を守著《まもりい》て、独自《ひとり》にて黒《く》るるを怎生《いか》にし得《え》ん。
梧桐《ごとう》　更《さら》に兼ぬるに細雨《さいう》の、黄昏《こうこん》に到《いた》るまで、点点滴滴《てんてんてきてき》たり。
這《こ》の次第《しだい》、怎《いか》で一箇《いっこ》の愁字《しゅうじ》にて了《りょう》し得《え》ん。

［たずねたずねて、さがしさがしても、寒々として、冷々とする。わびしく、悲しく、悩ましい。ふと暖かく、でもまだ寒い時は、なんとも休みがたい。淡酒《うすざけ》を二杯三杯とかさねても、朝方の寒風が急に吹きつけるのをなんとしよう。空に雁がゆき、なんとも心を傷ませる。なぜなら、あの雁は昔の顔なじみ。一面に散り積もった菊の花、うらぶれはてて、今は誰がまた拾ってくれるだろうか。窓のそばにはりついて、独りのままで空が暗くなるのをどうしよう。梧桐に、細い雨あしがふりかかり、日暮れになってもぽたぽた落ちる。このありさまを、「愁」の一字ですませることができようか］

詞の体裁や風格は、詩と異なります。この点について王国維《おうこくい》の『人間詞話刪稿《じんかんしわさっこう》』には「詞《し》の体《たい》を為《な》すは、要眇《ようみょう》［奥深さ］宜《よろ》しく修《おさ》むべし。能《よ》く詩の言《い》う能《あた》わざる所《ところ》を言《い》い、而《しこう》して詩の能《よ》く言《い》う所《ところ》を言《い》い尽《つ》くすこと能《あた》わず。詩の境《きょう》は闊《ひろ》く、詞の言《げん》は長《なが》し」（徐調孚校注『校注人間詞話』巻下）とあります。また、繆鉞《ぼくえつ》は「文《ぶん》は小《しょう》」「質《しつ》は軽《けい》」「径《けい》は狭《きょう》」「境《きょう》は隠《いん》」の四点を挙げ、詞体《したい》の特色としています（『詩詞散論』の「論詞」）。宋代三百年余りにわたって、上は朝廷から下は市井まで詞が歌われたことで、中国文学にはより細やかな感覚と表現が加わり、中国文化にもさらに豊富で多彩な姿が現れるようになりました。

第四節　遅れて登場した戯曲とその輝き

遅れて登場した戯曲

中国の抒情詩《じょじょうし》と比べて戯曲《ぎきょく》の成熟は相当遅く、元《げん》代になって雑劇《ざつげき》が現れたことで、ようやく成熟した戯曲の形式が存在するようになったといえます。古代ギリシアの悲喜劇《ひきげき》と比べても、中国戯曲の成熟は大変遅いものでした。一つの民族のある文学形式の成熟が早いか遅いかということは、その民族の文明のレベルの高さを示しているわけではありません。中国の抒情詩が早くに成熟したからといって中華文明のレベルが高いわけではなく、中国戯曲が遅くに現れたからといって文明のレベルが低いわけでもありません。

しかし、ある民族のなかでどの文学形式が早くに現れたか、あるいは遅くに現れたかは、ある一面においてその民族の文明の何らかの特徴を映し出しています。古代ギリシアの悲喜劇は、古代ギリシア神話を基礎として発展したものであり、古代ギリシア神話は人と人との衝突、神と神との衝突を表現しており、特に人と運命の衝突や対抗が、まさに戯曲の要素を構成しています。これに加えて、古代ギリシアにおける都市国家の発達や、都市国家における市民の居住の集中によって多くの観客が存在したことで、戯曲は容易に発展していきました。

古代中国にも多くの神話がありました。しかし、中国神話には古代ギリシアのような衝突や対抗といったテーマが欠けていたため、戯曲の内容でも明確な衝突の構図を形作ることは難しかったのです。また、古代中国の農業社会では、人口の多い都市も一部にはありましたが、全体的に見れば農民の居住地は分散しており、大規模な集団が戯曲の観衆となることは難しかったでしょう。この点も、中国における戯曲の発展を制限しました。しかし、抒情詩はかえって肥沃《ひよく》な土壌を手に入れることとなり、中国は「詩の国」となりました。

中国戯曲の要素は、上古《じょうこ》の時代の原始的な歌舞や祭祀にまでさかのぼることができます。この後にも、さまざまな戯曲的要素が戯曲の生み出される過程で加わりました。たとえば、春秋《しゅんじゅう》時代から戦《せん》国《ごく》時代にかけては、もっぱら滑稽《こっけい》［巧みな弁舌］で人を楽しませる俳優《わざおぎ》がおり、漢《かん》代では一種の競技であった角抵《かくてい》［現代のレスリングに類似した競技］、唐代に流行した参軍戯《さんぐんぎ》［参軍（丞相の軍事参謀）を主役とし、かいらい役の蒼鶻《そうこつ》を脇役として滑稽な問答を中心とした道化芝居］は、いずれも中国戯曲の形成に必要な土壌を育《はぐく》みました。戯曲は長い年月にわたって育まれ、宋《そう》代になると雑劇という形式が発展し、金《きん》代には院本《いんぽん》なる戯曲も出現しました。宋の雑劇と金の院本《いんぽん》は、中国戯曲のひな形です。

元代になると読書人《どくしょじん》の地位は著しく低下し、その智慧や才能を政治の場で発揮することができなくなりました。正統な詩文も読書人との間に距離を生じたため、読書人は戯曲の創作に取り組むことを選び、みずからの智慧と才能を広範な観衆に直接訴え、社会の下層に理解者を見つけようとしました。

戯曲と都市文化

このような背景のもとで、雑劇と南戯《なんぎ》という二つの戯曲の形式が急速に勃興し、最盛期を迎えました。戯曲の上演活動は都市を中心として周辺へと広がり、北方や南方にも及びました。（図11-8）

戯曲作家は「書会《しょかい》」［作家や演者の同業組合］を組織し、互いに技芸を切磋琢磨しあいました。戯曲の

図11-8　山西省臨汾王曲の東岳廟にある元代の舞台

演者は「勾欄《こうらん》」を活動の場として、多くの女優がその技芸によって世に知られました。そして、一部の戯曲作家と演者の間には、真摯《しんし》な友情が育まれました。たとえば、関漢卿《かんかんけい》と珠簾秀《しゅれんしゅう》、楊顕之《ようけんし》と順時秀《じゅんじしゅう》、白仁甫《はくじんほ》と天然秀《てんねんしゅう》といった人々の間には、芸術的情趣にあふれたエピソードが伝わっています。元代には、このような戯曲の雰囲気が一貫して満ちており、大きな成果をあげました。

王季思《おうきし》主編『全元戯曲《ぜんげんぎきょく》』の統計によると、現存する元代の戯曲台本は二百種以上あり、題名だけが知られるものを含めると、約八百種に達します。さらに、著録されていない台本も多いのでしょうが、これらは数に含めることができません。元曲《げんきょく》は中国文学史上、唐詩や宋詞と並び称される高い地位を占めています。

雑劇と大都

いわゆる元曲には、元散曲《げんさんきょく》・元雑劇《げんざつげき》・南戯《なんぎ》が含まれます。

元の散曲は南宋以来、民間で次第に形成された新たな歌曲の形式です。これは詩や詞と同じように抒情や抒景に用いられ、また、元雑劇を構成する主要な要素（曲詞）です。散曲作家は、不完全な統計でもおよそ二百余人が知られています。[*21] 下は書会の「才人《さいじん》」［雑劇の編纂者］から上は顕官《けんかん》に至るまで、散曲を創作しました。著名な散曲作家には関漢卿《かんかんけい》、白樸《はくぼく》、馬致遠《ばちえん》、盧摯《ろし》、張可久《ちょうかきゅう》、喬吉《きょうきつ》、張養《ちょうよう》浩《こう》、睢景臣《すいけいしん》らがいます。馬致遠の作品「天浄沙《てんじょうさ》・秋思《しゅうし》」の「枯《か》れし藤《とう》、老《お》いたる樹《き》、昏《くれ》の鴉《からす》、小《ちい》さき橋《はし》、流《なが》るる水《みず》、人《ひと》の家《いえ》、古《ふる》き道《みち》、西《にし》の風《かぜ》、痩《や》せし馬《うま》。夕陽《せきよう》は西に下《くだ》り、断腸《だんちょう》の人は天涯《てんがい》に在《あ》り」は人口に膾炙《かいしゃ》した一句です。

元雑劇は中国北方で興った新たな文芸の形式であり、前・後の二期に分けられます。前期は金代末期から元の大徳《だいとく》年間（一二九七～一三〇七年）までの百年近く、後期は大徳年間から元末までの約六十年です。前期が元雑劇の最盛期です。この時期、雑劇の中心は大都《だいと》（現在の北京）であり、王惲《おううん》「日《にっ》蝕詩《しょくし》」『秋澗集』の記載によると当時の大都の住民は一〇万戸《こ》もありました。その多くは下層市民であり、この階層にはさまざまな職人や商人などが含まれていました。雑劇は、まさにこの階層の娯楽の需要に応じて盛んとなった都市文化でした（カラー図1）。著名な雑劇作家には、関漢卿、王実甫《おうじっぽ》、白樸、馬致遠、楊顕之、高文秀《こうぶんしゅう》、康進之《こうしんし》、石君宝《せきくんほう》、紀君祥《きくんしょう》らがいました。

関漢卿と王実甫

関漢卿は大都の人で、太医院《たいいいん》［主に宮廷の医薬を掌った役所］の戸籍に属していました。彼は儒家の経典をよく学びましたが、科挙が廃され仕官の道が閉ざされたために市井へと向かうしかなく、下層社会から文化的な栄養素を吸収して雑劇や散曲の創作に身を投じ、大都にその名を轟《とどろ》かせる梨園《りえん》の領袖となりました。彼は生涯で六十種余りの雑劇を書き、このうち十八種が現在に伝わっています。関漢卿が創作したことが確かである代表的な作品には『感天動地竇娥冤《かんてんどうちとうがえん》』『趙盼児風月救風塵《ちょうはんじふうげつきゅうふうじん》』『閨怨佳人拝月亭《けいえんかじんはいげつてい》』『望江亭中秋切鱠《ぼうこうていちゅうしゅうせつかい》』『関大王単刀会《かんだいおうたんとうかい》』などがあります。

『竇娥冤《とうがえん》』の曲で歌われる詞には、深い感動を呼び起こす芸術的効果があります。その第三節、竇娥が拷問を受けた時に歌った「滾繡球《こんしゅうきゅう》」は次のようです。

日と月は朝も夕も空に輝き、鬼神は生死の権を掌る。天地こそ清濁のけじめをつけてくれるはずなのに、なぜ盗跖《とうせき》［春秋時代の盗賊］と顔淵［孔子の弟子］をひと括りにするのです。善を行う者は貧しくなって若死し、悪を働く者は富んで長生きする。天と地よ、強きを恐れ弱きをいじめるなんて、結局、力のある者の味方をするのですか。地よ、善と悪を分かたないで何が地ですか。天よ、賢と愚をまちがえて、それでも天ですか。ああ、私は二筋の涙を流し続けるしかありません。

関漢卿の雑劇は社会の各方面の矛盾や衝突を暴き出し、各階層の生活のありさまを反映することで、一連の典型的な人物形象を作り上げました。しかし、彼は実際の生活に厳密に基づいて創作したわけではなく、現実の問題を非現実的な方法で解決することがよくあります。また、時には生活そのもののロジックにかかわらず、主観的な願望によって、悲劇的物語に喜劇的結末を続けていることがあります。

たとえば『救風塵《きゅうふうじん》』では、妓女の趙盼児《ちょうはんじ》は色仕掛けで悪玉の周舎《しゅうしゃ》の歓心を買い、周舎から離縁状を手に入れて、その手中にあって虐待されるところだった妹分の宋引章《そういんしょう》を救い出しました。周舎と宋引章の力の差は趙盼児にとってたいへん劣勢でしたが、関漢卿が弱い方を勝たせたことで、『救風塵』のプロット構成はロマンにあふれたものとなっています。また、関漢卿の『単刀会』は情熱あふれる筆致で関羽《かんう》を讃《たた》えており、関羽の曲詞《きょくし》は意気盛んで豪放です。その一例として、『単刀会』の第四折《せつ》には「大江《たいこう》東《ひがし》に去《さ》るは浪千畳《なみせんじょう》、這《こ》の数十人《すうじゅうにん》を引《ひき》い、這《こ》の小舟一葉《こぶねいちよう》に駕《の》る。又た九重龍鳳《きゅうちょうりゅうほう》の闕《もん》に比《ひ》せず、可《しか》るに正《まさ》に是《こ》れ千丈虎狼《せんじょうころう》の穴《あな》たり。大丈夫《だいじょうぶ》の心別《しんべつ》、我這《われこ》の単刀会《たんとうかい》を覷《うかが》うこと村社《そんしゃ》に賽《むく》いる［にぎやかに村祭りを行う］に似《に》たり」とあります。

王実甫《おうじっぽ》の生涯は明らかではありませんが、賈仲明《かちゅうめい》が彼を追悼した「凌波仙《りょうはせん》」という詞からは、王実甫が身を置いた「風月営《ふうげつえい》」や「鶯花塞《おうかさい》」といった芸人が集まる場所の情景をうかがい知ることができ、そこから王実甫は関漢卿と同じく、市井《しせい》に生きた戯曲作家であったことがわかります。王実甫が創作した雑劇は十四種ありますが、完全に伝わっているものはわずかです。その代表作『崔鶯鶯待月《さいおうおうたいげつ》西廂記《せいそうき》』は、中国古代の愛情劇のなかでも最も成功し大きな影響をあたえた作品であり、明らかに封建主義に反対するテーマを具えています。（図11-9）

王実甫は『崔鶯鶯待月西廂記』の複雑に絡み合った衝突の中で、それぞれ異なる個性をもった人物形象を描き出し、人物の台詞も高度に個性化されています。登場人物の一人張生《ちょうせい》の言葉は無邪気で真心にあふれており、常に胸中を率直に述べてみずからの心配事をすっかりさらけだし、さらに誇張された要素があり、ユーモアの趣にも富んでいます。また、ヒロイン鶯鶯《おうおう》の言葉は含蓄《がんちく》に富んでおり、感傷的な情緒と、爽やかで麗しい色合いを帯びています。このほか、鶯鶯の女の召使いである紅《こう》娘《じょう》の言葉ははつらつとして機知に富んでおり、その感覚は鋭く、物語を引き締める役割を果たしてい

図11-9　明代崇禎年間の刻本『秘本西廂』の挿絵

ます。

『西廂記』の曲調は優雅で美しく、そのなかの多くの曲には宋詞《そうし》の趣《おもむき》もあり、また元代の小令《しょうれい》［短い形式の散曲］の風格もあり、詩や絵画の情趣《じょうしゅ》が作品の中に満ちあふれています。特に「長亭送別《ちょうていそうべつ》」の一折は情緒と情景がよく融合しており、その台詞は口をついて出てきます。

［正宮《せいきゅう》］［端正好《たんせいこう》］碧雲の空、黄花の大地、西風がきびしく吹きすさび、北の雁は南へと飛ぶ。暁になり誰が霜のかかった林を酔ったように赤く染めたのだ。それは別れたあの人の涙。

［滾繡球］なんとも恨めしい、めぐり逢うのが遅かったこと、別れ去るのが速かったこと。柳の糸は長

くても、遠く旅立つ人の馬はつなぎかねるし、まばらの木立も沈みゆく夕日をとどめることはできない。あの人の馬のあゆみは遅いが、私と車はすみやかにしたがう。恋の苦しみをのがれたとおもったら、すぐに、別れの悩みがはじまる。「さようなら」の一声に、私は黄金の腕輪がゆるむほど痩せてしまった。十里塚をはるかに見て、玉の肌がさらにやつれる。この恨み、誰が知っていようか。

白樸《はくぼく》の父はかつて金朝に仕えていましたが、金が滅びると各地を放浪し、妓院《ぎいん》にもよく出入りし、終生出仕することはありませんでした。このようなことから見て、白樸も下層の知識人でした。彼の代表作は『梧桐雨《ごとうう》』です。これは唐の玄宗《げんそう》と楊貴妃《ようきひ》の物語を描いた作品です。玄宗は晩年になると酒色におぼれて暗愚となり、安史《あんし》の乱《らん》を生じさせました。この側面に対する作者の筆致は、まるで歴史の教訓を概括する思いがあるかのようです。しかし、唐の玄宗と楊貴妃の関係を具体的に記す側面では、真摯な愛情を褒め称えているように思われます。

馬致遠《ばちえん》の代表作は『漢宮秋《かんきゅうしゅう》』です。これは、漢代の王昭君《おうしょうくん》が国外へ嫁ぐ物語であり、王昭君の民族的気骨を心から褒め称え、彼女の漢王朝に対する忠誠心を際立たせています。同時に、毛延寿《もうえんじゅ》という人物に借りて、賄賂を受け取り、国を売って栄達を求める佞臣《ねいしん》を強く批判しています。

紀君祥《きくんしょう》の『趙氏孤児《ちょうしこじ》』は最も早くヨーロッパへと伝わった中国の脚本であり、ヨーロッパでは相当大きな反響がありました。まず、フランス語に翻訳され一七三五年に発表されました。後に英語・ドイツ語・ロシア語に翻訳されました。フランスの作家ボルテールは『趙氏孤児』を改編し『中国《ちゅうごく》の孤児《こじ》』と名付けて公演し、パリで大きな話題となりました。

およそ元の成宗《せいそう》の大徳《だいとく》年間（一二九七～一三〇七年）末年より、雑劇《ざつげき》創作の中心は北方の大都《だいと》から南方の杭州《こうしゅう》へと次第に移っていきました。この時期から元代末期までが、元雑劇《げんざつげき》発展の後期にあたります。後期の元雑劇作家や作品数はそれまでよりも減少し、作品の質も低下して、雑劇の創作は衰退の状態にありました。作家として姓名の明らかな人物は二十人余り、現在まで伝わる作品は十数作品にすぎません。また、作品の題材の多くは歴史物語からとられており、封建的な倫理道徳や隠逸《いんいつ》、不老長生の思想を宣伝して、芸術的には平凡です。

鄭光祖《ていこうそ》はこの時期に最も成果をあげた作家です。彼の代表作『倩女離魂《せんじょりこん》』は唐代の陳玄祐《ちんげんゆう》の伝奇《でんき》小説《しょうせつ》『離魂記《りこんき》』から素材をとり、ロマンの色彩に富んだ愛情婚姻の物語です。この作品の倩女《せんじょ》の形象は、虚実入り混じり漠然と描写されています。こうして魂を失った若い女性の心理と、肉体から離れた魂の雰囲気をよく表現しており、その細やかさは原作の『離魂記』を凌駕しています。

南戯と温州

北宋の末年より、中国の南方では新たな戯曲が流行し始めました。これが南戯《なんぎ》です。南戯は温州《うん(おん)しゅう》で生まれました。南朝以来、温州の文化が比較的発展していたこと、そして温州が対外貿易港であり、商業の発達と経済の繁栄により都市に人口が集中していたこと、これらの条件が南戯の誕生と発展に影響を与えました。南戯が演じられるようになると、統治階層によって禁止されたにもかかわらず民衆には喜ばれ、次第に広まりました。南戯はまず臨安《りんあん》（現在の杭州）に伝わり、ここで発展して成熟した戯曲芸術となりました。

臨安は南宋の首都であり、芸術に関連した場所が多くありました。『武林旧事《ぶりんきゅうじ》』の記載によると、臨安城の内外には瓦子《がし》［歓楽街］が二十三カ所あり、瓦子ごとに数カ所の勾欄《こうらん》［演芸場］があり、固定の上演場所となっていました。また、このほかにも移動しながら上演する流しの芸人がいました。臨安では瓦子での演芸の繁盛にしたがい「書会《しょかい》」が組織され、多くの新たな脚本が書かれました。このことも、南戯のさらなる成熟と発展を促しました。元が南宋を滅ぼすと北方の雑劇が南下し、南戯はいったん衰退へと向かいました。元末になると、南戯は雑劇の長所を取り入れて再び盛んになり、明清の「伝奇《でんき》」［南方の曲調を主として唱う長編戯曲］の基礎を築きました。

　南戯の脚本は、その多くが下層の文人や芸人によって作られ、宋元の複雑な社会状況をさまざまな面から反映しており、同時に民衆の愛憎をも表現しました。なかでも婚姻問題を反映した演目は、全体の三分の一以上を占めています。たとえば、婚姻の自由を獲得しようとする闘いを称賛する演目には『裴少俊牆頭馬上《はいしょうしゅんしょうとうばじょう》』（『南詞叙録』に見え、曲の一部が伝わっている）があります。また、ある演目は士人が立身出世した後、もとの妻子を捨てて権力者の婿となるというもので、このような内容は「婚《こん》変《へん》」と呼ばれ、『王魁負桂英《おうかいふけいえい》』（『南詞叙録』に見えるが、既に散佚）があります。宋元の南戯は本来民間の創作であり、脚本も師弟の間に伝えられただけで、刊刻される機会は多くありませんでした。さらに統治階層に禁止されたため、現在まで伝わっているものは多くありません。脚本のなかには明代の人々の手を経て改作されたものもあります。このうち『荊釵記《けいさき》』『拝月亭《はいげつてい》』『殺狗記《さっくき》』は最も有名なものであり、この三本と『白兎記《はくとき》』（正式名称は『劉知遠白兎記』）をあわせて、「荊《けい》」「劉《りゅう》」「拝《はい》」「殺《さつ》」四大《よんだい》伝奇《でんき》と呼ばれています。

　しかし、南戯のなかでも最高傑作とされるのは、やはり高明《こうめい》の『琵琶記《びわき》』でしょう。『琵琶記』に描かれる趙五娘《ちょうごじょう》と蔡伯喈《さいはくかい》の物語は、南宋のころすでに民間の説唱文学《せっしょうぶんがく》［語りと歌唱で行われる口承文芸］

の題材となっていました。高明による『琵琶記』の最も重要な改編部分は、蔡伯喈［漢の蔡邕］を忠義・孝行を尽くす肯定的な人物としたことです。

蔡伯喈は出仕を望まず、田園での隠棲生活に甘んじていました。しかし、彼はたいへん軟弱な人物であり、外界からの圧力に従わざるを得なかったためにみずからを矛盾と苦悶に追いやってしまいました。その後、蔡伯喈は牛丞相《ぎゅうじょうしょう》の家に婿入りしますが、蔡のもとの妻である趙五娘は封建的な婦女の道を厳しく守り、いつでも「貞」「孝」であることをみずからにもとめ、心を尽くして蔡の母に仕えました。『琵琶記』は封建道徳の宣揚に力を入れており、同時に封建社会における黒暗の現状を暴き出しています。たとえば、牛丞相の横暴ぶりや無道、地方官吏の汚職や法律無視などのほか、飢饉《ききん》にみまわれた農村についてもその真実を描写しています。

『琵琶記』の芸術的成果のうち、最も称賛されているのは物語の構造です。蔡伯喈と趙五娘の二人は、都《みやこ》と陳留《ちんりゅう》という二つの地に分かれて住んでおり、二つの生活、二つのストーリーが相互に対比され、交錯するなかで物語が進みます。蔡伯喈は名をあげ富貴となりますが、かえって自由を失い、いつも後悔と苦悶の念に苛《さいな》まれます。趙五娘は蔡伯喈のために家庭という重荷を背負いながら、蔡伯喈が戻ってくるのを毎日待ち望んでいました。一方はきらびやかな邸宅に住み、夏は蓮池を見て過ごし、秋には名月を楽しむような生活、もう一方は、食べ物を乞い、また強奪にあい、粗末な食事でも満足し、みずからの髪の毛を売り払って葬式を出すような状況です。この二つの状況が対照的に描かれることで、戯曲として大きな効果を生み出しました。

中国戯曲の特色

中国の元代戯曲の物語やプロットにはだいたい似通った形式があり、それはみなハッピーエンドで終わります。善良な人物はどれほど苦難に陥《おちい》っても円満な結果となり、冤罪を受け生前に汚名を晴らすことができなくても、死後には晴らすことができるように描かれます。相思相愛の男女はどれほど苦難に遭遇しても家族となり、悪人はどれほど強大でも最後には罰を受けます。正義はどれほど踏みにじられても最後には発揚されます。このようなハッピーエンドの形式は中国人の楽観的な民族心理を反映しており、さまざまな種類の演目で広く繰り返し演じられることで、かえって中国人の楽観的な心理状態を強めました。

中国とヨーロッパの戯曲を比べると、顕著な民族的特徴が見てとれます。一つ目は虚構性《きょこうせい》です。舞台には舞台道具をまったく用いないか、用いたとしてもわずかであり、主に演者の動作、曲詞《きょくし》、演者同士の会話によって登場人物の活動背景を説明します。これによって中国の戯曲は抽象化され、パターン化されるという特徴が生まれました。二つ目は、中国戯曲は始めから終わりまで歌劇であり、音楽を中心としていることです。「唱《しょう》」「唱うこと」、「做《さく》」「しぐさ」、「念《ねん》」「台詞を話すこと」、「打《だ》」「立ち回り」のどの要素でも、「唱」は主導的な地位にあります。このため、中国人は劇の鑑賞を「聴戯《ちょうぎ》」「芝居を聴く」といい、旧来の舞台配置でも、観衆は必ずしも舞台の正面に向かって位置してはいませんでした。中国戯曲が音楽を中心としているという特徴さえ知っていれば、これらのことは取り立てて奇妙なことではありません。

第五節　瓦舎・勾欄における説唱芸術

中国小説の成熟——唐代伝奇

「伝奇《でんき》」は、唐代に発展した新たな小説の形態です。これは、六朝《りくちょう》の志怪《しかい》小説《しょうせつ》と比べて大きな進展がありました。志怪小説の内容は主に鬼神《きしん》・怪異《かいい》の話を記しており、唐代伝奇も同じく世に珍しい出来事を記していますが、多くの題材を現実生活の中からとっています。また、志怪小説は奇怪な出来事を事実として記しており、意識的に虚構の小説を創作しているのではありません。これに対して、唐代の人々が著した伝奇は、意識的に小説の創作をしています。伝奇の出現は小説史上の大きな発展であり、中国の小説が成熟した段階に入ったことを象徴しています。

伝奇が創作されるようになった原因を考察すると、次の三点を見逃すことはできません。一つ目は隋《ずい》末の農民の大蜂起が代々続いてきた豪族の大地主に打撃を与えたこと、二つ目は唐代に均田制《きんでんせい》が実施された結果、中下層の貴族の地主勢力が強大になったこと、三つ目は科挙による人材の登用が士人《しじん》にこれまでより多くの出仕の機会を提供し、士人が政治の舞台で活発な勢力となったことです。唐代伝奇の作家の大部分は、このような士人階層の出身でした。彼らは、社会における人生のあり方や下層の人々の生活をよく知っており、文学の創作では新たなものを作りだそうとする精神に富んでいました。唐代伝奇が広範な社会生活を反映しているのは、一定の進歩的思想の存在をあらわしていますが、これら士人の努力と切り離すことはできません。

唐代は封建社会の経済が急速に発展した時期であり、農業・手工業・商業・国際貿易のいずれもがそれまでにないほどの発展を遂げました。これと同時に都市経済も急速に発展し、長安《ちょうあん》・洛陽《らくよう》・揚《よう》州《しゅう》は各地へと通じる大都市となりました。これらの都市には官僚・地主・文人《ぶんじん》・俠客《きょうかく》・商人・手工業者・僧侶・道士・歌伎《かぎ》などのさまざまな階層、さまざまな職種の人々が集まって複雑に錯綜《さくそう》した社会関係を形成し、ありとあらゆる不思議な話が流布していったことで、小説に豊富な素材を提供しました。六朝のころには短篇で、大雑把な内容でしかなかった小説は、新たな題材を表現するのに適していませんでした。そこで、かなり長篇でプロットに起伏があり、人物描写を重視する伝奇小説が発展することができました。

また、唐代は文芸が広く発展した時期であり、伝奇以外の詩歌や散文の成果は、伝奇の著述に一定の影響を与えました。中唐《ちゅうとう》以後、詩歌の創作が日常の社会生活に向き合ったことは、伝奇が発展しやすい環境となりました。まさにこの時期に、伝奇は志怪小説の枠組みを打ち破り、日常生活を反映し、芸術的に高い完成度をもつ小説作品が登場しました。晩唐になると、詩歌の現実性は次第に衰退し、伝奇小説の現実性も弱まり、現実離れしたプロットばかりを追求し、志怪小説へ回帰しようとする流れが現れました。

唐代伝奇の代表作には、白行簡《はくこうかん》の『李娃伝《りあでん》』、蔣防《しょうぼう》の『霍小玉伝《かくしょうぎょくでん》』などがあります。これらの作品には一つの共通点があります。それは、同情や称賛が女性の身の上に向けられていることです。『李娃伝』の李娃《りあ》と滎陽生《けいようせい》の愛情のもつれのなかで、ヒロインの李娃は主導的な地位にあり、みずからの主張や能力もあり、あらゆることへ進んで立ち向かいます。これと比べて貴公子の滎陽生は明らかに軟弱で無能です。また、『霍小玉伝』の霍小玉《かくしょうぎょく》と李益《りえき》の愛情のもつれでは、ヒロインの霍小玉は被害者であり、復讐者でもあります。女性のこのような態度は、社会意識の新たな傾向を反映しており重視すべきことです。このほか、元稹《げんじん》の『鶯鶯伝《おうおうでん》』もよく知られた作品です。

変文

唐代《とうだい》の伝奇《でんき》は依然として士大夫《したいふ》の文学に属しており、その作者と読者はともに士大夫階層の人々でした。これに対して、「市人小説《しじんしょうせつ》」や「変文《へんぶん》」は市民の文芸であり、市井の要求に応じて興った新たな説唱文学《せっしょうぶんがく》です。

唐代の段成式《だんせいしき》『酉陽雑俎《ゆうようざっそ》』には「予《われ》、太和《たいわ》の末《すえ》、弟《おとうと》の生日《せいじつ》に因《よ》りて雑戯《ざつぎ》を観《み》る。市人有《しじんあ》り、小説《しょうせつ》す。扁鵲《へんじゃく》を呼《よ》びて褊鵲《へんじゃく》の字《じ》と作《な》し、上声《じょうせい》たり」（『酉陽雑俎』続集巻四）とあります。また、李商隠《りしょういん》「驕児詩《きょうじし》」には「或《あるもの》は張飛《ちょうひ》の胡《ひげ》を謔《たわむ》れ、或《あるもの》は鄧艾《とうがい》の吃《きつ》［吃音］を笑《わら》う」（李商隠「驕児詩」。『玉渓生詩箋注』巻三）とあります。魯迅《ろじん》はこれらの記述によって、唐代にはすでに職業としての説話人《せつわにん》［話芸を行う芸人］がおり、三国《さんごく》の物語を語る人々が存在していたと考えました。（『中国小説史略』第一二篇「宋之和本」・『魯迅全集』第八巻）

宋代の銭易《せんえき》『南部新書《なんぶしんしょ》』は唐代について「長安《ちょうあん》の戯場《ぎじょう》は多《おお》く慈恩《じおん》に集《あつ》まり、小《しょう》なるは青龍《せいりゅう》、其《そ》の次《つぎ》は薦福《せんふく》、永寿《えいじゅ》なり［慈恩・青龍・薦福・永寿はいずれも寺院の名称］」（銭易『南部親書』戊）と記しています。この記載より、寺院は唐代において民間の説唱芸術を上演する場所であったことがわかります。このような状況は、後世の廟会《びょうかい》［寺院の縁日］に類似しています。そこで演じられたものには「市人小説」もあれば、僧侶による「俗講《ぞくこう》」［仏教に関する物語を庶民にわかりやすく通俗的に語る芸能］や「変文」［俗講における語り物を文字化したもの］などもありました。

趙璘《ちょうりん》『因話録《いんわろく》』には「文淑僧《ぶんしゅくそう》なる者有《ものあ》り、公《おおやけ》に衆《しゅう》を聚《あつ》め説《せつ》を談《だん》ずるを為《な》し、経論《きょうろん》に仮託《かたく》し、言《い》う所《ところ》は淫穢鄙褻《いんわいひせつ》の事《こと》に非《あら》ざるは無《な》し。不逞《ふてい》の徒《と》、転相《てんそう》［絵解きの巻物などを繰って見せること］して扶樹《ふじゅ》を鼓扇《こせん》し、愚夫冶婦《ぐふやふ》、楽《たの》しみて其《そ》の説《せつ》を聞《き》き、聴《き》く者寺舎《ものじしゃ》に填咽《てんえつ》［満ちあふれる］し、瞻礼《せんれい》［礼拝する］崇《すう》奉《ほう》し、呼《よ》びて和尚《わじょう》と為《な》す。教坊《きょうぼう》は其《そ》の声調《せいちょう》に効《なら》い、以《もっ》て歌曲《かきょく》と為《な》す」（『因話録』巻四）とあります。

ここに見える「愚夫冶婦」とは、大部分は市民階層の人々のことです。日本の僧侶円仁《えんにん》が著した『入《にっ》唐求法巡礼行記《とうぐほうじゅんれいこうき》』にも「左右街《さゆうがい》の七寺《しちじ》［に勅して］、俗講《ぞくこう》を開《ひら》く」とあり、さらに文淑法師《ぶんしゅくほうし》が講じた『法華経《ほけきょう》』を最高の情景としている（白化文・李鼎霞・許徳楠校注『入唐求法巡礼行記』巻三）ことから、当時の民間の説唱芸術の盛んな状況がうかがわれます。唐代の「市人小説」や「俗講」、「変文」は中国の白話小説《はくわしょうせつ》の濫觴《らんしょう》です。白話小説はその当初から、市井の人々とは宿命的な縁がありました。

説話と話本

宋元の時代には文言小説《ぶんげんしょうせつ》が衰退し、一方では白話小説が盛んになりました。宋代の伝奇の多くは古い出来事を語っており、そのなかに教訓的な意義を織り込んでいます。当時は理学《りがく》が盛んになったため、小説にも封建的な教えが満ちあふれていました。宋元の筆記小説《ひっきしょうせつ》は志怪《しかい》を主としており、六《りく》朝《ちょう》の志怪小説の枠組みを超えることはありませんでした。

宋元の時代に話本《わほん》［講釈を文字化した本］が出現すると、人々の耳目を一新する大きな変化がありました。宋元の話本は題材・言語・物語の構造などいずれの面でも文言小説とは異なり、市民文学に属する白話小説という新たな文体を確立しました。その結果、中国古代の小説の繁栄は新たな局面を迎えました。宋元の時期は手工業や商業が発達したことで商品経済が繁栄し、市民階層は大きくなりました。いくつかの大都市ではまとまった娯楽の場が出現し、これは瓦舎《がしゃ》や瓦子《がし》と呼ばれました。宋代の孟元老《もうげんろう》『東京夢華録《とうけいむかろく》』は北宋の開封《かいほう》について「桑家《そうか》の瓦子《がし》、北《きた》に近《ちか》きは則《すなわ》ち中瓦《ちゅうが》、次《つぎ》は里瓦《りが》、其《そ》の中《うち》に大小《だいしょう》の勾欄《こうらん》五十余座《よざ》あり。内《うち》の中瓦子《ちゅうがし》の蓮花棚《れんかほう》・牡丹棚《ぼたんほう》、里瓦子《りがし》の夜叉棚《やしゃほう》・象棚《ぞうほう》は最《もっと》も大《おお》きく、数千人を容《い》るべし」（『東京夢華録』巻二）と記しています。また、周密《しゅうみつ》『武林旧事《ぶりんきゅうじ》』には、南宋の杭州に瓦子が二十三カ所あったと記されています。

「説話《せつわ》」は瓦舎の演芸のなかでも人気があったものの一つで、「話本《わほん》」は説話芸人の種本《たねほん》でした。説話の聴衆の大部分は下層市民であり、彼らはみずからの階層に合った芸術的形象を好んだため、話本の登場人物の多くは手工業者や中小の商人・下女《げじょ》・妓女《ぎじょ》・渡世人《とせいにん》でした。

宋代の杭州の説話について灌圃耐得翁《かんぼたいとくおう》『都城紀勝《とじょうきしょう》』の「瓦舎衆伎《がしゃしゅうぎ》」には四家あったと記されていますが、これがどの四家を指すのか明確ではなく、小説史の研究者によってさまざまな意見があります。しかし、このうち少なくとも三家は明らかであり、「小説《しょうせつ》」「説経《せっきょう》」「講史《こうし》」です。現在見られる宋元の話本は、主に「小説」と「講史」の二家です。

「小説」はもっぱら短編の話本を指しており、また「銀字児《ぎんじじ》」ともいうのは、銀字笙《ぎんじしょう》や銀字觱篥《ぎんじひつりつ》によって伴奏するからであり、語り歌があり、短編の物語を演じました。いわゆる「小説」とは「小《しょう》説話《せつわ》」の略称、つまり小さな話［物語］の略称であり、それまでの「小説」が指していた意味とは異なります。その題材は非常に広く、前代の「志怪」「伝奇」の内容を採集してさらに肉付けする以外に、現実の生活の中からも素材を汲み取るなど、社会のニュースは小説題材の重要な来源でした。羅《ら》燁《よう》が編纂した『酔翁談録《すいおうだんろく》』に収録されている「小説開闢《しょうせつかいびゃく》」には、「霊怪《れいかい》（妖怪の物語）」「煙粉《えんぷん》（女性の物語）」「伝奇《でんき》（愛情物語）」「公案《こうあん》（裁判や偵察の物語）」「樸刀《ぼくとう》」や「桿棒《かんぼう》（ともに英雄豪傑の物語）」「妖術《ようじゅつ》」「神仙《しんせん》」の八種の小説の種類が記されており、その大まかな内容がわかります。このほか、『都城紀勝』と『夢粱録』では、さらに「発跡変泰《はっせきへんたい》（功名富貴を得る物語）」や「鉄騎児《てっきじ》（戦争物語）」にも言及されています。

宋元の話本小説の代表作には、『碾玉観音《てんぎょくかんのん》』や『錯斬崔寧《さくざんさいねい》』などがあります。『碾玉観音』の主要人物秀秀《しゅうしゅう》は書画の表装職人の娘で、刺繍《ししゅう》を得意とし、節度使《せつどし》の咸安郡王《かんあんぐんおう》によって奴婢《ぬひ》にされてしまいます。一方、王府《おうふ》の玉彫《ぎょくちょう》職人崔寧《さいねい》は秀秀と恋仲でした。ある時、郡王は機嫌がよく秀秀を崔寧に与えると言いました。後に王府で火事があり、秀秀はこれに乗じて崔寧と一緒に王府を逃げ出し、はるか遠くの潭州《たんしゅう》で玉彫店《ぎょくちょうてん》を開き、夫婦となりました。郡王はこれを知ると、のちに二人を連れ戻し、秀秀を打ち殺し、秀秀の父母を自殺へと追い込み、崔寧も棒たたきの刑を受け軍隊へ所属させられました。秀秀の亡魂は崔寧について建康府《けんこうふ》まで行き、もう一度家庭を築きます。郡王はこのことを聞いて再び捕まえ、秀秀は遂に崔寧を連れてともに亡くなりました。この小説は封建社会における統治階級の残虐さや横暴さを暴き出しており、市民階層の名もしれない人物が封建社会の統治階級と行った不屈の戦いを称賛しています。

長編の章回体小説の出現――『三国志演義』と『水滸伝』

「講史」は「小説」と比べると長編で、何度にも分けて語られるものであり、もっぱら歴史物語を語るものです。現在見られる「講史」の話本《わほん》は大半が「平話《へいわ》」と呼ばれています。「平話」の意味は、おそらく陳述する話本という意味で、語るだけで歌うことはありませんでした。明清の人々は「評《ひょう》話《わ》」とも書くことから、評論の意味もあったようです。

宋元の講史話本の代表作は、元代の至治《しじ》年間（一三二一～一三二三年）の『全相平話五種《ぜんそうへいわごしゅ》』です。この書物の版式はすべて同じであり、上部に絵、下部に文があり、どの本も三巻に分かれています。その「五種」とは、『武王伐紂平話《ぶおうばっちゅうへいわ》』『楽毅図斉七国春秋後集《がくきとせいしちこくしゅんじゅうこうしゅう》』『秦并六国平話《しんへいりくこくへいわ》』『前漢書平話《ぜんかんじょへいわ》』『三国志平話《さんごくしへいわ》』です。このうち、『三国志平話』は三国時代の物語を語っており、後世の『三国志演義《さんごくしえんぎ》』の主要なプロットがすでに具わっています（図11-10）。「講史《こうし》」の話本《わほん》の

図11-10　元代の『至治新刊全相三国志平話』書影

もう一つの重要な作品は『大宋宣和遺事《だいそうせんないじ》』です。これは主に北宋末年のさまざまな歴史物語を語っており、このなかの宋江《そうこう》ら三十六人が梁山泊《りょうざんぱく》に集まる物語は、後の『水滸伝《すいこでん》』のひな形となりました。

宋元の時期、「小説」とはもっぱら短い話本を指しており、長編の歴史物語は小説とはされず、別に「講史」と分類されて「平話」と呼ばれ、両者の境界はもともと明確に分かれていました。明代以後、小説の概念に変化が生じ、いくつかの長編の作品も小説に組み入れられ、「小説」と「平話」、「演義」の区別は次第に消失しました。しかし、「話本」は短編の「小説」に限った名称となりました。たとえば、明の謝肇淛《しゃちょうせい》『五雑組《ござっそ》』が挙げている「小説」には、『水滸伝』や『三国志演義』も含まれています。また、清代初期の銭曽《せんそう》『也是園書目《やぜえんしょもく》』の通俗小説類には『古今演義三国志《ここんえんぎさんごくし》』十二巻が含まれています。「清代《しんだい》中後期の章学誠《しょうがくせい》の」『丙辰劄記《へいしんさっき》』には「『三国志演義』は固《もと》より小説為《しょうせつた》り」とあり、「同時期の梁紹壬《りょうしょうじん》の」『両般秋雨盦随筆《りょうはんしゅううあんずいひつ》』にも「『隋唐演義《ずいとうえんぎ》』は小説《しょうせつ》なり」とあります。このころ

になると、「小説」はすでに広義の意味を持つ呼称となっており、その概念は今日の小説と近くなっていました。

『三国志演義』は、中国最初の長編の章回体小説《しょうかいたいしょうせつ》［「章」や「回」で分けて語る形式の小説］です。『三国志演義』の登場は、中国の小説が新たな段階に入ったことを象徴しています。この小説の作者羅貫《らかん》中《ちゅう》は元の末期から明の初期にかけての人物です。彼は西晋《せいしん》の陳寿《ちんじゅ》の『三国志《さんごくし》』と、これに加えられた裴松之《はいしょうし》の注釈に基づいて、民間の戯曲《ぎきょく》や講史の話本にある三国関係の物語を広く吸収し、さらに芸術的な創造を加えることで、ついに『三国志演義』という大著を完成させました。『三国志演義』は七五万字あり、百年近くにわたる歴史の過程を描写しており、四百人余りの人物形象を作り上げました。このような小説は、それまで存在していませんでした。『三国志演義』は魏《ぎ》・蜀《しょく》・呉《ご》という三国の複雑に絡み合った政治、外交、軍事の争いを描写しており、このなかには虚構の要素が多くあります。曹操《そうそう》・劉備《りゅうび》・諸葛亮《しょかつりょう》・関羽《かんう》・張飛《ちょうひ》・周瑜《しゅうゆ》といった多くの人物形象を巧みに描いており、曹操の狡猾《こうかつ》さ、劉備の情け深さ、諸葛亮の才能と智慧、関羽の義侠心《ぎきょうしん》、張飛の豪快さ、周瑜の勇ましさは、読者に深い印象を与えます。

『三国志演義』のなかで、魏・蜀・呉の三国のリーダーに対する作者の評価は、明らかに漢王朝に対する忠誠心によって決められており、多くの文官武将の評価は、それぞれの主君に対する忠誠心で決められています。このため、奸臣《かんしん》である曹操の配下にも、多くの忠義の士がいました。文武百官について言えば、どの陣営に属しているかは重要でなく、重要なのはみずからが所属する陣営のリーダーに忠義を尽くしたかどうかでした。『三国志演義』全体には、このように「忠義」を重んじる思想が貫《つらぬ》かれています。また、『三国志演義』は特に戦争の描写に長《た》けています。幾度かの大きな戦い、たとえば「官渡《かんと》の戦い」や「赤壁《せきへき》の戦い」などの描写は、どれも精彩に富んでいます。作者は戦争を戦場に限っておらず、戦争と同時に行われる政治・外交の闘争についても丹念に描き、相互の複雑に絡み合った関係を描き出しています。マクロな描写と、物事の細部に関する描写の挿入は互いによく調和しており、物語性がとても強くなっています。『三国志演義』はわかりやすい文言《ぶんげん》を用いており、その文章には滞《とどこお》るところがなく力強く、また詩情も乏《とぼ》しくありません。「三顧茅廬《さんこぼうろ》」「横槊賦詩《おうさくふし》」「草《そう》船借箭《せんしゃくせん》」といった場面はその代表的なものです。

現代における『三国志演義』の意義として一つの重要な側面は、この小説が内包する智慧《ちえ》が依然として多くの面で人々に示唆を与えていることです。『三国志演義』は人生の智慧を集大成した著作であり、文武両面にわたる謀略を網羅した著作だということができるでしょう。物語の中に記されたさまざまな智慧は一つの点に集中しています。それは、競争における各面での関係性をどのように処理し、長所を取り上げて短所を避け、矛盾を利用し、敵を抑えて勝利するかという点です。このため、諸葛亮《しょかつりょう》は智慧の化身として特に人々に注目され、曹操《そうそう》も計略に優れたリーダーとして、読者の興味を引くことができました。諸葛亮と曹操は、『三国志演義』の最重要人物ということができ、主要な物語は、いずれもこの二人をめぐって展開しています。このほか、二人の身の上には多重的な性格が具わっています。諸葛亮は聡明な宰相《さいしょう》の典型であり、劉備《りゅうび》と劉禅《りゅうぜん》にたいして始終忠義を尽くし、周囲の人々をうまく団結させる人物であり、慎ましやかに力を尽くして亡くなるまで変わることはありませんでした。これに対して曹操は腹黒さ、陰謀、裏切りを一身に集めており、「夢の中にて人を殺す」、「髪を割《さ》きて首に代《こうべ》う」といったプロットはその典型的なものです。曹操が信奉する原則は「寧《むし》ろ我《われ》をして天下《てんか》の人《ひと》に負《そむ》かしむるとも、天下《てんか》の人《ひと》をして我《われ》に負《そむ》かしむる休《なか》れ」というものです。曹操を厚くもてなした呂伯奢《りょはくしゃ》の一家が根拠のない疑いによって曹操に皆殺しにされた〔夢の中にて人を殺す〕のは、その典型的なプロットです。曹操は智謀に優れてはいますが道徳に欠けているため、なおさら人々に憎まれました。民間では、『三国志演義』は歴史教科書としての役割があり、道徳や行動規範としての役割をも果たしたため、明清以来の中国人の思想行動にきわめて大きな影響を与えました。諸葛亮と関羽はともに人々が崇拝する神となりましたが、曹操は悪人を象徴する記号となりました。

『三国志演義』に使用されている平易な文言は、後の歴史演義体小説《れきしえんぎたいしょうせつ》の模範となり、常に使用されることになり、文人から平民までが鑑賞する文学言語として、社会で広く流行しました。『三国志演義』は中国文化の奥底に沈澱《ちんでん》し、中国人の魂の中へと深く入り込み、中国文化を解読するための典型的な資料となりました。

『水滸伝《すいこでん》』は元の末期から明の初頭にかけての、もう一つの著名な長編章回体小説です。この小説の主な編著者は施耐庵《したいあん》です。『水滸伝』のなかで語られる物語は、北宋末年に発生した宋江《そうこう》を頭目《とうもく》とする蜂起であり、反乱から「招安《しょうあん》」〔国家による帰順勧告〕を受け入れて方臘《ほうろう》を討伐し、功績をあげた後で殺されるまでを描いています。この物語は歴史をもとにしており、『宋史《そうし》』にも宋江の記載があります。そして、話本小説《わほんしょうせつ》や元雑劇《げんざつげき》のなかにも関連する物語が多くあり、『水滸伝』はまさにこれらを基礎として文字化され、完成したものです。

『水滸伝』は、早くは『忠義水滸伝《ちゅうぎすいこでん》』とも呼ばれ、忠義を宣揚することがこの小説の主旨でした。宋江のスローガンは「天に替《か》わりて道《みち》を行《おこな》う」でした。その具体的な目標は汚職官僚を除くことであり、皇帝に反対することはなく、宋江とその義兄弟たちの悲劇はまさにここから生まれたものでした。

『水滸伝』は宋江・呉用《ごよう》・武松《ぶしょう》・李逵《りき》・魯智深《ろちしん》・林冲《りんちゅう》らの多くの明確な個性をもった英雄豪傑の形象を上手に描き出しています。これら英雄豪傑が梁山泊に結集するまでの経歴を通じて、広範な社会の姿が反映されており、「官逼《かんせま》りて民反《たみそむ》く」という状況が典型的に説明されています。梁山泊の豪傑の多くはみな辛酸《しんさん》を嘗《な》めた過去がありますが、なかでも最も細やかに描写され、最も成功しているのは林冲《りんちゅう》です。しかし、一部には宋江《そうこう》がみずからの力や影響力を拡大するために、さまざまな手段を弄《ろう》して梁山泊に連れて来た人物もいます。盧俊義《ろしゅんぎ》はその代表的な例です。

『水滸伝』の構造にはたいへん特色があります。それは、各地の英雄豪傑が、百川が海へと流れ込むかのように次々と梁山泊を目指しますが、彼らは梁山泊に登る前に紆余曲折《うよきょくせつ》を経ており、それぞれ独立した物語を構成して、各人物の性格の特色が良くわかるようになっています。ところがいったん梁山泊に登ると、大海の中に落ちた一滴の水のようにそれほど人々をひきつけるものがなくなります。そこで、叙述の重点は別の人物へと移り、再び精彩に富んだ物語が描き出されます。『水滸伝』は完全に白話《はくわ》［唐宋以来の話し言葉をもとに形成された書き言葉］によって書かれており、この点は『三国志演義』と異なります。『水滸伝』の文章には話し言葉の生命力と躍動感があり、さらに詩情も具わっており、「林教頭風雪山神廟《りんきょうとうふうせっさんしんびょう》」や「景陽岡《けいようこう》にて武松《ぶしょう》虎を打つ」の物語はとりわけ優れています。

忠義の思想

『三国志演義』と『水滸伝』という二つの小説には、一つの共通点があります。それは英雄への呼びかけと崇拝です。これは、宋元という時代のさまざまな社会矛盾が交錯した状況下における、広範な民衆の願望でした。この二つの小説の人物形象は、互いに対比することができます。『水滸伝』の宋江の性格は『三国志演義』の劉備《りゅうび》とよく似ており、同じく呉用《ごよう》と諸葛亮《しょかつりょう》、李逵《りき》と張飛《ちょうひ》の性格も似たところがあります。二つの小説は、口承により流伝する過程で互いに影響しあったのでしょうか。これは研究に値する問題です。

『三国志演義』と『水滸伝』には、さらに共通する点があります。それは「忠《ちゅう》」と「義《ぎ》」を宣揚していることです。両書が宣揚する「忠義」は、当然ながら儒家《じゅか》の学説から出たものですが、すでに市井の人々の必要に応じて、かなり多くの市井の色彩を帯びています。そして「忠」と「義」を比べるならば、明らかに「義」のほうが際立っています。それは主に、恩は恩で返し仇は仇で返すということ、そして小集団の利益が何よりも大きいということに現れています。これは、流動性の高い市井の民衆が自身の利益を守るために重んじた道徳規範です。このような道徳規範の正の面は、勢力の弱い社会グループを団結させて共同で自分たちの権益を勝ち取ることができることです。一方、負の面について言えば、小集団の利益のためには、是非を問わず不正なことを行うということです。いわゆる「兄貴肌《あにきはだ》の義侠心《ぎきょうしん》」は、このようにして社会のなかで正と負の両面で役割を果たしました。

注釈

＊1　裴子野は「是れ閭閻の少年、貴游の総角より、六芸を擯落せざるは罔く、情性を吟詠す。学者は博依を以て急務と為し、章句を謂いて専魯と為す。淫文破典、斐爾として功と為し、管絃に被むるは無く、止だ礼義においてするのみに非ず。深心卉木を主とし、遠く風雲を致極す。其の興は浮き、其の志は弱く、巧みにして要あらず、隠にして深からず。其の宗途を討ねるも、亦た宋の風有るなり」と述べている。これは『文苑英華』第五冊七四二巻（中華書局、一九六六年）に見える。また、顔之推は「今の世は相い承けて、末に趨りて本を棄て、率ね浮艶多し。辞、理と競いては、辞勝ちて理伏し、事、才と争いては、事繁くして才損う。放逸なる者は、流宕して帰るを忘れ、穿鑿する者は、補綴するも足らず。時俗此くの如くならば、安んぞ能く独り違わん。但だ務めて泰を去り甚だしきを去るのみ。必ず盛才重誉あり体裁を改革する者有らんは、実に吾が希う所なり。古人の文は宏材逸気、体度風格、今を去ること実に遠し。但だ緝綴疎朴にして、未だ密緻を為さざるのみ。今の世は音律諧靡し、章句偶対し、諱避精詳にして、往昔に賢るもの多し。宜しく古の製裁を以て本と為し、今の辞調を末と為すべし、並びに須らく両存すべく、偏棄すべからざるなり」と述べている。これは王利器『顔氏家訓集解』第四巻（中華書局、一九九三年）に見える。

＊2　『陳子昂集』巻一（中華書局、一九六〇年）の「東方左史虬に与う修竹篇并びに序」には「文章の道弊れること五百年、漢魏の風骨、晋宋伝うる莫し。然るに文献に徴むべき者有り。僕嘗て暇時斉梁の間の詩を観るに、彩麗競繁にして興寄都絶えて、毎に以て永嘆す。古人の常に逶迤頽靡を恐れるを思い、風雅は作さず、以て耿耿なり」とある。

＊3　『旧唐書』巻一八九「儒学伝序」を参照。

＊4　唐の玄宗が開元二十七年に発した詔書は『旧唐書』巻二四「礼儀志」にみえる。

＊5　『朱子語類』第八冊第一三九巻。

＊6　曽鞏『元豊類稿』巻一六「王介甫に与う第一書」。

＊7　『経進東坡文集事略』巻五七「文説」。

＊8　『滄浪詩話』（清の何文煥『歴代詩話』下冊）「詩評」には「詩に詞理意興有り。南朝の人は詞を尚びて理に病む。本朝の人は理を尚びて意興に病む。唐人意興を尚びて理は其の中に在り。漢魏の詩、詞理意興、跡の求むべき無し」とある。

＊9　聞一多の「四傑」による。これは『唐詩雑論』（中華書局、一九五九年）に収録。

＊10　『新唐書』巻二〇二「李白伝」には「天宝の初め、南のかた会稽に入り、呉筠と善くす。筠召され、故に白も亦た長安に至り、往きて賀知章に見ゆ。知章其の文を見て歎じて曰く、子は謫仙人なりと」とある。また、元代の辛文房『唐才子伝』巻二「李白伝」には「天宝の初め、蜀より長安に至るも、道未だ振わず。業とする所を以て賀知章に投じ、読みて蜀道難に至るに歎じて曰く、子は謫仙人なり

と。乃ち金亀を解きて酒に換え、終日相い楽しみ、遂に玄宗に薦めらる」とある。傅璇琮主編『唐才子伝校箋』第一冊（中華書局、一九八七年）を参照。

*11 銭鍾書『談芸録』（中華書局、一九八四年）を参照。

*12 『経典常談』「詩第十二」を参照。

*13 『滄浪詩話』「詩弁」を参照。

*14 『予章黄先生文集』巻一九「洪駒父に答うる書」を参照。

*15 『香草詞・洞簫詞・碧龕詞――附楽府余論』（『云自在龕叢書』本）第四集第五冊を参照。

*16 唐圭璋編『詞話叢編』（中華書局、一九八六年）第一冊を参照。

*17 同前を参照。

*18 敦煌の詞の作成年代について定説はないが、一般的にはほぼ則天武后の末年から後晋の出帝の開運年間（九四四～九四七年）と考えられている。このうち「感皇恩」（四海清平）など国家の大きさと繁栄を映しだした作品、「阿曹婆」（本当只言三載帰）など府兵制への不満を述べた篇章は、いずれも盛唐の作品に違いない。王重民『敦煌曲子詞集』（商務印書館、一九五〇年）を参照。

*19 『津逮秘書』排印本（『叢書集成』初編）を参照。

*20 陸友仁『研北雑志』（『叢書集成』初編）巻下には「小紅は順陽公（范石湖）の青衣なり。色芸有り。順陽公の老を請うや、姜堯章之に詣る。一日、簡を授けて新声を徴め、堯章は暗香、疎影の両曲を製る。公は即ち二妓をして之を肄習せしむ。音節は清婉たり。堯章呉興に帰り、公尋いで小紅を以て之に贈る。其の夕大いに雪ふり、垂虹を過ぎり詩を賦して曰く、自ら新詞を琢し韻は最も嬌たり、小紅低唱し、我簫を吹く。曲終わり過ぎりて松陵の路を尽くし、首を回せば煙波十里の橋と。堯章毎にみずから曲を度るを喜み、洞簫を吟じれば、小紅輒ち歌いて之に和す」とある。

*21 隋樹森『全元散曲』には、二一二人が収録されている。

第十二章

芸術の様相と時代の精神

隋《ずい》・唐《とう》から明《みん》代中期に至る九百年間は、中国の芸術が最も光り輝いた時代です。隋唐の芸術は中国の南北を融合し、さらに外国と結びつき、中華文明の雄壮《ゆうそう》さ、奔放さと包容力、創造精神を大いに示しています。しかも、芸術各分野のなかに現れる健康で明朗な気《き》骨《こつ》と、のびやかで広大な気風は、まさにこの時代の精神を集中的に表現しています。

五代《ごだい》から宋《そう》の時期は、個性・気概・学識を表現することが芸術の発展や創造の上で重要な要素となりました。また、興趣《きょうしゅ》を尊ぶという美学の探求は、この時期の文人意識と時代精神の芸術における反映を体現しています。そして、元《げん》代から明代中期までの芸術の発展は、古《いにしえ》を典雅《てんが》とする創作の気風を普遍的にあらわしましたが、元代と明代前期の状況とでは異なる点があります。元代の古を典雅とする芸術的な探求は、一般的な意義における文芸の復古的現象ではなく、そのなかに揺れ動いた、民族の強烈な伝統的文化意識と高潔な人格への意識です。このため、その探求は元という時代の特殊な民族精神や伝統的意識と互いに表裏をなしていました。

明代前期の芸術における古を典雅とする考えは、それまでの時代から受け継いできた芸術上の慣性であり、もう一方では、先人の成果を結集して、さらにそこからさまざまな流れを創出し、新たな芸術世界を生み出す過渡的段階にありました。これからみると、隋唐から明代中期までの芸術の発展は、常に社会・時代の発展や変遷と密接に関連したものであり、芸術に内在する精神も、しばしばその時代の精神を体現するものでした。

第一節　唐代芸術の気迫と雄大さ

絵画と書法

唐代の芸術は絵画や書法《しょほう》、彫塑《ちょうそ》や石刻《せきこく》、音楽や舞踏など、いずれの面でもそれまでにはなかった輝かしい成果をあげました。この成果のなかには、南北朝《なんぼくちょう》の文化を継承し発展させたものもあれば、外国の文化を吸収し、融合して新たに創造したものもあり、中国の各民族の優秀な文化を凝縮した結晶です。芸術表現の手法や風格に異なるところがあるとはいえ、いずれにも時代の精神がそのなかに満《み》ち溢《あふ》れており、全体の様相が示す統一感はたいへん鮮明です。それはいずれも健康的で清々《すがすが》しい気骨を具えており、壮大な気風を示しています。

隋唐の時期の書画《しょが》芸術は、南北朝の余韻を受けて急速に発展しました。「大一統《だいいっとう》」［統一を重視すること］の局面が到来し、特に盛唐帝国の社会と文化の全面的な繁栄にともない、書画芸術も輝かしい繁栄の時代を迎えました。雄壮広大で剛健奔放な芸術の風格は、盛唐時期の精神をよく体現しています。

盛唐時期の文化繁栄の要因は多くの方面にわたりますが、南北の文化の融合と中国内外の文化の交流という二点は、見逃すことのできない重要な要因です。南北朝の書法と絵画は、すでに相当高い成果をあげていました。しかし、南北分裂の情勢による制限や、地域文化間に存在する差異のために各地域がそれぞれの文化を継承し発展させたことで、南方と北方とではっきりと異なる芸術の風格が形成されました。隋が南北を統一したことで、南北の文化芸術には融合と合流を実現する条件が整いました。事実上、隋朝の書画芸術は南北朝から唐代へと発展する重要な過渡期でもありました。

隋代に活躍した絵画芸術の大家は、多くが南北朝の末期を生きました。この時期に名声を博した画家としては、展子虔《てんしけん》・董伯仁《とうはくじん》・鄭法士《ていほうし》・楊子華《ようしか》・楊契丹《ようきったん》などがいます。彼らの絵画の風格や技法は南北朝の伝統を継承し「并《なら》びに顧《こ》［顧愷之《こがいし》］・陸《りく》［陸探微《りくたんび》］・僧繇《そうよう》［張僧繇《ちょうそうよう》］を祖述《そじゅつ》す」（張彦遠《ちょうげんえん》『歴代名画記《れきだいめいがき》』巻二「師資・伝授・南北・時代を叙《の》ぶ」）と言われましたが、同時に新たなものも創造しました。唐の張彦遠『歴代名画記』巻八では董伯仁を評して「初《はじ》め、董《とう》は展《てん》（子虔）と同《おな》じく召《め》されて隋室《ずいしつ》に入《い》る。一《いっ》は河北《かほく》よりし、一《いっ》は江南《こうなん》よりす。初《はじ》めは則《すなわ》ち軽《かろ》んぜられ、後《のち》には乃《すなわ》ち頗《すこぶ》る其《そ》の意《い》を采《と》る」としています。

南北の異なる地域からやってきた芸術家たちは、互いに排斥しあう状況から、参考し補い合うようになりました。これこそまさに、南北文化が国家統一の状況のもとで融合へと向かった歴史の痕跡です。交流融合とすり合わせの過程では、絵画の技法と風格上の旧弊を捨て新しいものを創造することが、必然的に新たな発展の趨勢でもありました。なかでも山水画《さんすいが》における創造と成果は、特に注目すべきものです。中国の山水画は、当初は人物の背景であったものが相対的に独立したものとして発展し、唐代になると成熟する段階へと至りました。隋から唐への過渡期の山水画は、まさにこのような独立から発展への重要な鍵となる段階にありました。[*1] 展子虔の山水画、たとえば「遊春図《ゆうしゅんず》」（図12-1）などの作品は、すでに「咫尺千里《しせきせんり》」［わずかな空間に広大な風景がある］気勢を具えており「唐画《とうが》の祖《そ》」（元の湯垕《とうこう》『画鑑』）となりました。

書法芸術も絵画と同じく、前代を受けて新たな時代を切り開く過渡的な段階にありました。なかでも、隋代の「龍蔵寺碑《りゅうぞうじひ》」や丁道護《ていどうご》の揮毫《きごう》した「啓法寺碑《けいほうじひ》」は最も傑出した作品です。

図12-1　隋の展子虔「遊春図」

　後世、隋代碑刻《ひこく》の第一と称された「龍蔵寺碑」は、字体が細く鋭く精悍《せいかん》であり、よく整っていて清々しさがあります。清代の莫友芝《ばくゆうし》〔一八一一～一八七一年〕はこの石碑に跋文《ばつぶん》を寄せて「真書《しんしょ》〔楷書〕は初唐《しょとう》に至《いた》りて極《きわ》めて盛《さか》んなり。而《しこう》して初唐諸家《しょか》の精詣《せいけい》たること、北朝具《ほくちょうそな》え有《あ》らざるは無《な》し。開皇《かいこう》〔隋の文帝の治世（五八一～六〇〇年）〕、大業《たいぎょう》〔煬帝の治世（六〇五～六一四年）〕の間《あいだ》に至《いた》りて即ち初唐《しょとう》なり。此《こ》の碑《ひ》、褚登善《ちょとうぜん》〔褚遂良《ちょすいりょう》〕の諸石《しょせき》の中《うち》に置《お》かば直《ただ》ちに以《もっ》て別《わか》つ無《な》し、即《すなわ》ち従《よ》りて出《い》づる所《ところ》を知《し》るなり」と述べており、「龍蔵寺碑」は初唐の書家褚遂良などの人々の楷書の形成のうえで、その源流を創出する役割を担いました。

　丁道護《ていどうご》の書は南北それぞれの長所をよく融合しており、[*2]南の「法帖《ほうじょう》」の力強く美しい風格と北の碑刻の雄渾で純朴なさまを兼ね備えており、このために「古《いにしえ》ならず今《いま》ならず、遒媚《しゅうび》〔力強く美しい〕なるも法有《のりあ》り」（宋の黄《こう》伯思《はくし》『東観余論』）と評されました。また、元の趙孟頫《ちょうもうふ》は、丁道護を「法《ほう》を啓《ひら》くこと最《もっと》も精《くわ》し、欧《おう》〔欧陽詢〕・虞《ぐ》〔虞世南〕の自《よ》りて出《い》づる所《ところ》なり」（『珊瑚網』巻二三下「趙子固書法論」）と言い、同様に隋代の楷書は前代を受けて新たな風格を切り開いたと指摘しています。

唐代の絵画芸術の世界において、雄大な気概と繁栄の勢いを最もよく具え、社会の人心に広く深い影響を与えたものとしては、まぎれもなく仏教を主な題材とした絵画を第一とするべきでしょう。この点は「唐朝では仏教・道教がきわめて盛んとなったため、寺院や道観《どうかん》が次々と建立され、これにしたがい壁画も発達した。寺観《じかん》に描かれた壁画の多さは、歴代に冠たるものであ」（兪剣華《ゆけんか》『中国絵画《ちゅうごくかいが》史《し》』）り、また、唐代の狄仁傑《てきじんけつ》は則天皇后《そくてんこうごう》に奉った上書のなかで「今の伽藍《がらん》は、制《せい》は宮闕《きゅうけつ》に過《す》ぎ、奢《しゃ》を窮《きわ》め壮《そう》を極《きわ》め、画績《がかい》〔絵画のこと〕は工《こう》を尽《つ》くせり」（『旧唐書《くとうじょ》』巻八九「狄仁傑伝」）と言っています。この記述からは、壁画が隆盛し、しかも精緻《せいち》に描かれていたことがうかがえます。

現存する隋唐の石窟壁画《せっくつへきが》についていえば、保存状態がよいものには敦煌《とんこう》〔甘粛省《かんしゅくしょう》〕の莫高窟《ばっこうくつ》、天水《てんすい》〔甘粛省〕の麦積山石窟《ばくせきざんせっくつ》、新疆拝城県《しんきょうはいじょうけん》のキジル千仏洞《せんぶつどう》があり、これらのほかに現存しているものとしては、甘粛省永靖《えいせい》県の炳霊寺石窟《へいれいじせっくつ》、慶陽《けいよう》市の寺溝石窟《じこうせっくつ》、敦煌市の西千仏洞《にしせんぶつどう》、武威《ぶい》市の天梯山石窟《てんていざんせっくつ》、新疆トルファン市のベゼクリク千仏洞などがあります。これらは、当時でいえば僻地《へきち》の石窟壁画であり、千年余りを経ているとはいえ、現在でも十分に深い感動を与えるものです。したがって、長安《ちょうあん》と洛陽《らくよう》の二大都市や中原《ちゅうげん》の各地に広く存在していた巨匠の手になる傑出した石窟壁画が輝かしい風格を持ち、精妙《せいみょう》で卓越した芸術であったことは、想像して余りあります。

敦煌莫高窟の壁画は、唐代のものが最も豊富で、また最も光り輝いています（カラー図2）。唐代以前の時代のものと比べて、題材から形式にいたるまで、明確な変化があります。たとえば、北魏《ほくぎ》の時期に流行した「釈迦本生譚《しゃかほんしょうたん》」は明らかに減少し、説法図《せっぽうず》はほぼ見られなくなり、これらに代わって「経変《けいへん》」〔経典にみえる説話〕を題材とした壁画が大量に出現しました。

経変の題材のなかで最も多いのが浄土《じょうど》変相《へんそう》です。これは、仏教徒の想像する西方楽土《せいほうらくど》を絵図によって表現しており、宮殿《きゅうでん》・楼閣《ろうかく》・歌舞《かぶ》・伎楽《ぎがく》・花樹《かじゅ》・草木《そうもく》・七宝蓮池《しっぽうれんち》［七種の宝石で飾られた道や楼閣のある蓮池］など美しい景色や楽しげな雰囲気が展開されて、人々に仏教への帰依を勧めています。しかし、これらの美しく描かれた光景は、実際には現実に基づいており、当時の社会における理想の芸術への反映ということができるでしょう。このなかでは、物質生活の繁栄と豊かさに対する肯定と称賛が表現されており、楽しく平和な生活に対するあこがれと追求をも伝えています。これらの壁画は構図が巨大で気勢は雄大、景色は複雑で人物が多く描かれ、描写は精巧、色彩は華麗であり、色濃い現実生活の息吹に満ちています。

壁画の中の仏像の描き方も、南北朝の頃のように厳粛で荘厳なものではなく、人間味と身近で親しげな雰囲気に富んでいます。たとえば、唐代の壁画の菩薩《ぼさつ》は女性のように描かれて胸や肩を露《あら》わにし、服飾は華美、容貌は端正で美しく慈愛に溢れており、体つきは豊満でその姿もさまざまです。このほか、いくつかの壁画には歴史上の出来事や現実の生活を題材とした絵図も現れました。唐代の宗教壁画は現実の生活により近く、理想的な生活への憧れを描いていますが、これは実際のところ、唐代の人々が追求した理想的な生活と人生の芸術における表現でした。

道教や仏教の絵画に従事した芸術家には、高い名声を博した画家もいれば民間の画工もおり、西域から来た画家もいました。唐代の宗教絵画が獲得した高度な芸術的成果は、無数の画家や画工たちの芸術的才能の結晶であり、中国内外の文化交流の結果であると言うことができます。たとえば于闐《ホータン》（現在の新疆ウイグル自治区和田地区）から来た画家の尉遅乙僧《うっちおつそう》の作品には、濃厚な異国情緒と鮮明な西域の技法が見られます。[*3] 当時の長安と洛陽にあった多くの著名な寺院、たとえば慈恩寺《じおんじ》・光宅寺《こうたくじ》・興唐《こうとう》寺《じ》・大雲寺《だいうんじ》などには尉遅乙僧の壁画作品があり、当時の人々にたいへん重んじられました。その作品が中国伝統絵画にもたらした影響は直接的であり、大きなものでした。

たとえば、唐代の最も傑出した画家呉道子《ごどうし》が描いた仏寺の壁画は、とりわけ絶妙の境地に至っており、長安と洛陽で話題となりました。『両京耆旧伝《りょうけいききゅうでん》』には「寺観《じかん》の中《うち》、図画牆壁《ずがしょうへき》は凡《およ》そ三百余間《よけん》、変相人物《へんそうじんぶつ》、奇蹤異状《きしょういじょう》、同《おな》じ者有《ものあ》る無《な》し」(『唐朝名画録《とうちょうめいがろく》』所引)とあります。また、『唐朝名画録』には、呉道子が長安の景雲寺《けいうんじ》で描いた「地獄変相《じごくへんそう》」について「京都《けいと》の屠沽漁罟《とこぎょり》の輩《はい》、之《これ》を見て罪を懼《おそ》れて業《なりわい》を改《あらた》むる者、往々《おうおう》にして之《これ》有り」という記載があり、この絵画が持つ、人々の心を揺り動かす芸術的な力を述べています。絵画芸術の継承から言えば、呉道子と六朝《りくちょう》の「三傑《さんけつ》」である顧愷之《こがいし》・陸《りく》探微《たんび》・張僧繇《ちょうそうよう》との間にはそのルーツに関係性があり、いずれもその筆法を張旭《ちょうきょく》より学びました。しかし、呉道子の絵画は伝統を超越し、その傑出した才能を十分に発揮しており、独自の風格を作り上げました。このため、その風格は「呉家様《ごかよう》」と呼ばれています。

呉道子の絵画の最も際立った特徴は、大胆な誇張と現実を超越した奇妙な想像、そして絵に内在する力です。呉道子が描いた変相《へんそう》・地獄変《じごくへん》・浄土変《じょうどへん》・降魔変《ごうまへん》・維摩変《ゆいまへん》などは、環境や雰囲気をかもし出すにせよ、また人物の形や精神を表現するにせよ、見る者に「奇蹤異状《きしょういじょう》」「巨状詭怪《きょじょうきかい》」な感覚を与えるものでした。しかも各画面にはそれぞれ特色があり、「同《おな》じ者有《ものあ》る無《な》し」というほどでした。その想像力の豊かさ、変化の多様性は、実に張懐瓘《ちょうかいかん》の言う「呉生《ごせい》の画《え》は、筆を下《くだ》せば神《しん》有り」(『歴代名画記』巻九に引用がある)でした。これらの特徴と、盛唐《せいとう》時代の書法や詩歌などの芸術分野には、相通じるものがあります。

唐代には、歴史上の出来事や現実の生活を題材とする肖像画《しょうぞうが》や仕女画《しじょが》が大量に描かれました。閻《えん》立本《りっぽん》・呉道子・張萱《ちょうせん》・周昉《しゅうほう》などは、同時代の芸術家のなかでも特に優れており、後世の模範となった傑出した画家でした。閻立本の絵画には道教や仏教の題材のほか、現実的な意義や歴史上の価値がある人物・事件を題材としたものが多くありました。「秦府十八学士図《しんふじゅうはちがくしず》」「凌煙閣功臣二十四人図《りょうえんかくこうしんにじゅうよにんず》」「西域図《さいいきず》」「魏徴進諫図《ぎちょうしんかんず》」、及び伝世の「歴代帝王図《れきだいていおうず》」「歩輦図《ほれんず》」などです。これらの作品に共通するテーマは、唐代初期の国家統一における文治や武功を取り上げ、太平の世を際立たせて賛美していることです。

「歩輦図」は貞観十五年（六四一年）、吐蕃《とばん》の首領ソンツェン・ガンポと唐の文成公主《ぶんせいこうしゅ》が結婚する歴史上の出来事を題材としており、唐の太宗《たいそう》が文成公主を迎えにきた吐蕃の使者禄東賛《ろくとうさん》に接見する情景が描かれています。その画面はとても簡潔な手法によって、唐の太宗の威厳と大きな度量、泰然自《たいぜんじ》若《じゃく》とした表情を強調して描いていますが、全体的には荘厳ながらも仲睦まじい様子が現れています。こうして閻立本は唐とチベットの密接な関係を象徴的に表現し、両民族の友好という輝かしい歴史を的確に記録しました。この作品と、閻立本が描いた「文成公主降番図《ぶんせいこうしゅこうばんず》」は、ともに大きな歴史的意義を有しています。

人物画では盛唐以後新たな画題《がだい》が登場しました。それは、「綺羅人物《きらじんぶつ》」と呼ばれています。この画題で描かれる人物造形の特徴は、絵画であれ彫塑であれ、最も顕著なのは美しい眉とふくよかな頬、豊満な姿態《したい》、華麗な服飾、色彩の鮮やかさであり、盛唐期における貴族婦女の生活の息吹を反映しており、また当時の貴族階級の美的要求をも体現しています。張萱と周昉は、このような絵画に優れた代表的な人物です。

唐代には山水画がすでに独立した分野として発展しており、中国の山水画が成熟へと向かい、東方の絵画史のなかでも民族的特色に富んだ芸術となったことを示しています。画家たちの山水《さんすい》の美に対する非凡な認識と独特な表現手法、そして絵画の美学理論における山水画の解釈は、唐代の人々が抱いていた豪放で現実を脱する自由闊達《じゆうかったつ》な精神を顕著に体現しています。

『歴代名画記』巻一「山水《さんすい》・樹石《じゅせき》を画《えが》くを論《ろん》ず」は唐代山水画の発展について「呉道玄《ごどうげん》なるものは、天《てん》、勁毫《けいごう》［力強い筆づかい］を付《ふ》し、幼《よう》にして神奥《しんおう》［隠れた才能］を抱《いだ》く。往々仏寺《おうおうぶつじ》の壁《かべ》に画《えが》き、縦《はな》つに怪石崩灘《かいせきほうたん》［奇怪な形の岩と流れの乱れる早瀬］を以《もっ》てし、捫酌《もんしゃく》［さすったり、すくったりすること］すべきが若《ごと》し。又《ま》た蜀道《しょくどう》において山水《さんすい》を写貌《しゃぼう》す。山水《さんすい》の変《へん》ずるは呉《ご》より始《はじ》まり、二李《にり》［李思訓《りしくん》と李昭道《りしょうどう》］に成《な》る。樹石《じゅせき》の状《かたち》は韋鶠《いえん》に妙《みょう》あり、張通《ちょうつう》（原注には張璪《ちょうそう》とある）に窮《きわ》まる。……又《ま》た王右丞《おううじょう》［王維］の重深《じゅうしん》［落ち着いた深さ］、楊僕射《ようぼくや》［楊炎］の奇贍《きせん》［不思議な豊かさ］、朱申《しゅしん》の濃秀《のうしゅう》［濃厚な美しさ］、王宰《おうさい》の巧密《こうみつ》［緻密さ］、劉商《りゅうしょう》の取象《しゅぞう》［ものの形をよく捉えること］の若《ごと》く、其の余の作者は一《いっ》に非《あら》ざるも、皆《み》な之《これ》に過《す》ぎず」と述べており、唐代における山水画の発展と変遷、そして重要な画家について簡潔にまとめています。また、「山水画《さんすいが》の変《へん》は呉《ご》［道子］より始《はじ》まる」という説について、『歴代名画論《れきだいめいがろん》』巻九は「曽《かっ》て逍遥公韋嗣立《しょうようこういしりつ》に事《つか》えて小吏《しょうり》と為《な》る。因《よ》りて蜀道《しょくどう》の山水《さんすい》を写《うつ》し、始《はじ》めて山水《さんすい》の体《たい》を創《はじ》め、自《みずか》ら一家《いっか》を為《な》す」と記しています。ここに見える「始めて山水の体を創め」るとは、明らかに魏晋《ぎしん》以来の山水画における創造と変革を指しており、なかでも呉道子は独特の風格を具えていたので「自《みずか》ら一家を成す」と述べられています。

また、『唐朝名画録《とうちょうめいがろく》』には「明皇《めいこう》［玄宗］、天宝《てんぽう》中［七四二～七五六年］忽《たちま》ち蜀道嘉陵江《しょくどうかりょうこう》の水を思い、遂《つい》に呉生《ごせい》に駅駟《えきし》を仮《たま》い、往《ゆ》きて貌《かたち》を写《うつ》さしむ。回日《かいじつ》［帰ってくる日］に及び、帝《みかど》、其《そ》の状《かたち》を問《と》う。奏《そう》して曰《いわ》く「臣《しん》に粉本《ふんぽん》無《な》く、并《なら》びに記《しる》して心《こころ》に在《あ》り」と。後に宣令して大同殿《だいどうでん》に之《これ》を図《えが》かしめるに、嘉《か》陵江《りょうこう》三百余里の山水《さんすい》、一日《いちじつ》にして畢《おわ》る。時《とき》に李思訓将軍《りしくんしょうぐん》有《あ》り、山水に名を擅《ほしいまま》にし、帝も亦《ま》た宣《せん》して大同殿《だいどうでん》に図《えが》かしむも、月《つき》を累《かさ》ねて方《よう》く畢《おわ》れり。明皇云《いわ》く「李思訓数月《りしくんすうげつ》の功《こう》、呉道子一日《ごどうしいちじつ》の跡《あと》、皆《み》な其《そ》の妙《みょう》を極《きわ》めるなり」と」という記載があります。ここに見える時期は、明らかに史実と合致しません（李思訓は開元四年、七一六年に亡くなっている）。しかし、この記載は呉道子の描く山水画の特徴をよく示しています。第一の特徴は「粉本《ふんぽん》無《な》く、并《なら》びに記《しる》して心《こころ》に在《あ》り」です。これは、呉道子が山水地理の客観的な姿をそのまま描くのではなく、山水の気概をその胸中に融けこませて筆を走らせ、この気風にある精神、つまり芸術家が受け入れた後の「山水《さんすい》のイメージ」の表現を重視していたことを示しています。第二の特徴は「三百余里《さんびゃくより》の山水《さんすい》、一日《いちじつ》にして畢《おわ》る」というように、呉道子の絵画は細やかに描くのではなく、豪放な気概をもって筆を走らせる手腕を十分に発揮していたことを示しています。この二つの特徴が結びついたものこそ、呉道子の「始《はじ》めて山水《さんすい》の体《たい》を創《はじ》め、自《みずか》ら一家《いっか》を為《な》す」という主要な特徴です。このような呉道子の特徴と張旭《ちょうきょく》の書、そしてやや後の張璪《ちょうそう》・王宰《おうさい》・王墨《おうぼく》といった人々の山水画には、いずれも共通する点があります。それは奔放で現実を超越し、さらに自然体だということです。

「二李《にり》に成《な》る」と言われた李思訓・李昭道の父子は、ともに山水画に優れたことで知られています。李思訓は、唐代には「国朝山水《こくちょうさんすい》の第一《だいいち》」（『唐朝名画録』）という名声を得ました。両者の技法や風格は呉道子と異なりますが、その精神には相通じるものがありました。李思訓は六朝《りくちょう》、特に隋《ずい》代の展子《てんし》虔《けん》以来行われた山水着色技法を継承し、あわせて「青緑《せいりょく》を質《しつ》と為《な》し、金碧《こんぺき》を紋《あや》と為《な》す」という「金《こん》碧山水画《ぺきさんすいが》」を創出しました。同時に、彼は「界画《かいが》」〔物差しを用いて直線を引く技法とその画〕や「皴法《しゅんぽう》」〔山石樹木の表面のしわ、凹凸、質感を表現する技法〕といった技法の運用を結びつけて、自然の山水と華美《かび》荘厳《そうごん》な宮殿楼閣《きゅうでんろうかく》などの建築物と人物の活動とを有機的に結びつけました。その筆法は一糸《いっし》乱れることがなく細やかで、構成は整っていながら変化の妙があり、華麗で輝かしい画面の中に雄大な気象を表現し、高い装飾性と鑑賞性を具えています。このように、呉道子の伸びやかで意を尽くした「写意《しゃい》山水《さんすい》」と、李思訓の精緻に描き尽くした「工筆山水《こうひつさんすい》」とは異曲同工《いきょくどうこう》の妙があり、どちらも壮大な芸術的効果を生み出しています。

王維《おうい》の山水画は、呉道子と「二李《にり》」の中間に位置し、独自の新しい風格を確立しました。詩と絵画の境界を打ち破り、「詩情画意《しじょうがい》」の芸術的境地を強調して「詩中《しちゅう》に画《が》有り」や「画中《がちゅう》に詩《し》有り」とすることで、一般の画家とは異なる独特の芸術的な風格を創り出し、文人の高雅《こうが》な情趣《じょうしゅ》を色濃く帯びていました。その枯淡《こたん》で幽遠《ゆうえん》にして閑雅《かんが》な趣《おもむき》は、盛唐《せいとう》の山水田園詩《さんすいでんえんし》と同じく、自由で閑雅、自然を追求する精神を表現しています。この風格は歴代の文人画家の模範となりました。このため、王維は文《ぶん》人画《じんが》の始祖とも呼ばれています。

唐代の画家の筆になる馬の形象も山水画と同様に雄壮《ゆうそう》で勇ましく、豪快な時代の精神を体現しています。なかでも曹霸《そうは》・韋偃《いえん》・韓幹《かんかん》は最も傑出した代表的な画家です。曹霸は馬を描き、開元《かいげん》（七一三～七四一年）、天宝《てんぽう》（七四二～七五六年）年間に名声を博しました。杜甫《とほ》の詩には「将軍画善《しょうぐんがよ》し、蓋《けだ》し神《しん》有《あ》り」や「万古《ばんこ》の凡馬《ぼんば》を一洗《いっせん》して空《むな》し」（「丹青引・曹将軍霸に贈る」）と詠まれており、曹霸が馬を描く際の高度な技巧や駿馬《しゅんめ》の雄壮な姿を褒《ほ》め称《たた》えています。曹霸に直接教えをうけた弟子の韓幹も、馬を描くことで天宝年間に名声を博しました。韓幹の描く馬は体軀《たいく》が大きく肉付きが良くて精気に満ちあふれ、身体のバランスがとれており、健康的で美しい姿と雄壮な勢いをよく表現しています。韓幹と同時期の韋偃も、馬を描くことで良く知られていました。杜甫の「壁画馬《へきがば》に題《だい》するの歌《うた》」（「壁上の韋偃の画馬に題する歌」ともいい、この詩の原注には「偃は京兆の人、善く馬を画く」とある）のなかでは、「画《え》に敵《てき》無《な》し」と称されています。また、『唐朝名画録』巻一〇は韋偃の絵画について「嘗《かつ》て越筆《えつひつ》を以《もっ》て鞍《あん》馬《ば》・人物《じんぶつ》・山水《さんすい》・雲煙《うんえん》を点簇《てんぞく》［輪郭を描かずに物の像を描く技法で描くこと］す。千変万態《せんぺんばんたい》、或《あるもの》は騰《は》せ、或《あるもの》は倚《よ》り、或《あるもの》は齕《かじ》り、或《あるもの》は飲《の》み、或《あるもの》は驚《おどろ》き、或《あるもの》は止《とど》まり、或《あるもの》は走《はし》り、或《あるもの》は起《お》き、或《あるもの》は翹《つまだ》ち、或《あるもの》は企《つまだ》ち、其《そ》の小《しょう》なる者《もの》は或《あるもの》は頭《あたま》に一点《いってん》、或《あるもの》は尾《お》に一抹《いちまつ》、山《やま》は墨《すみ》を以《もっ》て斡《めぐ》り、水《みず》は手《て》を以《もっ》て擦《す》り、曲《きょく》は其《そ》の妙《みょう》を尽《つ》くし、宛然《えんぜん》として真《しん》の如《ごと》し」と記しています。韋偃は馬のさまざまな姿の、いきいきとした形態をとらえ表現することに優れていました。このほか、牛を描くことで知られた韓滉《かんこう》や戴嵩《たいすう》の作品も、古朴《こぼく》で力強い風格と壮健《そうけん》な美しさを具えています。

唐代の書道芸術も、絵画と同じく南北朝《なんぼくちょう》の書体を継承して新たな発展を遂げ、唐代の人々に特有の、力強く整い、伸びやかながら謹厳《きんげん》な風格、あるいは自由奔放で意に任せた豪快な勢いを表現しました。書道芸術はすでに文字自体の実用的な機能をはるかに超えており、書き手の心情の発露であり、その精神が具現化したものとみなされました。

唐の太宗《たいそう》は王羲之《おうぎし》の書法をことのほか好んだことから、「二王《におう》」［王羲之とその子の王献之《おうけんし》］の書体が唐代に与えた影響は特に大きなものでした。唐初の四大書家である虞世南《ぐせいなん》・欧陽詢《おうようじゅん》・褚遂良《ちょすいりょう》・薛稷《せっしょく》は、「二王」の書体の継承者に数えられるでしょうが、彼らは決して「二王」を盲目的に模倣したのではなく、変革や創意を加えて、一定程度唐代の人々の精神の様相を反映しました。唐代の人々が「二王」の書体を学んだのは、その形だけではありません。より重要なのは、その書体に内在する気《き》韻《いん》や気骨《きこつ》を追求したことです。唐の太宗はみずから「二王」の書を論じて「我《われ》は今古人《いまこじん》の書《しょ》に臨《のぞ》むに、殊《こと》に其《そ》の形勢《けいせい》を学《まな》ばず、惟《た》だ其《そ》の骨力《こつりょく》を求《もと》めるに在《あ》り、骨力《こつりょく》を得るに及べば、形勢は自《おのずか》ら生《しょう》ず」

（『唐会要』巻三五）と述べています。竇皐《とうき》の『述書賦《じゅつしょふ》』にも「太宗則《たいそうすなわ》ち集王書《しゅうおうしょ》［王羲之の書いた文字を集めた作品］を備《そな》え、聖鑑《せいかん》するに旁《かたわら》に啓《ひら》き……質《しつ》は詎《なん》ぞ文《ぶん》に勝《まさ》らんや、貌《かたち》は全体《ぜんたい》を能《よ》くし、風骨《ふうこつ》を兼《か》ね、法礼《ほうれい》を総《す》ぶ」とあります。同様に、唐初の四大家《したいか》の書道芸術における貢献は、書の風格や精神を追求すると同時に、楷書の基本的な規範を完全なものとしたことです。唐代の人々は楷書の分野において北碑《ほくひ》と南帖《なんじょう》を一体とし、北碑の力強く端正な本質に、南帖の雄渾《ゆうこん》で美しい姿を合わせ、それによって楷書の規範を完成させ、力強く端正で、結構《けっこう》［書の構造］の伸びやかで整った唐の楷書体を作り上げました。そして、この楷書体は後に登場する唐代の新たな書体「顔体《がんたい》」や「柳体《りゅうたい》」の基礎となり、しかもこのような「法《のり》を尚《たっと》ぶ」唐人の楷書は、後世の書を学ぶ人のために一筋の正しい道を開きました。その意義もたいへん大きいものがあります。

　この変遷の軌跡は、虞世南《ぐせいなん》や欧陽詢《おうようじゅん》の書法に最も顕著に現れており、当時、そして後世へ深く大きな影響を与えました。虞世南は智永《ちえい》［陳から隋にかけての僧侶、王羲之の七代後の子孫］を師として王羲之の書を継承し、「二王《におう》」の小楷《しょうかい》［小文字の楷書］が持つ清潤《せいじゅん》さを継承すると同時に、隋代の楷法《かいほう》［楷書の書き方や規範］や、さらには北魏《ほくぎ》の石碑の気韻を吸収して、楷書の筆意《ひつい》を外面への表出から内面へと凝縮させることで、見た目には柔和な風貌ながら内面にしっかりした筋骨をもった円潤《えんじゅん》で俗気のない風格を作り上げました。欧陽詢はもと隋の人で、その楷書は隋代の石碑の端正で力強い結構を体得しており、北朝固有の風格を失っていません。さらに「二王」の美しく潤《うるお》いを含んだ筆意を吸収し、柔らかく含蓄のある風貌を得て、それを力強い骨格の内側に収めることで、「欧体《おうたい》」特有の風格を作り出しました。欧陽詢の書の骨格と気質は峻《けわ》しく方円《ほうえん》兼ね備わり、筆力は力強く書法はきわめて整っています。趙孟頫《ちょうもうふ》はその書を「清勁秀健《せいけいしゅうけん》たるは、古今《ここん》に一人《いちにん》たり」（『唐欧陽率更夢奠帖跋』、趙琦美編『趙氏鉄網珊瑚』巻一に収録）と評しています。虞体《ぐたい》であれ欧体であれ、どちらも褚遂良《ちょすいりょう》とその伝承者である薛稷《せっしょく》の書法の要素を含んでおり、ともに内在する骨力や、力強く端正な姿をもっています。両者の芸術の淵源や風格には、それぞれ異なる傾向があるとはいえ、どちらにも南北の風格を融合して独自の新たな境地を生み出す勢いがあり、このことと、魏徴《ぎちょう》などの人々が思い描いた、南北の長所を合わせて「文質斌斌《ぶんしつひんぴん》［外見の美と実質が調和する］」として、善《ぜん》を尽《つ》くし美《び》を尽《つ》くす」（『隋書』巻七六「文学伝」序）という文化発展の構想とは、まさに一致するものでした。

このほか、唐代前期の著名な書家には孫過庭《そんかてい》・李邕《りよう》・賀知章《がちしょう》などがいます。なかでも孫過庭は「章草《しょうそう》」［隷書の筆法をとどめる草書の一種］によって知られ、みずから書き記した『書譜序《しょふじょ》』は、書法理論に価値があるほか、筆跡自体が章草の手本となっています。その風格も「二王」に由来していますが、骨力《こつりょく》や気勢は「二王」を超えています。彼の書法とその理論は、唐代の人々が「二王」を追い求めながらも、より骨力を重んじ、さらには書跡《しょせき》の模倣から転じてみずからの性情や意志を体現するようになったことを示しています。*4 これは唐代の書道芸術発展の全体的な趨勢であり、その形跡は唐代の中後期になると特に鮮明です。李邕の書道芸術には新たな要素を創造する流れがさらに明確に存在しており、唐代の人々の精神的特徴がより強く表現されています。彼が創りだした大字《だいじ》の「行楷《ぎょうかい》」の書体は、「二王」と異なる点があるだけではなく、その面目を一新している点もあり、より雄壮な風格があります。その書の結構は閑雅であり、のびやかで闊達です。筆力は力強く剛健で内に収斂《しゅうれん》しており、見る人に沈着にして豪壮な感覚を与え、剛毅で忠烈、すぐれた精神的気質をよく表現しています。これは李邕の書法の精髄であり、また盛唐時期の自由奔放な精神の典型です。

草書によって知られる張旭《ちょうきょく》と懐素《かいそ》は、盛唐時期の自由奔放で豪快な気風をより強く体現していま

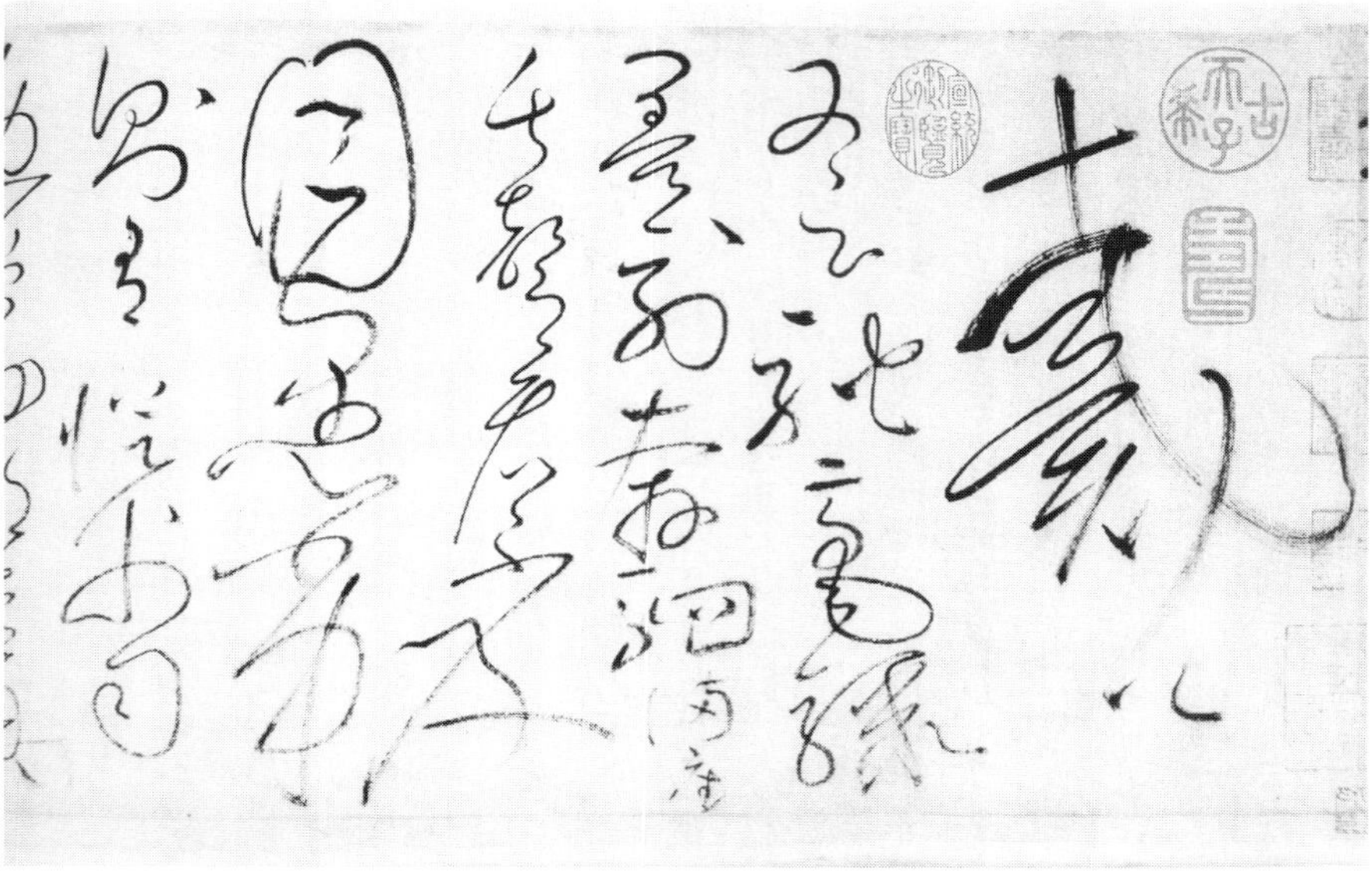

図12-2　唐の懐素「自叙情」（部分）

す。張旭は「張顚《ちょうてん》」とも呼ばれ、その書法と李白《りはく》の詩、裴旻《はいみん》の剣は合わせて「三絶《さんぜつ》」と称されました。杜甫《とほ》の「飲中八仙歌《いんちゅうはっせんか》」には「張旭《ちょうきょく》、三杯《さんばい》、草聖伝《そうせいつた》う、帽《ぼう》を脱《ぬ》ぎ頂《いただき》を露《あらわ》す王公《おうこう》の前《まえ》、毫《ごう》を揮《ふる》い紙《かみ》に落《お》とせば雲煙《うんえん》の如《ごと》し」とあり、その何事にもとらわれない気性と自由自在な筆力を真によく伝えています。韓愈《かんゆ》の「高閑上人《こうかんしょうにん》を送《おく》る序《じょ》」にも「旭は草《そう》書《しょ》を善《よ》くし、他《た》の伎《ぎ》を治《おさ》めず、喜怒《きど》・窘《きん》窮《きゅう》・憂悲《ゆうひ》・愉佚《ゆいつ》・怨恨《えんこん》・思慕《しぼ》・酣酔《かんすい》・無聊《ぶりょう》・不平《ふへい》、心《こころ》に動《うご》く有《あ》らば、草書《そうしょ》において之《これ》を発《はっ》す。物《もの》に観《み》ては、山水崖谷《さんすいがいこく》・鳥獣虫魚《ちょうじゅうちゅうぎょ》・草木花実《そうもくかじつ》・日月列星《じつげつれっせい》・風雨水火《ふううすいか》・雷霆霹靂《らいていへきれき》・歌舞戦闘《かぶせんとう》・天地事物《てんちじぶつ》の変《へん》を見《み》れば、喜《よろこ》ぶべし愕《おどろ》くべし、一《もっぱ》ら書《しょ》に寓《ぐう》す」と記されています。書道芸術は文字自体の実用的機能を超越しただけではなく、書跡の美的役割をも超越して人間の性情を表現し、心情を托す手段となりました。

懐素《かいそ》の狂草《きょうそう》は千変万化、常識を超えて奔放であり、見る人の心や魂を揺さぶり、天地を震わせ、鬼神を感動させるほどの大きな魅力を持っています。竇冀《とうき》の「懐素上人草書歌《かいそしょうにんそうしょか》」［『全唐詩』巻二〇四］には「狂僧《きょうそう》は翰《ふで》を揮《ふる》うこと狂《きょう》にして且《か》つ逸《いつ》、独《た》だ天機《てんき》に任《まか》せて格律《かくりつ》を摧《くだ》く。龍虎《りゅうこ》点画《てんかく》に因《よ》りて生《い》くるを慚《は》じ、雷霆《らいてい》却《かえっ》て鋒芒《ほうぼう》の疾《はや》きを避《さ》く」とあります。このような芸術の創造は「興来《きょうきた》らば小《ちい》さか豁《のぞ》く、胸襟《きょうきん》の気《き》」［同前］であるだけではなく、まさに激情と豪気の興趣を托し表現したものです。張旭と懐素の書法の豪快で自由気ままな芸術の境地も、また李白の詩や呉道子《ごどうし》の絵画と同じく、時代の気風に満ちています。（図12-2）

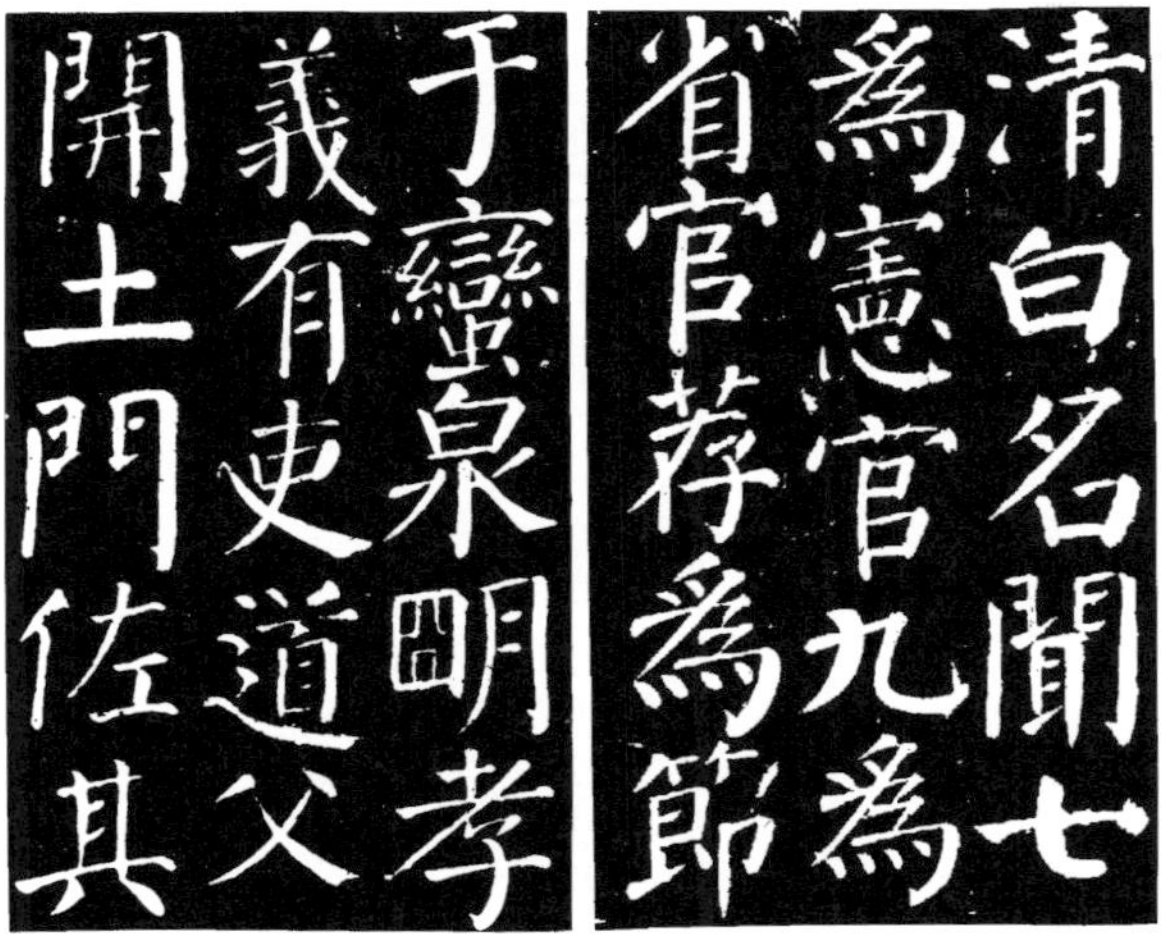

図12-3　唐の顔真卿「顔勤礼碑」拓本

盛唐《せいとう》以後、「二王」に対する変革はすでに成熟の域に達し、「顔体《がんたい》」に代表される書体が出現しました。顔体が持つ風骨や味わいは、盛唐という時代を典型的に体現したものでした。蘇軾《そしょく》の「唐氏六家《とうしりくか》の書の後《あと》に書《しょ》す」には「顔魯公《がんろこう》は雄秀《ゆうしゅう》として独《ひと》り出《い》で、古法《こほう》を一変《いっぺん》す」とあります。「二王」以来の書法の力強い美しさは一変し、顔体の書法は雄渾重厚《ゆうこんじゅうこう》、点画はふくよかで筋骨たくましいものです。その楷書は端正で威厳があり骨格は峻《けわ》しく、行書はのびやかで力強く、また字体の非凡さは、顔体に特有の力強さや豪放雄壮《ごうほうゆうそう》な境地を体現しています。顔体の特徴は、顔真卿《がんしんけい》の気質と品格のある芸術をも示しています。この点について、欧陽脩《おうようしゅう》『集古録《しゅうころく》』に収録されている「唐顔魯公二十二字帖《とうがんろこうにじゅうにじじょう》」の評には「斯《こ》の人の忠義《ちゅうぎ》は天性《てんせい》より出《い》づ、故《ゆえ》に其《そ》の字画《じかく》は剛勁独立《ごうけいどくりつ》し、前跡《ぜんせき》を襲《おそ》わず、挺然《ていぜん》として奇偉《きい》たり、其《そ》の人《ひと》と為《な》りに似《に》る有《あ》り」とあります。（図12-3）

柳公権《りゅうこうけん》は「顔体」の勢いを継承してみずから新たな境地を作り出し、筋骨が力強くて結構が美しく、強さのなかに清潤《せいじゅん》さを見せる「柳体《りゅうたい》」の特徴を作り上げました。雄渾な気風は「顔体」よりもやや少なくなっていますが、その中に宿る精神は明らかに同じものです。柳公権が述べた「筆《ふで》を用《もち》いるは心《こころ》に在《あ》り、心正《こころただ》しければ則《すなわ》ち筆正《ふでただ》し」という「筆諫《ひっかん》」は、書法が書き手の性格や気質、精神や意志を具現化したものだということを、より明確に示しています。

彫塑と石刻

隋唐時代の彫塑《ちょうそ》芸術のうち、最も発達し盛んになったものは、仏教を中心とする造像《ぞうぞう》芸術であったことは疑う余地はありません。隋代のわずか数十年の間に制作された仏像の数量は驚くべきものがあり、その風格はまろやかで暢《のび》やかであり、現実の世俗化と中国化の傾向をも示しています。[*5]

唐代になると、造像の風潮はさらに盛んとなり、その芸術性はそれまでにも増して輝きを増し、濃厚な民族的色彩と時代の息吹を表現し、また人々の精神生活に重要な地位を占めるようになりました。唐代の皇室陵墓《こうしつりょうぼ》を飾る彫刻、大量の陶俑《とうよう》などの副葬品、そして歴史や現実の人物の形象を具えた彫刻も、さまざまな姿の造形によって唐代文化の大きな気概と雄壮な美を物語っています。

敦煌《とんこう》の莫高窟《ばっこうくつ》・龍門石窟《りゅうもんせっくつ》・炳霊寺石窟《へいれいじせっくつ》・麦積山石窟《ばくせきざんせっくつ》、太原《たいげん》の天龍山石窟《てんりゅうざんせっくつ》などには、精巧で美しい唐代仏教の造像が多く残されています。敦煌石窟の彩色《さいしょく》の仏や菩薩像《ぼさつぞう》は顔に微笑を浮かべ、慈悲深

図12-4　洛陽龍門石窟の唐代奉先寺造像

いやさしさと温和な上品さを湛《たた》えており、胸をはだけ肩から腕にかけて露わにしており、体つきは豊満で麗しく、たおやかで美しい姿態を表現し、唐代貴族の美的な理想像を映し出しています。天王《てんおう》や金剛力士《こんごうりきし》などの形象は男性の壮健な身体を誇張し、力の美しさを際立たせています。これに加えて、流れのある線、華麗な色彩、そして塑像と壁画との完璧な調和は、華麗で豪華、まばゆいばかりの彩りがあり、唐代の彫塑芸術の高い水準を体現しているばかりではなく、この時代の美の典型を集中的に体現しています。

龍門石窟のなかでも唐代に開削《かいさく》された、最も規模が大きく代表的な造像は、則天武后《そくてんぶこう》が費用を出して建造させた奉先寺石窟《ほうせんじせっくつ》の造像です（図12-4）。この石窟の造像は山崖《さんがい》に沿って開削されており、中心には本尊である大きな盧舎那仏《るしゃなぶつ》の坐像があります。この盧舎那仏は端正で柔和、親しみやすく温かい雰囲気があります。盧舎那仏の両側には仏弟子《ぶつでし》・菩薩《ぼさつ》・天王《てんのう》・力士《りきし》など八尊の彫像が並んでおり、素朴で優雅なものもあれば、豊満で華麗なもの、威風堂々とし落ち着いている

図12-5　唐代の「昭陵六駿」の青騅

もの、雄壮剛毅なものもあり、調和した美しい彫像群を構成しています。その壮大な規模と気勢は、この時代の物質的、精神的な力を十分に示しています。

炳霊寺・麦積山・天龍山などの仏教造像は、さらに体つきが優美で変化に富み、柔らかく暢やか、細やかで精緻《せいち》な特徴を示しています。このほか、四川《しせん》の楽山凌雲《らくざんりょううん》寺《じ》には高さ七一mにも達する大仏造像があります。これは雄大な気迫があり、中国文化史の中の壮観となっています。

唐代陵墓の彫刻は、宗教彫刻以外でも、記念碑的な偉大な作品です。「昭陵《しょうりょう》」「太宗の陵墓」「六駿《ろくしゅん》」（図12-5）は、唐の太宗が全土を統一する戦いの際に乗った六頭の駿馬《しゅんめ》を題材としています。その表情や姿は颯爽としていて剛毅、また力強くて勇ましく、素朴な輪郭は重厚な質感を際立たせており、雄壮な威厳と困難に立ち向かい邁進《まいしん》する意気軒昂《いきけんこう》な闘志を表現しています。このため「昭陵六駿」は歴史的、政治的に大きな意義のある象徴となりました。乾陵《けんりょう》［唐の高宗と則天武后の陵墓］の石刻は、雄渾壮大な気勢を具え、天下に威厳を知らしめる強大な国力を示しています。そのなかの一対の獅子《しし》の像は台座に堂々と座り、太く立派な前脚は直立し、口を大きく開け胸を張って前方を睨みつけており、他に類例を見ないほどの威厳と猛々《たけだけ》しさがあります。また、翼を広げた天馬《てんま》は丘陵の台座に屹立《きつりつ》し、その姿は素朴で力強く、空高く駆け巡る勢いが表現されており、これも政治における大きな理想と偉業を示しています。このほか、献陵《けんりょう》［唐の高祖の陵墓］の石虎《せきこ》、順陵《じゅんりょう》［則天武后の母楊氏の陵墓］の石獅子や独角獣《どっかくじゅう》、崇陵《すうりょう》［唐の徳宗の陵墓］の石人《せきじん》や石馬《せきば》といった彫刻はいずれも大きく、雄壮で力強く、意気がみなぎり豪胆で、楽観的な唐代の気風を表現しています。（カラー図3）

唐代の三彩陶俑《さんさいとうよう》は、作りは精緻、色彩は鮮明でたいへん美しく、高い芸術的価値があります。唐三彩の陶俑の題材は相当広範囲にわたっており、武士・文官・婦女・商人・猟人《りょうじん》・楽舞・奴僕《ぬぼく》・胡人《こじん》など人物の姿もあれば、馬・牛・駱駝《らくだ》・獅子・鶏・鴨・豚・犬など動物の姿もあり、豊富で多彩な社会生活の縮図であり、まるで生きているかのように私たちの目の前に示されています。特にたくましく力強い武士、豊満で麗《うるわ》しい仕女や楽舞人の形象は、同時代の画家が描いた形象ときわめてよく似ています。そして力強く肉付きの良い駿馬と、二つのコブが高く盛り上がり頭を持ち上げて直立する駱駝も、この時代の美的意識の典型となり、意気軒昂な精神を具えています。

音楽と舞踏

隋唐の時代、特に初唐から盛唐までの百年余りは、中国の音楽舞踏史のなかでも最も輝かしい時代です。この時代に存在していた、多様性を包括する宏大な気迫や巨大な舞楽の機構、盛大な演出の情景、成熟した舞楽の技芸は、いずれも繁栄した状況と大きな気勢を鮮明に示しています。

隋の建国後、統一された状況のもとでは、南北朝《なんぼくちょう》それぞれの異なる舞楽の伝統が全面的に継承され、同時により広い地域において全国の各民族および諸外国の舞楽の精髄を融合する条件が存在し、それによって舞楽は新たな政治動向に適応し、新たな鑑賞の好みをも満足させました。そのなかでも「燕楽《えんがく》」［宮廷の酒宴で演奏された楽曲］の発展とその成果は、最も輝かしいものです。『隋書《ずいしょ》』「経籍志《けいせきし》」の記載によると、隋は「七部楽《しちぶがく》」を「九部楽《きゅうぶがく》」に増やしました。これには、中《ちゅう》原《げん》の漢民族の伝統舞楽もあれば、西北の少数民族や国外から伝来した舞楽もありました。朝廷は地方の楽工《がくこう》や芸人を多数徴集して宮廷の舞楽組織を充実させたほか、毎年、各地の歌舞芸人を徴集して長安と洛陽で上演させました。その規模の大きさ、種類の多さは空前のものでした。それには統治者自身が楽しむ以外にも、帝国統一後の豊かさや強大さ、そして安定を誇示し、中原文化の繁栄を示すという政治目的がありました。これらは統一を促進、強化し、社会の民心を安定させる上で積極的な作用がありました。[*6]

唐代の中央直属の音楽の機構は、大楽署《たいがくしょ》・鼓吹署《こすいしょ》・教坊《きょうぼう》・梨園《りえん》の四部門に分かれていました。大楽署と鼓吹署は政府の太常寺《たいじょうじ》に属しており、組織は相当巨大で、『新唐書《しんとうじょ》』「礼楽志《れいがくし》」には「唐の盛《さか》んなりし時《とき》、凡《およ》そ楽人《がくじん》、音声人《おんせいじん》、太常《たいじょう》の雑戸弟子《ざっこていし》は、太常及《たいじょうおよ》び鼓吹署《こすいしょ》に隷《れい》せられ、皆《み》な番上《ばんじょう》［定期的に都へ来て当番にあたるもの］、総《す》べて音声人《おんせいじん》と号《ごう》し、数万人に至《いた》る」と記されています。

教坊と梨園は主に宮廷に属していました。教坊は全部で五カ所あり、宮廷の内教坊《ないきょうぼう》に一カ所、長安と洛陽にはそれぞれ二カ所の外教坊《がいきょうぼう》が設けられ、主に歌舞と「散楽《さんがく》」を上演しました。梨園には、まず宮廷の中の梨園があり、これは唐の玄宗がみずから教育、指揮した舞楽の機構で、主に大型の「法曲《ほうきょく》」およびその新作を学び上演しました。また、長安の「大常梨園別教院《たいじょうりえんべっきょういん》」に千余人、洛陽の「梨園新院《りえんしんいん》」に千五百人が所属していました。これほど巨大な音楽機構は、唐代の舞楽が特に発達した重要な要素でした。

しかし、これら以外にも、各地方の軍事や政治の機構、そして民間にも大量の舞楽の組織があり、いわゆる「宮伎《きゅうぎ》」「官伎《かんぎ》」「営伎《えいぎ》」に分かれていました。豪族や貴族および宦官《かんがん》の家が抱えた「家伎《かぎ》」についてはどのくらい存在していたのか、その数はとても数えられません。これらの舞楽芸人の地位は低いものでしたが、彼らが共同で創作を行い、楽舞を上演したことは、社会生活を大いに豊かにしただけではなく、この時代の歌舞芸術を輝かしい頂点にまで押し上げました。

音楽制度について言うと、唐は隋を受け継ぎ、武徳《ぶとく》年間（六一八～六二六年）の初めに開催された饗宴《きょうえん》では隋の「九部楽」の旧制でした。貞観《じょうがん》年間（六二七～六四九年）になると、さらに「高昌楽《こうしょうがく》」［新疆トルファン盆地に栄えたオアシス国家高昌国の楽舞］を増やし、全部で「十部楽《じゅうぶがく》」となりました。このなかには、伝統を継承したものもあれば、新たに創作されたものもありました。玄宗の治世になると、新たに創作された作品が絶えず増加し、同時に少数民族や国外の新たな楽曲・舞踏を広く吸収したことで、舞楽はさらに豊富で多彩となり、次第に「立部伎《りつぶぎ》」［庭園や広場など野外で行われた大規模な楽舞］八部や「坐部伎《ざぶぎ》」［宮殿で行われた小規模の楽舞］六部が形成されました。[*7] 坐部伎、立部伎のほかにも、清楽《せいがく》［古代漢族の民間音楽］、道曲《どうきょく》［唐の高宗が作らせた曲名］、法曲《ほうきょく》［清楽と西域の音楽が融合した楽曲］、胡部《こぶ》［西北、北方の諸民族、地域の音楽］、舞馬《ぶば》［リズムに合わせて馬を踊らせること］、百戯《ひゃくぎ》［雑技］などがあり、いずれも饗宴の俗楽《ぞくがく》に属していました。これらのうち、いくつかの舞楽は「明君《めいくん》」や「白紵《はくちょ》」のように、漢民族の伝統的色彩を保っているものもありましたが、「拓枝《たくし》［西域の石国（現在のタシュケント一帯）から伝わった舞踏］」や「胡旋《こせん》」［西域の康国（現在のサマルカンド一帯）から伝わった舞踏］のように、少数民族の色彩を鮮明に帯びたものもありました。しかし、さらに多かったのは唐代の新作で、「破《は》陣楽《じんがく》」［唐の太宗の勇敢な戦いぶりをもとに作られた舞楽］や「霓裳羽衣《げいしょううい》」［唐の玄宗の時にインドの楽曲をもとに作られた法曲の一種］などがありました。

伴奏には、亀茲《きゅうじ（きじ）》や西涼《せいりょう》など少数民族の楽器が多く用いられましたが、異なった民族や国家の楽器は、決してその民族や国家の楽曲演奏に限られたわけではなく、他の民族や国家の楽曲を演奏することもあれば、時には混成して演奏されることもありました。このように唐代の楽舞が盛んなさまは、中原の漢民族の伝統を基礎として、国内の各民族や国外の楽舞の要素を十分に吸収し、融合したことで、輝かしい状況が現れました。

唐代の楽舞が豊かで精彩を放ったさまは、現在大量に残っている当時の壁画、文人《ぶんじん》の絵画、楽舞俑《がくぶよう》によって、その盛大な情景と優美な姿をうかがい知ることができます。また、唐詩の中に記録されている楽舞の篇章《へんしょう》も、同様に美しい輝きを放っています。たとえば、杜甫《とほ》の詩「花卿《かけい》に贈《おく》る」は「錦《きん》城《じょう》の糸管《しかん》［管絃楽器］日《ひ》び紛紛《ふんぷん》、半《なか》ばは江風《こうふう》に入《い》り半《なか》ばは雲《くも》に入《い》る。此《こ》の曲《きょく》只《ただ》応《まさ》に天上《てんじょう》に有《あ》るべし、人間《じんかん》能《よ》く幾回《いくかい》か聞《き》くを得《え》ん」というように、美しい音楽は言語で表現することができないと述べています。また、李頎《りき》の「董大《とうだい》の胡笳《こか》を弾《だん》ずるの声《こえ》を聴《き》き兼《か》ねて語《ご》を寄《よ》せて房給事《ぼうきゅうじ》を弄《たわむ》る」の詩中に記された胡笳の音色は、天地を動かし鬼神を感動させるほどのものでした。白居易《はくきょい》の「琵琶行《びわこう》」に記された琵琶を弾く女性の泣き訴えるような演奏、李賀《りが》の「李憑箜篌引《りひょうくごいん》」に描写された箜篌の音色のすばらしさは、「石《いし》は破《やぶ》れ、天《てん》は驚《おどろ》いて秋雨を逗《とど》む」や「凝雲《ぎょううん》、頽《くず》れて流れず」と表現されています。これらの詩は読み終わってもなお耳に余韻が絶えることなく残っているかのようです。

唐代の教坊《きょうぼう》の舞楽には、「健舞《けんぶ》」と「軟舞《なんぶ》」の区別がありました。健舞は力強く健康的な舞姿を表現し、渾脱《こんだつ》・剣器《けんき》・胡旋《こせん》・胡騰《ことう》・拓枝《たくし》などがありました。軟舞は軽やかでしなやかな舞姿を表現し、涼州《りょうしゅう》・緑腰《りょくよう》・蘇合香《そごうこう》・屈拓枝《くったくし》・団乱旋《だんらんせん》などがありました。このほかにも、大型の字舞《じぶ》・花舞《かぶ》・馬《ば》舞《ぶ》・獣舞《じゅうぶ》などがありました。健舞のうち剣器や胡旋・拓枝などの舞はたいへん広く流行し、杜甫の「公孫大娘《こうそんだいじょう》が弟子《ていし》剣器《けんき》を舞《ま》うを観《み》る行《うた》」の詩には「昔《むかし》佳人《かじん》公孫氏《こうそんし》有《あ》り、一《ひと》たび剣器《けんき》を舞《ま》えば四方《しほう》を動《うご》かす。観者山《かんじゃやま》の如《ごと》く色沮喪《いろそそう》す、天地之《てんちこれ》が為《ため》に久《ひさ》しく低昂《ていこう》す……来《き》たるときは雷霆《らいてい》の震怒《しんど》を収《おさ》むるが如《ごと》く、罷《や》むるときは江海《こうかい》の清光《せいこう》を凝《こ》らすが如《ごと》し」とあります。雷が怒り震え天地を揺り動かすように、その力強い舞姿には豪快な勢いがあり、心を揺り動かし、奮い立たせるのに十分なものでした。張《ちょう》旭《きょく》はこの舞を鑑賞した後、「豪蕩感激《ごうとうかんげき》」して、「此《これ》より草書長進《そうしょちょうしん》す」というのも怪しむに足りません。

(同前詩の序)

胡旋舞《こせんぶ》は「康国楽《こうこくがく》」のことであり、色濃い民族的色彩を具えていました。白居易は「胡旋女《こせんじょ》」という詩の中でその舞姿を「胡旋女《こせんじょ》、胡旋女、心《こころ》は弦《げん》に応《おう》じ、手《て》は鼓《つづみ》に応《おう》ず。弦鼓一声《げんこいっせい》、双袖挙《そうしゅうあが》り、回《かい》雪飄颻《せっひょうよう》転蓬《てんほう》のごとく舞《ま》う。左旋右転《させんうてん》して疲《つか》るるを知《し》らず、千匝万周《せんそうばんしゅう》して已《や》む時無《ときな》し。人間《じんかん》の物類《ぶつるい》比《くら》ぶ可《べ》き無《な》く、奔車輪緩《ほんしゃりんゆる》くして旋風遅《せんぷうおそ》し」と描写しています。このような急速な回転で、人の目をくらませるような舞踏は当時広く流行し、白居易が「五十年来《ごじゅうねんらい》、制《せい》すれども禁《や》まず」(同前)というものでした。また、軟舞《なんぶ》の「拓枝」や「緑腰」のようなしなやかで美しく軽快な楽舞と舞姿も、詩人がよく詠む題材でした。*8

大型の舞では、「破陣楽」と「霓裳羽衣」が時代の特色と大きな気宇《きう》を最も具えていました。『旧唐《くとう》書《じょ》』「音楽志《おんがくし》二」には「破陣楽《はじんがく》は、太宗《たいそう》の造《つく》る所《ところ》なり。太宗秦王《たいそうしんおう》為《た》るの時《とき》、四方《しほう》を征伐《せいばつ》し、人間《じんかん》、「秦《しん》王《おう》破陣楽《はじんがく》」の曲《きょく》を歌謡《かよう》す。即位《そくい》するに及《およ》び、呂才《りょさい》をして音律《おんりつ》を協《かな》えしめ、李百薬《りひゃくやく》・虞世南《ぐせいなん》・褚亮《ちょりょう》・魏徴《ぎちょう》等をして、歌辞《かじ》を制《つく》らしむ。百二十人甲《こう》を披《かぶ》り戟《げき》を持《も》ち、甲《よろい》は銀《ぎん》を以《もっ》て之《これ》を飾《かざ》る。発揚踏厲《はつようとうれい》し［精神が昂揚して力強く舞い］、声韻《せいいん》も慷慨《こうがい》たり。……破陣舞《はじんぶ》より以下《いか》、皆《み》な大鼓《たいこ》を雷《う》ち、雑《まじ》えるに亀茲《きゅうじ》の楽《がく》を以《もっ》てし、声《こえ》は百里《ひゃくり》を震《ふる》わせ、動《うご》きは山谷《さんこく》を盪《うご》かしむ」とあります。また、同書「音楽志」にはさらに「（貞観）七年、太宗破陣舞図《たいそうはじんぶず》を制《つく》らしむ……呂才《りょさい》をして図《ず》に依《よ》り楽工《がくこう》百二十人に教え、甲《よろい》を被《かぶ》り戟《げき》を執《と》りて之《これ》を習《なら》わしむ。凡《およ》そ三《み》たび変《へん》を為《な》し、変ずる毎《ごと》に四陣《しじん》を為《な》し、来往《らいおう》に疾徐《しつじょ》［緩急］ありて撃刺《げきし》の象《しょう》有《あ》り、以《もっ》て歌節《かせつ》に応《おう》じ、数日にして就《な》し、名《な》を七徳《しちとく》の舞《ぶ》と更《あらた》む……観《み》る者《もの》其《そ》の抑揚踏厲《よくようとうれい》を見《み》、扼腕踴躍《やくわんようやく》せざるは莫《な》く、凜然震悚《りんぜんしんしょう》たり。武臣列将《ぶしんれっしょう》咸《み》な寿《じゅ》を上《たてまつ》りて云《い》わく「此《こ》の舞《まい》皆《み》な是《こ》れ陛下《へいか》百戦百勝《ひゃくせんひゃくしょう》の形容《けいよう》たり」と」とあります。「破陣楽」は現実における重大な歴史的意義をもった内容を題材とし、李世民《りせいみん》［太宗］が国家を統一した武功を讃《たた》え、音楽・歌舞のいずれも気勢は雄壮であり、意気は昂揚し、人心を奮い立たせるものでした。後に、この楽舞は時を経るに従って絶えず手を加えられましたが、唐代では一貫して国家の武功と威厳を象徴して宮廷の中にとどめられた演目でした。

「霓裳羽衣曲《げいしょうういきょく》」は唐代のよく知られた歌舞の大作であり、開元《かいげん》年間に登場し、天保《てんぽう》年間に盛んとなりました。文献の記載によると、唐の玄宗によってインドの「婆羅門曲《ばらもんきょく》」を吸収し改編して作られた楽曲であり、[*9]「霓裳羽衣舞」はこの楽曲に基づいて編成されました。白居易の「霓裳羽衣歌」には、この舞について精彩を放つ描写があります。

　我昔元和侍憲皇、曽陪内宴宴昭陽。

千歌百舞不可数、就中最愛霓裳舞。
舞時寒食春風天、玉鉤欄下香案前。
案前舞者顔如玉、不着人家俗衣服。
虹裳霞帔歩揺冠、鈿瓔累累佩珊珊。
娉婷似不任羅綺、顧聴楽懸行復止。
磬簫箏笛遆相攙、撃擫弾吹声邐迤。
散序六奏未動衣、陽台宿雲慵不飛。
中序擘騞初入拍、秋竹竿裂春冰拆。
飄然転旋迴雪軽、嫣然縦送游龍驚。
小垂手後柳無力、斜曳裾時雲欲生。
煙蛾斂略不勝態、風袖低昂如有情。
上元点鬟招萼緑、王母揮袂別飛瓊。
繁音急節十二遍、跳珠撼玉何鏗錚。
翔鸞舞了却収翅、涙鶴曲終長引声。

我《われ》昔《むかし》元和《げんな》のとき憲皇《けんこう》に侍《はべ》り、曽《かつ》て内宴《ないえん》に陪《はべ》りて昭陽《しょうよう》に宴《うたげ》す。
千《せん》歌百舞《かひゃくぶ》　数《かぞ》うべからず、就中《なかんずく》最《もっと》も愛《あい》す霓裳《げいしょう》の舞《まい》。
舞《ま》う時《とき》寒食《かんしょく》 春風《しゅんぷう》の天《てん》、玉鉤欄《ぎょくこうらん》下《か》香案《こうあん》の前《まえ》。
案前《あんぜん》に舞《ま》う者《もの》　顔《かお》は玉《たま》の如《ごと》く、人家《じんか》の俗衣服《ぞくいふく》を着《き》ず。

虹裳霞帔《こうしょうかひ》 歩揺《ほよう》の冠《かん》、鈿瓔累累《でんえいるいるい》 珮《はい》は珊珊《さんさん》たり。
娉婷羅綺《ひょうていらき》に任《た》えざるに似《に》たり、顧《かえり》みて楽懸《がくけん》を聴《き》きて行《ゆ》きて復《ま》た止《とど》まる。
磬簫箏笛《けいしょうそうてき》 逓《たが》いに相《あ》い攙《たす》け、撃擫弾吹《げきようだんすい》 声《こえ》邐迤《りい》たり。
散序六《さんじょむ》たび奏《そう》して 未《いま》だ衣《ころも》を動《うご》かさず、陽台《ようだい》の宿雲《しゅくうん》 慵《ものう》くして飛《と》ばず。
中序擘騞《ちゅうじょはっかく》として初《はじ》めて拍《はく》に入《い》り、秋竹竿裂《しゅうちくさおさ》けて 春冰拆《しゅんひょうさ》く。
飄然転旋《ひょうぜんてんせん》して迴雪軽《かいせつかろ》し、嫣然縦送《えんぜんしょうそう》して游龍驚《ゆうりゅうおどろ》く。
小《すこ》しく手《て》を垂《た》れて後《のち》 柳力無《やなぎちからな》く、斜《なな》めに裾《すそ》を曳《ひ》く時《とき》 雲生《くもしょう》ぜんと欲《ほっ》す。
煙蛾斂略《えんがれんりゃく》して態《たい》に勝《た》えず、風袖低昂《ふうしゅうていこう》して情有《じょうあ》るが如《ごと》し。
上元鬟《じょうげんかん》を点《てん》じて 萼緑《がくりょく》を招《まね》き、王母袂《おうぼたもと》を揮《ふる》いて飛瓊《ひけい》に別《わか》る。
繁音急節《はんおんきゅうせつ》 十二遍《じゅうにへん》、珠を跳《おど》らし玉《ぎょく》を撼《おど》らして何《なん》ぞ鏗錚《こうそう》たる。
翔鸞舞《しょうらんま》い了《お》わり却《かえ》て翅《つばさ》を収《おさ》め、涙鶴曲終《るいかくきょくお》わりて長《なが》く声《こえ》を引《ひ》く。

踊り手は霓裳《げいしょう》や羽衣《うい》、霞帔《かひ》を身につけ、歩揺《ほよう》を頭に飾り、玉佩《ぎょくはい》を帯《お》び、美しい姿で緩急の変化に趣のある舞楽のリズムに従って軽快に踊り、その姿は天に昇っていくかのように軽やかでした。後に文宗《ぶんそう》・宣宗《せんそう》の世になると、数百人の宮女によって大規模な「霓裳羽衣舞」が上演されました。多くの仙女たちが舞う軽やかな姿は、上演時の豪華絢爛なさまが想像できます。

後になると、多くの詩人はこの曲舞のことを唐王朝を隆盛から衰退へと追いやった禍根《かこん》とみなすようになりましたが、*10「霓裳羽衣舞」は繁栄した時代の産物であり、まさに白居易の詩「法曲《ほうきょく》」(原題の注には「列聖の華声を正すを美《よみ》するなり」とある)に「法曲《ほうきょく》、法曲《ほうきょく》 霓裳《げいしょう》を舞《ま》い、政《まつりごと》和《わ》し世理《よおさ》まりて音《おん》洋洋《ようよう》［盛んな様子］たり、開元《かいげん》［玄宗の年号］の人楽《ひとたの》しんで且《か》つ康《やす》し」と詠われているように、繁栄した太平の世の大らかで壮麗な様子を象徴していました。

第二節　五代・宋代の芸術と情趣を貴ぶ美学の追求

五代における書画芸術

五代十国《ごだいじっこく》は中国の歴史上、戦争と分裂の混乱した時代の一つです。しかし、芸術発展の面では唐代芸術の輝きを受け継ぎ、さらに新たな創造や変遷、分化を経て、宋代芸術発展の方向性に直接影響を与え、中国の芸術史のなかで独特の地位を有しています。宋代の画院《がいん》と文人画《ぶんじんが》相互の盛衰、山水画《さんすいが》の傑出した創作、および多彩な書道芸術は、この時期の最高の成果を代表しています。その間に注入された芸術精神は、みなぎる文化への意識と個性に富んだ美学の追求でした。

晩唐《ばんとう》の中原《ちゅうげん》地域が戦乱にあったさなか、経済文化の中心は、それまでの長安や洛陽から南や東の地域へと移っており、西蜀《せいしょく》・江南《こうなん》・中原が鼎立《ていりつ》して発展する状況が生まれました。地域間の差異や審美観の違いにより、これらの地域の芸術表現にも異なる風格が現れ、そこで客観的に見れば、この時期の芸術の多彩で繁栄した局面の形成が促されました。西蜀と南唐《なんとう》は皇帝直属の画院を設置しましたが、これは中国絵画史のなかでも重要な出来事でした。これらの画院は、多くの画家を養成しただけではなく、絵画芸術の発展を促し、さらには直接的に宋代の画院の先鞭《せんべん》をつけ、さらに、この後の数百年間の画壇の中心は、ほぼ一貫して画院によって支配されました。この時期の山水画と花鳥画《かちょうが》の成果は最も際立ったものであり、楊凝式《ようぎょうしき》は「書中《しょちゅう》の豪傑《ごうけつ》」とされました。

　中原地域の絵画は、仏教・道教壁画や人物肖像画などでは唐代の風格を受け継ぎましたが、創造や変化に乏しく、全体的なレベルはそれまでの絵画を超えることはありませんでした。しかしながら、山水画の面では新たな勢力が登場し、荊浩《けいこう》と関仝《かんどう》という二人の傑出した芸術家を生み出しました。

　荊浩は太行山《たいこうさん》の洪谷《こうこく》に隠棲し、山水と絵画理論をともに得意としました。彼が著した『筆法記《ひっぽうき》』はその山水画と同じく、中国の山水画史のなかで重要な地位を占めています。荊浩は「呉道子《ごどうし》は山水《さんすい》を画《えが》くに筆有《ふであ》りて墨無《すみな》し、項容《こうよう》は墨《すみ》ありて筆無《ふでな》し、吾当《われまさ》に二子《にし》の長《ちょう》とする所《ところ》を采《と》りて、一家《いっか》の体《たい》を成《な》さん」（『図画見聞志《ずがけんぶんし》』巻二に引用）と述べており、彼が唐代の山水画の経験を系統的に総括し、諸家の長所を取り入れ「筆《ひつ》」［筆法］、「墨《ぼく》」［墨色］を共に重視して独自の風格を作り上げ、そこから山水画を新たな段階へと引き上げたことがわかります。

　また、荊浩はみずからの山水画を評して「意《い》を恣《ほしいまま》にして縦横掃《じゅうおうはら》い、峰巒次第《ほうらんしだい》に成《な》る。筆尖《ふでするど》く寒樹《かんじゅ》痩《や》せ、墨淡《すみあわ》く野雲軽《やうんかる》し。岩石泉《がんせきせん》を噴《ふ》くは窄《せま》く、山根水《さんこんみず》に到《いた》りて平《たい》らかなり。禅房時《ぜんぼうとき》に一《ひと》たび展《てん》じれば、兼《か》ねて称《しょう》す苦空《くくう》［この世の一切の苦はすべて空であるという仏教の語］の情《じょう》」（「山水図を画き大愚に答う」『全唐詩』巻七二七）と述べています。これは、荊浩の絵画が自由奔放で気勢浩大、描かれる山水・雲・樹木は筆墨《ひつぼく》の濃淡が互いにまじわり、奥行きが深く遠くへと広がり、限られた画面のうちに広大な風景を収めていることを物語っています。これこそ、宋代の人々に「全景山水《ぜんけいさんすい》」と呼ばれたものです。

　さらに荊浩は、『筆法記』のなかで「気《き》・韻《いん》・思《し》・景《けい》・筆《ひつ》・墨《ぼく》」の「六要《りくよう》」を提起し、客観的な物の形状を基礎として「妙《みょう》を捜《さが》し真《しん》を創《つく》る」という画家の主観的な能動性を十分に発揮し、変化に富んだ筆法と奥行きのある自然な墨色《ぼくしょく》を運用し、現実と理想が相互に結びつき、形と精神を兼ね備えた芸術的形象の創造を強く主張しました。荊浩の山水画は、まさにこの理論の具体的な実践です。『宣《せん》和《な》画《が》譜《ふ》』巻一〇には、彼は「博雅《はくが》にして古《いにしえ》を好《この》み、山水《さんすい》を以《もっ》て専門《せんもん》とし、頗《すこぶ》る趣向《しゅこう》を得《え》たり」と記されています。山水画に興趣や志を托そうとする姿勢は、荊浩が山水画の本質をより深く理解していたことを示しています。（図12-6）

関仝《かんどう》は荊浩に師事しながら、荊浩を超えたと讃えられています。関仝の山水画も荊浩の理論を十分に体現し、黄河中流域一帯の山峰や山林を数多く描きました。画面に現れる気勢は雄大であり、その境地は奥深く、主体となる風格は荊浩に近いものがあります。しかし、その作品に表現されている主観的な情緒は、荊浩よりも古風で物静かな趣が多く、郭若虚《かくじゃくきょ》が言うように「石体《せきたい》は堅凝《けんぎょう》、雑木《ぞうぼく》は豊《ほう》茂《も》、台閣《だいかく》は古雅《こが》、人物《じんぶつ》の幽閒《ゆうかん》なるは、関氏《かんし》の風《ふう》なり」（『図画見聞志』巻一「三家の山水を論ず」）です。

また、『宣和画譜《せんながふ》』巻一〇も関仝について「尤《もっと》も秋山寒林《しゅうさんかんりん》を作《な》すを喜《この》み、其《そ》の村居野渡《そんきょやと》、幽人逸《ゆうじんいっ》士《し》、漁市山駅《りょうしさんえき》と与《とも》に、其《そ》れを見《み》る者《もの》をして悠然《ゆうぜん》たること灞橋《はきょう》風雪《ふうせつ》の中《うち》、三峡《さんきょう》聞猿《ぶんえん》の時《とき》に在《あ》るが如《ごと》きとせしめ、復《ま》た市朝《しちょう》・抗塵《こうじん》・走俗《そうぞく》の状有《じょうあ》らず。蓋《けだ》し仝《どう》の画《えが》く所《ところ》は、其《そ》れ毫楮《ごうちょ》［筆と紙］に脱略《だつりゃく》し、筆《ふで》は愈《いよ》いよ簡《かん》にして気《き》は愈《いよ》いよ壮《そう》、景《けい》は愈《いよ》いよ少《すく》なくして意《い》は愈《いよ》いよ長《ちょう》たるなり。而《しこう》して深く古淡《こたん》に深《しん》造《ぞう》すること、詩中《しちゅう》の淵明《えんめい》［陶淵明］、琴中《きんちゅう》の賀若《がじゃく》［唐の琴師の賀若夷］の如《ごと》くして、碌碌《ろくろく》の［凡庸な］画工《がこう》の能《よ》く知《し》る所《ところ》に非《あら》ず」と記しています。関仝が表現しようとしたのは、古雅で物静かな情趣でした。これは山水画の審美観や情趣を大いに向上させただけではなく、宋代の人々にも特に深い影響を与えました。

図12-6　五代の荊浩の作と伝わる「匡廬図」

先述の文献には、関仝は「人物《じんぶつ》に於《お》いては其《そ》の長《ちょう》とする所《ところ》に非《あら》ず、山間《さんかん》に人物《じんぶつ》を作《な》すことに於《お》いては多《おお》く胡翼《こよく》［五代梁の画家、字は鵬雲］に求《もと》めて之《これ》を為《な》す」であると記されています。「人物に於いては其の長とする所に非ず」とは、関仝の短所を述べていますが、これはむしろ山水画が独立して発展し成熟へと向かっていたことを示しています。荊浩の『筆法記』にも「丈山尺樹《じょうざんしゃくじゅ》［大きな山や木］、寸《すん》馬豆人《ばとうじん》［小さな馬や人］」の説が述べられており、さらに「屋小《いえしょう》にして人大《ひとだい》なる」が絵画の「形病《けいびょう》」であるとみなされています。当初、山水の景観は背景として、あるいは人物を際立たせるだけの存在でしたが、この時期になると、人物のほうが絵画全体のなかで重要性のない引き立て役となりました。

同じく五代では、江南《こうなん》の南唐《なんとう》でも董源《とうげん》や巨然《きょねん》を代表とする山水画が登場し、北方の「荊関山水《けいかんさんすい》」とそれぞれの特色を争いました。「董巨山水《とうきょさんすい》」の特色は、唐代以来の水墨山水画の技法を発展させて江南の景物《けいぶつ》を描き、筆墨《ひつぼく》はまばらで景物は燦然《さんぜん》と輝き、雲や水は渺々《びょうびょう》としてとらえ難く、河川や湖の多い南国の風情をよく表現しています。このような特徴は、北宋の米芾《べいふつ》が「董源《とうげん》は平淡天真多《へいたんてんしんおお》く、唐《とう》に此《こ》の品無《ひんな》し。畢宏《ひっこう》［唐代の画家］の上《うえ》に在《あ》り、近世《きんせい》の神品《しんぴん》、格《かく》の高《たか》さ、与《とも》に比《くら》ぶ無《な》し。峰巒出没《ほうらんしゅつぼつ》し、雲霧顕晦《うんむけんかい》、巧趣《こうしゅ》を装《よそお》わず、皆《み》な天真《てんしん》を得《え》たり。嵐色鬱蒼《らんしょくうっそう》、枝幹勁挺《しかんけいてい》、咸《ことごと》く生意有《せいいあ》り。渓橋漁浦《けいきょうぎょほ》、洲《しゅう》渚掩映《しょえんえい》［互いに引き立てる］す、一片《いっぺん》の江南《こうなん》なり」（『画史《がし》』）と述べているとおりです。

また、沈括《しんかつ》も「江南中主《こうなんちゅうしゅ》［南唐皇帝の李璟］の時《とき》、北苑使《ほくえんし》の董源有《とうげんあ》り。画を善くし、尤《もっと》も秋嵐遠景《しゅうらんえんけい》に工《たくみ》なり、多《おお》く江南《こうなん》の真山《しんざん》を写《うつ》し、奇峭《きしょう》［非現実的なほど険しく描かれる山］の筆《ふで》を為《な》さず。其《そ》の後建《ごけん》業《ぎょう》の僧巨然《そうきょねん》、源《げん》の法《ほう》を祖述《そじゅつ》し、皆《み》な妙理《みょうり》に臻《いた》る。大体源及《だいたいげんおよ》び巨然《きょねん》の画筆《がひつ》は、皆《み》な遠《とお》く観《み》るに宜《よろ》し。其《そ》の用筆《ようひつ》は甚《はなは》だ草草《そうそう》、近《ちか》く之《これ》を視《み》れば幾《ほとん》ど物象《ぶっしょう》に類《に》ず、遠《とお》く観《み》れば則《すなわ》ち景物《けいぶつ》は粲然《さんぜん》たりて、幽情遠《ゆうじょうえん》思《し》、異境《いきょう》を観《み》るが如《ごと》し。源《げん》の「落照図《らくしょうず》」を画《えが》くが如《ごと》きは、近《ちか》く視《み》れば功無《こうな》きも、遠《とお》く観《み》れば村落《そんらく》は杳然深遠《ようぜんしんえん》たりて、悉《ことごと》く是《こ》れ晩景《ばんけい》、遠峰《えんぽう》の頂《いただき》は、宛《あたか》も反照《はんしょう》の色有《いろあ》り。此《こ》れ妙処《みょうしょ》なり」［『夢渓筆談』巻一七］と述べています。このように独特な絵画技法と鮮明な芸術的効果は、中国の山水画を新たな段階へと引き上げ、山水画が成熟へと向かっていくことを示す重要な標識となりました。これは、五代の絵画芸術における最も傑出した貢献です。

五代の書道はこれに比べるとやや寂しいものです。しかし、五つの王朝に仕えた楊凝式《ようぎょうしき》は、行書《ぎょうしょ》の面で先人の残した大きな成果をまとめ、宋代の「法帖《ほうじょう》」の先駆けとなりました。蘇軾《そしょく》は楊凝式についで「顔《がん》・柳氏《りゅうし》〔顔真卿《がんしんけい》と柳公権〕没《ぼっ》してより、筆法衰絶《ひっぽうすいぜつ》し、加うるに唐末《とうまつ》の喪乱《そうらん》を以《もっ》て、人物《じんぶつ》は凋《ちょう》落《らく》し、五代《ごだい》に磨滅《まめつ》し、文彩風流《ぶんさいふうりゅう》は地《ち》を掃《はら》って尽《つ》きぬ。独《た》だ楊公凝式《ようこうぎょうしき》は、筆跡雄傑《ひっせきゆうけつ》にして、二王《におう》、顔《がん》柳《りゅう》の余有《よあ》り、此《こ》れ真《まこと》に書《しょ》の豪傑《ごうけつ》と謂《い》うべし」（『清河書画舫』巻六に引く「蘇東坡書を評す」）と述べています。当初、楊凝式は欧陽詢《おうようじゅん》の書を手本とし、また顔真卿の書を学び、二王〔王羲之とその子の王献之〕の妙も兼ね備えることで、実に行書の大きな成果を総合し、さらに力強さと奔放さを加えました。このため、先人の多くは「筆勢飛動《ひっせいひどう》」や「奔放奇逸《ほんぽうきいつ》」、あるいは「筆跡雄強《ひっせきゆうきょう》」や「勢奇力強《せいきりききょう》」という表現によって楊凝式の書風を褒め称えています。また、北宋の尹洙《いんしゅ》は「公《こう》の筆《ふで》を以《もっ》てすれば、其《そ》の馳騁《ちてい》自肆《じし》〔自由自在に筆をはしらせること〕たること、蓋《けだ》し己《おのれ》の意《い》を得《え》たり」（『墨池編』巻四「宋の尹師魯、楊少師の書の後に題す」）と述べています。これは、楊凝式の書が力強く自由奔放で、鮮明な個性の彩りと抒情的要素をもっていることを示しています。

宋代画院と文人学士画の盛衰

五代十国《ごだいじっこく》の西蜀《せいしょく》と南唐《なんとう》は前後して画院《がいん》を設立しました。これは、中国の画院制度の先駆けとなり、さらに進んで宋代画院の隆盛へと発展しました。西蜀と南唐の絵画は、山水のほか、花鳥画《かちょうが》の成果が最も顕著でした。西蜀の黄筌《こうせん》と江南の徐熙《じょき》に代表される花鳥画はそれぞれ異彩を放っており、「徐黄《じょこう》体異《たいい》」と呼ばれる、美を競いあう局面が形成されました。

黄筌は広く諸家の長所を取り入れることで一派を成しました。その画は宮廷庭園の珍しい鳥獣や花、不思議な形をした石などを題材として、写実的な手法を用い、まず輪郭を描いてから彩色を施しました。用筆《ようひつ》は精巧で細やか、色彩は艶やかで美しく、その効果はいきいきとしており、当時の貴族階層の生活と美的感覚を体現しています。（カラー図4）

これに対して、「江南の布衣《ふい》［平民］」を称した徐熙を代表とする「野逸《やいつ》」画派は、「水墨暈染《すいぼくうんぜん》」の画法を発展させ、墨色のいきいきとしたさまや、生気に満ち溢れる芸術的効果を重視しました。その絵画について沈括《しんかつ》は「徐熙《じょき》は墨筆《ぼくひつ》を以《もっ》て之《これ》を画《えが》くに、殊《こと》に草草《そうそう》たりて、略《や》や丹粉《たんふん》を施《ほどこ》すのみなるも、神《しん》気迥出《きけいしゅつ》［突出］し、別《べつ》に生動《せいどう》の意有《いあ》り」（『夢渓筆談』巻一七）と述べています。また郭若虚《かくじゃくきょ》は「徐熙《じょき》は江南《こうなん》の処士《しょし》、志節《しせつ》は高邁《こうまい》にして放達不羈《ほうたつふき》［豪放で規範にとらわれない］、多《おお》く江湖《こうこ》に有《あ》る所《ところ》の汀花野竹《ていかやちく》、水鳥淵魚《すいちょうえんぎょ》を状《かたど》るなり。今《いま》、世《よ》に伝《つた》わるは鳬雁鷺鷥《ふがんろし》、蒲藻蝦魚《ほそうかぎょ》、叢艶折枝《そうえんせっし》、園蔬薬苗《えんそやくびょう》の類《たぐい》、是《こ》れなり」（『図画見聞志』巻一）と述べています。徐熙の絵画の題材と美的感覚は、黄筌とはまったく異なっており、徐熙が表現しているのは文人隠者《ぶんじんいんじゃ》の生活と情趣であったことがわかります。いわゆる「黄家《こうか》は富貴《ふうき》、徐熙《じょき》は野逸《やいつ》」（『図画見聞志』が引用している諺）は、二派の違いをたいへんよく示しています。

花鳥画は五代になると、唐代の装飾芸術としてのあり方を超えて、芸術家が精神世界と美的感覚を反映する重要な手法となりました。

このほか、南唐の人物画にも際立った成果がありました。周文矩《しゅうぶんく》や顧閎中《ここうちゅう》らは、唐代の張萱《ちょうせん》や周《しゅう》昉《ほう》の技法と風格を継承して発展させ、宮廷の貴族や仕女の生活を数多く表現しましたが、顧閎中の「韓熙載夜宴図《かんきさいやえんず》」はそのなかで最も傑出したものです。この図は絵のつながった画巻《がかん》の形式をとり、画中に描かれた屏風によって、宴《うたげ》の状況を酒宴《しゅえん》・楽器の演奏・くつろぎ・演奏鑑賞・からかいの五つの場面に分けています。そして、人物ごとに異なる行為や仕草を通じて、それぞれの心情を細やかに描き出しており、描写はたいへんいきいきとして真に迫っています。筆法はきわめて整っていながら

自由闊達であり、色彩は濃いながらも雰囲気は調和しており、この時期の人物画の高いレベルを代表しています。（カラー図5）

宋は建国後すぐに「翰林図画院《かんりんずがいん》」を設立して各地の画家を招聘し、同時に新たな画家を大いに育成しました。このことは、客観的には文芸の社会的、政治的地位を向上させ、文芸の繁栄を促進する役割を担いました。宋代の絵画の発展は、おおむね画院での活動が中心となっており、画院は絵画の主要な潮流と風格を左右し、中国絵画史のなかでもたいへん見事に繁栄した時期となりました。

西蜀《せいしょく》と南唐《なんとう》が相次いで滅亡すると、多くの優秀な画家は次々と都に集まりました。さらに後周《こうしゅう》および中原にいた絵画の大家も次々と加わり、宋代初期の画院に出仕しました。このため、北宋の画院は、創設された当初から豊かな陣容と実力を具えていました。画院には採用・任用・賞罰について厳格な管理制度がありました。さらに、画院が発展し皇帝に重視されるにしたがい、その規模や制度も完備していきました。

宋の徽宗《きそう》の時代になると、翰林図画院のほかにも「画学《ががく》」が設置され、科挙制度の方法を導入し、科目・試験・採用から教学・待遇・昇進に至るまで、すべてに明確な規定がありました。[*11] しかも、徽宗皇帝がみずからそれを主宰したことで、「画学」は名実ともに皇帝の絵画学院となりました。画学の設置は世界の文明史においても創造的な試みでした。これらの措置は、絵画の人材の育成や画院絵画の隆盛を直接的に促す役割を果たしました。

画院の活動は実に多様でした。たとえば、人員を組織して大型の宗教寺院や宮殿の壁画作成に参加したり、歴代帝王の善悪の事績に関する絵や文武功臣の肖像画を製作したりなどしました。また、天下の名画を探し求めて宮廷のコレクションにあて、古今の絵画を鑑別品評し、『宣和画譜《せんながふ》』などの画譜を編纂しました。しかし、より多くの日常の活動は、皇帝や宮廷貴族の求めに応じて、随時さまざまな題材の絵を描くことでした。画院の活動や画家の創作にはすべて皇帝がみずから関与しており、さらに画家は個人の意志で絵画を描くことができなかったため、題材の選択、風格の表現、あるいは絵画の水準、順位の高下など、すべて皇帝や宮廷貴族の好みによって決められました。画院の絵画創作が一定の制限の範囲内で行われたことは明らかでした。このことは芸術の創造性の発展や個性を自由に発揮するうえで、まぎれもなく大きな障害でした。

しかしながら、この時期、画院の外にいた文人画派《ぶんじんがは》や民間絵画の繁栄の勢いも、画院に匹敵するものでした。異なる美的感覚や異なった風格は、特に「文人画《ぶんじんが》」と「院体画《いんたいが》」の間で互いに対抗し、互いに盛衰し、これによって宋代の絵画はより一層繁栄しました。もし「院体画」を宋代絵画の主流だと言うならば、「文人画」はより強く芸術の創造性と個性を発揮しており、文人の興趣という、この時代の特色をより多く具えていると言えるでしょう。このことは花鳥《かちょう》・山水・人物および社会風俗といった題材の絵画すべてに鮮明に現れています。

花鳥画《かちょうが》は宋代に好まれた題材であり、大いに発展しました。統治者がとくに好んだことで、黄筌《こうせん》とその流れをくむ黄家《こうか》の花鳥画派は宋代の初めに絵画の正統となり、百年の長きにわたって画壇に君臨しました。これに対して、「徐黄体異《じょこうたいい》」といわれる徐熙とその伝承者の境遇は正反対でした。『夢渓筆談』巻一七には「江南平《こうなんたいら》ぐや、徐熙《じょき》は京師《けいし》に至《いた》り、図画院《ずがいん》に送《おく》らる。其《そ》の画格《がかく》を品《ひん》すれば、……(黄)筌其《せんそ》の己《おのれ》を軋《し》ぐを悪《にく》み、其《そ》の麁悪格《そあくかく》に入《い》らずと言《い》い、之《これ》を罷《や》めしむ」という記載があります。「黄家《こうか》は富貴《ふうき》、徐熙《じょき》は野逸《やいつ》」の含意はこの記載に十分示されています。「野逸」の色彩を帯びた徐熙の絵画は結局冷遇されて排除され、その子孫も黄家画派の勢力に頼って発展せざるを得ないほどでした。

熙寧《きねい》［一〇六九～一〇七七年］から元豊《げんぽう》［一〇七八～一〇八五年］年間になると、崔白《さいはく》・崔慤《さいかく》の兄弟や呉《ご》元瑜《げんゆ》といった人々は、黄家画派の末流が過去の踏襲や模倣ばかりする弊害に変革を加えました。変革の発端は、実際には趙昌《ちょうしょう》に始まります。彼は花や果実、草木の一部を描くことを得意としており、写生を重んじ、みずから「写生《しゃせい》の趙昌《ちょうしょう》」と称しました。その画は簡潔で美しく自然の趣が表現されており、伝神《でんしん》［対象の様子や精神のありさまを真に迫って表現すること］と讃えられました。

このやや後、易元吉《えききげんきつ》は「趙昌《ちょうしょう》の画《え》を見《み》て乃《すなわ》ち曰《いわ》く、世《よ》に未《いま》だ人乏《ひととぼ》しからず、要須《かなら》ず旧習《きゅうしゅう》を擺脱《はいだつ》［脱却］し、古人《こじん》の未《いま》だ到《いた》らざる所《ところ》を超軼《ちょういつ》するは、則《すなわ》ち以《もっ》て名家《めいか》と謂《い》うべしと」（『宣和画譜』巻一八）と述べています。そこで、易元吉は自然に深く入り込んで事物を写生し、新たな表現方法を模索することで、盲目的な踏襲や追随といった旧習から抜け出しました。易元吉の絵画に表現されている情趣と風格は「野逸《やいつ》」派の徐熙《じょき》により近く、米芾《べいふつ》の『画史《がし》』には「易元吉《えきげんきつ》は、徐熙《じょき》の後一人《あといちにん》のみ」と記されています。そして二崔《にさい》［崔白《さいはく》と崔慤］と呉元瑜《ごげんゆ》に至り、徐派の風格によって黄派の画風を改変する傾向がより鮮明になりました。たとえば、呉元瑜については「崔白《さいはく》を師《し》とし、能《よ》く世俗《せぞく》の気《き》の所謂院体《いわゆるいんたい》を変《か》う者なり。素《もと》は院体《いんたい》の人為《ひとた》りて、亦《ま》た元瑜《げんゆ》に因《よ》り革《あらた》めて故態《こたい》を去《さ》り、稍稍《やや》筆墨《ひつぼく》を放《はな》ち以《もっ》て胸臆《きょうおく》［心のうち］を出《い》だす。画手《がしゅ》の盛《さか》んに前輩《ぜんはい》を追蹤《ついしょう》するは、蓋《けだ》し元瑜《げんゆ》の力《ちから》なり」（『宣和画譜』巻一九）という記載があります。

その間、易元吉が「画院《がいん》の人其《ひとそ》の能《のう》を妬《ねた》み、只《た》だ獐猿《しょうえん》のみを画《えが》かしめ、竟《つい》に人《ひと》に鴆《ちん》［毒殺］せらる」（米芾『画史』）という状況にあったばかりでなく、崔白も「図画院芸学《ずがいんげいがく》と為《な》るも、白《はく》は性疎逸《せいそいつ》にして、力《つと》めて辞《じ》し以《もっ》て去《さ》る」（『宣和画譜』巻一八）というように、両者は守旧派に受け入れられませんでしたが、この変革は結果として大きな効果をあげました。画院内部の変革は、まもなくして宋の徽宗に代表される細密な筆致や、おだやかで豪華な宮廷花鳥画に取って代わられました。しかし、すでに十分明らかなように、文人・隠者の情趣を代表する「野逸」の画風は、なお強くたくましい芸術的生命力を具えていました。

画院内部における変革と同時に、画院の外でも水墨《すいぼく》を主体とする写意《しゃい》花鳥画《かちょうが》が登場し、その多くは梅・蘭・竹・菊の「四君子《しくんし》」を題材として描きました。特に、文同《ぶんどう》や蘇軾《そしょく》に代表される文人、学者たちの画派は、絵画の理論と創作において、「士人画《しじんが》」の個性・情趣・境地・風格をより明確に提唱しました。蘇軾は画家を「画工《がこう》」と「士人画」の二種類に分け[*12]、両者の違いを「意気《いき》」［気概］と「伝《でん》神《しん》」［対象の様子や精神のあり様《よう》を表現すること］の有無、という点に見出しました。蘇軾の「鄢陵王主《えんりょうおうしゅ》簿《ぼ》が画《えが》く所《ところ》の折枝《せっし》に書《しょ》す二首《にしゅ》」の其の一には「画《が》を論《ろん》ずるに形似《けいじ》を以《もっ》てするは、見児童《けんじどう》と鄰《とな》る。詩を賦《ふ》し此《こ》の詩《し》を必《ひっ》とするは、定《さだ》めて詩《し》を知《し》る人に非《あら》ず。詩画《しが》は本《も》と一律《いちりつ》、天工《てんこう》と清新《せいしん》と」とあります。蘇軾は「詩《し》画《が》一律《いちりつ》」「画中《がちゅう》に詩《し》有《あ》り」「古来画師《こらいがし》は俗士《ぞくし》に非《あら》ず、物象《ぶっしょう》を模写《もしゃ》するは略《ほ》ぼ詩人《しじん》と同《おな》じ」（「欧陽少師畜うる所の石屏を賦せしむ」）ということを繰り返し強調しました。このことは、絵画の「伝神」が形状の真に迫るだけではなく、芸術家自身の個性や気質、胸中の志や思いをありのままに伝えることをも含んでいるに違いなく、そしてこの両者の絶妙な融合こそが「画中《がちゅう》に詩《し》有《あ》り」の真の意義なのだということを示しています。

蘇軾の友人の文同［字は与可］は墨竹《ぼくちく》を描くことでよく知られており、蘇軾は文同の絵画から「胸《むね》に成竹《せいちく》有《あ》り」や「筆《ふで》を振《ふ》るえば直《ただ》ちに遂《と》ぐ」（「文与可《ぶんよか》の篔簹谷《うんとうこく》の偃竹を画くの記」）といった芸術創作の法則を結論づけ、彼が描く垢抜けて高潔な品格をもつ墨竹の形象こそ、まさに文同の人柄や気質の化身であり形象であること、いわゆる「其《そ》の身《み》は竹《たけ》と化《か》す、無窮《むきゅう》に清新《せいしん》を出《いだ》す」（「晁補之が蔵する所の与可の画竹に書す三首」其二）だと考えました。蘇軾本人も墨竹・松・石を描くことで絶賛され、みずから「東坡《とうは》は是《こ》れ湖州派《こしゅうは》と雖《いえど》も、竹石風流各《ちくせきふうりゅうおの》おの一時《いちじ》」（「子由が憩寂図後に題せるに次韻す」）と述べています。蘇軾の墨竹は文同を師としましたが、文同よりも「新意《しんい》を法度《ほうど》の中《うち》より出《い》だし、寄妙《きみょう》を豪放《ごうほう》の外《そと》に理《おさ》む」（蘇軾「呉道子の画の後に書す」）ことを表現しました。蘇軾の画は筆墨が豊かで、筆を執ればまたたく間に出来上がり、のびやかで力強く、「士気《しき》人に逼《せま》る」ものがあり、豪快でおおらかな気勢は文同をはるかに上回っています。蘇軾がみずから題した「偃松図《えんしょうず》」には「怪怪奇奇《かいかいきき》は、蓋《けだ》し是《こ》れ胸《きょう》中磊落不平《ちゅうらいらくふへい》の気《き》を描写《びょうしゃ》し、以《もっ》て世《よ》を玩《もてあそ》ぶ者《もの》なり」（『清河書画舫』巻八下が引く「東坡手柬」）とあります。同時代の米芾は蘇軾の描いた画を「枯木《こぼく》を作るに、枝幹《しかん》は虬屈《きゅうくつ》、端石の皴《しゅん》硬《こう》無く、亦《ま》た怪怪奇奇《かいかいきき》として端無《はしな》し。其《そ》の胸中《きょうちゅう》の盤鬱《ばんうつ》の如《ごと》きなり」（『画史』）と評しています。また、後に朱熹《しゅき》は蘇軾の画を「［其の］風霆《ふうてい》を傲《あなど》り、古今《ここん》を閲《けみ》するの気《き》は、猶《な》お以《もっ》て其《そ》の人《ひと》を想見《そうけん》するに足《た》るがごときなり」（「張以道家蔵の東坡の枯木怪石に跋す」）と評しています。以上の評論はいずれも同じ見解を述べています。これよりわかるのは「画工《がこう》」と「文人画《ぶんじんが》」の根本的な区別がどこにあるか、ということです。

同時代の郭若虚も同じ見方をしており「竊《ひそ》かに観《み》るに古《いにしえ》の奇蹟《きせき》は、多《おお》く是《こ》れ軒冕《けんべん》の才賢《さいけん》、巖穴《がんけつ》の上《じょう》士《し》の、仁《じん》に依《よ》り芸《げい》に遊《あそ》び、賾《ふか》きを探《さぐ》り深《ふか》きを鉤《さぐ》り、高雅《こうが》の情《じょう》は、一《いっ》に画《え》に寄《よ》せたるなり。人品《じんぴん》既已《すで》に高《たか》ければ、気韻高《きいんたか》からざるを得《え》ず。気韻《きいん》既已《すで》に高《たか》きは、生動至《せいどういた》らざるを得《え》ず、所謂神《いわゆるしん》の又《ま》た神《しん》にして、能《よ》く精《くわ》し」（『図画見聞志』巻一）と述べています。人品と気韻の結びつきは、文人画家が力を込めて推賞したことであり、この中には文人意識が高まった時代の潮流と精神が鮮明に体現されています。

この時期になると、中国絵画は職業画家と士人《しじん》の画風、つまり「院体画派《いんたいがは》」と「文人画派《ぶんじんがは》」とで明確に一線を画しており、それぞれ異なる美的感覚と志向を代表していました。米芾の言う「滕昌祐《とうしょうゆう》・辺鸞《へんらん》・徐熙《じょき》・徐崇嗣《じょすうし》の花《はな》は皆《み》な生《い》きるが如《ごと》し。黄筌《こうせん》は惟《た》だ蓮《はす》のみ差《や》や勝《まさ》る。艶《えん》に富《と》むと雖《いえど》も皆《み》な俗《ぞく》なり」（『画史』）は、文人画派の美的感覚を鮮明に表しています。

南宋になると、揚無咎《ようむきゅう》・趙孟堅《ちょうもうけん》・鄭思肖《ていししょう》などが、文人の写意花鳥画《しゃいかちょうが》の傑出した代表です。彼らの筆になる梅・竹・松・石・花鳥などの形象も、それまでと同じく高潔で品性と気韻に満ちており、南宋の時期の「院体」とは明らかに対照的です。南宋画院の花鳥画は主に北宋の徽宗の伝統を継承し、その筆法はさらに精緻で、美感の特色は簡潔で洗練され、「院体」の特徴はさらに顕著となり、典型的な「模範」となりました。南宋の鄧椿《とうちん》『画継《がけい》』巻一〇には「図画院《ずがいん》の四方《しほう》に召試《しょうし》する者《もの》は源源《げんげん》［次々］として来《き》たるも、多《おお》く合《あ》わずして去《さ》る者有《ものあ》り。蓋《けだ》し一時《いちじ》の尚《たっと》ぶ所《ところ》、専《もっぱ》ら形似《けいじ》を以《もっ》てす。苟《いやし》くも自《みずか》ら得《う》ること有《あ》らば、放逸《ほういつ》を免《まぬが》れず、則《すなわ》ち法度《ほうど》に合《あ》わず、或《あるもの》は師承無《ししょうな》しと謂《い》う。故《ゆえ》に作《つく》る所《ところ》は止《た》だ衆工《しゅうこう》［職人］の事《こと》のみ、高《たか》きこと能《あた》わざるなり」という記載があります。これは、当時の院体画の実情を反映したものです。

宋代の山水画は大家を輩出し、太陽が大空に輝くように中国山水画史のなかで最も輝かしい時代となりました。この大きな芸術的成果の獲得は、そのなかに満ち溢れる文人趣味の味わいと密接な関わりがあります。

五代から北宋にかけての時期は、荆浩《けいこう》・関仝《かんどう》の後を継いで李成《りせい》と范寛《はんかん》という二人の傑出した山水画家が中国北方に登場しました。明代の王世貞《おうせいてい》は両者について「山水《さんすい》は、大小李《だいしょうり》［唐の李思訓と李昭道］

一《ひと》たび変《へん》ずるなり、荊《けい》［浩］、関《かん》［仝］、董《とう》［源］、巨《きょ》［然］又《ま》た一たび変ずるなり、李成《りせい》・范寛《はんかん》又《ま》た一《ひと》たび変《へん》ずるなり、劉《りゅう》［松年］、李《り》［唐］、馬《ば》［遠］、夏《か》［圭］又《ま》た一《ひと》たび変《へん》ずるなり、大癡《だいち》（黄公望）・黄鶴《こうかく》（王蒙）又《ま》た一《ひと》たび変《へん》ずるなり」（『芸苑卮言《げいえんしげん》』附録四）と述べています。

李成の山水は荊浩と関仝を師としてみずから新たな境地を切り開き、一家を成しました。その特徴は、荊浩や関仝の切り立った峰や深い谷といった雄大な山水とは異なり、一面に広がる秋冬の枯れた林の明暗のある風景をよく描き、構図は簡潔で気配は荒涼として、季節や気候の表現に努め、清らかで美しく変化に富んだ多様な姿を見せています。李成の画について、劉道醇《りゅうどうじゅん》は「成《せい》の画《え》に於《お》けるや、造化《ぞうか》に精通《せいつう》し、筆《ふで》は意《い》の在《あ》るを尽《つ》くす。千里《せんり》を咫尺《しせき》［わずかな画面］に掃《えが》き、万趣《ばんしゅ》を指下《しか》に写《うつ》す」（『宋朝名画評』巻二）と評しており、また「古今第一《ここんだいいち》」（『宣和画譜』巻一一）とも讃えられています。

李成の山水は写意の痕跡がより鮮明で、強い抒情性を帯びています。『宣和画譜』は李成の積もり重なった不平不満を「興《きょう》を画《が》に寓《ぐう》し……一たび皆《み》な其《そ》の胸中《きょうちゅう》を吐《は》きて之《これ》を筆下《ひっか》に写《うつ》さば、孟郊《もうこう》の詩《し》に鳴《な》らし、張顛《ちょうてん》［張旭］の草《そう》に狂《くる》うが如《ごと》く、適《ゆ》きて此《こ》れに非《あら》ざるは無《な》し」（同前）と述べています。李成は山水画に託して積もり重なった心のうちを吐き出し、その感情や志を発散しました。このため、その筆になる山水の姿には興趣が存分に描かれており、独特の境地と風格を作り上げました。

范寛は「山水《さんすい》を画《えが》くを喜《この》み、始《はじ》め李成《りせい》に学《まな》ぶ。既《すで》に悟《さと》り乃《すなわ》ち歎《たん》じて曰《いわ》く、前人《ぜんじん》の法《ほう》は未《いま》だ嘗《かつ》て近《ちか》くは諸物《しょぶつ》を取《と》るに近からず、吾《われ》は其の人を師とするよりは、未だ諸物を師とするに若《し》かず。吾は其の物を師とするよりは、未だ諸心を師とするに若かず。是《ここ》に於《お》いて其《そ》の旧習《きゅうしゅう》を捨《す》て、居《きょ》を終南《しゅうなん》、太華岩《たいかがん》隈林麓《わいりんろく》の間《あいだ》に卜《ぼく》し、而《しか》して其《そ》の雲煙惨淡《うんえんさんたん》、風月陰霽《ふうげついんせい》、状《じょう》し難きの景《けい》を覧《み》る。黙《もく》して神《かみ》と遇《あ》い、一《もっぱ》ら筆端《ひったん》の間《あいだ》に寄《よ》す……故《ゆえ》に天下《てんか》は皆《み》な寛《かん》は善《よ》く山《やま》と神《しん》を伝《つた》うると称《しょう》す」（同前）と言われています。范寛は鮮明な個性と創作精神にきわめて富んだ芸術家でした。師から受け継いだものがありながら、それにとらわれることはありませんでした。自然に則《のっと》りながら、客観的な描写だけをすることはなく、さらにみずからの心のままに感じ取り山と心を通じあい、まさに「外《そと》は造化《ぞうか》［自然］を師《し》とし、中《うち》は心源《しんげん》［性情］を得《え》たり」でした。范寛の山水画は筆致が力強く卓越しており、気勢は盛んで雄大でした。『図画見聞志《ずがけんぶんし》』巻一には「夫《そ》れ気象《きしょう》の蕭疏《しょうそ》・煙林《えんりん》の清曠《せいこう》・毫鋒《ごうほう》の穎脱《えいだつ》・墨法《ぼくほう》の精微《せいび》なるは、営丘《えいきゅう》（李成）の製《せい》なり。石体《せきたい》の堅凝《けんぎょう》・雑木《ぞうぼく》の豊茂《ほうも》・台閣《だいかく》の古雅《こが》・人物《じんぶつ》の幽閒《ゆうかん》たるは、関氏《かんし》の風《ふう》なり。峰巒《ほうらん》の渾厚《こんこう》、勢状《せいじょう》の雄強《ゆうきょう》、搶筆《そうひつ》［運筆法の一つ］は倶《とも》に均《ひと》しく、人屋《じんおく》の皆《み》な質《しつ》なるは、范氏《はんし》の作《さく》なり」とあります。

関仝《かんどう》は「峭抜《しょうばつ》」、李成《りせい》は「清曠《せいこう》」、范寛《はんかん》は「雄渾《ゆうこん》」と言われ、三人はいずれも荊浩《けいこう》の画派から出ましたが、それぞれ特色を具えて大家となり、そこで「三家山水《さんかさんすい》」と呼ばれます。北宋の画家王詵《おうしん》が「一文一武《いちぶんいちぶ》」*13という言葉で李成と范寛の山水画の風格の差異を喩えたのは、きわめて象徴的です。郭熙《かくき》の『林泉高致《りんせんこうち》』には「今斉魯《いませいろ》［現在の山東省一帯］の士《し》、唯《た》だ営邱《えいきゅう》［李成］を模《も》し、関陝《かんせい》［陝西省一帯］の士《し》、唯《た》だ范寛《はんかん》を模《も》す」とあります。当時、李成と范寛は大きな影響力を与え、両者が創造した画風は北宋山水画の一大潮流となりました。（図

図12–7　北宋の郭熙「早春図」

12-7）

北宋の熙寧《きねい》［一〇六八～一〇七七年］・元豊《げんぽう》［一〇七八～一〇八五年］年間になると、郭熙と王詵の山水画には、院体《いんたい》、あるいは世俗的な画工の絵画と文人士大夫の絵画の間に存在した、盛衰と共存の形跡がより顕著となりました。

『図画見聞志』巻四には「郭熙《かくき》は河陽《かよう》［現在の河南省］温《おん》の人《ひと》、今御書院芸学為《いまごしょいんげいがくた》り。山水寒林《さんすいかんりん》を画《えが》くに工《たくみ》なり。施為《しい》［技術］は巧贍《こうせん》［巧み］にして、位置《いち》は淵深《しんえん》、復《ま》た学《まな》びて営丘《えいきゅう》（李成）を慕《した》うと雖《いえど》も、亦《ま》た能《よ》く自《みずか》ら胸臆《きょうおく》を放《はな》つ。巨障高壁《きょしょうこうへき》、多多益《たたます》ます壮《そう》にして、今《いま》の世《よ》に於《お》いて独絶為《どくぜつた》り」と記されています。郭熙の山水画は、典型的な院体画から文人画へと画風が転換しました。これは精緻で巧みな画風から、心の思いを述べ、老いて益々盛んな画風へと発展する変遷の過程でした。この過程と郭熙『林泉高致《りんせんこうち》』の記載を合わせてみると、その画風の転換と成功の経験は自然を師法とすることを根本とし、山川を「遊《あそ》ぶに飽《あ》き看《み》るに飫《あ》き、歴歴《れきれき》として［ありありと］胸中《きょうちゅう》に羅列《られつ》す」ることであり、その情景を十分に消化したうえで統一、完成された境地を創造し、それによって「我《われ》をして自《おのず》から一家《いっか》を成《な》さしむ」となりました。このため、郭熙の山水画は雄壮で美しく、大きく開かれた境地を描き出しているだけではなく、さらに優美な情趣に富み、鮮明な抒情性を帯びています。山水画における抒情性の増強は、まさに文人の情趣や精神が高まったことの必然的な反映であり、同時に中国山水画史における重要な変化でした。

王詵《おうしん》は字《あざな》を晋卿《しんけい》といい、駙馬都尉《ふばとい》［皇帝の女婿］となりました。彼は聡明博学で才能豊かであり、貴族として享楽的な生活を送りながら、同時に文人としての情趣も具えていました。王詵と親密に交際したのは、蘇軾《そしょく》・米芾《べいふつ》・黄庭堅《こうていけん》・李公麟《りこうりん》など、当時の風流文雅、才学ともに卓越した人物でした。彼らはよく「西園雅集《せいえんがしゅう》」を催し、ともに同じ趣味や関心をもち、また同じ美的傾向を具えていました。王詵の特殊な身分と趣味関心は、その絵画の独特な風格を作り上げました。

王詵の山水画の多くは「煙江遠壑《えんこうえんがく》、柳渓漁浦《りゅうけいぎょほ》、晴嵐絶澗《せいらんぜつかん》、寒林幽谷《かんりんゆうこく》、桃渓葦村《とうけいいそん》、皆《み》な詞人墨卿《しじんぼくけい》をして状《かたど》り難《がた》きの景《けい》なるも、詵《しん》の筆《ふで》を落《お》として思《おも》い致《いた》らば、遂《つい》に将《まさ》に古人《こじん》の超軼《ちょういつ》［高尚で非凡］の処《ところ》に到《いた》らんとす」（『宣和画譜』巻一二）というもので、俗世《ぞくせ》を離れて隠棲《いんせい》する文人の情趣を色濃く帯びています。絵画の技巧と風格の来源から見ると、王詵の絵画は李成一派の寒林《かんりん》［枯れ林］や雪景《せっけい》の水墨画法を基礎として、「大小李将軍《だいしょうりしょうぐん》」［唐の李思訓《りしくん》と李昭道の父子］の「金碧重色《こんぺきちょうしょく》」の技巧を兼ね用いて、両者を一体に融合しています。[*14] 李思訓の金碧山水《こんぺきさんすい》の画風は華麗で堂々としており、豪華な宮殿の装飾にこそ適していました。これに対して、五代の李成の水墨山水《すいぼくさんすい》は清らかで広がりがあり、文人の脱俗《だつぞく》隠棲《いんせい》の心情を表現するのにより適していました。李思訓と李成の違いはきわめて明確ですが、王詵は意外にもこの両者を巧妙に一体化し、清らかで秀逸、深い味わいのある境地を表現しました。これは奇跡的だというべきでしょう。

とくに王詵が地方に左遷された時期には「牢落《ろうらく》［孤独でさびしい］の中《うち》に独《ひと》り図書《としょ》を以《もっ》て自《みずか》ら娯《たの》しむと雖《いえど》も、其《そ》の風流《ふうりゅう》は蘊藉《うんしゃ》［内に秘めること］せられ、真《まこと》に王《おう》・謝《しゃ》［六朝時代最大の名門貴族である王氏と謝氏のこと］の家の風気有《ふうきあ》り」（『宣和画譜』巻一二）でした。山水画に個性や胸中の志や思いを託したことは、王詵の山水画がさらに成熟へと向かったことの証しです。

このほか、晁補之《ちょうほし》と宋迪《そうてき》の「水墨山水《すいぼくさんすい》」、恵崇《けいすう》と趙令穣《ちょうれいじょう》の「小景山水《しょうけいさんすい》」の筆致《ひっち》はいずれも清らかで上品、きわめて詩意《しい》に富んでおり、優雅で抒情的な散文のようです。米芾・米友仁《べいゆうじん》父子の「米点山《べいてんさん》水《すい》」に至っては、董源《とうげん》・巨然《きょねん》の風格を具えていると言われますが、その実、思いは脱俗自然の趣を追求することにあり、規則を脱し、さらに物の形状をも超越することで、文士の情趣や胸の内を存分に描き出しました。このため、米芾父子の絵画にはいくらか「墨戯《ぼくぎ》」［即興で描かれる写意画］の味わいがあります。

　宋の皇室が南に移ると、山水画には大きな変化が起こりました。ただ華麗で精緻、優美で柔和な院体画の画風にしても、あるいはただ世を軽んじ孤高、優雅でもの静かな文人画の画風であるにしても、どちらもすでに激しい時代の変化を経た悲壮な心情や、半分に失われた国土への深い感情を表現するのに十分ではありませんでした。これらに代わり興ったのは、院体画と文人画それぞれの画風を融合させ、さらに向上させることで形成された「水墨蒼涼《すいぼくそうりょう》」の山水画の新たな気風でした。「水墨蒼涼」は斬新な面目を具えた南宋の「院体」山水画を形成しただけではなく、中国山水画の全盛期をも代表することになりました。南宋山水画の四大家である李唐《りとう》・劉松年《りゅうしょうねん》・馬遠《ばえん》・夏圭《かけい》は、最も傑出した代表的人物です。四大家は前後して画院《がいん》に出仕し、南宋絵画の最高水準を代表しています。全体の特徴を見ると、南宋四大家の山水画は、唐代の「二李《にり》」による金碧山水《こんぺきさんすい》の端正で細やかな配色や直線を用いる整然とした筆法を継承し、同時に荊浩《けいこう》・関仝《かんどう》・董源《とうげん》・巨然《きょねん》および郭煕《かくき》・范寛《はんかん》・王詵《おうしん》らの水墨《すいぼく》山水《さんすい》の優れた経験をも吸収しました。それゆえ、四大家の絵画は精巧で雄渾な気風に富み、きわめて整っていながら柔軟で変化に富み、墨の濃淡はよく調和して、虚実が入り混じり、画面の主題は際立ち、構図は単純明快ながら含蓄があり、江南山水の秀麗さと雄壮さをさまざまな面から表現しています。

　南宋四大家の山水画の創造は、李唐に始まります。李唐の南渡後の作品に見える最も顕著な変化は、構図が簡潔になったことです。これは、あたかも全景山水から最も美しい部分を切り取ったかの

図12-8　南宋の夏圭の「渓山清遠図」（部分）

ようです。また、李唐の山石の皴法《しゅんぽう》［山や岩の表面を描く方法］は「小斧劈《しょうふへき》」から「大斧劈《だいふへき》」を創造し、筆法は細く短い線から幅のある長い線となり、墨は伸びやかで滞りがなく、さらに濃い青緑の着色と組み合わせています。こうして、荒涼として力強く、豪放で自在、簡潔ながら要点をよく表現した独特な風格が形成されました。

元代の王逢《おうほう》が李唐の「長江雨霽図《ちょうこううせいず》」に記した跋詩には「煙雨楼台《えんうろうだい》、掩映《えんえい》の間《あいだ》、図《ず》を画《えが》けば渾《すべ》て是《こ》れ浙江《せっこう》の山《やま》。中原板蕩《ちゅうげんばんとう》［動揺］誰《だれ》か回首《かいしゅ》せん、只《ただ》春《はる》は北雁《ほくがん》［北から南へと飛ぶ雁］の還《かえ》るに随《したが》いて有るのみ」［『南宋院画録』巻二］とあります。山水の全景からその一部分を描くという変化は、国土の北半分を失った現実を反映したものであり、絵画芸術の発展でもありました。また、明代の屠隆《とりゅう》『画箋《がせん》』［『南宋院画録』巻一所引］には「画家《がか》は残山剰水《ざんさんじょうすい》を以《もっ》て之《これ》を目《もく》すと雖《いえど》も、然《しか》るに精工《せいこう》の極《きわ》みと謂《い》うべし」とあります。南の一部となった国土の自然の秀麗さと雄壮さを努めて表現することは、南宋の山水画家に共通する特徴となりました。

劉松年《りゅうしょうねん》は、主に李唐の特徴である筆墨の謹厳さや色彩の美しさを発展させ、杭州一帯の清らかで美しい自然の風景を数多く表現して、詩意《しい》に富んだ優雅な境地を作り上げ、士大夫《したいふ》の閑雅な生活の情趣を際立たせました。馬遠《ばえん》と夏圭《かけい》は、李唐の豪放で自由、簡潔で要点をよく捉えた風格と技法を十分に習得しました。その画の境地は深みがあって清々しく、江南山川《こうなんさんせん》の静かで趣があり、奥深く高く険しい姿をよく伝えています（図12-8）。馬遠や夏圭の特徴は、李唐と比べて事物の配置がより洗練されていることで、このため、「馬《ば》は一角《いっかく》、夏《か》は半辺《はんぺん》」という言葉があります。さらに強さと柔軟さが互いを補い、強く鋭く淀みのないなかに素朴で含蓄のある趣があります。高度に要約され、洗練された画面には、繁雑さに勝《まさ》る芸術的効果があります。しかも、画面に残された大きな余白には、奥深く尽きることのない勢いが含まれています。この傑出した創作は、いわゆる「白《しろ》に即《そく》して黒《くろ》に当《あ》つ」［余白にも色があるとみなすこと］であり、後には中国の書画芸術において重要な表現手段となりました。

　宋代の人物画・歴史画・風俗画は、斬新で多彩な姿を見せます。特に文人画で際立った「士気」、高雅な気質や風格と個性化、および芸術上の創造性、さらに画院絵画《がいんかいが》の題材が仏教・道教・仕女から世俗化したこと、すなわち社会生活にまで発展したこと、強い民族精神と時代的意識をもった歴史と現実を題材とする絵画、これらのいずれもが高い芸術的成果をあげました。

　李公麟《りこうりん》に代表される文人の人物画は主に白描《はくびょう》の手法を用い、文人の情趣と心中に抱く志を際立たせて表現しました。白描によって人物を描く線画の技法は、唐代の呉道子《ごどうし》以来、晩唐《ばんとう》・五代《ごだい》・宋代《そうだい》初期を経て次第に発展し、李公麟に至って完全に独立した形式となりました。これは、中国の絵画芸術史における一大進歩です。その特徴は、墨の線のみを用いて画を構成し、その太さや細さ、強弱、濃淡、曲直などによって人物のさまざまな形象・動作・精神を表現するものであり、特異な芸術的効果を具えていました。李公麟は白描の技法に優れ「宋画第一《そうがだいいち》」と讃《たた》えられ、色濃い文人画の美学を具えていました。たとえば、李公麟の「西園雅集図《せいえんがしゅうず》」は、蘇軾《そしょく》・黄庭堅《こうていけん》・米芾《べいふつ》・王詵《おうしん》ら文人の雅集《がしゅう》［互いに詩文書画を作るなどする文人の集まり］の実際の写生です。このほか『宣和画譜《せんながふ》』に著録されている

「四皓囲棋図《しこういきず》」「写王羲之書扇図《しゃおうぎししょせんず》」「帰去来兮図《ききょらいず》」「写王維看雲図《しゃおういかんうんず》」「写王維帰嵩図《しゃおういきすうず》」「王安石定林蕭散図《おうあんせきていりんしょうさんず》」「丹霞訪龐居士図《たんかほうほうこじず》」などは、いずれも文人の生活や情趣を表現しています。

李公麟は「吾画《われが》を為《な》すは騒人《そうじん》〔詩人〕の詩《し》を賦《ふ》し、情性《じょうせい》を吟詠《ぎんえい》するが如《ごと》きのみ」（『宣和画譜』巻七に引用）と、人物画に情趣や心情を託し、それを発散させるものとしました。文人の情趣を鮮明に帯びた人物画は、当時、また後世にたいへん深い影響を与え、このため宋代の画院において人物画が文人画となる傾向も次第に強まりました。

南宋の寧宗《ねいそう》の嘉泰《かたい》年間〔一二〇一～一二〇四年〕になると、画院待詔《がいんたいしょう》の梁楷《りょうかい》は白描人物画《はくびょうじんぶつが》を発展させ、太い線で写意を表現する「潑墨《はつぼく》」の人物画を創り出しました。これはきわめて簡潔な筆墨で人物の表情や様子を描くもので、独自の「減筆《げんぴつ》」の画風を作り上げました。宋の皇室が南へ移った後、さらに激しくなった民族間の対立は、画家たちの国を思う感情を大いに刺激しました。画家たちは国を愛する精神と民族の気骨を具えた歴史上の人物、あるいは現実の人物や物語を絵画の題材とし、広範な人々の心の声を表現し、この時代の「画の魂」となりました。たとえば、李唐の「伯夷叔斉采薇図巻《はくいしゅくせいさいびずかん》」や「晋文公復国図《しんぶんこうふくこくず》」「胡笳十八拍図《こかじゅうはちはくず》」、陳居中《ちんきょちゅう》の「文姫帰漢図《ぶんききかんず》」、蕭照《しょうしょう》の「中興瑞応図《ちゅうこうずいおうず》」や「光武渡河図《こうぶとかず》」、劉松年《りゅうしょうねん》の「便橋見虜図《べんきょうけんりょず》」や「中興四将図《ちゅうこうししょうず》」（四将は劉光世《りゅうこうせい》・韓世忠《かんせいちゅう》・張俊《ちょうしゅん》・岳飛《がくひ》のこと）などです。

北宋末期から南宋にかけての画院の絵画は、都市や農村の生活、民間の習俗を題材とするものが大量に出現しました。絵画の題材は、伝統的な宗教的内容や貴族の生活から社会や民間へと移りました。これは、中国絵画史における重大な変化です。前後して画院に出仕した張択端《ちょうたくたん》・王居正《おうきょせい》・李《り》嵩《すう》・蘇漢臣《そかんしん》らは、いずれも社会生活や民間習俗を表現したことで著名な画家です。なかでも北宋の画家張択端の「清明上河図《せいめいじょうがず》」は最も傑出した作品です。この画巻は清明節《せいめいせつ》の時の首都開封《かいほう》にある汴河《べんが》両岸の繁栄した光景を表現しており、画面は都市の郊外、汴河に架かる橋、市街地という三つの部分で構成されています。賑やかな往来の人物・舟・車・市街地などをうまく配置して趣に富んでいるうえ、いずれもが渾然一体となって、当時の社会の経済や生活の様子をありのままにいきいきと反映しており、画家の高度な才能を示しています。

宋代の書道芸術

明代の董其昌《とうきしょう》は「晋人《しんひと》の書《しょ》は韻《いん》［気韻］を取《と》り、唐人《とうひと》の書《しょ》は法《ほう》［規範］を取《と》り、宋人《そうひと》の書《しょ》は意《い》［意志］を取《と》る。或《ある》もの曰《いわ》く「意《い》は法《ほう》に勝《まさ》らずや」と。然《しか》らず、宋人《そうひと》は自《みずか》ら其《そ》の意《い》を以《もっ》て書《しょ》を為《な》すのみ、能《よ》く古人《こじん》の意有《いあ》るに非《あら》ざるなり」（『六芸之一録』巻二八〇「明董其昌論書」）と述べています。この要約には一定の道理がありますが、「韻」「法」「意」という一文字ずつで一つの王朝の書法の特色を表現すると、偏《かたよ》った見方となりかねません。もし、この要約に固執して、さまざまな風格の異なる書家について述べるならば、無理にこの枠組みに合わせることになります。実際、優秀な書家は「韻」「法」「意」のすべてを兼ね備えています。宋代の優れた書家の多くは、晋・唐の書法の長所を融合することで、独自の風格を作り上げました。

北宋の慶暦《けいれき》［一〇四一〜一〇四八年］年間から熙寧《きねい》［一〇六八〜一〇七七年］、元豊《げんぽう》［一〇七八〜一〇八五年］年間には、人文尊重の精神の高まりにしたがい、書道芸術においては鮮明な個性や文人情趣の表現を追求し、書道を変革する潮流が形成されました。特に行書《ぎょうしょ》では、前代を集大成しようとする趨勢が現れ、蘇軾《そしょく》・黄庭堅《こうていけん》・米芾《べいふつ》・蔡襄《さいじょう》の四大家が登場しました。彼らの書学の基本的な軌跡《きせき》は、東晋《とうしん》の二王《におう》を基礎とし、唐代の顔真卿《がんしんけい》や楊凝式《ようぎょうしき》らの大家の筆意を参考にし、そのうえで自己の個性や気質、才能や学問の見識を融合して、独立した自我を完成させました。馬宗霍《ばそうかく》が言う「蔡《さい》［襄］の勝《まさ》るは度《ど》［規則］に在《あ》り、蘇《そ》［軾］の勝《まさ》るは趣《おもむき》に在《あ》り、黄《こう》［庭堅］の勝《まさ》るは韻《いん》に在《あ》り、米《べい》［芾］の勝《まさ》るは姿《すがた》に在《あ》り」（『書林藻鑑』巻九）は、この四大家の書の特徴を明確に指摘しています。

蘇軾は「我《わ》が書《しょ》の意造《いぞう》［想像力にまかせて創作すること］本法無《もとほうな》し、点画手《てんかくて》に信《まか》せて推求《すいきゅう》を煩《わずら》わす」（「石蒼舒の酔墨堂」詩）や「吾書《われしょ》を善《よ》くせずと雖《いえど》も、書《しょ》を暁《さと》るは我《われ》に如《し》くは莫《な》し。苟《いやし》くも能《よ》く其《そ》の意《い》に通《つう》ぜば、常《つね》に謂《おも》えらく学《まな》ばずして可《か》なりと」（「子由の書を論ずるに和す」詩）と述べ、書の独創性、なかでも文人の個性、気質や学識、度量を強調しました。そこで彼は「作字《さくじ》の法《ほう》は、識浅《しきあさ》く、見狭《けんせま》く、学《がく》足《た》らざるの三者《さんしゃ》は、終《つい》に妙《みょう》を尽《つ》くすこと能《あた》わず。我《われ》は則《すなわ》ち心《こころ》・目《め》・手《て》、倶《とも》に之《これ》を得《え》たり」（宋の李昭玘『楽静集』巻九に引用される「東坡の真蹟に跋す」）と述べました。

蘇軾が追求したのは、高雅な気質と風格をもった文人の書でした。このため、蘇軾の書法は「古《こ》法《ほう》」に合わず、また当時の一般的な士大夫の「俗書《ぞくしょ》」とも異なっていました。これについて、黄庭堅は「士大夫《したいふ》は多《おお》く東坡《とうば》の用筆《ようひつ》は古法《こほう》に合《あ》わずと譏《そし》るも、彼《かれ》は蓋《けだ》し古法《こほう》の何《いず》れより出《い》づるかを知《し》らざるのみ」（「東坡の水路賛に跋す」）や「東坡《とうば》の書《しょ》は大小《だいしょう》に随《したが》い、真《しん》・行《ぎょう》［楷書と行書］は皆《み》な娬媚《ぶび》［あでやか］にして喜《この》むべき処有《ところあ》り。今《いま》の俗子《ぞくし》は東坡《とうば》を譏評《きひょう》するを喜《この》むも、彼蓋《かれけだ》し翰林侍書《かんりんじしょ》の縄墨尺度《じょうぼくしゃくど》を用《もっ》てするは、是《こ》れ豈《あ》に法《ほう》の意《い》を知《し》るや。余謂《よおも》えらく東坡《とうば》の書《しょ》は、学問文章《がくもんぶんしょう》の気《き》、鬱鬱芊芊《うつうつせんせん》［気の盛んな様子］として、筆墨《ひつぼく》の間《あいだ》に発《はっ》す。此《こ》れ它人《たじん》の終《つい》に能《よ》く及《およ》ぶ莫《な》き所以《ゆえん》のみ」（「東坡書す遠景楼賦の後に跋す」）と述べています。蘇軾は決して完全に古法を捨てたのではなく、よく古人に学びながら古法にとらわれなかったのは、その目的がみずからの精神のありようを表現することにあったからです。

この点について、黄庭堅は「東坡道人《とうばどうじん》、少《わか》き日《ひ》に蘭亭《らんてい》を学《まな》ぶ、故《ゆえ》に其《そ》の書《しょ》は姿媚《しび》［あでやか］にして徐季海《じょきかい》［徐浩］に似《に》たり。酒酣《さけたけなわ》にして放浪《ほうろう》に至《いた》れば、意《い》は工拙《こうせつ》を忘《わす》れ、字《じ》は特《た》だ痩勁《そうけい》として迺《すなわ》ち柳誠懸《りゅうせいけん》［柳公権］に似《に》たり。中歳《ちゅうさい》［中年］は喜《この》みて顔魯公《がんろこう》［顔真卿］、楊風子《ようふうし》［楊凝式］の書《しょ》を学《まな》び、其《そ》の合《がっ》する処《ところ》は李北海《りほっかい》［李邕］に減《げん》ぜず。筆円《ふでまる》くして韻勝《いんまさ》り、挟《はさ》むに文章《ぶんしょう》の天下《てんか》に妙《みょう》たるを以てすれば、忠義《ちゅうぎ》は日月《じつげつ》の気《き》を貫《つらぬ》く。本朝《ほんちょう》の書《しょ》を善《よ》くするは、自《みずか》ら当《まさ》に推《お》して第一《だいいち》と為《な》すべし」（「東坡墨蹟に跋す」）と述べています。朱熹もまた「東坡《とうば》の筆力《ひつりょく》は雄健《ゆうけん》にして、人《ひと》の後《あと》に居《い》ること能《あた》わず。故《ゆえ》に其《そ》の臨帖《りんじょう》［臨書］は、物色牝牡《ぶっしょくひんぼう》［事物の表面の現象］、復《ま》た形似《けいじ》を以《もっ》て校量《こうりょう》［比較］するべからず。而《しこう》して其《そ》の英風逸韻《えいふういついん》は、古人《こじん》を高視《こうし》し、未《いま》だ其《そ》れ孰《いず》れの後先《あとさき》を為《な》すかを知《し》らざるなり」（「東坡帖に跋す」）と述べています。

蘇軾の書体は豊満で厚みがあり、結構《けっこう》は緊密、用筆は丸みを帯びて力強く凝集力があります。書《しょ》帖《じょう》全体の配置は、文字ごとの疎密《そみつ》のバランスがとれており、自由奔放で自然な姿があります。清代の王文治「論書絶句《ろんしょぜっく》」には「坡翁《はおう》［蘇軾］、奇気《きき》［非凡な風格］は本《もと》と倫《りん》［条理］を超え、揮灑《きさい》［筆を揮うこと］縦横《じゅうおう》として塵《じん》［俗気］を絶《た》たんと欲《ほっ》す。直《た》だ晩年《ばんねん》に到《いた》りて北海《ほっかい》［唐の李邕］を師《し》とし、更《さら》に平淡《へいたん》に於《お》いて天真《てんしん》を見《み》る」とあり、蘇軾の書道芸術の真理をよく言い表しています。

黄庭堅の書道芸術に対する探求は、基本的には蘇軾と同じですが、彼が重視したのはまず俗を取り除くことでした。黄庭堅は「予《よ》、草書《そうしょ》を学《まな》ぶこと三十余年、初《はじ》め周越《しゅうえつ》を以《もっ》て師《し》と為《な》す。故《ゆえ》に二十年抖擻《とそう》［奮発、努力］するも俗気脱《ぞくきだっ》せず。晩《ばん》に蘇才翁《そさいおう》［蘇舜元］、子美《しび》［蘇舜欽］の書を得《え》て之《これ》を観《み》るに、乃《すなわ》ち古人《こじん》の筆意《ひつい》を得《え》たり。其《そ》の後又《のちま》た張長史《ちょうちょうし》［張旭］、僧懐素《そうかいそ》、高閑《こうかん》の墨蹟《ぼくせき》を得て、乃《すなわ》ち筆法《ひっぽう》の妙《みょう》を窺《うかが》う」（「草を老杜詩の後に書し黄斌老に与う」）と述べています。また、劉熙載《りゅうきさい》は黄庭堅について「山谷《さんこく》の

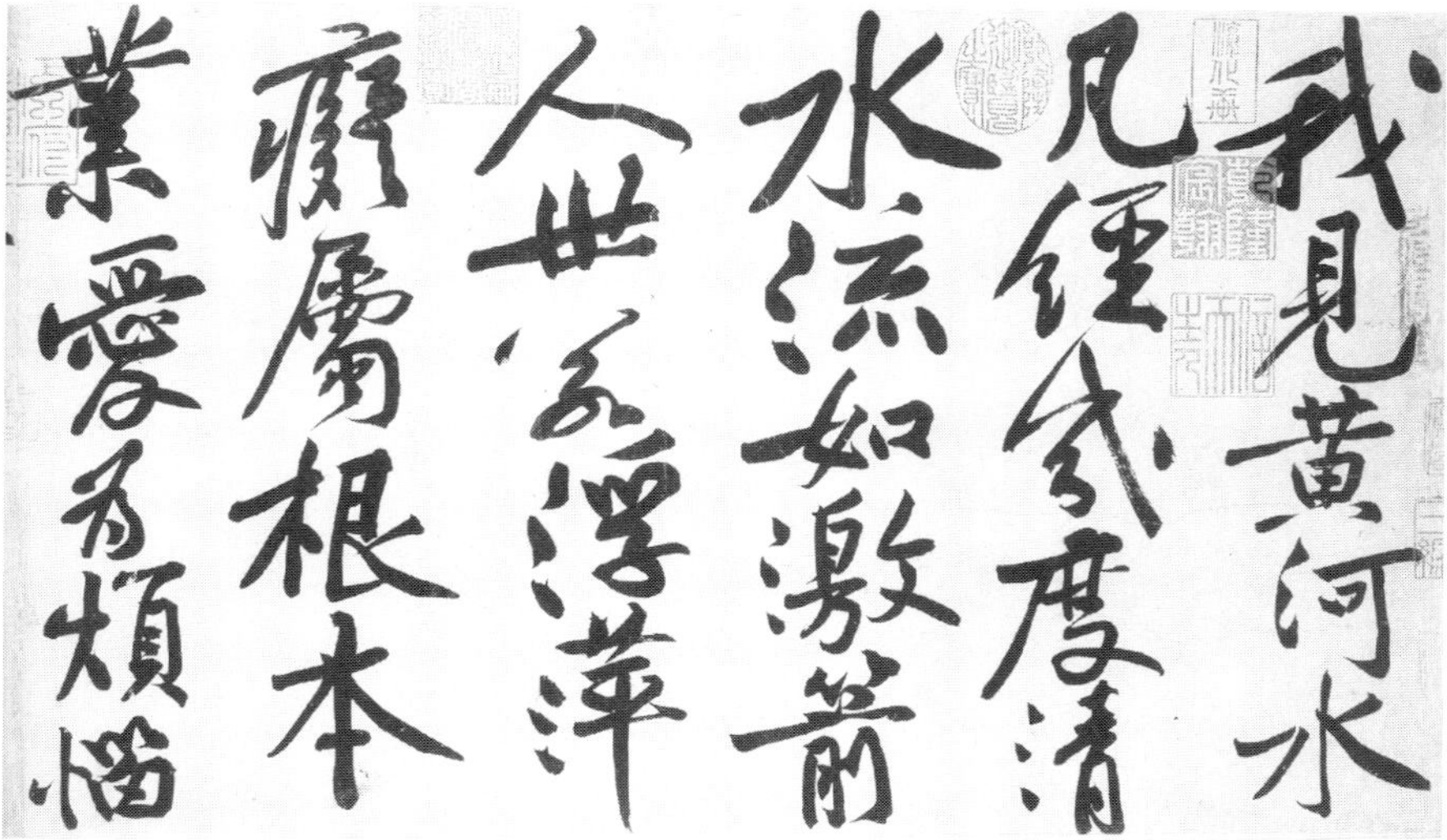

図12-9　北宋・黄庭堅の「寒山子詩」（部分）

書《しょ》を論《ろん》ずるに、最《もっと》も一韻字《いちいんじ》を重《おも》んず。蓋《けだ》し俗気《ぞくき》の未《いま》だ尽《つ》きざるは、皆《み》な以《もっ》て韻《いん》と言《い》うに足《た》らざるなり」（『芸概』中の「書概」）と述べています。黄庭堅の書法は技術が高く、点画は思いのままで明確にして趣があり、味わい豊かな境地に達しています。[*15]（図12-9）

米芾《べいふつ》の書は、古《いにしえ》に学ぶことから「古を集めること」を経て、さらに自立して一家を成す道を歩み、追求したのは古雅《こが》の風格と自然の趣でした。[*16]米芾の性格は豪快、俗から離れて風流、その書もまた米芾の個性や人柄の特徴を具えています。宋代の孫覿《そんてき》は「米南宮《べいなんきゅう》［米芾］は跅弛不羈《たくしふき》［自由気ままで物にしばられない］の士《し》、喜《この》みて崖異卓鷙《がいいたくし》［常理にそむく］、驚世駭俗《きょうせいがいぞく》［世俗を驚かす］の行《おこな》いを為《な》す。故《ゆえ》に其《そ》の書《しょ》も亦《ま》た其《そ》の人《ひと》に類《たぐい》し、軼《てつ》を超《こ》え塵《じん》を絶《た》ち、陳跡《ちんせき》を践《ふ》まず。毎《つね》に新意《しんい》を法度《ほうど》の中《うち》に出《い》だして、筆墨《ひつぼく》の畦径《けいけい》［あぜ道］の外《そと》に絶出《ぜっしゅつ》す、真《まこと》に一代《いちだい》の奇蹟《きせき》［類まれな筆蹟］なり」（『清河書画舫』巻九下に引用）と述べています。現在に伝わる米芾

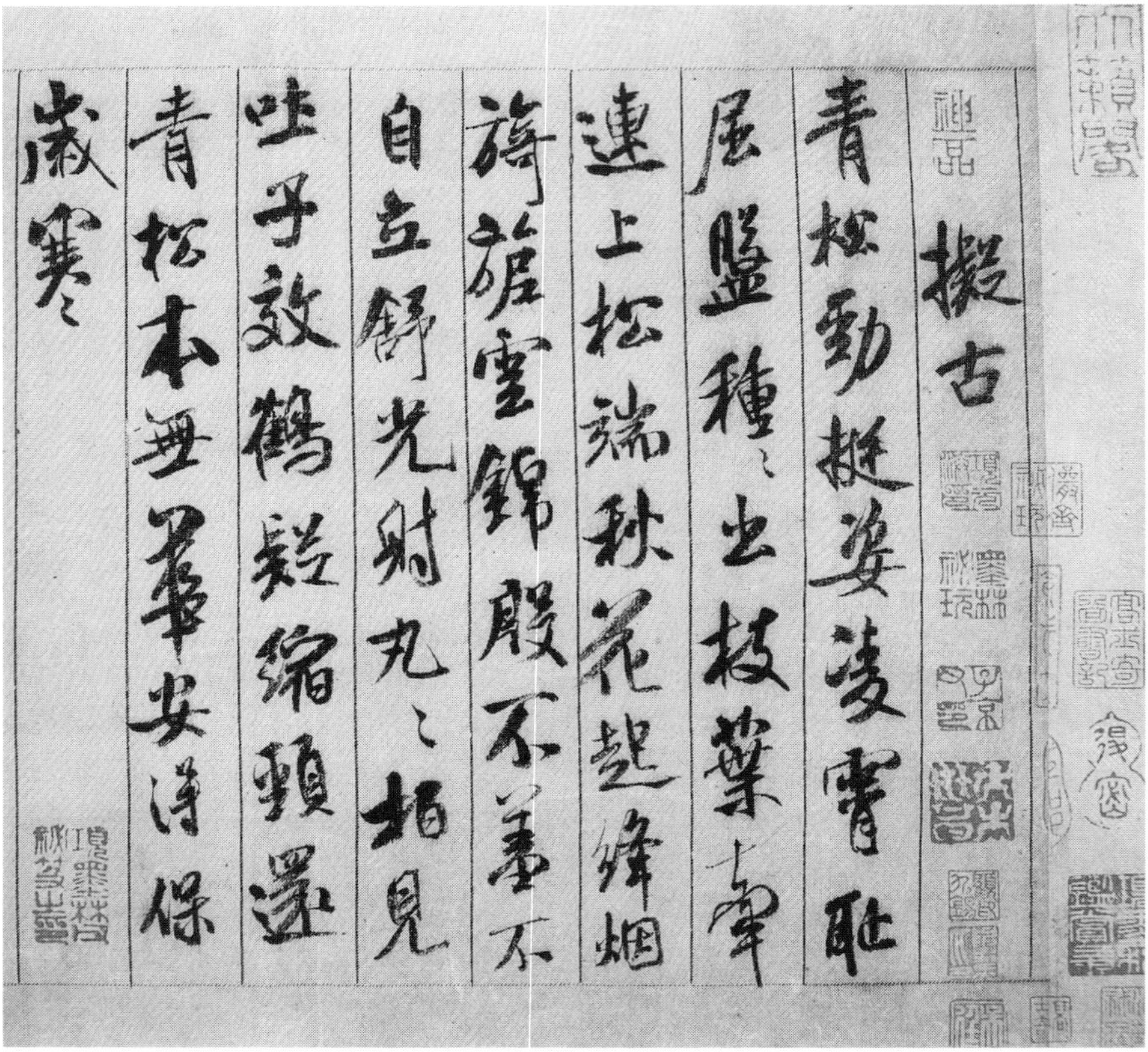

図12-10　北宋の米芾「蜀素帖」（部分）

の筆跡からは、その書法が美しく変化に富み、飄逸《ひょういつ》として俗気がなく、そのなかに重厚で落ち着いた筆力があることがうかがわれます。（図12-10）

蘇軾・黄庭堅・米芾の三人は、いずれも行書と草書を得意としましたが、蔡襄《さいじょう》だけは行書と楷書に優れていました。蘇軾は「蔡君謨《さいくんぼ》［蔡襄］は天資《てんし》既《すで》に高くして、学《がく》を積《つ》むこと深《ふか》きに至《いた》り、心手《しんしゅ》相《あ》い応《おう》じ、変態《へんたい》窮《きわ》まる無《な》く、遂《つい》に本朝《ほんちょう》の第一《だいいち》と為《な》る」（『六芸之一録』巻三に引用）と述べています。蔡襄の人柄は忠義に厚く剛直、落ち着きと見識があり、その書も穏やかで落ち着いており、力強く美しい風格に富んでいます。

以上の「宋の四大家」のほか、宋代の著名な詩人や文学者であって、書にも優れていた人物には、李建忠《りけんちゅう》・蘇舜欽《そしゅんきん》・石延年《せきえんねん》・晏殊《あんしゅ》・林逋《りんぽ》・欧陽脩《おうようしゅう》・蘇洵《そじゅん》・文彦博《ぶんげんはく》・范仲淹《はんちゅうえん》・王安石《おうあんせき》・文同《ぶんどう》・曽鞏《そうきょう》・蘇轍《そてつ》・司馬光《しばこう》・秦観《しんかん》・蘇過《そか》・米友仁《べいゆうじん》・黄伯思《こうはくし》・薛少彭《せつしょうほう》・周邦彦《しゅうほうげん》・張孝祥《ちょうこうしょう》・范成大《はんせいだい》・朱熹《しゅき》・陸游《りくゆう》・真徳秀《しんとくしゅう》・姜夔《きょうき》・文天祥《ぶんてんしょう》らがいます。これらの人々の書は、いずれも鮮明な文人の情趣や高雅な気風に満ちあふれていないものはありません。

第三節　古雅を重んじる書画芸術——元代から明代前期まで

古を雅とする美的傾向

元代《げんだい》の書画芸術は、「古《こ》」や「雅《が》」を尊ぶ創作傾向と美的追求を顕著に示しています。絵画では南《なん》宋《そう》の「院体《いんたい》」から抜け出し、北宋《ほくそう》の文人画の画風、あるいは唐代の人々の筆意《ひつい》を追い求めました。書では宋代を乗り越えて、晋代《しんだい》を宗として唐を尊び、人々は意識的に古雅を追求し古雅《こが》の風格を追求することが普遍的な創作の気風となりました。この気風の形成は、もとより書画芸術自体の体系の継承と一定の関係があります。しかし、より重要なのは、この気風の背後に隠れている時代的精神と民族文化への意識が担った主導的な役割です。

異民族が統治した時代、漢民族は踏みにじられて差別され、漢民族の伝統的な文化芸術もそのまま発展することができませんでした。モンゴル人の統治階級が次第に漢民族に「同化」される過程では、趙孟頫《ちょうもうふ》らごく少数の漢民族の文人は統治者の好意を受けて礼遇《れいぐう》されましたが、大多数の「九儒《きゅうじゅ》」［元代では、読書人の身分は十等級のうち九番目とされた］に属した文人や芸術家は、世を避けて隠棲するという消極的な対抗の態度をとりました。この状況のもと、文人や芸術家たちも自民族の伝統文化や芸術をよりいっそう懐《なつ》かしみ重視しました。このため、古雅を追求する気風も、文化の「正宗」の精神を体現するものとされました。しかも、この芸術精神は、しばしば芸術家自身の高尚で純粋な民族の気骨と表裏をなし、個人として、また民族としての個性と精神を集中的に反映したものとされました。趙孟頫《ちょうもうふ》や「元の四大家」らの傑出した書画の芸術家は、まさに砂漠の中に大きく開いた鮮やかな花のようであり、これは中華民族の文化芸術がもつ強い生命力を証明しています。

明代前期には、統治階層の嗜好や大規模な奨励により、元代の芸術家によって力の限り排斥されていた南宋院体画《いんたいが》の画風が再び復興しました。この画風を代表する画派には、画院《がいん》を主体とした「浙派《せっぱ》」があり、これは画院の外へも波及しました。一方で、沈周《しんしゅう》や文徴明《ぶんちょうめい》、唐寅《とういん》に代表される「呉派《ごは》」は、「元の四大家」の風格を受け継ぎ、「浙派」と明確に対立しました。しかし、「浙派」であれ

「呉派」であれ、どちらも古を雅とする美的傾向を体現しました。この気風は、一方では前代を受け継ぎ継続していく役割を担い、もう一方では先人の成果を集大成した上で流れを分かち、新たな芸術の境地を醸成する過渡的な段階を作り出しました。

趙孟頫の書画芸術とその影響

趙孟頫《ちょうもうふ》（一二五四〜一三二二年）、字《あざな》は子昂《すごう》、松雪道人《しょうせつどうじん》と号し、呉興《ごこう》（現在の浙江省湖州）に宋の宗室《そうしつ》として生まれました。至元《しげん》二十四年（一二八七年）、召されて大都《だいと》（現在の北京）に行き、官職は翰林学士《かんりんがくし》承旨《しょうし》に至り、魏国公《ぎこくこう》に封ぜられ、文敏《ぶんびん》と諡《おくりな》されました。『元史《げんし》』に見える趙孟頫の伝には「孟頫の篆《てん》・籀《ちゅう》・分《ぶん》・隷《れい》・真《しん》・行《ぎょう》・草書《そうしょ》は古今《ここん》に冠絶《かんぜつ》せざるは無く、遂《つい》に書を以《もっ》て天下《てんか》に名《な》あり」とあります。趙孟頫は傑出した画家でもあり、彼の描いた山水《さんすい》・人馬《じんば》・花竹《かちく》・木石《ぼくせき》はいずれも精巧です。元代の書画壇において、趙孟頫は実に一代の巨匠であり、明清、そして近現代の書画芸術も、彼の影響を大きく受けました。（図12-11）

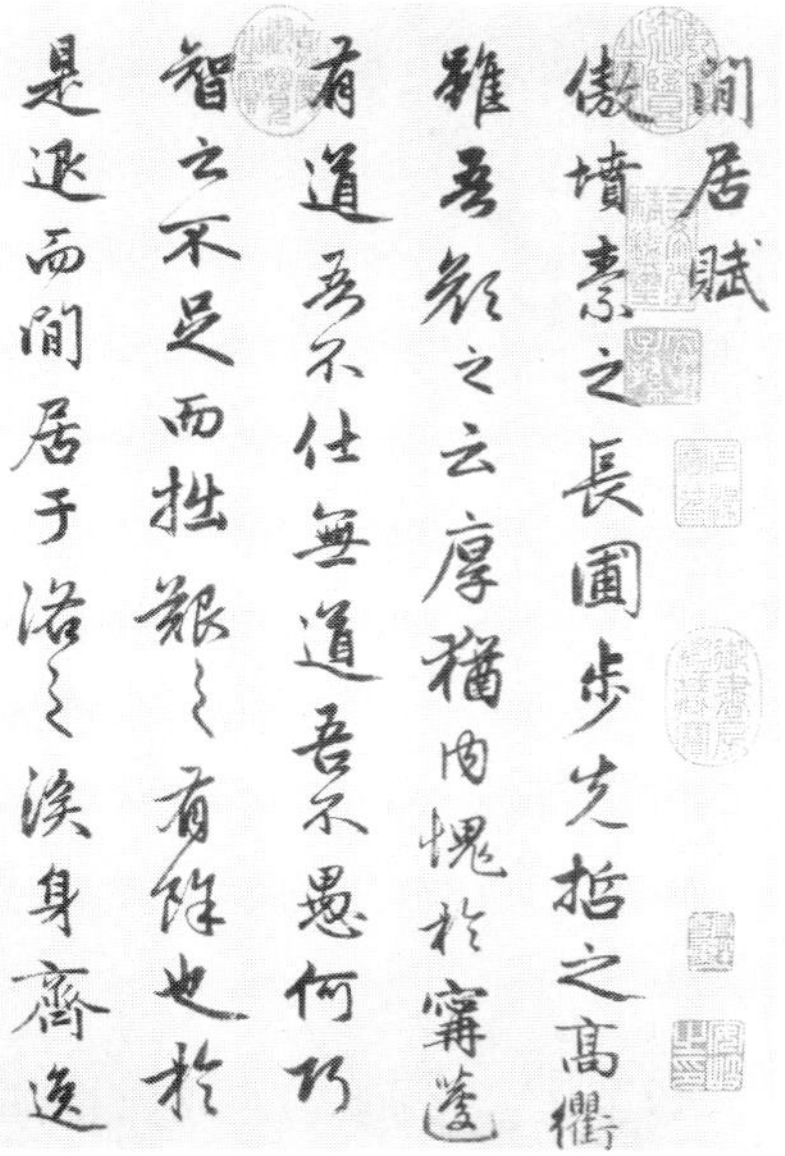
図12-11　趙孟頫の「閑居賦」（部分）

中国の書法には「欧《おう》・顔《がん》・柳《りゅう》・趙《ちょう》」の四体がありますが、趙孟頫は「趙体《ちょうたい》」を特徴とする楷書を創始し、後世の書学では手本の一つとなったことからも、その高い技芸と深い素養造詣が見て取れます。書の修練に努めて、古の大家の筆意や趣を学び、懸命に古雅の気風を追い求めたことが、その成功の礎となりました。

歴代の評論によれば、趙孟頫は若いころより「妙《みょう》を八法《はっぽう》に悟《さと》り、神《しん》を古雅《こが》に留《とど》む」と称された南宋の高宗《こうそう》［趙構］を学び、鍾繇《しょうよう》や二王《におう》［王羲之・王献之］を学び、さらに李北海《りほっかい》［李邕］や顔真卿《がんしんけい》、柳公権《りゅうこうけん》などを学びました。このように、趙孟頫は古代の書の大家について精通しないものはなく、元代の楊載《ようさい》は「公《こう》は性《せい》、書《しょ》を善《よ》くし、専《もっぱ》ら古人《こじん》を以《も》て法《ほう》と為《な》す」（「翰林学士趙公状」）と述べています。つまり、趙孟頫は「二王」を基礎とし、諸家の筆法に精通し、遂にみずからの書を完成させました。

明代の王世貞《おうせいてい》は「欧《おう》［欧陽詢］・虞《ぐ》［虞世南］・顔《がん》［顔真卿］・柳《りゅう》［柳公権］・旭《きょく》［張旭］・素《そ》［懐素］より以《もっ》て蘇《そ》［蘇軾］・黄《こう》［黄庭堅］・米《べい》［米芾］・蔡《さい》［蔡襄］に至《いた》るまで、各《おの》おの古法《こほう》を損益《そんえき》するを用て、自《みずか》ら一《いっ》家《か》を成《な》す。趙《ちょう》承旨《しょうし》［趙孟頫］の若《ごと》きは則《すなわ》ち各体倶《かくたいとも》に師承《ししょう》有《あ》り、必《かなら》ずしも己《わたくし》に撰《せん》せず、評《ひょう》する者《もの》奴書《どしょ》［模倣に巧みなだけの書］の誚《そし》り有《あ》るは、則《すなわ》ち太《はなは》だ過《あやま》てり」（『芸苑卮言』の附録二）と述べています。

また、馬宗霍《ばそうかく》も「元《げん》の趙呉興《ちょうごこう》［趙孟頫］有《あ》るは、亦《ま》た猶《な》お晋《しん》の右軍《うぐん》［王羲之］、唐《とう》の魯公《ろこう》［顔真卿］がごとく、皆《み》な所謂盟壇《いわゆるめいだん》を主《つかさど》る者《もの》なり。然《しか》るに右軍《うぐん》は能《よ》く漢魏《かんぎ》の成《せい》を集《あつ》め、魯公《ろこう》は能《よ》く南北《なんぼく》の長《ちょう》を掩《おお》う。呉興《ごこう》は晋唐《しんとう》に出入《しゅつにゅう》すると云《い》うと雖《いえど》も、兼《か》ねて其《そ》の妙《みょう》有《あ》り。顧《かえり》みて晋《しん》を学《まな》ぶは純《もっぱ》ら是《こ》れ晋法《しんぽう》、唐《とう》を学《まな》ぶは純《もっぱ》ら是《こ》れ唐法《とうほう》、其《そ》の一筆《いっぴつ》を求《もと》め家法《かほう》を成《な》す者《もの》は得《う》べからず。此《こ》れ宋季《そうき》［宋代］の書法《しょほう》を承《う》けて紀無《きな》からざるの後《のち》、固《もと》より当《まさ》に屹然《きつぜん》として正宗《せいそう》を為《な》すべし」（『書林藻鑑』巻一〇）と述べています。

これらの評論は、趙孟頫の書法が古《いにしえ》を宗とすることを主として、創造よりも継承が多かったことを説明すると同時に、趙孟頫が結果として独自の体をなし、卓越していたことで書の正統・大家となったこと、しかも宋代以来の俗世の書の弊害を改める役割があったことをも説明しています。[*17]

絵画芸術の面でも、趙孟頫は書法と同様に「古《いにしえ》を師《し》とす」ることで、宋代末期以来踏襲されてきた院体画の画風を変革しました。趙孟頫は「予《よ》は刻意《こくい》唐人《とうじん》に学《まな》び、殆《ほとん》ど尽《ことごと》く宋人《そうじん》の筆墨《ひつぼく》を去《さ》らんと欲《ほっ》す」（『佩文斎書画譜《はいぶんさいしょがふ》』巻一六が引用する『鉄網珊瑚』）と述べています。また、さらに「画《え》を作《な》すに古意有《こいあ》るを貴《とうと》ぶ。若《も》し古意《こい》無《な》くば、工《たくみ》と雖《いえど》も益無《えきな》し。今人《きんじん》は但《た》だ用筆《ようひつ》の纖細《せんさい》、傅色《ふしょく》［着色］の穠艶《じょうえん》［華美］のみを知《し》り、便《すなわ》ち以《もっ》て能手《のうしゅ》と為《な》し、殊《こと》に古意《こい》既《すで》に虧《か》き、百 病横生《ひゃくびょうおうせい》するを知《し》らず、豈《あ》に観《み》るべきや。吾作《われな》す所《ところ》の画《え》、簡率《かんそつ》に似《に》るも、然《しか》れども識者其《しきしゃそ》の近古《きんこ》を知《し》る、故《ゆえ》に以《もっ》て佳《か》と為《な》す。此《こ》れ知《し》る者《もの》の道《みち》と為《な》すべし、知《し》らざる者《もの》の説《せつ》を為《な》さざるなり」（『趙氏鉄網珊瑚』巻五）とも述べています。「古意《こい》」［古の趣や風格］を追い求めることは、趙孟頫の芸術の根本的な目的でした。

明代の董其昌《とうきしょう》は趙孟頫の絵画を評して「唐人《とうじん》の致《ち》［情趣］有《あ》りて其《そ》の纖《せん》［纖細さ］を去《さ》り、北宋《ほくそう》の雄《ゆう》［雄渾さ］有《あ》りて其《そ》の獷《こう》［粗さ］を去《さ》る」（『佩文斎書画譜』巻五三が引用する『容台集』）と言っています。これはおおむね趙孟頫が言う「簡率《かんそつ》」にして「古に近《ちか》い」絵画の風格です。趙孟頫は古意を追求するからといって、自然を師法とすることを語ろうとしなかったのではありません。彼の言う「久《ひさ》しくして図画《ずが》の児戯《じぎ》に非《あら》ざるを知《し》り、到《いた》る処《ところ》の雲山《うんざん》は是《こ》れ吾《わ》が師《し》なり」（『松雪斎集』巻五「蒼松畳岫図に題す」）とは、自然をも師法とする彼の態度を示しています。趙孟頫の伝世の作品「秋郊飲馬図《しゅうこういんばず》」「鵲華秋色図《じゃくかしゅうしょくず》」「重江畳 嶂図《ちょうこうじょうしょうず》」などは、いずれも唐宋の遺風を兼ねており、しかも独創的な風格があります。このほか、趙孟頫は絵画と書法の間に存在する密接な関係をたいへん重視し、書を絵画に融合させ、絵画の筆致に書法の趣を加えました。これは、実質的に蘇軾以来の文人画をさらに発展させたものであり、水墨写意画の芸術的興趣を高めました。

趙孟頫の「古を師《し》とす」という絵画理論と創作における実践は、元代の「四大家」を含む絵画に直接的な影響を与えました。彼らに共通する努力は、南宋末期のもっぱら馬遠《ばえん》・夏圭《かけい》の院体画を模倣する気風を改めただけではなく、さらに明清絵画のさまざまな流派の先鞭をつけたことで、中国絵画史のなかで重要な地位を占めています。

趙孟頫は宋の宗室の後裔ながら節《せつ》を曲げて元に仕えたため、その書画が後世、一部の評論家に批判されたのは理解できることです。[*18] しかし、事実上、元代において民族の気骨を保った多くの芸術家は、かえって趙孟頫が創始した方法を踏襲して発展させました。これは、趙孟頫の「古に托《いにしえにたく》して制《せい》を改《あらた》む」や「古雅《こが》」の追求、「正宗《せいそう》」の提唱が、当時の書画芸術が発展するための要求にかなっており、民族の伝統文化に対する追懐と重視という、当時の人々の普遍的な心情にも合致していたからです。

元の「四大家」に代表される「崇古」の画風

清代に編纂された『佩文斎書画譜《はいぶんさいしょがふ》』には、元代の画家四百二十人余りが収録されており、元代に絵画芸術が依然として相当繁栄していたことを示しています。このなかには、趙孟頫などごく少数の人々が元の皇室に仕えた以外、他の大多数の画家は民間に隠れて、山林で自由な生活をおくったり、参禅《さんぜん》して仏道を学んだりしていました。つまり、彼らは世を避けるという消極的な態度によって異民族の統治に対抗しました。ここからは、元代絵画の全体的な傾向と芸術の特質がわかります。

文人《ぶんじん》の写意画《しゃいが》は元代絵画の主体です。元代の画家は唐代の王維《おうい》以来の、特に北宋の文人画《ぶんじんが》の技法と風格を継承・発展させると同時に、趙孟頫の絵画理論と創作に深い影響を受けました。このため、元代では「古を崇《たっと》ぶ」気風が盛んとなり、これが元代絵画の美学思潮の基調となりました。元代の画家たちは、しばしばこの「崇古《すうこ》」の気風とみずからの人格・気骨・理想および隠逸《いんいつ》の思いを結びつけ、それによって絵画と時代の精神を密接に結びつけ、特殊な時代の意義と鮮明な民族的風格を具えた芸術様式を作り上げました。

梅・蘭・竹・菊の「四君子《しくんし》」を画題とした絵画は、元代ではきわめて一般的になっており、特に竹を描く画家は当時の画壇全体の半数を占めました。北宋の文同《ぶんどう》の墨竹《ぼくちく》に倣《なら》った画家としては、李衎《りこう》・張遜《ちょうそん》・柯九思《かきゅうし》・呉鎮《ごちん》・姚雪心《ようせっしん》がよく知られています。その即興的な「墨戯《ぼくぎ》」の味わいを帯びた文人の写意画は、素朴で自由闊達な野趣に満ちており、そのなかに込められたものには愛国的感情もあれば、自身が孤高潔癖《ここうけっぺき》であるとの意思表示もありました。人物画では、張渥《ちょうあく》の「九歌図《きゅうかず》」、何澄《かちょう》の「帰《き》荘図《そうず》」(「帰去来辞図」ともいう)、劉元《りゅうげん》の「夢蘇小小図《むそしょうしょうず》」、王振鵬《おうしんぽう》の「鬼子母掲鉢図《きしぼけいはつず》」などは、いずれも深い現実的意義を多く内包しています。

山水画の発展は元代絵画の主流であり、最高の芸術水準を代表しています。兪剣華《ゆけんか》『中国絵画史』の統計によると、元代の山水画は、趙孟頫が趙伯駒に学んで、南宋の李唐《りとう》・劉松年《りゅうしょうねん》といった青緑の彩色を用い整った絵画を描く一派の余風を受け継いだほか、著名な画家が古人を師とした画派に十派ありました。多い順から挙げると、郭熙《かくき》を師とした者は十五人、董源《とうげん》・巨然《きょねん》を師とした派は十二人、米芾《べいふつ》を師とした派は十一人、李成《りせい》を師とした派は九人、馬遠《ばえん》・夏圭《かけい》を師とした派は八人です。このうち、董源・巨然と二米《にべい》［米芾とその子の米友仁」の水墨渲淡派《すいぼくせんたんは》が最も盛んとなり、「元の四大家」と高克《こうこく》恭《きょう》・唐棣《とうてい》・倪驤《げいじょう》などの画家はこの画派から登場し、「元《げん》・明《みん》・清三代《しんさんだい》の画壇《がだん》の牛耳《ぎゅうじ》を執《と》る」ことになりました。これよって、元代の山水絵画における「崇古」の気風の盛んなこと、また山水画を主導した淵源がどこにあったのかがわかります。

「元の四大家」の黄公望《こうこうぼう》・王蒙《おうもう》・倪瓚《げいさん》・呉鎮《ごちん》の四人は、趙孟頫の後を継いだ、最も傑出した山水画の大家です。彼らは董源・巨然を師としましたが、いずれも独自の風格を確立して新たな境地を切り

図12–12　元の黄公望「富春山居図」（部分）

開いたことで、山水画をこれまでにない境地へと押し上げ、これによって中国山水画史のなかでもきわめて重要な地位を築きました。「元の四大家」はいずれも江蘇《こうそ》、浙江《せっこう》一帯の人です。黄公望と王蒙がごく短い期間下級の官吏となった経歴がある以外、彼らは一生の大部分を隠遁《いんとん》を主とし、参禅や修道《しゅうどう》、あるいは山林に隠棲し、青山《せいざん》に住んで白い雲を望むような環境のなかで、詩文を作り酒を飲んで気を紛らわし、書画を楽しむ安逸な生活を送りました。

黄公望が描いた山水の特徴については、明代の張丑《ちょうちゅう》が『清河書画舫《せいがしょがぼう》』巻二一上の中で「大癡《たいち》［黄公望］の画格《がかく》に二《ふた》つ有《あ》り。一種は浅絳色《せんごうしょく》を作《な》すもの、山頭《さんとう》に多《おお》く巖石《がんせき》、筆《ひっ》勢《せい》は雄偉《ゆうい》たり。一種は水墨《すいぼく》を作すもの、皴紋《しゅんもん》極めて少なく、筆意《ひっい》は尤《もっと》も簡遠為《かんえんた》り。近《ちか》く呉氏蔵《ごしぞう》の公《こう》の「富春山図《ふしゅんざんず》」一巻を見るに、清真秀抜《せいしんしゅうばつ》、煩簡中《はんかんちゅう》を得《え》たり」と分析しています。伝世の「富春山居図《ふしゅんさんきょず》」（残巻）は、王羲之《おうぎし》の「蘭《らん》亭序《ていじょ》」に匹敵する傑作と讃えられています。*19（図12–12）

『江村銷夏録《こうそんしょうかろく》』巻一にある画家自身の題記からわかるように、「富春山居図」は数年の努力を経て「興《きょう》の至《いた》る所《ところ》」に従って筆を執り構想して完成したものであり、大いに

「成就《じょうじゅ》の難《なん》」の感慨があります。この画は高度な洗練と念入りな描写を経て描かれた図巻であり、筆墨は変化に富み、雄渾で俗気がなく、しかも素朴でひときわ美しく、構図の疎密《そみつ》は趣に富んでおり、落ち着いた光景がはるか遠くまで果てしなく続いており、実によく山水自然の精神を表現しているということができるでしょう。

呉鎮《ごちん》の絵画は、主に嘉興《かこう》［浙江省］の山川の麗しさや南湖《なんこ》［嘉興市］の霧雨の果てしなく広がるさまを表現しています。董源・巨然の淡墨をぼかす技法は、呉鎮の筆により余すこと無く発揮され、まさに倪瓚《げいさん》が呉鎮の画に「嵐霏雲気《らんひうんき》、淡《あわ》くして痕無《あとな》し」（『清閟閣《せいひかく》全集』巻七「呉仲圭の山水」）と題したように、青々と果てしなく広がる山水の朦朧《もうろう》とした境地の中に、捉えどころのない、もの寂しい感覚が表されています。

倪瓚の画は、穢《けが》れなく淡々としたものを根本としており、構図は簡潔で広がりがあり、山水は奥行きがあり、古木竹石を多く描き込んでいます。また、幽《かそけ》く淡く汚れない自然には、上品で脱俗的な気品と自然で闊達な情趣に満ちています。彼は「僕《ぼく》の画《えが》く所《ところ》は、逸筆《いっぴつ》［自由気ままな筆致］草草《そうそう》たるに過《す》ぎず、形似《けいじ》を求《もと》めず、聊《いささ》か以《もっ》て自《みずか》ら娯《たの》しむなり」（同前巻一〇「張藻仲に答う書」）と述べています。完全に形を超越すること、これは蘇軾《そしょく》以来の文人画をさらに発展させたもので、何物にもとらわれない自由気ままな情趣を表現しています。

王蒙《おうもう》は趙孟頫の孫で、若いころに画を学んだ際、趙孟頫より直接指導を受け、後には董源・巨然・王維を手本としました。それゆえ、墨法《ぼくほう》［墨の用い方］には美しく潤いがあり、自由闊達で変化に富んでいます。その山水画の際立った特徴は構図が密であり、山林は広大で果てしなく、景色は奥深く美しく、深遠な趣があることです。董其昌《とうきしょう》に「天下第一」と称賛された「青卞隠居図《せいべんいんきょず》」は王蒙の傑作です。倪瓚は王蒙の画に「筆精墨妙《ひっせいぼくみょう》は王右丞《おううじょう》［王維］、澄懐臥游《ちょうかいがゆう》は宗少文《そうしょうぶん》［南朝宋の宗炳］、叔明《しゅくめい》［王蒙］の絶力《ぜつりょく》能く鼎《かなえ》を扛《かつ》ぎ、五百年来《ごひゃくねんらい》此《か》くの君《くん》無《な》し」（同前巻八「王叔明の岩居高士図に題す」）と記しており、王蒙みずからも「老《お》い来《き》たりて漸《ようや》く筆頭《ひっとう》の迂《う》たる［大きい］を覚《おぼ》え、画《が》を写《えが》くこと隷書《れいしょ》を写《か》くと同《おな》じきが如《ごと》し」（『書画題跋記』巻一「王叔明坦斉図」）と述べています。これは、王蒙晩年の筆墨がより雄大で力強く、技法や画力もますます深みを増していたことを表しています。

総じて元の四大家の山水画は、主に隠逸の理想的な環境を描写しており、天然自然の境地に自然で闊達な美的情趣を表現し、絵画に「抗俗高潔《こうぞくこうけつ》」という文人の品格を託しています。同時に、絵画芸術にも新たな境地の開拓と発展があり、構図の配置から筆墨の技法、詩・書・画の間の密接な連係などは、いずれも元代山水画の新たな様相と特徴を示しています。このため、元の四大家は「崇古《すうこ》」を特徴として登場しましたが、その創作は宋代末期の画院で一貫して行われた馬遠や夏圭の模倣という弊害から抜けだしただけではなく、文人画の芸術的技巧を強化し、文人画を新たな高みへと押し上げました。さらに、その絵画に含まれる心情は、その時代の精神とも密接な関係がありました。

唐を尊び晋を宗とする書法芸術

馬宗霍《ばそうかく》［一八九七～一九七六年］は元代の書法を論じて「一代《いちだい》の宗工《そうこう》［宗師］、之《これ》を呉興《ごこう》（趙孟頫《ちょうもうふ》）に属《しょく》すは、則《すなわ》ち固《もと》より国《くに》の王孫《おうそん》に勝《まさ》るなり。其《そ》の習尚《しゅうしょう》［流行］の変《へん》に至《いた》りては、則《すなわ》ち虞集《ぐしゅう》云《い》う有《あ》り「元初《げんしょ》の士大夫《したいふ》に至《いた》りては多《おお》く顔書《がんしょ》を学《まな》び、鵠《おおとり》を刻《こく》して成《な》らざると雖《いえど》も、尚《なお》お鶩《かも》に類《るい》すべし。大徳《だいとく》［一二九七～一三〇七年］、延祐《えんゆう》［一三一四～一三二〇年］の間《あいだ》、書《しょ》を善《よ》くすると称《しょう》せらる者《もの》は、必《かなら》ず巴西《はせい》（鄧文《とうぶん》原《げん》）、漁陽《ぎょよう》（鮮于枢《せんうすう》）、呉興《ごこう》に帰す。呉興《ごこう》より出《い》で、書《しょ》を学《まな》ぶ者《もの》は始《はじ》めて晋《しん》を以《もっ》て書《しょ》と名《な》づくを知《し》る」

と。此《こ》の論《ろん》ずる所《ところ》を観《み》るに、元人《げんじん》の書《しょ》は初《はじ》め則《すなわ》ち唐《とう》を宗《そう》とし、後《あと》は則《すなわ》ち晋《しん》を宗《そう》とするを知《し》るべし。晋《しん》を宗《そう》とする者《もの》と雖《いえど》も、多《おお》くは呉興《ごこう》従《よ》り入《い》る」（『書林藻鑑』巻一〇）と論じています。初めに唐代の書を正宗とし、後に晋代を正宗としたことや、唐や晋との間を行き来することは、おおむね元代の書法発展に見られる全体的な趨勢でした。

趙孟頫が元代の書に与えた影響はすでに述べたとおりですが、宋の書家を乗り越えて直接晋・唐の書を「正宗」とすることは、この時代の普遍的な社会心理と芸術上の探求に合致しています。趙孟頫とともに「二雄《にゆう》」と称された鮮于枢《せんうすう》は、唐の人々の書の規範や風骨を深く体得しており、趙孟頫と鄧文原は、鮮于枢の深みのある技術や力強い筆致をとても尊敬していました。[20] しかし、鮮于枢の書には、宋代末期から元代初期に至る発展の痕跡が残されています。たとえば、元代の袁褒《えんほう》は「困学老人《こんがくろうじん》［鮮于枢］は回腕《かいわん》［筆法の一つ］を善《よ》くす、故《ゆえ》に其《そ》の書《しょ》は円勁《えんけい》たり。或者《あるもの》其《そ》の多《おお》く唐法《とうほう》を用《もち》いると議《ぎ》す。然《しか》して伯機《はくき》と相《あ》い識《し》ること、凡《およ》そ十五《じゅうご》、六年《ろくねん》の間《かん》、其《そ》の書《しょ》の日《ひ》に異《こと》なり、人間《じんかん》の俗書《ぞくしょ》に勝《まさ》るを見《み》る」（『佩文斎書画譜』巻七九が引用する『戯鴻堂法帖』の「元鮮于枢帖」）と述べています。その後の周之士《しゅうしし》も「元《げん》人《ひと》は趙呉興《ちょうごこう》より外《ほか》、鮮于伯機《せんうはくき》の声価《せいか》は幾《ほと》ど之《これ》と斉《ひと》し。人《ひと》の或《あるい》は之《これ》に勝《まさ》るも、円健《えんけん》を極《きわ》めて甚《はなは》だしくは俗《ぞく》を去《さ》らずと謂《い》う」（『珊瑚網』巻二四下に引用）と述べています。これは、鮮于枢が唐の人々の柔らかく力強い筆法を主としており、書法の俗気を改めながらも、俗気のすべてが除かれたわけではないことを示しています。

趙孟頫は努めて晋の書法の気韻を吸収し、唐の気骨で満たしました。このため彼の書は気韻と気骨の両方を兼ね備えています。これに対して、鮮于枢は唐の書の規範と気骨を心掛けました。それゆえ、その書は柔らかく力強くはありながらも気韻に欠けたこと、これがおそらく「甚《はなは》だしくは俗《ぞく》を去《さ》らず」の根本的な原因でした。

同時期のもう一人の大家である鄧文原は趙孟頫と並び称されました。しかし、その書法の特徴は鮮于枢とは正反対でした。『書史会要《しょしかいよう》』巻七には鄧文原は「正《せい》・行《ぎょう》・草書《そうしょ》、早《はや》くは二王《におう》に法《のっと》り、後《のち》には李北海《りほっかい》に法る」とあります。また、周之士は「鄧文原《とうぶんげん》は晋人《しんひと》の意有《いあ》るも、微《わず》かに麤《そ》［粗い］に近《ちか》し」（『珊瑚網』巻二四下に引用）と述べています。鄧文原の書は晋代の書家の趣がありながらも、唐代の書家の精緻な規範が欠けていたようで「麤」がやや目立ち、趙孟頫のように晋人と唐人の長所をよく調和させたことで「正宗」と称されることはありませんでした。しかし、鮮于枢や鄧文原は元代の書が唐を尊び晋を宗とし、結果として古雅の風格を追求する流れを開きました。その後、唐を尊び晋を宗とすることは書道の普遍的な気風となり、元代の書家である柯九思《かきゅうし》・張雨《ちょうう》・虞集《ぐしゅう》・泰不華《たいふか》・楊維楨《よういてい》・掲傒斯《けいけいし》・康里巙巙《こうりきき》などの書は、いずれも晋と唐に学ばないものはなく、清らかで上品な風格を具えました。そして、書と画をともによくした黄公望《こうこうぼう》・呉鎮《ごちん》・倪瓚《げいさん》・王蒙《おうもう》らの人々は、趙孟頫の後を受けて絵画のなかに書の趣を追求し、詩・書・画を密接に結びつけました。こうして、かれらの書も晋人の趣を深く具え、高雅・脱俗の称賛を得ました。

明代前期の書道は元人の系統を直接受け継ぎ、古くは唐の書法を尊びながら晋の情趣を正宗としました。これに加えて、明代初期から中期までの帝王は、いずれも「二王《におう》」を代表とする「法帖《ほうじょう》」［著名な書をもとに作られた手本］をたいへん好んだため、法帖による書道学は宋代初期にも劣らぬほど隆盛し、さらに広く普及する勢いでした。そこで、「明人《みんひと》は姿《すがた》を尚《たっと》ぶ」という言い方があります。明代の書家も元代と同じく「晋《しん》を宗《そう》とする者多《ものおお》く呉興《ごこう》［趙孟頫］に従《したが》いて入《い》ると雖《いえど》も」、実際には趙孟頫の定めた域を超えることはできませんでした。

明代初期の書家としては、まず「三宋《さんそう》（宋克《そうこく》・宋璲《そうすい》・宋広）」が挙げられます。宋克・宋璲はどちらも「第一《だいいち》」と称され、[*21]その名声が特に高かったのは、ともに趙孟頫の法を具え、しかも晋・唐の遺風を表現しようとしたからです。この後には「二沈《にしん》（沈度・沈粲）」の兄弟が大いに名声を博し、「太宗《たいそう》［成祖（永楽帝）朱棣］、書《しょ》を善《よ》くする者《もの》を徴《め》し、試《ため》して之《これ》を官《かん》とす。最《もっと》も雲間《うんかん》の二沈学士《にしんがくし》を喜《この》み、尤《もっと》も度《ど》の書《しょ》を重《おも》んじ、毎《つね》に称《しょう》して曰《いわ》く「我《わ》が朝《ちょう》の王羲之《おうぎし》なり」と」（『佩文斎書画譜』巻四〇に引用される李紹文『皇明世説新語』）でした。その後、宣宗［（宣徳帝《せんとくてい》）朱瞻基］や孝宗［（弘治帝）朱祐樘］は「二沈《にしん》」を師とした[*22]ことから、二沈の地位が高く、大きな影響力があったことがわかります。

この間の書の大家として、楊基《ようき》は「正書《せいしょ》［楷書］は鍾元常《しょうげんじょう》［鍾繇］を師《し》とし、行草《ぎょうそう》は二王《におう》を師《し》とす」（『佩文斎書画譜』巻四〇に引用される『書史会要』）、張羽《ちょうう》は「楷《かい》は右軍《うぐん》の「曹娥碑《そうがひ》」を法《ほう》とし、未《いま》だ精《せい》極《きょく》ならざると雖《いえど》も、却《かえっ》て能《よ》く俗《ぞく》を離《はな》れて雅《が》に入《い》る」（詹景鳳《せんけいほう》の言葉、同前が引く『詹氏小弁《せんししょうべん》』）、詹希元《せんきげん》は「国朝《こくちょう》の大字《だいじ》、希元《きげん》を第一《だいいち》と為《な》すは、蓋《けだ》し欧《おう》・虞《ぐ》・顔《がん》・柳《りゅう》の法《ほう》を兼《か》ねて、冠冕佩玉《かんべんはいぎょく》［官僚］の風《ふう》有《あ》る者《もの》なり」（楊士奇の言葉、『東里文集』巻一〇「題詹孟挙千文」）、陳壁《ちんへき》は「力《ちから》を晋唐《しんとう》に極《きわ》め、其《そ》の書《しょ》は姿媚《しび》として醞藉《うんしゃ》［おくゆかしさ］あり、自《みずか》ら一家《いっか》を成《な》す」（『東里続集』巻二一「通波阡表」）、俞和《ゆわ》は「早年趙文敏《ちょうぶんびん》運筆《うんぴつ》の法《ほう》を見《み》るを得《え》て、晋唐《しんとう》の諸帖《しょじょう》を臨《りん》すること甚《はなは》だ夥《おびただ》しく、行《ぎょう》・草《そう》・真《しん》は文敏《ぶんびん》に逼《せま》る」（『佩文斎書画譜』巻四〇に引用の陳善『杭州志』）、解縉《かいしん》は「小楷《しょうかい》は「黄庭《こうてい》」［王羲之の『黄庭経』］、全《すべ》て右軍《うぐん》を模臨《もりん》し、筆《ふで》は婉麗端雅《えんれいたんが》［美しく端正］なり」（王世貞『兗州続稿』巻一五七「解大紳書黄庭経」）、李応禎《りおうてい》は「楷法《かいほう》は欧《おう》・顔《がん》を師《し》とす」「古法《こほう》に潜心《せんしん》すると雖《いえど》も、自《みずか》ら得《え》る所多《ところた》と為《な》し、当《まさ》に国朝第一《こくちょうだいいち》と為《な》すべし」（文徴明の言葉、『甫里集』巻二一「李少卿帖に跋す」に見える）、王守仁《おうしゅじん》［王陽明］は「行書《ぎょうしょ》を善《よ》くし、「聖教序《せいきょうじょ》」より出《い》で、右軍《うぐん》の骨《こつ》を得《え》たり」（『佩文斎書画譜』巻四二に引用の『紹興志』）と言われており唐を崇拝

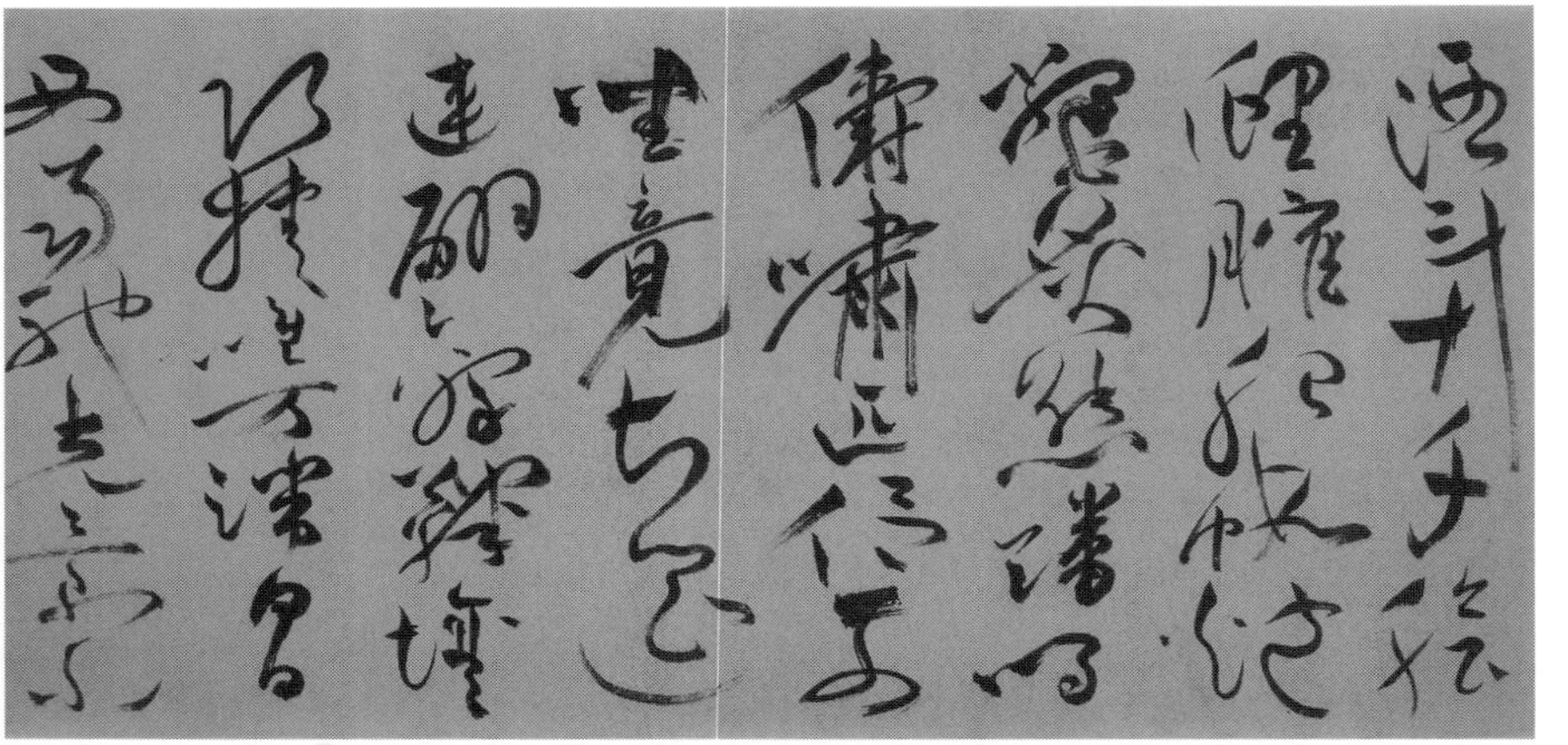

図12-13　明代の祝允明「雑述詩帖」（部分）

し、晋を正宗とする気風はたいへん普遍的になっていました。

「三宋《さんそう》」「二沈《にしん》」の後をうけて、「呉中三子《ごちゅうさんし》」の祝允明《しゅくいんめい》・文徴明《ぶんちょうめい》・王寵《おうちょう》が書壇に登場しました。馬宗霍は「祝允《しゅくいん》明《めい》・文徴明《ぶんちょうめい》・王寵《おうちょう》出《い》でてより、始《はじ》め松雪《しょうせつ》［趙孟頫］に由《よ》り上《うえ》は晋唐《しんとう》を窺《うかが》い、号《ごう》して明書《みんしょ》の中興《ちゅうこう》と為《な》す。三子《さんし》は皆《み》な呉《ご》の人《ひと》なり、一時《いちじ》は天下《てんか》の法書《ほうしょ》［書の手本］皆な呉中《ごちゅう》に帰《き》するの語《ご》有り」（『書林藻鑑』巻一一）と述べています。祝允明と文徴明はどちらも李応禎《りおうてい》に書を学び、さらに趙孟頫の「博渉《はくしょう》すれば多く優る」という考え方を採り、さまざまな書風を融合・変化させることで一家の書学へ道を開きました。[*23] それゆえ、両者の書法は造詣が深く、気骨をしっかりともち、また情趣を兼ね備えています。祝允明の書は、晩年になると豪放で斬新な姿となり（図12-13）、文徴明の書は秀麗で和《なご》やかな姿となり、どちらも趙孟頫に追いつき、明代の書の典型的な姿を表しました。王寵は、その人柄が高潔で俗塵を避け超然としていたことで称されました。書法もその人柄同様に「拙《せつ》を以《もっ》て巧《こう》を取《と》る」ものであり、時代の近い宋・元の書法を離れ、古く晋・唐を正宗として王献之の気品を師法とし、智永《ちえい》や虞世南《ぐせいなん》の筆意を兼ねることで、古雅の気風と世俗を超越した趣を具えています。

明代前期の絵画――「浙派」と「呉派」の対立

明代前期（明代の初めから嘉靖年間まで）の絵画は、依然として山水画が主流でしたが、芸術上のさまざまな探求や風格の違いから、画院《がいん》を主体とする「浙派《せっぱ》」と「呉派《ごは》」との間に対立が生まれました。この状況には、明代前期の絵画における美学の全体的な発展の趨勢が反映されています。

「元の四大家」に代表される寂寞《せきばく》として幽《かそ》けく淡い作風と、自由で穏やかな趣は、明代初期の統治者の美的感覚に合いませんでした。この時期の統治者がより好んだのは南宋の院体画《いんたいが》の引き締まったにして力強い風格でした。このため南宋の李唐《りとう》・劉松年《りゅうしょうねん》・馬遠《ばえん》・夏圭《かけい》の画風《がふう》が意識的に提唱され、宮廷画院の標準的な画風となりました。「当代第一」と称された戴進《たいしん》、弘治帝《こうちてい》［朱祐樘］に「画状元《がじょうげん》」と称された呉偉《ごい》、「今の馬遠」と称された王諤《おうがく》は、いずれも宮廷画院の著名な画家です。この気風は画院の中で盛んであっただけではなく、画院の外へも波及しました。当時画壇の中心人物であった戴進が浙江銭塘《せっこうせんとう》の出身であったため、この時期の馬遠・夏圭一派の画風を踏襲した画家は「浙派」と総称されました。芸術的成果と当時の影響から言えば、戴進《たいしん》と呉偉《ごい》が最も際立っていました。

戴進は宣徳帝《せんとくてい》［朱瞻基］の時に召されて画院に入りましたが、同輩をはるかに超える才能を具えていたことで嫉妬による讒言《ざんげん》を受け、その後は波乱の人生を歩み、貧窮のうちに亡くなりました。戴進の絵画は南宋画院の「水墨蒼勁《すいぼくそうけい》」派の画法を受け継ぎ、馬遠・夏圭を基礎として諸家の筆墨を広く渉《しょう》猟《りょう》し、精妙な境地に到達しました。戴進の絵画の特徴は構図が簡潔ながら巧妙で広がりがあり、「斧《ふ》劈皴《へきしゅん》」を好んで用い、運筆は力強く墨色の濃淡が調和していて、微細な部分まで疎《おろそ》かにしないなかに、淀みのない勢いがあることです。これに続く呉偉は、さらに「浙派」の発展を支えました。彼の性格は豪快で、絵画の風格も壮健・脱俗的で知られました。呉偉は戴進に学んでさらに豪放さを加え、筆墨は伸びやかで心地よく、粗野で自由奔放であり「浙派《せっぱ》の健将《けんしょう》」と称されています。[24]

明代初期の統治者は南宋の院体画の画風を支持しましたが、同時に江南《こうなん》蘇州《そしゅう》の一帯では、依然として一群の文人画家が活躍し、「元の四大家」の伝統を続けました。しかし、それほど大きな成果もなく、他への影響も少なく、「呉派」という流派の分類もありませんでした。後に沈周《しんしゅう》・文徴明《ぶんちょうめい》・唐《とう》寅《いん》といった大家が輩出したことで、「呉派」はついに大きく発展しました。

沈周は「浙派」の呉偉とだいたい同じ時期に活動しました。この二人が継承した家学《かがく》の源が異なることから、沈周の山水画は、近い時代では王蒙《おうもう》・呉鎮《ごちん》を師とし、遠い時代では北宋の董源《とうげん》・巨然《きょねん》を宗としました。その筆墨は脱俗的で洗練されており、力強く雄渾、壮大な風格を具えています。（カラー図6）

文徴明と唐寅はどちらも沈周の門下から出て、それぞれ独自の風格がありました。文徴明は趙孟《ちょうもう》頫《ふ》・王蒙を学び、郭熙《かくき》・李唐の筆法を師とし、若い時期の作品は緻密で清新、精巧な描写と彩色が特徴的でした。中年になると粗野で豪壮、また水墨の写意画も得意とし、晩年には線の疎密《そみつ》を兼ねそなえて、清らかで潤いのある上品な風格を得ました。唐寅《とういん》はより多芸多才であり、みずから「江南第一《こうなんだいいち》の風流才子《ふうりゅうさいし》」と称しました。彼は、絵画の面では沈周の学生でしたが、実際にはやや後の仇英《きゅうえい》とともに、主に院体画の大家周臣《しゅうしん》に学びました。唐寅は北宋の李成《りせい》・范寛《はんかん》、南宋の李唐・劉松年・馬遠・夏圭、また「元の四大家」の絵画を精力的に研鑽し、特に李唐の筆法を多く習得しました。このため、唐寅の絵画には、李唐の画派の落ち着いた雄壮さや豪快で奇異な作風もあれば、元代文人画の清涼で潤いがある上品な特徴もあり、豪快で新奇、清秀で温雅な風格を示しました。*25

「呉派《ごは》」の画家は文学的修養を比較的重視し、絵画芸術における文学的情趣を強調し、構図や筆法は自在活発で、当時の文人の思想や個性、美的情趣をよく反映しています。嘉靖《かせい》［一五二二～一五六六年］・万暦《ばんれき》［一五七三～一六二〇年］年間になると、「呉派」の芸術はすでに「浙派《せっぱ》」を越えて、画壇の主流となりました。『呉門画史《ごもんがし》』の統計によると、呉派の画家は全部で八七六人おり、その影響の大きさがうかがわれます。しかし、「浙派」であれ「呉派」であれ、結局はどちらも「古《いにしえ》を師《し》とする」気風の枠組みの中にあり、依然として古を雅とする美的傾向を表現していました。

しかし、芸術発展の全体的な趨勢から見ると、明代前期の「古《いにしえ》を以《もっ》て雅《が》と為《な》す」とは、一面では前代を継承してそのまま踏襲されてきたものであり、またもう一面では、先人の成果を結集しながら各々の流れを打ち立て、新たな芸術的境地へと至る過渡的段階にありました。

注釈

＊1　『歴代名画記』巻一の「山水・樹石を画くを論ず」には「魏晋以降の名跡、人間に在る者は皆な之を見たり。其の山水を画くは則ち群峰の勢い、鈿飾の犀櫛が若し。或いは水、泛ぶを容さず、或いは人、山よりも大なり。率ね皆な附するに樹石を以てし、其の地を映帯す。列植の状は則ち臂を伸ばし指を布くが若し。古人の意を詳らかにするに、専ら其の長ずる所を顕すに在りて、俗変を守らざるなり。国初、二閻は美を匠学に擅にし、楊・展は意を宮観に精しくす。漸く附する所を変ずるも、尚猶石を状すれば則ち雕透に務め、氷澌・斧刃の如くし、樹を絵かば則ち脈を刷り葉を鏤み、栖梧・菀柳多し。功は倍するも愈よ拙にして、其の色に勝えず」とある。また、同前書の巻一「画の六法を論ず」には「上古の画は、跡は簡、意は澹にして雅正なり。顧・陸の流是れなり。中古の画は、細密精緻にして臻麗なり。展・鄭の流是れなり」とある。このように一定の伝統を守る動きもあれば、新たな変化と発展もあった。

＊2　たとえば、蔡襄が丁道護「啓法寺碑」について「後魏の遺法を兼ねたり」（『集古録』巻五）と述べている。また、趙孟堅は「右軍一たび揚して直下し……左右の陰陽、明麗を極む。丁道護の啓法寺碑の筆右方直下するは、最も此の法を具えり」（『佩文斎書画譜』巻七「宋の趙孟堅書を論ず」）と述べている。

＊3　たとえば朱景玄『唐朝名画録』には尉遅乙僧について「凡そ功徳・人物・花鳥を画くは皆な是れ外国の物像にして、中華の威儀に非ず」とある。張彦遠『歴代名画記』巻九に引用される僧彦悰の論は尉遅乙僧の画について「外国と鬼神、奇形・異貌は、中華に継ぐもの罕なり」、同じく引用される竇蒙の論には「澄思・用筆、中華と道殊なると雖も、然れども気は正にして跡は高し。顧・陸と友為るべし」と述べている。また、張彦遠は「外国及び菩薩を画くに、小は則ち用筆緊勁にして、鉄を屈し糸を盤まらせるが如く、大は則ち灑落にして気概有り」と述べている。

＊4　たとえば、孫過庭『書譜』には「仮令衆妙の帰する攸なるも、務めて骨気を存せよ。骨既に存し、而して遒潤之に加えよ」や「篆は婉にして通なるを尚び、隷は精にして密なるを欲し、草は流にして暢なるを貴び、章は険して便なるに務む。然る後、之を凜するに風神を以てし、之を温するに妍潤を以てし、之を鼓するに枯勁を以てし、之を和するに閑雅を以てす。故に其の情性を達し、其の哀楽を形すべし」、「変態を毫端に窮め、情調を紙上に合す」とある。

＊5　李浴『中国美術史綱』第五章「封建文化鼎盛時代的隋唐美術」の統計には「開皇元年から仁寿末年までに、おおよそ大小の仏像一〇万六五八〇体が相次いで製作され、元来存在していた仏像一五〇万八九四〇体を修復した。煬帝の時代には三八五〇体を鋳造し、一一万一〇〇〇体を補修した。これらは朝廷が鋳造したものだけなので、その他にも私人が鋳造したものも相当多く、たとえば皇后の独孤氏がその父のために建立した趙景公寺では、銀の仏像六〇〇万

体を製作した。また、礼部尚書張穎は私邸を喜捨して仏寺とし、金銀の仏像一〇万体を製作した。天台山の智者大師は一生で八〇万体にものぼる仏像を製作した。このように、仏像製作の隆盛は六朝に劣らないほどであった」とある。

＊6　『隋書』「音楽志」には「大業二年、突厥の染干来朝す。煬帝之に誇らんと欲し、総べて四方の散楽を追い、大いに東都に集む」とあり、歌舞百戯を上演した。この歌舞百戯には、大型の「水上戯法」、「黄龍変幻」、綱の上での歌舞、竿の上での戯舞があった。さらに同書には「又た神鼇山を負い、幻人火を吐く有り、千変万化、曠古儔ぶるなし。染干大いに之に駭く。是れより皆な太常において教習す。毎歳正月万国来朝し、留むること十五日に至る。端門の外、建国門の内において、綿亘すること八里、列なりて戯場を為す。百官棚を起こして路を夾み、昏より旦に達するまで、以て之を縦観し、晦に至りて罷む。伎人は皆な錦繍繒綵を衣る。其の歌舞する者は、多く婦人の服為り。環佩を鳴らし、飾るに花毦を以てする者は、殆ど三万人なり。……三年、楡林に駕幸するに、突厥の啓民、行宮に朝す。帝又た設け以て之に示す。六年、諸夷大いに方物を献ず。突厥の啓民以下、皆な国主親しく朝賀に来たり。乃ち天津街において盛んに百戯を陳べ、海内より凡そ奇伎有るものは、総萃せざるは無し。……関西は安徳王雄を以て之を総べしめ、東都は斉王暕を以て之を総べしむ。金石匏革の声、数十里の外に聞こゆ。弦を弾じ管を擫うより以上のものは一万八千人、大いに炬火を列ね天地を光燭す。百戯の盛んなること、振古に比ぶる無し。是れより毎年以て常と為す」とある。

＊7　『旧唐書』「音楽志」には「立部伎」八部として「安楽」「太平楽」「破陣楽」「慶善楽」「大定楽」「上元楽」「聖寿楽」「光聖楽」が記されており、「坐部伎」六部として「燕楽」「長寿楽」「天授楽」「鳥歌万寿楽」「龍池楽」「破陣楽」が記されている。坐、立の両部伎は歌舞音楽に属しており、主な区別として「立部伎」は規模が大きく人数が多かったのに対し、「坐部伎」は規模が小さく人数も少なかった。しかし、後者の表現技巧はより精妙であった。

＊8　劉禹錫の「楽天の柘枝に和す」には「柘枝は本と楚王の家より出で、玉面嬌を添じ舞態奢たり。髻鬟改めて梳る鸞鳳の髻、新衫別に織る鬪雞の紗。鼓残拍を催し腰身軟し、汗羅衣に透り雨花に点ぜり。席を画り曲終わり辞別して去り、便ち王母に随いて烟霞に上る」とある。また、章孝標の「柘枝」には「柘枝初めて出で鼓声招き、花鈿羅衫細腰に聳ゆ。歩を移す錦靴綽約空し、迎風繍帽動きて飄颻たり。身亜ぎ節を踏み鸞形転じ、背面人に羞じ鳳影嬌かし。祇だ恐る相公看て未だ足らざるを、便ち風雨に随いて青霄に上れり」とある。このほか、李群玉の「長沙九日東楼に登りて舞を観る」には「南国に佳人有り、軽盈たる緑腰舞う。華筵九秋の暮、飛袂雲雨を払う。翩ること蘭苕の翠まるが如く、婉ること遊龍の挙がるが若し。越艶前渓を罷め、呉姫白紵を停む」とある。

＊9 白居易「法曲」詩の自注、王建「霓裳辞十首」の序、『楊太真外伝』の注、『楽府詩集』巻五六などに見える。

＊10 李益の「馬嵬を過ぎる二首」其一には「世人霓裳の曲を重んじるはなし、曽て干戈を致すは是れ此の中にあり」とあり、白居易の「長恨歌」には「漁陽の鞞鼓地を動かし来たり、驚破す霓裳羽衣の曲」とある。また、張祜「華清宮、杜舎人に和す」には「細音翠佩を揺さぶり、軽歩宛も霓裳。禍乱根は潜かに結び、昇平意は遽かに忘る。衣冠犬虜より逃げ、鼙鼓漁陽を動かしむ」とあり、杜牧の「華清宮を過ぎる三首」其二には「霓裳一曲千峰の上、舞は中原を破り始めて下り来たり」とあるほか、李商隠「華清宮」には「朝元閣迥りて羽衣は新し、首めて昭陽を按ず第一人。当日来たらず高処に舞うは、能く天下に胡塵有るべし」とある。

＊11 『宋史』「選挙志」には「画学の業、仏道と曰い、人物と曰い、山水と曰い、鳥獣と曰い、花竹と曰い、屋木と曰うは、説文・爾雅・方言・釈名を以て教授す。説文は則ち篆字を書き、音訓を著す。余書は皆な問答を設け、解する所の義を以て其の能く画意に通ずるや否やを観る。仍ねて士流、雑流を分かち、其の斎を別かち以て之に居らしむ。士流は一の大経或いは一の小経を兼習し、雑流は則ち小経を誦え或いは律を読む。画の等を考えるは、前人に倣わずして物の情態形色倶に自然たるが若きを以てし、筆韻は高簡を工と為す。三舎の試補、升降以て及び推恩は前法の如し」とある。

＊12 蘇軾は「宋漢傑の山を画くに跋す」のなかで「士人の画を観るは、天下の馬を閲するが如く、其の意気の到る所を取る。乃ち画工の若きは、往往にして只だ鞭策・皮毛・槽櫪・芻秣を取るのみ、一点の俊発も無く、数尺許りを看れば便ち倦む。漢傑は真に士人の画なり」と記している。

＊13 韓拙『山水純全集』には「(王詵は)一日賜書堂の東に李成(の画)を掛け、西に范寛(の画)を掛く。先ず李公の跡を観て云わく、李公の家法、墨潤いて筆精し、煙嵐軽く動くこと、千里に対面するが如く、秀気掬うべしと。次に范寛の作を観ること、面前真に峰巒の渾厚列ねるが如く、気壮雄逸、筆力は老健たり。此の二画の跡、真に一文一武なり」とある。

＊14 米芾『画史』には「王詵は李成を学ぶ。皴法は金碌を以て之を為る、古今の観音寶陁山の状に似る。小景を作り、亦た墨もて平遠を作る。皆な李成の法なり」とある。黄庭堅「王晋卿の墨跡に跋す」には「王晋卿水石雲林を画くは、縹緲として風埃の外、他日当に小李将軍に媿じざるべし」とある。湯垕『画鑑』は「王詵、字は晋卿、李成の山水を学び、清潤にして愛すべし。又た著色山水を作り、唐の李将軍を師とす」と述べている。孫承沢『庚子銷夏記』巻三「王詵設色山水巻」には「晋卿は文藻風流たり、当代を掩映す。作す所の画、水墨は則ち李成に仿い、著色は則ち李将軍を師とす。此の巻乃ち李将軍に仿い、楼閣橋梁、其の工緻を極め、濃郁の中に饒かに青葱の色有り、趙千里及ぶ能わざるなり。末段の遥山遠浦に至りては、更に画家の妙

致を極めり」とある。

*15 張綱『華陽集』巻三三「山谷の大字に跋す」には「其の行草は態を変ずること縦横たり。勢いは飛動するが若くして風韻尤も勝るは、夫の翰墨三昧を得るに非ざれば、其れ孰か能く此に臻らんや」とある。祝允明『懐星堂集』巻二五の「山谷の李詩を書すに跋す」には「双井の学は大抵韵を以て勝る。文章・詩楽・書画皆な然り。姑く其の書を論ずれば、功を積むこと固より深く、得る所は固より別に之を要め晋人の韻を得る。故に形貌は懸なるが若くして神爽冥会たり」とある。

*16 米芾『海岳名言』には「我が書、小字の行書は、大字の如き有り。唯だ家蔵の真蹟の跋尾、間ま或いは之有り。以て書を求むる者に与えず。心に既に之を貯う。意に随いて落筆し、皆な自然、其の古雅を備うを得たり。壮歳、未だ家を立つこと能わず。人、我が書を謂いて集古の字と為す。蓋し諸もろの長処を取り、総べて之を成すなり。既に老たりて始めて自ら家を為す。人、之を見て、何を以て祖と為すかを知らざるなり」とある。

*17 趙孟頫の書法について楊載は「雑えるに近体を以てせず」（『佩文齋書画譜』巻三七に引用の「翰林学士趙公状」）と述べている。また、盧熊は「根抵は鍾・王にして晋唐を出入し、近代の習尚の窘束する所を為さず。海内の書法、之が為に一変す。後進咸な之を宗師とせり」（『趙氏鐵網珊瑚』巻五に引用）と述べ、方孝孺はより明確に「宋の季年、書学地を掃いて蕩尽し、而して詩尤も壊爛し収拾すべからず。趙文敏公其の時に生まれ、而して能く陋習を脱去す。上は古人を師とし、遂に卓然として二者の名家を以て、正書尤も当世の貴重する所と為る」（『遜志斎集』巻一八「趙子昂千文字帖に題す」）と述べている。

*18 徐渭は「世趙の書を好む、女其の媚しきを取るや、責むるに古服勁装を以てするは可ならんや。蓋し帝胄王孫、裘馬軽纖、其の人を称うに足れり」（『佩文斎書画譜』巻七九に引用の『徐文長集』）と述べている。また項穆は「子昂の学、上は陸・顔に擬えるも、骨気乃ち弱く、酷だ其の人に似る」や「趙孟頫の書は温潤閑雅たり。右軍正脈の伝を接ぐが似きも、妍媚纖柔たるは殊に大節不奪の気乏し。天水の裔、仇讎の禄に甘心する所以なり」（同前）と述べている。

*19 『石渠寶笈』巻四二に記載されている清の画家鄒之麟は「黄子久は画の聖者なり、書中の右軍、富春山図が若きに至りては、筆端は変化鼓舞し、又右軍の蘭亭なり。聖にして神なり」と述べている。

*20 趙孟頫は「僕と伯機とは同に草書を学ぶも、伯機は僕を過ぎ遠きこと甚だし、僕力を極めて之を追うも伯機に及ぶ能わざるのみ。世乃ち僕を能書と称うは、所謂仏無き処に尊と称うのみ」（『趙氏鉄網珊瑚』巻五に引用）と述べている。また、鄧文原は「伯機は書法において用功極めて深し……用筆遒勁たり」（『佩文斎書画譜』巻七九に引用の『巴西集』「元鮮于枢遺墨」）と述べている。

*21 楊慎は「国朝の真行書、当に克を以て第一と為すべし」

（『升庵集』巻一〇「七姫帖に跋す」）と、詹景鳳は「国朝の楷草は三宋を推し、首に仲温を称う」（『佩文斎書画譜』巻四一に引く『詹氏小弁』）と述べている。また、解縉は宋璲について「小篆の工なるは、国朝第一なり」（『文毅集』巻一六「雪月軒の篆額に跋す」）と述べている。

*22 『芸苑卮言』附録三には「宣宗の書は沈華亭兄弟より出でて、能く円熟の外に於いて、遒勁を以て之を発せり」とある。また、『続書史会要』には「孝宗皇帝酷だ沈度の筆跡を愛で、日百字を臨し以て自らに課す」とある。

*23 『芸苑卮言』附録三には祝允明について「楷法は元常・二王・永師・祕監・率更・河南・呉興よりし、行草は大令・永師・河南・狂素・顚旭・北海・眉山・豫章・襄陽に則り、臨写工絶ならざるは靡し。晩節は変化出入し、端倪すべからず、風骨爛熳、天真縦逸、直ちに上は呉興に配するに足れり」とある。また、文徴明については「小楷は二王を師とす。精工の甚だしきも、惟だ尖きを少なくするのみ、亦た率更を作す者有り。少年草は懐素を師とし、行筆は蘇・黄・米及び聖教に倣い、晩歳は聖教を取りて之を損益し、加うるに蒼老を以てし、遂に自ら家を成す」とある。

*24 呉偉は江夏（現在の湖北省武漢市武昌区）の人。その画風は彼の独創であり、戴進などとは異なるために、その後の張路・蒋嵩なども呉偉の筆法を継承した。このため「江夏派」と呼ばれた。

*25 唐寅の絵画の風格は、実際には「呉派」の芸術的主張を超えており、「浙」と「呉」を一つに融合した新たな画風であった。このため、後の人は唐寅と周臣・仇英といった画家を「院派」に区分した。

第十二章

多種多彩な社会生活

唐宋時代の社会は物産が豊かで人口も多かったことから、人々の日常生活の衣食住・交通・娯楽風俗には独特な観念や様相が現れました。物質面や精神生活面での消費によって構成される日常生活は、生産の発展水準を基礎として、礼儀の規範による制約を受け、同時に外来文明の影響を受けたことで多くの文化の融合が生まれました。

この時代は、商売や手工業に従事することを生計の手段とする人々が増加しました。さらに、衣食住や交通手段も絶えず変化したことで、都市文化の娯楽活動はさらに多種多彩となりました。

唐代では、その開放的な精神により伝統的な風俗習慣には多くの新たな事物が加わりました。宋代に現れた市民化の傾向は、実情に合う穏やかな礼俗《れいぞく》を生み出しました。あらゆるものを網羅する社会生活の細部は、形式的象徴と心理的暗示を通じて社会秩序を維持しました。そして、日々盛んに向上し、善良で楽観的、そして智慧に満ちた行動や活動は、無意識のうちに人々の気質を形作りました。そのなかでも女性の社会的役割を考察することは、この時期の社会生活を深く理解する一助となります。

第一節　衣食住と交通手段の多様化

服飾の美

唐代の官吏の服装は、三品以上は紫色、五品以上は緋色《ひいろ》、六品と七品は緑色、八品と九品は青色と規定されていました。これらの色は散官《さんかん》〔官僚の等級・俸禄・待遇を表す官名〕の位階を基準に決められていました。たとえば、白居易《はくきょい》の「琵琶行《びわこう》」には「江州司馬青衫湿う《こうしゅうしばせいさんうるお》」（『全唐詩』巻四三五）という句があります。当時白居易が任命された「江州司馬」は従五品下の職事官《しょくじかん》［実際の役職を示す官名］でしたが、散官は従九品下の「将士郎《しょうしろう》」であることから、白居易が着用していた「青衫《せいさん》」とその地位は合致します。

服飾は制度の一つであり、そこで歴代の王朝は「衣服令《いふくれい》」を公布しました。隋《ずい》は北斉《ほくせい》の伝統によって服飾を定め、煬帝《ようだい》の時には南朝の制度を参照して改定しました。唐の武徳《ぶとく》七年（六二四年）には新たな法令を制定し、後の時代には絶えず改定されました。朝廷の文官・武官の服飾にはさまざまな色彩が入り混じっていましたが、厳然とした等級が示されていました。白居易が晩年に作った「故衫《こさん》」という詩には「暗淡《あんたん》たる緋衫《ひさん》、老身《ろうしん》に称《かな》う」や「空箱《からばこ》を棄《す》てんと欲《ほっ》するは恩少《おんすく》なきに似《に》る」（『全唐詩』巻四四七）とあり、つづらの中にしまってあった官服の色を見て、若き日より官僚として出仕した情景に感じ入っています。

「衣服令」が規定する服装のなかでも、皇帝・皇后・太子の様式はきわめて細かく規定されており、これはごく少数の人だけが有する特例でした。これに対して、文武百官から庶民にいたる服飾は、社会全体の様相を反映しています。

官吏には「冠服《かんふく》」と「常服《じょうふく》」、つまり礼服と普段着がありました。冠服のなかでも袴褶《こしゅう》はごく一般的な、参内の際の服装です。これは北朝の様式を踏襲しており、頭には「平巾幘《へいきんさく》」［頂上が平らな帽子の一種］を被り、上半身には「褶《しゅう》」を着て「裲襠《りょうとう》」を重ね、下半身には「袴《こ》」をはき、足には「登《とう》靴《か》」を履きました。これは、唐の代宗《だいそう》の時に改められるまで踏襲されました。常服は官位の高低によって色が異なるほか、各自の身分に応じた「腰帯《ようたい》」［革製のベルト］があり、玉《ぎょく》・金・銀・真鍮《しんちゅう》・銅・

鉄の装飾によって身分を区別しました。また、腰帯には官吏の職務を彫りつけた「魚符《ぎょふ》」を提げました。魚符の袋は金・銀・銅などの装飾によって等級の高下を表しており（『唐会要』巻三一「輿服《よふく》上」）、外見からその身分がすぐわかるようになっていました。

官吏の等級の区分は服飾の色や装飾によってはっきりと示されており、一般人も定められた色の服を身につけなければなりませんでした。隋朝では、士卒《しそつ》は黄色の「袍《ほう》」［ローブやガウンの一種］、屠殺人や商人は黒い「袍」を着るよう定められていましたが、唐代になると士卒は黒を着用するよう改められ、「流外官《りゅうがいかん》［品級に入らない下級の吏員］、庶人《しょじん》、部曲《ぶきょく》［家僕］、奴婢《ぬひ》は則《すなわ》ち紬《ちゅう》［くずまゆや粗い絹糸で織った絹織物］、絹《きぬ》、絁《し》［粗織りの絹織物］、布《ふ》を服《き》て、色《いろ》は黄白《こうはく》を用《もち》う」（『新唐書《しんとうじょ》』巻二四「輿服志《よふくし》」）となりました。服装の色は制度により規定されたものですが、必然的に深く人々の心へ入り込み、言語表現の中では、「青衫《せいさん》」は地位の低い官吏を象徴しており、同様に「白衣《はくい》」は平民庶民を代表し、さらに「縵胡《まんこ》の纓《えい》［粗く文様のない冠の紐］、短後《たんご》の服《ふく》」や「髡頭《こんとう》［剃髪］環衣《かんい》」という語は軍人や僧侶を形容することとなりました（独孤郁「才識兼茂明於体用に対する策」）。また、奴婢の多くは青い衣服を着ていたため、「青衣」は奴婢や身分の低い人々の別称となりましたが、当然のことながら、この青衣と官吏の青衫は、そのスタイルも生地の質も異なります。

服飾の変化は、制度の改定に従って発生しました。則天武后《そくてんぶこう》の天授《てんじゅ》三年（六二九年）には都督《ととく》・刺《し》史《し》に「袍《ほう》」を下賜しました。これには山形の図案が刺繍され、その周囲には「徳政惟《とくせいこ》れ明《あき》らか、職《しょく》令平《れいたい》らかなるを思《おも》い、清慎《せいしん》［清廉で身を慎むこと］にして忠勤《ちゅうきん》し、栄進《えいしん》するも躬親《きゅうしん》す［みずからが事にあたる］」の文字が刺繍されていました。さらにこの二年後、文武三品以上の銘文《めいぶん》のある袍に動物の図案が加えられ、諸王《しょおう》は龍と鹿、宰相《さいしょう》は鳳凰、尚書《しょうしょ》は対になった雁、十六衛《じゅうろくえい》の将軍は対になった麒麟・虎・豹・鷹・牛などと定められ、図案も身分を示す目印となりました。

宋代初期の官位と服飾の色は唐代の制度を継承しており、諸臣の服装には「祭服《さいふく》」「朝服《ちょうふく》」「公服《こうふく》」「時服《じふく》」がありました。「祭服」は天地や宗廟の祭祀、および重要な式典の際に着用されました。「朝服」は朝会や献祭の際に着用されました。「公服」は官位を有する官吏の常服であり、「時服」は毎年の端午や十月一日の冬至などの日に文武官に下賜される夏冬の服装です。朱熹《しゅき》は宋代の服装の起源について語り「今世《きんせい》の服《ふく》、大抵《たいてい》は皆《み》な胡服《こふく》なり。上領衫《じょうりょうさん》、靴鞋《かかい》の類《たぐい》の如《ごと》きなり。先王《せんおう》の冠服地《かんふくち》を掃《はら》いて尽《つ》きぬ。中国衣冠《ちゅうごくいかん》の乱《みだ》れは、晋《しん》・五胡《ごこ》よりし、後来遂《こうらいつい》に相承襲《あいしょうしゅう》す。唐《とう》は隋《ずい》に接《つ》ぎ、隋《ずい》は周《しゅう》に接《つ》ぎ、周《しゅう》は元魏《げんぎ》［北魏］に接《つ》ぐ、大抵《たいてい》は皆《み》な胡服《こふく》なり」という不満と復古を望む心情を述べており、さらに「某《それがし》嘗《かつ》て謂《おも》えらく衣冠《いかん》は本以《もともつ》て身に便にして、古人《こじん》も亦《ま》た未《いま》だ必《かなら》ずしも一一義《いちいちぎ》有《あ》らず、又《ま》た是《こ》れ時《とき》を逐《お》いて増添《ぞうてん》し、名物愈《めいぶついよ》いよ繁《しげ》し。若《も》し行《おこな》うべきを要《よう》せば、須《すべか》らく是《こ》れ古《いにしえ》の制《せい》を酌《く》み、其《そ》の重複《ちょうふく》を去《さ》り、之《これ》をして簡易《かんえき》たらしめ、然《しか》る後《のち》可《か》なり」（『朱子語類』巻八九「礼六・冠婚喪・喪」）と述べています。

宋代の官府は一般的に、民間の服飾について具体的に規定しませんでしたが、それは服飾が身分を表さなくなったというのではありません。官吏についていえば、ある役職や公務を務めて一定の年限に達すると、官位がその地位に至っていなくても服装の色を改めることができ、これは「借紫《しゃくし》」や「借緋《しゃくひ》」と言われました。朝廷は「士庶《ししょ》の服《ふく》」についても度々禁令を出しました。端拱《たんきょう》二年（九八九年）には民間で紫色の服装を禁止し、嘉祐《かゆう》七年（一〇六二年）には全国で「墨紫《ぼくし》」の着用を禁止しました。さらに、天聖《てんせい》三年（一〇二五年）には「在京《ざいきょう》の士庶《ししょ》は黒褐地《こくかつじ》に白花《はくか》の衣服《いふく》、並《なら》びに藍《らん》・黄《こう》・紫地《しじ》に撮暈《さつうん》［絞り染め］花様《かよう》を衣《き》るを得《え》ず」（『宋史』巻一五三「輿服志二」）と命令し、景祐《けいゆう》元年（一〇三四年）には「錦背《きんはい》・繡背《しゅうはい》・遍地密花透背采段《へんちみっかとうはいさいだん》を禁《きん》ず」［同前］と命じたことなどは、服飾の秩序がまだ勝手に乱すことのできないものであったことを示しています。唐の貞観《じょうがん》四年（六三〇年）に「服色を定《さだ》める詔《みことのり》」が下されてから開元《かいげん》四年（七一六年）に「服飾《ふくしょく》の僭用《せんよう》を禁《きん》ずる詔」が下されるまで、そして宋代の各種規定や禁令に至るまで、服装は依然として尊卑貴賤を明らかにするのに欠かすことのできない儀礼制度でした。

女性の服装は比較的自由でした。「婦人《ふじん》の服《ふく》は夫《おっと》、子《こ》［の身分］に従《したが》う」という等級づけの意義もあったとはいえ、唐代の「既《すで》に公庭《こうてい》［朝廷］に在《あ》らざれば、風俗《ふうぞく》は奢靡《しゃび》として、格令《かくれい》［法令］に依《よ》らず、綺羅錦繡《きらきんしゅう》［華美で豪華な服］も、好尚《こうしょう》する所《ところ》に随《したが》う」という状況からして、婦女の服装制度は厳しくなく、時には「上《うえ》は宮掖《きゅうえき》［後宮］より下《した》は匹庶《ひっしょ》［平民］に至《いた》るまで、遞《たが》いに相《あ》い倣效《ほうこう》し、貴賤《きせん》に別無《べつな》し」（『旧唐書《くとうじょ》』巻四五「輿服志」）でした。唐代女性の服装の美しさは極めつくされたものでした。基本的な服装は、上半身に「衫《さん》」あるいは「襦《じゅ》」を身につけ、下半身は長い「裙《くん》」［スカート］をはき、肩には「披帛《ひはく》」［ストール］をはおりました。隋代や唐代前期の様式の特徴として、「衫」や「襦」は丈が短く袖《そで》は細くて襟元《えりもと》は広く、「裙」は細身で胸の高い位置で紐を結び、装飾として襞《ひだ》や、間をあけて異なる色を配しました。唐代後期になると、「衫」「襦」「裙」は、いずれもゆったりとした様式へと変化しました。

服装の多様化や変化は、手工業の急速な発展から引き起こされました。唐代初期の壁画中の女性の多くが縞《しま》模様の「裙」をはいているのは、当時生産されていた織布《しょくふ》の幅が狭く、色彩が単調であったことと関係があり、さまざまな色の布を交互に縫い合わせることで美しい効果を生み出しました。盛《せい》唐《とう》以後は機織《はたお》り技術が進歩し、大きな花模様や鮮やかな虹色の織布をそのまま用いて裙を作りました。皇室や官府には、生地の種類によって細かく分業された工房があり、「布《ふ》」「絹《けん》」「紗《しゃ》」「綾《りょう》」「羅《ら》」「錦《きん》」「綺《き》」「綈《てい》」「紈《がん》」「縑《けん》」「纙《ら》」「繝《かん》」など織物が生産されていました（『唐六典』巻二二「少府監」）。これに加えて、刺繍や印染《いんぜん》といった工芸技術が用いられたことで織布の種類は多種多様となり、多彩で美しい服装に豊富な原料と多くの選択肢を提供しました。

華やかで美しい織物は、発掘調査のなかで絶えず発見されています。原料は生糸《きいと》・麻・綿・動物の毛があり、出土状況や壁画・陶俑《とうよう》などの遺物から見ると、服の生地や図案、柄の種類によって、服を作る際に使い分けています。紗や羅など、軽く薄く繊細な生地は夏服や肌着を作るのに適しており、そうした素材は女性の姿態のあでやかな美しさを際立たせました。生地の厚い錦は上着を作るのに適していました。図案が連続して並んだ生地の多くは衣服の縁に用いられ、単独の図案が織り込まれた生地は、裙の主体部分によく用いられました。このように、実用的機能と芸術的効果は巧妙に結びつき、さまざまに変化する生地や色彩、模様によって美への追求が表現されました。（カラー図7）

衣装や服飾は、その時代の等級や審美観の変化を表しており、思想の傾向をも反映しています。隋唐の人々の服飾は南北の風格を融合したほか、西域の「胡服《こふく》」を直接取り入れ、あるいは間接的に借用しました。「深目高鼻《しんもくこうび》、須髯《しゅぜん》［ひげ］多《おお》し」という「胡人」のイメージは、陶俑や壁画に見られます。多くは頭に上端が丸く、つばのそった帽子、あるいは頂上の尖った帽子を被り、丸襟や立襟で袖の細い上着を身につけています。このような服装は漢族の容貌をもつ人物の多くも着用しており、「織《お》りて成《な》す蕃帽《ばんぼう》、虚頂《きょちょう》尖《とが》り、細氈《さいたん》胡衫《こさん》、双袖《そうしゅう》小《ちい》さし」（劉言史「王中丞宅の夜、胡騰を舞うを観る文」）という様子が普遍的な現象となっていたことがわかります。唐代前期の女性は、袖の短い「半袖《はんしゅう》」と呼ばれる上着を好んで着用しました。男性の衣服にも袖の短い「半臂《はんぴ》」があり、さらに役人が着用する「袴褶《こしゅう》」など、いずれも胡服に基づいています。また、織物の連続した円環の中に鳥・獅子・馬・孔雀・鹿を配する紋様［連珠文］を織りこんだものも、中央アジアや西アジアの芸術の影響を受けて出現し、この時期にはたいへん流行しました。

　ゆったりとした服に幅広の帯をしめる伝統的な服装は、胡服の細い袖に肌を露《あら》わにする服装へと変化しました。女性の服装からは、この変化の原因と軌跡を見てとることができます。『大唐新語《だいとうしんご》』巻一〇には「武徳《ぶとく》・貞観《じょうがん》の代《だい》、宮人《きゅうじん》の馬《うま》に騎《の》る者《もの》、『周礼《しゅらい》』の旧儀《きゅうぎ》に依《よ》り、多《おお》く冪羅《べきら》［薄紗のベール］を着《き》る。戎夷《じゅうい》より発《はっ》すると雖《いえど》も、全身障蔽《ぜんしんしょうへい》す。永徽《えいき》の後《あと》、皆《み》な帷帽《いぼう》［ベールを垂らした帽子］を用《もち》い、裙《くん》を施してくは頸《くび》に到《いた》り、浅露《せんろ》を為《な》す」や「神龍《しんりゅう》の後《あと》、冪羅《べきら》始《はじ》めて絶《た》ゆ……開元《かいげん》の初《はじ》め、宮人馬上《きゅうじんばじょう》に戎帽《じゅうぼう》を着《ちゃく》し、靚粧《せいしょう》［華やかな化粧］露面《ろめん》し、士庶《ししょ》咸《み》な之《これ》に効《なら》う」という記載が見えます。「冪羅《べきら》」は帽子から布を垂らして全身を覆うもの、「帷帽」は布を首まで垂らしますが、胡帽《こぼう》は布を垂らしません。当初、全身を覆って他者の視線を防いでいた服装は、顔を露わにするようになると、唐の高宗《こうそう》の厳しい叱責を受けました。「軽率《けいそつ》を為《な》すに過《す》ぎ、深《ふか》く礼容《れいよう》を失《しっ》す」と考えられたからです。[*1] しかしながら、かつては軽薄とみなされた潮流も、六十年を隔てた玄宗《げんそう》の時期になると、詔令《しょうれい》によって認められただけではなく、むしろ「帽子《ぼうし》は皆《み》な大《おお》いに面《かお》を露《あらわ》し、掩蔽《えんぺい》［覆い隠す］有《あ》るを得《え》ず」というように、女性が顔を露わにすることを奨励しました。（図13-1）

　考古調査での発見により、この詳細な変化の過程は明らかとなりました。七世紀後半の陶俑や壁画の女性は「帷帽《いぼう》」をかぶっていますが、八世紀には細い袖に胸のあたりを露わにする姿が広く流行しました。これらの服装様式は当時の生活に由来しています。唐詩の「長《なが》く白雪《はくせつ》を留《とど》め、胸前《きょうぜん》を占《し》む」（方干「美人に贈る四首」）という描写は、（施肩吾「美人を観る」）や「粉胸《ふんきょう》半《なか》ば掩《おお》われ、暗雪《あんせつ》かと疑《うたが》う」

斬新な流行が非難されるどころか、かえって賛美されていたことを表しています。さらに、唐代の女性は胡帽をかぶることをファッションだと考えており、そのスタイルもきわめて多く、ある者はさまざまな髪型を見せることを好みました。髪には華麗な簪《かんざし》・笄《こうがい》・櫛《くし》などを挿し、顔は額を黄色く塗り、眉を描き、「花鈿《かでん》」「面靨《めんよう》」「点唇《てんしん》」といった化粧を施し、さらに生地の種類や色彩・模様が多様な各種の服装を身に着け、その姿はたいへん垢抜けしていました。過度の奢侈《しゃし》を反省して、後の文宗《ぶんそう》［李昂］の時には「高髻《こうけい》［高く束ねた髪］、険粧《けんしょう》［奇抜な服装］、去眉《きょび》［眉を剃り落とす］、開額及《かいがくおよ》び呉越《ごえつ》の高頭《こうとう》草履《そうり》を禁《きん》ず」と命じざるを得なくなり、さらに「裙《くん》は五幅《ごふく》を過《す》ぎず、地《ち》を曳《ひ》くこと三寸《さんずん》を過《す》ぎず、襦《じゅ》袖《しゅう》［上着のそで］は一尺五寸《いっしゃくごすん》を過《す》ぎず」と定められました。詔は女性の髪型や化粧、衣服や靴について規定しましたが、結果は「人《ひと》に怨《うら》む者多《ものおお》く……而《しこう》して事遂《ことつい》に行《おこな》われず」（『新唐書』巻二四「車服志《しゃふくし》」）というものでした。

図13-1　唐代の鄭仁泰墓から出土した帷帽騎馬女俑

「君子《くんし》は其《そ》の衣冠《いかん》を正《ただ》し、其《そ》の瞻《せん》視《し》［外見］を尊《とうと》ぶ」とは伝統的な教えです。服装を重んじる態度は、礼儀や教養が外に現れ出たものとみなされ、唐宋の時代には普遍的に、人々の観念の中に深く刻まれていました。湖南省《こなんしょう》にある長沙窯《ちょうさよう》の窯址《ようし》から出土した日用磁器には「衣裳《いしょう》潔たるを知らざれば、人前満面《じんぜんまんめん》に修《は》

（羞）ず、行《ゆ》く時《とき》に風采無《ふうさいな》くんば、坐《ざ》するに下《げ》の行頭《こうとう》［下座］に在《あ》り」という文字が書かれており、人々は常に自己の装いに注意するよう述べています。もし「法《ほう》に如《し》かざる」者がいれば、礼を失しているとみなされたことでしょう。朱熹《しゅき》の「訓学斎規《くんがくさいき》」はさらに「人《ひと》と為《な》り」の第一歩について「童蒙《どうもう》の学《がく》は、衣服冠履《いふくかんり》に始《はじ》まる」と指摘しており、人としてまず服装が清潔で整っていることから学問を始めることを説き、これは道徳規範となりました。宋代の人は「王介甫《おうかいほ》［王安石］の衣冠整《いかんととの》わざるは、亦《ま》た一大病《いちだいやまい》なり」（呂希哲『呂氏雑記』巻下）と非難していました。

飲食と茶道

服装は他者に見せるものであり、社会気風の変革を示す標識です。飲食は人々の生存と密接な関係があり、唐宋時代の社会は物産が豊かであったため、飲食は必然的に多様化しました。黄河の中下流域の人々の主食は主に粟や麦であり、西北地域では麦を多く食し、淮河《わいが》より南では米を多く食しました。副食は、北方では肉が多く、南方では魚が多く食されました。唐代には、中央アジアや西アジアからレタス・ホウレンソウ・キャベツ・ピスタチオ・クルミなどの野菜や果物が伝わり、さらにインドから製糖法を学びました。しかし、最も際立った変化は西域の胡餅《こへい》・胡麻《ごま》・胡椒《こしょう》が日常食品となったことです。新疆の唐代墓からは胡餅の実物が出土しました。鑑真《がんじん》が日本へ渡る際、道中の食料として揚州で胡餅を準備していたことは、胡餅が南方にも伝わっていたことを示しています。

宋代の飲食はさらに豊富で、さまざまな種類が増えただけではなく、「北食《ほくしょく》」と「南食《なんしょく》」という、料理の二大系統が形成されました。四川《しせん》の人である蘇軾《そしょく》は、その詩の中で故郷の料理を賛美して「酒《さけ》を点《てん》じ塩豉《えんし》［塩と豆で作る味噌の一種］を下《くだ》し、縷橙《ろうとう》［ダイダイを細かく切ること］・芼《ぼう》［野菜を選ぶこと］・

薑《きょう》〔ショウガ〕・葱《そう》〔ネギ〕。那《なん》ぞ知《し》らん鶏《にわとり》と豚《ぶた》とを、但《た》だ恐《おそ》る放箸空《ほうちょむな》しきを」（『蘇軾集』巻一三「元修菜并びに序」）と述べています。北方は小麦食品だけでも、「焼餅《シャオビン》」「麺片湯《メンピエンタン》」「饅頭《マントウ》」「包子《パオズ》」「餛飩《ワンタン》」などがあって、それぞれにはさらに細かい分類がありました。南方ではもち米製品や各種の粥類が好まれました。宋代の野菜や果物の種類は列挙できないほど多く、北宋時期の洛陽では、桃だけでも「冬《とう》桃《とう》」「蟠桃《ばんとう》」「臙脂桃《えんじとう》」など三十種類あり、梨は二十七種類、スモモは二十七種類、サクランボは十一種類、ザクロは九種類、リンゴは六種類ありました（周叙『洛陽花木記』）。また、スイカも南方で栽培されました。さらに蔡襄《さいじょう》の『茘枝譜《れいしふ》』（『四庫全書』子部譜録類三・草木禽魚之属）のように果物の品種や加工技術を記した専門書も出現しました。野菜を用いる副食では、漬物などの加工技術が発展し、豆腐・生麩《なまふ》・乳製品などは当時でも広く食べられていました。

唐代の酒類には、主に穀物を醸造した黄酒《こうしゅ》や果物類を醸造した果実酒があり、西域の胡人が開いた酒場には、高昌《こうしょう》の葡萄酒やペルシアの「三勒漿《さんろくしょう》」など当時の人々に称賛された外来の酒が置かれていました。宋代には「蒸酒《じょうしゅ》」「焼酒《しょうしゅ》」「酒露《しゅろ》」といった白酒《はくしゅ》〔蒸留酒〕が出現しました。

唐宋の飲食のなかで最も文化的意義をもち、世界に貢献したのは茶です。茶の飲み方は簡便で栄養は豊富、さらに眠気を覚ます効能があり、今なお世界三大飲料の一つに数えられています。茶の原産地は中国であり、早くは漢代の江南地域ですでに茶葉の栽培や飲用が広く行われていました。しかし、当時は茶をネギ・ショウガ・ナツメ・ミカンの皮・ゴシュユ・ハッカなどと一緒に煮て飲用しており、これは「粥茶《かゆちゃ》」、あるいは「薬茶《やくちゃ》」と呼ばれました。茶は方言の違いによって「檟《か》」「荼《と》」「茗《めい》」などと呼ばれました。現在のような茶の飲用方法が普及したのは唐代であり、次第にさまざまな呼称が統一されて「茶」となりました。

前漢《ぜんかん》から六朝《りくちょう》時代にかけての「粥茶」や「薬茶」は、唐代の文人名士から非難されました。唐の皮日休《ひじっきゅう》はこのような飲用方法について「夫《そ》れ蔬《そ》［野菜］を淪《しず》めて啜《すす》る者《もの》と異《こと》なる無《な》し」（皮日休「茶中雑詠の序」）と、野菜スープを飲むようなものだと批判しています。また、陸羽《りくう》（字は鴻漸《こうぜん》）は、茶にさまざまなものを混ぜてしまうことを、「之《これ》を煮《に》て百《ひゃく》たび沸《わ》かし、或《ある》いは揚《あ》げて滑《なめ》らかならしめ、或《ある》いは煮《に》て沫《まつ》を去るも、斯《こ》れ溝渠《こうきょ》の間《かん》の棄水《きすい》なるのみ」［『茶経』］というように、「どぶの汚水」だと指摘しています。

さらに、当時の医薬書《いやくしょ》には、茶に酔い覚ましや眠気覚まし、痰切り、消化の促進、体質強化や精神安定の効用があると記されており、刺激性のある調味料と茶を一緒に煮る方法は廃《すた》れました。八世紀後半には、陸羽が茶の専門書『茶経《ちゃけい》』を著し、茶の生産、加工、淹《い》れ方、飲用、器具および茶に関連する典故や伝説などを詳細に叙述しており、茶の飲用を大いに推進する役割を果たしました。『茶経』が著されてから半世紀もたつと、陸羽は「茶神《ちゃしん》」として奉られ、河南鞏県《かなんきょうけん》［現在の鞏義市］の陶磁器業者は「陸鴻漸《りくこうぜん》」［鴻漸は陸羽の字］という磁器人形をつくり、「数十の茶器を買えば一の鴻漸を得たり」（李肇撰『唐国史補』巻中）として売り出しました。

唐代の中後期に出現した「煮茶《しゃちゃ》」や「点茶《てんちゃ》」という二つの方法は、茶の飲用における大きな変化でした。煮茶は「煎茶《せんちゃ》」ともいい、まず爐《ろ》に置いた茶釜で湯を沸かし、湯が沸騰したあとで抹茶を茶釜に入れて竹バサミで攪拌《かくはん》し、これを碗に汲《く》んで飲むもので、中唐《ちゅうとう》の時に最も流行しました。いわゆる「松花鼎《しょうかかなえ》に飄《ひるがえ》りて泛《う》かび、蘭《らん》気甌《きほとぎ》に入《い》りて軽《かる》し」（李徳裕《りとくゆう》「平泉を憶ゆ雑詠・茗芽を憶ゆ」）、「銚《ちょう》は煎《い》れば黄蕊《こうしん》の色《いろ》、碗《わん》は転《てん》ずれば麴尖《きくせん》の花《はな》」（元稹《げんじん》「一字至七字詩・茶」）という詩句が描写しているのが煮茶です。

　点茶は抹茶を茶盞《ちゃせん》に盛り、そこに瓶から湯を注ぎ、同時に茶匙《ちゃさじ》で茶盞の中をゆっくりとかき混ぜるもので、晩唐《ばんとう》以後に流行しました。点茶の重要な道具の一つが湯瓶《とうへい》であり、出土物によく見られます。西安にある、大和《だいわ》三年（八二九年）の王明哲《おうめいてつ》墓から出土した、胴部がふくらみ、口が広がり、肩に短い「流《りゅう》」［注ぎ口］がある瓶には、底に墨で「茶杜瓶《ちゃとへい》」と書かれています[*2]。また、茶葉の選別には十分な注意が払われました。「茶筍《ちゃじゅん》」や「茶芽《ちゃが》」が貴ばれ、茶摘みも春・晴れた日・早朝でなければなりません。製茶は「蒸《じょう》」［蒸す］、「搗《とう》」［臼でつく］、「拍《はく》」［叩いて固める］、「焙《ほう》」［弱火であぶり乾かす］、「穿《せん》」［紐や竹を通す］、「封《ふう》」［容器に入れて封印する］などの工程を経ました。『茶経』は茶の飲用について、さらに「之《これ》を調《ととの》えるに塩《しお》を以《もっ》てす」と記しており、ほかにショウガを少し加える飲み方もありました。宋代ではこのような飲み方から完全に脱却し、茶の味はより純粋になりました。蘇軾は「唐人《とうひと》の煎茶《せんちゃ》は薑《きょう》［ショウガ］を用《もち》う」や「又《ま》た塩《しお》を用《もち》いる者有《ものあ》り。近世此《きんせいこ》の二物《にぶつ》を用《もち》いる者有《ものあ》らば、輒《すなわ》ち大《おお》いに之《これ》を笑《わら》えり」［『東坡志林』］と述べています。明代になると、茶葉に湯を注ぐ「撮泡法《さつほうほう》」が興りました。この方法は簡便で、茶の香りを保つことができました。

　唐代には「茶《ちゃ》は食物《しょくもつ》為《た》り、米塩《べいえん》と異《こと》ならず」（『唐会要』巻八四「雑税」や『旧唐書』巻一七三「李珏伝」に見える）と考えられていました。茶樹が経済作物となると、秦嶺《しんれい》と淮河《わいが》以南の産茶地は七十余州近くに及び[*3]、「江南《こうなん》の百姓《ひゃくせい》は生《せい》を営《いとな》むに、多《おお》く種《う》えるを以《もっ》て業《なりわい》と為《な》す」や「濾州《ろしゅう》 管《つかさど》る所《ところ》の五県《ごけん》……業《なりわい》を作《な》すは多《おお》く茗茶《めいちゃ》に仰《たの》み、本《もと》に務《つと》めるは秀麦《しゅうばく》に同《おな》じからず」という状況となりました。さらに、唐の文宗《ぶんそう》［李昂］の大和《だいわ》年間［八二七〜八三五年］には「江淮《こうわい》の人《ひと》、什《じゅう》に二《に》、三《さん》は茶《ちゃ》を以《もっ》て業《なりわい》と為《な》す」（王欽若等編『冊府元亀』巻五一〇「邦計部・重斂」）となりました。唐末、五代の人である韓鄂《かんがく》は農家の暦書《れきしょ》『四時纂要《しじさんよう》』を編纂し、茶樹の生育環境や土壌・気候・栽培方法などを全面的に記録しました。

茶葉は貯蔵や携帯が容易なうえ、運送コストが安く「歳《とし》に茗茶《めいちゃ》を江南《こうなん》の間《あいだ》に鬻《ひさ》ぎ、常《つね》に豊利《ほうり》を獲《え》て帰《かえ》る」（『太平広記』巻一七三「崔碣」が引く「唐闕史」）という商人が多く存在していました。唐の徳宗《とくそう》［李适］の時からは茶税の徴収を開始し、この後、絶えず税を重くして、中・晩唐時の国家の重要な財源となりました。

宋代になると、毎年市場に供給される茶葉の総量は百万貫《がん》に達し、[*4] 商業や貿易の発展を促しただけではなく、国家経済の命脈ともなりました。唐の茶を飲用する風習は国外にも伝わり、ウイグルや吐《と》蕃《ばん》および周辺の国家や地域では唐から大量の茶葉を輸入しました。

また、茶の飲用には専用の器具が必要であることから、手工業の発展をも促しました。『茶経』巻中では茶具《ちゃぐ》として二十四種類を挙げており、磁器製の茶器の優劣を評論して「或《あ》る者《もの》、邢州《けいしゅう》を以《もっ》て越州《えっしゅう》の上《うえ》に処《お》るとするも、殊《こと》に然《しか》らざると為《な》す。邢瓷《けいじ》は銀《ぎん》に類《に》て、越瓷《えつじ》は玉《ぎょく》に類《に》る、邢《けい》の越《えつ》に如《し》からざるの一《いち》なり。邢瓷雪《けいじゆき》に類《に》て、越瓷《えつじ》は氷《こおり》に類《に》る、邢《けい》の越《えつ》に如《し》からざるの二なり。邢瓷《けいじ》は白《しろ》くして茶《ちゃ》の色《いろ》は丹《あか》し、越瓷《えつじ》は青《あお》くして茶《ちゃ》の色《いろ》は緑《みどり》なり、邢《けい》の越《えつ》に如《し》からざるの三なり」と述べています。

これは士大夫《したいふ》が茶器を選ぶうえでの主観的な愛好でしたが、品質のよい器具の生産に影響を及ぼしました。白居易《はくきょい》の詩には「茶新《ちゃあたら》しくして、玉塵《ぎょくせん》を碾《ひ》く」とあり、また耶律楚材《やりつそざい》の詩には「黄金《おうごん》の小《しょう》碾《てん》、飛瓊《ひけい》の屑《せつ》」とありますが、[*5] これは金銀の茶器の描写です。はたして、陝西《せんせい》省扶風《ふふう》県の法門寺《ほうもんじ》では「茶槽子《ちゃそうし》・茶碾子《ちゃてんし》・茶羅《ちゃら》・匙子《さし》一副七事《いちふくしちじ》」［茶器の七点］の美しい高級な銀の茶器が出土しました。宋の徽宗《きそう》は『大観茶論《だいかんちゃろん》』のなかで「碾《てん》［茶をひく薬研のような器具］は銀《ぎん》を以《もっ》て上《じょう》と為《な》し、熟鉄《じゅくてつ》は之《これ》に次《つ》ぐ」と主張し、茶瓶は「金銀宜《きんぎんよろ》し」としており、唐代の人々の意見と一脈相通じるところがあります。

茶の飲用は、次第に娯楽性や文化性をもつ活動となりました。「午《ご》〔昼〕の茶《ちゃ》は能《よ》く睡《すい》を散《さん》じ、卯《う》〔早朝〕の酒《さけ》は善《よ》く愁《うれ》いを銷《け》す」（白居易「府西池の北に新たに水斎を葺き事に即きて賓を招き偶題す十六韻」）や「愁《うれ》いを駆《か》りて酒《さけ》の力《ちから》を知《し》り、睡《すい》を破《やぶ》りて茶《ちゃ》の功《こう》を見《み》る」（同前「東鄰の王十三に贈る」）とされ、茶の喉を潤す以外の効用がより注目されました。さらに視覚や嗅覚など感覚器官の楽しみが強調され、見れば青緑、嗅げばほのかな香り、飲めば甘く潤いがあり、そのことで精神的な喜びを得ました。唐代の李徳裕《りとくゆう》は煎茶に用いる水を求め、千里の遠きをものともせず、現在の無錫《むしゃく》にある恵山泉《けいざんせん》から湧水を取り寄せていました。（王讜撰、周勛初校正『唐語林校証』巻七）

また、文人《ぶんじん》・士大夫は雅集《がしゅう》〔詩文などを作る集まり〕や交友接客の際には、必ず茶を飲みました。長沙窯で発見された磁器の茶碗には「国士飲《こくしいん》」と刻まれているほか、洛陽履道里《りどうり》の白居易旧宅遺跡の出土物には茶碾《ちゃてん》・碾槽《てんそう》・茶托《ちゃたく》などがあり、文人が詩を詠み、書をしたため、茶を飲むという雅趣のあったことを物語っています。唐代には「茶《ちゃ》の道大《みちおお》いに行《おこな》われ、王公朝士《おうこうちょうし》、飲《の》まざる者《もの》無《な》し」（封演撰、趙貞信校注『封氏聞見記《ふうしぶんけんき》校注』の「飲茶《いんちゃ》」）という記載があります。また、元稹《げんじん》は茶について「詩客《しきゃく》を慕《した》い、僧家《そうか》を愛《あい》す」（「賦茶詩」）と述べており、茶は仏教活動とも関係があったことがわかります。禅僧が禅を学ぶことは、茶を飲用する気風を盛んにしました。『封氏聞見記《ふうしぶんけんき》』巻六「飲茶」の条には「開元《かいげん》中《ちゅう》、泰山《たいざん》の霊巌寺《れいがんじ》に降魔師有《ごうましあ》り、大《おお》いに禅教《ぜんきょう》を興《おこ》す。禅《ぜん》を学《まな》びて不寐《ふび》〔寝ないこと〕に務《つと》め、又《ま》た夕《ゆう》に食《しょく》せざるも、皆《み》な其《そ》の茶《ちゃ》を飲《の》むを許《ゆる》す。人自《ひとみずか》ら懐挟《かいきょう》〔携帯〕し、到《いた》る処《ところ》煮飲《しゃいん》す。此《こ》れより転《てん》じて相《あ》い倣効《ほうこう》し、遂《つい》に風俗《ふうぞく》と成《な》る」とあります。

宋代には茶坊《ちゃぼう》や茶肆《ちゃし》が急激に増加し、「士大夫《したいふ》、朋《とも》と期《き》し友《とも》と約《やく》し会聚《かいじゅう》するの処《ところ》」（呉自牧撰、傅林祥注『夢粱録』巻一六「茶肆」）であるだけではなく、「五奴《ごど》〔妻を売るようなやから〕打聚《だじゅう》」や「諸行《しょこう》の借《しゃく》工《こう》、売伎人《ばいぎじん》の会聚《かいじゅう》の処《ところ》」でもありました。茶の飲用は日増しに普及して洗練され、「闘茶《とうちゃ》」が出現しました。

皎然《こうねん》が著した「飲茶歌《いんちゃか》」には「孰《だれ》か知《し》らん茶《ちゃ》の道《みち》、全《すべ》て爾《なんじ》の真《しん》なるを、唯《た》だ丹丘《たんきゅう》の、此《か》くの如《ごと》く得《え》る有るのみ」（皎然「飲茶歌・崔石使君を誚《せ》む」）とありますが、ここに見える「茶の道」は「茶事《ちゃじ》」あるいは「茶芸《ちゃげい》」に相当します。しかし、「道」という字からは、茶がさらに高い境地へと引き上げられているように思われます。

宋代には「闘茶」という茶の技芸を競う遊びが出現しました。闘茶の時には固めてあった茶餅《ちゃへい》を炙《あぶ》って乾かし、磨り潰して細かな粉末とし、さらにふるいにかけます。それは「羅《ふるい》細《こま》かければ則《すなわ》ち茶《ちゃ》浮《うか》び、粗《あら》ければ則《すなわ》ち水《みず》浮《う》かぶ」（蔡襄『蔡襄集』巻三五「茶録」上篇「羅茶」）というほどでした。湯はほどよくなければならず、茶の粉末には一定の割合がありました。さらに、湯を注ぐ速度や、かき混ぜる強さに注意する必要があり、こうして茶は「調《ととの》えること融膠《ゆうこう》の如《ごと》し」「周《あま》ねく回旋《かいせん》するも動《うご》かず」「之《これ》を咬盞《こうせん》と謂《い》う」（以上は趙佶『大観茶論』）、という状態になりました。茶の粉末の浮き沈みは技術の高低を区別する基準でした。茶の淹れ方が正しくないと、茶と湯が遊離して茶盞の内にくっつき、跡を残してしまいます。こうなると失敗です。

闘茶の気風は茶器の多様化を促しました。宋の祝穆《しゅくぼく》『方輿勝覧《ほうよしょうらん》』には「茶《ちゃ》の色《いろ》は白《しろ》く、黒盞《こくせん》に入《い》らば、其《そ》の痕験《あとため》し易《やす》し」とあります。そこで宋代の茶器は黒盞を貴び、福建建陽水吉鎮《ふっけんけんようすいきっちん》の建窯《けんよう》が最も評判でした。南方地域だけではなく、北方地域にある白磁を焼く多くの窯でも黒盞を焼きました。明代になると、碾《てん》・磨《ま》・羅《ら》・筅《せん》などは廃れて用いられなくなり、黒盞も次第に勢いを失い、「瑩白《えいはく》たること玉《ぎょく》の如《ごと》し」という茶器が「茶色《ちゃしょく》を試《ため》すべきは、最《もっと》も要用《ようよう》を為《な》す」と考えられました。

精緻化に向かった文人の茶芸の隆盛は、「茶寮《ちゃりょう》、構《かま》えて斗室《としつ》あり、書斎《しょさい》に相《あ》い傍《そ》い、内《うち》に茶具を置《お》き、一《いっ》の童子《どうじ》をして専《もっぱ》ら茶設《ちゃせつ》を主《つかさど》らしめ、以《もっ》て長日《ちょうじつ》の清談《せいだん》、寒宵《かんしょう》の兀坐《こつざ》［ぼんやりと座ること］に供《きょう》す。幽人《ゆうじん》の首務《しゅむ》、少廃《しょうはい》するべからざる者《もの》なり」（屠隆『考槃餘事』）というほどでした。明代の茶寮には、歌舞音曲や犬の飼育、乗馬といった娯楽をさげすみ、功名俸禄にあまり熱心ではなく、隠逸《いんいつ》的傾向を帯びた人士が集まり、彼らは茶をめぐる活動を無欲な生活情緒と高雅な生活の品位の象徴としました。民間では茶だけを供する茶館もさらに発展し、そのゆるやかで気軽な雰囲気によって庶民が楽しむことのできる場所となりました。*6

宮殿・住居建築と什器

唐宋時期の建築の発展は、人々の日常生活に重要な転換をもたらし、これにあわせて日用家具や装飾品も旧来のものに取って代わりました。建築材料について見ると、北方は土や木の構造を主としており、南方では竹や木が用いられました。高い技術が駆使された建築は主に宮殿や寺院です。則天武《そくてんぶ》后《こう》の時、洛陽《らくよう》に造営された明堂《めいどう》［皇帝が政務を執ったり、祭祀を行ったりする建物］は「高さ二百九十四尺」あったとされ、遺跡から発見された石を敷き詰めた円形の基礎は、巨大な建築を支えるための土台でした。*7

これに対して、民間の住居は社会の様子をより詳細に描写しています。一般的な建築では、唐代では茅葺《かやぶ》きの家屋が次第に瓦葺《かわらぶ》きになり、宋璟《そうけい》は南方で役人をしていた時、「広州《こうしゅう》の旧俗《きゅうぞく》、皆《み》な竹茅《ちくぼう》を以《もっ》て屋《おく》を為《な》し、屢《しば》しば火災有《かさいあ》り」（『旧唐書』巻九六「宋璟伝」）であったことから、「人《ひと》をして瓦《かわら》を焼き、店肆《てんし》を改造《かいぞう》せしむ。是《これ》より復《ま》た延焼《えんしょう》の患《うれ》い無《な》し」（同前）としました。また、韋丹《いたん》は洪州《こうしゅう》刺史《しし》、江南西道観察使《こうなんせいどうかんさつし》であった際、「始《はじ》め人《ひと》をして瓦屋《がおく》を為《な》さしめ、材《ざい》を山《やま》に取《と》り、陶工《とうこう》を召《め》して人《ひと》に陶《とう》を教《おし》う」（韓愈「唐故江西観察使韋公墓誌銘」）ことを実施しました。

宋代の民間建築では、唐代に引きつづき瓦葺きの家屋が普及し、葉康直《しょうこうちょく》は湖北光化県《こほくこうかけん》の長官であった時、「県《けん》に竹多《たけおお》し、民皆《たみみ》な編《あ》みて屋《おく》を為《な》す。康直教《こうちょくおし》えて陶瓦《とうが》を用《もち》いしめ、以《もっ》て火患《かかん》を寧《やす》んず」（『宋史』巻四二六「葉康直伝」）としました。また、孝宗《こうそう》［趙昚］の時、鄭興裔《ていこうえい》は揚州《ようしゅう》の長官となると、「民旧《たみふる》くは皆《み》な茅舎《ぼうしゃ》にして焚《も》え易《やす》し。興裔之《こうえいこれ》に銭《ぜに》を貸《か》し、命《めい》じて易《か》えるに瓦《かわら》を以《もっ》てし、是《これ》より火患乃《かかんすなわ》ち息《や》む」（『宋史』巻四二五「鄭興裔伝」）となりました。しかし、南方の竹で作った建物にはやはり特色があり、王禹偁《おううしょう》の「新建小竹楼記《しんけんしょうちくろうき》」には「黄岡《こうこう》の地竹多《ちたけおお》く、大《だい》なる者《もの》は椽《たるき》の如《ごと》し。竹工之《ちくこうこれ》を破《やぶ》り、刳《えぐ》りて其《そ》の節《ふし》を去《さ》り、用《もっ》て陶瓦《とうが》に代《か》う。比屋皆是《ひおくみなこ》れなるは、其《そ》の廉価にして工《こう》は省《はぶ》けるを以てなり」とあります。

住宅も身分等級の象徴であったため、建築様式には厳格な規定がありました。唐代では王公から庶民に至るまで、住宅の部屋数・様式・大小・装飾には厳格な区別がありました。[*8] 住宅を建造するのに「令《れい》に於《お》いて違《たが》うこと有《あ》る者《もの》は、杖一百《じょういっぴゃく》」（劉俊文撰『唐律疏議箋解』巻二六「雑律上」）というように、その罰はたいへん厳しいものでした。また、建築物の使用や出入りにも規定があり、女性は正殿での宴会に参加することはできず、歌舞を上演する者は正門を通ることが許されませんでした。[*9]

宋代にも「臣庶家屋制度《しんしょかおくせいど》」がありました。これは、「私居《しきょ》は、執政《しっせい》・親王《しんのう》は府《ふ》と曰《い》い、余《よ》の官《かん》は宅《たく》と曰《い》い、庶民《しょみん》は家《か》と曰《い》う。諸道府《しょどうふ》の公門《こうもん》は戟《げき》を施《ほどこ》すを得《え》たり。若《も》し私門《しもん》ならば則《すなわ》ち爵位穹顕《しゃくいきゅうけん》にして恩賜《おんし》を経《へ》る者之《ものこれ》を許《ゆる》す……凡《およ》そ公宇《こうう》は、棟《むね》に瓦獣《がじゅう》を施《ほどこ》し、門《もん》に梐枑《へいご》［進入を防ぐための柵］を設《もう》く。諸《しょ》州《しゅう》の正牙門《せいがもん》［官署の正門］及《およ》び城門《じょうもん》は、並《なら》びに鴟尾《しび》を施《ほどこ》し、拒鵲《きょしゃく》［鴟尾の鰭の上の刺《とげ》］を施《ほどこ》すを得《え》ず。

六品《ろくひん》以上《いじょう》の宅舎《たくしゃ》は、烏頭門《うとうもん》を作《つく》るを許《ゆる》す。父祖《ふそ》の舎宅《しゃたく》有《あ》る者《もの》、子孫《しそん》仍《な》お之《これ》有《あ》るを許《ゆる》す。凡《およ》そ民庶《みんしょ》の家《いえ》は、重 栱《ちょうきょう》を施《ほどこ》すを得《え》ず、藻井《そうせい》及《およ》び五色《ごしき》の文采《ぶんさい》を飾《かざ》りと為《な》すも、仍《な》お四鋪飛簷《しほひえん》を得《え》ず。庶人《しょじん》の舎屋《しゃおく》は、五架《ごか》を許《ゆる》し、門《もん》は一間《いちげん》両厦《りょうか》なるのみ」（『宋史』巻一五四「輿服志」）というものでした。

唐代と比べると、宋代の制度は建築物に対する制限をゆるやかにしましたが、家屋の規模や様式、呼称は社会階層によって区別され、家屋を見ればすぐに家主の地位がわかりました。これは、まさに朱熹の言う「譬如《たと》えば屋《おく》を看《み》れば、須《すべから》く那《か》の房屋《ぼうおく》の間架《かんか》を看《み》るべし、那《か》の外面《がいめん》の墻壁粉飾《しょうへきふんしょく》を看《み》るを要《よう》する莫《な》し」（『朱子語類』巻一二〇）です。宋の朝廷は、さらに家屋に関する禁令を公布し、景祐《けいゆう》三年（一〇三六年）には臣民に対して「屋宇《おくう》は邸店《ていてん》・楼閣《ろうかく》の街市《がいし》に臨《のぞ》むの処に非《あら》ざれば、四鋪《しほ》を為して閙闘《とうとう》八《はち》［闘八藻井、装飾天井の一種］を作《つく》るを得《う》る毋《な》し。品官《ひんかん》に非《あら》ざれば門屋《もんおく》を起《お》こすを得《う》る毋《な》し、宮室《きゅうしつ》、寺観《じかん》に非《あら》ざれば、棟宇《とうう》に綵絵《さいかい》し、及《およ》び朱黝《しゅゆう》［朱と黒］もて梁 柱 牕牖《りょうちゅうそうゆう》［まど］に漆《うるし》ぬり、柱礎《ちゅうそ》に雕鏤《ちょうろう》するを得《う》る毋《な》し」（『宋史』巻一五三「輿服志」）という 詔《みことのり》を下しました。

都市の家屋住宅の大小には大きな差があったにせよ、その構造はいずれもほぼ同じであり、基本的には「合院《ごういん》」形式です。合院は通常、中心線上に「大門《だいもん》」「中堂《ちゅうどう》」「後院《こういん》」「正寝《せいしん》」があり、左右対称に「廂房《そうぼう》」と「廊屋《ろうおく》」がありました。西安の中堡《ちゅうほ》村の唐墓《とうぼ》や山西長治《さんせいちょうち》の唐墓から出土したセットの住宅模型は、幅が狭く長い四合院《しごういん》です。貴族の屋敷は土地が広いため、いくつかの建物によって構成されていました。合院式建築の配置は閉鎖的ですが、内部は緻密に設計され優雅なものでした。中に入ると、まず「影壁《えいへき》」があって内側の様子が見えないよう遮っており、味わい深い審美観を表現しています。「正房《せいぼう》」［母屋］の中間は「中堂」といい、客の応接に使用しました。「廂房」と「廊屋」は客の宿泊に用いられ、「後院」は家族が居住する場所でした。

宋代の張択端《ちょうたくたん》「清明上河図《せいめいじょうがず》」に描かれている都市の小型住宅は比較的自由であり、多くは「懸山《けんざん》」［切妻屋根］や「歇山《けつざん》」［入母屋］の瓦屋根であり、やや大きな住宅では「門屋《もんおく》」を建て、内部は四合院の形式であり、中庭には花樹を植えていました。また、宋代の王希孟《おうきもう》「千里江山図《せんりこうざんず》」には大中小の異なる民家が描かれており、富貴な人の住居は大門の中に「照壁《しょうへき》」を作っていますが、依然として前側に中堂、後側に正寝という伝統の原則を踏襲しています。しかし、中堂や正寝の両側には「耳房《じぼう》」や「偏院《へんいん》」があり、中庭の多くは「廊屋《ろうおく》」を「回廊《かいろう》」の代替とし、居住面積を増やしています。農村の住宅は、壁の低い茅葺きの建物でしたが、茅葺きと瓦葺きの建物を合わせて一つの住居としている建築もありました。村落は美しい自然環境によって住宅を建造しており、家屋の配置はさまざまな建物が混合して比較的自由でした。

住宅のプライバシーは守られており、唐代の法律では「其《そ》れ士庶公私《ししょこうし》の第宅《だいたく》は、皆《み》な楼閣《ろうかく》を造《つく》り、臨《のぞ》みて人家《じんか》を視《み》るを得《え》ず」（『唐会要』巻三一「輿服上」雑録）と規定されています。雍州《ようしゅう》長史《ちょうし》の李晦《りかい》は「私第《しだい》に楼有《ろうあ》り、下《した》は酒肆《しゅし》に臨《のぞ》む」でした。酒肆の主人は李晦に対して「微賤《びせん》の人《ひと》、則《すなわ》ち礼《れい》の及《およ》ばざる所《ところ》と雖《いえど》も、然《しか》れども家《いえ》に長幼有《ちょうようあ》り、外人之《がいじんこれ》を窺《うかが》うを欲《ほっ》せず、家《いえ》は明公《めいこう》の楼《ろう》に迫《せま》り、出入便非《しゅつにゅうべんあら》ず、此《こ》の辞《じ》に従《したが》わんことを請《こ》う」（『旧唐書』巻六〇「李晦伝」）と述べました。李晦はこれを聞いて、すぐに楼を取り壊しました。

近隣関係のなかでは、一つの井戸を共用するのは一般的なことでした。これは当時の風俗であり、もし勝手に井戸を掘ることがあれば、人々の非難を受けました。唐代の詩人姚合《ようごう》の「街西《がいせい》の居三首《きょさんしゅ》」は「浅浅《せんせん》たる一《いっ》の井泉《せいせん》、数家共《すうかとも》に之《これ》を汲《く》む。独《ひと》り我水《われみず》の濁《にご》るを悪《にく》み、井《せい》を庭《にわ》の陲《ほとり》に鑿《うが》つ。自《みずか》ら鑿《うが》ち還《ま》た自《みずか》ら飲《の》むは、亦《ま》た衆《しゅう》の非《ひ》とする所《ところ》となる」と感嘆しています。

唐宋時代の住宅の選択と修築はたいへんよく研究されていました。富貴・子宝・出世などを願い、または引越しや新居の建築には、家相の占い師を招いたり、占いの書によって場所を観察したりしました。たとえば、長安城《ちょうあんじょう》内の永嘉坊《えいかぼう》は、方士《ほうし》が貴い気に溢れていると言ったことで、多くの王侯貴族が居住しました。長安城は東高西低の地形であり、官吏の多くは東部に住み、庶民は西部に集住していました。また、宦官の住居は大明宮《だいめいきゅう》に近く、身分によって区分された居住区にありました。長安城の住民は、籍貫《せきかん》［本籍地］や職業ごとに集住していました。城の西北には「祆寺《けんじ》」［ゾロアスター教の寺院］や「大秦寺」［ネストリウス派キリスト教の教会］がいくつも建てられて西域人が多く居住し、楽器を作るものは崇仁坊《すうじんぼう》に集中しており、士大夫や僧侶・道士は多くが親仁坊《しんじんぼう》に住んだほか、「凶肆《きょうし》」など葬儀を行う組織は、多くが豊邑坊《ほうゆうぼう》などにありました。

平面に豊かな空間を創造する住宅は、人類の基本的な生活の拠り所です。隋代と唐代前期では、床《ゆか》面《めん》に筵《むしろ》を敷いて生活するのが一般的な生活習慣でした。このため、家具には「寝床《しんしょう》」［ベッド］以外の「坐床《ざしょう》」（榻ともいう）があり、その上には「茵蓐《いんじょく》」［敷物］を敷き、その上には、これと組み合わせて坐床の上に置く丈の低い「几案《きあん》」［テーブル］が用いられました。坐床は帳《とばり》の中に置かれ、茵蓐と帳は織物によって作られ、両者は保温や目隠しという実用的な機能があり、同時に装飾としての役割も果たし、また壮厳な雰囲気を作り出しました。[*10]

また唐代には、「胡床《こしょう》」が流行しました。これは便利な折りたたみ式の腰掛けです。胡床は外来の座具全体をも指しました。「坐床」「几案」「簾帷《れんい》」などが隋唐の一般的な生活のシーンを構成しました。床面に座る際に用いる几案は大きくて丈が低く、唐朝の節度使《せつどし》の礼案《れいあん》［官署で公事決裁の際に用いられた大型の机］は「高さは尺二寸有り、方は八尺」（『新唐書』巻四九下「百官志」）でした。

およそ盛唐《せいとう》以後、室内空間の変化や仏像が脚を下に垂らして座ることの影響で、脚の長い家具が次第に増加しました。乾元二年（七五九年）に埋葬された北京何氏《ほくけいかし》の墓には、レンガを積み上げた机一脚と椅子二脚が見られます。また、天宝《てんぽう》十五年（七五六年）の高元珪《こうげんけい》墓の壁画にも、脚が長く背もたれのある椅子が描かれています。九世紀前半に日本の高僧円仁《えんにん》は唐に来朝し、みずから見聞《けんぶん》した様子について「相公及《そうこうおよ》び監軍并《かんぐんなら》びに州《しゅう》の郎中《ろうちゅう》、郎官《ろうかん》、判官等《はんがんなど》は皆椅子《みないす》の上《うえ》に喫茶《きっさ》す」（円仁撰、顧承甫・何泉達点校『入唐求法巡礼行記』巻二）と述べています。高い背もたれの椅子は、唐代では「縄床《じょうしょう》」あるいは「倚床《きしょう》」と呼ばれました。『資治通鑑《しじつがん》』に元代の胡三省《こさんせい》が加えた注釈には「交床《こうしょう》、縄床《じょうしょう》は、今《きん》人《じん》の家《いえ》に之《これあ》有り、然《しか》るに二物《にぶつ》なり。……縄床《じょうしょう》は板《いた》を以《もっ》て之《これ》を為《な》す。人《ひと》は其《そ》の上《うえ》に坐《すわ》り、其《そ》の広《ひろ》さこと膝《ひざ》を容《い》るべし、後《うし》ろに靠背《こうはい》［背もたれ］有《あ》り、左右《さゆう》に托手《たくしゅ》［ひじ掛け］有《あ》り、以《もっ》て臂《ひじ》を擱《お》くべし、其《そ》の下四足《したしそく》は地《ち》に着《つ》く」（『資治通鑑』巻二四二「唐紀」穆宗長慶二年）とあります。椅子とセットで用いられたのがテーブルであり、敦煌《とんこう》の唐代の壁画に見えます。五代《ごだい》の顧閎中《ここうちゅう》が描いた「韓熙載夜宴図《かんきさいやえんず》」にも官僚家庭のテーブル、椅子、ベッド、屏風といった家具が描かれています。

宋代の人々は、ついに正座の習慣を改めました。宋代の墓には、レンガの彫刻でテーブルや椅子を表現しているのがよく見られ、壁画にも、室内の屏風の前に椅子が置かれ、客と主人が向かい合って座る情景が描かれています。

脚の長い家具と床面に座る際に用いる家具は明らかに異なります。生活方式に変化がもたらされると、人々の交際や儀礼観念もこれに従って変化し「若《も》し賓客《ひんきゃく》に対《たい》する時《とき》は、合当《まさ》に足《あし》を垂《た》れて坐《すわ》るべし」（『朱子語類』巻九一「礼・雑儀」）、「古人《こじん》は席《せき》［敷物］に坐《ざ》す、故《ゆえ》に伸足《しんそく》を以《もっ》て箕踞《ききょ》［リラックスして座る姿勢］を為《な》す。今《いま》の世《よ》は榻《とう》［ベッド］に坐《ざ》す、乃《すなわ》ち足を垂るを以《もっ》て礼《れい》と為《な》すは、蓋《けだ》し相反《あいはん》するなり」（『鶏肋編』巻下）となりました。脚の高い家具を用いるようになったことで居室の中を歩くのはより自由になり、視界は広がり、日常生活の器物は全体的に低かったのが高い形状となり、観賞のための図案や模様も、器物の表面を飾るだけであったのが内部にまで施されるようになりました。これは、晩唐や宋代以降の器具装飾の特徴です。また、机に向かう姿勢の変化により、書法の芸術的な風格や探求にも変化が起こりました。

家具とその配置以外にも、役所の庁堂《ちょうどう》の壁には常に書・絵画・律令《りつりょう》が掛けられたり、描かれたりしていました。これにはみずからへの戒《いまし》めや激励の意味があり、装飾でもありました。このほか、風を遮り目隠しをする屏風がありました。屏風は伝統的な家具ですが、唐宋時代の建築では「斗拱《ときょう》［ますぐみ］」が室内空間の高さを増し、折りたたみ式の屏風が広く流行しました。このような可動式の間仕切りを用いることで、室内空間を必要に応じて分割することが可能となりました。通常、屏風には書画が描かれており、製紙技術が発達したことから、室内の目立つ位置に置かれる屏風は木を骨組みとし、そこに紙を張りました。唐の太宗は屏風に『列女伝《れつじょでん》』を揮毫《きごう》し、房玄齢《ぼうげんれい》は「家誡《かかい》」を記しました。

陝西《せんせい》省西安《せいあん》・新疆《しんきょう》ウイグル自治区トルファン・山西《さんせい》省太原《たいげん》で発見された唐代の墓には、多くの屏風画が見られます。これらには牧馬図《ぼくばず》・樹下人物《じゅかじんぶつ》・花鳥《かちょう》・雲鶴《うんかく》・山水《さんすい》といった画題が描かれています。また、トルファンのアスターナで出土した屏風の一部である絹画には、盛装の貴婦人が碁を打ち、侍女がそれを見ている場面が描かれています。[*11] さらに、南唐《なんとう》の後主李煜《こうしゅりいく》には「馮延巳《ふうえんし》を召《め》して事《こと》を論《ろん》じ、宮門《きゅうもん》に至《いた》るも逡巡《しゅんじゅん》して進《すす》まず。後主使《こうしゅつか》いをして之《これ》を促《うなが》しむも、延巳《えんし》云《い》うに、「宮娥《きゅうが》［宮女］の青紅《せいこう》錦袍を着《き》て門《もん》に当《あ》たりて立《た》つ有《あ》り、故《ゆえ》に敢《あえ》て径進《けいしん》せず」と。随《したが》わしめて共に行き之《これ》を諦視《ていし》すれば、乃《すなわ》ち八尺《はっしゃく》の琉璃《るり》屏画《へいが》「夷光独立図《いこうどくりつず》」なり。之《これ》に問《と》うに、董源《とうげん》の筆《ふで》なり」（伊世珍輯『瑯嬛記』巻中が引く『丹青記』）という故事があります。これは元来の屏風が大きかったうえ、董源の描いた人物がいきいきとしていたからです。宋代の人々は書画を掛けて居室を飾ることを好むようになり、店舗もこれによって客を呼ぶようになり、「汴京《べんけい》の熟 食店《じゅくしょくてん》、名画《めいが》を張掛《ちょうか》し、観《み》る者《もの》を勾引《こういん》するは、食客《しょっかく》を留《りゅう》連《れん》せしむが所以《ゆえん》なり」（呉自牧撰『夢粱録』巻一六「茶肆」）でした。

唐宋の人々が公共活動を行う場所は主に市場や寺院でした。唐代の市場は昼に開き、日没前に閉まりました。*12 寺院はたいてい環境が美しく、正殿や廊院《ろういん》の壁には大家の手になる壁画や書がありました。寺院では壁画を観賞し、庭園を遊覧し、仏塔に登り高所から遠くの風景を眺めることができました。寺院によっては独特の活動がありました。たとえば、唐代の文人には科挙に参加し、進士に合格した後に行う愉快な活動がありました。それは慈恩寺《じおんじ》の雁塔《がんとう》に行って名前を記すことです。功成り名遂げた科挙の合格者が永遠にその名を残すと同時に、多くの苦しみや喜びをも記録しました。白居易《はくきょい》は二十七歳の時、一回の試験で合格し大いに喜んだ際「慈恩塔下題名《じおんとうかだいめい》の処《ところ》、十七人中《じゅうしちにんちゅう》最《もっと》も少年《しょうねん》なり」の詩句を揮毫しました。

寺院は僧侶の生活空間であるだけではなく、都市の娯楽場でもありました。寺の楼閣では酒宴を開く人がおり、祭日にはいつも灯火が点《とも》り、人々は劇を見るにも寺院に行かねばならず、「長安《ちょうあん》の戯《ぎ》場《じょう》は多《おお》く慈恩《じおん》に集《あつ》まり、小《しょう》なる者《もの》は青龍《せいりゅう》に在《あ》り、其《そ》の次《つぎ》は薦福《せんふく》・永寿《えいじゅ》なり」（銭易撰・黄寿成点校『南部新書』戊）でした。則天武后《そくてんぶこう》の時には、さらに薦福寺《せんふくじ》を武挙《ぶきょ》［武官の採用試験］のうち「遠射《えんしゃ》」「騎射《きしゃ》」「槍《そう》」「歩射《ほしゃ》」「才貌《さいぼう》」「言語《げんご》」「挙重《きょじゅう》」の七科目の試験場としました。宋代の大きな寺観《じかん》［仏教の寺院と道教の道観］ではさらに市《いち》が開かれ、東京城《とうけいじょう》中では「相国寺《しょうこくじ》の内万姓交易《うちばんせいこうえき》す」（孟元老撰、鄧之成注『東京夢華録』巻三）という状況でした。当然ながら僧侶の「俗講《ぞくこう》」、「変文《へんぶん》」、民間の講釈、そして民間の伎芸《ぎげい》も常に寺院で上演され、ある寺院では、さらに旅客に宿泊や読書の場を提供しました。

道路・郵駅と交通手段

　唐宋時代の道路は性質・用途・形態・品質によって、それぞれ「御道《ぎょどう》」「官道《かんどう》」「駅道《えきどう》」「貢道《こうどう》」「餉道《しょうどう》」「運道《うんどう》」「堤道《ていどう》」「桟道《さんどう》」などと呼ばれました。唐代には都を中心とした官道が四方へ通じて各州県に至っており、幹線道路だけで五万里から七万里ありました。[*13] 対外交通の重要な道路は七本あり、「一は営州《えいしゅう》入安東道《あんとうどう》と曰《い》い〔営州から安東に入る道の意。以下、同じ〕、二は登州《とうしゅう》海行入高麗渤海道《こうらいぼっかいどう》と曰《い》い、三は夏州《かしゅう》塞外《さいがい》通大同雲中道《だいどううんちゅうどう》と曰《い》い、四は中受降城《ちゅうじゅこうじょう》入回鶻道《かいこつどう》と曰《い》い、五は安西《あんせい》入西域道《さいいきどう》と曰《い》い、六は安南《あんなん》通天竺道《てんじくどう》と曰《い》い、七は広州《こうしゅう》通海夷道《かいいどう》と曰《い》う」（『新唐書』巻四三下「地理志」）でした。このほかにも、吐蕃道《とばんどう》と南詔道《なんしょうどう》がありました。宋代には「閣道《かくどう》は平坦《へいたん》、駅舎《えきしゃ》・馬鋪《ばほ》は完備《かんび》し、道店《どうてん》は稠《ちゅう》密《みつ》にして、行旅《こうりょ》は飲食《いんしょく》を得《え》易《やす》し」（『宋会要輯稿』「方域」一〇之三一四）となり、交通はさらに便利になりました。

　唐代の長安城《ちょうあんじょう》内の道路は、宮中に磚道《せんどう》〔レンガで舗装した道路〕がある以外、ほとんどすべてが土の道でした。唐の長安城にあった平康坊《へいこうぼう》と宣陽坊《せんようぼう》の間の東西方向の街道は発掘によると、道路の幅は二九m前後、道の両脇には土止めがあり、その外側は幅約二mの排水溝でした。道路の敷設は、まず土地の表土を削って除き、路面をしっかりとつき固め、石や瓦礫《がれき》を敷き詰め、最上面に土を敷きました。城外の官道には、五里ごとに一つの方錐形の盛土を置き、十里ごとに二つの盛土を置き、これを「里隔柱《りかくちゅう》」と呼びました。宋代の道路標識は「堠子《こうし》」と呼ばれ、上部に木牌を挿し込んだり、石刻を置いたりしました。堠子には「里堠《りこう》」や「界堠《かいこう》」などがあり、里堠は一般的に五里・十里に一つ設置されました。界堠は国境や州境、県境を示す標識でした。

唐宋時代は交通を管理し、『唐律《とうりつ》』では「城内《じょうない》の街巷及《がいこうおよ》び人衆《じんしゅう》の中《なか》において故無《ゆえな》くして車馬《しゃば》を走《はし》らせる者《もの》は、笞五十《むちごじゅう》」や「城門《じょうもん》に入《い》るは左由《ひだりよ》りし、出《い》づるは右由《みぎよ》りす」（劉餗撰、程毅中点校『隋唐嘉話』巻中）と規定しています。また、路上で人と対向するには「賎《せん》は貴《き》を避《さ》け、少《しょう》は老《ろう》を避《さ》け、軽《けい》は重《じゅう》を避《さ》け、去《ゆ》くは来《く》るを避《さ》く」（李林甫等撰、陳仲夫点校『唐六典』巻四「尚書礼部」。また、陸増祥撰『八瓊室金石補正』巻一二一の宋四〇にある「大陽堠石刻」）であり、宋代では類似の規定が官道の石堠《せきこう》に刻まれていました。陝西省《せんせい》略陽《りゃくよう》県では南宋淳熙《じゅんき》八年（一一八一年）に刻まれた交通規則の石碑「儀制令《ぎせいれい》」が発見されています。[14]

土の道は一般的に大雨や水たまりには耐えられませんでした。このため、北宋の仁宗《じんそう》［趙禎］の時には「河北《かほく》は比歳《ひさい》［連年］積雨《せきう》あり、道途壊《どうとこわ》る」となり、皇帝は特に詔を下して「官路《かんろ》の両旁《りょうぼう》を塹《ほ》らしめ、闊《ひろ》さは五尺《ごしゃく》、深《ふか》さは七尺《ななしゃく》」とさせ、「以《もっ》て水潦《すいりょう》［雨水］を瀉《そそ》ぐ」ようにしました。官府はさらに「官道《かんどう》を夾《はさ》みて楡柳《ゆりゅう》を植《う》え、或《ある》いは土地《とち》の宜《よろ》しき所《ところ》に随《したが》いて、雑木《ざつぼく》を種《う》う」としました。（『宋会要輯稿』「方域」一〇之三一四）

自然の川や湖は水路に通じていますが、さらに運河を開鑿《かいさく》して水陸交通網を形成し、物資の流通を大いに促しました。特に盛唐《せいとう》以後、食糧や宮廷の贅沢品の多くが南方からもたらされており、便利で速い道路を通じてすばやく北方へと輸送しました。道路の付属設備には橋があります。隋代に作られた橋の典型な実例としては、趙州橋《ちょうしゅうきょう》が現存しています。また、灞橋《はきょう》は隋の開皇《かいこう》三年（五八三年）に建設され（図13-2）、元代に廃止されました。陝西省の東渭橋《とういきょう》は木造橋であり、その遺構は全長五四

図13-2　西安の隋代灞橋遺跡

八・八m、幅は一一mです。*15 このほか、唐代の東北から陸路で関中《かんちゅう》に入る際の要害である山西《さんせい》省蒲州《ほしゅう》の黄河東岸では、特色ある浮橋の「蒲津橋《ほしんきょう》」の橋頭遺跡が発見され、迫力のある鉄牛《てつぎゅう》・鉄人《てつじん》・鉄山《てつざん》・鉄柱《てっちゅう》などが出土しました。*16 体がよく肥えて地に臥した鉄製の牛の下には厚い鉄板と四つの大きな鉄柱があり、鉄柱は一丈ほど地面に打ち込んであり、重量は約一五tです。牛の尾の後ろには横になった軸があり、ここに浮橋の鉄鎖を縛りつけて、浮橋の本体となる舟を結びつけました。

「東南《とうなん》の郡邑《ぐんゆう》、水《みず》の通《つう》ぜざるは無《な》し」（李肇撰『唐国史補』巻下）であることから、造船業が飛躍的に発展しました。唐朝の貞観《じょうがん》二十一年（六四七年）には「勅《みことのり》して宋州刺史《そうしゅうし》王波利《しおうはり》等《など》をして江南《こうなん》十二州《じゅうにしゅう》の工人《こうじん》を発《はっ》し、大船数百艘《たいせんすうひゃくそう》を造《つく》らし」（『資治通鑑』巻一九八「唐紀」一四・太宗貞観二十一年）め、翌年八月には再び「越州《えっしゅう》都督府《ととくふ》及《およ》び婺《ぶ》・洪等《こうなど》の州《しゅう》は海船《かいせん》及《およ》び双舫千《そうほうせん》一百余《いっぴゃくよ》艘《そう》を造《つく》る」ことを命じ、同年九月には潭州《たんしゅう》でも剣南道《けんなんどう》の造船任務を請け負いました。

水陸交通の発達と造船技術の向上については、「天下《てんか》の諸津《しょしん》、舟航《しゅうこう》の聚《あつ》まる所《ところ》、旁《かたわら》は巴《は》・漢《かん》に通《つう》じ、前《まえ》は閩《びん》・越《えつ》を指《さ》し、七沢十藪《しちたくじゅっそう》、三江五湖《さんこうごこ》、河洛《からく》を控引《こういん》し、兼《か》ねて淮海《わいかい》を包《つつ》む。弘舸巨艦《こうかきょかん》、千軸《せんじく》万艘《ばんそう》、交貿往還《こうぼうおうかん》すること、昧旦永日《まいたんえいじつ》たり」（『旧唐書』巻九四「崔融伝」）となりました。唐代の運河を運行する輸送船の積載量は通常一千石《せき》であり、大河を運行する船は八、九千石を積載することができました。宋代になると、内陸河川では平底船《ひらぞこぶね》を用いており、航海には「上《うえ》は平《たい》らかなること衡《こう》の如《ごと》く、下《した》は側《そば》だつこと刃《は》の如《ごと》し」（呉自牧撰、傅林祥注『夢粱録』巻一二「江海船艦」）という尖底船《せんていせん》を用い、建造した船は「海商《かいしょう》の艦《かん》、大小等《だいしょうひと》しからず、大《だい》なる者《もの》は五千料《ごせんりょう》、五六百人《ごろっぴゃくにん》を載《の》すべし、中等《ちゅうとう》は二千料《にせんりょう》より一千料《いっせんりょう》に至《いた》り、亦《ま》た大小等《だいしょうひと》しからず、二三百人《にさんびゃくにん》を載《の》すべし」（同前）でした。この時期には、人力でペダルを踏む水中翼船《すいちゅうよくせん》も登場しました。これは原始的なスクリューでした。また、「風雨晦冥《ふううかいめい》の時《とき》、惟《た》だ針盤《しんばん》によりて行《ゆ》く」（同前）というように、方位磁針が航海に用いられ始めました。

陸路交通の道具は主に車です。長安城の道路の発掘中に、密集した轍《わだち》が発見されました。その轍の幅は一・三五〜一・四〇mです[*17]。唐代には、太僕寺《たいぼくじ》乗黄署《じょうこうしょ》が天子の車を管掌し、車府署《しゃふしょ》が王公以下の車を管理し、内侍省《ないじしょう》は宮中の車、駕部《がぶ》は運輸用の車を管理しました。玄宗が「九品已下《きゅうひんいか》の清資《せいし》の官《かん》「職位はあるが実権のない官」は、客舎《きゃくしゃ》・邸店《ていてん》・車坊《しゃぼう》を置《お》くを禁《きん》ず」（『旧唐書』巻九「玄宗紀」）と命じた記録からすれば、各官府も多くの車を所有しており、車輌を停める車坊《しゃぼう》を設けていたようです。憲宗《けんそう》の時、河南府《かなんふ》が糧秣《りょうまつ》を運送するために牛車《ぎゅうしゃ》四〇三五台を雇ったことは、当時、私有の車輌が多く存在しており、専門の「車家《しゃか》」や「車坊」が車を貸し出していたことを示しています。[*18] 宋代は馬が不足しており、車輌には牛・驢馬《ろば》・騾馬《らば》が多く用いられました。伝世の宋代の絵画には、牛車と驢馬車が多く見られます。しかも「運糧《うんりょう》の法《ほう》、人六斗《ひとろくと》を負《お》う」（沈括撰、劉尚栄点校『夢渓筆談』巻一一「官政」）、「駝《だ》は三石《さんせき》を負《お》い、馬《うま》・騾《ら》は一石五斗《いっせきごと》、驢《ろ》は一石《いっせき》なり」（李燾『続資治通鑑長編』巻四六九の元祐七年条）といった運搬量に関する記載も現れました。

「車馬衣服《しゃばいふく》は、事制度《ことせいど》に関《かか》わり、逾越《ゆえつ》に合《あ》わず」（『全唐文』巻六八「敬宗皇帝御丹鳳楼大赦文」）という記載の「車馬」は、主に人を載せる車輌を指しています。

皇帝から大臣まで、外出の際には儀礼や等級を示す車馬の儀仗《ぎじょう》が付き従いました。皇帝・皇后・太子の儀礼で用いられる車は複雑でした。陝西省《せんせい》乾《けん》県にある唐の懿徳太子李重潤《いとくたいしりじゅうじゅん》墓の墓道の東壁と西壁に描かれた儀仗図には、馬夫《ばふ》が出発を待つ馬車三台を引く様子が見えます。これらの車輌は赤く塗られており、皇太子が搭乗する「金輅車《きんらくしゃ》」「軺車《ようしゃ》」および「四望車《しぼうしゃ》」と合致します。[*19]

百官以下の車でよく見られるのは「犢車《とくしゃ》」です。『隋書《ずいしょ》』「礼儀志《れいぎし》」には「王公《おうこう》より已下《いか》、五品已《ごひんい》上《じょう》に至《いた》るまで、並《なら》びに之《これ》に乗《の》らしむ……六品已下《ろくひんいか》は給せず、自《みずか》ら犢車《とくしゃ》に乗《の》るに任す」とあります。犢車は用いられる材料・色彩・装飾および車を引く家畜の数において同じではありませんでした。「魏晋以降《ぎしんいこう》、隋代迄《ずいだいまで》、朝士《ちょうし》は又《ま》た牛車《ぎゅうしゃ》に駕《の》る」というように、官吏や士族は牛車に乗るのを重んじました。このため、考古発掘により発見された官吏の墓の多くには、牛車を中心とする儀仗隊の俑《よう》、あるいは壁画として表現されています。

陝西《せんせい》省礼《れい》県の唐上元《じょうげん》二年（六七五年）「右驍衛大将軍《うぎょうえいだいしょうぐん》」阿史那忠《あしなちゅう》墓の墓道西壁に描かれた、頑強な牛が轅《ながえ》につながれ車輪の大きな篷車《ほうしゃ》を引いている様子は、阿史那忠の儀仗の行列に違いありません。[*20]

類似の牛車は鄭仁泰《ていじんたい》墓や顕慶《けんけい》五年（六六〇年）の李震《りしん》墓の壁画からも発見されています。河南省偃師《かなんえんし》市杏園《きょうえん》の唐景龍《けいりゅう》三年（七〇九年）寧州参軍李嗣本《ねいしゅうさんぐんりしほん》墓からは、ほぼ完全な陶製牛車の模型が出土しており、それは車台に「巻棚《けんほう》」［半円形の幌］があり、前の檐《ひさし》部分に柵があり、後の檐の右側に留門《りゅうもん》があります[*21]。文献の「五品《ごひん》は軺車《ようしゃ》に乗《の》る」という記載によれば、この陶製牛車の明器《めいき》［副葬品］はおそらく唐代の軺車でしょう。また、山東《さんとう》省嘉祥《かしょう》県の徐敏行《じょびんこう》墓の墓室東壁に描かれた「夫人出游図《ふじんしゅつゆうず》」は最前列にいる四人の女性が宮灯をもって先導し、その後ろに帳のある牛車が続いており、これは女主人の乗った「安車《あんしゃ》」に違いありません。

このほか、貞観《じょうがん》四年（六三〇年）の李寿《りじゅ》墓には「牛車図《ぎゅうしゃず》」が描かれています。この牛車は木製の二輪、轅《ながえ》のある車で、一人の男性が車を御し、車の上には一人の女性が座っており、若い夫婦のようです。これはおそらく、夫が妻を送って親戚を訪ね、妻の実家に向かう場面であり、この車はきっと一般的な牛車であったのでしょう。

盛唐以後、外出する際には、車に代わり馬に騎乗するようになりました。『旧唐書《くとうじょ》』「輿服志《よふくし》」には「高宗輅《こうそうろ》［皇帝の車］に乗《の》るを喜《よろこ》ばざりてより、大礼有《たいれいあ》る毎《ごと》に、則《すなわ》ち御輦《ぎょれん》［皇帝の乗る車］以《もっ》て来往《らいおう》す。爰《ここ》に則天《そくてん》に洎《およ》びて以後《いご》、遂《つい》に以《もっ》て常《つね》と為《な》す。玄宗《げんそう》は又《ま》た輦《れん》を以《もっ》て礼《れい》に中《あた》らずとし、又《ま》た廃《はい》して用《もち》いず。開元十一年《かいげんじゅういちねん》［七二三年］の冬《ふゆ》、将《まさ》に南郊《なんこう》に事有《ことあ》り、輅《ろ》に乗《の》りて往《ゆ》き、礼畢《れいお》わり、騎《き》して還《かえ》る。此《こ》れより、行幸及《ぎょうこうおよ》び郊祀等《こうしなど》の事《こと》、遠近《えんきん》と無《な》く皆《み》な儀衛《ぎえい》の内《うち》に騎《き》す」という記載があります。このように、玄宗以後は、これらの壮厳な儀式の場合でも馬に乗ることが可能となり、乗馬の風潮はさらに広まりました。

この時期の墓の壁画には牛車を主体とした儀仗は現れなくなり、婦人が馬に騎乗して遠出する姿が流行し始めました。伝世の絵画の中でも、張萱《ちょうせん》の「虢国夫人遊春図《かくこくふじんゆうしゅんず》」には、春の雰囲気に満足する虢国夫人と下女や宮人が美しく飾られた馬に乗って遊びに出かける情景が描かれており、女性が馬に騎乗するのは開元年間の新たな流行でした。後には「工商《こうしょう》に禁《きん》じて馬《うま》に乗《の》るを得《え》ず」*22としたのを除き、「貴賤《きせん》の行《ゆ》く所《ところ》、鞍馬《あんば》を通《かよ》わしむのみ」（『旧唐書』巻四五「輿服志」）となりました。

　徒歩に代わるものとしては、ほかにも「輦《れん》」や「輿《よ》」がありました。「今《いま》の輦《れん》の制《せい》は軺車《ようしゃ》を象《かたど》るも輪《りん》を施《ほどこ》さず……人《ひと》を用《もっ》て之《これ》を荷《にな》わしむ」（『隋書』巻一〇「礼儀志」）というように、人力で担ぐ輦のような種類の用具は、後の「轎子《きょうし》」と似ています。唐の殿中省《でんちゅうしょう》には尚輦局《しょうれんきょく》が設けられ、皇帝が用いる「輦」を管理しました。伝世の閻立本《えんりっぽん》「歩輦図《ほれんず》」には、皇帝が輦に乗る情景が描かれています。「輿」の使用範囲はやや広く、種類もきわめて多く、肩に担ぐ乗り物でした。当初は老年や病を患った高位の臣下が参内する際に乗ることを許されましたが、後には民間でも普及しました。「輿」について、唐の『因話録《いんわろく》』には鄭還古《ていかんこ》が「初《はじ》め青斉《せいせい》［山東］の間《かん》に家《いえ》するも、李師道《りしどう》の漸《ようや》く王命《おうめい》を阻《はば》むに遇《あ》い、老親《ろうしん》を扶侍《ふじ》して洛《らく》［洛陽］に帰《かえ》る。其《そ》の弟《おとうと》と自《みずか》ら肩輿《けんよ》を舁《かつ》ぎ、晨暮奔迫《しんぼほんはく》し、両肩《りょうけん》皆《み》な瘡《そう》たり」（趙璘撰『因話録』巻二）であったと記されています。また、時には女性が「担子《たんし》」に乗ることで、車に乗る代わりとしました。「担子」は「轎子」であり、人が肩に担いだので、「肩輿《けんよ》」とも呼ばれました。唐の新城公主《しんじょうこうしゅ》墓に描かれている担子は建物の形をしており、四人の担ぎ手に担がれています。

　また、『新唐書《しんとうじょ》』「車服志《しゃふくし》」には「外命婦《がいめいふ》の一品《いっぴん》、二品《にひん》、三品《さんぴん》は金銅飾犢車《こんどうしょくとくしゃ》に乗《の》り、担舁《たんよ》するに八人を以《もっ》てし、三品は舁《かつ》ぐに六人を以《もっ》てす。四品《よんひん》、五品《ごひん》は白銅飾犢車《はくどうしょくとくしゃ》に乗《の》り、担舁《たんよ》するに四人《よにん》を以てす」という記載があります。これによると、担子は朝廷より封号《ほうごう》を受けた命婦の乗り物であり、身分によって担ぎ手の人数が異なりました。新城公主は正一品ですが担ぎ手が四人しかいないのは、永徽《えいき》年間に初めて「担《たん》に坐《ざ》し以《もっ》て車《くるま》に乗《の》るに代《か》う」となったからであり、この時はまだ定まった制度がありませんでした。

宋代には「百官皆《ひゃっかんみ》な馬《うま》に乗《の》る」〔『愛日斎日抄』引用の『朝野雑記』〕ようになり、元老や大臣は老年あるいは病を患った際にはじめて「轎《こし》」に乗ることを許されました。司馬光《しばこう》は大臣になった後「肩輿《けんよ》に乗《の》るを許《ゆる》さ」〔宋の徐自明撰『宋宰輔編年録』巻九「哲宗元豊八年」〕れ、王安石《おうあんせき》は「相位《しょうい》を辞《じ》し、鐘山《しょうざん》に居《お》り、惟《た》だ驢《ろ》に乗《の》る。或《あ》ひと其《そ》れに勧《すす》めて人《ひと》をして輿《こし》を肩《かつ》がしむ」〔『邵氏聞見録』巻一一〕という話が伝わっています。しかし、乗馬と轎子には厳格な等級規定がありませんでした。宋の太宗《たいそう》の時には「工《こう》商《しょう》・庶人《しょじん》の家担子《いえたんし》に乗《の》るに、或《ある》いは四人《よにん》、八人《はちにん》を用《もっ》てす」〔『宋史』巻一五三「輿服志」〕であったことから禁止を命じました。宋の哲宗《てつそう》の時には「京城《けいじょう》の士人《しじん》と豪右大姓《ごうゆうたいせい》〔富豪や権勢のある家〕」が四人の担ぎ手に担がれた轎子に乗ったことで「僭擬《せんぎ》」〔僭越であること〕であると非難された〔『宋史』巻一五三「輿服志」〕ことから、礼儀制度が制限したのが、主に轎子の大きさと担ぎ手の人数であったことがわかります。宋の徽宗《きそう》の時になると、「富民《ふみん》・娼優《しょうゆう》・下賎《げせん》」などの人々は一般的な「暖轎《だんきょう》」〔とばりで覆われた轎〕に乗ることを禁止されましたが〔同上〕、これは逆に、貴顕《きけん》や平民が轎子に乗ることは普遍的であったことを示しています。

道路と密接に関わる「郵駅《ゆうえき》」は、唐宋の時期に設けられた特色ある交通管理施設です。「郵駅」は重要な道路に国家が設けた休憩所であり、文書の郵送を受け持ちました。唐の玄宗の時期の記録によると、「凡《およ》そ三十里《さんじゅうり》に一駅《ひとえき》あり、天下《てんか》に凡《およ》そ一千六百三十有《ゆう》九所」〔李林甫等撰、陳仲夫点校『唐六典』巻五「尚書兵部」〕でした。最初は軍事情報や政府公文書の伝達に用いられ、勅命を受けた使者だけが使用することができ、尚書省《しょうしょしょう》の兵部《ひょうぶ》が管理しました。中央には「館駅使《かんえきし》」が設置され、郵駅ごとに専門の役人がいました。「郵駅」は軍事的な性質を帯びていたことから唐代初期にはきわめて重視され、唐の太宗が皇太子の李治《りち》に庶務を代行させた時でも、郵駅を管理する権限は与えず、「常式《じょうしき》に依《よ》りて奏聞《そうぶん》せしむ」ほどでした。後に郵駅の使用範囲は次第に拡大し、高級官僚は行く先々の駅を利用して赴任することができ、郵駅が宿泊・食事・交通用具を提供しました。また、郵駅では資産家を駅の管理者である駅長《えきちょう》に任用するようになりました。[*23]

「陸駅《りくえき》」と「水駅《すいえき》」には駅吏《えきり》と労役に従事する駅丁《えきてい》がおり、各駅の重要性や忙しさの程度によって、管轄する駅馬や駅船の数は六等級に分けられていました。最も高い等級の駅では馬が七十五頭おり、最も低い等級では八頭でした。等級によって郵駅の機能も異なり、「飛駅《ひえき》」は「乗駅《じょうえき》」よりも移動が速く、「一騎《いっき》の紅塵《こうじん》に妃子《ひし》笑《しほほえ》み、人《ひと》の是《こ》れ茘枝《れいし》の来《き》たるを知《し》る無《な》し」［杜牧「過華清池絶句・其二」］というように、郵駅を通じて、すぐさま四川の新鮮な茘枝《れいし》［ライチ］が長安の楊貴妃のもとへと届けられました。

郵駅の管理には銅製の「伝符《でんふ》」［通行のための割符《わりふ》］が用いられました。割符は目的地の方向によって青龍《せいりゅう》（東）・白虎《びゃっこ》（西）・朱雀《すざく》（南）・玄武《げんぶ》（北）に分かれており、伝符の半分をそれぞれ中央と地方で保管し、使用する際に照合しました。後に伝符は紙製となり「凡《およ》そ駅《えき》に乗《の》る者《もの》は、京《きょう》に在《あ》りては門《もん》下《か》に券《けん》を給《たま》わり、外に在りては留守及《りゅうしゅおよ》び諸軍《しょぐん》、州《しゅう》に券《けん》を給《たま》う」（李林甫等撰、陳仲夫点校『唐六典』巻五「尚書兵部」）となりました。符券には行程・日数・経由する駅館が記されており、違反した者は罰せられました。また、駅を利用する者は帰還の際に符券を返納しなければならず、期日までに返納しなければ法律によって罪を問われました。

郵駅の管理が次第に緩むにしたがい、利用者の範囲は拡大し、地方官は常に一部の人々に「食牒《しょくちょう》」

や「館牒《かんちょう》」などを持たせて郵駅での食事や宿泊を特別に許可していました。元稹《げんじん》は監察御史《かんさつぎょし》であった時、上奏文のなかで「伏《ふ》して前後《ぜんご》の制敕《せいちょく》に準《じゅん》ずるに、駅《えき》に入《い》らば須《すべから》く正券《せいけん》を給《きゅう》すべく、並《なら》びに牒《ちょう》〔証明書〕を転《てん》じて供擬《きょうぎ》〔供給の意〕するの例無《れいな》し」（『元稹集』巻三八「伝牒の事を論ず」）と述べています。「妄《みだ》りに食牒《しょくちょう》を出《い》だし、館駅《かんえき》を煩擾《はんじょう》す」（同前）るのは違法でしたが、これは交通が発達したことの必然的な結果でした。

宋代の郵駅の多くは前代の王朝のものをそのまま用い「六十里《ろくじゅうり》に駅有《えきあ》り、駅《えき》に餼給有《ききゅうあ》り」（高承撰、李園訂、金円、許沛藻点校『事物紀原』巻七）、「二十里《にじゅうり》に馬鋪《ばほ》を置《お》き、歇馬亭有《けつばていあ》り」（同前）でした。官僚が公務で出かける際にはしばしば「駅券」が与えられ、「以《もっ》て伝食《でんしょく》の費《ひ》と為《な》す」〔『三朝北盟会編』巻二五〇〕ことがありました。

官駅のほかには「私館《しかん》」もあります。これは都や州県、道路のそばに設けられ、旅客に食事や宿泊場所を提供しました。券や割符は必要なく、受け入れの範囲は広範でした。宋代には、官府の館駅《かんえき》と私人の邸店《ていてん》の区別は次第に小さくなり、実際にはその機能が拡大して「東《ひがし》は宋汴《そうべん》に至《いた》り、西《にし》は岐州《きしゅう》に至《いた》るに、路《みち》を夾《はさ》みて店肆《てんし》を列《つら》ね客《きゃく》を待《ま》ち、酒饌豊溢《しゅせんほういつ》たり。店毎《みせごと》に皆《み》な驢《ろ》有《あ》りて客《きゃく》の乗《の》るに賃《か》す。倏《しゅう》忽《こつ》として数十里《すうじゅうり》、之《これ》を駅驢《えきろ》と謂《い》う。南《みなみ》は荊《けい》・襄《じょう》に詣《いた》り、北《きた》は太原《たいげん》・范陽《はんよう》に至《いた》り、西《にし》は蜀川《しょくせん》・涼府《りょうふ》に至《いた》るも、皆《み》な店肆有《てんしあ》り、以《もっ》て商旅《しょうりょ》に供《きょう》す」（『通典』「食貨典」）ほどでした。さらに、当時は交通地図も作られ、南宋の首都臨安《りんあん》一帯には白塔橋《はくとうきょう》があり、「朝京里程図《ちょうけいりていず》」を印刷販売し、旅行者に利便を提供しました。

第二節　風俗と娯楽

婚姻と葬礼

「士庶迎親《ししょげいしん》の儀《ぎ》は、諸六礼《これりくれい》に備《そな》わる」（『旧唐書』巻四五「輿服志」）と言われますが、結婚の際の六礼とは「納采《のうさい》」「問名《もんめい》」「納吉《のうきつ》」「納徴《のうちょう》」「請期《しょうき》」「親迎《しんげい》」です。すなわち、男性が媒酌人にプレゼントを持たせて求婚すること〔納采〕、女性の姓氏や出生年月を尋ねること〔問名〕、婚姻の吉凶を占うこと〔納吉〕、結納品の受け渡し〔納徴〕、結婚の期日を請うこと〔請期〕、花嫁を迎えにいくこと〔親迎〕であり、これらの前代からの伝統は、隋や唐でも引きつづき行われました。

　唐代の初めには「男は年二十、女は年十五以上、及《およ》び妻喪達制《さいそうたっせい》〔妻を亡くしてから満三年〕の後《のち》、孀《そう》居服紀《きょふくき》〔夫を亡くしてから満三年〕已《すで》に除《のぞ》かるるは、並《なら》びに須《すべから》く申《もう》すに媒媾《ばいこう》〔媒酌人〕を以《もっ》てし、其《そ》の好《こう》合《ごう》を命《めい》ずべし」（宋敏求編、洪丕謨等点校『唐大詔令集』巻一一〇「有司をして庶人に婚聘時に及ばんことを勧めしむ詔」）という詔令が公布されました。また、唐の玄宗《げんそう》の時には再び「男は年十五、女は年十三以上、婚嫁《こんか》を聴《き》く」という勅令が出されました。これは一般的な提案ではなく、いくらか強制的な意味合いがありました。「刺史《しし》・県令以下《けんれいいか》の官人《かんじん》、若《も》し能《よ》く婚姻時《こんいんとき》に及《およ》びて鰥寡《こんか》の数《かず》少なからしめば、量るに戸口《ここう》の増多《ぞうた》に准《よ》り、以《もっ》て考第《こうだい》を進《すす》む」（『冊府元亀』巻六三五「考課」）というように、結婚の推進は地方官の業績を審査する根拠の一つとなりました。早婚を提唱する目的は人口の増加です。隋の大《たい》業《ぎょう》五年（六〇九年）の戸数は八九〇万戸でしたが（『隋書』巻二九「地理志」）、隋末の戦乱で人口は激減し、唐の武徳《ぶとく》年間の人口はわずかに二〇〇万戸でした。唐は農業社会として、その農業の生産方式のため、男女の結びつきと出産生育の奨励はきわめて重要なことでした。出土した唐代の墓誌の内容による統計では、女性は十四歳から十九歳の間に嫁ぐことが最も多かったようです。子孫繁栄と直接関係する婚姻は国家の人民の生活を安定させ、経済を復興、発展させようとする政策に取り入れられ、玄宗の天宝《てんぽう》十三載（七五四年）になると人口は九六二万戸に達しました。この時期は、ちょうど社会が盛んな状態でもありました。

婚姻には、社会に内在する秩序を維持する役割があるため、さまざまな条件や社会観念の制約を受けました。隋唐時代になると配偶者を選ぶ基準は大きく変化し、隋や唐の前期にかけては名門士族が最も好ましい選択だとされました。南北朝以来の名門・大族《たいぞく》は「世代《せだい》［代々］衰微《すいび》し、全《まった》く冠蓋《かんがい》［高官］無《な》し」というほど零落《れいらく》していましたが、それでも隋唐になって現れた新興貴族と婚姻関係を結ぶことを望みませんでした。

婚姻における「門第《もんだい》［家柄］」観念はあらゆる社会階層の変化と結びつきました。唐の太宗《たいそう》は貞観《じょうがん》五年（六三一年）、高士廉《こうしれん》らに『氏族志《しぞくし》』を改訂させました。この基本的な原則は「今朝《こんちょう》の冠冕《かんべん》を崇重《すうちょう》す」であり、「数世以前《すうせいいぜん》を論《ろん》ずるを須《もち》いず。止《た》だ今日官爵《こんにちかんしゃく》の高下《こうげ》を取《と》りて等級《とうきゅう》と作《な》す」というものでした。唐の高宗はさらに同書を修訂させる際、「唐《とう》に仕《つか》えるを以《もっ》て官五品《かんごひん》に至《いた》るは、皆《み》な士流《しりゅう》に昇《のぼ》らしむ」［『新唐書』巻二二三「李義府伝」］、「各《おの》おの品位《ひんい》の高下《こうげ》を以て之《これ》を叙《じょ》す」［以上は『旧唐書』巻六五「高士廉伝」］という案を提起しました。唐は出自の異なる人々によって政権を奪取し統治を推し進めたため、「凡《およ》そ在朝《ざいちょう》の士《し》は、皆《み》な功効顕著《こうこうけんちょ》たり、或《ある》ものは忠孝《ちゅうこう》を称《たた》うべく、或《ある》ものは芸《げい》を学《まな》ぶこと通博《つうはく》にして、以《もっ》て擢用《てきよう》する所《ところ》なり」［同前］でした。このため、唐の官僚の門第を高め、新興貴族の社会的地位を改めたとはいえ、制度上の変更だけでは思想観念をすぐさま改めるのはたいへん難しかったのです。たとえば、則天武后《そくてんぶこう》の娘太平公主《たいへいこうしゅ》は薛紹《せっしょう》に嫁ぎましたが、薛紹の兄たちの妻は貴族ではなかったため、則天武后は「我《わ》が女《むすめ》、豈《あ》に田舎《でんしゃ》の女《むすめ》と妯娌《ちくり》［兄弟の妻が互いに呼びあうときの称］為《た》らしむべけんや」と述べています。

門第観念の根深さは、必然的に婚姻習俗にも影響し、唐代には「陪門財《ばいもんざい》」や「売婚《ばいこん》」という現象が起こりました。すなわち、新興貴族が古くからの名門と婚姻を結ぶ際には莫大な財物を費やす必要があり、「門望《もんぼう》」［出身一族の声望］が足りなければ相手側に「陪門財」［持参財］を贈らなければなりませんでした。これは「売婚」と同じです。たとえば、唐の太宗の時には「見《げん》に三品《さんぴん》以上《いじょう》に居《お》るも、衰代《すいだい》の旧《きゅう》門《もん》と共《とも》に親《しん》を為《な》さんと欲《ほっ》せば、縦《たと》え多《おお》く銭帛《せんはく》を輸《おく》るも、猶《な》お偃仰《えんぎょう》［おごりたかぶること］せらる」（『旧唐書』巻六五「高士廉伝」）というほどでした。これらの方法は皇帝の反感を買い、唐の高宗は直接「仍《かさ》ねて天下《てんか》の女《むすめ》を嫁《か》し財を受くるの数《かず》を定《さだ》め、陪門財《ばいもんざい》を受《う》くるを得《え》る毋《な》かれ」（『資治通鑑』巻二〇〇「唐一六」高宗顕慶四年）という詔を出しました。しかし、大暦《たいれき》年間に至っても、名門の盧氏《ろし》は「女《むすめ》を他《た》門《もん》に嫁《とつ》がしむるに、聘財《へいざい》は必《かなら》ず百万《ひゃくまん》を以《もっ》て約《やく》と為《な》し、此《こ》の数《かず》に満《み》たざれば、義《ぎ》は行《おこな》わざるに在《あ》り」（『太平広記』巻四八七「霍小玉伝」）でした。

婚姻の状況について見ると、皇帝には正妻である皇后のほかに、妃《ひ》・嬪《ひん》・婕妤《しょうよ》・美人《びじん》・才人《さいじん》・宝《ほう》林《りん》・御女《ぎょじょ》・彩女《さいじょ》などがいました。隋の開皇《かいこう》十六年（五九六年）には「詔《みことのり》して九品《きゅうひん》已上《いじょう》の妻《つま》、五品《ごひん》已《い》上《じょう》の妾《しょう》、夫亡《おっとな》くなれども改嫁《かいか》するを得《え》ず」（『隋書』巻二「高祖紀」）としましたが、これは官吏や庶民が妻のほかに妾《めかけ》をもつことができたことを示しています。妻は「内子《ないし》」とも呼ばれ、妾は「外婦《がいふ》」「姫《き》」「側室《そくしつ》」などと呼ばれました。唐の宰相の王鐸《おうたく》は「侍妾列《じしょうれつ》を成《な》す」ほど多くの妾がおり、太子少師《たいししょうし》の李粛《りしゅく》には「姫妾数十人《きしょうすうじゅうにん》」がいました。妾の地位は特殊であり、特別な寵愛を受ける可能性もあれば、不要なものとみなされる可能性もあり、その命運は主人によって決められました。「一面《いちめん》の妖桃《ようとう》千里《せんり》の蹄《ひづめ》、嬌姿駿骨《きょうししゅんこつ》価《あたい》は応《まさ》に斉《ひと》し」（張祜『愛妾馬に換う』）というのは、妾を馬と交換することが公平な交易であったことを述べています。

男女婚姻の方法は「婚《こん》を為《な》すの法《ほう》は、必《かなら》ず行媒《こうばい》有《あ》り」や「媒《ばい》無《な》くば選《せん》を得《え》ず」ということが原則であり、媒酌人と父母の決定を経なければなりませんでした。女性にしてみれば、未婚では父に従い、嫁げば夫に従い、夫が亡くなれば子に従わなければならず、またその修養は品性・言辞・姿態・家事のいずれにも優れていなければならず、これは「三従四《さんじゅうし》徳《とく》」という規範でした。

唐では離婚はそれほど忌避されず、「義《ぎ》絶《た》えれば則《すなわ》ち離《はな》る」（長孫無忌等撰、劉俊文箋解『唐律疏議箋解』巻一四「戸婚律」）というように、一定の自由があり、法律の規定には「七出《しちしゅつ》」と「三不去《さんふきょ》」がありました。「七出」は妻に子が無い、淫らである、夫の父母に尽くさない、おしゃべり、窃盗、嫉妬、大病という問題があれば離婚できるというものでした。同時に、舅や姑の葬儀を取り仕切ったり、嫁ぐ時に夫が貧しかったがその後富貴になった者、女性に帰る実家がない場合は、離婚することができませんでした。これが「三不去」です。

唐代では、再婚がそれ以前の時代よりも多く、名前が伝わる唐代の公主［皇帝の娘］のうち、二十五人は再婚しています。婚姻観念はこれまでよりも開放的であり、男女の間では道徳観念にはずれた行いが多く、韋后《いこう》・上官昭容《じょうかんしょうよう》・安楽公主《あんらくこうしゅ》は多くの男性と通じ、高宗《こうそう》の妻である則天武后《そくてんぶこう》でさえ、もとは高宗の父の女性でした。このような現象は唐の前期に多く発生しており、恐らく外来の習俗の影響と関係があるでしょう。

一般の人がみずから配偶者を選ぶのは主流ではありませんでしたが、唐代になると時おり行われました。唐代には宮女《きゅうじょ》の詠んだ「常《つね》に落葉《らくよう》に書《か》き御水《ぎょすい》［宮中を流れる川］に随《したが》いて流《なが》れしむ」（范攄『雲渓友議』巻下「題紅怨」）、「将《まさ》に流《なが》れを接《つ》ぐ人《ひと》に寄《よ》せん」（同前）といった愛情の詩《し》は、宮殿の外にいる愛情深い儒生《じゅせい》［学生］の感嘆を引き起こし、儒生も同様の方法で詩を宮中の川づたいに返しました。こうして、朝廷が宮女を外へ使いに出した時に結婚する者がいました。この類の物語は、少なくとも自由恋愛に対する人々の願望を反映しています。

唐代の婚礼は通常夕方に行われ、その形式は多様でにぎやかなものでした。『封氏聞見記《ふうしぶんけんき》』の記載には「近代《きんだい》の婚嫁《こんか》は、障車《しょうしゃ》［新郎が花嫁を迎えに行く車を妨害すること］、下壻《かせい》、却扇《きゃくせん》、及《およ》び観花燭《かんかしょく》の事《こと》有《あ》り、又《ま》た卜地《ぼくち》・安帳《あんちょう》、并《なら》びに拝堂《はいどう》の礼有《れいあ》り。上《うえ》は皇室《こうしつ》より、下《した》は士庶《ししょ》に至《いた》るまで、皆《み》な然《しか》らざるは莫《な》し」（封演撰、趙貞信校注『封氏聞見記校注』巻五「花燭」）とあります。

唐代の人々は詩を好み、複雑な婚礼儀式では「却扇」によって風雅を演出しました。結婚前は扇子で顔を隠し、扇子に記された巧妙で優雅な詩句を詠み上げました。李商隠《りしょういん》の「董秀才《とうしゅうさい》に代《か》わりて却《きゃく》扇《せん》す」には「画扇《がせん》を将《と》りて帷《とばり》を出《い》で来《き》たる莫《な》かれ、春山《しゅんざん》を遮掩《しゃえん》して上才《じょうさい》を滞《とど》めしむ。若《も》し団円《だんえん》たること明月《めいげつ》に似《に》ると道《い》わば、此《こ》の中《うち》須《すべから》く桂花《けいか》を放《はな》ちて開《ひら》かしむべし」とあります。

新郎が花嫁を迎える行列が新婦の家に到着してから行われる「催粧《さいしょう》」は、大きな声で滑稽活発な詩歌を朗唱し、新婦が門から出てくるのを促すものです。陳嶠《ちんきょう》が八十歳のころに詠んだ「自《みずか》ら催粧《さいしょう》を賦《ふ》すの詩《し》」には「彭祖《ほうそ》尚《なお》聞《き》く年八百《としはっぴゃく》、陳郎《ちんろう》猶《なお》是《こ》れ小孩児《しょうがいじ》」とあり、八百歳まで生きたといわれる仙人の彭祖と比べれば、自分はまだまだ新婚の男性だと述べています。

宋代の天聖《てんせい》年間［一〇二三～一〇三二年］の法令は、唐代の開元《かいげん》二十二年（七三四年）に規定された「男子年《とし》十六より三十に至《いた》るまで、女子十四より二十に至るまで、身《み》及び昏《こん》を主《つかさど》る者《もの》無期《むき》［一年の喪］

以上《いじょう》の喪《そう》無ければ、皆《みな》婚《こん》を成《な》すべし」［司馬光『書儀』巻三］を踏襲しました。しかし、多くの人々が早婚に反対し、宋代の結婚年齢は上がりました。宋代の「婚姻《こんいん》に閥閲《ばつえつ》［家柄］を問《と》わず」（鄭樵『通志』巻二五「氏族略第一・氏族序」）は重要な変化でしたが、これは「門第」観念が消え去ったことを意味しているのでありません。娘婿を選ぶ際に門第よりも本人の前途を重んじるように変化したのであり、この状況を詠んだ「洞房花燭《どうぼうかしょく》［新婚］の夜《よる》、金榜題名《きんぼうだいめい》［科挙合格］の時《とき》」（洪邁『容斎四筆』巻八「得意失意詩」）という詩句が出現しました。

商品経済の発展によって金銭の魅力が増大したことは、婚姻関係においても、娘が嫁ぎ、あるいは嫁を迎えるのにも財物が論じられるという形で反映されました。北宋の蔡襄《さいじょう》は「今《いま》の俗《ぞく》、其《そ》の妻《つま》を娶《めと》るに門戸《もんこ》を顧《かえり》みず、直《た》だ資財《しざい》を求《もと》む」（蔡襄「福州五戒文」）と指摘しています。

結婚の手順について、宋代の人々は簡略であるべきことを強調していました。たとえば朱熹は「古《こ》礼《れい》に問名《もんめい》・納吉《のうきつ》有《あ》るも、今《いま》は尽《ことごと》く用《もち》いる能《あた》わず。止《た》だ納采《のうさい》・納幣《のうへい》（納徴）を用《もっ》てし、以《もっ》て簡便《かんべん》に従《したが》う」と述べています。[24] このように、婚姻の「六礼」は「納采」［結婚の申し込みに贈り物をする］、「納幣」［婚約の成立後に女性側の家に絹織物を贈る］、「親迎」［婚礼の日の出迎え］の三礼だけが残りました。

北宋以降に形成された新たな婚姻風習は、男性側が新婦を迎えるのに「花轎《かきょう》」を用い始めたことです。『東京夢華録《とうけいむかろく》』の「娶婦《しゅふ》」には「迎娶《げいしゅ》の日《ひ》に至《いた》り、児家《じか》は車子《しゃし》或《あ》るいは花担子《かたんし》を以《もっ》て発《はっ》し客《きゃく》を迎《むか》う」とあります。花轎に乗る際には三つの儀式がありました。まずは「起轎《ききょう》」です。女性側の家は新婦が花轎に乗った後、必ず人足に金銭を贈らねばならず、そうしないと人足は花轎を担ごうとしません。その次は「障車《しょうしゃ》」です。これは、新婦を迎えた行列が男性側の家へ戻る途中で邪魔されることです。市井の無法者、また王公までもが道を遮り、酒食や財物を要求しました。最後は「攔門《らんもん》」です。これは『夢粱録《むりょうろく》』巻二〇「嫁娶《かしゅ》」の条に「迎《むか》えて男家《だんか》の門首《もんしゅ》に至《いた》り、時辰《とき》は将《まさ》に正《ただ》し、楽官妓女《がくかんぎじょ》及《およ》び茶酒等《しゅなど》の人《ひと》は互《たが》いに詩詞《しし》を念《ねん》じ、門《もん》を攔《さえぎ》り利市銭紅《りしせんこう》を求《もと》む」とあります。「攔門詩《らんもんし》」はおめでたい内容ですが、その目的は財物を要求することでした。たとえば「仙娥縹緲《せんがひょうびょう》、人寰《じんかん》に下《くだ》り、咫尺栄帰《しせきえいき》す、洞府《どうふ》の間《あいだ》。今日門《こんにちもん》は闌《さえぎ》られるも喜色多《きしょくおお》し、花箱利市《かそうりし》は慳《お》しむを須《もち》いず」といったような内容です。これに対し、新郎は代わりの人に「攔門《らんもん》に答《こた》うる詩《し》」を読ませました。これは楽しく洒落ており、「従《じゅう》来君子《らいくんし》金《かね》を懐《いだ》かず、此《こ》の意追尋《いついじん》せば意《い》は転《うた》た深《ふか》し。諸親《しょしん》聊《いささ》か闊略《かつりゃく》せんことを望《のぞ》まんと欲《ほっ》す、介紹久《かいしょうひさ》しく労心《ろうしん》するを煩《わずら》わす毋《な》かれ」（陳元靓撰『事林広記』乙集巻下「家礼類」の婚礼）といった内容です。

新婦は花轎を降りる際に地面を踏んではならず、青い布や青い錦の敷物、青い毛織物の敷物上を歩かなければならず、男性の家の門や部屋にはいる前には、穀物・豆・銅銭・果物などを撒かなければなりませんでした。これは「撒豆穀《さっとうこく》」と呼ばれました。

婚礼のなかで行われる参拝の形式の一つは「拝先霊《はいせんれい》」です。これは「拝家廟《はいかびょう》」ともいいました。次は「拝舅姑《はいきゅうこ》」、すなわち夫の父母への拝礼、最後は「夫妻交拝《ふさいこうはい》」でした。これについて司馬光《しばこう》は「古《いにしえ》に壻婦交拝《せいふこうはい》の儀無《ぎな》し、今《いま》の世俗《せぞく》に始《はじ》めて相見《あいまみ》えて交《こも》ごも拝《はい》するあり」と述べています。新郎新婦が互いの腕を交差させて飲む「交杯酒《こうはいしゅ》」の方法にも異同があり、「古《いにしえ》は婚礼《こんれい》は巹《きん》［婚礼用の酒杯］を合《あ》わす、今や双杯彩糸《そうはいさいし》を以《もっ》て足《そく》を連《つら》ね夫婦伝飲《ふうふでんいん》す、之《これ》を交杯《こうはい》と謂《い》う」（王得臣撰、兪宗憲点校『麈史』巻下「風俗」）とあります。

隋唐の人々は、葬儀を礼の制度として非常に重視し、身分の異なる人の死を指す表現にはみな違いがありました。「凡《およ》そ喪《そう》は、三品以上《さんぴんいじょう》は薨《こう》と称《しょう》し、五品以上《ごひんいじょう》は卒《しゅつ》と称《しょう》し、六品《ろくひん》より庶人《しょじん》に達《たっ》するまでは死《し》と称《しょう》す」（『新唐書』巻四六「百官志」）と区別され、帝王の死は「駕崩《がほう》」と言いました。

西安《せいあん》地区で発掘された唐代の墓は数千基ありますが、これらは双室塼墓《そうしつせんぼ》［レンガで作られた墓］・双室《そうしつ》土洞墓《どどうぼ》・単室方形塼墓《たんしつほうけいせんぼ》・単室方形土洞墓《たんしつほうけいどどうぼ》・単室長方形土洞墓《たんしつちょうほうけいどどうぼ》などに分けられます。制度が厳格に行われていた時には、それぞれ皇室の構成員や特に勲功や勢力のある人、一品官から三品官、四品官と五品官、六品官から九品官、官位を持たない庶民、一般の民衆と対応しており、埋葬者の身分の尊卑高下を示していました。[*25]

君臣の間では、葬儀に関する論争が常にありました。唐の中宗《ちゅうそう》［李顕］の娘で傲慢横暴な性格であった安楽公主《あんらくこうしゅ》は、夫の武崇訓《ぶすうくん》の死後、彼に魯王《ろおう》の爵位を追贈し、「墓《ぼ》を号《ごう》して陵《りょう》と為《な》す」という規格で埋葬することを求めましたが、給事中《きゅうじちゅう》の盧粲《ろさん》の反対にあいました。盧粲は経典に基づき、古来「唯《た》だ名《な》と器《うつわ》とは、以《もっ》て人《ひと》に仮《か》すべからず」であったと解釈しました。

葬礼制度はその重要性から、死者の埋葬に借りて展開される政治闘争も発生させました。則天武后《そくてんぶこう》の時の李敬業《りけいぎょう》は兵を挙げて反乱した結果、「敬業《けいぎょう》の祖《そ》と父の官爵《かんしゃく》を追削《ついさく》し、墳《はか》を剖《さ》き棺《ひつぎ》を斬《き》」（『旧唐書』巻六七「李勣伝」）られました。また、太子通事舎人の郝象賢《かくしょうけん》は垂拱《すいきょう》年間［六八五〜六八八年］、罪に連座して誅殺されましたが、刑に臨んで反抗的な言葉を述べたため、則天武后は「斬《き》らしめ訖《おえ》るに、仍《かさ》ねて其《そ》の体《からだ》を支解《しかい》し、其《そ》の父母《ふぼ》の墳墓《ふんぼ》を発《あば》き」（『旧唐書』巻八四「郝処俊伝」）、その屍を焼き、彼の祖先である侍中の郝処俊《かくしょしゅん》の棺《ひつぎ》を暴かせました。天授《てんじゅ》二年（六九一年）には輔国大将軍《ほこくだいしょうぐん》の岑長倩《しんちょうせん》が武承《ぶしょう》嗣《し》を皇太子に立てることに反対し、そのことが則天武后の意思に背いたことで投獄され、誅殺されましたが、その父祖の墓も暴かれました。

考古発掘によって発見された唐代の皇族李賢《りけん》・李重潤《りじゅうじゅん》・李仙蕙《りせんけい》の墓はいずれも豪華で数少ない大型のものです。これらの皇族は則天武后によって殺されましたが、後に中宗《ちゅうそう》が即位すると、則天武后が政治の実権を握っていた時に「皇室《こうしつ》の諸王《しょおう》の徳望《とくぼう》有《あ》る者《もの》、必《かなら》ず誅戮《ちゅうりく》せらる」として殺された人々の名誉は回復され、そこで三人の改葬墓は宏大なものとなりました。[*26] 中宗の復位後、韋后《いこう》の権勢が日増しに膨張し、前後してその父母兄弟の改葬も行いました。亡くなった時わずか十六歳で、死後十七年が経っていた韋后の弟韋泂《いけい》の墓にも双室磚墓の形式を採用し、美しい彫刻を施した石槨《せっかく》を用いるなど、豪華を極めました。[*27] これとは対照的に、武三思《ぶさんし》［則天武后の甥の子］父子は「棺《ひつぎ》を斬《き》り屍《しかばね》を暴《あば》き、其《そ》の墳墓《ふんぼ》を平《たい》らかにす」（『旧唐書』巻一八三「外戚伝」）る処分が下されました。ある特定の歴史時期において、葬礼活動は死者に対する哀悼であったというよりも、主に生者が演出する政治劇であったというのがよいでしょう。

葬礼制度には「守喪《しゅそう》」の規定があり、官吏は父母が亡くなると「丁憂《ていゆう》」、すなわち辞職して三年間の喪に服しました。則天武后は、父が健在で母が亡くなった時には一年の喪に服するという伝統的な習慣を、服喪三年と改めました。[*28] 服喪制度を改めることで母への尊厳を強調しましたが、後の人からは「則天《そくてん》 私《わたくし》に苞禍《ほうか》の情《じょう》を懐《いだ》く。豈《あ》に復《ま》た相《あ》い楽《がく》に沿《そ》い礼《れい》を襲《おそ》う［踏襲する］べけんや」（『旧唐書』巻二七「礼儀七」にある開元五年（七一七年）右補闕盧履冰の上奏文に見える）と指摘され、廃止するよう強く主張されました。

官吏が喪に服すにも職を離れることができない場合は、皇帝が「奪情起復《だつじょうきふく》［子として親を思う感情を奪って元の職務に復帰させる］」の詔を下す必要があり、こうすることで引きつづきその官職を担当することができましたが、これは官吏にとっての栄誉でした。これに従って起こったのは「奪情起復」を願う風潮、ひいては「起復」を要求したり、「起復」を拒絶するという政治的駆け引きです。則天武后の擁立に功績のあった宰相の李義府《りぎふ》は母を亡くした際、本来ならば「丁憂」にしたがい喪に服すべきでしたが、その翌年には「奪情起復」し、王叔文《おうしゅくぶん》は母の「丁憂」の際には、ちょうど「永貞《えいてい》の革新《かくしん》」［唐の順宗の時に行われた改革］の重要な時期であったため、「其《そ》の党《とう》と日夜《にちや》起復《きふく》を謀《はか》」りました。（『資治通鑑』巻二三六「唐紀」五二、順宗永貞元年七月）

唐代の葬礼形式は法律によって固定化されました。たとえば法律の「十悪《じゅうあく》」という項目には「不《ふ》孝《こう》」と「不義《ふぎ》」があります。「不孝」は父母によく仕えないことを指しており、「父母《ふぼ》の喪《そう》に居《お》りて、身《み》自《みずか》ら嫁娶《かしゅ》し、楽を作し、服《ふく》を釈《と》きて吉《きつ》に従《したが》うが若《ごと》し。祖父母《そふぼ》、父母《ふぼ》の喪《そう》を聞《き》き、匿《かく》れて哀《あい》を挙《あ》げず」などでした。「不義」とされる行為の一つは「夫《おっと》の喪《そう》を聞《き》くも匿《かく》れて哀《あい》を挙《あ》げず、楽《がく》を作《な》し、服《ふく》を釈《と》きて吉《きち》に従《したが》い改《あらた》めて嫁《か》するに及《およ》ぶが若《ごと》き」（長孫無忌等撰、劉俊文箋解『唐律疏議箋解』）でした。これらに違反した者への制裁はたいへん厳しく、政治体制の統治を脅かす謀反《むほん》と同列に論じられ、たとえ大赦《たいしゃ》があったとしても処罰を免れることはできませんでした。服喪の間は酒を飲み肉を食べることは許されず、夫婦は同衾《どうきん》することができないといった、法律では監視できない規定がありましたが、慶事の席に参加してはならない、服喪中に子をなしてはならないということも、法律で明文化されました。（『唐律疏議箋解』）

葬礼制度の重要性から、朝廷では三つの部門が葬送活動の進行に関わっていました。鴻臚寺《こうろじ》は「賓《ひん》客《きゃく》及《およ》び凶儀《きょうぎ》の事《こと》を掌《つかさど》る」（『新唐書』巻四八「百官志」）、将作監左校署《しょうさくかんさこうしょ》は「凡《およ》そ宮室《きゅうしつ》は……喪葬《そうそう》の須《もち》いる所《ところ》、皆《み》な之《これ》を供《きょう》す」（『旧唐書』巻四四「職官志」）、礼部《れいぶ》の郎中《ろうちゅう》・員外郎《いんがいろう》は「百官《ひゃっかん》・宮人《きゅうじん》の喪葬《そうそう》の贈賻《ぞうふ》［葬儀を助けるために金品を贈ること］の数《かず》」（『新唐書』巻四六「百官志」）を管掌し、副葬品の内容や数量を規定しました。[*29]

葬礼は主に「喪《そう》」「葬《そう》」「祭《さい》」の三つの部分からなっていました。「喪」は生者の服喪期間における行為規範を規定しており、これには身分を示す標識や親族関係の服喪制度などが含まれていました。「葬」は死者が受けるべき待遇を規定し、陵墓の面積、高低、形状、埋葬品、棺槨《かんかく》などが含まれており、一部の埋葬方式も規定していました。「祭」は、服喪期間に生者と死者を仲介する儀式であり、服喪期間の各種祭祀活動のことです。

隋唐時代は全体的に死者を手厚く葬り、豊富な副葬品によって権力と財力を誇示し、さらにみずからの孝行の度合いを示しました。「孝《こう》」をきわめて重要視する社会において、「孝」は昇進の機会をもたらしました。開皇二年（五八二年）鄜州刺史《ふしゅうしし》の達奚長儒《たっけいちょうじゅ》は母の喪にあたって職を辞し「水漿《すいしょう》の口《くち》に入《い》らざること五日《いつか》、毀悴《きすい》して礼《れい》を過《す》ぎ、殆《ほとん》ど将《まさ》に性《せい》を滅せんとす。天子嘉歎《てんしかたん》し、起《き》して夏州総管三《かしゅうそうかんさん》州六鎮都将事と為《しゅうろくちんとしょうじな》」（『隋書』巻五三「達奚長儒伝」）されました。また、稷州奉天令《しょくしゅうほうてんれい》の独孤思貞《どっこしてい》は喪に服すると「三年斎居《さんねんさいきょ》し、七日食せず《しちじつしょく》」ことで名声を得て、「特《とく》に亀《き》〔官位を表す装飾品〕を賜《たま》い、一階《いっかい》を加《くわ》え、乾陵署令《けんりょうしょれい》に除《じょ》せらる」ことになりました。[*30]

しかし、豪華な葬儀は家の財産を使い果たすことにもなりました。左金吾衛大将軍趙建遂《さきんごえいだいしょうぐんちょうけんすい》の夫人董氏《とうし》や王氏《おうし》が大中《だいちゅう》九年（八五五年）に埋葬される際、嗣子の趙徳行《ちょうとくこう》は「生業を罄《つ》くして百金《ひゃっきん》を就《な》し、力《つと》めて喪事《そうじ》に備《そな》う」でした。また、咸通《かんつう》二年（八六一年）、節度副将《せつどふくしょう》の呉清《ごせい》が亡くなると、その家人は「喪《そう》は家財《かざい》を尽《つ》くし、以《もっ》て大事《だいじ》を営《いとな》む」ほどでした。厚葬《こうそう》の風潮が広まると、朝廷より制止されることもありました。「近者《きんしゃ》、王公百官競《おうこうひゃっかんきそ》いて厚葬《こうそう》を為《な》し、人《ひと》を偶《ぐう》し馬《うま》を像《かたど》り、雕飾《ちょうしょく》は生《い》けるが如《ごと》し。徒《いたず》らに以《もっ》て路人《ろじん》に眩耀《げんよう》するも、本心《もとこころ》に因《よ》り礼《れい》を致《いた》さず。更《さら》に相《あ》い扇慕《せんぼ》し、産《さん》を破《やぶ》り資《し》を傾《かたむ》け、風俗《ふうぞく》流行《りゅうこう》し、遂《つい》に下《した》は士庶《ししょ》を兼《か》ぬ。若《も》し禁制無《きんせいな》くんば、奢侈《しゃし》日《ひ》び増《ま》さん。望《のぞ》むらくは諸王公已下《しょおうこういか》、明器《めいき》を送葬《そうそう》するは、皆《み》な令式《れいしき》に依《よ》れ。並《なら》びに墓所《ぼしょ》に陳《なら》ぶるは、衢路《くろ》を行《ゆ》くを得《え》ず」（『旧唐書』巻四五「輿服志」）という記載は、厚葬が礼儀に従ったものではなく、他人への誇示のためであったことを指摘しています。

薄葬《はくそう》を主張したのは、主に個人的な行為でした。貞観《じょうがん》十年（六三六年）長孫皇后《ちょうそんこうごう》は亡くなる前、太宗に対して「古《いにしえ》より聖賢《せいけん》は、皆《み》な倹薄《けんはく》を崇《たっと》ぶ。惟《た》だ無道の世《よ》は、大《おお》いに山陵《さんりょう》［陵墓］を起《お》こし、天下《てんか》を労費《ろうひ》し、識者《しきしゃ》の笑《わら》うところと為《な》る。但《た》だ請うに山《やま》に因《よ》りて葬《ほうむ》るも、墳《はか》を起《お》こすを須《もち》いず、棺槨《かんかく》を用《もち》いる無《な》かれ。須《もち》いる所《ところ》の器服《きふく》は、皆《み》な木瓦《ぼくが》を以《もっ》てし、送終《そうしゅう》を倹薄《けんはく》とせんことを」（『旧唐書』巻五一「后妃伝」）と言いました。また、宋国公《そうこくこう》の蕭瑀《しょうう》は遺書に「気絶《きた》えて後単服一通《のちたんふくいっつう》を着《ちゃく》し、以《もっ》て小斂《しょうれん》に充《あ》つべし。棺内《かんない》は単席《たんせき》を施《ほどこ》すのみ。其《そ》の速《はや》く朽《く》ちんことを冀《こいねが》い、別《べつ》に一物《いちぶつ》を加《くわ》うることを得《え》ず」（『旧唐書』巻六三「蕭瑀伝」）と言い残しました。これらはいずれも節約を目的としたものです。唐の玄宗は「古《いにしえ》より帝王《ていおう》は皆《み》な厚葬《こうそう》を以《もっ》て誡《いましめ》と為《な》す。其《そ》れ亡者《もうじゃ》に益無《えきな》く、生業《せいじゃ》に損有《そんあ》るの故《ゆえ》を以《もっ》てなり。近代以来《きんだいいらい》、共《とも》に奢靡《しゃび》を行《おこな》い、遞《しだ》いに相《あ》い倣傚《ほうこう》し、浸《ようや》く風俗《ふうぞく》と成《な》る。既《すで》に家産《かさん》を竭《つ》くし、多くは凋弊《ちょうへい》に至《いた》るもの多し」（『旧唐書』巻八「玄宗紀」）と述べています。

薄葬の主張には、歴史を鑑《かがみ》としたものもありました。唐の太宗《たいそう》［李世民］は、父の高祖李淵《りえん》をどのように埋葬するか議論した際、厚葬することで後の人々に陵墓を破壊されることを恐れました。[*31] また、文徳皇后《ぶんとくこうごう》を埋葬する際にも「盗賊《とうぞく》の心《こころ》、止《た》だ珍貨《ちんか》を求《もと》むるのみ、既《すで》に珍貨無《ちんかな》くんば、復《ま》た何《なん》ぞ求《もと》むるところあらんや」（『資治通鑑』巻一九四「唐紀十・太宗貞観十年」）と言い、厚葬によって陵墓が盗掘されることを心配しています。薄葬は、葬礼における「上《うえ》は以《もっ》て下《した》を兼《か》ねるべく、下《した》は上《うえ》を犯《おか》す能《あた》わず」の原則に背くものではありませんでした。

葬礼活動は、社会の変化を反映しています。八世紀の中ごろを境目として、これ以前には長い傾斜のある墓道《ぼどう》の墓が比較的多く、軍事的雰囲気の色濃い儀仗俑《ぎじょうよう》群が副葬されており、武力によって天下を奪取した隋や唐の当初の面目を反映しています。この後には、簡素な竪穴《たてあな》と傾斜路とを組み合わせた墓や、竪穴の墓道をもつ墓が次第に増えていき、儀仗俑群は次第に姿を消し、生活を表現した侍《じ》俑《よう》が増加しました。女性の侍俑が主体であり、全体的に陶俑の種類は急激に減少しました。このほか、副葬品としては鉄製の豚や牛も盛んに用いられました。これには、安史の乱の後、安寧を願い吉祥を祈った人々の思いが反映されています。

　厚葬の形式では、祭祀や葬送活動がさらに重視されました。長慶《ちょうけい》三年（八二三年）、浙西観察使《せっせいかんさつし》の李《り》徳裕《とくゆう》は「百姓厚葬《ひゃくせいこうそう》するに縁《よ》り、道途《どうと》に盛《さか》んに祭奠《さいてん》を設け、兼《か》ねて音楽等《おんがくなど》を置《お》くに及ぶ」（『唐会要』巻三八「服紀下・葬」）と上奏しており、大暦《だいれき》三年（七六八年）辛雲京《しんうんきょう》が亡くなった際には「宰相及《さいしょうおよ》び諸《しょ》道《どう》の節度使《せつどし》の祭《まつ》る者《もの》、凡《およ》そ七十余幄《しちじゅうよあく》［幄はテントの数］」（『旧唐書』巻一一〇「辛雲京伝」）でした。咸通十二年（八七一年）、文昌公主《ぶんしょうこうしゅ》が埋葬された時の費用は莫大であり、葬儀が終わると「韋氏《いし》の人争《ひとあらそ》いて庭祭《ていさい》の灰《はい》を取《と》り、其《そ》の金銀《きんぎん》を汰《すす》ぐ［水で洗い清める］」（『資治通鑑』巻二五二「唐紀六八」懿宗咸通十二年）ほどでした。また、葬送の隊列のために、前には高さ数尺の鳳凰や麒麟などが威儀を加え、その後ろには衣服や遊具を積んだ舁《こし》が百余り続き、さらに後ろには木彫の楼閣・宮殿・人形・動物などがあり、さらに千余りの帳幕［テント］や兵士の儀仗隊が続きました。最後には尼僧《にそう》や女道士《おんなどうし》が従い、その行列は前後三十里余りも続いていました。（同前）

　宋代の葬礼も「貴《き》は賎《せん》と同《おな》じたるを得《う》るも、賎《せん》は富《と》むと雖《いえど》も貴《き》と同《おな》じたるを得《え》ず」という身分等級の区別を強調しました。しかし、葬儀や墓は相対的に簡素でした。皇帝の葬儀も簡略であり、河南《かなん》鞏義《きょうぎ》の北宋の帝陵や浙江紹興《せっこうしょうこう》の南宋の帝陵の規模は、唐代の帝陵よりもはるかに小規模です。

　唐代の服喪期間にあった、飲酒・肉食・音楽の演奏・結婚・子づくりを禁じる規定は、宋代になるとそれほど厳しくなくなりました。民間で葬儀を行う際は常に「初喪《しょそう》［納棺前の各種の準備］未《いま》だ斂《おさ》めずして、親賓《しんぴん》［親戚と賓客］は則《すなわ》ち酒饌《しゅせん》を齎《おく》り往《ゆ》きて之《これ》を労《いたわ》る。主人《しゅじん》も亦《ま》た自《みずか》ら酒饌《しゅせん》を備《そな》え、相《あ》い与《とも》に飲啜《いんてつ》し、酔飽《すいほう》すること連日《れんじつ》なり。葬《ほうむ》るに及《およ》ぶも亦《ま》た之《か》くの如《ごと》し」でした。服喪中は婚姻を結ぶことができませんでしたが、「借親《しゃくしん》」という習俗がありました。これは、男子は父や母が亡くなった時でも結婚できるというものです。世俗では「死時《しじ》七七日《しちしちじつ》、百日《ひゃくじつ》、期年《きねん》［満一年］、再期《さいき》［二年目］、除喪《じょそう》［三年目］においては僧《そう》に食事を進め、道場《どうじょう》を設《もう》け、或《ある》いは水陸大会《すいりくたいかい》［施餓鬼会《せがきえ》の一種］を作《な》し、写経造《しゃきょうぞう》像《ぞう》し、搭廟《とうびょう》を修建《しゅうけん》す」（司馬光『司馬氏書儀』巻六「喪儀二」）ることが流行しました。道場［法事の場］を設置して精進料理を供え祀り、水陸の亡者を済度《さいど》する時には「従事する鼓鈸《こばつ》、震動驚憾《しんどうきょうかん》」し、朝廷の「喪葬《そうそう》には楽《がく》を用《もち》いるを得《え》ず」という規定に反しましたが、「喪家《そうか》は率《おおむ》ね楽《がく》を用《もち》い、人《ひと》は皆《み》な以《もっ》て当然《とうぜん》と為《な》す」という状況でした。

　宋代の人々は多くの伝統的な儀礼制度について論争し、常に新しい習俗によって旧来の方法を改めました。火葬が流行したのも新しい現象です。その原因は、一部の人々の宗教信仰や経済的困窮と関係があります。火葬は多くの士大夫に反対され、朝廷も火葬を禁止しました。「河東《かとう》は地狭《ちせま》く人衆《ひとおお》く、至親《ししん》の喪《そう》と雖《いえど》も、悉《ことごと》く皆《み》な焚棄《ふんき》す。韓琦《かんき》、并州《へいしゅう》に鎮《ちん》し、官銭《かんせん》を以《もっ》て田数頃《でんすうけい》を市《あがな》い、民《たみ》に給《たま》いて安葬《あんそう》せしむるは、今《いま》に至《いた》るまで美談《びだん》と為《な》す」（『宋史』巻一二五「礼志・凶礼」の「士庶人喪礼」）ということがあり、「焚棄」の原因を、人口の増加した後、土地が狭く、庶民は亡くなっても埋葬する土地がなかったこととしています。火葬禁止の効果を上げることは難しく、このため宋代には朝廷が設立した「漏沢園《ろうたくえん》」という「義塚《ぎちょう》」が出現しました。これは、遺族のいない遺体を埋葬する公共墓地でした。

「殯葬《ひんそう》は実《まこと》に能《よ》く人《ひと》に禍福《かふく》を致《いた》す」という観念は、宋代にいっそう盛んとなり、人々は祖先の墳墓の風水が子孫の繁栄に直接関わると考えました。北宋の司馬光《しばこう》は「今《いま》の人《ひと》葬《ほうむ》るに古《いにしえ》より厚《あつ》からざるに、陰陽《いんよう》の禁忌《きんき》に拘《こだわ》ることは、則《すなわ》ち甚《はなは》だし」、「今《いま》の葬書《そうしょ》は、乃《すなわ》ち山川岡畝《さんせんこうほ》の形勢《けいせい》を相《そう》し、歳月日時《さいげつじつじ》の支干《しかん》を考え、以《もっ》て子孫《しそん》の貴賎《きせん》・貧富《ひんぷ》・寿夭《じゅよう》・賢愚《けんぐ》皆《み》な繋《つなが》りを為《な》す」（司馬光『司馬温公文集』巻一三「葬論」）と述べています。喪葬の時に墓地を選ぶには、陰陽家《いんようか》を招いて土地を占うだけではなく、墓の造営や埋葬にも陰陽家が参与しました。北宋の程頤《ていい》は「後代《こうだい》の陰陽《いんよう》家流《かりゅう》は競《きそ》いて詭誕《きたん》「奇妙ででためめ」の説《せつ》を為《な》す」（程頤『河南程氏文集』巻一〇「葬法決疑」）、「害《がい》を為《な》すの大《おお》いなること、謬《あやま》りを妄《みだ》りにするの甚《はなは》だしき」（同前）、「其《そ》の地《ち》の美悪《びあく》を卜《うらな》うや、陰陽家《いんようか》の所謂《いわゆる》禍福《かふく》なる者《もの》に非《あら》ざるなり」（同前巻一一「葬説」）と考えていましたが、大多数の人々は風水地理の説を信奉していました。司馬光も陰陽風水《いんようふうすい》に反対していましたが、祖先の葬儀を執り行う際には世論の圧力に押されて陰陽家を招きました（司馬光『司馬温公文集』巻一三「葬論」）。これに対して、理学の大家である朱熹は陰陽風水を信じていただけではなく、みずから実践しました。

宋代は風水家《ふうすいか》の数が多く、異なる理論と流派とを形成しました。『地理新書《ちりしんしょ》』の中には「将《まさ》に葬《ほうむ》らんとするに、必《かなら》ず先《さき》に師《し》を択《えら》び、師《し》は必《かなら》ず其《そ》の人《ひと》を得《う》べし。故《ゆえ》に巫《ふ》吏《り》と雖《いえど》も必《かなら》ず其《そ》の徳行《とくこう》は忠信《ちゅうしん》にして、術《じゅつ》は古今《ここん》に通《つう》じ、状貌《じょうぼう》は完具《かんぐ》にして、識量分明《しきりょうぶんめい》なる者《もの》を択《えら》ぶ」（王洙等編『図解校正地理新書』（金明昌抄本）巻一五「択地法」）と記されており、陰陽・風水師の資格にも品評や規定が作られました。

牡丹と送別の柳の意味

娯楽風俗は文化や伝統の蓄積であり、人々の間の感情をつなぐものとなり、国家制度の力を示すものでさえあります。唐宋時代に存在した、非常に多くの音楽や舞踏・雑技・闘鶏《とうけい》・舞馬《ぶば》・賭博・抜河《ばつが》［綱引き］・角力《かくりき》・球技・風箏《ふうそう》［凧上げ］・鞦韆《しゅうせん》［ブランコ］などは、人々の生活に楽しみをもたらしました。これらの娯楽風俗の中でも、あるものは精神的な楽しみを重視しており、豊富な文化的内容を具えていました。

隋代になって、牡丹《ぼたん》を観賞する流行が次第に現れました。文人《ぶんじん》・士大夫《したいふ》は豪華で気品のある牡丹の花に対して特別な感情を抱いており、そのため牡丹を賛美した詩文は数えきれないほどあり、特別な文化的感情が形作られました。唐の人々は「牡丹は独《ひと》り花中《かちゅう》の英《えい》を逞《たくま》しくす」（李咸用「遠公亭牡丹」）と考えており、「百花の首」「花中の王」とされました。牡丹へのこのうえない愛好から、「唯《た》だ牡丹にのみ真《しん》の国色《こくしょく》有り、花開《はなひら》く時節《じせつ》、京城《けいじょう》を動《うご》かす」（劉禹錫「牡丹を賞す」）、「天香夜《てんこうよる》に衣《ころも》を染《そ》め、国《こく》色《しょく》 朝《あさ》に酒《さけ》 酣《たけなわ》なり」（銭易撰、黄寿成点校『南部新書』甲に引かれる李正封の詩）という句が詠まれており、牡丹を「天香国色《てんこうこくしょく》」と褒め称え、国家の象徴としています。

牡丹を観賞する精神的な享受は、社会全体に受け入れられました。牡丹の花が咲くたびに人々はたいへん喜び、酒を飲みながら花を品評する「牡丹《ぼたん》の会《かい》」が催されました。「京師《けいし》［首都］は遊《あそ》びを貴《とうと》び、牡丹《ぼたん》を尚《とうと》ぶこと三十余年《さんじゅうよねん》なり。毎春《まいしゅん》の暮《くれ》、車馬狂《しゃばくる》うが如《ごと》く、玩《あそ》ぶに耽《たん》ぜざるを以《もっ》て恥《はじ》と為《な》す」（李肇撰『唐国史補』巻中「京師牡丹を尚ぶ」）ほどでした。また、唐代には科挙試験に合格した新たな進士には、牡丹の宴を催し合格を祝う風習がありました。詩人の張祜《ちょうこ》は、みずからが京師に来た理由について名声を求め出仕するためではなく、「唯《た》だ春風《しゅんぷう》を待《ま》ち牡丹を看《み》るのみ」と言うほどでした。牡丹には「千嬌万態《せんきょうばんたい》 朝霞《ちょうか》を破《やぶ》る」（徐凝「牡丹」）美しさがあり、「美人《びじん》は白《しろ》き牡丹花《ぼたんか》の如《ごと》し」（貫休「富貴曲二首」）というように女性の美貌を形容することもあり、さらには牡丹に借りてみずからの思いを寄せた「自《みずか》ら空楼《くうろう》を守《まも》りて悃眉《こんび》を斂《おさ》め、形《かたち》は春後《しゅんご》の牡丹《ぼたん》の枝《えだ》と同《おな》じ」（関盼盼「白公の詩に和す」）という詩句もあります。

牡丹に対する尋常でない尊崇と愛好により、牡丹は長安《ちょうあん》や洛陽《らくよう》の宮廷・官署・邸宅・寺観に広く植えられ、さまざまな色と品種が栽培されました。長安では「慈恩寺元果院《じおんじげんかいん》の牡丹《ぼたん》は、諸《もろもろ》の牡丹《ぼたん》に先《さき》んずること半月《はんつき》にして開《ひら》き、太真院《たいしんいん》の牡丹《ぼたん》は、諸《もろもろ》の牡丹に後《おく》れること半月《はんつき》にして開《ひら》く」（銭易撰、黄寿成点校『南部新書』丁）でした。一部の寺観では牡丹がよく知られており、元和《げんな》年間の長安興唐寺《ちょうあんこうとうじ》の牡丹は「花《はな》を著《つ》けること一千二百朶、其《そ》の色《いろ》は正暈《せいうん》・倒暈《とううん》・浅紅《せんこう》・浅紫《せんし》・深紫《しんし》・黄白檀《こうはくだん》等《など》有《あ》り、独《た》だ深《しん》紅《こう》のみ無《な》し。又た花葉《かよう》の中《うち》に抹心無《まつしんな》き者有《ものあ》り、重台《ちょうだい》の花《はな》は、其《そ》の花面径七八寸《かめんけいしちはちすん》なり」（段成式『酉陽雑俎』前集巻一九「草篇」）でした。

牡丹には観賞的価値があり、美しく、また寛容などの度量の広い象徴的な意義もありました。このため、人々は織物・金銀器・陶磁器を飾る模様に牡丹の文様を用い、絵画の中にも頻繁に登場しています。北京にある唐の開成《かいせい》三年（八三八年）王公淑《おうこうしゅく》墓の北壁一面の絵では、茂った枝や大きな葉が、咲き誇った牡丹を際立たせています。また、河北にある五代の王処直《おうしょちょく》の壁画墓では、その後室の北壁に「牡丹湖石図《ぼたんこせきず》」が完全な状態で保存されています。[*32]

牡丹の花は、宋代の人々の高い評価をも勝ち得ました。宋代の文人が記録した牡丹の花は百種近くにおよび、牡丹を題材とした詩詞や絵画作品は枚挙に暇《いとま》がありません。宋代の人々は牡丹に吉祥《きっしょう》や富貴《ふうき》の寓意《ぐうい》を加え、みずからの心情を托し、家族の繁栄を望む願いを表現しました。日常生活で用いられる磁器などの器具にも牡丹の花を装飾とすることがたいへん流行し、建築では牡丹の花を装飾とする部位が規定されました。また、墓の装飾であっても目立つ位置に牡丹の花が彫刻されたり、描かれたりすることがよく見られます。牡丹が表現する精神的情趣は、すでに社会全体の共通認識となっており、文化の一部となっていました。

唐代の風俗では、親友を見送る際の心情を表すために、きわめて人情味に富んだ方法、すなわち柳の枝を折って贈り、こうして見送りや橋のたもとで別れを告げることが行われました。これはたいへん思いのこもった行為で寓意に富んでいます。

白居易《はくきょい》の「楊柳枝《ようりゅうし》」には「人《ひと》は言《い》う、柳葉《りゅうよう》は愁眉《しゅうび》に似《に》たりと、更《さら》に愁腸《しゅうちょう》〔憂い悲しむ思い〕の柳糸《りゅうし》に似《に》たる有《あ》り、柳糸《りゅうし》挽《ひ》き断《た》えて腸《ちょう》牽《ひ》き断《た》ち、彼此《ひし》応《まさ》に続《つづ》き得《え》る期《き》無《な》し」とあり、細長い柳の葉と枝を表情と心の内の感情に喩え、茂った柳の枝が風の中でゆれ動く様子が手を振って別れを惜しむようであり、人々の「他《かれ》〔柳の枝〕に任《まか》せん離恨一条条《りこんいちじょうじょう》」（雍陶「情尽橋に題す」）という心情を託しています。また、敦煌莫高窟《とんこうばっこうくつ》の第二一七窟には、盛唐時期の、柳の枝を折って贈る情景がより具体的なイメージとして再現されています。柳の枝を贈り見送る場所は、一般的に橋のたもと・渡し場・客舎《きゃくしゃ》が選ばれ、常に盛大なものでした。官吏が遠くへ赴任する際には、たいていまず別れの宴が催され、その後で館駅《かんえき》まで送られました。長安の長楽駅は送別の名所でした。都の長安に集まる出迎えや見送りの人々はみな灞橋《はきょう》まで足を運んだので、灞橋は「離別《りべつ》の地《ち》為《た》り、故《ゆえ》に人之《ひとこれ》を呼《よ》びて銷魂橋《しょうこんきょう》〔銷魂は魂が体から離れていくほどの悲しさ〕と為《な》すなり」（王仁裕撰、丁如明輯校『開元天宝遺事』巻下「銷魂橋」）とまでなりました。李益《りえき》の詩「揚州《ようしゅう》にて客《きゃく》を送る」の「万歳橋辺《ばんざいきょうへん》、一《ひと》たび君《きみ》を送《おく》る」の一句で有名な万歳橋は揚州の橋であり、「折柳橋《せつりゅうきょう》」とも呼ばれました。当然ながら、文人の送別にはしばしば離別の詩を欠かすことができなかったため、唐代には「楊柳枝《ようりゅうし》」を題とした送別詩はたいへん多いのです。

図13-3　唐代の張萱「虢国夫人遊春図」（部分）

特色ある祭日と娯楽（踏青・鞦韆・馬毬・囲碁）

唐代の交通は便利であり、官僚や文人たちの間では外出や遊覧が盛んに行われ、朝廷からも奨励されました。玄宗《げんそう》の時には、何度も勅命が下され、祝日や休日に旅行をする官吏に経済的な援助が与えられました。また、徳《とく》宗《そう》は貞元《じょうげん》四年（七八八年）、祝日の期間に「宜《よろ》しく文武《ぶんぶ》百僚《ひゃくりょう》に任《まか》せて勝地［景勝地］を択《えら》ばしめ、追賞《ついしょう》して［遊覧に付き従わせ］楽《らく》と為《な》さしむべし」という詔令《しょうれい》を下し、さらに官職の上下によってそれぞれ旅行の費用を下賜《かし》し、「度支《たくし》［財務を司る官署］に委《ゆだ》ねて毎節前五日《まいせつまえいつか》に支付《しふ》し、永《なが》く常式《じょうしき》と為《な》す」（『旧唐書』巻一三「徳宗紀」）として、旅行は皇帝や官府の支持を得て制度化されました。

一部の特色ある祝日や娯楽活動は、文化を構成する要素でした。大地に暖かさが戻り草木がよみがえる季節になると、人々は常に「踏青《とうせい》」［ピクニック］に出かけ、娯楽活動を行いました（図13-3）。長安では「都人《とじん》の士女《しじょ》、正月半後《しょうがつはんご》に至《いた》る毎《ごと》に、各《おの》おの車《くるま》に乗《の》り馬《うま》に跨《また》がり、帳《とばり》を園圃《えんほ》、或《ある》いは郊野《こうや》の中《なか》に供《きょう》し、探春《たんしゅん》の宴《うたげ》を為《な》す」という情景が繰り広げられ、春の遊覧活動において女性たちは「名花《めいか》に遇《あ》えば則《すなわ》ち席《せき》を設《もう》け草《くさ》を藉《し》き、逓《たが》いに紅裙《こうくん》［赤いスカート］を以《もっ》て挿掛《そうか》し、以《もっ》て宴幄《えんあく》［テント］と為《な》す」（王仁裕撰、丁如明輯校『開元天宝遺事』巻下「探春」「裙幄」）しました。

春には、さらに賑やかな寒食節《かんしょくせつ》と清明節《せいめいせつ》がありました。毎年冬至《とうじ》の後百五、六日目が寒食節であり、この後、すぐに清明節がきます。寒食《かんしょく》は、伝わるところでは先秦の故事が起源です。春秋時代の介之推《かいしすい》は晋《しん》の文公《ぶんこう》を補佐した後、山中に隠棲します。文公は山を焼いて出てこさせようとしたため、介之推は木を抱いて死にました。この介之推を追悼するため、彼が亡くなった日は火をおこして煮炊きするのを禁止しました。唐代の寒食は死者を祀る日となり、玄宗は「寒食墓《かんしょくはか》に上《のぼ》るは、宜《よろ》しく五礼《ごれい》に編入《へんにゅう》し、永《なが》く恒式《こうしき》と為《な》すべし」（『旧唐書』巻八「玄宗紀」）と命じました。そして「寒食より清明に通ず四日」を法定の休日としました。この日には火を燃やすのをやめ、火を通した食事を事前に準備して親族の墓参りへ行きました。湖南《こなん》省の長沙窯《ちょうさよう》から出土した日用の陶磁器には、「寒食《かんしょく》は元《もと》（原）より火無く、青松《せいしょう》自《おのずか》ら煙《けむり》［もや］有《あ》り。鳥《とり》啼《な》く新柳《しんりゅう》の上《うえ》、人《ひと》拝《はい》す古墳《こふん》の前《まえ》」という文字が書かれており[*33]、この習俗が広く伝わっていたことがわかります。これに続く清明節では、朝廷から下賜される新たな火によって官民が再び火をつけ、「火《ひ》を出《い》だして新茶《しんちゃ》を煮《に》る」というように、新たな生活が始まりました。

寒食節が終わってから清明節までの期間に行われる娯楽活動はきわめて多彩であり、なかでも彫刻と彩色を施した卵を互いに贈り合う風習は特色がありました。隋代の杜台卿《とだいけい》が編纂した『玉燭宝典《ぎょくしょくほうてん》』には「寒食《かんしょく》には、城市《じょうし》多《おお》く鶏卵《けいらん》を闘《たたか》わせるの戯《あそ》びあり、古《いにしえ》の豪家《ごうか》の食《しょく》より出《い》で、画卵《がらん》と称《しょう》す。今代《きんだい》猶《な》お藍茜《らんせん》に染《そ》め、雕鏤《ちょうろう》を加《くわ》え、逓《しだ》いに相《あ》い餉遺《しょうい》す［プレゼントする］」とあり、祝日の間、人々は丹精を込めて彫刻し彩色した卵を互いに贈り、その美しさを競ったことが記されています。卵に彫刻や彩色を施すには労力と時間を費やすことになり、豪華で贅沢な遊びであったことから、太宗《たいそう》・高《こう》宗《そう》・玄宗《げんそう》の時には禁止されましたが、風習としてすでに広まっていたため、中《ちゅう》・晩唐《ばんとう》の白居易《はくきょい》もその詩に「何《いず》れの処《ところ》か春深《はるふか》くして好《よ》き、春深《はるふか》し寒暑《かんしょ》の家《いえ》。玲瓏《れいろう》として鶏子《けいし》を鏤《ちりば》め、宛転《えんてん》として毬花《きゅうか》を彩《いろど》る」（「春深に和す二十首」）と詠んでいます。

唐代では寒食節と清明節の時、鞦韆《しゅうせん》「ブランコ」に乗ることも盛んに行われました。鞦韆は彩色された縄によって吊られていたため、「彩索《さいさく》」や「彩縄《さいじょう》」とも呼ばれました。寒食節になると、いつも玄宗は宮殿のなかで「競《きそ》いて鞦韆《しゅうせん》を竪《た》て、宮嬪《きゅうひん》の輩《はい》をして戯笑《ぎしょう》せしめ、以《もっ》て宴楽《えんらく》を為《な》す。帝《みかど》之を呼《よ》びて半仙《はんせん》の戯《ぎ》と為《な》し、都中《とちゅう》の士民《しみん》因《よ》りて之《これ》を呼《よ》ぶ」ことをさせました。[*34] また杜甫《とほ》は大暦《だいれき》四年（七九六年）の清明節に潭州《たんしゅう》（現在の湖南省長沙市）に遊び、「十年《じゅうねん》の蹴踘《しゅうきく》将《まさ》に遠《とお》しと雖《いえど》も、万里鞦韆《ばんりしゅうせん》、習俗同《しゅうぞくおな》じ」（杜甫「清明二首」）と記しており、鞦韆で遊ぶのは全国的な活動であったことがうかがわれます。鞦韆に乗る際、当時の人々は色鮮やかな服を身につけ高く漕いだため、下から見るとまるで雲の中にいるかのように見え、特に服装の美しい女性は「雲間《うんかん》影《かげ》過《よ》ぎる鞦韆《しゅうせん》の女《むすめ》」（曹松「閑游」）と、まるで仙女のように空中を舞いました。また月の光のもとで鞦韆をゆらす人もおり、それは自然の美しい風景とあわさって「花籠《かろう》の微月《びげつ》、竹籠《ちくろう》の煙《けむり》、百尺《ひゃくしゃく》の糸縄《しじょう》、地《ち》を払《はら》って懸《か》かる」（元稹「雑憶五首」）というほど美しいものでした。もし、深夜の雨降る中であれば、「夜深《よるふか》く斜《なな》めに搭《か》く鞦韆《しゅうせん》の索《さく》、楼閣朦朧《ろうかくもうろう》たり煙雨《えんう》の中《うち》」（韓偓「寒食夜」）というように、詩や絵画のような趣に富んだ情景でした。宋代の寒食節と清明節の習俗は唐代とおおむね同じでしたが、唐代では寒食節の時に墓参りへ行き、清明節には行きませんでした。しかし、宋代の清明節は「凡《およ》そ新墳《しんふん》は皆《み》な此《こ》の日《ひ》を用《もっ》て拝掃《はいそう》す」（孟元老撰、鄧之成注『東京夢華録』巻七）るようになりました。

唐代に興った、馬に騎乗しての「撃毬《げききゅう》」「ポロ」は、特殊な運動でした。これはペルシアを起源とし、少なくとも唐代初期には伝わってきていました。唐の太宗は「侍臣《じしん》に謂《い》いて曰《いわ》く、聞《き》くならく西《せい》蕃《ばん》の人好《ひとこの》んで打毬《だきゅう》を為《な》すと。比《ちか》ごろ亦《ま》た習《なら》わせしめ、曽《かつ》て一度之《いちどこれ》を観《み》る。昨 昇仙楼《きのうしょうせんろう》に群胡《ぐんこ》有《あ》り、街《がい》裏《り》に毬《きゅう》を打《う》ち、朕《ちん》をして見《み》せしめんと欲《ほっ》す。此《こ》の胡疑《こうたが》うらくは朕此《ちんこ》れを愛《め》で、騁《は》せて之《これ》を為《な》さんと」と述べ、その結果「此《こ》の毬《きゅう》を焚《や》き以《もっ》て自《みずか》ら誡《いまし》めと」（封演撰、趙貞信校注『封氏聞見記校注』巻六「打毬」）しました。このように、太宗の時にポロは盛んではなく、胡人の間だけで流行していました。

唐代の長安城内には多くの外国使節や旅商人がおり、中央アジアや西アジアに由来するさまざまな習俗を持ち込み、日々西域化していく生活の中で、ポロは次第に受け入れられました。唐の中宗《ちゅうそう》は「毬《たま》を撃《う》つを好《この》み、是《ここ》に由《よ》りて風俗相尚《ふうぞくあいとうと》ぶ」（『資治通鑑』巻二四三「唐紀二五・中宗景龍二年」）となり、唐代の多くの墓からは馬に乗って球を打つ俑《よう》が出土しています。また、章懐太子李賢《しょうかいたいしりけん》の墓や節愍太子《せつびんたいし》李重俊《りじゅうしゅん》の墓の壁画にはポロをする図があり、人々がマレット［毬を打つスティック］をもち、装備を整え試合開始を待つ場面や、激しい試合の様子を表現した情景が描かれています。

ポロはグループで対抗する種目であり、試合では二手《ふたて》に分かれ、相手側のゴールに球を入れたほうが勝ちとなります。試合の時には騎乗する馬の尾は結ばれ、相互に絡むのを防ぎました。ポロには「堅円浄滑《けんえんじょうかつ》」［堅く、丸く、きれいで、滑らか］な彩色されたボールが用いられ、マレットは先端が三日月のように曲がっており、長さは数尺あります。競技場は平坦で、競技場を平らにするために、唐の中宗［李顕］の時には「駙馬《ふば》の武崇訓《ぶすうくん》、楊慎《ようしん》、交《こも》ごも油《あぶら》を灑《そそ》ぎ以《もっ》て毬場《きゅうじょう》を築《きず》」（『資治通鑑』巻二四三「唐紀二五・中宗景龍二年」）きました。唐の皇室のポロのチームは技術の高い吐蕃《とばん》のチームと試合し、何度も敗退しました。後に、臨淄王李隆基《りんしおうりりゅうき》［後の玄宗皇帝］が四人を率いて出場し、十人の吐蕃球隊と試合をしたところ、電光石火の速さで向かうところ敵はなく、ついに勝利を手にしました。（封演撰、趙貞信校注『封氏聞見記校注』巻六の「打毬」）

馬に乗って駆け回り球を打つ動きは相当激しく危険であり、常に死傷者が出ており、玄宗の時には「嘗《かつ》て三殿《さんでん》にて毬《きゅう》を打つに、栄王《えいおう》馬より墜《お》ちて悶絶《せんぜつ》［気絶］す」ということがありました。毬を打つには高い乗馬技術が要求されることはもとより、機智や勇敢さも必要であり、試合になれば、さらに他の多くの人との協調が必要でした。このため、当初ポロは軍中で行われ、軍事訓練としての種目でした。諸軍の将官士卒には、多くのポロの名手がいました。中央の禁軍のなかの左右神策軍《さゆうしんさくぐん》はポロが最も盛んであり、頻繁に試合を行い、皇帝はその様子を観賞しました。

ポロの魅力は、幾人かの皇帝をも強く惹きつけました。宣宗《せんそう》［李忱］は空中で百回も球を打ち続けて一度も落とすことがなく、敬宗《けいそう》［李湛］は常に深夜二更の時刻まで球を打っていました。長慶《ちょうけい》四年（八二四年）、蘇玄明《そげんめい》・張韶《ちょうしょう》は百余名を率いて左銀台門《さぎんだいもん》より宮殿に侵入して謀反しましたが、この時、敬宗はちょうどポロに興じていました（『資治通鑑』巻二四三「唐紀五九・穆宗長慶四年」）。また、唐の僖《き》宗《そう》［李儇］は得意げに「もしポロに科挙があったならば、わたしは状元［首席合格者］になれるだろう」と公言していました。

ポロは皇帝や軍人が好むだけではなく、一部の文人もマレットをふるって試合に参加しました。長安城内の太極宮《たいきょくきゅう》承香殿《しょうこうでん》や大明宮《だいめいきゅう》東内苑《とうないえん》には競技場があり、張籍《ちょうせき》の詩「寒食内宴《かんしょくないえん》」にある「殿前《でんぜん》の香騎《こうき》飛毬《ひきゅう》を逐《お》う」という記録を裏付けています。ほかの多くの場所も、臨時の球場としてよく用いられました。長安の大明宮西壁の外にある殿堂遺跡からは「含光殿及《がんこうでんおよ》び毬場等《きゅうじょうなど》、大唐大和辛亥歳乙《だいとうだいわしんがいとしいつ》

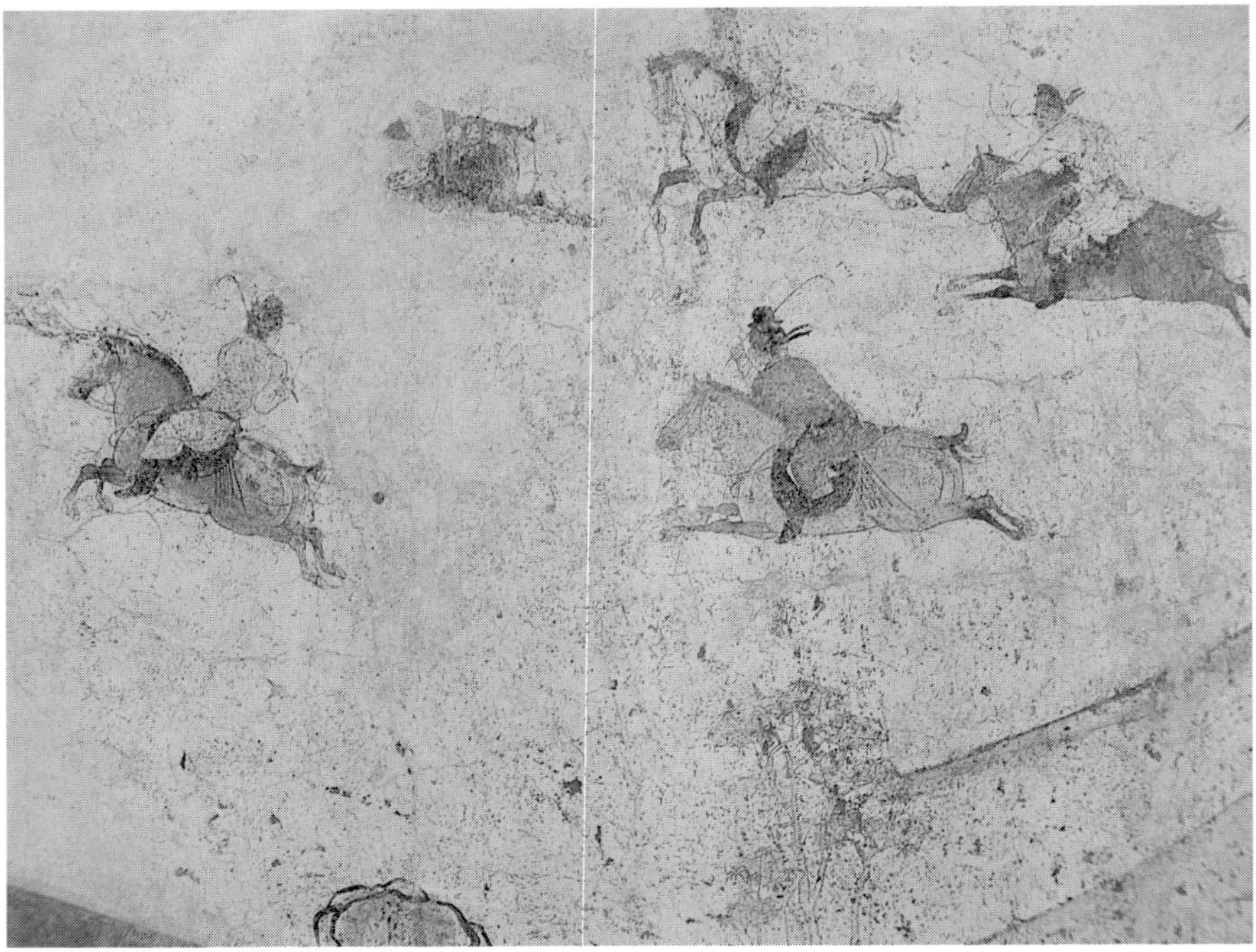

図13-4　唐の章懐太子李賢墓の壁画「馬毬図」（部分）

未《び》の日《ひ》建《た》つ」という文字が刻まれた石碑が出土しており、競技のために修築された球場であったにちがいありません。（図13-4）

唐代以降、ポロは引きつづき流行しました。内モンゴル自治区敖漢旗《アオハンき》［赤峰市］にある遼代の墓の壁画には、馬に乗りマレットを振り、球を打つ緊張した情景が描かれています。五代《ごだい》の後蜀《こうしょく》の花蕊夫人《かずいふじん》が詠んだ「宮詞《きゅうし》」には「宮娥《きゅうが》［宮女］をして打毬《だきゅう》を学《まな》ばしむより、玉鞍《ぎょくあん》初《はじ》めて跨《また》ぎ柳腰《りゅうよう》柔《やわ》らかし。上棚《じょうほう》は知る是《こ》れ宮家《きゅうか》の認《みと》むるを、遍遍《へんぺん》として長《なが》く贏《か》つ第一《だいいち》の籌《ちゅう》」とあり、女性たちもポロに参加していたことがわかります。

宋代のポロは「軍中戯《ぐんちゅうぎ》」とみなされていましたが、宋の太宗［趙光義」はこれをさらに「軍中礼《ぐんちゅうれい》」へと格上げし（『宋史』巻一二四「礼志」）、重要な典礼があるたびに試合を行いました。宋代の人は競技場や試合の規則について詳細に記録しており、当時は通常ゴールが二つあり、球は木製でこぶし大、表面は色付けのないもの、漆を塗ったものや彩色を施したものがありました。球がゴールにはいると籌《ちゅう》［点数棒］を一つ得て、先に三つの籌を得たほうが勝利となりました。この後、明代初年になってもなおポロは存在しており、中書舎人の王紱《おうふつ》は永楽帝《えいらくてい》朱棣に従い騎射やポロを見て「端午《たんご》に騎射撃毬《きしゃげききゅう》を観《み》るを賜《たまわ》り宴に侍す」詩を作りました。

乗馬やポロといった激しいスポーツと比べて、知力を競う囲碁《いご》は、文人や民衆により歓迎されました。囲碁は方形の升目で埋められた盤の上で、二人の対局者がそれぞれ黒と白の碁石をとってわたり合う遊戯であり、計算技巧を競うと同時に、豊富な思想内容を反映しており、芸術の境地にさえ達しました。

囲碁には長い歴史がありますが、唐代ほど盛んだった時代はありません。皇帝のそば近くには「棋《ぎ》待詔《たいしょう》」が置かれ、中央の内侍省《ないじしょう》掖庭局《えきていきょく》の「宮教博士《きゅうきょうはくし》」のなかには、もっぱら宮女に囲碁を教える役目の人がおり、囲碁がこれほど重視されたことはありませんでした。唐の高祖《こうそ》は「通宵《つうしょう》［徹夜］すること連日《れんじつ》、情《じょう》は厭倦《えんけん》［飽きる］を忘《わす》る」（『旧唐書』巻五七「裴寂伝」）ほど囲碁を好みました。陝西《せんせい》省三原《さんげん》県の貞観《じょうがん》五年（六三一年）淮安靖王李寿《わいあんせいおうりじゅ》の墓の石槨《せきかく》にある「侍女図《じじょず》」は日常生活の風景を表現していますが、そのなかの二人の侍女は碁盤《ごばん》と碁笥《ごけ》を持っています。玄宗が翰林碁待詔《かんりんごたいしょう》をおいてからは、一時《いちじ》に名声をあげた名人が現れ、翰林待詔の王積薪《おうせきしん》はみずからのことを「天下無敵」と称していました。唐代にはさらに著名な棋譜《ぎふ》が伝わっており、歴史上「一子解双徴《いっしかいそうちょう》」と呼ばれる巧妙な打ち方は、宣宗《せんそう》の時代に第一の名人であった顧師言《こしげん》と唐に入った日本の王子が対局して残した名局と言われています。(『杜陽雑編』)

囲碁ができるかどうかは文人士大夫の重要な修養の一つとなり、杜甫《とほ》はみずから「棋《き》を以《もっ》て日《ひ》を度《わた》る」と述べています。

人々が普遍的に熱中する囲碁は、友人との交際の手段としても利用されました。敦煌遺書《とんこういしょ》の『維摩《ゆいま》詰講経文《きつこうきょうもん》』には「若《も》し博弈戯《はくえきぎ》の処《ところ》に至《いた》れば、輒《すなわ》ち以《もっ》て人《ひと》を度《ど》す」と記されており、維摩詰は囲碁を打つ機会をよく利用して、対局を観戦する人々に説法を行って人を済度しました。このほか「初《はじ》め翰《かん》林待詔《りんたいしょう》の王伾《おうひ》は書《しょ》を善《よ》くし、山陰《さんいん》の王叔文《おうしゅくぶん》は碁《ご》を善《よ》くす。倶《とも》に東宮《とうぐう》に出入《でい》りし、太子《たいし》に娯侍《ごじ》す」(『資治通鑑』巻二三六「唐紀五二」徳宗貞元十九年)とあるように、囲碁によって太子の寵愛を受け、政治の中枢に入り込むこともありました。

唐代の囲碁は民間に広く普及しました。囲碁の名人王積薪はあるとき旅館に泊まり、夜に「聞《き》くに主人《しゅじん》の媼《おう》〔老婦人〕、壁《かべ》を隔《へだ》てて其《そ》の婦《ふ》〔子の妻〕を呼《よ》びて曰《いわ》く、『良宵《りょうしょう》は遣《や》り難《がた》し、碁《ご》を一局《いっきょく》すべけんや』と」と声をかけ、その後、口で言うだけで、空《そら》で碁を打ちました。王積薪が対局を暗記して翌日に盤上に再現し、老夫婦の高い水準に驚きました。(李肇撰『唐国史補』巻上「王積薪棋を聞く」)

トルファンのアスターナにある唐代の墓から出土した帛画《はくが》「奕棋仕女図《えききしじょず》」には、表情と態度がきわめて真剣な一人の女性が中指と人差し指で碁石をはさみ碁盤に置こうとしているところが描かれており、これはなかなか見られない唐代の碁を打つ場面です(カラー図8)。また、発掘された長安の清思《せいし》殿《でん》や城中の古井戸、隋唐の墓からは囲碁用具が何度も出土しており、当時一部の州や郡は、その地方で作られる囲碁用具を貢物として中央に献上していました。[*35]

高尚で知的な遊びとしての囲碁の用具の製作はたいへん凝っていました。河南省《かなん》安陽市《あんよう》にある隋代の張盛《ちょうせい》墓から出土した碁盤は白磁《はくじ》で作られています。当時、北方では磁器の生産が始まって間もないころだったので、白磁はまだ貴重でした。さらに美しい遺物には、遣唐使が中国から日本に持ち帰った「木画紫檀碁局《もくがしたんのききょく》」があります。これは現在奈良の正倉院に所蔵されており、黄楊《つげ》と黒檀《こくたん》を寄木《よせぎ》して製作され、象牙と金箔の象嵌《ぞうがん》によって鳥獣や人物の図案が施されています。また、正倉院には象牙を「撥鏤《ばちる》」の技法で製作した碁石があります。これは純白の象牙を用いた碁石で、表面に青と赤の漆を塗り、そこに花枝をくわえた鳥の図案が彫刻してあります。彫った部分に象牙の白色が現れることで、碁石の青と白、赤と白という二色の対比が鮮明になっています。また、陝西《せんせい》省扶風《ふふう》県の法門寺《ほうもんじ》から出土した銀製の「香宝子《こうほうし》」［香合］には、仙人が対局する場面が鏨彫《たがねぼ》りされています。このように器物・絵画・装飾にある囲碁と関連した情景や実物は枚挙に暇がありません。

唐代には林の中にある岩に碁盤の目を彫ることがあり、そこを通る人は思いのままに対局することができました。柳宗元の「柳州の山水治に近くして遊ぶべき者の記」には仙人が碁を打つ山に言及し、「石枰《せきへい》［碁盤のこと］を上《うえ》に得《え》て、黒肌《こくき》にして赤脈《せきみゃく》、十有八道《じゅうゆうはちどう》、奕《えき》すべし」とあります。これらの記載や文物は、囲碁の発展が隋唐に成熟したことを示しています。柳宗元の記す碁盤は十八路［縦横の線が十八本］の碁盤ですが、安陽にある隋代の張盛墓やトルファンのアスターナ二〇六墓、四川省万《ばん》県の初唐の冉仁才《ぜんじんさい》夫婦合葬《ふうふがっそう》墓、および日本の正倉院に保存されている碁盤は、十九路の碁盤が流行していたことを証明しています。正方形で縦横の線が十九本の碁盤は現在でも用いられています。

囲碁は一部の人々の運命に影響を与えました。囲碁の技術に精通した人物の中には、囲碁を命のように好み、病癖のようになった者がいました。宰相の令孤綯《れいことう》が李遠《りえん》を杭州刺史《こうしゅうしし》に推挙した際、宣宗《せんそう》は「朕聞《ちんき》くに、遠《えん》の詩《し》に「青山《せいざん》は厭《いと》わず千杯《せんばい》の酒《さけ》、白日惟《はくじつた》だ銷《け》す一局《いっきょく》の碁《ご》」と有《あ》り、是《こ》れ疎放《そほう》［勝手きまま」なること此《か》くの如《ごと》し、豈《あ》に郡《ぐん》に臨《のぞ》みて人《ひと》を理《おさ》むべけんや」（辛文房撰、徐明霞校点『唐才子伝』巻七）と言い、李遠の昇進の機会は危うくなくなるところでした。また、太宗の時の大理丞《だいりじょう》であった張《ちょう》蘊古《うんこ》は牢獄の中で犯罪者と碁を打ったことが、斬首される原因の一つとなりました。（『旧唐書』巻五〇「刑法志」）

しかし、囲碁は豊富な学問を含んでおり、さらに人々の高尚な気質を形成しました。王建の詩「夜《よる》に美人《びじん》の宮棋《きゅうぎ》を看《み》る」には「宮棋《きゅうぎ》の布局《ふきょく》は経《きょう》に依《よ》らず、黒白分明《こくはくぶんめい》として子《し》数停《すうとど》まり、巡《めぐ》りて玉沙《ぎょくさ》を拾《ひろ》い天漢《てんかん》 暁《あかつき》たり、猶《な》お織女《しょくじょ》両三《りょうさん》の星《ほし》を残《のこ》すがごとし」とあり、当時碁を打つのによるべき経典があり、碁盤と碁石の置き方は宇宙の混沌に喩えられました。

日本の正倉院に収蔵されている「桑木木画碁局《くわのきもくがのききょく》」は、板目に切断した桑の木片を合わせて碁盤の面としており、木目はたいへん鮮明で、模様の変化はまるで流れる雲や水のようです。これは、古人が囲碁を打つことを形容するのに「静《しず》かなること清夜《せいや》の列宿《れっしゅく》〔星座〕が若《ごと》し、動《うご》くこと流彗《りゅうすい》〔彗星〕の互《たが》いに奔《はし》るが若《ごと》し」〔『芸文類聚』巻七四「囲碁」所収の晋の蔡洪「囲碁賦」〕や「徘徊《はいかい》して鶴翔《つるか》け、差池《さち》〔不ぞろい〕として燕起《つばめた》つ」〔同前〕と述べているのと偶然に一致しています。寄木細工や象嵌で碁盤を製作する方法では、碁盤の厚みや重みを増すことによって、碁石を碁盤に打つときの音が高く澄み、さらに囲碁を打つ際の趣が増加します。「両辺対坐《りょうへんたいざ》して語《ご》を言《い》う無《な》く、尽日時《じんじつとき》に聞《き》く子《し》〔碁石〕を下《お》くの声《こえ》」（王建「棋を看る」）は、碁石を打つ音を美しく形容した詩句です。

囲碁が普及したことで、囲碁による比喩表現も現れました。杜甫《とほ》は安禄山《あんろくざん》が反乱した後の変化を「聞道《きくなら》く長安《ちょうあん》は弈棋《えきき》に似《に》たり、百年《ひゃくねん》の世事《せじ》悲《かな》しむに勝《た》えず」〔「秋興八首」〕と述べています。白居易《はくきょい》は長安の町並みを「百千家《ひゃくせんか》は棋局《ききょく》を囲《かこ》むに似《に》たり」〔「観音台に登り城を望む」〕と形容しています。さらに多いのは碁を打つことを用兵《ようへい》の道にたとえることです。呉大江《ごたいこう》「碁賦《ごふ》」は碁を打つことを「将軍《しょうぐん》の出塞《しゅっさい》に似《に》たり、猛士《もうし》の辺《へん》に臨《のぞ》むが若《ごと》し。其《そ》の進《すす》むに及《およ》ぶや則《すなわ》ち鳥集《とりあつ》まり雲布《くもし》き、陳《ちん》［陣に同じ］合《ごう》し兵《へい》［戦い］連《つら》なる」と述べています。また、元稹《げんじん》は「運智《うんち》を囲棋《いき》に托《たく》す」（元稹「翰林白学士代わりに書す一百韻に酬ゆ」）と述べています。

宋代の城鎮《じょうちん》では茶店が盛んであり、常に囲碁用具を準備して客に提供していました。囲碁の理論も発達して、『棋経《ききょう》』のような専門書が出現しました。このなかでは囲碁の水準を九品《きゅうひん》に分け、「一《いち》に入神《にゅうしん》と曰《い》い、二《に》に坐照《ざしょう》と曰《い》い、三《さん》に具体《ぐたい》と曰《い》い、四《よん》に通幽《つうゆう》と曰《い》い、五《ご》に用智《ようち》と曰《い》い、六《ろく》に小巧《しょうこう》と曰《い》い、七《しち》に闘力《とうりき》と曰《い》い、八《はち》に若愚《じゃくぐ》と曰《い》い、九《きゅう》に守拙《しゅせつ》と曰《い》う」としています。囲碁による比喩は文化的意義に満ちており、囲碁からはいくつかの中国文化の特徴が生み出されました。

第三節　家庭の内外——女性の社会的役割

女性の社会的自立意識

中国古代における女性の歴史研究のなかで、重要な問題は、長期にわたる女性の地位の「向上」や「低下」の流れを単純に描き出すことだけではありません。伝統社会における家庭の「内」と「外」との関係、家事での女性の受動的で従属的な地位とそこでの女性の参与可能な管理から、さらには決定権、現実生活の中で女性たちが受けた制約と積極的・能動的な役割、そのいずれもが、よりその真に差し迫って考察を行うに値する事柄です。

「女《おんな》は位《くらい》を内《うち》に正《ただ》し、男《おとこ》は位《くらい》を外《そと》に正《ただ》す。男女正《だんじょただ》しくするは、天地《てんち》の大義《たいぎ》なり」という『周易《しゅうえき》』「家人《かじん》」の彖辞《たんじ》の内容は古くから今に至るまで繰り返し引用され、「内」と「外」の境界とその関係の問題は、現代の学者の継続的にして熱い関心を集めています。[*36] 家庭の「門」を境界として内と外が分かれることは、[*37] 中国古代において明確な社会的意義がありました。門戸は家族と社会を分ける境界であり、二者の接触点でもあり、連結の中枢でもありました。[*38] いわゆる「内・外」とは、本来は一組の空間概念でしたが、いったん男女の性別と対応すると、観念の中で内外の判別に及ぶようになり、道徳的な文化意義がはっきりと現れます。このため、内と外の区分の認定は簡単な方位や分業の問題ではなく、深層次元の意識に及び、人倫秩序や「位《くらい》を正《ただ》す」の関係、「家《いえ》を正《ただ》す」と「天下《てんか》を治《おさ》む」の関係などにも及び、実際には社会構造や家族制度の変遷と密接な関係にあります。

唐宋時代には、礼教・家長制度・家族組織は日増しに厳格となり、これらの基本的な環境は社会における女性の役割や社会的地位の変化を決定していました。「内」と「外」の区分の問題に対する重視は、まさにこのような全体的背景のもとで起こったものです。

唐宋時代の女性は、「男《おとこ》は外《そと》を主《つかさど》り、女《おんな》は内《うち》を主《つかさど》る」という社会環境のもとで、常に休むことなく努力を続け、高い品徳ですべてを受け入れるという精神的風格や、[*39] 積極的に向上しようと努める人生への態度によって、中国の歴史に鮮やかな色彩の一ページを加えました。士人《しじん》の家族の女性は文化的修養が高く、多くの人は家族のなかで夫を助けて子を教え、家業を管理しただけでなく、家から出て土木工事や救済といった公益活動に参与し、さらにはその活動を組織するなど、さまざまな方式でみずからの社会的価値を実現しました。これに対して、下層階級の女性は生活に迫られたことから、直接外部社会と向き合う必要性や機会がより多く、官府や社会と向き合いました。

開放的な唐代の婦女

古代社会の女性のなかでは、唐代に生きた女性が比較的幸福だったのではないか、と考える学者がいます。[*40] 唐代の女性のうち、則天武后《そくてんぶこう》は中国の歴史上唯一の女性皇帝であり、唐代前期の政治に影響を与えた宮廷女性の集団は颯爽としており、「髻《もとどり》を露《あら》わにして馳騁《ちてい》す［馬に乗り駆ける］」というような垢抜けた貴族の婦女であったり、郊外へ出かけて名勝を遊覧し「錦《にしき》を簇《あつ》め花《はな》を攢《あつ》む」（施肩吾「少婦遊春詞」）といった長安の麗人であったりしました。唐代の文学作品に登場する、このようなさまざまな事物が入り乱れた画巻は、人々に忘れがたい印象を残しています。

則天武后

唐代は、宮廷の女性の政治参加が相対的に頻繁で活発な時期でした。則天武后《そくてんぶこう》（六二四～七〇五年）はこれらの女性のなかでも卓越した代表的人物です。[*41] 七世紀後半の歴史のなかで、則天武后は五十年にわたって政治に参与し、あるいは直接国家を統治しました。

永徽《えいき》六年（六五五年）、高宗《こうそう》［李治］によって皇后に立てられた則天武后は、それまでの従順な「賢妻」ではなく、独立した政治的人物でした。顕慶《けんけい》年間（六五六～六六一年）以後、高宗は「風《かぜ》に眩《くら》み頭《あたま》重《おも》きに苦しみ、目《め》は視《み》る能《あた》わず」となりました。この時、則天武后はさらに思う存分にその政治的才能を発揮して「百司《ひゃくし》［文武百官］事を奏するに、上《しょう》［皇帝］或《ある》いは皇后《こうごう》をして之《これ》を決せしむ。后《こう》、性《せい》は明敏《めいびん》、文史《ぶんし》を渉猟《しょうりょう》し、事《こと》を処《しょ》すること皆《み》な旨《し》に称《かな》う。是《これ》に由りて始《はじ》めて委《ゆだ》ねるに政事《せいじ》を以《もっ》てし、権《けん》は人主《じんしゅ》と侔《ひと》し」（『資治通鑑』巻二〇〇「唐紀一六」顕慶五年十月条）となりました。数年の間に則天武后は政治の舞台を駆けまわり、その権勢は日増しに強くなって「上《しょう》は事《こと》を視《み》る毎《ごと》に、則《すなわ》ち后《こう》後《うし》ろに簾《すだれ》を垂《た》れ、政《まつりごと》は大小《だいしょう》と無《な》く皆《み》な与《とも》に之《これ》を聞《き》く。天下《てんか》の大権《たいけん》は悉《ことごと》く中宮《ちゅうぐう》に帰《き》し、黜陟《ちゅうちょく》［人材の登用、昇進、降格など］、生殺《せいさつ》は其《そ》の口《くち》に決《けっ》し、天子《てんし》は垂拱《すいきょう》［たもとをたらし、腕を組み、みずからは何もしないこと］するのみ。中外之《ちゅうがいこれ》を二聖《にせい》と謂《い》う」（『資治通鑑』巻二〇一「唐紀一七」麟徳元年十二月丙戌条）となりました。[*42]

上元六年（六七四年）、則天武后は十二の建言を上奏しましたが、その主な内容には農業の奨励、兵事の停止、徭役《ようえき》と賦税の軽減、進言の道の拡大とよりいっそうの教化、喪服礼の制度における母親の地位の向上、中・下層の官員や勲官［勲功により職務のない名誉的官職を授けられた者］の利益に対する配慮などが含まれていました。この公然と正面から行われた建言は、則天武后が時勢を見計らったうえで人心を得ようとする努力であり、彼女の現実を把握する能力や比類のない政治的見識を示しています。

高宗が崩御すると、則天武后は簾の中で皇帝の後見人として政務を執る「臨朝称制」に満足せず、数年にわたる周到緻密な画策・準備の後、まずみずから「聖母《せいぼ》神皇《しんこう》」と称し、続けて載初《たいしょ》元年（六九〇年）には国号の唐を周《しゅう》と改め、正々堂々と後宮を出て帝位に登り、時の女性皇帝となりました。則天武后は民間の信仰を利用して世論を作り上げることを得意とし、大胆にその時々の環境に順応する政治手法は、帝位に登るまでの過程に余すことなく発揮されました。則天武后は朝廷の政治を主宰している間、内外の政策面では優れた成果をあげました。たとえば、西域の安西四鎮《あんせいしちん》の奪回を決断したこと、科挙で人材を採ることを進めたこと、寒門の出身者を養成して政治に参加させたこと、民生の安定を重視したことなどです。これらの政策は、「女中《じょちゅう》の英主《えいしゅ》」という称賛に恥じないものでした。

則天武后が皇帝を称したことに厳しい批判的態度をとった宋代の司馬光《しばこう》でさえも、その著書『資治通《しじつ》鑑《がん》』のなかでは唐代の陸贄《りくし》の意見に賛同して「太后《たいこう》は濫《みだ》りに禄位《ろくい》を以《もっ》て天下《てんか》の人心《じんしん》を収《おさ》むると雖《いえど》も、然《しか》れども職《しょく》に称《かな》わざる者《もの》は、尋《つ》いで亦《ま》た之《これ》を黜《しりぞ》け、或《あるい》は刑誅《けいちゅう》を加《くわ》う。刑賞《けいしょう》の柄《へい》を挟《と》り以《もっ》て天下《てんか》を駕御《がぎょ》［コントロール］し、政《まつりごと》は己《おのれ》より出《い》で、明察《めいさつ》にして善く断ず、故《ゆえ》に当時《とうじ》の英賢《えいけん》も亦《ま》た競《きそ》いて之《これ》が用《よう》を為《な》す」（『資治通鑑』巻二〇五「唐紀二一」長寿元年正月条）と称賛しています。

則天武后は女性特有の優位性、皇后あるいは皇太后という身分、そして自分自身の優れた才智と手法によって、一歩ずつ権力の頂点に上り詰めました。男性権力が統治を行う時代にあって、これは当時の人々がいかにしても認められない、驚くべき行動でした。その成功は、彼女自身が奮闘した結果ですが、すべてが彼女自身によって決められたわけではありません。偶然もあるでしょうが、すべてを偶然に帰することもできません。

唐代社会は中国古代にあって、その雄大で開放的な気風によって知られており、さまざまな思想傾向や風習は緊密に一つに融合しました。北朝《ほくちょう》の遺風の影響、「胡族《こぞく》」と周辺国家の文化習俗、日増しに深まる仏教の宣伝、これらはいずれも伝統的な礼教に強い衝撃となりました。則天武后の即位は、まさにこれらの条件と不可分のことでした。

則天武后は帝王の妻、帝王の母としての身分と機会を十分に利用しました。則天武后の成功は、ある意味から言えば、中国の伝統社会における「家」と「国」が密接に関連した秩序と権力構造に良い影響をもたらしました。皇后や皇太后であった期間に、則天武后はさまざまな象徴的手段を積極的に用いて、婦女の地位を顕彰《けんしょう》しました。しかし、皇帝になった後は、あからさまに女性の地位を向上させる措置を講ずることはありませんでした。*43

則天武后は女性として皇帝になったことで注目され、内外の局面において女性の立場のために困難に直面しました。則天武后は唐の皇后・皇太后としての身分によって皇帝権力に接近できましたが、後継者や皇位継承の問題では、最終的には皇后や皇太后という立場を超えることができず、深く苦悩しました。

則天武后は女性皇帝にはなりましたが、男女の地位の構造的枠組みを根底から打ち破ることに無力であったか、あるいは無意識でした。則天武后が力を尽くして模倣したのは、男性帝王の行動であり、女性皇帝固有のイメージを打ち立てることを望んではいませんでした。結局、彼女は個人的な権

図13-5　西安中堡村唐墓の仕女俑

力を得ることに成功しましたが、これは女性全体の地位が向上したことを意味するものではありません。

家庭内外における女性の活動

輝きを放った女性皇帝のほかにも、現在では、発掘資料の絶え間ない発見や、*44 女性史の研究領域の広がりにしたがい、唐代の平民女性の生活の実情により迫り、女性たちが担った社会的役割を深く正確に理解することができます。

これまで発掘された壁画《へきが》・帛画《はくが》・俑《よう》・墓誌銘《ぼしめい》・出土文書《しゅつどぶんしょ》などの貴重な文物には、いきいきとした女性の姿が多く示されており、研究者が女性の生活状況を理解するうえで重要な資料となっています。（図13-5）

女性が日常を過ごした環境、のんびりと暮らしたり苦労したりしている姿、その服飾、信仰や希望、好みや娯楽は、いずれも出土資料に反映されています。また、女性たちは家庭という垣根の内側だけで活動していたわけではなく、外部の世界とも多くの面で接触していたことも見てとれます。西北の辺境であった西州《せいしゅう》（現在の新疆トルファン地区）の状況を例にとると、唐代の百余りの戸籍・名簿・田地の帳簿には、当時の女性戸主である「大女《だいじょ》」について度々《たびたび》言及されています。彼女たちは懸命に家庭の生計を支え、一部の賦税の責任を担うなど、苦しくて頼る存在のいない生涯でも、数多くの外界と交流する機会をもっていました。その独立した地位は、地方の官府や社会民衆に承認されていました。当時の土地・家屋・奴婢の売買契約、食糧・絹織物・金銭の貸借契約、果樹園の賃借契約と労働力の雇用契約、長安からの課税帳簿、担保の抵当帳簿、ダンダンウィリク［新疆のホータン地区にあった地名」からの抵当貸借文書は、これらの経済活動における婦女の参加とその度合いを示しています。官府に送られた訴状の文言には、女性たちが自身や家庭の権益を守るべく努力していたことが示されています。「作斎社約《さくさいしゃやく》」「功徳疏《くどくそ》」「随葬衣服疏《ずいそういふくそ》」などの文書には、女性の仏教信者たちが自発的につくった組織と、その集団活動が反映されており、当時の地方民衆の多元化した宗教信仰も注目されます。

　これらの資料は、この時代の女性の「内《うち》」と「外《そと》」における活動の実態を伝えています。伝統社会の女性からしてみれば、家族や家庭の「内」と「外」の境界線は明確でしたが、乗り越えられないものではありませんでした。社会の下層の一部の女性は子女を育てながら生計を切り盛りしており、一部の女性は生活のために外へ出て「客《きゃく》として傭力《ようりき》［雇われ労働者］と作《な》」り[*45]、また一部の女性は精神的な慰めや、互いに助け合うために結社を作り集まりました。全体からみれば、当時の女性が家庭外部の仕事に参与する度合いは、一般に想像されるよりもさらに活発でした。このうち、下層社会の女性は家庭の外で忙しく働いていました。これは明らかに個人の意思によって決定されたことではなく、主に経済的な必要性によって決定されたものです。

　宋代は経済が発展して文化が普及し、「富貴盛衰更迭《ふうきせいすいこうてつ》して常《つね》ならず」（袁采『袁氏世範』巻上「睦親」）というように、発展にしたがい、さまざまな面での競争が日増しに激しくなりました。この状況は、家族の結びつきの役割に、特に重要な意義をもたせました。家族において家庭を管理する職責は日増しに重くなり、管理を担当するという主要な役割の重要性も際立ってきました。宋代の時期に目覚ましい発展を遂げた蘇州《そしゅう》地域の士人の家庭を例にとると[*46]、原則からいえば、男性は家族の中での核心であり主導的な立場でしたが、現実の生活では、多くの家族の主要な男性構成員は外では官に仕え、家では学問を修めていたため、主婦は家族内外の多くの仕事の実質的な主宰者であり、家族内外の秩序を維持しました。

たとえば、梅堯臣《ばいぎょうしん》の夫人謝氏《しゃし》は「其《そ》の家《いえ》を治《おさ》むるに常法有《じょうほうあ》り」として、夫に対しては「富貴貧賤《ふうきひんせん》を以《もっ》て其《そ》の心《こころ》を累《わずら》わせず」(『欧陽脩全集』の『居士集』巻三六「南陽県君謝氏墓誌銘」)としました。また、章甫《しょうほ》の夫人沈氏《しんし》は「家事《かじ》を経理《けいり》し、巨細《きょさい》と無《な》く皆《み》な節法有《せっぽうあ》り」、「閫門千指《こうもんせんし》〔家族が多い〕宅有《たくあ》り以《もっ》て居《お》り、田有《でんあ》り以《もっ》て食《しょく》するは夫人《ふじん》の力《ちから》なり」(楊時『亀山集』巻三五「章端叔墓誌銘」)でした。林高《りんこう》の妻黄《こう》氏《し》は夫や子を相次いで亡くし、孫たちが幼いという困難な境遇のなかで「簪珥《さんじ》〔簪《かんざし》と耳飾り〕を斥売《せきばい》し以《もっ》て其《そ》の家《いえ》を経理《けいり》す」、「礼《れい》を以《もっ》て自《みずか》ら衛《まも》り、其《そ》の門戸《もんこ》を綱紀《こうき》し、屹然《きつぜん》として替《か》えず」でした。[*47] さらに司馬光は「婦《ふ》は、家《いえ》の盛衰《せいすい》の由《よ》る所《ところ》なり」(司馬光『書儀』巻三「婚儀上」)と述べています。これは、家庭、さらには家族における女性の役割を事実上認めていたということです。

女性の家族内における具体的な責任は、その立場によって異なりました。欧陽脩《おうようしゅう》は謝絳《しゃこう》の妻の高《こう》夫人《ふじん》を称賛して「孝《こう》の力を以《もっ》て其《そ》の舅《しゅうと》に事《つか》えて賢婦《けんぷ》と為《な》り、柔順《じゅうじゅん》を以《もっ》て其《そ》の夫《おっと》に事《つか》えて賢妻《けんさい》と為《な》り、恭倹均一《きょうけんきんいつ》を以《もっ》て其《そ》の子を教育《きょういく》して賢母《けんぼ》と為《な》る。……其《そ》れ舅《しゅうと》と夫《おっと》とに於《お》いては、婦為《ふた》るの礼備《れいそな》わり、其《そ》の子《こ》に於《お》いては、家《いえ》を立《た》つるの道成《みちな》れり」(『欧陽脩全集』の『居士集』巻三六「渤海県太君高氏墓碣」)と述べています。宋代の士人家族における婦女の「婦《ふ》と為《な》り、妻《つま》と為《な》り、母《はは》と為《な》り、姑《しゅうとめ》と為《な》る」という役割の転換は、明らかに家族のなかの男性を軸としたものでした。女性の根本的な職責は、家族の秩序を整然とした状態にあるよう保証することにありました。

宋代の人々の考えでは、「内」の役割は紛れもなく「外」を補佐することでした。そして、まさにこの補佐は、「内」と「外」との疎通や、両者を超越する可能性をもたらしました。そこで、「内」と

「外」の問題を論じる時、両者の区別の実質は、いわゆる「内」と「外」との隔たりではなく、両者が相互に交《まじ》わり覆《おお》いあう境界上にあることが明示できます。両者が交差する境界の実際の意義はここにあり、境界上には固定で不変の枠組みが存在せず、「内」と「外」両端の連結面として、純粋な意味での「内」や「外」ではなく、「内」でもあり「外」でもあるということができます。このように柔軟性のある弾力的な場では、解釈する立場の者が「内」と「外」を区分する判断基準やそのように区分する意図を、最も容易に観察することができます。

ある一組の例はたいへん興味深いものです。梅堯臣《ばいぎょうしん》と蘇軾《そしょく》は、それぞれ自分の妻を褒め称える際、期せずして妻たちの同じ習慣となったやり方に言及しています。それは、客が来訪した際、夫人が「多《おお》く戸屏《こへい》より竊《ひそ》かに聴《き》く」であり、「尽《ことごと》く能《よ》く其《そ》の人《ひと》の才能賢否及《さいのうけんぴおよ》び時事《じじ》の得失《とくしつ》を商榷《しょうかく》し、皆《み》な条《じょう》理有《りあ》り」であったことです（『欧陽脩全集』の『居士集』巻三六「南陽県君謝氏墓誌銘」）[*48]。張公雅《ちょうこうが》の夫人の符《ふ》氏《し》や、張奎《ちょうけい》・張亢《ちょうこう》の母宋氏《そうし》、湯教授《とうきょうじゅ》の母潘氏《はんし》は、いずれも常に似たような行動をとっていました[*49]。いわゆる「戸屏《こへい》の間《かん》」は、ちょうど前堂《ぜんどう》と後室《こうしつ》、外庁《がいちょう》と内房《ないぼう》を連結する空間です。その位置について言えば、「戸屏の間」は牖戸《ようこ》の後ろにあり、「内」の範囲に属しています。しかしこの場所を選んで立てば、明らかに「外室《がいしつ》」に通じます。前述した夫人たちが「盗み聞き」していたのは、自分の夫やその子弟と接触した「外の人」や「外の事」です。これらの「外の人」「外の事」は、夫や子弟との関係から「内人」が関心を寄せる理由のある内容に変化しました。まさにこのために、夫人たちは立つ位置によって恥ずかしい思いをしたり気にかけたりすることはなく、夫や子弟も彼女たちの背後での関与を不快に感じることはありませんでした。

さらに注目すべきは、盗み聞きの細かないきさつが彼女たちの墓誌に記載されていることです。墓誌の撰者である欧陽脩《おうようしゅう》・梅尭臣《ばいぎょうしん》・陳襄《ちんじょう》・司馬光《しばこう》・蘇軾《そしょく》・呂祖謙《りょそけん》などの人々から見れば、これらの「深閨隠屏《しんけいいんぺい》の中《うち》に在《あ》」（陸佃『陶山集』巻一五「長寿県太君陳氏墓誌銘」）る女性が家の外のことに関心を持ち、その行為を隠すことのないやり方はきわめて「体《たい》を得た」〔適切な〕ことでした。ここでは「男《おとこ》は内《うち》を言《い》わず、女《おんな》は外《そと》を言《い》わず」という枠組みが依然として存在していますが、その堅く厳格な枠組みは、事実上は内外を疎通するという方法によって、大いに柔軟なものとなりました。

士人の女性たちが家族の範囲から出て、社会に直接力を発揮する機会は多くありませんでした。偶然にあるとすれば、大部分は父の世代の人々や、夫とその子弟に協力する必要性から起こりました。しかし、たとえそうであったとしても、彼女たちの国家や一族の命運に対する関心や、肝心な時に発揮される智慧や度胸は、いずれも女性たちの社会上の物事を処理する才能を反映しないものはありませんでした。

宋代の女性が、官吏となった夫や子弟の取り扱う政務や訴訟から軍事行動に対してまで積極的に建議し、さらには直接関与したことは、史料のなかに少なくありません。これら「外事《がいじ》無し」とされた夫人たちの記録に見える類似の行動は、つねに称賛され、その夫の成功は「夫人《ふじん》の助《たす》け」と言われました。[＊50] なかでも、北宋の仁宗朝の重臣であった孫沔《そんべん》の夫人の辺氏《へんし》は際立った一例です。孫家は「家事《かじ》は大小《だいしょう》と無《な》く、夫人《ふじん》に決《けっ》せらる」だけではなく、夫人は相当活発に夫の「外事」の処理に介入しました。皇祐《こうゆう》四年（一〇五二年）、孫沔は命を受け儂智高《のうちこう》を討伐することになり、難色を示しましたが、辺氏は大胆に「曷《なん》ぞ念《ねん》ずることの深《ふか》きや。河陝《かせん》の間《かん》は騎卒精鋭《きそつせいえい》と聞くが如し。宜《よろ》しく使《つか》うべき者に若《し》かるべし〔使ったらよいようです、の意〕」と提案し、まるで勝算をもった将軍の風格がありました。伝えられるところでは、辺氏の意見により「適《たま》たま公《こう》の意《い》と合《あ》い、遂《つい》に請《こ》うて以《もっ》て従《したが》う。厥《そ》の後賊《のちぞく》を破り、卒《つい》に騎《き》を以《もっ》て勝《か》つ」となりました。[51]

この辺夫人は内室で謀議に参与しましたが、紹興《しょうこう》年間（一一三一～一一六二年）の初め、未婚の女性であった胡慧覚《こけいかく》は「内」から出て「義《ぎ》を以《もっ》て姻族《いんぞく》を糾《あつ》」め、盗賊に抵抗して境界を守ったことで「胡《こ》族因《ぞくよ》りて以《もっ》て枕《まくら》を奠《さだ》む［安心して眠ることができた］」（袁説友《えんえつゆう》『東塘集』巻二〇「魏安人胡氏行状」）となりました。さらに、開禧《かいき》年間（一二〇五～一二〇七年）に和州《わしゅう》［現在の安徽省和県］の長官であった周虎《しゅうこ》の母何《か》氏《し》は、宋と金が和州で戦うさなか「城埤《じょうへい》を巡《めぐ》り、偏《あまね》く軍《ぐん》を犒《ねぎら》い、力《ちから》を尽《つ》くして一戦《いっせん》せし」め、宋の朝廷により和国夫人《わこくふじん》に封ぜられました。[52]

女性の介入する「外事」には、夫や子と直接は関わらないこともありました。たとえば、被災者の救済や水利工事、寺廟の修理といった地域の公益活動は、通常その家や一族にとって有利になり得ることであり、その時代や地域、社会秩序全体の安定にも有益であることから、大いに認められました。[53]

当時の社会の中で、このような女性たちの強い積極性は、深い印象を与えるものです。多くの女性の行為は、明らかに「女教《じょきょう》」［女性教育］や「女訓《じょくん》」［女性に対する訓戒］の中にある女性たちへの直接的な要求を超えていました。そして、勇気をもって危難に立ち向かう女性たちの行為は、女性の置かれた環境や次第に社会へと浸透していった道徳文化的な教養と明らかに関係があります。このような尋常ならざる行為に対して、士大夫《したいふ》、さらに朝廷は称賛し、また顕彰し、これを「理《り》を識《し》ること人《ひと》に過《す》ぐ」（周南『山房集』巻五「永国夫人何氏行状」）と讃えました。このことより想起されるのは、当時の人々が単一的な思考の枠組みの中で生活していたのではない、ということです。平常の時代の「内」と「外」の境界は、非常の際には適せず、原則的な理念である「女子は外事を問わず」も、女性の行為を判断する唯一の尺度とは成り得ませんでした。

女性の名分に対する要求や、活動の許された境界の基準は、たとえ伝統社会であっても適用の基準は多元的であり、時期や事柄によって異なりました。そのなかでも社会で役割を果たしたのは、一、二の停滞し固定化した規範ではありませんでした。社会意識における評価や伝統観念の方向性は、まず具体的な歴史的条件によって決定されるものです。

この時期の発掘資料からは、千年前の女性と、内外を隔てる門との関係の具体的な描写をよりいきいきと、直感的に見ることができます。二十世紀五十年代初期に河南《かなん》省禹《う》県の白沙《はくさ》で発掘された一号宋墓《そうぼ》[54]は、北宋の元符《げんぷ》年間（一〇九八～一一〇〇年）の墓葬です。洞穴に建造された、木造建築を模倣した磚室墓《せんしつぼ》には、後室の北の壁に、婦人が門を開ける姿が彫刻されています。

> 北の壁には赤い幕と青い紐が描かれており、その下にはレンガを積んで作った門がある。この門の外には、南に向かって、レンガを彫刻した少女が立っている。二つの髻《もとどり》を垂らし、細い袖の上着を着て長いスカートをはいており、スカートの下には先の尖った靴が覗いている。右手は門を開ける仕草をしている。（宿白『白沙宋墓』文物出版社、一九五七年）

これは唯一のものではなく、同じものが一号宋墓から西北に二〇mほどのところにある北宋後期の墓にあります。すなわち白沙二号墓には、六角形の墓室の北の壁に類似した像が見られます。

北の壁には赤い帳が描かれ、その下にはレンガを積んだ門があり左側の扉はやや外に向かって開

図13-6　山西省新絳龍興寺宋墓の磚雕「婦人啓門図」

いており、右側からは環状の髪飾りをつけ青い上着を着た女性が覗いており、南に向かい腰をかがめて礼をして墓室に入ろうとするような姿をしている。（同前）

この他にも、洛陽《らくよう》にある北宋の崇寧《すうねい》五年（一一〇六年）の張君墓《ちょうくんぼ》の画像石棺《がぞうせきかん》には、その前側正面の浮き彫りにも似通った画面があり、「門の扉は半分閉じており、丸彫に近い侍女が門を開けて出ようとし、その顔の半分隠れている姿」[55]があります。また、洛陽耐火材料《らくようたいかざいりょう》廠《しょう》の十三号北宋後期墓の墓室北壁の磚にも同じ姿の彫刻が施されています。[56]「婦人門《ふじんもん》を啓《ひら》く」という形の淵源は、少なくとも後漢まで遡《さかのぼ》ることができ、当時の石棺や画像石にはすでに似た画面があります。たとえば、建安《けんあん》十七年（二一二年）に建造された四川《しせん》省蘆山《ろざん》県の王暉《おうき》墓《ぼ》内の石棺は「棺の前面に門が彫刻されており、半分閉じている。女性が一人おり、髪型は巻き上げ、門から頭を出している」というものです。[57]この様式は、唐代にはすでに多く見られ、宋代ではさらに流行し（図13-6）、主に墓室の壁画や磚の彫刻、あるいは仏塔・経幢《きょうどう》の装飾に見られます。異なる地域（たとえば現在の北京・河北・河南・山東・山西・甘粛・四川・貴州など）や異なる民族（漢・契丹・女真・朝鮮など）の文物にも、この姿が度々再現されています。

女子が門に寄りかかる題材が墓で流行したのは、偶然ではないようです。その姿は現れるようで、また隠れるようで、奥ゆかしい美しさがあり人の心を揺さぶるほか[58]、その寓意は儒家の礼教《れいきょう》と関係があります。「位《くらい》を内《うち》に正《ただ》す」ことを要求される女性は、通常室内や内院〔奥庭〕にいることが規範とされ、「門《もん》を啓《ひら》く」や「扉《とびら》を闔《と》じる」といった類の行動と結び付けられ[59]、礼制をつつしみ深く守り少しも外出しないことが求められました。しかし、文物に現れている「婦人門を啓く」の姿は、実際には多種多彩です。門が開いたり、閉じたりして同じでないばかりでなく、門での彼女たちの行動は、出るものもあれば入ろうとするものもあり、また辺りを眺めたり探ったりと、多かれ少なかれ豊富で多様な実際の生活を反映しています。

宋代には、古今に通じ詩文を得意とする「女才子《じょさいし》」が多くいました。蘇州の士人家族の女性を例にとると、周必大《しゅうひつだい》の妻王氏《おうし》は「聡明高潔《そうめいこうけつ》たり、女工《じょこう》・儒業《じゅぎょう》、下《した》は書算《しょざん》に至《いた》るまで洞暁《どうぎょう》せざる無《な》し」であり、閑《ひま》があれば「手《て》ずから経史《けいし》を抄《うつ》し、夜《よる》は則《すなわ》ち児《こ》に読書《どくしょ》を教《おし》う」でした。夫の周必大が学官〔教育を司る官職〕・館職《かんしょく》〔朝廷で経書や歴史書などの編纂を行う官職〕に任じられると、彼女は「相《あ》い与《とも》に古今《ここん》を商論《しょうろん》し……稍《や》や倦《う》めば博弈《はくえき》〔囲碁〕に対《たい》し、或《ある》いは丙夜《へいや》〔深夜〕に至《いた》る」ほどでした（周必大『文忠集』巻七六「益国夫人墓誌銘」）。また徐林《じょりん》には「妹《いもうと》の詩《し》を能《よ》くする有《あ》り、大《おお》いなること婦人女子《ふじんじょし》の為《な》す所《ところ》に類《に》ず。其《そ》の筆墨《ひつぼく》に畦径《けいけい》〔一定の条理〕ありて、多《おお》く杜子美《としび》より出《い》でて、清平《せいへい》にして沖澹《ちゅうたん》〔淡泊〕たり、蕭然《しょうぜん》として俗《ぞく》を出《い》で、自《みずか》ら一家《いっか》を成《な》す。平生為《へいぜいな》す所《ところ》の賦《ふ》は尤《もっと》も工《たく》みなり」（龔明之『中呉紀聞』巻六「徐氏安人詩」）であり、彼女の詩集が世に広く伝わっていたこともありました。淳熙《じゅんき》八年（一一八一年）状元《じょうげん》の黄由《こうゆう》の婦人胡氏《こし》は「俊敏強記《しゅんびんきょうき》にして、経史諸書《けいししょしょ》略《ほ》ぼ能《よ》く誦《しょう》を成《な》す。筆札《ひっさつ》を善《よ》くし、時《とき》に詩文《しぶん》を作《つく》るも亦《ま》た観《み》るべきなり。琴奕写竹等《きんえきしゃちくなど》の芸《げい》においては尤《もっと》も精《くわ》しく、自《みずか》ら恵斎居士《けいさいこじ》と号《ごう》し、時人《じじん》之《これ》を李易安《りえきあん》［李清照《りせいしょう》］に比《ひ》すと云う」（周密『斉東野語』巻一〇「黄子由夫人」条）というほどでした。

知的な雰囲気の中で成長した女性は、幼い頃より学術文化の薫陶を受け、しばしば深い造詣を身につけていました。男性と比べて、女性たちは経書や史書を読み、詩や詞を詠むのに功利的な目的は少なく、ただみずからの感慨を托して楽しむだけでした。女性が文采や芸術の高い修養を身につけることは、徳行を潤し生活を豊かにし、人間関係を睦まじくするのに有益な前提条件だと考えられました。これについて葉適《しょうせき》は「婦人《ふじん》の賢《けん》たるべき、以《もっ》て文慧有《ぶんけいあ》り、以《もっ》て芸能有《げいのうあ》り、淑均《しゅくきん》として妬《ねた》まず、其《そ》の家室《かしつ》に宜《よろ》しきのみ」（『水心文集』巻一四「張令人墓誌銘」）と述べています。

李清照

李清照《りせいしょう》（一〇八四年～?）は、宋代の知的女性のなかでも傑出した典型です。彼女は平和の時代から戦乱の時代への転換を経験し、その人生も穏やかであったものが苦難零落を味わいましたが、それでも「真《しん》」「善《ぜん》」「美《び》」の境界について終始変わらず追い求めました。一人の女性詞人として、李清照の淡雅で清新天然の風趣に満ちた作品は、彼女自身の生命に対する細やかな理解や複雑な感情の流れをいきいきと表現しています。

また、李清照は才能が優れていただけではなく、胆力も見識もありました。彼女は愛情への強い探究心を真摯で大胆に表現し、自我の情感の世界を含蓄深く表現しました。世の情勢が揺れ動き国家が滅びようとするなかで、彼女は「憂患貧窮《ゆうかんひんきゅう》に処《お》ると雖《いえど》も志《こころざし》は屈《くつ》せず」（李清照「金石録後序」）であり、個人的な創作生活を時代の中へと溶け込ませました。その「生《い》きては当《まさ》に人傑《じんけつ》と作《な》り、死《し》すれば亦《ま》た鬼雄《きゆう》と為《な》るべし。今《いま》に至《いた》るまで項羽《こうう》を思《おも》い、江東《こうとう》を過《す》ぐを肯《がえん》ぜず」という叫びは、世の人々の目を覚まさせました。彼女の独特な魅力のある芸術の表現方法により、その詞は「千古《せんこ》に格《かく》を創《つく》る」と言われ、男性作家が文壇に君臨するという伝統的な局面を改めました。李清照は中国古代において、その想像力・芸術的成果ともに代表的な女性作家であり、中国の文学史のなかできわめて高い地位を占めています[*60]。

家族における秩序構成と礼儀道徳の強化

歴史の角度から見ると、女性に関する問題は、単独で現れるものではありません。この一群の女性たちを具体的な時代背景の中に置き、特定の社会階層と家族制度の状況と結びつけて総合的に考察してこそ、女性の役割の多様で複雑な社会的意義を知ることができ、伝統時代の中で果たした役割の実際的な側面を知ることができます。

『易《えき》』の「序卦《じょか》」には、自然と社会の関係の本源に遡《さかのぼ》る記載として「天地《てんち》有《あ》りて然《しか》る後《のち》に万物《ばんぶつ》有《あ》り、万物《ばんぶつ》有《あ》りて然《しか》る後《のち》に男女《だんじょ》有《あ》り、男女《だんじょ》有《あ》りて然《しか》る後《のち》に夫婦《ふうふ》有《あ》り、夫婦《ふうふ》有《あ》りて然《しか》る後《のち》に父子《ふし》有《あ》り、父子《ふし》有《あ》りて然《しか》る後《のち》に君臣《くんしん》有《あ》り、君臣《くんしん》有《あ》りて然《しか》る後《のち》に上下《じょうげ》有《あ》り、上下《じょうげ》有《あ》りて然《しか》る後《のち》に礼義《れいぎ》錯《お》く所《ところ》有《あ》り」とあります。ここにいう「天地」「男女」「夫婦」「父子」「君臣」は、個人の役割を強調しているのではなく、相対的な位置関係を述べています。この一連の位置関係の構造は、まさに「尊卑《そんぴ》に等《とう》有《あ》り、長《ちょう》幼《よう》に倫《りん》有《あ》り、内外《ないがい》に別《べつ》有《あ》り、親疎《しんそ》に序《じょ》有《あ》り」（『温公易説』の「履」卦）という倫理秩序です。「尊《とうと》きを尊《とうと》び、親《した》しきに親《した》しむ」という、儒家思想におけるこのような社会秩序のモデルは、中国数千年来の歴史に影響を与えました。費孝通《ひこうつう》はその著書『郷土中国《きょうどちゅうごく》』の中で、中国伝統社会の構造における「差序格局《さじょかくきょく》」［等級構造］について「儒家が最も探究するのは人倫である。では「倫」とは何であろうか。私の解釈では、自己から押し出したものと、自己が生み出した社会関係にある一群の人々が生んだ波紋のような差序［等級］である。潘光旦《はんこうだん》氏は次のように述べている。およそ「侖」のある字には公分母とする意義がいずれも相通じており、共通して示されるのは条例・類別・秩序といった類の意味である」（費孝通『郷土中国・差序格局』）と述べています。

宋代の儒者は『易』の「家人《かじん》」に関する論述を通じて、内から外へと広がる等級の倫理秩序である「女正《おんなただ》し→家道正《かどうただ》し→天下正《てんかただ》し」という理想の連鎖を組み立てました。しかし、この連鎖を実践しようとすると、実際には「女《おんな》を正《ただ》す→家道《かどう》を正《ただ》す→天下《てんか》を正《ただ》す」となります。この連鎖を最初に推進するのは「心《こころ》を正《ただ》し、意《い》を誠《まこと》にし、身《み》を修《おさ》め、家《いえ》を斉《ととの》え、国《くに》を治《おさ》め、天下《てんか》を平《たい》らかにす」（楊万里『誠斎易伝』巻一〇「家人」）ることを自己の役割とする男性の士人でした。

宋代になって盛んに世に行われた「家訓《かくん》」や「族規《ぞくき》」、または社会の中に伝わった「婦《ふ》は初《はじ》めて来《き》たるに教《おし》え、子《こ》は嬰孩《えいがい》「幼児」に教《おし》う」（司馬光『温公家訓』や呂祖謙『東莱易説』巻下「家人」）、「婦訓《ふくん》は至《いた》るより始《はじ》め、子訓《しくん》は稚《おさな》きより始《はじ》む」（『誠斎易伝』巻一〇「家人」）などという歌やことわざからは、「女を正す」努力が見て取れます。「女を正す」は「家を正す」の前提条件であり、「家を正す」ことを「天下国家」という大きな背景の中に置くことで、はじめて宋代の士大夫の心情における「家を正す」の真の意義を見て取ることができます。男女という二つの性に「位を正す」ことが求められたのは、根本的な意義からいえば、永久不変の常道とされた「家《いえ》を正《ただ》す→国《くに》を治《おさ》む→天下《てんか》を化《か》す」という社会的義務と全体の構造によって決定されました。

後漢《ごかん》の班昭《はんしょう》は『女誡《じょかい》』「敬慎《けいしん》」のなかで「陰陽《いんよう》は性《せい》を殊《こと》にし、男女《だんじょ》は行《おこな》いを異《こと》にす。陽《よう》は剛《ごう》を以《もっ》て徳《とく》と為《な》し、陰《いん》は柔《じゅう》を以《もっ》て用《よう》と為《な》す。男《おとこ》は強《きょう》を以《もっ》て貴《き》と為《な》し、女《おんな》は柔《じゅう》を以《もっ》て美《び》と為《な》す」や「敬順《けいじゅん》の道《みち》は、婦《ふ》の大礼《たいれい》なり」と述べています（『後漢書』巻八四「列女伝」の「曹世叔妻」）。しかし、宋代の墓誌に現れる女性の伝記の人物（特に家事を切り盛りする女性）形象からは、彼女たちが「婉婉《えんえん》と聴従《ちょうじゅう》す」［従順に受け入れる］るだけではなく、しばしば厳正な態度をとったことがうかがわれます。これはまさに、墓誌の作者が心を込めて描写することで後世の範となることを望んだものでした。

たとえば、北宋の李覯《りこう》は鄭助教《ていじょきょう》の母陳氏《ちんし》について「門内外《もんないがい》の事《こと》、一介《いっかい》畢《ことごと》く其《そ》の躬《み》に委《ゆだ》ねらる。性《せい》は厳正《げんせい》にして、之《これ》を処《しょ》すること宜《よろ》しき有《あ》り」（『李覯集』巻三〇「鄭助教母陳氏墓銘並序」）と讃《たた》えています。また、王安石《おうあんせき》はみずからの外祖母である曽氏《そうし》を「明弁《めいべん》にして智識《ちしき》あり、当世《とうせい》の游談学問《ゆうだんがくもん》の知名《ちめい》の士《し》も如《し》く能《あた》わざる有《あ》り。内外族親《ないがいぞくしん》の悍強頑鄙《かんきょうがんひ》なる者《もの》と雖《いえど》も、猶《な》お厳憚《げんたん》［恐れる］して其《そ》の賢為《けんた》るを知《し》る」（『臨川集』巻一〇〇「河東県太君曽氏墓誌銘」）と讃えています。陸佃《りくでん》は束正卿《そくせいけい》の妻王氏《おうし》を「能《よ》く礼《れい》を以《もっ》て其《そ》の夫《おっと》を賛《たす》け、義《ぎ》を以《もっ》て其《そ》の子《こ》を成《な》す」や「平居《へいきょ》には遠慮達識《えんりょたっしき》有《あ》り、阿諛《あゆ》［媚びへつらう］を悪《にく》み、忠鯁《ちゅうこう》［剛直で忠誠心のあること］を喜《よろこ》び、胸中《きょうちゅう》の白黒明《はくこくあき》らかなること甚《はなはだ》し」（『陶山集』巻一五「王氏夫人墓誌銘」）と讃え、楊万里《ようばんり》は劉蘊《りゅううん》の妻董氏《とうし》を「事《こと》に是非《ぜひ》有《あ》り、語《ご》を立《た》つれば決《けっ》すべし。人《ひと》に善有《ぜんあ》らば、之《これ》が為《ため》に喜悦《きえつ》し、善《ぜん》ならざれば、多《おお》く之《これ》を面折《めんせつ》す。烈丈夫《れつじょうふ》も如《し》かざる所有《ところあ》る者《もの》なり」（『誠斎集』巻一三二「太恭人董氏墓誌銘」）と称賛しています。

これらは明らかに、卑しく弱々しい姿ではありません。程頤《ていい》は「柔順《じゅうじゅん》を以《もっ》て中正《ちゅうせい》に処《お》るは、婦人《ふじん》の道《みち》なり」（『伊川易伝』巻三「家人」）と述べています。「柔順」は女性に求められる態度であり、「中正に処る」や「中正《ちゅうせい》にして然《しか》る後《のち》に天下《てんか》の道《みち》を貫《つらぬ》く」（『張載集』「中正篇」）は、「家《いえ》を治《おさ》むるの道《みち》」が達成しようとする根本的な目標でした。

社会の流動がもたらした機会と挑戦は、宋代の士大夫に自身が直面する多くの問題を改めて考えさせることになりました。このような社会の大きな背景の下で、「秩序」「位を正す」「紀綱《きこう》」といった問題が付随して浮かび上がり、「内を主《つかさど》る」女性の「夫《おっと》を相《たす》け子《こ》を教《おし》う」「家《いえ》を正《ただ》すに礼《れい》を以《もっ》てす」は際立った意義を与えられました。女性が発揮した役割は、士大夫によってこれまでにないほど重視されました。女性たちの努力は、実際には当時の政治や文化の秩序全体の過程を強化する要素となりました。

もし女性個人の事績のみならず、女性たちが育ち、生存の拠り所とした社会秩序の構造にも注目するならば、現在私たちの前に示されるのは、交互に重なりあう姿です。このなかには、「内」と「外」を制限する輪郭《りんかく》の明確な秩序の枠組みがあり、また女性たちが「内」と「外」の間に存在する間隙《かんげき》と、そこでの疎通《そつう》を追求して、両者の間で活動した姿もあります。この点からは、家族構造と秩序の女性に対する束縛や抑圧を見て取ることだけではなく、また女性の苦悶や孤立を理解することだけでもなく、女性、特に士人家族の女性による家族構造と秩序の強化の努力を感じとることができます。

一部の女性は、高い文化的素養を身につけており、肉親や夫の赴任に従い各地へ行く機会があったため、労働に従事する女性と比べて豊富な経歴やかなり広い視野があり、同時により儒家の礼学《れいがく》に近づきました。女性たちは、一方では自立意識や実際的な能力を具えることで、人生について強い探求心と希望を抱いていました。もう一方では、人間関係と日常生活を規範化する伝統的な倫理観念に対してやや自覚的に同一化し、「女《おんな》は位《くらい》を内《うち》に正《ただ》し、男《おとこ》は位《くらい》を外《そと》に正《ただ》す」を精神的支柱として、女性自身の機能を家族における役割に位置づけ、家族内に存在する秩序の維持を自身の責任としました。彼女たちが「門戸《もんこ》を綱紀《こうき》す」ることの武器としたのは、まさに伝統的な礼教でした。

宋代の儒者は理性の法則として「天《てん》の理《り》」を強調し、より「理《り》に合《あ》う」社会秩序の構築を願いました。彼らがこのために努力した倫理綱常の原則は、「位《くらい》を正《ただ》す」ことを家族構成員の義務とみなすことであり、個性の発展を犠牲とすることも厭《いと》いませんでした。この時期の「道徳化」に対する追求と強調には、大きな歴史的特色があります。一面では男性の道徳修養が厳格化へと向かい、もう一面では女性の道徳貞操に対する要求もさらに厳格となりました。両者は、同じ全体秩序のもとで「位《くらい》を正《ただ》」され、規範化されました。

注釈

＊1 『旧唐書』巻四五「輿服志」（中華書局、一九七五年）には「百官の家口、咸な士流に預かる。衢路の間に至りては、豈に全て障蔽無きべけんや。比来多く帷帽を着し、遂に羃䍦を棄て、曽て車に乗らず、別に担子に坐す。遞いに相い倣効し、浸や風俗と成るも、過ぎて軽率を為し、深く礼容を失えり」とある。

＊2 李知宴「唐代瓷窯概況与唐瓷的分期」（『文物』一九七二年第三期）を参照。ここでは、「大和三年」を「元和三年」と誤っている。

＊3 張沢咸『唐代工商業』（中国社会科学出版社、一九九五年）を参照。

＊4 華山「従茶葉経済看宋代社会」（『宋史論集』斉魯書社、一九八二年）を参照。

＊5 白居易「宝称寺に遊ぶ」には「酒嫩く金液を傾け、茶新しくして、玉塵を碾く」とある（『全唐詩』巻四三九所収、中華書局、一九六〇年）。また、耶律楚材「西域に王君玉従り茶を乞い、其の韻に因る七首の七」には「黄金の小碾、飛瓊の屑」とある。

＊6 孫機は唐宋時代の飲茶について詳細な研究を行っている。孫機「中国茶文化与日本茶道」（『中国歴史博物館館刊』一九九六年第一期、後に『中国聖火』遼寧教育出版社、一九九六年に収録）を参照。

＊7 中国社会科学院考古研究所洛陽唐城隊「唐東都武則天明堂遺址発掘簡報」（『考古』一九八八年第三期）を参照。

＊8 仁井田陞『唐令拾遺』の「営繕令」（長春出版社、一九八九年）に「王公以下、舎屋に重拱藻井を施すを得ず。三品以上、堂舎は五間九架を過ぐを得ず、庁厦両頭、門屋は三間五架を過ぐを得ず」とある。

＊9 『旧唐書』巻一九〇「文苑伝」（中華書局、一九七五年）には、唐の高宗が皇太子を立てたことを祝い「将に百官及び命婦を宣政殿に会せんとし、並びに九部伎及び散楽を設けたり。（袁）利貞上疏し諫めて曰く『臣以えらく前殿の正寝は、命婦宴会の地に非ず。象闕の路門は、倡優進御の所に非ず。望むらく詔して命婦をして別殿に会し、九部伎をして東西の門従り入らしめ、散楽は一色伏して停省せんことを望む』と」とある。

＊10 「織物装飾無し」は簡素を表す表現であり、唐朝でも清廉をもって知られた岑文本は「居処は卑陋たり、室に茵褥帷帳の飾り無し」だった。これは『旧唐書』巻七〇「岑文本伝」（中華書局、一九七五年）に見える。

＊11 楊泓「屏風周昉画細腰——漫話唐代六曲画屏」（『文物叢談』文物出版社、一九九一年）を参照。

＊12 李林甫等撰、陳仲夫点校『唐六典』巻二〇「太府寺」（中華書局、一九九二年）には「凡そ市は日午を以てし、鼓を撃つこと三百声にして衆以て会す。日入の前七刻、鉦を撃つこと三百声にして衆以て散ず」とある。

＊13 白寿彝『中国交通史』（上海書店、一九八四年）、また劉希為『隋唐交通』（新文豊出版公司、一九九二年）を参照。

＊14　郭鵬・李天培「略陽「儀制令」碑」（『文博』二〇〇一年第六期）を参照。

＊15　陝西省博物館『隋唐文化』（学林出版社、一九九〇年）を参照。

＊16　樊旺林・李茂林「唐鉄牛与蒲津橋」（『考古与文物』一九九一年第一期）を参照。

＊17　趙強・李喜萍・秦建明「唐長安城発現坊里道路遺跡」（『考古与文物』一九九五年第六期）を参照。

＊18　『太平広記』巻三一四「崔練師」（中華書局、一九八一年）には「輜車一乗を置き、傭いて自給す」とある。

＊19　陝西省博物館・乾県文教局唐墓発掘組「唐懿徳太子墓発掘簡報」（『文物』一九七二年第七期）、陝西省博物館編『唐墓壁画集錦』（陝西人民出版社、一九九一年八五頁）を参照。

＊20　陝西省文物管理委員会・礼泉県昭陵文管所「唐阿史那忠墓発掘簡報」（『考古』一九七七年第二期）を参照。

＊21　中国社会科学院考古研究所河南第二工作隊・河南偃師県文物管理委員会「河南偃師杏園村的六座紀年唐墓」（『考古』一九八六年第五期）を参照。

＊22　『全唐文』巻四四八（中華書局、一九八二年）には、唐の文宗の時に王涯が「商人馬に乗るは、前代の禁ずる所、近日以て其の乗騎を恣にするを得たり……伏して切に禁断せしむことを請う」と上奏したことが見える。

＊23　『朝野僉載』巻三（中華書局、一九七九年）には「定州の何名遠は大富たり、中の三駅を主管す」とある。

＊24　黎靖徳編『朱子語類』巻六九「礼一・後世の礼書を論ず」や呂祖謙『東莱集』巻八「陸先生墓誌銘」、『宋史』巻一一五「礼志十八・士庶人婚礼」、『朱子家礼』巻三「昏礼」を参照。

＊25　斉東方「試論西安地区唐代墓葬的等級制度」（『紀念北京大学考古専業三十周年論文集』文物出版社、一九九〇年）による。

＊26　陝西省文管会「唐永泰公主墓発掘簡報」（『文物』一九六四年第一期）、陝西省博物館・乾県教育局唐墓発掘組「唐懿徳太子墓発掘簡報」（『文物』一九七二年第七期）、陝西省博物館・乾県教育局唐墓発掘組「唐章懐太子発掘簡報」（『文物』一九五九年第八期）を参照。

＊27　陝西省文管会「長安県南里王村唐韋洞墓発掘記」（『文物』一九五九年第八期）を参照。

＊28　『旧唐書』巻二七「礼儀志」（中華書局、一九七五年）には「父在り母の為に服すること止だ一期のみが如きに至りては、心喪三年と雖も、服するは尊より降る。竊かに謂えらく子の母におけるや、慈愛特に深く、母に非ざれば生まず、母に非ざれば育たず。燥を推し湿に居り、咽苦吐甘、生養労瘁、恩斯れに極まれり。禽獣の情、猶お其の母を知るが如き所以、三年懐に在り、理は宜しく報いるに崇ぶべし。若し父在り母の為に服すること止だ一期のみ、尊父の敬は周しと雖も、母に報いるの慈は闕く有り。且つ斉斬の制、差減を為すに足れり、更に周らしむに一期を以てせば、人子の志を傷つけんことを恐る。今父在らば母の為に

三年の服を終わらしめんことを請《こ》う」とある。

*29 『唐会要』巻三八「服紀下・葬」（中華書局、一九九〇年）には「（開元）二十九年正月十五日勅、古の送葬、尚ぶ所は倹なり、其の明器・墓田等、旧数の内において逓減せしめ、三品以上は明器、先に是れ九十事、減じて七十事に至らんことを請う。五品以上、先に是れ七十事、減じて四十事に至らんことを請う。九品以上、先是れ四十事、減じて二十事に至らんことを請う。庶人先に文無し、十五事に限らんことを請う」とある。

*30 周紹良主編『唐代墓誌彙編』（上海古籍出版社、一九九二年）を参照。

*31 杜佑撰、王文錦等点校『通典』巻七九「礼・凶礼」（中華書局、一九八八年）には「如し朕崇厚の志を称えんと欲さば、復た百代の後、廃毀の憂有るを免れざるを恐る」とある。

*32 北京市海淀区文物管理所「北京市海淀区八里荘唐墓」（『文物』一九九五年第十一期）および羅世平「観王公淑墓壁画「牡丹蘆雁図」小記」（『文物』一九九六年第八期）による。

*33 長沙窯課題組編『長沙窯』（紫禁城出版社、一九九六年）による。

*34 王仁裕撰、丁如明輯校『開元天宝遺事』巻下の「半仙之戯」（『開元天宝遺事十種』上海古籍出版社、一九八五年）による。

*35 杜佑撰、王文錦等点校『通典』巻六「食貨六」（中華書局、一九九八年）による。「敦煌郡碁子二十具を貢ぐ」は『新唐書』巻四〇「地理志」（中華書局、一九七五年）による。

*36 たとえばEbrey, Patricia B.『The Inner Quarters: Marriage and the Lives of Chinese Women in the Sung Period』(University of California Press, Berkeley, 1993) や劉静貞「女無外事?——墓誌碑銘中所見之北宋士大夫社会秩序理念」（『宋史研究集』第二五輯、国立編訳館（台北）、一九九五年版）、Ko, Dorothy（高彦頤）『Teachers of the Inner Chambers: Women and Culture in Seventeen Century China』(Stanford University Press, 1994)、高彦頤「〝空間〟与〝家〟——論明末清初婦女的生活空間」（『近代中国婦女史研究』第三期、中央研究院近代史所、一九九五年八月）。

*37 女性について言えば、その活動範囲は「中門」の内に限られている。

*38 劉増貴「門戸与中国古代社会」では、空間の通路、グループの境界、社会的表徴という三つの角度からこの問題を明らかにしている。この文章は『中央研究院歴史語言研究所集刊』（第六八本第四分、一九九七年）に見える。

*39 鄭必俊「対中国古代婦女立世精神的幾点思考」（『北京大学婦女問題第三届国際研討会論文集』北京大学婦女問題研究中心、一九九四年）を参照。

*40 高世瑜『唐代婦女』第一章「唐代婦女社会面貌概説」（三秦出版社、一九八八年）を参照。

*41 「則天武后」は武曌の通称。この呼び方の起源は、武氏最後の皇帝の称号「則天大聖皇帝」およびその諡号「大聖則

＊42　天皇后」である。「則天大聖皇帝」は事実上、則天武后が退位を迫られた後の尊号であり、在位時の称号ではない。「二聖」という呼称は、北朝ではすでに長い由来があった。北魏の文明太后と孝文帝、霊太后と孝明帝は、どちらも合わせて「二聖」と呼ばれており、隋の文帝の時には、宮中で独孤皇后と文帝をあわせて「二聖」と呼んでいた。則天武后が政治に参与したのも、この道を歩むことから始まった。

＊43　陳弱水「初唐政治中的女性意識」（北京大学「唐宋婦女史与歴史学」国際研討会論文集『唐宋女性与社会』上海辞書出版社、二〇〇三年）を参照。

＊44　たとえば二十世紀初頭以来、現在の新疆ウイグル自治区トルファン地区のアスターナやカラホージョの古墓群およびヤールホト一帯では、数万件の貴重な文書が出土した。その時代は紀元三世紀の西晋時期から、紀元八世紀後半の唐代後期までである。これらの考古学的に発掘された原始史料は、当時のこの地域の社会政治や経済、文化を研究するうえで確実な根拠となる。これらの史料には、中古時期の婦女の社会生活状況を記した内容のものが多く存在している。鄧小南「六至八世紀的吐魯番婦女——特別是她們在家庭以外的活動」（『敦煌吐魯番研究』第四巻、北京大学出版社、一九九九年）を参照。

＊45　「唐開元二十八年土右営下建忠趙伍那牒為訪捉配交河兵張式玄事」（72TAM178:4.5）（『吐魯番出土文書』第八冊、文物出版社、一九八一年）を参照。

＊46　鄧小南「宋代士人家族中的婦女：以蘇州為例」（『国学研究』第五輯、北京大学出版社、一九九八年）を参照。

＊47　劉攽『彭城集』（『叢書集成初編』）巻三六「林氏母黄氏夫人墓表」や曽鞏『曽鞏集』巻四五「天長県君黄氏墓誌銘」（中華書局標点本、一九八四年）。

＊48　同様のことは『蘇軾文集』巻一五「亡妻王氏墓誌銘」（中華書局標点本、一九八六年）にも見える。

＊49　鄧小南「〝内外〟之際与〝秩序〟格局：兼談宋代士大夫対于〈周易・家人〉的闡発」（『唐代女性与社会』上海辞書出版社、二〇〇三年）を参照。

＊50　たとえば、『華陽集』巻四〇「魏国夫人陳氏墓誌銘」や『古霊集』巻二〇「崇国夫人符氏墓誌銘」がある。

＊51　『陶山集』巻一六「陳留郡夫人辺氏墓誌銘」による。『宋史』巻二八八「孫沔伝」には「沔官に居り才力を以て聞こゆ、強直として憚かる所少なし。然るに宴遊女色を喜む。故に中間坐して廃せらる。妻の辺氏悍妬し、一時の伝うる所と為る」とある。この辺夫人は、墓誌銘を記した陸佃の「従母」である。よく見られる多くの墓誌銘と同様、この文章も美しく称える言葉に満ちているのは意外ではない。しかしどうであれ、この墓誌銘には「家を持すること頗だ厳甚たり、事に遇えば以て理を取りて勝つ。公屈する無きこと能わざると雖も、亦た天下の奇女子なり」とあり、夫婦関係の情報がいくらか見受けられる。また、孫沔が儂智高を討伐したことについては、滕甫の『南征録』にあり、詳細な記述がある。当然ながら、辺夫人の役割に関する事柄

は、書中では一字も触れられていない。

*52 『四朝聞見録』戊集「周虎」（中華書局標点本、一九九七年）による。何氏の詳細な事績については別に『山房集』巻五「永国夫人何氏行状」にも見えるが、記載がやや異なる。

*53 この面での資料は枚挙に暇がない。一、二の事例を挙げると、『広陵集』に付されている「節婦夫人呉氏（王令の妻）墓碣銘」、『李覯集』巻二四「建昌軍景徳寺重修大殿并造弥陀閣記」や「景徳寺新院記」、および『後楽集』巻一七「章氏行状」などがある。『丹淵集』巻四〇「文安県君劉氏墓誌銘」に記されている女性の「郷先生」は、生活に迫られて生徒に学問を教えているが、このようなあまり見られない職業の選択も、「内」と「外」の間で可能な交流を示している。

*54 白沙一、二、三号宋墓の関係は密接であり、これらは一組の墓である。墓の装飾は豪華だが、墓誌が出土していない上、出土地券にも官職が記されておらず、墓主は官僚や士大夫ではなく、商業も行った地主の可能性がある。宿白『白沙宋墓』（文物出版社、一九五七年）を参照。

*55 黄明蘭・宮大中「洛陽北宋張君墓画像石棺」（『文物』一九八四年第七期）。

*56 洛陽博物館「洛陽澗西三座宋代仿木構磚室墓」（『文物』一九八三年第八期）による。

*57 朱青生『将軍門神起源研究——論誤読与成形』（北京大学出版社、一九九八年）。この「手は門扉を扶え、半ば其の面を露す」については、「それは神となった朱雀の形象」だという指摘もある。劉志遠・余徳章・劉文傑『四川漢代画像磚与漢代社会』（文物出版社、一九八三年）を参照。また現在、四川栄経厳道故城遺址博物館に所蔵されている漢代石棺秘戯図画像は、中間の門が堂室を左右に分けており、「なかに一人おり、片方の手は門を支えている」である。これを「一人の仙童のようである」とする見方があるが、若い女性の姿にも見える。常任俠『中国美術全集』の絵画編一八「漢代画像石画像磚」の図九九および説明による。

*58 宿白『白沙宋墓』（文物出版社、一九五七年）を参照。

*59 いわゆる「婦人門を啓く」の形象は、実際のところ「啓」と「閉」には絶対的な区別はない。墓室の構造から見ると、女性が開けているのは、明らかに外部へと向かう門ではなく、相対的に内側の門から「出る」のであり、実際には墓室へ「入る」のである。

*60 鄭必俊「対中国古代婦女立世精神的幾点思考」（『北京大学婦女問題第三届国際研討会論文集』北京大学婦女問題研究中心、一九九四年）、袁行霈主編『中国文学史』第三巻（高等教育出版社、一九九九年）を参照。

付録

隋唐—宋元明　年表

西暦	王朝年号	大事記	人物没年／世界の出来事
五八一	北周大定元年 隋開皇元年	**北周の楊堅、静帝を廃して即位（文帝）、隋朝を創建。**	409顧愷之、447何承天、530裴子野、536陶弘景
五八二	陳太建一四年	陳の宣帝没し、太子の陳叔宝即位（後主）。	
五八三	隋開皇三年	**隋の文帝、新都の大興城（長安）に入る。** 隋、郡を廃止し、官僚を吏部が選出するように改める。灞橋を建設。	徐陵
五八五	隋開皇五年	**突厥**の沙鉢略可汗、隋に帰順を願い出て認められる。	
五八七	隋開皇七年 後梁広運二年	**隋の文帝、各州に人材の推薦を命ず（科挙の始まり）。** 隋、後梁を滅ぼす。	沙鉢略可汗、葉護可汗
五八九	隋開皇九年 陳禎明三年	**隋、建康を攻め、陳の後主を捕える。陳滅亡し、天下統一なる。**	589?590?顔之推、593慧可
五九三	隋開皇一三年	隋の文帝、民間での国史編纂を禁止。	
五九八	隋開皇一八年	隋の文帝の**高句麗遠征成功せず**。高句麗王、謝罪使を送り和解。このころ科挙を初めて実施。	594賀婁子幹、597智顗
六〇〇	隋開皇二〇年	文帝、皇太子楊勇を廃し、楊広に代える。第一回の**遣隋使**を送る。	
六〇四	隋仁寿四年	太子楊広、文帝を殺し即位（**煬帝**）、洛陽を都とする。	十七条憲法を制定。
六〇六	隋大業二年	楊素没す。初めて科挙に進士科を設ける。	僧璨
六〇七	隋大業三年	啓民可汗入朝。煬帝、啓民可汗の廬帳（住居）を訪問。**小野妹子**を首席とする遣隋使、派遣。国子寺を国子監と改称。	高熲、賀若弼
六一〇	隋大業六年	**煬帝、大運河を竣工。**	劉焯
六一二	隋大業八年	煬帝、はじめて高句麗に遠征、敗北して撤兵。	宇文愷
六一六	隋大業一二年	煬帝、江都に行幸す。各地に反乱起こる。	宇文述

六一七	隋大業一三年	煬帝、李淵を太原留守とする。李淵、太原で挙兵、長安を陥し、代王楊侑を即位（恭帝）させ、煬帝を太上皇とする。	薛世雄、王通
六一八	隋義寧二年 唐武徳元年	宇文化及、江都で煬帝を殺す。恭帝から禅譲を受け、**李淵即位し、唐と称す（高祖）。**	展子虔
六一九	唐武徳二年	**租庸調の税法を定める。**国子監に周公・孔子の廟を建立する。	宇文化及
六二二	唐武徳五年	高祖李淵、李世民のために長安城外に弘義宮を造営。	メッカからメディナに遷都。イスラム暦紀元元年。**聖徳太子**
六二四	唐武徳七年	武徳律令、興学の詔を発布、均田法を実施。租庸調法を整備する。全国割拠の群雄を平定。『芸文類聚』完成。	
六二五	唐武徳八年	高祖、三教の序列を定める。	
六二六	唐武徳九年	秦王李世民、太子李建成・斉王李元吉を殺す（玄武門の変）。**高祖、李世民（太宗）に譲位。**突厥軍の突利可汗・頡利可汗ら、長安の近くまで侵攻（渭水の役）。	
六二七	唐貞観元年	**貞観の治始まる。**	裴矩
六二九	唐貞観三年	秘書内省を設置し、『五代史』の編纂が始まる。**吐蕃でソンツェン・ガンポ即位。玄奘、長安からインドへ出発。**	
六三〇	唐貞観四年	北突厥（東突厥）の頡利可汗、唐軍に生け捕られ、長安に送られる（北突厥滅亡）。服色を定める詔を公布。	遣唐使開始。630?陸徳明、632ムハンマド
六三四	唐貞観八年	吐蕃、初めて入貢。	頡利可汗
六三五	唐貞観九年	高祖李淵没す。	王遠知、636文徳皇后
六三七	唐貞観一一年	**貞観律令を発布。**武照（のちの則天武后）、才人となる。	638虞世南
六四一	唐貞観一五年	文成公主、吐蕃に降嫁。	642ササン朝ペルシャ滅亡。欧陽詢、642宇文士及、643魏徴
六四五	唐貞観一九年	玄奘、インドから帰国。太宗が高句麗に親征するが、敗北し撤兵。	大化の改新。顔師古、道綽、李承乾
六四九	唐貞観二三年	太宗没し、太子李治即位（高宗）。**細奴邏、「大蒙国」（後の南詔）を建国。**	648**孔穎達**、648房玄齢、**ソンツェン・ガンポ**
六五三	唐永徽四年	**『五経正義』完成。**	651道信

西暦	王朝年号	大事記	人物没年／世界の出来事
六五五	唐永徽六年	王皇后を廃し、武照を皇后とする。	
六五六	唐顕慶元年	『五代史志』（後の『隋書』諸志）完成。	658褚遂良
六五九	唐顕慶四年	高宗勅撰の『新修本草』完成。	
六六〇	唐顕慶五年	高宗病み、則天武后の執政始まる。	659長孫無忌
六六三	唐龍朔三年	唐・新羅の連合軍、**白村江の戦い**で日本・百済の連合軍を破る。	661～750ウマイヤ朝成立。
六六四	唐麟徳元年	高宗、則天武后の廃后に失敗、行政の大権が則天武后に帰す。	**玄奘**、665于志寧
六六五	唐麟徳二年	李淳風の『麟徳暦』を施行。	上官儀、666李義府、667道宣
六六九	唐総章二年	興教寺に玄奘塔が建立される。	令狐独棻、670李淳風
六七四	唐上元元年	則天武后、皇帝を天皇、皇后を天后と称し、服喪制を母の死三年（父の死と同じ）に改める。	673閻立本、細奴邏、675弘忍
六八一	唐開耀元年	香積寺の善導塔が建立される。	676王勃、680文成公主、680善導
六八三	唐永淳二年	高宗没し、李顕即位（中宗）。	682窺基、682孫思邈
六八四	唐嗣聖元年	則天武后、中宗を廃し、弟の豫王李旦（睿宗）を立てる。実権を則天武后が掌握。李敬業、揚州で挙兵するも失敗。	潘師正、李賢
六九〇	周天授元年	**則天武后、唐の宗室を滅し、皇帝（聖神皇帝）と称し、国号を周とする。**	李善、691岑長倩
六九八	周聖暦元年	**大祚栄、震国（後の渤海国）を建国。**	701大宝律令制定。700狄仁傑、701李重潤、701李仙蕙、702陳子昂
七〇五	唐神龍元年	中宗復位し、国号を唐に戻す。則天武后没す。	706神秀、707武三思、708杜審言
七一〇	唐景龍四年 唐唐隆元年 唐景雲元年	中宗、金城公主を吐蕃に嫁がせる。韋后ら中宗を殺し、温王李重茂（殤帝）を立てる。臨淄王李隆基、韋后とその一党を殺し、殤帝を退位させ、中宗の弟睿宗を立てる。劉知幾『史通』完成。	平城京遷都。安楽公主、上官昭容
七一二	唐延和元年	**睿宗、位を太子李隆基（玄宗）に譲る。**	713～741**開元の治**。宋之問、法蔵、713薛稷、713太平公主、713慧能、713義浄、713玄覚、714沈佺期
七一六	唐開元四年	姚崇、宰相を辞任。「服飾の僭用を禁ずる詔」公布。	

七一七	唐開元五年	**阿倍仲麻呂、唐に到着。**
七二一	唐開元九年	勅撰『群書四部録』完成。
七二二	唐開元一〇年	玄宗、自ら『孝経』に注を付し、天下に頒布。
七二三	唐開元一一年	玄宗、麗正書院を設立。
七二四	唐開元一二年	黄河を鎮めるための巨大な鉄牛を鋳造。一行、天文測量を開始。
七二九	唐開元一七年	唐、一行の『大衍暦』を施行。
七三三	唐開元二一年	唐と吐蕃、赤嶺に碑を建てて境界とする。
七三七	唐開元二五年	玄学博士を置く。開元二十五年律令格式を頒布。
七三九	唐開元二七年	玄宗、孔子に「文宣王」の謚号を追贈。
七四二	唐天宝元年	安禄山、平盧節度使となる。
七四四	唐天宝三載	回紇汗国、建国。
七四五	唐天宝四載	楊太真を貴妃とする。
七四七	唐天宝六載	高仙芝、西域に遠征、パミールを制す。
七五一	唐天宝一〇載	高仙芝の唐軍、タラス河畔にてアッバース朝軍と戦い敗北。唐軍の捕虜から紙の製法、西方に伝わる。
七五五	唐天宝一四載	**安史の乱（安禄山・史思明）が勃発する。**
七五六	唐天宝一五載	潼関、安禄山におちる。玄宗、長安を脱出、馬嵬駅で楊貴妃を殺す。皇太子李亨、霊武で即位（粛宗）、玄宗を上皇とする。
七五七	唐至徳二年	唐が長安を回復。
七六二	唐宝応元年	玄宗没す。粛宗没し、太子李俶（豫）即位（代宗）。
七六三	唐宝応二年	史朝義、李懐仙に殺され、安史の乱終る。吐蕃軍、長安を占領。**郭子儀、回紇の援軍をえて、撃退。**
七六六	唐大暦元年	南詔の閣羅鳳、「南詔徳化碑」を建てる。

718日本が養老律令を制定。
718李思訓、719大祚栄
姚崇、劉知幾
毋煚
727一行
730李通玄
731張説、735司馬承禎
宋璟
金城公主、740張九齢、740孟浩然
王之渙、743裴耀卿
賀知章
ティデ・ツグツェン、746韋堅
李邕
750アッバース朝成立。750?張旭、753李林甫
王燾
王昌齢
安禄山、陳蔵器、張巡、759呉道子
761**王維**、762**李白**、房琯、鑑真、765?高適
李華、768辛雲京、770**杜甫**、770岑参、770啖助、770**阿倍仲麻呂**、772元結

西暦	王朝年号	大事記	人物没年／世界の出来事
七七九	唐大暦一四年	代宗没し、太子李适即位（徳宗）。楊炎、宰相に任じられる。	牟羽可汗
七八〇	唐建中元年	**楊炎の進言で両税法施行、租庸調雑徭などの賦税を廃止。**	
七八一	唐建中二年	「**大秦景教流行中国碑**」建立される。	楊炎、785**顔真卿**、785懐素、786?劉長卿
七八八	唐貞元四年	回紇、国号を回鶻に変えることを唐に求める。	794平安京遷都。787韓滉、789李泌
八〇一	唐貞元一七年	賈耽『海内華夷図』完成。	794李観
八〇四	唐貞元二〇年	**空海・最澄、遣唐使に随行して入唐。**	陸羽
八〇五	唐貞元二一年 唐永貞元年	徳宗没し、皇太子李誦即位（順宗）。順宗病気のため譲位して上皇となり、長男の李純即位（憲宗）。	陸贄、賈耽、806王叔文
八〇八	唐元和三年	牛僧孺・李宗閔ら失政を攻撃、宰相李吉甫に憎まれ、「牛李の党争」始まる。	812杜佑、814李吉甫、814百丈懐海、815孟郊
八一七	唐元和一二年	淮西節度使呉元済の叛乱、平定される。	李賀
八一九	唐元和一四年	憲宗、法門寺の仏舎利を都に迎える。韓愈、「仏骨を論ずるの表」を上奏し、潮州刺史に左遷される。	**柳宗元**
八二二	唐長慶二年	牛僧孺宰相となり、以後科挙出身者と門閥出身者との間で争いが激化。	
八二三	唐長慶三年	「唐蕃会盟碑」がラサのトゥルナン寺の前に建てる。	
八二四	唐長慶四年	穆宗没し、太子李湛即位（敬宗）。蘇玄明、張韶ら反乱を起こす。	**韓愈**
八二六	唐宝暦二年	敬宗、宦官劉克明に殺される。宦官王守澄ら、絳王李悟と劉克明を殺し、敬宗の弟江王李涵（昂）を即位させる（文宗）。	白行簡、830李絳、830このころ張籍、831元稹
八三五	唐太和九年	李訓らの宦官を除こうとする「甘露の変」失敗。宦官の権力がますます強大化する。私製の暦の販売を禁止。	皇甫湜、蒋防、空海
八三七	唐開成二年	鄭覃、太学に九経の石刻を置くことを求め、認められる。	838円仁、遣唐使の一員として博多を出港。837?841?李翺
八四〇	唐開成五年	文宗没し、皇太弟潁王李瀍（炎）宦官に擁立され即位（武宗）。回鶻汗国、滅亡。	839裴度、839清涼澄観
八四一	唐会昌元年	武宗、道士に法籙を受けて帰依。	圭峰宗密

八四二	唐会昌二年	武宗、不良僧尼の度牒を取消し、還俗させる。	劉禹錫、鄭覃
八四四	唐会昌四年	唐、昭義節度使劉稹の反乱を平定する。	843賈島
八四五	唐会昌五年	武宗、仏教を弾圧。同時に景教・祆教・マニ教も禁圧。	
八四六	唐会昌六年	武帝没し、宦官が光王李怡（忱）を即位させる（宣宗）。李徳裕を解任。廃仏令を取消す。吐蕃王朝崩壊。	**白居易**、姚合、847牛僧孺
八五一	唐大中五年	張議潮、吐蕃から沙州を奪い、唐に降る。	849李徳裕、852杜牧
八五九	唐大中一三年	宣宗没し、長男李温（漼）即位（懿宗）。	858李商隠、861施肩吾
八六四	唐咸通五年	唐軍、南詔軍と広西で戦い敗北。	863段成式、円仁、865柳公権、866?温庭筠
八七三	唐咸通一四年	懿宗没し、太子李儇（儇）、宦官に擁立され即位（僖宗）。王仙芝、河南で反乱を起こす。	867臨済義玄
八七五	唐乾符二年	**黄巣、王仙芝の挙兵に呼応し、黄巣の乱起こる。**	
八八〇	唐広明元年	黄巣の北伐軍、洛陽を陥す。僖宗、長安から西へ脱出する。黄巣、長安に入り皇帝を称し、国号を斉とする。	薛能
八八一	唐広明二年	僖宗、四川に逃げ、成都を臨時の国都とする。	881?陸亀蒙
八八二	唐中和二年	黄巣の将、朱温（**朱全忠**）唐に降伏。	
八八三	唐中和三年	朱全忠、宣武節度使となる。李克用が長安奪回し、黄巣軍、長安から撤退。	883?皮日休
八八四	唐中和四年	黄巣、泰山東南の狼虎山中で自殺し、黄巣の乱終る。	王鐸
八八八	唐光啓四年	僖宗没す。弟の寿王李傑（敏）即位（昭宗）。	方干
八九一	唐大順二年	成都を占拠した王建、四川節度使となる。	894遣唐使廃止。
九〇四	唐天復四年 唐天祐元年	朱全忠、崔胤とその一党を殺す。朱全忠、昭宗を殺し、輝王李祚（柷）即位（昭宣帝）。	杜荀鶴、900陳嶠
九〇七	唐天祐四年 梁開平元年 呉天祐四年 前蜀天復七年	昭宣帝、朱全忠に禅譲し、唐王朝滅ぶ。**朱全忠帝位に即き**（**太祖**）、**梁**（**後梁**）**を建国、開封を都とする。**馬殷、楚王となり、楚国成立。銭鏐、呉越王となり、呉越国成立。高季昌、荆南節度使となり、荆南国成立。王建、帝位につき、前蜀国成立。五代十国始まる。	張彦遠
九〇八	梁開平二年	李克用（晋王）没し、長男李存勗、河東節度使・晋王となる。	司空図

西暦	王朝年号	大事記	人物没年／世界の出来事
九〇九	梁開平三年	王審知、閩王となり、閩国成立。	鄭買嗣、羅隠、910韋荘
九一二	梁乾化二年	後梁の太祖の子朱友珪、父を殺して即位（郢王）。	貫休
九一三	梁鳳暦元年	郢王殺され、朱友貞、開封で即位（末帝）。	
九一六	契丹神冊元年	**契丹の耶律阿保機（太祖）皇帝を称す。**	
九一七	南漢乾亨元年	劉龑、皇帝を名乗り、大越国（後に漢と改称。南漢）成立。	918〜1392高麗王朝。
九二〇	契丹神冊五年	耶律突呂不など契丹大字をつくる。	
九二三	梁龍徳三年 後唐同光元年	晋王李存勗、帝位に即き（荘宗）、国号を唐（**後唐**）とする。後梁の末帝、後唐に敗れ自殺、後梁滅亡。後唐、洛陽に遷都。	
九二六	後唐天成元年 契丹天顕元年	後唐の荘宗殺され、李嗣源即位（明宗）。契丹の耶律阿保機没し、子の耶律徳光即位（太宗）。渤海国、滅亡。	
九三二	後唐長興三年	後唐の宰相馮道、九経の校勘を開始。	
九三四	後唐清泰元年 後蜀明徳元年	後唐の蜀王孟知祥、成都で皇帝を称す（後蜀の高祖）。後唐の閔帝、李従珂に追われて没す。李従珂、帝を称す（末帝）。	
九三六	後唐清泰三年 晋天福元年 契丹天顕一一年	耶律徳光、河東節度使石敬瑭を援助して、後唐軍を晋陽で破る。石敬瑭、帝位に即き（高祖）、国号を晋（**後晋**）とす。契丹に燕州十六州を割譲。後唐の末帝、自殺し、後唐滅ぶ。	935〜941承平・天慶の乱。
九三七	晋天福二年 契丹天顕一二年 呉天祚三年 南唐昇元元年	後晋、開封へ遷都。徐知誥、呉の睿帝楊溥から禅譲され（呉の滅亡）、唐（南唐）の皇帝となる（李昇と改名）。**白蛮の段思平、雲南に大理国を建国。**	939〜965ゴー（呉）朝。
九四六	晋開運三年 契丹会同九年	契丹軍、大挙して後晋を攻撃。出帝、捕われて後晋滅ぶ。	
九四七	晋開運四年 遼大同元年	契丹、国号を**遼**と改める。後晋の河東節度使劉知遠、晋陽で即位。皇帝（高祖）を称し、開封に入城して、国号を漢（**後漢**）とする。遼の太宗没し、耶律阮即位（世宗）。	
九五一	周広順元年 遼応暦元年 南唐保大九年 北漢乾祐四年	郭威、開封で帝を称し（太祖）、国号を周（**後周**）とする。劉崇、太原で即位（世祖）、北漢成立。南唐、楚を滅ぼす。遼の世宗、暗殺され、耶律明即位（穆宗）。このころ九経の校勘が終わる。	

九五四	周顕徳元年	後周の太祖没し、養子の柴栄即位（世宗）。	馮道、楊凝式
九六〇	周顕徳七年 宋建隆元年	**趙匡胤、後周の恭帝を廃して即位（太祖）。国号を宋とする。都は汴京（開封）。**	馮延巳
九六一	宋建隆二年	南唐の国主李璟没し、太子李煜、国主（後主）となる。	962～1806神聖ローマ帝国。962留従効、962?董源
九六三	宋建隆四年	宋、荆南国、湖南国を滅す。はじめて諸州に通判を置く。	
九六五	宋乾徳三年 後蜀広政二五年	宋、成都に入り後蜀国を滅す。	968～980ディン（丁）朝。黄荃、967李成
九六九	遼保寧元年	遼の穆宗、暗殺され、耶律賢即位（景宗）。	
九七〇	宋開宝三年	宋、便銭務を設置する。	
九七一	宋開宝四年 南漢大宝一四年	宋軍広州に入り、南漢国を滅す。**広州に市舶司を置く**。太宗、**『大蔵経』刊刻**のため宦官を四川へ派遣。	
九七五	宋開宝八年	呉越国と宋連合し、南唐の国都金陵を陥す。南唐滅ぶ。	
九七六	宋太平興国元年	宋の太祖没し、弟の趙光義（趙炅）即位（太宗）。初めて三司副使を置く。朱洞、岳麓書院を創設。	
九七七	宋太平興国二年 遼保寧九年	宋、江南に権茶場を設置。遼との交易を許可。	
九七八	宋太平興国三年	呉越国の銭俶、版図を宋に献じ、呉越国滅ぶ。太宗、崇文院を設置。『太平広記』完成。	李煜
九七九	宋太平興国四年 遼乾亨元年 北漢広運六年	宋、北漢国の劉継元を滅し、統一成る。宋、遼に遠征し高梁河で大敗。以後、宋・遼の攻防が続く。	980～1009前レー（黎）朝。980?顧閎中
九八二	宋太平興国七年 遼乾亨四年	李継捧、タングートの版図を宋に献上。遼の景宗没し、耶律隆緒（聖宗）即位。	
九八三	契丹統和元年 宋太平興国八年	遼、国号を契丹に復す。『太平御覧』、『淳化天下図』完成。成都で『大蔵経』（蜀本）の印刷終わる。	
九八六	宋雍熙三年	『文苑英華』完成。	
九九二	宋淳化三年	宋、初めて常平倉を設置。太宗勅撰『太平聖恵方』完成。	羅処約、趙普

西暦	王朝年号	大事記	人物没年／世界の出来事
九九七	宋至道三年	全国を十五路に分け、各地に転運使を置く。宋の太宗没し、太子趙恒即位（真宗）。	996李昉
一〇〇三	宋咸平六年 契丹統和二一年	タングートの李継遷、吐蕃軍との戦いで大敗。	1001王禹偁、1002呉淑、田錫
一〇〇四	宋景徳元年 契丹統和二二年	李継遷没し、子の李徳明（タングートの太宗）継ぐ。契丹の聖宗、大挙南伐に向う。**宋の真宗、澶州で契丹軍と戦い、澶淵の盟を結ぶ。**	李沆、李継捧、1007楽史
一〇〇八	宋大中祥符元年	『大宋重修広韻』『経史証類備急本草』完成。福建泉州に回教清浄寺建立。孔子に「玄聖文宣王」の封号を贈る。	1009～1225**リー（李）朝。**1010邢昺
一〇一五	宋大中祥符八年	范仲淹、進士に及第。	張詠、种放、1017王旦、恵崇
一〇二二	宋乾興元年	宋の真宗没し、太子の趙禎即位（仁宗）。限田法を施行。	1020楊億
一〇二三	宋天聖元年	益州に交子務が設置される。	寇準、1025王欽若
一〇二七	宋天聖五年	江淮・両浙・荊湖・福建・広南の州軍の客戸に起移を許す。	1028林逋、1028四明知礼
一〇三一	契丹景福元年	契丹の聖宗没し、耶律宗真即位（興宗）。	
一〇三二	西夏顕道元年	タングートの李徳明没し、李元昊（景宗）継ぐ。	范寛
一〇三四	契丹重熙三年	契丹の興宗、太后を廃し、親政を始める。	謝濤
一〇三七	西夏大慶二年	李元昊、西夏文字をつくらせる。	丁謂
一〇三八	西夏天授礼法延祚元年	**李（趙）元昊、夏（西夏）皇帝を称し、河西四郡を収む（西夏建国）。**	
一〇四一	宋慶暦元年	『崇文総目』完成。このころ、**宋の畢昇、活字印刷術を発明。**	石延年
一〇四三	宋慶暦三年	**范仲淹、参知政事となり「慶暦の新政」を進める。**	
一〇四四	宋慶暦四年 西夏天授礼法延祚七年	宋と西夏の間で慶暦の和約成立。仁宗、范仲淹の建議をうけて学校振興の詔を発布。『武経総要』完成。	呂夷簡、1045石介
一〇四八	宋慶暦八年	宰相文彦博、王則の乱を平定。	章得象、蘇舜欽
一〇五二	宋皇祐四年	**欧陽脩、知貢挙となり、蘇軾・蘇轍・曽鞏・程頤・張載などを選抜。**広西の儂智高、宋を攻撃。	范仲淹、1053柳永
一〇五五	契丹清寧元年	契丹の興宗没し、耶律洪基即位（道宗）。	晏殊
一〇五八	宋嘉祐三年	王安石、仁宗にいわゆる「万言書」を上呈。	セルジュク朝、スルタンの称号獲得。1057孫復、1057孫甫

一〇五九	宋嘉祐四年	権茶法をやめ、通商法を行う。	胡瑗、李覯、王令
一〇六〇	宋嘉祐五年	王安石が度支判官となる。	梅堯臣、1061秦九韶
一〇六三	宋嘉祐八年	宋の仁宗没し、趙曙即位（英宗）。欧陽脩『集古録』完成。	1062包拯
一〇六六	遼咸雍二年	契丹、国号を再び遼とする。洪適『隷釈』完成。	蘇洵
一〇六七	宋治平四年	宋の英宗没し、太子趙頊即位（**神宗**）。	蔡襄、1068劉敞
一〇六九	宋熙寧二年	**王安石、参知政事となり、新法施行される。**	
一〇七〇	宋熙寧三年	孫覚・呂公著ら、新法を批判して左遷。**保甲法**を施行。**王安石**、宰相となる。免役法を施行。	
一〇七一	宋熙寧四年	差役法をやめ、**募役法**を施行。科挙の明経各課、進士試験の詩賦などを廃止。	揚無咎
一〇七二	宋熙寧五年	**市易法**・保馬法・方田均税法を施行。	**欧陽脩**、鄭獬、契嵩
一〇七三	宋熙寧六年	勧課栽桑法を頒布。律学を設置。	**周敦頤**
一〇七四	宋熙寧七年	王安石、宰相を罷免され、知江寧府に左遷される。沈括、天文測量器を作る。	
一〇七五	宋熙寧八年 遼太康元年	王安石、宰相に復職（翌年、再び辞任）。戸馬法を河北に施行。**『三経新義』を頒布**。宋が遼に河東の一部を割譲。	1077カノッサの屈辱。1077張載、1077邵雍、1078曽公亮
一〇七九	宋元豊二年	蘇軾、朝政誹謗の罪で逮捕され（烏台詩案）、黄州団練副使に左遷される。	文同、宋敏求、呂大防
一〇八〇	宋元豊三年	宋、三司を廃し、初唐の制を復活（元豊の官制改革）。	晁公武、呂大鈞、王詵
一〇八四	宋元豊七年	**司馬光の『資治通鑑』完成。**	1083曽鞏、洪適
一〇八五	宋元豊八年	宋の神宗没し、子の趙煦即位（哲宗）。太皇太后高氏（英宗皇后）が摂政、旧法党が政権を獲得。王安石の新法を廃す。	程顥
一〇八六	宋元祐元年	**司馬光、宰相となる。**蘇軾、翰林学士となる。	**王安石、司馬光**
一〇八七	宋元祐二年	洛（程頤ら）・蜀（蘇軾ら）・朔（劉摯ら）三党の党争始まる。泉州に市舶司設置。	1088崔白、1089呂公著
一〇九二	宋元祐七年	呂大臨『考古図』と『釈文』、蘇頌の「水運儀象台」が完成。	1091劉彝
一〇九三	宋元祐八年	太皇太后高氏没し、哲宗の親政開始。	
一〇九四	宋元祐九年	新法を復活。	馮京、1095**沈括**

西暦	王朝年号	大事記	人物没年／世界の出来事
一〇九六	宋紹聖三年 西夏天祐民安七年	このころより、西夏たびたび宋に侵入。	1096～1270十字軍遠征。1097文彦博
一〇九九	宋元符二年 遼寿昌五年 西夏永安二年	宋・西夏、遼の仲介で講和。	1098范祖禹
一一〇〇	宋元符三年	哲宗没し、端王趙佶（徽宗）即位。太后向氏（神宗皇后）が摂政。新旧両党の融和を図る。『営造法式』成立。	秦観、晁補之
一一〇一	宋建中靖国元年 遼乾統元年	太后向氏没し、徽宗親政。遼の道宗没し、太孫耶律延禧（天祚帝）即位。	**蘇軾**、陳師道、蘇頌、1102陸佃、1105黄庭堅、1106李公麟
一一一二	宋政和二年	限田免役法を施行。	1107程頤、1107米芾、1109李廌、1109蘇轍、1110晏幾道、1110李昭玘
一一一五	金収国元年	**女真族の完顔阿骨打、帝を称し**（旻と改名、**太祖**）、**国号を金とする。**	1114呂希哲
一一一九	金天輔三年	完顔希尹、**女真文字**（大字）をつくる。	1118黄博思
一一二〇	宋宣和二年	方臘が反乱する。	
一一二一	宋宣和三年	宋江、乱を起こすが、まもなく宋に降る。	周邦彦、張商英
一一二二	宋宣和四年 遼保大二年 金天輔六年	金、遼の燕京を攻撃、遼の天祚帝、陰山に逃れる。宋、遼を攻め燕京に入り敗れる。金、燕京を取る。	方惟深
一一二三	宋宣和五年 金天会元年	金、燕雲十六州のうち六州を宋に帰す。金の太祖没し、弟の完顔呉乞買即位（太宗）。	蘇過
一一二四	遼保大四年 西夏元徳六年 金天会二年	西夏、金の属国となる。**遼の耶律大石、西に逃れ自立。**	
一一二五	宋宣和七年 遼保大五年 金天会三年	天祚帝、金軍に降伏、遼滅亡。金軍、大挙して兵を宋にむける。徽宗退位し、子の趙桓立つ（欽宗）。	劉安世
一一二六	宋靖康元年 金天会四年	**金、宋の徽宗・欽宗を捕虜とする**（靖康の変）。金軍、開封を陥す。	蔡京、王黼
一一二七	金天会五年 宋靖康二年 宋建炎元年	金、徽宗・欽宗を拉致し、北宋滅ぶ。**宋の康王趙構、南京応天府（現在の河南省商丘市付近）で即位（南宋の高宗）。**	

一一二九	宋建炎三年	高宗譲位するも、また復位。**杭州を臨安府とする。**	趙明誠
一一三五	金天会一三年	金の太宗没し、皇太子完顔亶即位（熙宗）。金の五国城で徽宗没す。	1133 許翰
一一四一	宋紹興一一年 金皇統元年	岳飛下獄。宋・金和議なり、両国は淮水・大散関を境とし、宋は金に臣礼をとり、歳貢を贈る。秦檜、岳飛を殺す。	1140 李綱
一一四二	宋紹興一二年 金皇統二年	高宗、金の冊命を受け、大宋皇帝となる。	
一一四三	西遼康国一〇年	遼の耶律大石没し、皇后摂政。	連南夫
一一四四	金皇統四年	金の完顔亮、中京（現在の北京一帯）に遷都。	1145 張択端、1145 呂本中
一一四七	宋紹興一七年	孟元老『東京夢華録』完成。	
一一四九	金天徳元年	金の完顔亮、熙宗を殺し即位（海陵王）。	1148 葉夢得、1150 方廷実、1150 李唐
一一五一	宋紹興二一年	晁公武『郡斎読書志』完成。	1153 米友仁
一一五六	宋紹興二六年 金貞元四年	金の五国城で欽宗没す。	保元の乱。1159 平治の乱。1155 秦檜、1155? 李清照
一一六一	金大定元年	金の海陵王、宋に侵攻するも采石で大敗、この後、部下の完顔元宜（耶律阿列）に殺される。鄭樵『通志』完成。	胡宏
一一六二	宋紹興三二年	宋の高宗、太上皇を称し、徳寿宮に隠居、太子趙眘即位（孝宗）。	鄭樵、1163 李侗
一一六五	宋乾道元年 金大定五年	宋と金和議なる。以後四十年、平和続く。	1169 孫覿、1169 張孝祥、1170 **王重陽**、1172 蘇漢臣
一一七五	宋淳熙二年	**呂祖謙、朱熹・陸九淵らを鵞湖寺に招き、会論させる。（鵞湖の会）**	1180 張栻、1180 劉徳仁、1181 呂祖謙
一一七九	宋淳熙六年	朱熹、白鹿洞書院を修復。	
一一八九	宋淳熙一六年 金大定二九年	金の世宗没し、太孫の完顔璟即位（章宗）。宋の孝宗退位し、趙惇即位（光宗）。	1192 源頼朝が征夷大将軍。1183 馬鈺、1184 李燾、1185 譚処端、1192 陸九淵
一一九四	宋紹熙五年	宋の光宗退位。太子の趙拡即位（寧宗）。	1193 范成大、陳亮
一一九六	宋慶元二年	韓侂冑、朱子学派を弾圧（慶元偽学の禁、激化）。	1200 **朱熹**、1200 劉完素
一二〇四	金泰和四年	完顔綱など『編類陳言文字』完成。ナイマンのタタトンア、モンゴルの捕虜となり、テムジンの子弟にウイグル文字を教える。	1202 尤袤、1204 周必大

西暦	王朝年号	大事記	人物没年／世界の出来事
一二〇六	モンゴル太祖元年	**モンゴル**のテムジン、全モンゴルを統一して**チンギス・ハン**と称す（元の太祖）。	1202 洪邁、1205 袁枢、楊万里
一二〇八	宋嘉定元年 金泰和八年	宋・金再び和議なる。金の章宗没し、おじの衛紹王永済（允済）即位（廃帝）。	1207 辛棄疾、1207 王執中、1207 韓侂冑
一二一一	西遼天禧三四年	**西遼、ナイマンの王子クチュルクに王位を奪われる。**	1209 陸游
一二一三	金至寧元年	金の紇石烈執中、衛紹王を殺し、完顔従嘉（宣宗）を擁立。	
一二一四	モンゴル太祖九年 金貞祐二年	チンギス・ハン親征のモンゴル軍、南へ侵攻。金の宣宗、モンゴルと和議す。金、汴（開封）に遷都。	1215 マグナ・カルタ（大憲章）制度。
一二一九	西夏光定九年 宋嘉定一二年 金興定三年 モンゴル太祖一四年	西夏・宋の連合軍、金を挟撃。チンギス・ハンの西征始まる。ホラズム朝を親征。	1218 西遼滅ぶ。1221 承久の乱。1217 王処一、1220 史達祖、1221? 姜夔
一二二三	金元光二年	金の宣宗没し、完顔守緒（哀宗）即位。	陳淳、葉適
一二二四	宋嘉定一七年	宋の寧宗没し、太祖から数えて十一代末裔の趙昀即位（理宗）。	1225～1400 **チャン（陳）朝**。
一二二七	モンゴル太祖二二年 西夏宝義二年	チンギス・ハン出征先の六盤山で没す。西夏の李晛、モンゴル軍に降り西夏滅亡。	邱処機、1228 張従正
一二二九	モンゴル太宗元年	**オゴタイ・ハン（モンゴルの太宗）即位。**	1230 王象之、1231 趙汝适、1232 トゥルイ
一二三四	モンゴル太宗六年 宋端平元年 金天興三年	モンゴル・宋連合軍に攻撃され、金の哀宗自殺し、金滅亡。モンゴル、宋の背盟を責めて侵攻（端平入洛の役）。	1235 真徳秀、1236 洪咨夔
一二三五	モンゴル太宗七年	オゴタイ・ハン、首都としてカラコルムを建設。楊惟中、太極書院を創設。	
一二三六	モンゴル太宗八年	キプチャク・ハン国のバトゥの西征始まる。	
一二三九	宋嘉熙三年 モンゴル太宗一一年	宋の孟珙、モンゴル軍から襄陽を奪回。モンゴルの耶律楚材、宰相を退き、アフドゥル・ラフマンが財政長官となる。	

一二四一	モンゴル太宗一三年	オゴタイ・ハン没す。	ハンザ同盟成立。1243李嵩
一二四六	モンゴル定宗元年	グユク・ハン即位（モンゴルの定宗）。プラノ・カルピニ、モンゴルの首都カラホルムに入京、グユク・ハンに謁見。	孟珙
一二四七	宋淳祐七年	宋慈『洗冤集録』完成。	
一二五一	モンゴル憲宗元年	モンケ・ハン即位（憲宗）。	1244耶律楚材、1248グユク・ハン、1249宋慈、1251李杲
一二五四	モンゴル憲宗四年 大理天定三年	フビライ率いるモンゴル軍、大理国を滅ぼす。	ルブルック、ルイ九世の命を受けモンゴルへ向けて出発。1255祝穆
一二五九	宋開慶元年 モンゴル憲宗九年	モンケ・ハン、四川で没す。モンゴル軍撤退。	1257元好問
一二六〇	モンゴル中統元年	**フビライ、開平府で即位（世祖）。**弟のアリク・ブケ、カラ・コラムで汗位に即く。モンゴル帝国分裂。	呉文英
一二六三	宋景定四年 モンゴル中統四年	宋、賈似道の公田法施行される。モンゴル、開平府を上都とする。	
一二六四	宋景定五年 モンゴル至元元年	アリク・ブケ、フビライに降伏。フビライ、燕京を中都とする。宋の理宗没し、趙禥即位（度宗）。	
一二六五	モンゴル至元二年	ニコロとマテオ、元の上都に入京、フビライに謁見。	
一二六七	モンゴル至元四年	**フビライ、燕京（中都）に遷都し、大都と命名。**	
一二六九	モンゴル至元六年	フビライ、パスパ文字を公布。	
一二七一	元至元八年	**フビライ、国号を大元とする。**大都に回回司天台を設立。	1269劉克荘
一二七四	元至元一一年 日本文永一一年 宋咸淳一〇年	元軍、日本に遠征（文永の役）。宋の度宗没し、趙㬎即位（恭帝）。	
一二七五	元至元一二年	**マルコ・ポーロ、上都に入京。**このころ、サウマとマルコス、エルサレム巡礼へ出立。	車若水
一二七六	元至元一三年 宋景炎元年	元軍、臨安を陥す。宋の益王・広王が福州に逃れる。益王（趙昰）即位（端宗）。蒲寿庚、泉州を差し出し元に降伏。	

西暦	王朝年号	大事記	人物没年／世界の出来事
一二七七	元至元一四年	元、**泉州・慶元・上海・澉浦に市舶司を設置**。	イングランド王エドワード一世、ウェールズへ侵攻。
一二七八	宋祥興元年 元至元一五年	宋の端宗没し、広王（最後の皇帝、帝昺）即位。宋の文天祥、元軍に捕われる。	
一二七九	宋祥興二年 元至元一六年	厓山の宋軍、元軍の攻撃をうけ、帝昺投水し、宋滅亡。元のバヤン、恭帝と度宗の皇后・理宗の皇后を連れて燕京（大都）に帰る。	李治、1280パスパ
一二八一	元至元一八年 高麗忠烈王七年 日本弘安四年	元、**郭守敬の『授時暦』**を施行。元・高麗連合軍、日本に遠征（弘安の役）。	マルコス、ヤバラハ三世となる。
一二八二	元至元一九年	文天祥処刑される。	
一二八七	元至元二四年	至元宝鈔を発行。安南を攻め交趾城を攻略。ナヤン、反乱を起こす。	1288潜説友
一二八九	元至元二六年	安山・臨清間の会通河完成。モンテ・コルヴィノ、ローマ教皇の命により東方へ出立。	
一二九一	元至元二八年	マルコ・ポーロ、泉州から帰国の途につく。	方逢辰
一二九二	元至元二九年	通州・大都間の通恵河完成。	1293劉因
一二九四	元至元三一年	元の世祖フビライ没す。孫のテムル即位（成宗）。モンテ・コルヴィノ、大都に入京、成宗に謁見。	1299～1922オスマン帝国。サウマ、1296王応麟、1299周密
一三〇三	元大徳七年	官修『大元一統志』完成。	1301劉玉、1302胡三省、1302鮮于枢
一三〇七	元大徳一一年	成宗没し、皇后、監国となり、安西王アーナンダ擁立をはかる。懐寧王ハイシャン（武宗）即位。馬端臨『文献通考』完成。モンテ・コルヴィノ、大都大主教となる。	1305?蒋捷、1306鄧牧、1306白樸
一三一一	元至大四年	武宗没し、アユールバリバトラ即位（仁宗）。	1310高克恭
一三一三	元皇慶二年	科挙を行う詔を下す（一三一五年実施）。試験内容は朱熹『四書集注』によることを定める。王禎『農書』成立。	1314朱世傑、1314?盧摯、1316郭守敬、1317ヤバラハ三世（マルコス）、1318鄭思肖
一三二〇	元延祐七年	仁宗没し、シディバラ即位（英宗）。	1320?張炎、1321ダンテ
一三二二	元至治二年	オドリコ、泉州に到着。	趙孟頫
一三二三	元至治三年	大元通制を頒布。御史大夫テクシ、英宗を殺し、晋王イスン・テムル（泰定帝）を擁立。	馬端臨、楊載、1324貫雲石、1324**マルコ・ポーロ**

一三二八	元致和元年 元天順元年 元天暦元年	泰定帝、上都に没す。上都の諸王・大臣ら、泰定帝の子アスギバ（天順帝）を擁立。天順と改元。重臣エル・テムル、大都に武宗の子トク・テムル（文宗）を擁立。天暦と改元。上都の兵を破る。	鄧文原
一三二九	元天暦二年	文宗、兄コシラ（明宗）に譲位するが、明宗、エル・テムルに殺され、文宗再び即位。	張養浩
一三三一	元至順二年	『経世大典』完成。	
一三三三	元元統元年	エル・テムル没し、明宗の長子トゴン・テムル即位（順帝）。	鎌倉幕府滅亡。呉澄
一三三五	元至元元年	科挙を廃止。	1338足利尊氏が征夷大将軍。1339～1453英仏百年戦争。
一三三六	元至元二年	順帝、新任の大主教を要請する使節団をローマへ派遣。	
一三四二	元至正二年	マリニョッレ、上都に入京。	1343柯九思、1344掲傒斯、1345康里巎巎、1345喬吉、1348虞集
一三五一	元至正一一年	**白蓮教首領韓山童・劉福通ら河南で挙兵（紅巾の乱）。**韓山童敗死。雲南行省を設置。	1347～1450西ヨーロッパでペスト（黒死病）大流行。1350張雨、1350?張可久、1352泰不華、1354呉鎮、1354黄公望
一三五七	元至正一七年	紅巾軍、三路に分かれて北伐を開始。	唐棣
一三六四	元至正二四年	朱元璋、応天府で呉王を称し、龍鳳と建元。朱元璋、武昌を占領。	
一三六八	元至正二八年 明洪武元年	**朱元璋、皇帝を称し（太祖洪武帝）、国号を大明とする。**明、大都を陥し、北平府と改称。モンゴル、大都を放棄して、上都に撤退（元の北帰）。	乃賢、王禎
一三六九	明洪武二年	洪武帝、日本の懐良親王に倭寇の取り締まりを要請。	
一三七〇	明洪武三年	科挙の法を定める。トゴン・テムル、サマルカンドに王朝を建てる。（北元）	楊維楨、1370?**施耐庵**
一三七一	明洪武四年	**海禁令**を出す。	1372琉球の入貢始まる。
一三七三	明洪武六年	『大明律』を頒布。科挙を一時廃止。	
一三七五	明洪武八年	鈔法を制定し、大明宝鈔を発行、金銀銅銭の使用を禁止。社学設立の詔を発布。	1374倪瓚、1374高啓、劉基、1378楊基

西暦	王朝年号	大事記	人物没年／世界の出来事
一三八〇	明洪武一三年	「胡惟庸の獄」起こる。中書省廃止、大都督府を五つに分けて五軍都督府に改組。丞相を廃止（中国史上の丞相制度終わる）。	胡惟庸、宋璲、1381宋濂
一三八二	明洪武一五年	雲南、明の版図に入る。	兪和
一三八四	明洪武一七年	新たに「科挙取士制」を定める。このころより「文字の獄」頻発。	1385王蒙
一三八八	明洪武二一年	大将軍となった藍玉、ブイル海で、トグス・テムルの北元軍を大破。フビライ王朝断絶。	1387宋克
一三九二	明洪武二五年	皇太子朱標没し、朱允炆を皇太孫とする。	1392～1910李氏朝鮮。
一三九三	明洪武二六年	涼国公の藍玉、謀叛を理由に処刑される（藍玉の獄）。	
一三九七	明洪武三〇年	『大明律』を改定頒布。里老人制を規定。	1396オスマン帝国、ニコポリスの戦いで十字軍に勝利。
一三九八	明洪武三一年	洪武帝没し、朱允炆即位（恵帝・**建文帝**）。斉泰・黄子澄が昇進し国政を補佐（諸王の弱体化を策す）。	
一三九九	明建文元年	**燕王朱棣、北平で挙兵し靖難軍と称す（靖難の役）。**建文帝、耿炳文を大将軍に任じ靖難軍を討たせる。	1400?**羅貫中**
一四〇二	明建文四年	燕王軍、国都南京を陥す。**建文帝逃れ、燕王即位（成祖永楽帝）。**斉泰・黄子澄・方孝孺ら殺される。	建文帝
一四〇三	明永楽元年	**北平府を北京と改称。**	1404勘合貿易開始。
一四〇五	明永楽三年	**鄭和**、第一次航海に出発。	ティムール、明への遠征途上で病死。
一四〇六	明永楽四年	朱能を征夷将軍として、安南（ベトナム）に遠征軍を送る。	
一四〇七	明永楽五年 日本応永一四年	安南に交趾布政使司を置き、直轄化する。明使、国書を足利将軍に届ける。鄭和、第二次航海に出発。	
一四〇八	明永楽六年	『永楽大典』完成。渤泥（ブルネイ）の国王来朝。	
一四一一	明永楽九年	「永楽通宝」の鋳造を開始。マラッカ国王来朝。	1414マラッカ王がイスラム教に改宗。

一四一七	明永楽一五年	永楽帝、**『五経大全』『四書大全』『性理大全』を頒布**。スールー国王来朝。	1415解縉、1418胡広、1418道衍
一四二一	明永楽一九年	**北京に遷都、南京を陪都とする。**	
一四二二	明永楽二〇年	鄭和、第六次航海から帰国。	
一四二四	明永楽二二年	永楽帝、第五次モンゴル親征の途次、楡木川で没し、太子朱高熾即位（仁宗洪熙帝）。	1423高棅
一四二五	明洪熙元年	洪熙帝没し、太子朱瞻基即位（宣宗宣徳帝）。	
一四三一	明宣徳六年	鄭和、第七次航海に出発。	
一四三五	明宣徳一〇年	宣徳帝没し、太子朱祁鎮即位（英宗正統帝）。宦官王振、司礼監太秉筆監となり、これより宦官の専政始まる。鄭和、帰国途上にカリカットで病没。	1434沈度
一四四九	明正統一四年	オイラートのエセン軍、明の国境を攻撃。**正統帝親征し、土木堡で捕われる（土木の変）。**	1450このころグーテンベルグ金属活字印刷を発明。
一四五四	明景泰五年	オイラートのエセン、反乱により殺される。	1453沈粲、1462戴進
一五〇二	明弘治一五年	『大明会典』完成。	1488バルトロメウ・ディアス喜望峰を発見。1492コロンブス西インド諸島に到達。1493李応禎、1500陳献章、1508呉偉、1509沈周
一五五〇	明嘉靖二九年	モンゴルのアルタンが北京を包囲、朝貢貿易の再開を要求（庚戌の変）。	1521マゼラン、フィリピン諸島に到達。1523唐寅、1527祝允明、1529王陽明、1533王寵
一五七二	明隆慶六年	隆慶帝が没し、朱翊鈞が即位（万暦帝）。	1573室町幕府滅亡。1590王世貞
一六一六	明万暦四四年 後金天命元年	ヌルハチ、ハン位にのぼり、国号を大金とする（後金）。	1614大阪冬の陣。1605屠隆
一六三六	明崇禎九年 清崇徳元年	ヌルハチの子ホンタイジ、国号を大清と改める。	董其昌
一六四四	明崇禎一七年 清順治元年	**李自成**の反乱軍、北京を占領。崇禎帝が自殺し明滅亡。	1643張丑、1646馮夢龍

皇帝系図

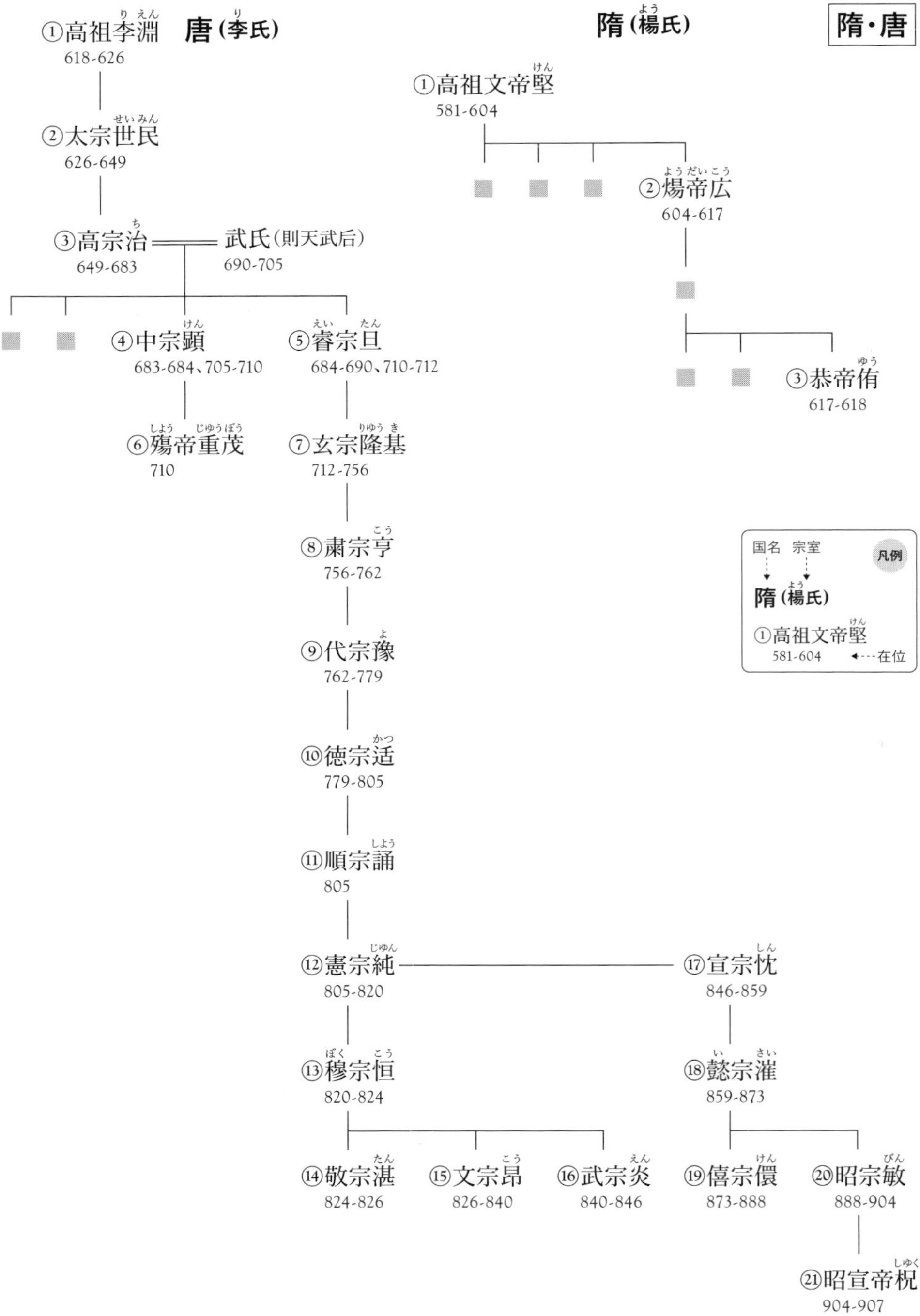
唐(李《り》氏)
①高祖李淵《りえん》
618-626
②太宗世民《せいみん》
626-649
③高宗治《ち》
649-683
武氏(則天武后)
690-705
④中宗顕《けん》
683-684、705-710
⑤睿《えい》宗旦《たん》
684-690、710-712
⑥殤《しよう》帝重茂《じゆうぼう》
710
⑦玄宗隆基《りゆうき》
712-756
⑧粛宗亨《こう》
756-762
⑨代宗豫《よ》
762-779
⑩徳宗适《かつ》
779-805
⑪順宗誦《しよう》
805
⑫憲宗純《じゆん》
805-820
⑬穆《ぼく》宗恒《こう》
820-824
⑭敬宗湛《たん》
824-826
⑮文宗昂《こう》
826-840
⑯武宗炎《えん》
840-846
⑰宣宗忱《しん》
846-859
⑱懿《い》宗漼《さい》
859-873
⑲僖宗儇《けん》
873-888
⑳昭宗敏《びん》
888-904
㉑昭宣帝柷《しゆく》
904-907
隋(楊《よう》氏)
①高祖文帝堅《けん》
581-604
②煬帝広《ようだいこう》
604-617
③恭帝侑《ゆう》
617-618
凡例
国名
宗室
隋(楊《よう》氏)
①高祖文帝堅《けん》
581-604
在位

五代・宋

後唐(李《り》氏)

- 太祖李克用《こくよう》
  - ①荘宗存勗《そんきょく》 923-926
  - ②明宗嗣源《しげん》 926-933
    - ③閔《びん》帝従厚《じゅうこう》 933-934
    - ④末帝従珂《じゅうか》 934-936

後梁(朱《しゅ》氏)

- ①太祖朱全忠《ぜんちゅう》 907-912
  - ②郢《えい》王友珪《ゆうけい》 912-913
  - ③末帝友貞《ゆうてい》 913-923

後周(郭《かく》氏➡柴《さい》氏)

- ①太祖郭威《かくい》 951-954 ‥‥ 養子 ‥‥ ②世宗柴栄
- 柴守礼《しゅれい》
  - ②世宗柴栄《さいえい》 954-959
    - ③恭帝宗訓《そうくん》 959-960

後漢(劉《りゅう》氏)

- ①高祖劉知遠《ちえん》 947-948
  - ②隠帝承祐《しょうゆう》 948-950

後晋(石《せき》氏)

- 石紹雍
  - ①高祖敬瑭《けいとう》 936-942
  - ②出帝重貴《じゅうき》 942-946

宋(趙《ちょう》氏)

- 宣祖趙弘殷《こういん》
  - **北宋** ①太祖匡胤《きょういん》 960-976
    - 燕王徳昭
      - [5]理宗昀《いん》 1224-64
      - [6]度宗禥《き》 1264-74
        - [7]恭帝㬎《けん》 1274-76
        - [8]端宗昰《せい》 1276-78
        - [9]帝昺《へい》 1278-79
    - 秦王徳芳
      - [2]孝宗昚《しん》 1162-89
        - [3]光宗惇《じゅん》 1189-94
          - [4]寧宗拡《こう》 1194-1224
  - ②太宗光義《こうぎ》 976-997
    - ③真宗恒《こう》 997-1022
      - ④仁宗禎《てい》 1022-63
    - ⑤英宗曙《しょ》 1063-67
      - ⑥神宗頊《ぎょく》 1067-85
        - ⑦哲宗煦《く》 1085-1100
        - ⑧徽宗佶《きつ》 1100-25
          - ⑨欽宗桓《かん》 1125-27
          - **南宋** [1]高宗構《こう》 1127-62

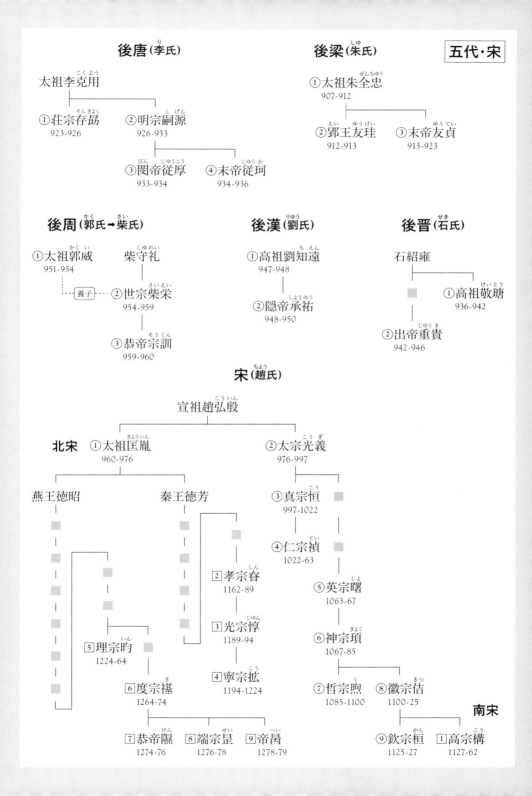

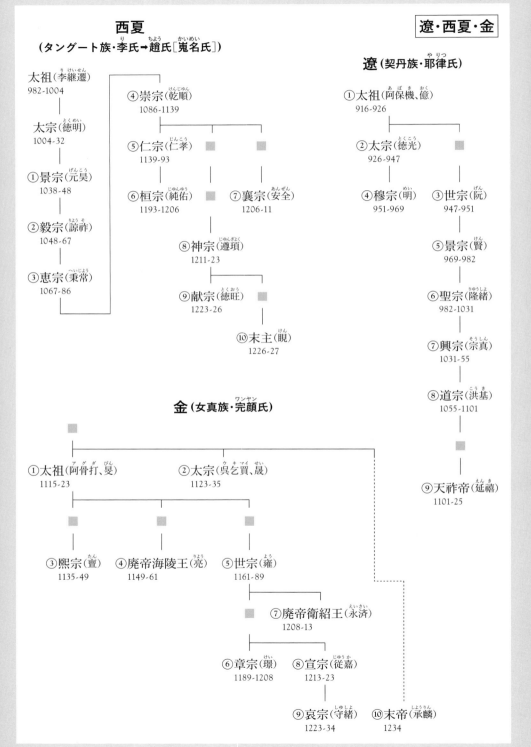

遼・西夏・金

西夏
(タングート族・李《り》氏→趙《ちよう》氏[嵬名《かいめい》氏])

太祖(李継遷《りけいせん》)
982-1004

太宗(徳明《とくめい》)
1004-32

①景宗(元昊《げんこう》)
1038-48

②毅宗(諒祚《りようそ》)
1048-67

③恵宗(秉常《へいじよう》)
1067-86

④崇宗(乾順《けんじゆん》)
1086-1139

⑤仁宗(仁孝《じんこう》)
1139-93

⑥桓宗(純佑《じゆんゆう》)
1193-1206

⑦襄宗(安全《あんぜん》)
1206-11

⑧神宗(遵頊《じゆんぎよく》)
1211-23

⑨献宗(徳旺《とくおう》)
1223-26

⑩末主(晛《けん》)
1226-27

遼(契丹族・耶律《やりつ》氏)

①太祖(阿保機《あぼき》、億《おく》)
916-926

②太宗(徳光《とくこう》)
926-947

④穆宗(明《めい》)
951-969

③世宗(阮《げん》)
947-951

⑤景宗(賢《けん》)
969-982

⑥聖宗(隆緒《りゆうしよ》)
982-1031

⑦興宗(宗真《そうしん》)
1031-55

⑧道宗(洪基《こうき》)
1055-1101

⑨天祚帝(延禧《えんき》)
1101-25

金(女真族・完顔《ワンヤン》氏)

①太祖(阿骨打《アグダ》、旻《びん》)
1115-23

②太宗(呉乞買《ウキマイ》、晟《せい》)
1123-35

③熙宗(亶《たん》)
1135-49

④廃帝海陵王(亮《りよう》)
1149-61

⑤世宗(雍《よう》)
1161-89

⑦廃帝衛紹王(永済《えいさい》)
1208-13

⑥章宗(璟《けい》)
1189-1208

⑧宣宗(従嘉《じゆうか》)
1213-23

⑨哀宗(守緒《しゆしよ》)
1223-34

⑩末帝(承麟《しようりん》)
1234

モンゴル帝国(モンゴル族)

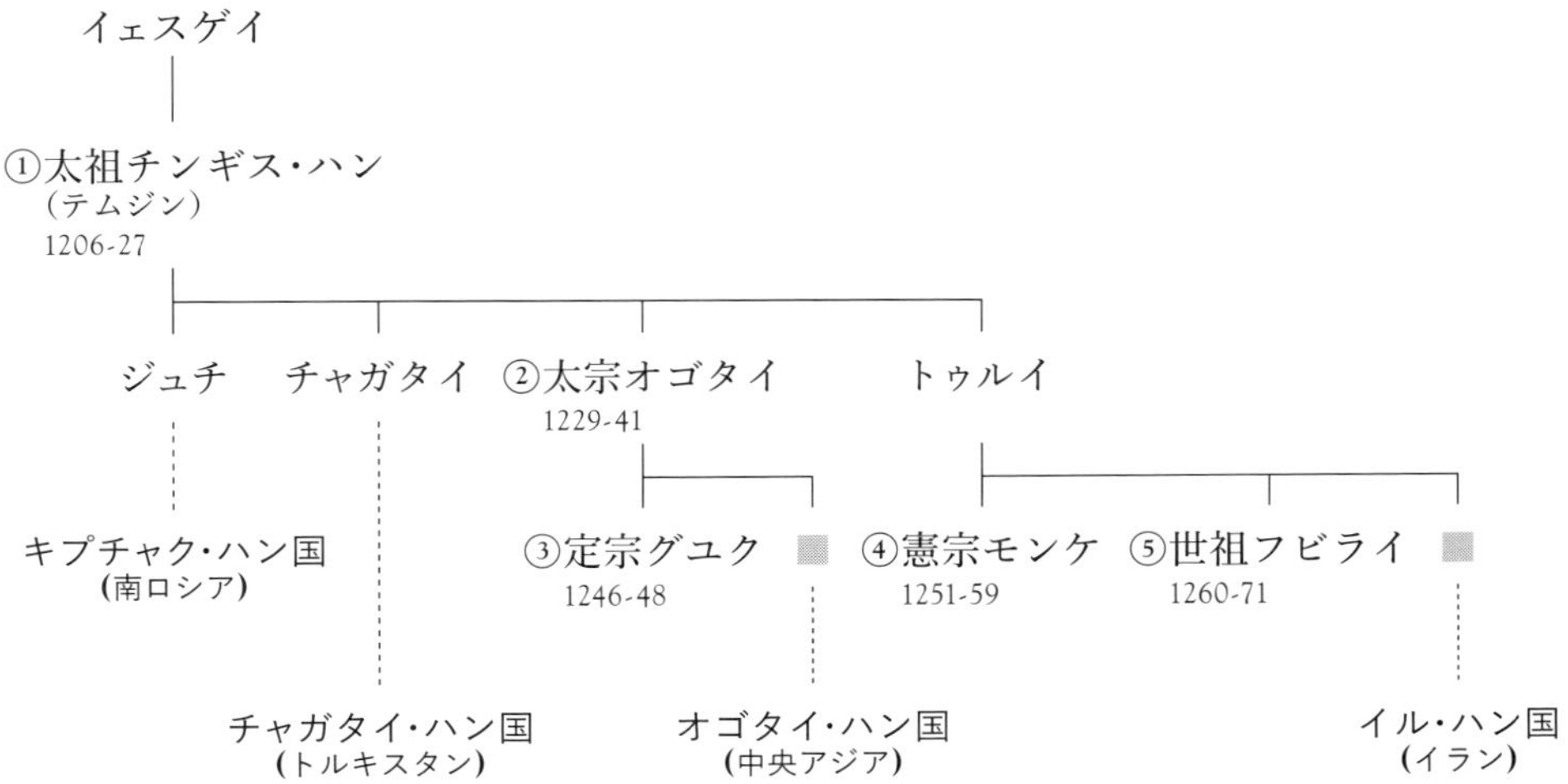

元朝(モンゴル族)

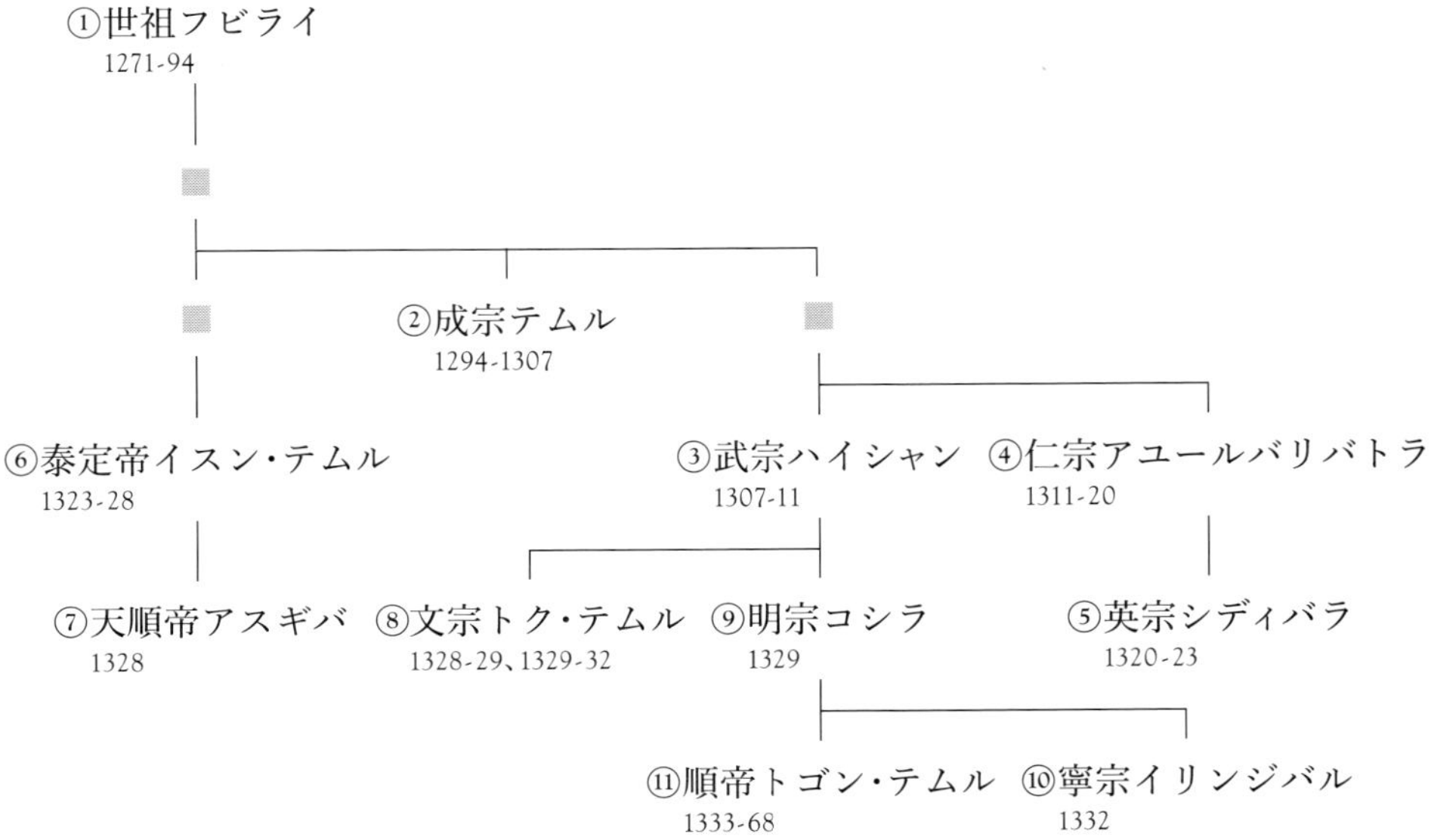

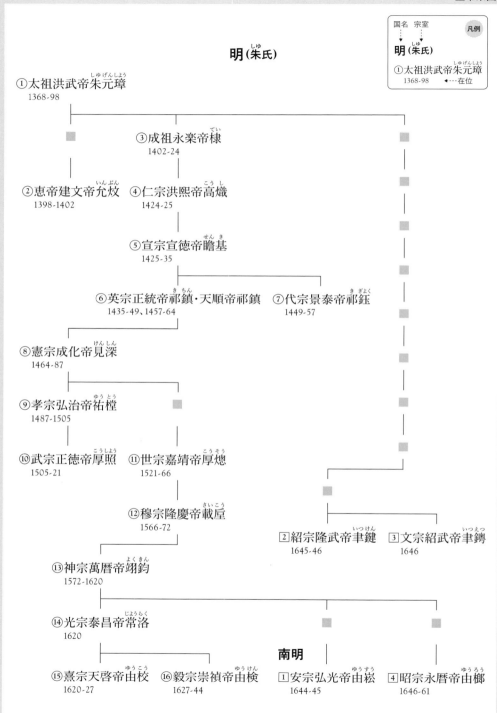

凡例
国名 宗室
明（朱《しゅ》氏）
①太祖洪武帝朱元璋《しゅげんしょう》
1368-98 ←在位

明（朱《しゅ》氏）

①太祖洪武帝朱元璋《しゅげんしょう》
1368-98

②恵帝建文帝允炆《いんぶん》
1398-1402

③成祖永楽帝棣《てい》
1402-24

④仁宗洪熙帝高熾《こうし》
1424-25

⑤宣宗宣徳帝瞻基《せんき》
1425-35

⑥英宗正統帝祁鎮《きちん》・天順帝祁鎮
1435-49、1457-64

⑦代宗景泰帝祁鈺《きぎょく》
1449-57

⑧憲宗成化帝見深《けんしん》
1464-87

⑨孝宗弘治帝祐樘《ゆうとう》
1487-1505

⑩武宗正徳帝厚照《こうしょう》
1505-21

⑪世宗嘉靖帝厚熜《こうそう》
1521-66

⑫穆宗隆慶帝載垕《さいこう》
1566-72

⑬神宗萬暦帝翊鈞《よくきん》
1572-1620

⑭光宗泰昌帝常洛《じょうらく》
1620

⑮熹宗天啓帝由校《ゆうこう》
1620-27

⑯毅宗崇禎帝由検《ゆうけん》
1627-44

南明

1 安宗弘光帝由崧《ゆうすう》
1644-45

2 紹宗隆武帝聿鍵《いつけん》
1645-46

3 文宗紹武帝聿鐭《いつえつ》
1646

4 昭宗永暦帝由榔《ゆうろう》
1646-61

五代十国王朝興亡図

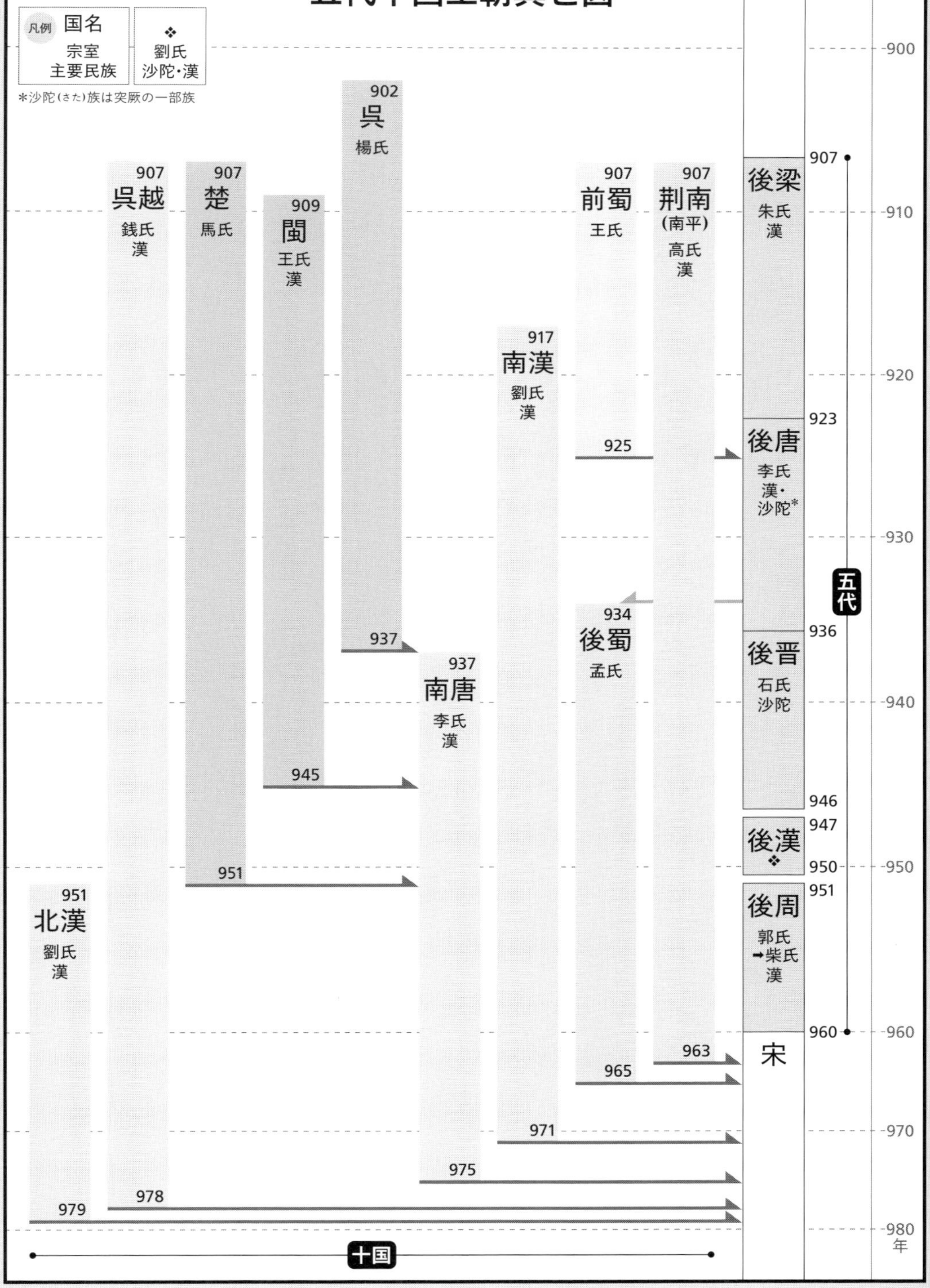

凡例 国名 宗室 主要民族
❖ 劉氏 沙陀・漢
*沙陀(さた)族は突厥の一部族
唐
907 後梁 朱氏 漢
923 後唐 李氏 漢・沙陀*
936 後晋 石氏 沙陀
946
947 後漢 ❖ 950
951 後周 郭氏 →柴氏 漢
960 宋
五代
902 呉 楊氏 937
907 呉越 銭氏 漢 978
907 楚 馬氏 951
909 閩 王氏 漢 945
917 南漢 劉氏 漢 971
907 前蜀 王氏 925
907 荊南 (南平) 高氏 漢 963
934 後蜀 孟氏 965
937 南唐 李氏 漢 975
951 北漢 劉氏 漢 979
十国
900
910
920
930
940
950
960
970
980 年

主要参考文献

漢文資料（原典底本・中国語訳注）

＊は原典において底本の書誌情報を明示していないものだが、参考として掲載する。

経学・経学史等

李学勤主編『十三経注疏』（北京大学出版社、二〇〇〇年）＊
程頤撰『伊川易伝』（上海古籍出版社、一九八九年）
司馬光撰『易説』（叢書集成初編、商務印書館、一九三六年）＊
楊万里撰『誠斎易伝』（叢書集成初編、商務印書館、一九三五年）＊
呂祖謙撰『易説』（叢書集成初編、中華書局、一九九一年）＊
陸淳撰『春秋啖趙集伝纂例及其他一種』（叢書集成初編、商務印書館、一九三六年）
王安石等（程元敏輯）『三経新義輯考彙評』（華東師範大学出版社、二〇一一年）＊
陸徳明（張一弓点校）『経典釈文』（上海古籍出版社、二〇一二年）＊
皮錫瑞（周予同注釈）『経学歴史』（中華書局、一九五九年）＊
章学誠（王重民通解）『校讐通義通解』（上海古籍出版社、二〇〇九年）＊

正史（中華書局排印本「二十四史」）

班固『漢書』（中華書局、一九六二年）
范曄『後漢書』（中華書局、一九六五年）
魏徴・長孫無忌『隋書』（中華書局、一九七三年）
劉昫等『旧唐書』（中華書局、一九七五年）
欧陽脩・宋祁『新唐書』（中華書局、一九七五年）
脱脱等『宋史』（中華書局、一九七七年）
脱脱等『遼史』（中華書局、一九七四年）
脱脱等『金史』（中華書局、一九七五年）
宋濂等『元史』（中華書局、一九七六年）
張廷玉等『明史』（中華書局、一九七四年）

その他史書

司馬光等（標点資治通鑑小組校点）『資治通鑑』（中華書局、一九五六年）
畢沅等（標点続資治通鑑小組校点）『続資治通鑑』（中華書局、一九五七年）＊
李燾（上海師範学院古籍整理研究室等点校）『続資治通鑑長編』（一九七九－一九九五年）＊
王溥撰『唐会要』（中華書局、一九九〇年）
李肇・趙璘撰『唐国史補—因話録』（上海古籍出版社、一九

七九年）
劉粛（許徳楠・李鼎霞点校）『大唐新語』（中華書局、一九八四年）＊
徐松撰『登科記考』（中華書局、一九八四年）
徐松輯『宋会要輯稿』（中華書局、一九五七年）＊
徐松輯『宋会要輯稿』（新文豊出版公司、一九七六年）
蘇天爵撰『元朝名臣事略』（中華書局、一九八六年）
朱国禎輯『皇明大政記』（四庫全書存目叢書所収、荘厳文化事業有限公司、一九九七年）＊
徐競『宣和奉使高麗図経』（筆記小説大観所収、江蘇広陵古籍刻印社、一九八四年）＊
葉隆礼撰『契丹国志』（二十五史別本、斉魯書社、二〇〇〇年）
宇文懋昭撰『大金国志』（二十五史別本、斉魯書社、二〇〇〇年）
趙汝适『諸蕃志』（叢書集成初編、商務印書館、一九三七年）＊
徐夢莘撰『三朝北盟会編』（文海出版社、一九六二年）
彭大雅・徐霆撰『黒韃事略及其他四種』（叢書集成初編、商務印書館、一九三七年）＊
汪大淵（蘇継廎校釈）『島夷志略校釈』（中華書局、一九八一年）
厳従簡撰『殊域周咨録』（中国人民大学出版社、一九八四年）＊
鞏珍（向達校注）『西洋番国志』（中華書局、一九六一年）＊
呉士連等撰『大越史記全書』（陳高華『元史研究論考』の「元代的海外貿易」所収、中華書局、一九九一年）
呉士連等撰『大越史記全書』（京都大学一九七三年景照天理大学図書館蔵本）＊
馬歓（馮承鈞校注）『瀛涯勝覧校注』（中華書局、一九五五年）

歴史評論・書院

劉知幾（浦起龍釈）『史通通釈』（上海古籍出版社、一九七八年）＊
梁啓超『中国歴史研究法補編』（民国叢書所収、上海書店、一九八九年）＊
黄宗羲撰（陳金生・梁運華点校）『宋元学案』（中華書局、一九八六年）＊
李夢陽等編（白鹿洞書院古志整理委員会整理）『白鹿洞書院志』（中華書局、一九九五年）＊

筆記

杜宝等（辛徳勇輯校）『両京新記輯校―大業雑記輯校』（三秦出版社、二〇〇六年）＊
封演（趙貞信校注）『封氏聞見記校注』（中華書局、二〇〇五年）
段成式『酉陽雑俎』（四部叢刊初編、上海書店、一九八九年）
段成式『酉陽雑俎』（中華書局、一九八一年）＊
趙璘等撰『因話録及其他一種』（叢書集成初編、商務印書館、一九三九年）
劉餗・張鷟撰（程毅中点校）『隋唐嘉話―朝野僉載』（中華書局、一九七九年）
円仁（小野勝年・白化文・李鼎霞・許徳楠修訂校註）『入唐求法巡礼行記校注』（花山文化出版社、一九九二年）
円仁（顧承甫・何泉達点校）『入唐求法巡礼行記校注』（上海古籍出版社、一九八六年）
王仁裕等（丁如明輯校）『開元天宝遺事十種』（上海古籍出版社、一九八五年）

蘇鶚等撰『杜陽雑編及其他一種』（叢書集成初編、商務印書館、一九三九年）
范攄『雲渓友議』（古典文学出版社、一九五七年）
銭易等撰『南部新書』（叢書集成初編、商務印書館、一九三六年）
銭易（黄寿成点校）『南部新書』（中華書局、二〇〇二年）＊
王得臣（俞宗憲点校）『麈史』（上海古籍出版社、一九八六年）
邵伯温（李剣雄・劉徳権点校）『邵氏聞見録』（中華書局、一九八三年）＊
洪邁（孔凡礼点校）『容斎随筆』（中華書局、二〇〇五年）＊
呂希哲『呂氏雑記』（叢書集成初編、中華書局、一九九一年）
沈括（胡道静校注）『夢渓筆談』（中華書局、一九五七年）＊
沈括（劉尚栄点校）『夢渓筆談』（遼寧教育出版社、一九九七年）
蘇軾（王松齢点校）『東坡志林』（中華書局、一九九一年）＊
荘綽（蕭魯陽点校）『鶏肋編』（中華書局、一九八三年）＊
高承（李園訂・金円・許沛藻点校）『事物紀原』（中華書局、一九八九年）
王讜（周勛初校証）『唐語林校証』（中華書局、一九八七年）
葉夢得（宇文紹奕考異・侯忠義点校）『石林燕語』（中華書局、一九八四年）＊
葉夢得撰『避暑録話』（叢書集成初編、商務印書館、一九三九年）
葉夢得撰『石林避暑録話』（上海書店、一九九〇年）
龔明之（孫菊園校点）『中呉紀聞』（上海古籍出版社、一九八六年）
孟元老（伊永文箋注）『東京夢華録』（中華書局、一九六二年）
孟元老（鄧之誠注）『東京夢華録』（中華書局、一九八二年）
孟元老等『東京夢華録（外四種）』（『都城紀勝』『夢粱録』も収録。上海古典文学出版社、一九五六年）＊
呉自牧撰『夢粱録』（浙江人民出版社、一九八〇年）＊
呉自牧（傅林祥注）『夢粱録』（山東友誼出版社、二〇〇一年）
葉紹翁（沈錫麟・馮惠民点校）『四朝聞見録』（中華書局、一九九七年）
金盈之撰『酔翁談録』（古典文学出版社、一九五六年）＊
朱彧撰『萍洲可談』（中華書局、二〇〇七年）＊
晁載之撰『続談助』（叢書集成初編、商務印書館、一九三九年）＊
周密（張茂鵬点校）『斉東野語』（中華書局、一九九七年）
周密撰（呉企明点校）『癸辛雑識』（中華書局、一九八八年）＊
周密撰『武林旧事』（叢書集成初編、中華書局、一九九一年）＊
陸友仁撰『研北雑志』（叢書集成初編、中華書局、一九九一年）
陶宗儀撰『南村輟耕録』（中華書局、一九五九年）
沈徳符撰『万暦野獲編』（中華書局、一九五九年）
銭大昕撰『十駕斎養新録』（四部備要、中華書局、一九七〇年）＊
梁紹壬撰『両般秋雨盦随筆』（上海古籍出版社、一九八二年）＊

諸制度・法律・詔令

玄宗撰・李林甫等奉勅注『大唐六典』（中華書局、一九九二年）
長孫無忌等（劉俊文箋解）『唐律疏議箋解』（中華書局、一九九六年）
杜佑（王文錦等点校）『通典』（中華書局、一九八八年）＊
宋敏求（洪丕謨等点校）『唐大詔令集』（学林出版社、一九九二年）＊
鄭樵撰『通志』（中華書局、一九八七年）

鄭樵（王樹民点校）『通志二十略』（中華書局、一九九五年）＊
王応麟編『玉海』（広陵書社、二〇〇三年）＊
李攸撰『宋朝事実』（中華書局、一九五五年）＊
馬端臨（上海師範大学古籍研究所・華東師範大学古籍研究所点校）『文献通考』（中華書局、二〇一一年）＊
趙世延等奉勅輯『経世大典』（永楽大典巻一九四一九所収、中華書局、一九九四年）
王圻撰『続文献通考』（現代出版社、一九八六年）
胡敬輯『大元海運記』（雪堂叢刻、上虞羅氏排印本、一九一五年）＊
朱元璋（楊一凡等点校）『皇明祖訓』（明代法律文献所収、黒竜江人民出版社、二〇〇二年）＊
王欽若等編『冊府元亀』（中華書局、一九八九年）

伝記

辛文房（傅璇琮主編）『唐才子伝校箋』（中華書局、一九八七年）
佚名『京口耆旧伝』（叢書集成初編、中華書局、一九九一年）＊

地誌・地図

李吉甫（賀次君点校）『元和郡県図志』（中華書局、一九八三年）＊
祝穆撰・祝洙増訂（施和金点校）『方輿勝覧』（中華書局、二〇〇三年）＊
兪希魯編『至順鎮江志』（江蘇古籍出版社、一九九九年）
林世遠・王鏊等纂修『正徳姑蘇志』（天一閣蔵明代方志選刊続編所収、上海書店、一九九〇年）＊
唐錦編・陳滞采輯『正徳大名府志』（天一閣蔵明代方志選刊続編所収、上海書店、一九八一年）＊
王洙等撰『図解校正地理新書』（集文書局、一九八五年）

書目

陳振孫（徐小蛮・顧美華点校）『直斎書録解題』（上海古籍出版社、一九八七年）
晁公武（孫猛校正）『郡斎読書志』（上海古籍出版社、一九九〇年）
銭曽『也是園書目』（中国著名蔵書家書目匯刊、北京商務印書館、二〇〇五年）＊
永瑢等撰『四庫全書総目』（中華書局、一九六五年）＊
葉徳輝（紫石点校）『書林清話―外二種』（北京燕山出版社、一九九九年）＊

金石

欧陽脩『集古録跋尾・書簡・附録』（四部叢刊初編、上海書店、一九八九年）＊
趙明誠撰『金石録』（四部叢刊続編、商務印書館、一九三四年）＊
趙明誠撰『宋本金石録』（中華書局、一九九一年）＊

訓戒・語類・学習・儀礼風習

顔之推（王利器注解）『顔氏家訓集解』（中華書局、一九九三年）
袁采（賀恒禎・楊柳注釈）『袁氏世範』（中国歴代家訓叢書、天津古籍出版社、一九九五年）
司馬光（王宗志注釈）『温公家範』（中国歴代家訓叢書、天津古籍出版社、一九九五年）＊

司馬光撰『司馬氏書儀』（叢書集成初編、商務印書館、一九三六年）
王相箋注『女四書』（状元閣、一八八五年）＊
周敦頤撰『周子通書』（四部備要、台湾中華書局、一九七一年）
黎靖徳（王星賢点校）『朱子語類』（中華書局、一九八六年）
張洪・齊熈編『朱子読書法』（景印文淵閣四庫全書、台湾商務印書館、一九八三－一九八六年）＊
朱熹撰『白鹿洞書院教規』（叢書集成初編、商務印書館、一九三九年）＊
朱熹撰『訓学斎規』（説郛三種所収、上海古籍出版社、一九八八年）＊
朱熹撰『朱子家礼』（郭嵩燾全集所収、岳麓書社、二〇一二年）＊
杜台卿撰『玉燭宝典』（玉函山房輯佚書、広陵書社、二〇〇五年）＊

兵器・医学・数学

曽公亮・丁度等奉敕撰『武経総要』（景印文淵閣四庫全書、台湾商務印書館、一九八三－一九八六年）＊
王禎撰『農書』（中華書局、一九五六年）＊
巣元方等撰『諸病源候論』（日本宮内庁書陵部蔵宋元版漢籍選刊、上海古籍出版社、二〇一二年）＊
孫思邈撰『千金要方』（景印文淵閣四庫全書、台湾商務印書館、一九八三－一九八六年）＊
李冶（白尚恕訳、鍾善基校）『測円海鏡今訳』（山東教育出版社、一九八五年）
寇宗奭撰『本草衍義』（叢書集成初編、商務印書館、一九三七年）＊
朱震亨撰『局方発揮』（景印文淵閣四庫全書、台湾商務印書館、一九八三－一九八六年）＊
朱震亨撰『丹溪医集』（中医古籍整理叢書重刊、人民衛生出版社、二〇一四年）＊
佚名『孫子算経』（景印文淵閣四庫全書、台湾商務印書館、一九八三－一九八六年）＊
秦九韶撰『数術九章』（景印文淵閣四庫全書、台湾商務印書館、一九八三－一九八六年）＊
李冶撰『測円海鏡』（景印文淵閣四庫全書、台湾商務印書館、一九八三－一九八六年）＊
徐大椿撰『医学源流論』（景印文淵閣四庫全書、台湾商務印書館、一九八三－一九八六年）＊
郭書春・隆鈍校点『算経十書』（遼寧教育出版社、一九九八年）＊

書画・囲碁・栽培・茶論

張彦遠撰『歴代名画紀』（百部叢書集成〈学津討源〉芸文印書館、一九六五年）＊
張彦遠撰『歴代名画紀』（遼寧教育出版社、二〇〇一年）＊
孫過庭『書譜』（叢書集成初編、商務印書館、一九三六年）＊
竇臮『述書賦』（景印文淵閣四庫全書、台湾商務印書館、一九八三－一九八六年）＊
朱景玄撰『唐朝名画録』（景印文淵閣四庫全書、台湾商務印書館、一九八三－一九八六年）＊
郭若虚撰『図画見聞志』（叢書集成初編、商務印書館、一九三六年）＊
黄伯思撰『東観余論』（叢書集成初編、中華書局、一九九一年）＊
劉道醇撰『宋朝名画評』（景印文淵閣四庫全書、台湾商務印書館、一九八三－一九八六年）＊

朱長文撰『墨池編』（景印文淵閣四庫全書、台湾商務印書館、一九八三－一九八六年）＊
郭熙撰『林泉高致』（百部叢書集成〈百川学海〉、芸文印書館、一九六五年）＊
米芾撰『画史』（叢書集成初編、商務印書館、一九三六年）＊
米芾撰『海岳名言』（叢書集成初編、商務印書館、一九三六年）＊
『宣和画譜』（叢書集成初編、商務印書館、一九三七年）＊
韓拙撰『山水純全集』（叢書集成初編、商務印書館、一九三九年）＊
鄧椿撰『画継』（叢書集成初編、中華書局、一九九一年）＊
湯垕撰『古今画鑑』（叢書集成初編、商務印書館、一九三七年）＊
陶宗儀撰『書史会要』（景印文淵閣四庫全書、台湾商務印書館、一九八三－一九八六年）＊
汪砢玉撰『珊瑚網』（国学基本叢書四百種、台湾商務印書館、一九六八年）＊
趙琦美撰『趙氏鉄珊瑚網』（景印文淵閣四庫全書、台湾商務印書館、一九八三－一九八六年）＊
伊世珍輯『瑯嬛記』（『津逮秘書』所収、中華書局、一九八七年）
張丑撰『清河書画舫』（景印文淵閣四庫全書、台湾商務印書館、一九八三－一九八六年）＊
屠隆撰『考槃余事』（叢書集成初編、商務印書館、一九三七年）＊
項穆撰『書法雅言及其他二種』（叢書集成初編、商務印書館、一九三七年）＊
孫承澤撰『庚子銷夏記』（叢書集成初編、中華書局、一九九一年）＊
郁逢慶『書画題跋記』（景印文淵閣四庫全書、台湾商務印書館、一九八三－一九八六年）＊
朱謀垔撰『続書史会要』（景印文淵閣四庫全書、台湾商務印書館、一九八三－一九八六年）＊
厲鶚撰『南宋院画録』（武林掌故叢編、江蘇広陵古籍刻印社、一九八五年）＊
倪涛撰『六芸之一録』（景印文淵閣四庫全書、台湾商務印書館、一九八三－一九八六年）＊
『石渠宝笈』（景印文淵閣四庫全書、台湾商務印書館、一九八三－一九八六年）＊
孫岳頒等撰『佩文斎書画譜』（上海古籍出版社、一九九一年）＊
馬宗霍『書林藻鑑―書林紀事』（文物出版社、一九八四年）＊
『古画品録―外二十一種』（上海古籍出版社、一九九一年）＊
『画史―外十一種』（上海古籍出版社、一九九一年）＊
于安瀾編『画品叢書』（上海人民美術出版社、一九八二年）＊
于安瀾編『中国歴代画史匯編』（天津古籍出版社、一九九七年）＊
黄賓虹・鄧実編『美術叢書』（江蘇古籍出版社、一九九七年）＊
晏天章撰『棋経』（叢書集成初編、中華書局、一九九一年）＊
周師厚撰『洛陽花木記』（説郛三種所収、上海古籍出版社、一九八八年）
陸羽撰『茶経』（叢書集成初編、中華書局、一九九一年）＊
徽宗撰『大観茶論』（説郛三種所収、上海古籍出版社、一九八八年）＊
婁子匡主編『大観茶論』（国立北京大学中国民俗学会民俗叢書、東方文化書局、一九七五年）

日用類書・道家

陳元靚撰『事林広記』（中華書局、一九九九年）＊

葛洪（王明校箋）『抱朴子内篇校釈』（中華書局、一九八五年）＊
葛洪（楊明照校箋）『抱朴子外篇校箋』（中華書局、一九九一年）＊

詩詞文集

李昉等編『文苑英華』（中華書局、一九六六年）
彭定求等編『全唐詩』（中華書局、一九六〇年）
董誥等『全唐文』（中華書局、一九八二年）
北京大学古文献研究所編『全宋詩』（北京大学出版社、一九九一－一九九八年）＊
四川大学古籍整理研究所編、曽棗荘・劉琳主編『全宋文』（巴蜀書社、一九八八－一九九三年）＊
唐圭璋編（王仲聞参訂・孔凡礼補輯）『全宋詞』（中華書局、一九八六年）
蘇天爵編『元文類』（上海古籍出版社、一九九三年）
沈義父撰『楽府指迷』（叢書集成初編、中華書局、一九九一年）＊
朱孝臧輯『彊村叢書』（上海古籍出版社、一九八九年）＊
銭穀撰『呉都文粋続集』（四庫珍本初集、商務印書館、一九三五年）
陳子昂『陳子昂集』（中華書局、一九六〇年）
李頎（劉宝和校注）『李頎詩評注』（山西教育出版社、一九九〇年）＊
王維（趙殿成箋注）『王右丞集箋注』（上海古籍出版社、一九八四年）＊
李白撰『李太白全集』（中華書局、一九八七年）
李白（瞿蛻園・朱金城校注）『李白集校注』（上海古籍出版社、一九八〇年）＊
杜甫撰・仇兆鰲注『杜詩詳注』（中華書局、一九七九年）
皎然撰『皎然集』（四部叢刊初編、台湾商務印書館、一九六五年）＊
顧況（趙昌平校編）『顧況詩集』（江西人民出版社、一九八三年）＊
柳宗元（王国安箋釈）『柳宗元詩箋釈』（上海古籍出版社、一九九三年）＊
韓愈（銭仲聯集釈）『韓昌黎詩繫年集釈』（上海古籍出版社、一九八四年）＊
元稹（冀勤点校）『元稹集』（中華書局、一九八二年）＊
張籍（徐礼節・余恕誠校注）『張籍集繫年校注』（中華書局、二〇一一年）＊
劉禹錫（瞿蛻園箋証）『劉禹錫集箋証』（上海古籍出版社、一九八九年）＊
白居易（朱金城箋校）『白居易集箋校』（上海古籍版社、一九八八年）＊
姚合撰『姚少監詩集』（上海古籍出版社、一九九四年）＊
李益（郝潤華整理）『李益詩集』（中華書局、二〇一四年）＊
張祜（尹占華校注）『張祜詩集校注』（巴蜀書社、二〇〇七年）＊
李徳裕（傅璇琮・周建国箋釈）『李徳裕文集校箋』（河北教育出版社、二〇〇〇年）
朱慶余撰『朱慶余詩集』（四部叢刊続編、商務印書館、一九三四年）＊
杜牧（馮集梧注）『樊川詩集注』（上海古籍出版社、一九七八年）＊
李商隠撰、馮浩箋注（馮浩孟編訂、胡重参校）『玉渓生詩箋注』（上海古籍出版社、一九七九年）＊
李商隠（葉葱奇疏注）『李商隠詩集疏注』（人民文学出版社、一九九五年）＊
雍陶（周嘯天・張效民注）『雍陶詩注』（上海古籍出版社、一九九

八八年）＊
李群玉撰『李群玉詩集』（四部叢刊初編、台湾商務印書館、一九六五年）＊
皮日休『皮子文藪』（四部叢刊初編、台湾商務印書館、一九六五年）
皮日休（蕭滌非・鄭慶篤整理）『皮子文藪』（上海古籍出版社、一九八一年）＊
皮日休（申宝昆選注）『皮日休詩文選注』（上海古籍出版社、一九九〇年）＊
司空図『司空表聖文集』（四部叢刊初編、台湾商務印書館、一九六五年）
陸亀蒙撰『唐甫里先生文集』（四部叢刊初編、上海書店、一九八九年）＊
陸亀蒙（何錫光校注）『陸亀蒙全集校注』（鳳凰出版社、二〇一五年）
貫休（胡大浚箋注）『貫休歌詩繫年箋注』（中華書局、二〇一一年）＊
李咸用撰『唐李推官披沙集』（四部叢刊初編、上海書店、一九八九年）＊
王禹偁『王禹偁詩文選』（人民文学出版社、一九九六年）＊
范仲淹（李勇先・王蓉貴校点）『范仲淹全集』（四川大学出版社、二〇〇二年）
柳永撰（姚学賢・龍建国纂）『柳永詞詳注及集評』（中州古籍出版社、一九九一年）＊
柳永撰（薛瑞生校注）『楽章集校注』（中華書局、一九九四年）＊
張載撰・朱熹注『張子全書』（国学基本叢書四百種、台湾商務印書館、一九六八年）＊
張載撰『張横渠集』（叢書集成初編、商務印書館、一九三六年）＊
張載撰『張載集』（中華書局、一九七八年）
欧陽脩撰『欧陽脩全集・居士集』（中国書店、一九八六年）
欧陽脩（李逸安点校）『欧陽脩全集』（中華書局、二〇〇一年）＊
李覯撰（王国軒校点）『李覯集』（中華書局、一九八一年）
陳襄撰『古霊集』（景印文淵閣四庫全書、台湾商務印書館、一九八三―一九八六年）＊
文同（胡問涛・羅琴校注）『文同全集編年校注』（巴蜀出版社、一九九九年）＊
劉敞撰『公是集』（叢書集成初編、商務印書館、一九三五年）＊
司馬光撰『司馬温公文集』（叢書集成初編、商務印書館、一九三六年）
曽鞏撰（陳杏珍・晁継周点校）『曽鞏集』（中華書局、一九八四年）
曽鞏撰『元豊類稿』（四部叢刊初編、台湾商務印書館、一九六五年）
蔡襄撰『蔡襄集』（上海古籍出版社、一九九六年）
王安石撰『王文公集』（景印文淵閣四庫全書、台湾商務印書館、一九八六年）
王安石撰『王文公文集』（上海人民出版社、一九七四年）＊
劉攽撰『彭城集』（叢書集成初編、商務印書館、一九三五年）
程顥・程頤『河南程氏文集』（二程集所収、中華書局、一九八一年）
蘇軾撰・郎曄注『経進東坡文集事略』（四部叢刊初編、上海書店、一九八九年）
蘇軾（王文誥輯註、孔凡礼点校）『蘇軾詩集』（中華書局、一九八二年）＊

蘇軾（孔凡礼点校）『蘇軾文集』（中華書局、一九八六年）
王令（沈文倬校点）『王令集』（上海古籍出版社、一九八〇年）＊
陸佃撰『陶山集』（叢書集成初編、商務印書館、一九三五年）
秦観（周義敢・程自信・周雷編注）『秦観集編年校注』（人民文学出版社、二〇〇一年）＊
黄庭堅撰『豫章黄先生文集』（四部叢刊初編、台湾商務印書館、一九六五年）
楊時撰『楊亀山集』（叢書集成初編、商務印書館、一九三六年）＊
李昭玘撰『楽静集』（景印文淵閣四庫全書、台湾商務印書館、一九八三－一九八六年）＊
陳師道撰『後山居士文集』（上海古籍出版社、一九八四年）
陳師道撰・任淵注（冒広生補箋・冒懐辛整理）『後山詩注補箋』（中華書局、一九九五年）＊
周邦彦（蒋哲倫校編）『周邦彦集』（江西人民出版社、一九八三年）＊
周邦彦（孫虹校注・薛瑞生訂補）『清真集校注』（中華書局、二〇〇二年）＊
李清照撰（徐培均箋注）『李清照集箋注』（上海古籍出版社、二〇〇二年）
張綱撰『華陽集』（四部叢刊三編、商務印書館、一九三六年）＊
朱熹（朱傑人・厳佐之・劉永翔主編）『朱子全書』（上海古籍出版社、二〇〇二年）＊
陸游（銭仲聯校注）『剣南詩稿校注』（上海古籍出版社、一九八五年）＊
楊万里（辛更儒箋校）『楊万里集箋校』（中華書局、二〇〇七年）＊
周必大撰『文忠集』（景印文淵閣四庫全書、台湾商務印書館、一九八三－一九八六年）＊
呂祖謙撰（黄霊庚・呉戦塁主編）『呂祖謙全集』（浙江古籍出版社、二〇〇八年）＊
陸九淵（鍾哲点校）『陸九淵集』（中華書局、一九八〇年）＊
辛棄疾（鄧広銘箋注）『稼軒詞編年箋注』（上海古籍出版社、二〇〇七年）＊
袁説友撰『東塘集』（景印文淵閣四庫全書、台湾商務印書館、一九八三－一九八六年）＊
葉適撰『水心文集』（四部叢刊初編、上海書店、一九八九年）＊
周南撰『山房集』（景印文淵閣四庫全書、台湾商務印書館、一九八三－一九八六年）＊
陳淳撰『北渓大全集』（景印文淵閣四庫全書、台湾商務印書館、一九八三－一九八六年）＊
劉克荘撰『後村先生大全集』（四部叢刊初編、上海書店、一九八九年）
耶律楚材撰『湛然居士集』（中華書局、一九八六年）
王惲撰『秋澗集』（四部叢刊初編、上海書店、一九八九年）
王惲（楊亮・鍾彦飛点校）『王惲全集彙校』（中華書局、二〇一三年）＊
程鉅夫撰『雪楼集』（景印文淵閣四庫全書、台湾商務印書館、一九八六年）
鄧牧撰『伯牙琴』（百部叢書集成〈知不足斎叢書〉、芸文印書館、一九六六年）＊
呉澄撰『呉文正公集』（景印文淵閣四庫全書、台湾商務印書館、一九八六年）
趙孟頫（任道斌校点）『趙孟頫集』（浙江古籍出版社、一九八六年）＊
朱徳潤撰『存復斎文集』（四部叢刊続編、商務印書館、一九三

四年）
虞集撰『道園類稿』（新文豊出版、一九八五年）＊
虞集（王頲点校）『虞集全集』（天津古籍出版社、二〇〇七年）＊
朱思本撰『貞一斎文稿』（宛委別蔵所収、江蘇古籍出版社、一九八八年）＊
倪瓚撰『清閟閣全集』（国立中央図書館編輯、一九七〇年）＊
余闕撰（郭奎子章輯）『青陽先生文集』（四部叢刊続編、商務印書館、一九三四年）＊
楊士奇（劉伯涵・朱海点校）『東里文集』（中華書局、一九八八年）
楊士奇撰『東里続集』（景印文淵閣四庫全書、台湾商務印書館、一九八六年）
解縉撰『文毅集』（四庫珍本初集、台湾商務印書館、一九三五年）＊
方孝孺（徐光大校点）『遜志斎集』（寧波出版社、二〇〇〇年）＊
祝允明撰『懐星堂集』（景印文淵閣四庫全書、台湾商務印書館、一九八六年）＊
王陽明（呉光編校）『王陽明全集』（上海古籍出版社、二〇一二年）＊
楊慎撰『升菴全集』（国学基本叢書四百種、台湾商務印書館、一九六八年）＊
王世貞撰『弇州山人続稿』（文海出版社、一九七〇年）＊
王紱『王舎人詩集』（四庫珍本初集、台湾商務印書館、一九三五年）＊
王文治撰『夢楼選集』（百部叢書集成〈函海〉、芸文印書館、一九六八年）
莫友芝（張剣・陶文鵬・梁光華編輯校点）『莫友芝詩文集』（人民文学出版社、二〇〇九年）

詩詞評論

王灼（岳珍校正）『碧鶏漫志』（巴蜀書社、二〇〇七年）＊
厳羽（郭紹虞校釈）『滄浪詩話』（人民文学出版社、一九六二年）
張炎（蔡禎疏証）『詞源疏証』（中国書店、一九八五年）＊
張炎（夏承燾校注）・沈義父（蔡嵩雲箋釈）『詞源注・楽府指迷箋釈』（人民文学出版社、一九六三年）＊
宋鳳翔撰『楽府余論』（雲自在龕叢書所収、江陰繆氏刊本、光緒年間）
劉熙載（王気中箋注）『芸概』（貴州人民出版社、一九八六年）＊
劉熙載（袁津琥校注）『芸概注稿』（中華書局、二〇〇九年）＊
王世貞撰『芸苑卮言』（歴代詩話続編、文明書局、一九一六年）＊
何文煥輯『歴代詩話』（中華書局、一九八一年）
王国維（徐調孚校注）『校注人間詞話』（中華書局、一九五五年）
唐圭璋編『詞話叢編』（中華書局、一九八六年）

戯曲・小説

李昉等編『太平広記』（中華書局、一九八一年）
伊世珍輯『瑯嬛記』（叢書集成初編、中華書局、一九九一年）＊
関漢卿（呉暁鈴等編校）『関漢卿戯曲集』（中国戯劇出版社、一九五八年）＊
馬致遠（傅麗英・馬恒君校注）『馬致遠全集校注』（語言出版社、二〇〇二年）＊
馬致遠（劉益国校注）『馬致遠散曲校注』（書目文献出版社、一九八九年）＊

王実甫撰・金聖嘆批改（張国光校注）『金聖嘆批本西廂記』（上海古籍出版社、一九八六年）＊
王実甫（陳志憲編纂）『西廂記』（中華書局、一九四八年）
羅貫中撰『三国演義』（人民出版社、一九八五年）
臧懋循編『元曲選』（商務印書館、一九一八年）＊
王季思主編『全元戯曲』（人民出版社、一九九〇年）＊

漢文・中国語資料（その他）

銭鐘書撰『談芸録』（中華書局、一九八四年）
林庚撰『唐詩総論』（人民文学出版社、一九八七年）
聞一多撰『唐詩雑論』（中華書局、一九五九年）
朱剣心撰『金石学』（文物出版社、一九八一年）
朱自清撰『経典常談』（三聯書店、一九八〇年）
『中国小説史略』（魯迅全集所収、人民文学出版社、一九五七年）
費孝通撰『郷土中国―差序格局』（費孝通学術精華録、北京師範大学出版社、一九八八年）
周紹良主編『唐代墓誌彙編』（上海古籍出版社、一九九二年）
中国大百科全書出版社編輯部編『中国大百科全書―天文』（中国大百科全書出版社、一九八〇年）
中国大百科全書出版社編輯部編『中国大百科全書―戯曲・曲芸』（中国大百科全書出版社、一九八三年）
中国大百科全書出版社編輯部編『中国大百科全書―紡績』（中国大百科全書出版社、一九八四年）
中国大百科全書出版社編輯部編『中国大百科全書―数学』（中国大百科全書出版社、一九八八年）
中国大百科全書出版社編輯部編『中国大百科全書―音楽・舞踏』（中国大百科全書出版社、一九九二年）
中国大百科全書出版社編輯部編『中国大百科全書―中国伝統医学』（中国大百科全書出版社、一九九二年）

和刻本

張学礼校『重刻四家宮詞』（塩屋長兵衛、一七三七年）
朱熹述・黎靖徳編『朱子語類大全』（中文出版社、一九七三年）
周敦頤・張載撰『周張全書』（近世漢籍叢刊、中文出版社、一九七二年）
長沢規矩也編『和刻本正史』（汲古書院発売、一九七〇-一九七九年）
岡田武彦・荒木見悟主編『近世漢籍叢刊―和刻影印』（中文出版社、一九七二年-一九八四年）
長沢規矩也編『和刻本漢籍随筆集』（汲古書院、一九七二-一九七八年）
長沢規矩也編『和刻本資治通鑑』（汲古書院、一九七三-一九七七年）
長沢規矩也編『和刻本漢詩集成』（汲古書院、一九七四-一九七九年）
長沢規矩也編『和刻本経書集成』（中国古典研究会、一九七五年）
長沢規矩也編『和刻本類書集成』（汲古書院、一九七六年）
長沢規矩也編『和刻本漢籍文集』（汲古書院、一九七七-一

九七九年）
北里研究所附属東洋医学総合研究所医史文献研究室編『和刻漢籍医書集成』（エンタプライズ、一九八八－一九九二年）

漢文資料（訳注・翻訳）

経学

本田済『易』（中国古典選、朝日新聞社、一九七八年）
今井宇三郎『易経』（新釈漢文大系、明治書院、一九七八年）
国民文庫刊行会編『易経』（国訳漢文大成、国民文庫刊行会、一九二二年）
国民文庫刊行会編『礼記』（国訳漢文大成、国民文庫刊行会、一九二一年）
竹内照夫『礼記』（新釈漢文大系、明治書院、一九七一年）

正史

藤田至善『後漢書』（中国古典新書、明徳出版社、一九七〇年）
古賀登『新唐書』（中国古典新書、明徳出版社、一九七一年）
島田正郎『遼史』（中国古典新書、明徳出版社、一九七五年）
外山軍治『金史』（中国古典新書、明徳出版社、一九七五年）
小林高四郎『元史』（中国古典新書、明徳出版社、一九七二年）
簡野道明『論語解義』（明治書院、一九六一年）

その他史書

本多済編訳『漢書―後漢書―三国志列伝選』（中国古典文学大系、平凡社、一九六八年）
国民文庫刊行会編『資治通鑑』（続国訳漢文大成、国民文庫刊行会、一九二八年）
竹内照夫『資治通鑑』（中国古典新書、明徳出版社、一九七一年）
呉士連・范公著等（引田利章校）『大越史記全書』（一八八五年）

歴史評論・書院

西脇常記訳注『史通』内篇・外篇（東海大学古典叢書）（東海大学出版会、一九八九－二〇〇二年）
梁啓超著・小長谷達吉訳『支那歴史研究法』（改造社、一九三八年）

筆記

今村与志雄訳『酉陽雑俎』（東洋文庫、平凡社、一九八〇－一九八一年）
足立喜六訳注・塩入良道補注『入唐求法巡礼行記』（東洋文庫、平凡社、一九八五－一九八六年）
沈括著・梅原郁編『夢渓筆談』（東洋文庫、平凡社、一九七八－一九八一年）
孟元老著・入矢義高・梅原郁訳注『東京夢華録―宋代の都市と生活』（東洋文庫、平凡社、一九九六年）

諸制度・法律・詔令

李林甫等奉勅注（広池千九郎訓点・内田智雄補訂）『大唐六典』（広池学園出版部、一九七三年）

律令研究会編『唐律疏議訳註篇』（東京堂出版、一九七九年）

伝記

地誌・地図

馬歓著・小川博訳注『瀛涯勝覧―鄭和西征見聞録』（吉川弘文館、一九六九年）

書目

金石

訓戒・語類・学習・儀礼風習

宇都宮清吉訳『顔氏家訓』（中国古典文学大系、平凡社、一九六九年）
宇野精一『顔氏家訓』（中国古典新書、明徳出版社、一九八三年）
袁采（西田太一郎訳）『袁氏世範』（創元社、一九四一年）
太田秀雄譯『新訳女四書』（栄文館書店、一九一四年）
岩垂憲徳『朱子語類鈔訳』（冨山房、一九三〇年）
三浦國雄『「朱子語類」抄』（講談社、二〇〇八年）
福田殖『陸象山文集』（中国古典新書、明徳出版社、一九七二年）
石川三佐男『玉燭宝典』（明徳出版社、一九八八年）

医学・道家

家本誠一『金匱要略訳注』（緑書房、二〇一三年）
村上嘉実『抱朴子』（明徳出版社、一九六七年）
葛洪撰・本田済訳注『抱朴子』（東洋文庫、平凡社、一九九〇年）

書画・囲碁・栽培・茶論

今関寿麿編『東洋画論集成』（講談社、一九七九年）
大野修作『述書賦全譯註』（勉誠出版、二〇〇八年）
孫過庭著・西林昭一訳『書譜』（『中国書論大系』第二巻、二玄社、一九八一年）
張彦遠撰・長廣敏雄訳『歴代名画記』（東洋文庫、平凡社、一九七七年）
張彦遠撰・谷口鉄雄編『歴代名画記』（中央公論美術出版、一九八一年）
古原宏伸『米芾「画史」註解』（中央公論美術出版、二〇〇九年）
米芾著・中田勇次郎訳『海岳名言』（『中国書論大系』第四巻、二玄社、一九八一年）
布目潮渢・中村喬編訳『中国の茶書』（東洋文庫、平凡社、一九七六年）
林左馬衛・安居香山『茶経』（明徳出版社、一九七四年）

詩詞文集・詩詞評論

橋本循等訳『中国古典詩集』（世界文学体系、筑摩書房、一九六三年）
今鷹真等訳『唐宋詩集』（筑摩世界文学大系、筑摩書房、一九七五年）
松平康国講述『唐宋八大家文読本』（漢籍国字解全書、早稲田大学出版部、一九一四年）
星川清孝等『唐宋八大家読本』（新釈漢文大系、明治書院、

一九七六－二〇〇四年）
齋藤晌『唐詩選』（漢詩大系、集英社、一九六四年）
今関天彭・辛島驍『宋詩選』（漢詩大系、集英社、一九六六年）
小川環樹『宋詩選』（筑摩書房、一九六七年）
入谷仙介『宋詩選』（新訂中国古典選、朝日新聞社、一九六七年）
佐藤保編『宋詩—附金』（中国の名詩鑑賞、明治書院、一九七八年）
銭鍾書（宋代詩文研究会訳注）『宋詩選注』（東洋文庫、平凡社、二〇〇四年）
国民文庫刊行会編『三体詩』（続国訳漢文大成、国民文庫刊行会、一九二八年）
国民文庫刊行会編『陶淵明集—王右丞集』（続国訳漢文大成、国民文庫刊行会、一九二八年）
国民文庫刊行会編『李太白詩集』（続国訳漢文大成、国民文庫刊行会、一九二八年）
国民文庫刊行会編『杜少陵詩集』（続国訳漢文大成、国民文庫刊行会、一九二八年）
国民文庫刊行会編『韓退之詩集』（続国訳漢文大成、国民文庫刊行会、一九二八年）
国民文庫刊行会編『白楽天詩集』（続国訳漢文大成、国民文庫刊行会、一九二八年）
国民文庫刊行会編『蘇東坡詩集』（続国訳漢文大成、国民文庫刊行会、一九二八年）
小川環樹・都留春雄・入谷仙介選訳『王維詩集』（岩波書店、一九七二年）
小林太市郎・原田憲雄『王維』（集英社、一九六四年）
柳宗元著・下定雅弘編訳『柳宗元詩選』（岩波書店、二〇一一年）
乾源俊主編『詩僧皎然集注』（汲古書院、二〇一四年）
竹田晃編『柳宗元古文注釈 — 説・伝・騒・弔』（新典社、二〇一四年）
清水茂訳『韓愈』（世界古典文学全集、筑摩書房、一九八六年）
市野沢寅雄『杜牧』（漢詩大系、集英社、一九六五年）
杜牧著・松浦友久・植木久行編訳『杜牧詩選』（岩波書店、二〇〇四年）
清水茂訳『王安石』（中国詩人選集、岩波書店、一九六二年）
荒井健注『王安石』（中国詩人選集、岩波書店、一九六三年）
小川環樹・山本和義『蘇東坡詩集』（筑摩書房、一九八三年）
友枝龍太郎編『朱子文集』（朱子学大系、明徳出版社、一九八二年）
鈴木虎雄『陸放翁詩解』（弘文堂書房、一九六七年）
小川環樹『陸游』（中国詩文選、筑摩書房、一九七四年）
飯田利行訳『定本湛然居士文集訳』（国書刊行会、一九八五年）
松崎光久『耶律楚材文集』（中国古典新書続編、明徳出版社、二〇〇一年）
石川梅次郎等訳注『王陽明全集』（明徳出版社、一九九一年）
倉石武四郎・須田禎一・田中謙二訳『宋代詞集』（中国古典文学体系、平凡社、一九七〇年）
村上哲見『宋詞』（中国詩文選、筑摩書房、一九七三年）
田中謙二・浜一衛・岩城秀夫訳『戯曲集』（中国古典文学大系、平凡社、一九七〇年）
市野沢寅雄『滄浪詩話』（明徳出版社、一九七六年）

戯曲・小説

今関天彭編『支那戯曲集』（東方時論社、一九一七年）
国民文庫刊行会編『西廂記—琵琶記』（国民文庫刊行会、一九二一年）
塩谷温訳『元曲概説』（目黒書店、一九四〇年）
青木正児訳編・田中謙二・浜一衛・岩城秀夫訳『戯曲集』（中国古典文学全集、平凡社、一九五九年）
井上泰山訳『三国劇翻訳集』（関西大学出版部、二〇〇二年）
洪昇著・竹村則行訳注『長生殿訳注』（研文出版、二〇一一年）

概説・研究文献

【あ 行】

アミール・D・アクゼル著・鈴木主税訳『羅針盤の謎—世界を変えた偉大な発明とその壮大な歴史』（角川書店、二〇〇四年）
池端雪浦編『東南アジア史—II島嶼部』（新版世界各国史6）（山川出版社、一九九九年）
石井米雄・桜井由躬雄編『東南アジア史—I大陸部』（新版世界各国史5）（山川出版社、一九九九年）
石田秀実『中国医学思想史—もう一つの医学』（東京大学出版会、一九九二年）
石田幹之助『支那に於ける耶蘇教』（岩波書店、一九三四年）
市川博等『中国教育史』（世界教育史大系4、講談社、一九七五年）
稲葉一郎『中国史学史の研究』（東洋史研究叢刊70、京都大学学術出版会、二〇〇六年）
稲畑耕一郎『中国皇帝伝』（中央公論新社、二〇一三年）
井波陵一『知の座標—中国目録学』（白帝社、二〇〇三年）
今西錦司等監修『中央アジア』（世界文化地理大系8、平凡社、一九五四－一九五八年）
岩崎雅美編『中国・シルクロードの女性と生活』（東方出版、二〇〇四年）
内田泉之助『中国文学史』（明治書院、一九五六年）
宇野直人『中国古典詩歌の手法と言語—柳永を中心として』（研文出版、一九九一年）
宇野直人『漢詩の歴史—古代歌謡から清末革命詩まで』（東方書店、二〇〇五年）
江上波夫編『中央アジア史』（世界各国史16）（山川出版社、一九八七年）
大野修作『書論と中国文学』（研文出版、二〇〇一年）
岡崎精郎『タングート古代史研究』（東洋史研究会、一九七二年）
岡田登『中国火薬史—黒色火薬の発明と爆竹の変遷』（汲古書院、二〇〇六年）
織田武雄『地図の歴史』（講談社、一九七三年）
愛宕松男『契丹古代史の研究』（東洋史研究会、一九五九年）
愛宕松男『キタイ・モンゴル史』（愛宕松男東洋史学論集第3巻）（三一書房、一九九〇年）

【か 行】

柏木隆雄・鈴木隆編訳『ロシア・中央アジア』（ベラン世界地理大系8、朝倉書店、二〇一一年）
狩野直喜『支那小説戯曲史』（みすず書房、一九九二年）
加納喜光『中国医学の誕生』（東京大学出版会、一九八七年）
加納喜光・岸辺成雄著『儒教社会の女性たち』（世界の女性史、評論社、一九七七年）
カルピニ・ルブルク著・護雅夫訳『中央アジア・蒙古旅行記』（東西交渉旅行記全集、桃源社、一九六五年）
川合康三編『中国の文学史観』（創文社、二〇〇二年）
河上肇著・一海知義校訂『陸放翁鑑賞』（岩波書店、二〇〇四年）
神田喜一郎『中国書道史』（岩波書店、一九八五年）
岸辺成雄著『唐代音楽の歴史的研究—楽制篇』（和泉書院、二〇〇五年）
岸辺成雄著『唐代音楽の歴史的研究〈続巻〉楽理篇・楽書篇・楽器篇・楽人篇』（和泉書院、二〇〇五年）
ギャヴィン・メンジーズ著・松本剛史訳『1421—中国が新大陸を発見した年』（ソニー・マガジンズ、二〇〇三年）
倉石武四郎『中国文学史』（中央公論社、一九五六年）
顧頡剛口述・小倉芳彦・小島晋治監訳『中国史学入門』（研文出版、一九八七年）
項陽著・好並隆司訳『楽戸—中国・伝統音楽文化の担い手』（解放出版社、二〇〇七年）
小島毅『宋学の形成と展開』（中国学芸叢書、創文社、一九九九年）

【さ行】

佐々木衛『費孝通—民族自省の社会学』（東信堂、二〇〇三年）
佐藤一郎『中国文学史』（慶應義塾大学出版会、二〇〇五年）
サムエル・カスール著・向井元子訳『アフリカ大陸歴史地図』（東洋書林、二〇〇二年）
施蟄存著・宋詞研究会訳『詞学の用語—「詞学名詞釈義」訳注』（汲古書院、二〇一〇年）
塩英哲編訳『精選中国地名辞典』（凌雲出版、一九八三年）
詞源研究会編著『宋代の詞論—張炎「詞源」』（中国書店、二〇〇四年）
清水茂『中国目録学』（筑摩書房、一九九一年）
周予同著・山本正一訳『学制を中心とせる支那教育史』（東京開成館、一九四三年）
正倉院事務所編・宮内庁蔵版『正倉院宝物』（毎日新聞社、一九九四年）
ジョセフ・ニーダム著・礪波護等訳『中国の科学と文明』〈第1巻 序篇〉（思索社、一九七四－一九八一年）
ジョン・スチュアート著・熱田俊貞・賀川豊彦共訳・佐伯好郎校訂・森安達也改題『景教東漸史—東洋の基督教』（復刻版、原書房、一九七九年）
ジョン・マン著・田村勝省訳『グーテンベルクの時代—印刷術が変えた世界』（原書房、二〇〇六年）
杉山正明『疾駆する草原の征服者 — 遼西夏金元』（「中

国の歴史8」講談社、二〇〇五年）
全国歴史教育研究協議会編『世界史用語集』（山川出版社、二〇一四年）
孫玄齢著・田畑佐和子訳『中国の音楽世界』（岩波書店、一九九〇年）

【た 行】

高橋智『書誌学のすすめ─中国の愛書文化に学ぶ』（東方書店、二〇一〇年）
武内義雄『宋学の由来及び其特殊性』（岩波講座東洋思潮、岩波書店、一九三四年）
辰巳洋主編『一語でわかる中医用語辞典』（源草社、二〇〇九年）
寺田剛『宋代教育史概説』（博文社、一九六五年）
杜石然等編著・川原秀城等訳『中国科学技術史』上下（東京大学出版会、一九九七年）
東川清一・陳応時著・村越貴代美訳『音楽の源へ─中国の伝統音楽研究』（春秋社、一九九六年）
ドーソン著・佐口透訳注『モンゴル帝国史』1～6（東洋文庫、平凡社、一九六八年）
土肥義和編『敦煌・吐魯番出土漢文文書の新研究〈修訂版〉』（汲古書院、二〇一三年）
島尾永康『中国化学史』（朝倉書店、一九九五年）

【な 行】

中田勇次郎編『中国書道史』（中央公論社、一九七七年）
中村裕一『大業雑記の研究』（汲古書院、二〇〇五年）
任時先著・山崎達夫訳『支那教育史』（人文閣、一九三九－一九四〇年）

【は 行】

波多野太郎『中国文学史研究─小説戯曲論考』（桜楓社、一九七四年）
バッヂ著・佐伯好郎訳補『元主忽必烈が欧州に派遣したる景教僧の旅行誌』（待漏書院、一九三二年）
林友春編『近世中国教育史研究 ― その文教政策と庶民教育』（国土社、一九五八年）
林友春『書院教育史』（学芸図書、一九八九年）
原田淑人『唐代の服飾』（東洋文庫、一九七〇年）
平凡社編『アジア歴史事典』（平凡社、一九六七年）
星斌夫訳注『大運河発展史─長江から黄河へ』（平凡社、一九八二年）

【ま 行】

前野直彬編『中国文学史』（東京大学出版会、一九八〇年）
松浦友久編『校注 唐詩解釈辞典』（大修館書店、一九八七年）
松浦友久編『続 校注 唐詩解釈辞典（付）歴代詩』（大修館書店、二〇〇一年）
松岡榮志監修・中国医学文献研究会編訳『中国医学史レ

ファレンス辞典』（白帝社、二〇一一年）
マッテーオ・リッチ、アルヴァーロ・セメード著・川名公平訳・矢沢利彦訳注『中国キリスト教布教史』１・２（大航海時代叢書、岩波書店、一九八二－一九八三年）
間野英二責任編集『中央アジア史』（アジアの歴史と文化、同朋舎、一九九九年）
マルコ・ポーロ著・愛宕松男訳注『東方見聞録』１・２（東洋文庫、平凡社、一九七〇－一九七一年）
マルコ・ポーロ著・月村辰雄・久保田勝一訳『東方見聞録』（岩波書店、二〇一二年）
マルコ・ポーロ、ルスティケッロ・ダ・ピーサ著、高田英樹訳『世界の記―「東方見聞録」対校訳』（名古屋大学出版会、二〇一三年）
三上次男『金代女真社会の研究』（中央公論美術出版、一九七二年）
宮崎正勝『鄭和の南海大遠征―永楽帝の世界秩序再編』（中央公論社、一九九七年）
村上哲見『宋詞の世界―中国近世の抒情曲』（大修館書店、二〇〇二年）
諸橋轍次著・鎌田正・米山寅太郎編『儒学の目的と宋儒慶暦至慶元百六十年間の活動』（諸橋轍次著作集第１巻、大修館書店、一九七五年）
モンゴル科学アカデミー歴史研究所編著・田中克彦監修・二木博史等訳『モンゴル史』（恒文社、一九八八年）

【や行】

安田喜憲監修・帯谷知可・北川誠一・相馬秀廣編『中央アジア』（朝倉世界地理講座―大地と人間の物語、朝倉書店、二〇一二年）
藪内清『中国の天文暦法』（平凡社、一九六九年）
藪内清『中国の数学』（岩波書店、一九七四年）
山崎純一『教育からみた中国女性史資料の研究―「女四書」と「新婦譜」三部書』（明治書院、一九八六年）
山司勝紀・西田知己編『和算の事典』（朝倉書店、二〇〇九年）
山田慶兒『中国医学の思想的風土―医学と技術についての四つの話』（潮出版社、一九九五年）
熊秉明著・河内利治訳『中国書論の体系』（白帝社、二〇〇六年）
余嘉錫著・古勝隆一・嘉瀬達男・内山直樹訳注『目録学発微―中国文献分類法』（東洋文庫、平凡社、二〇一三年）
吉川幸次郎述・黒川洋一編『中国文学史』（岩波書店、一九七四年）
吉元昭治「道教と中国医学」（『道教―道教の展開』）（平河出版社、一九八三年）
米山寅太郎『図説中国印刷史』（汲古書院、二〇〇五年）

【ら行】

李迪著・大竹茂雄・陸人瑞訳『中国の数学通史』（森北出版社、二〇〇二年）
劉煒編・尹夏清著・稲畑耕一郎監修・佐藤浩一訳『図説中

国文明史6　隋唐―開かれた文明』(創元社、二〇〇六年)
劉煒編・杭侃著・稲畑耕一郎監修・大森信徳訳『図説中国文明史7　宋―成熟する文明』(創元社、二〇〇六年)
劉煒編・杭侃著・稲畑耕一郎監修・表野和江訳『図説中国文明史8　遼西夏金元―草原の文明』(創元社、二〇〇六年)
劉煒編・王莉著・稲畑耕一郎監修・児島弘一郎訳『図説中国文明史9　明―在野の文明』(創元社、二〇〇六年)
劉知幾著・増井経夫訳『史通―唐代の歴史観』(平凡社、一九六六年)
ロバート・テンプル著・牛山輝代訳『図説中国の科学と文明』(河出書房新社、二〇〇八年)

【わ行】
渡辺信一郎『中国古代の楽制と国家―日本雅楽の源流』(文理閣、二〇一三年)

【A―Z】
E・D・フィリップス著・岡田英弘訳『モンゴル史―チンギス・ハーンの後継者たち』(学生社、一九七六年)
P・G・マックスウェル・スチュアート著・月森左知訳『ローマ教皇歴代誌』(創元社、一九九九年)
T・F・カーター著・薮内清・石橋正子訳注『中国の印刷術』(東洋文庫、平凡社、一九七七年)

【ら行】

【ま 行】

【や 行】

【な 行】

【は 行】

【た 行】

【さ 行】

【か 行】

人名 書名・篇名 索引

【あ行】

本書は二〇〇六年に中国・北京大学出版社から出版された『中華文明史』（全四巻）を日本語版として改題し、原著の各巻を上下二冊に分冊したものです。

【原著『中華文明史』第三巻】

主編　**袁行霈**

副主編　**鄧小南**

【日本語版 第6巻／原著執筆者】

王小甫［北京大学歴史系教授］第七章（第一節〈史学部分〉）

陳少峰［北京大学哲学系教授］第七章（第一節〈経学部分〉、第二節～第三節）

張　帆［北京大学歴史系副教授］第八章（第一節～第四節）、第九章（第一節～第二節）、第十章（第一節～第四節）

袁行霈［北京大学中文系教授］第十一章（第一節～第五節）

孟二冬［北京大学中文系教授］第十二章（第一節～第三節）

斉東方［北京大学考古系教授］第十三章（第一節～第二節）

鄧小南［北京大学歴史系教授］第十三章（第三節）

プロフィール一覧

〈日本語版 監修・監訳〉

稲畑耕一郎……いなはた・こういちろう ◉早稲田大学文学学術院教授。一九四八年、三重県生まれ。早稲田大学第一文学部卒業、大学院文学研究科博士課程修了。これまでに南開大学東方芸術系客員教授、北京大学中国古文献研究センター客員教授などを兼任。専門は中国古典学。「四川三星堆」「秦の始皇帝とその時代」「紫禁城の女性たち」「陳舜臣の世界」「梅蘭芳」展などの文物藝術展のプロジェクトなどに携わる。著訳書に『一勺の水―華夷跋渉録』『神と人との交響楽―中国仮面の世界』『境域を越えて―私の陳舜臣論ノート』『中国皇帝伝』『中国古代文明の原像』(共編著)『屈原研究・屈原賦今訳』(訳)『万暦十五年―一五八七「文明」の悲劇』(共訳)『中国五千年史地図年表』、監修に『図説中国文明史』(全一〇巻)など多数。

〈原著主編〉

袁行霈……えん・こうはい ◉北京大学中文系教授。人文学部主任、国学研究院院長、国際漢学家研修基地主任、中央文史研究館館長。一九三六年生まれ。北京大学中文系卒業。東京大学外国人教員、ハーバード燕京研究所客員研究員、シンガポール国立大学・台湾淡江大学・香港城市大学などの客員教授を歴任。専門は中国古典文学。主な著書に『中国詩歌芸術研究』『中国文学概論』『陶淵明集箋注』『陶淵明影像』等、また詩文集に『愈廬集』『論詩絶句一百首』などがある。

〈原著主編〉

厳文明……げん・ぶんめい ◉北京大学考古系教授。一九三二年生まれ。北京大学歴史系考古学専業卒業。国学研究院博士課程指導教授。中国考古学会副理事長、国際先史原史学連盟理事等を歴任。主な専門は新石器時代考古学。河南省洛陽市の王湾遺跡、山東省長島県の北庄遺跡、湖北省江陵県の紀南城遺跡等の発掘調査の責任者を務めた。主な著書に『仰韶文化研究』『中華文明的始原』『農業発生與文明起源』『史前考古論集』『走向二十一世紀的考古学』『足跡―考古随感録』等がある。

〈原著主編〉

張伝璽……ちょう・でんじ　◉北京大学歴史系教授。一九二七年生まれ。北京大学歴史系研究生として翦伯賛に師事して秦漢史を研究。中国秦漢史研究会顧問、国家教育部中高歴史教材審査委員会委員等を務めるとともに、香港珠海書院、韓国高麗大学客員教授等を歴任。主な専門は秦漢史、中国古代経済史、歴史地理。主な著書に、『翦伯賛伝』『契約史買地券研究』『秦漢問題研究』『張伝璽説秦漢』、主編著に『簡明中国古代史』『中国古代史綱』『中国歴代契約粋編』等がある。

〈原著主編〉

楼宇烈……ろう・うれつ　◉北京大学哲学系教授。一九三四年生まれ。北京大学哲学系哲学専業卒業。北京大学国学研究院中国伝統文化博士課程指導教官、同大学宗教文化研究院名誉院長、教育部社会科学委員会委員、全国宗教学会顧問、国際儒学連合会顧問等を務める。専門は中国哲学史、仏教史に関する研究。主な著書に『中国仏教と人文精神』『温故知新―中国哲学研究論文集』『周易注』『老子道徳教注』『王弼集校釈』『中国的品格』等、談録に『人文立本―楼宇烈教授訪談録』等がある。

〈翻訳〉

原田信……はらだ・まこと　◉近畿大学経営学部特任講師。一九七九年、北海道生まれ。早稲田大学大学院文学研究科博士後期課程単位取得退学。武蔵高等学校中学校、法政大学非常勤講師、早稲田大学文学学術院助手などを歴任。専攻は『詩経』注釈史、中国書籍図像学、名物学。主な学術論文に「鄭樵『図譜略』の著述意図について」(『早稲田大学大学院文学研究科紀要』二〇一三年第五十八輯)、「『詩経』注釈史における「毛詩挙要図」の意義」(『日本中国学会報』二〇一二年第六十四集)、「宋人関於『三礼図集注』之討論」(『芸衡』二〇一〇年第四輯)等がある。

北京大学版
中国の文明 6
世界帝国としての文明〈下〉

二〇一五年十二月一日　初版発行

日本語版監修・監訳――稲畑耕一郎
原書主編――袁行霈、厳文明、張伝璽、楼宇烈
翻訳――原田 信
発行者――南 晋三
発行所――株式会社 潮出版社
〒一〇二-八一一〇
東京都千代田区一番町六 一番町SQUARE
電話＝〇三-三二三〇-〇六四五（編集）
〇三-三二三〇-〇七四一（営業）
振替口座＝〇〇一五〇-五-六一〇九〇
印刷・製本――大日本印刷株式会社
装丁――仁川範子
本文組――株式会社 DNPメディア・アート
図版作成――AZUL
編集協力――株式会社 鷗来堂

ISBN978-4-267-02026-1 Printed in Japan

潮出版社ホームページ
http://www.usio.co.jp